Bruno Bettelheim

Liebe allein genügt nicht
Die Erziehung
emotional gestörter Kinder
Klett-Cotta

Aus dem Amerikanischen übersetzt von
Gudrun Theusner-Stampa
Die Originalausgabe erschien unter dem Titel
"Love is not Enough. The Treatment of Emotionally Disturbed Children"
© 1950 The Free Press, a Corporation, New York
Über alle Rechte der deutschen Ausgabe verfügt die
Verlagsgemeinschaft Ernst Klett – J. G. Cotta'sche Buchhandlung
Nachfolger GmbH, Stuttgart
Fotomechanische Wiedergabe nur mit Genehmigung des Verlages
Printed in Germany 1983
Einbandgestaltung: Heinz Edelmann
Druck: Zechnersche Buchdruckerei, Speyer
Dritte Auflage ISBN 3-12-900640-0
Vierte Auflage ISBN 3-608-95198-9

Vierte Auflage 1983

CIP-Kurztitelaufnahme der Deutschen Bibliothek

Bettelheim, Bruno:
Liebe allein genügt nicht: d. Erziehung emotional gestörter Kinder / Bruno Bettelheim. [Aus d. Amerikan. übers. von Gudrun Theusner-Stampa]. – 4. Aufl. – Stuttgart: Klett-Cotta, 1983.
   (Konzepte der Humanwissenschaften: Modelle für d. Praxis)
   Einheitssacht.: Love is not enough <dt.>
   ISBN 3-608-95198-9

Für Ralph W. Tyler

Inhalt

Vorwort	9
Einführung	13
1. Die Kinder	34
2. Die erste Begegnung	46
3. Ereignisse in ihrer Abfolge	72
4. Vom Traum zum Wachen	88
5. Die Zwischenzeiten	118
6. Die Herausforderung des Lernens	135
7. Nahrung: das hervorragende Mittel zur Sozialisierung	171
8. Ausruhen und Spiel	202
9. Allein und in der Gruppe	238
10. Die Außenwelt	274
11. Im Badezimmer	304
12. Schlafenszeit	333
Bibliographie	366
Register	367

Vorwort

Ein Bericht wie dieser über das tägliche Leben in einer Anstalt, die der Behandlung psychisch gestörter Kinder dient, spiegelt die vereinten Bemühungen aller hier tätigen Mitarbeiter wider. Die Bemühungen eines Therapeuten, ob man sie nun einzeln betrachtet oder in ihrer Gesamtheit, können nicht leicht zu dem Ergebnis gelangen, das die aufeinander abgestimmten Bemühungen eines Mitarbeiterstabes erreichen; aber die Grundbedingung für eine derartige Arbeit ist ein Gruppenleben in harmonischer Übereinstimmung, in dem keine Einzelstimme ihre Selbständigkeit verliert. Wenn Vielfalt innerhalb der Einheit das Kunstwerk ausmacht, wie Kant meinte, so muß auch die individuelle Einzigartigkeit, die „Vielfalt" aller Menschen, die in der Anstalt zusammen leben und arbeiten, innerhalb der Einheit ihres Lebens bewahrt bleiben, wenn ein Erfolg eintreten soll.

Der Beitrag des Autors zu dieser Arbeit bestand darin, daß er all das, was ihm in den heutigen Vorstellungen über Erziehung und Behandlung psychisch gestörter Kinder als das beste erschien, bearbeitete und ergänzte und auf die besonderen Aufgaben der Anstalt anwendete. Er war bestrebt, diese Gedanken im Milieu der Schule fruchtbar werden zu lassen, und er lieferte einen Großteil des fundamentalen Bezugssystems, innerhalb dessen die Arbeit der Schule sich entfaltet, aber es wurde belebt und zutiefst beeinflußt durch den Beitrag aller Mitarbeiter. Er möchte dankbar und bescheiden anerkennen, daß nur durch ihrer aller Gemeinschaft die Schule, und damit auch dieses Buch, möglich geworden ist. In diesem Sinn wäre es ungerecht, wenn er einzelne Mitarbeiter herausgreifen und hier erwähnen würde. Eine Ausnahme muß allerdings gemacht werden. Frau Dr. Emmy Sylvester, die während der in diesem Buch erfaßten Jahre als Psychiaterin an der Schule gearbeitet hat, hat soviel zur Entwicklung der geistigen Grundlagen dieser Schule und zur Ausformung der hier praktizierten Methoden beigetragen, daß wir ihr besondere Erwähnung schuldig sind. Sie hat die Handlungsweise und die Ansichten der Mitarbeiter in so hohem Maß beeinflußt, daß es schwierig wäre, all ihre Beiträge einzeln aufzuzählen und zu würdigen.

Als Leiter der Schule war der Autor für die gesamte Planung und Lenkung der Bemühungen aller Mitarbeiter verantwortlich, und in diesem Buch trägt er die Verantwortung für Auswahl und Interpretation des aus den Aufzeichnungen entnommenen Materials. Die verschiedenen Mitarbeiter verdienen volle Anerkennung für die Art, wie sie die Theorie in die Praxis umgesetzt haben; die Berichte von ihrer Tätigkeit als teilnehmende Beobachter werden in Fußnoten zur jeweils in Frage stehenden Textstelle einzeln gewürdigt. Auch Ruth Soffers unermüdliche Hilfe beim Redigieren des Buches möchte ich dankbar anerkennen.

Außer den Mitarbeitern, die direkt mit den Kindern zu tun haben, sind noch die vielen anderen zu erwähnen, die zur Arbeit der Schule Unschätzbares beitragen; dazu gehören die Büroangestellten ebenso wie die Hausangestellten, die Köchinnen und die Hausmeister. Noch mehr als eine Armee ist eine Anstalt, in der Kinder behandelt werden, darauf angewiesen, daß die Frage der Ernährung gut gelöst ist. Ohne einen angenehm gefüllten Magen haben selbst die unermüdlichsten Bemühungen keinen Erfolg. Die nächste Geduldsprobe für die Hausangestellten ist die niemals endende Mühe der Reinigung von Schlaf- und Badezimmern; wenn man sie gerade fertig hat, müssen sie schon bald wieder geputzt werden, und die Hausmädchen haben nicht einmal die Belohnung, mitzuverfolgen, wie die Kinder ihren Weg zur Genesung machen. Alles, was schmutzig wird oder in Unordnung gerät, muß sofort wieder saubergemacht oder in Ordnung gebracht werden, weil die Kinder den Versuchungen, die der Unordnung innewohnen, nicht widerstehen können. Aus dem gleichen Grund muß auch alles, was kaputtgeht, so bald wie möglich wieder heilgemacht werden, weil es sonst wie eine Einladung wirkt, noch mehr zu zerstören. Die Notwendigkeit, zerbrochene Fensterscheiben durch neue zu ersetzen (bis jetzt waren es an einem Tag maximal zweiunddreißig — aber dadurch, daß man einem Kind dieses Toben erlaubte, wurde es zum Wendepunkt in seinem Leben) und neben aller anderen Arbeit zahllose Spielsachen heilzumachen, erfordert ganz besondere Hausmeister, und so geht es ad infinitum weiter in bezug auf die Arbeit aller Mitarbeiter, nicht nur der Fachkräfte.

Das ganze Buch hindurch erscheinen die Namen der verschiedenen Kinder in immer wieder anderen Zusammenhängen. Wenn die vielen Äußerungen eines bestimmten Kindes nicht immer in Einklang miteinander zu stehen scheinen, muß man sich klarmachen, daß die Ereignisse, zu denen sie gehörten, oft zwei oder sogar drei Jahre auseinanderliegen. Während dieser Zeit können im Verhalten des Kindes und seiner Einstellung zum Leben, wenn nicht gar in seiner fundamentalen Persönlichkeitsstruktur, bedeutsame und oft grundlegende Veränderungen eingetreten sein.

Aus verständlichen Gründen wird keines der Kinder bei seinem wirklichen Namen genannt. Die in diesem Buch wiedergegebenen Ereignisse sind nicht immer deswegen ausgewählt worden, weil sie für ein bestimmtes Kind bedeutsam waren, sondern ebenso oft, weil sie in typischer Weise zeigen, was an jedem beliebigen Tag in der Schule vorkommen kann.

Die Sammlung des Materials für dieses Buch und seine Vorbereitung sind durch ein Forschungsstipendium des National Institute of Health, United States Public Health Service (MH-R/81) finanziell unterstützt worden. Der vorliegende Bericht ist Teil einer größeren Untersuchung über die „Behandlung psychisch gestörter Kinder in Anstalten", die durch dieses Stipendium ermöglicht wird.

Zuletzt (aber gewiß nicht am wenigsten) möchte der Autor seinen Dank der Universität von Chicago sagen, die dieses einzigartige Experiment des therapeutischen Zusammenlebens möglich macht, besonders aber dem Dekan der Abteilung Sozialwissenschaften, Ralph W. Tyler. Ihm ist dieses Buch in Freundschaft gewidmet, zugleich auch als Zeichen der Anerkennung für seine persönliche Ermutigung, sein Interesse und seine praktische Klugheit, mit denen er dem Experiment zur Seite steht und zu allen Erfolgen beiträgt, die es überhaupt erringt.

Einführung

In letzter Zeit haben viele Forschungsergebnisse und populärwissenschaftliche Veröffentlichungen auf den Gebieten der Kinderpsychologie, der Kindererziehung und der Psychotherapie so allgemeine Probleme wie das des Stillens und der Reinlichkeitserziehung übermäßig hervorgehoben, als wenn der Kern der Sache darin läge, wie oft ein Kind gefüttert wird oder wann genau seine Reinlichkeitserziehung begonnen oder abgeschlossen wird. Gewiß erleben wir eine gesunde Reaktion gegen veraltete, autoritäre Methoden der Kindererziehung und gegen den Zwang starrer Zeitpläne, die den Bedürfnissen der Kinder zuwiderlaufen. Aber die Eltern werden heutzutage auch aufgefordert, ihren Kindern Liebe zu geben — als wenn irgend jemand etwas geben könnte, das er nicht hat, oder als ob man einer Mutter, die ihr Kind liebt, erst ans Herz legen müßte, eben dies zu tun!

Die Sache wird erst kompliziert, wenn wir uns fragen, was wir denn eigentlich meinen, wenn wir von „Liebe" sprechen. Geht es dabei wirklich nur ums Liebkosen und um die vielbesprochene „elterliche Billigung", oder ist Liebe eine weniger dramatische Bereitwilligkeit, es sich einige Mühe kosten zu lassen, auf die ausgesprochenen oder unausgesprochenen Bedürfnisse des Kindes einzugehen? Durch die vorliegende, ein ganzes Buch umfassende Erörterung darüber, wie wir alltägliche Ereignisse mit dem Kind zusammen behandeln, wie sie sich ergeben, seien sie groß oder klein, möchten wir einiges von dem zeigen, was außer Liebe noch notwendig ist, um in der komplexen Umwelt von heute erfolgreich Kindererziehung zu betreiben.

Die modernen Lebensumstände machen es den Eltern sehr schwer, ein Milieu zu schaffen, in dem sich sowohl ihre eigenen legitimen Bedürfnisse als auch die Bedürfnisse ihrer Kinder relativ leicht befriedigen lassen. Darum ist Liebe allein nicht genug, darum muß sie von seiten der Eltern durch absichtliche Bemühung ergänzt werden. Glücklicherweise lieben die meisten Eltern ihre Kinder und bemühen sich gewissenhaft, ihnen gute Eltern zu sein. Aber immer mehr Eltern ermüden in dem Kampf, das Leben für ihre Kinder in einer Welt unverständlicher Eindrücke vernünftig einzurichten. Immer mehr haben die Kinder unter engen Wohnverhältnissen zu leiden, immer mehr sind sie durch Radio und Fernsehen unverständlichen Erfahrungen ausgesetzt, und fast täglich stehen sie irgendeiner neuen „sinnreichen Erfindung" gegenüber, die sie beherrschen oder vermeiden lernen müssen.

Viele erschöpfte Eltern müssen feststellen, daß sie sich nicht mehr die Mühe machen, das Radio oder das Fernsehgerät abzustellen oder gefährliche und zerbrechliche Gegenstände außer Reichweite des Kindes zu bringen. Sie merken immer mehr, daß sie den einfacheren Ausweg wählen, denn es macht zweifellos mehr Mühe und erfordert mehr Einfallsreichtum, z. B. zerbrechliche Dinge außerhalb der Reichweite des Kindes zu halten, als „Nein, nein!" zu sagen oder ihm einen Klaps auf die Hand zu geben. Aber die erstgenannte Verhaltensweise verlangt ein Minimum an Planung von Mutter oder Vater, während die zweite hauptsächlich für das Kind Unbequemlichkeiten schafft. Selbst wenn man dem Kind klarmacht, wie wichtig Papas Bücher sind, wird es dies schließlich so deuten, daß tote und ersetzbare Dinge seinen Eltern wichtiger sind als sein unersetzbares Gefühl, es sei gut, seine Umwelt zu erforschen — zumindest so weit, wie die Welt ihm erreichbar ist.

Es erscheint auch sehr einfach, ein Kind hinter Gittern einzusperren, wenn man die Entschuldigung zur Hand hat, es müsse davor bewahrt werden, sich am heißen Küchenherd wehzutun. Aber mit nur ein wenig Phantasie sollte es möglich sein, den Küchenherd zu vergittern und so den Bereich zu vergrößern, in dem das Kind gefahrlos seine Erkundungen anstellen kann — gar nicht zu reden von den kurzsichtigen (wenn auch wohlmeinenden) Eltern, die es für ihre Pflicht halten, außer Hause Verbesserungen der Lebensumstände für die Bürger aktiv zu fördern, sich aber nur wenig für eine Kampagne interessieren würden, die zum Ziel hätte, Gasherde so zu gestalten, daß Kleinkinder nicht mehr an die Bedienungsknöpfe kommen können.

Daraus ergibt sich, daß ein häufiges und oft ärgerliches „Nein" das Kind davon überzeugt, daß es gefährlich ist, selbständig Entdeckungen zu machen, und daß die Eltern es mißbilligen, das Kind bekommt den Eindruck, diese Welt sei voll von unverständlichen Gefahren, und nur wer gar nichts tue oder nur das, was die Eltern ausdrücklich erlauben, sei ganz ungefährdet. Oft kommt das Kind am Ende auch zu der Überzeugung, selbständig Entdeckungen zu machen sei etwas Schlechtes. Dies geschieht sogar oft in Familien, wo aufgeklärte Eltern sich verpflichtet fühlen, dem Kind angemessene Sexualaufklärung zu geben (was wünschenswert ist) und ihm sogar erlauben, in dieser Sache selbst seine Forschungen zu treiben. Sexuelle Forschungen, ja, aber Erforschung des Küchenherdes, nein.

Die häufige Ermahnung, man solle „sein Kind lieben", ist zwar gut gemeint, aber sie ist zwecklos, wenn die Eltern sie zu beherzigen versuchen, ohne das richtige oder echte Gefühl zu empfinden. Wir haben viele Kinder kennengelernt, die es übelnahmen, wenn ihre Eltern die vorgeschriebenen Verhaltensweisen der „Liebe" zu ihren Kindern praktizierten, weil sie das Gefühl hatten, diese „Liebe" sei nicht echt. Die Mutter, die ihrem Kind alles durchgehen läßt, um den Nachbarn zu zeigen, was für eine gute Mutter sie ist, schadet ihrem Kind oft ebensosehr, als wenn sie nur gleichgültig wäre. Das Kind kann nicht verstehen, daß die Mutter vielleicht aus Angst oder Besorgnis so handelt („Eine ideale Mutter reagiert nie gereizt, wie ich es so oft tue"). Es spürt nur, daß es in der einen oder anderen Weise benützt wird, und Nachgiebigkeit, die ihm zuteil wird, damit andere beeindruckt werden, ist überhaupt keine Nachgiebigkeit; in Wirklichkeit tut sie dem Kind weh, denn es wird für sachfremde Zwecke der Mutter mißbraucht.

Ich bin mir klar darüber, daß diese und andere Bemerkungen über Eltern, sowohl an dieser Stelle als auch über das ganze Buch verteilt, für den Leser allzu streng klingen mögen oder wie Kritik klingen, ohne daß man Hilfe anbietet. Ich muß daher betonen, daß meine Beispiele aus der Erziehung psychisch gestörter Kinder stammen. Sie sollen gewissenhaften Eltern zu einem besseren Verständnis der Reaktionen des normalen Kindes verhelfen, genau wie das Studium von Krankheiten dazu dient, unser Verständnis für die normalen Körperfunktionen zu fördern.

Ich habe nicht die Absicht, in diesem Werk Schlüsse hinsichtlich dessen zu ziehen, was Erzieher oder Eltern in ihrem täglichen Umgang mit einem bestimmten normalen Kind tun oder vermeiden sollten. Ich hoffe, daß der Leser auf Grund seiner eigenen Erfahrungen und auf Grund des besonderen Milieus und der jeweils herrschenden Gefühle, in deren Rahmen das Leben der Kinder verläuft, mit denen er zu tun hat, selbst zu derartigen Folgerungen gelangt.

Andererseits besteht einer der Hauptbeiträge, die wir an einer Anstalt wie der unseren machen können, darin, die — böse oder gute — Wirkung der normalen Alltagstätigkeiten auf das Individuum zu studieren, die Gefühle, die bei diesen Tätigkeiten und um sie herum entstehen, und die Beziehung zu den Kontakten mit anderen Menschen, die sich durch diese Tätigkeiten ergeben. Im Verlauf unserer Bemühungen, Kindern bei der Überwindung ihrer Schwierigkeiten zu helfen, können wir sehr deutlich erkennen, wie diese Tätigkeiten, weil sie für Erwachsene nur „Routine" sind, zu oft als selbstverständlich angesehen und in ihrer Bedeutung unterschätzt werden. Diese Tätigkeiten stehen aber oft an zentraler Stelle im Leben der Kinder. Wir können ebenfalls beobachten, wie die persönlichen Kontakte, die im Zusammenhang mit diesen Tätigkeiten erlebt werden, die Persönlichkeitsbildung oder -mißbildung des Menschen beeinflussen, oft sehr viel stärker als persönliche Kontakte in anderen Situationen. Die von der Norm abweichenden, oft übertriebe-

nen Verhaltensweisen, die wir bei den Kindern beobachten, wenn sie essen, sich waschen, spielen, lernen oder ins Bett gehen, sind Prototypen eines Verhaltens, die in ihrer Gesamtheit den ganzen Erlebnisspielraum aller normalen Kinder umfassen.
Tatsächlich waren es gerade diese Erlebnisse, die bei unseren Kindern zu Persönlichkeitsstörungen geführt hatten. Indem wir zeigen, wie wir bei schwer geschädigten Kindern diese Situationen handhaben, mag klarwerden, daß ihre falsche Handhabung die Störungen herbeigeführt hat, die wir nun wieder zu beheben versuchen.
So gesehen, haben unsere Bemühungen in der Schule [1] sehr viel weitgreifendere Wirkungen als die, etwa vierunddreißig psychisch gestörten Kindern Hilfe zu bringen, so wichtig das auch an sich schon ist. Während wir erkennen, wie man den Kindern helfen kann, die Probleme zu lösen, die sie daran gehindert haben, ein erfolgreiches Leben zu führen, während ihre Not gelindert wird, solange sie in der Schule leben, und während wir ihre Besserung beobachten, bekommen wir mehr Verständnis dafür, wo in unserer Gesellschaft bei der Kindererziehung Fehler gemacht werden. Daher liegen die weitgreifendsten und wichtigsten Folgerungen unserer Arbeit in etwas, das wir als „vorbeugende Psychologie" oder „vorbeugende Psychohygiene" bezeichnen können.
Beim Verstehenlernen des Verhaltens haben wir durch das Studium der psychischen Anomalien viel über die Funktionsweisen der normalen Psyche gelernt, und Funktionen, die nicht leicht zu erkennen sind, wenn man normale Individuen untersucht, werden einem an den Übertreibungen und Entstellungen des abnormen Verhaltens klar. Die Theorien der Psychoanalyse und der dynamischen Psychologie, auf denen das Bezugssystem der Schule beruht, sind selbst hauptsächlich aus dem Studium neurotischer Patienten entstanden; mit hysterischen Patienten hat man angefangen. Im Verhalten solcher Menschen traten psychische Phänomene in so übertriebener Form zutage, daß man sie besser beobachten konnte und dann in der Lage war, die gleichen Probleme auch bei normalen Individuen zu erkennen, wo sie weniger intensiv auftraten. In ähnlicher Weise sollten die übertriebenen Reaktionen unserer Kinder auf erhebliche Fehler in ihrer Erziehung und auf die Wirkungen bestimmter Aspekte des heutigen Stadtlebens die weniger schlimmen und daher auch weniger offenkundigen Fehler deutlich machen, die in der Erziehung vieler normaler Kinder begangen werden.

---

[1] Der volle Name der Schule lautet: The University of Chicago Sonia Shankman Orthogenic School. Sie ist eine der experimentellen oder „Laboratoriums"-Schulen dieser Universität. Wir wollen sie von nun an in diesem Buch nur noch kurz als „die Schule" oder „unsere Schule" bezeichnen.

Als ob die Kindererziehung in der zeitgenössischen Gesellschaft mit ihren ungenauen Wertvorstellungen und Sittengesetzen nicht schon schwierig genug wäre, läßt der Druck, unter dem das Leben der meisten Eltern steht, oft selbst die in bester Absicht unternommenen Bemühungen scheitern. Es ist z. B. noch nicht einmal genug, im richtigen Augenblick das Richtige zu tun, sondern es muß auch mit den Gefühlen getan werden, die zu der betreffenden Handlung gehören. Wir haben bei unserer Arbeit immer wieder festgestellt, daß nicht so sehr die harten Tatsachen zählten, sondern die Gefühle und Einstellungen, die mit ihnen verbunden waren.

Oberflächlich betrachtet, erscheint z. B. die Mutter, die ihr Kind nicht schimpft, wenn es das Bett naßgemacht hat, nachgiebiger als die Mutter, die dem Kind eine Strafpredigt hält. Aber wenn die nachgiebige Mutter außerdem ein großes Geschrei macht, weil sie mit dem Waschen der Laken soviel Arbeit hat, kann das Kind noch stärkere Schuldgefühle empfinden als dasjenige, das ausgeschimpft wird, weil es sich naßgemacht hat. Das Gewährenlassen an sich kann also nutzlos oder sogar schädlich sein, wenn es mehr aus dem Verstand als aus dem Gefühl kommt.

Oder ein anderes Beispiel: Wenn die Mutter den Ehrgeiz hat, ihr Kind solle sich besser und schneller entwickeln als andere, damit sie sich selbst und anderen beweisen kann, daß sie als Mutter wirklich erfolgreich ist, kann sie sich leicht an die Regeln halten und dennoch ihre Wünsche befriedigen. Der Leistungsehrgeiz der Mutter wird einfach von der Strenge in der Sauberkeitserziehung — die heutzutage bei aufgeklärten Eltern tabu ist — auf ein weniger offen zutage tretendes Gebiet verlagert.

Eine solche Mutter hat mir vor kurzem voll Stolz erzählt, sie würde nicht im Traum daran denken, bei ihrem anderthalbjährigen Sohn schon mit der Reinlichkeitserziehung anzufangen. Sie sagte, sie könne damit warten, bis er spontan zu erkennen gebe, daß er bereit sei, regelmäßig auf die Toilette zu gehen. Andererseits führte diese Mutter Buch über den Wortschatz ihres kleinen Sohnes und hatte ausgerechnet, daß er jeden Tag zwei neue Wörter lernte — und sie war fest entschlossen, dafür zu sorgen, daß er diese Norm beibehielt oder verbesserte. Die neuen Wörter wurden innerhalb der Familie früh und häufig besprochen und bildeten den Hauptinhalt der Briefe, die die Mutter an ihre Eltern und Schwiegereltern schrieb.

In diesem Fall war an die Stelle des Drucks in Richtung auf einen Typus der Leistung — Reinlichkeitserziehung — der Druck in Richtung auf eine viel schwierigere Leistung — Wörterlernen — getreten. Die Mutter konnte sich selbst einen viel größeren Druck in bezug auf die intellektuellen Fortschritte ihres Sohnes erlauben, da ihre Milde in bezug auf die Sauberkeitserziehung sie schon deutlich als nachgiebig ausgewiesen hatte, nicht nur in ihrer eigenen Vorstellung von sich selbst, sondern auch gegenüber all ihren aufgeklärten Freunden. Aber in gewisser Weise war dieser Junge schlechter dran, als wenn seine Mutter zu früh mit der Sauberkeitserziehung angefangen hätte, denn die Abfolge der Entwicklung war hier umgekehrt worden. Die Fähigkeit, sich wortreich auszudrükken, ging der Reinlichkeitserziehung voraus, anstatt ihr nachzufolgen; die Beherrschung des Sphinktermuskels, zu der der Junge mittlerweile einigermaßen fähig gewesen wäre, wurde aufgeschoben, das Wörterlernen dagegen, für das er noch keineswegs alt genug war, wurde vorangetrieben.

Man kann sich unschwer vorstellen, daß dieses Kind sich unter den gegebenen Umständen stärkerem Druck ausgesetzt fühlte und daher sehr viel angespannter war, als es vielleicht gewesen wäre, wenn die Mutter sich einfach mit einer frühen Reinlichkeitserziehung zufrieden gegeben hätte. Der Druck in Richtung auf Erfüllung der Forderungen seiner Mutter wäre in jedem Fall stark gewesen, aber das angestrebte Ziel hätte im zweiten Fall wenigstens der Reifestufe des Jungen besser entsprochen.

Darum wäre es irreführend, wenn wir in diesem oder anderen Fällen spezifische Ratschläge erteilen wollten. Sie würden nur den Eindruck hervorrufen, es komme auf die äußeren Umstände der Situation an, anstatt auf das jeweils betroffene Kind mit seiner besonderen Entwicklung und seinen besonderen Beziehungen. Immer wieder haben wir festgestellt, daß nicht irgendeine besondere Methode der Sauberkeitserziehung, sondern vielmehr kleine Details dieser Erziehung in den Kindern Gefühle hervorgerufen hatten, die später zu Schwierigkeiten führten. Nicht so sehr die Handlungsweise der Erwachsenen, sondern die Art, wie das Kind sich seine eigenen Beobachtungen zu deuten oder zu erklären versucht, kann seine normale Entwicklung beeinträchtigen, und zwar viel stärker als die Tatsache, ob seine Reinlichkeitserziehung streng oder nachgiebig gewesen ist. Wir haben bei unserer Arbeit z. B. festgestellt, daß es ziemlich belanglos ist, wie oft man einem Kind erlaubt, sich schmutzig zu machen, im Vergleich zu der Bedeutung der emotionalen Beteiligung (seinerseits und unsererseits), die seine Handlungen begleitet, oder im Vergleich zu der Tatsache, wie angemessen unser Handeln — sei es nachgiebig oder einschränkend — dem Kind verständlich gemacht worden ist. Aber hier wirkt ein Beispiel wohl anschaulicher.

Da Sauberkeit in unserer Gesellschaft so wichtig ist, sind die Tabus gegen Schmutz sehr stark. Aus dem gleichen Grund ist die Sauberkeit ein Problemgebiet, das jedem wohlbekannt ist, der sich für therapeutische Arbeit mit Kindern interessiert. Darum sind viele Anfänger rasch bereit, den Kindern das, wie sie annehmen, so einfache Vergnügen anzubieten, sich schmutzig zu machen. Aber wenn die Erwachsenen sich nicht ganz dessen sicher sind, wie sie selbst zu diesem Problem stehen, dann versuchen sie sich bei ihren Handlungen auf das zu verlassen, was sie über problematische Kinder im allgemeinen wissen, und verlassen sich nicht auf ihr spontanes Verständnis für die augenblicklichen Bedürfnisse eines bestimmten Kindes.

Ein Kind, das früher übermäßig sauber gewesen ist, aber schon auf den Weg gebracht worden ist, seine Abwehr abzubauen, wird vielleicht zögern, sich schmutzig zu machen, wenn es mit nassem Sand spielt, während es sich zugleich schmutzig machen *möchte*. Wenn es unfähig ist, diesen Konflikt zu lösen, wird es wahrscheinlich von dem Erwachsenen helfendes Eingreifen erwarten. Aber nehmen wir einmal an, der Erwachsene hat den Konflikt zwischen seinem eigenen kindlichen Wunsch, sich im Schmutz zu suhlen, und der Forderung unserer Gesellschaft nach persönlicher Reinlichkeit nicht ganz gelöst. Dann wird er feststellen, daß er entweder der Notwendigkeit, sich sauberzuhalten, oder dem „Recht" des Kindes, sich schmutzig zu machen, mit Abwehr gegenübersteht. Aber da er in einer modernen therapeutischen Institution arbeitet, wird er überzeugt sein, es wäre besser für das Kind, wenn es ermutigt würde, sich schmutzig zu machen. Es ist also kaum daran zu zweifeln, daß er dem Kind gegenüber in bezug auf den Schmutz eine Haltung des Gewährenlassens an den Tag legen wird. Aber wegen seines eigenen ungelösten Konflikts wird dieses bewußte Verhalten von unbewußten Tendenzen getönt.

Er wird vielleicht ermutigende Worte sprechen, dabei aber unbewußt spüren, daß er einen eigenen Widerwillen herunterschlucken muß, und dies kann sich darin ausdrücken, daß er das Kind bei seiner „Drecklerei" mit Sand zu eifrig ermutigt oder zu eifrig mitmacht. Das Kind in seinem eigenen Konflikt zwischen seinem Wunsch, sich schmutzig zu machen, und seinem Wunsch, die Forderungen seiner Eltern zu erfüllen, wird fühlen, daß auch der Erwachsene in einer Konfliktsituation ist, ganz gleich, was er laut ausspricht. Das wird das Kind eher mehr als weniger in Zweifel bringen, auf alle Fälle wird es dem Erwachsenen mißtrauen, der das eine sagt und etwas ganz anderes zu empfinden scheint.

In anderen Fällen wird der Erwachsene vielleicht teilweise von einer bewußten oder unbewußten Abneigung gegen Schmutz beeinflußt. Er wird

auch dann vielleicht aus therapeutischer Überzeugung Ermutigendes sagen, aber während er dies tut, kann sein inneres Zögern sich in einem distanzierteren Verhalten gegenüber dem Kind ausdrücken, als er es normalerweise im Zusammenhang mit anderen Tätigkeiten an den Tag legen würde. Bei Tätigkeiten, die weniger eng mit seinen eigenen ungelösten Problemen zusammenhängen, beteiligt er sich sonst ungezwungen oder zieht sich zurück, wie es die Situation und die Bedürfnisse des Kindes jeweils erfordern. Aber diese Freiheit und Spontaneität fehlen, wenn er auf Grund seiner therapeutischen Überzeugung und nicht nach seiner Augenblickseingebung handelt, die mit seinen wahren Neigungen übereinstimmt. Jedes Kind, aber ganz besonders ein psychisch gestörtes Kind, neigt dazu, weniger auf das offenkundige Verhalten des Erwachsenen zu reagieren als auf das, was es daran als anders empfindet, wenn es mit dem gewöhnlichen Verhalten des gleichen Menschen vergleicht.
Nur der Erwachsene, der so weit integriert ist, daß ihm Dreck relativ gleichgültig ist, wird auf den Konflikt des Kindes so reagieren, wie es dem Bedürfnis des Kindes entspricht. Erwachsene, die selbst in bezug auf Schmutz oder Sauberkeit Konflikte haben, werden so reagieren, wie es ihrer vorgefaßten Meinung über das, was therapeutisch ist, entspricht, oder aber auf der Grundlage ihrer eigenen unbewältigten Konflikte. Wenn die Angst des Kindes, sich schmutzig zu machen, zu groß wird, wird der Erwachsene, der relativ frei von Konflikten bezüglich der Sauberkeit ist, es ermutigen, sich aus der verführerischen Situation hinauszubegeben. Und dies wird er so fertigbringen, daß das Kind es tun kann, ohne daß sein Stolz bedroht wird und ohne daß Angst zurückbleibt, sich später in eine ähnliche Situation zu begeben. Bei einem Kind andererseits, dessen Abwehr schon so schwach ist, daß es sich solchen Tätigkeiten hingeben kann, ohne Schuldgefühle zu empfinden oder seine Selbstachtung zu verlieren, wird ein derartiger Erwachsener Ermutigung anbieten, und zwar in einer Weise, die dem Kind das Gefühl ermöglicht, es folge nicht einer Anregung, sondern es handle so auf Grund einer selbständigen Wahl.
Es wäre unrealistisch zu glauben, irgend jemand könne hinsichtlich aller oder fast aller infantilen (triebhaften) Tätigkeiten, die in unserer Gesellschaft so stark tabuiert sind, frei von Konflikten sein. Manche Erwachsene sind vielleicht fähig, Schmuddeligkeit oder Dreck bei Kindern ohne eine Anwandlung von Abwehr zu ertragen, aber es mag ihnen (trotz ihres theoretischen Wissens) ganz anders ergehen, wenn es um Masturbation bei Kindern geht. Wieder andere sind vielleicht frei von inneren Konflikten, wenn die Kinder Obszönität und Exhibitionismus an den Tag legen, aber voll von Konflikten, wenn es um Ausdrücke der Orali-

tät wie Daumenlutschen oder gieriges Hinunterschlingen des Essens oder um physische Aggressivität geht usw. Wir können im besten Fall nur hoffen, daß der Erwachsene selbst erkennt, auf welchen Gebieten des Verhaltens er mit sich selbst nicht im reinen ist, und daß er auf Grund dieser Erkenntnis versuchen wird, sich von den Kindern fernzuhalten, wenn sie Dinge tun, die ihn aus der Ruhe bringen. Wenn die Kinder sich in dieser Weise betätigen, sollte er sie der Obhut einer Person überlassen, die nicht dazu neigt, sich von derartigem Verhalten beunruhigen zu lassen.

In einer therapeutischen Einrichtung wie unserer Schule ist es eine Hauptaufgabe des Aufsichtführenden oder Direktors, richtig zu beurteilen, welche Mitarbeiter in bezug auf bestimmte Problemgebiete am wenigsten mit Konflikten belastet sind, und sie so zu lenken, daß sie sich auf diese Bereiche konzentrieren und die anderen denjenigen Mitarbeitern überlassen, die besser in der Lage sind, mit ihnen umzugehen. In unserer Schule haben mindestens vier Erwachsene — ein Lehrer und zwei oder drei Betreuer (counselors), denen oft noch ein weiterer Therapeut beigegeben werden muß — engen Kontakt mit allen Kindergruppen. Das erlaubt uns, die jeder Einzelgruppe zugeteilten Mitarbeiter so auszuwählen, daß den Kindern mindestens ein Erwachsener (oft auch mehrere) zur Verfügung steht, der hinsichtlich bestimmter Verhaltensbereiche, in denen das Kind Hilfe oder Unterstützung braucht, frei von Konflikten ist.

Außer diesen Erwachsenen, die die Hauptverantwortung für eine Gruppe tragen, stehen den Kindern noch viele andere (die Krankenschwester, die Werklehrer, der Sportlehrer usw.) zur Verfügung. Auch bei jedem dieser Erwachsenen gibt es mindestens ein Problemgebiet, hinsichtlich dessen er wenig oder gar keine Konflikte hat; das macht es sehr viel leichter, das Kind davor zu bewahren, sich mit einem Erwachsenen in eine Tätigkeit hineinbegeben zu müssen, der gerade in bezug auf diese Tätigkeit Konflikte empfindet. Wenn ich sage, ein Mensch hat Konflikte hinsichtlich eines bestimmten Lebens- oder Verhaltensaspekts, dann meine ich nicht nur, daß er in bezug auf die tabuierte Tätigkeit ambivalente Gefühle hat, sondern auch — wenn es so etwas überhaupt gibt — nicht-ambivalente Ablehnung oder übermäßige Neigung zu dieser Art Verhalten empfindet.

Auch in anderer Hinsicht kann der gut integrierte Erwachsene, einfach dadurch, daß er er selbst ist und seine Verantwortung (wie auch seine Vorrechte) als Erwachsener auf sich nimmt — etwa dadurch, daß er sein Erwachsensein ohne Konflikte erlebt — dem Kind helfen, während der konfliktbeladene Erwachsene möglicherweise gerade dadurch emotionale Schwierigkeiten schafft, daß er dem Kind helfen will.

Zum Beispiel sind, weil das moderne Leben so komplex ist, viele wohlmeinende Eltern unfähig, genug Zeit mit ihren Kindern zuzubringen. Wenn ein solcher Erwachsener sich außerdem seiner emotionalen Einstellung dem Kind gegenüber nicht allzu sicher ist, wird er vielleicht versuchen, den Zeitmangel (oder den Mangel an emotionaler Zuwendung) durch bewußte Versuche wettzumachen, die Zuneigung des Kindes zu gewinnen. Oft genug stellen wir fest, daß ein Vater, der seinem Sohn ein Kamerad werden (oder bleiben) möchte, so weit geht, ihn des Schutzes und der Geborgenheit zu berauben, die nur ein Vater geben kann. Indem er den Spielgefährten des Sohnes spielt, nimmt er ihm ein erwachsenes Beispiel, nach dem das Kind eines Tages seine eigene Persönlichkeit formen könnte; indem er sich selbst kindisch aufführt, überzeugt er seinen Sohn davon, daß er, der Vater, ihn weder in Schach halten noch beschützen kann.

Alles, was der Erwachsene an unserer Schule tun muß, um dem Kind seine Sicherheit zurückzugeben, die von der Tatsache abhängt, daß Erwachsene es beschützen und, wenn nötig, in Schach halten können, besteht darin, daß er er selbst ist und sich seinem Alter entsprechend verhält. Indem er einfach nur das tut, stellt er den Kindern ein Beispiel zur Verfügung, das sie nachahmen können. Zugleich stellt er die Geborgenheit des Kindes wieder her, die daher rührt, daß ein starker und tüchtiger Erwachsener sich um es kümmert.

Ein Beispiel: Eines Tages spielte Stuart, einer unserer siebenjährigen Jungen, im Park; dabei gelang es ihm, eine Gruppe von Kindern (die er nicht kannte) so zu reizen, daß sie sich gegen ihn zusammenrotteten. Sein Betreuer bewahrte ihn vor dem Überfall, aber als sie fortgingen, wirkte Stuart sehr zufrieden und bemerkte, was für ein Glück er habe, daß sein Betreuer ihn beschützen könne. Sein Vater, sagte er, wäre dazu nie fähig gewesen. Dann erzählte er, wie er mit seinem Vater immer gerungen habe, und wie es ihm gewöhnlich gelungen sei, ihn mindestens sechs- von siebenmal zu besiegen. Er fuhr fort: sein Vater sei nicht so ein guter Ringer wie er; während es ihm fast immer gelungen sei, seinem Vater die Schultern auf den Boden zu drücken, sei sein Vater so schwach, daß es ihm sogar bei den paar Gelegenheiten, wo er gewonnen habe, fast nie gelungen sei, Stuarts Schultern beide auf den Boden zu drücken [2]. (Stuart war winzig für sein Alter; sein Vater war Marineoffi-

---

[2] Teilnehmender Beobachter: Calvin Axford. Es versteht sich jedoch von selbst, daß in einem im großen ganzen stabilen und befriedigenden Familienmilieu, in dem das Kind wenig Grund hat, an der Stärke oder Beschützermacht

zier gewesen und hatte erst vor kurzem den aktiven Dienst verlassen, dort war er wegen Tapferkeit ausgezeichnet worden.)
Drei Monate an der Schule reichten aus, um es Stuart zu ermöglichen, offen festzustellen, es sei alles andere als beruhigend, wenn man denken könne, man sei seinem Vater überlegen; ein wirklicher Vorteil für ein Kind liege darin, daß es glauben könne, Erwachsene seien *ihm* überlegen und darum sehr wohl in der Lage, das Kind zu beschützen. Zu dieser Zeit erzählte er eines Tages dem gleichen Betreuer, er könne alle Arten von Cowboyliedern singen, und fügte hinzu: „Ich kann das sehr gut, das ist das Schlimme." Sein Betreuer fragte, warum das „schlimm" sei, und Stuart antwortete: „Mein Vater kann es nicht sehr gut, das ist das Schlimme."
Nach dem Eingeständnis, er könne besser singen als sein Vater und das mache ihm zu schaffen, dauerte es noch lange (mehr als sechs Monate), bis er aussprechen konnte, daß der Grund, warum er sich selbst so sehr antreiben müsse, in seinem Gefühl liege, er müsse selbst für sich sorgen, da seine Eltern anscheinend nicht dazu in der Lage seien. Diese Unsicherheit war im Zusammenwirken mit anderen Faktoren ein genügend starkes Motiv für ihn, einen Intelligenzquotienten von 153 zu entwickeln, zum Nachteil seiner Fähigkeit, in sozialen Beziehungen wie ein Mensch zu funktionieren; er war unfähig, auch nur einen Augenblick stillzusitzen, unfähig, mit anderen Kindern zu spielen, die ihn alle einhellig heftig ablehnten. Seine tatsächlich überragende intellektuelle Entwicklung hatte im Verein mit seinem Überlegenheitsgefühl gegenüber seinen Eltern zu größenwahnsinnigen Handlungen geführt, die ihm jeden Kontakt mit der Realität raubten.

Außer unserer direkten Arbeit mit den in unserer Schule lebenden Kindern und dem umfassenderen Studium der vorbeugenden Psychologie hat die Schule noch eine Hauptaufgabe: die Ausbildung zukünftiger Betreuer, die außerhalb dieser Anstalt arbeiten wollen. Natürlich kann die Schule nur dann zukünftige Direktoren von Kinderheilstätten, Kindertherapeuten und Erzieher und andere Fachkräfte verwandter Berufe ausbilden, wenn sie mit den Behandlungsmethoden, die sie entwickelt, Erfolge zustandebringt.
Damit soll nicht gesagt werden, daß wir heute eine Gesamtheit von absoluten Erkenntnissen angesammelt haben, mit deren Hilfe wir alle Probleme lösen können, die uns begegnen. Im Gegenteil, wir haben das Gefühl, auf einem relativ neuen Gebiet zu arbeiten, wo nicht einmal die

---

seiner Eltern zu zweifeln, ein Vorfall dieser Art ziemlich harmlos ist und nur als das zu deuten ist, was es wirklich ist, nämlich als Spiel und Spaß.

Grundannahmen, die die Basis unserer Bemühungen bilden, endgültig festgelegt sind, geschweige denn ihre Anwendung in der täglichen Praxis. Auf diesem Gebiet sind noch viele Erkenntnisse nötig, und wir können bestenfalls hoffen, einen Beitrag dazu zu leisten. Deshalb wollen wir mit einem Bericht wie dem vorliegenden weniger anderen sagen, wie sie es anfangen sollen, diesen psychisch gestörten Kindern zu helfen, die unsere Dienste so sehr nötig haben, sondern vielmehr andere anregen, unsere Methoden auszuprobieren, diejenigen zu verfeinern, die sie nützlich finden, andere wegzulassen, die sich als unzulänglich erweisen, und ganz allgemein mitzuhelfen, die besonderen Vorteile und Mängel unserer verschiedenen Methoden und Verfahrensweisen festzustellen.

Zur Darstellung der Arbeit unserer Schule wären zwei grundlegende Methoden gleich brauchbar gewesen. Bei der einen folgt man einem Kind Schritt für Schritt auf seinem Weg zur Rehabilitation, und jedesmal wird dem Leser gezeigt, was der Schritt bedeutet, und was für eine heilsame — oder schädliche — Wirkung er für das betreffende Kind im betreffenden Augenblick hat [3]. Die zweite Methode, die auch in diesem Buch praktiziert wird, besteht darin, daß man zeigt, wie die alltäglichen Tätigkeiten der Kinder in sinnvoller Weise genutzt werden können, wie man sie zu Trägern persönlicher Beziehungen machen kann und wie sie zum Erlebnis der Bewältigung von Aufgaben führen können, denen das Kind früher ausgewichen ist oder an denen es früher gewöhnlich gescheitert ist.

Wir haben diese letztere Art des Vorgehens gewählt, weil sie deutlicher aufzuzeigen scheint, welche besonderen Ängste in einem Kind durch bestimmte Tätigkeiten und durch die Art, wie Erwachsene sie handhaben, erweckt werden können. Sie zeigt auch, auf welche besonderen Nuancen des Kontakts das Kind in seinen Alltagstätigkeiten zu reagieren pflegt, und wie die individuelle Tönung der persönlichen Beziehung in solchen Augenblicken ebenso leicht dazu benützt werden kann, geistig-seelische Gesundheit und emotionales Wohlbefinden zu fördern, wie sie das Kind auf eine Bahn des Versagens und der Verzweiflung drängen kann.

Später, wenn wir eine zusammengefaßte Darstellung davon geben, wie die emotionalen Probleme von Kindern gehandhabt werden können (z. B. wenn sie morgens aufwachen), werden wir versuchen zu zeigen, was wir für eine angemessene Handhabung einer spezifischen Problemsituation halten. Wenn wir dies tun, wollen wir damit nicht zu verstehen geben, daß wir unseren Aufgaben immer gewachsen seien, denn leider

---

[3] Ein Beispiel für diese Methode ist der Fallbericht über Harry. (Siehe: „Veröffentlichungen über die Schule", Nr. 9. Eine Sammlung derartiger Fallgeschichten ist in Vorbereitung.)

machen wir auch Fehler. Es erschien uns jedoch überflüssig, den Leser mit einer Aufzählung unserer Mißerfolge zu belasten. Wenn wir uns in diesem Buch darauf konzentrieren, ein positiveres Bild zu zeichnen, darf das nicht so verstanden werden, als machten wir niemals Fehler. Aber wenn uns Fehler unterlaufen, versuchen wir, soviel wie möglich aus ihnen zu lernen und Nutzen aus ihnen zu ziehen. Dadurch, daß wir dem Kind gegenüber unsere Fehler zugegeben haben, uns bei ihm entschuldigt haben und uns wirkliche Mühe gegeben haben, dem Kind einen Ausgleich für unsere Fehler zu verschaffen, sind mindestens ebenso viele gute Beziehungen entstanden wie durch von vornherein richtige Handhabung einer Situation. Außerdem überbrückt die Tatsache, daß wir uns auch irren, eine Kluft zwischen uns und dem Kind. Der Umstand, daß es uns leicht fällt, unsere eigenen Mängel zuzugeben und zu berichtigen, erleichtert dem Kind die Vorstellung, es sei vielleicht doch nicht so schwierig, wie es geglaubt hatte, sein Verhalten zum besseren zu ändern, und dies müsse nicht notwendigerweise Statusverlust mit sich bringen, wie es gefürchtet hatte.

Bevor wir den Leser einen Tag an der Schule miterleben lassen, und bevor wir zeigen können, was den Aufenthalt dort für das Kind heilsam macht, wollen wir dem Leser ein paar allgemeine Informationen über die Schule an die Hand geben. Die Schule ist ein Internat für Kinder mit normaler oder überdurchschnittlicher Intelligenz. Alle Kinder, die in der Schule untergebracht sind, sind frei von körperlichen Krankheiten, leiden aber an schweren psychischen Störungen, die erwiesenermaßen durch gewöhnliche therapeutische Methoden nicht zu beeinflussen waren (oder bei denen sich dies vorhersehen läßt) [4]. Viele dieser Kinder, sind, bevor sie zu uns gebracht wurden, auf verschiedene Weise behandelt worden, sie waren z. B. in einer Kinderanalyse, in psychotherapeutischer Behandlung an einer Child Guidance Clinic oder bei einem frei praktizierenden Arzt, haben aber auf die Behandlung nur wenig oder überhaupt nicht reagiert. Die meisten Kinder bleiben durchschnittlich zwei Jahre oder länger auf der Schule. Wir können vierunddreißig Kinder von sechs bis vierzehn Jahren aufnehmen; die Störungen umfassen den ganzen Symptomkreis von Verwahrlosung oder funktioneller Leseunfähigkeit (Legasthenie) bis zur Schizophrenie der Kindheit (Hebephrenie) — wenn wir diesen Ausdruck gebrauchen dürfen.
Bezeichnungen sind an sich nicht allzu wichtig, aber einige Bemerkungen

---

[4] Informationen darüber, wann es angezeigt ist, ein Kind in einer Anstalt wie unserer Schule unterzubringen, finden sich in den „Veröffentlichungen über die Schule", Nr. 3 und 6.

darüber, warum wir unsere Anstalt *Schule* und nicht *Heim* nennen, können vielleicht doch ein paar wesentliche Fakten verdeutlichen. Negative Vergleiche führen zwar bekanntlich zu nichts, aber die Vorstellung vom „Kinderheim" ist so weitverbreitet, daß die Anschauung, die unserer Schule zugrundeliegt, sich gut dadurch erklären läßt, daß man sie den Prinzipien eines Kinderheims oder eines Behandlungszentrums gegenüberstellt. „Kinderheime" versuchen, wenn nicht eine familiäre Atmosphäre, so doch ein familiäres Milieu zu schaffen. Gewöhnlich gelingt ihnen das auch, weil in den meisten realen Familien die Bequemlichkeit der Erwachsenen den Vorrang vor den Interessen des Kindes hat, während in anderen das Kind in eine Schablone gepreßt wird, die heißt: „was Kinder so gern tun".

In jüngster Zeit, das muß man zugeben, hat man sich in manchen Heimen hauptsächlich auf den Rhythmus und die Interessen der Kinder eingestellt, als ob gar keine reifen Erwachsenen vorhanden wären. Leider sind solche Heime der seelisch-geistigen Gesundheit nicht sehr förderlich; sie sind ein Wunderland, in dem Elternfiguren sich wie „verrückte Hutmacher" aufführen und der *Alice* erlauben, das Leben ihrer Eltern zu regeln. Daraus entsteht eine große Unsicherheit, da es an den Beschützern fehlt, die ein Kind braucht, und das Kind wird in bezug auf die Ordnung dieser Welt und seine eigene Macht und Bedeutung gehörig verwirrt. Derartige Systeme haben manchmal dazu geführt, daß ein Kind in unsere Schule gebracht werden mußte.

Die meisten Kinderheime sind stolz darauf, wie erfolgreich die Heimeltern den Platz der richtigen Eltern ausfüllen. Es ist aber allgemein bekannt, daß die Schwierigkeiten fast aller psychisch gestörten Kinder ihren Ursprung in der Beziehung zu Vater oder Mutter haben. Deshalb ist es unrealistisch, wenn man von ihnen erwartet, sie sollten nach so kurzer Zeit in der Lage sein, gute Beziehungen zu Ersatzeltern herzustellen. Da aber keine anderen Arten von Beziehungen zu Ersatzeltern zur Verfügung stehen, muß das Kind sich dem üblichen Schema fügen, wenn es seine Bedürfnisse befriedigen will. Es erkennt, was ihm nützlich ist, und tut so, als bestehe eine Beziehung wie zwischen einem Kind und seinen Eltern. Das Ergebnis ist eine Pseudobeziehung, die die spätere Bildung einer echten Beziehung von vornherein ausschließt.

Die Einstellung solcher Heime läßt sich vielleicht am besten beschreiben, indem man sagt, ihre Anschauung laute (freilich niemals explizit): Da die Beziehung zu Mutter oder Vater diejenige ist, die das Kind beim besten Willen nicht zustandebringen konnte, ist sie der beste Ausgangspunkt für seine Genesung (ungeachtet der Einsicht jedes Erwachsenen in die Komplexität seiner Beziehung zu seinen eigenen Eltern).

Eine Schule für psychisch gestörte Kinder sollte im Gegenteil bei der Rehabilitation des Kindes damit beginnen, daß sie ihm die einfachste und nicht die schwierigste aller persönlichen Beziehungen anbietet. Man darf vielleicht auch erwähnen, daß in unserer emotional ausgehungerten Gesellschaft auf seiten vieler Erwachsener, die sich den Beruf der Hauseltern in einem Kinderheim ausgesucht haben, das Bedürfnis nach unmittelbaren Zärtlichkeitsreaktionen von den Kindern oft viel größer ist als umgekehrt. Kinder, die in solche Anstalten aufgenommen werden, neigen viel eher dazu, Erwachsene so anzusehen, als seien sie für ihre Bequemlichkeit da; gewöhnlich verlangen sie nicht nach ihrer Liebe, die biogenetisch daraus entsteht, daß man reichlich Befriedigung bekommen hat.

Darum erwarten wir nicht, daß ein Neuankömmling in der Schule Elternfiguren sucht und findet und eine Beziehung zu ihnen herstellt. Statt dessen werden ihm flüchtige Bekanntschaften mit verschiedenen Leuten angeboten, die ihn mit allem versorgen, was er braucht, einschließlich der Achtung vor seinem Bedürfnis nach Ungestörtheit und Für-sich-Sein. Wenn es dem Kind gelingt, Beziehungen zu diesen Personen herzustellen, gut und schön; wenn nicht, ist der Schaden nur gering, denn sie brauchen für das Kind keine Bedeutung zu bekommen.

Mit Ausnahme der Liebe auf den ersten Blick kann die Liebe eines Erwachsenen zu einem Kind, die sofort aufflammt, nur auf emotionales Ausgehungertsein zurückgehen; sie enthält dem Kind eins von jenen Erlebnissen vor, die der Reifung am förderlichsten sind — die Erfahrung einer sich langsam entwickelnden, beide Partner befriedigenden Beziehung. Wenn ein Kind sofort geliebt oder bemuttert wird, fühlt es sich verpflichtet, diese Liebe zu erwidern. Diese Reaktion übersteigt zunächst die emotionale Kapazität des gestörten Kindes, und es kommen nur Gefühle der Wertlosigkeit und Schuldgefühle dabei heraus.

Gewiß wird im Verlauf von einigen Monaten gewöhnlich eine bestimmte Figur in der Gesamtumwelt der Schule vom Kind in einer elterlichen Rolle akzeptiert. Aber dies geschieht erst, nachdem die eigenen Erfahrungen das Kind gelehrt haben, eine derartige Beziehung zu wollen, nachdem es durch eine Anpassung dazu bereit geworden ist, und nachdem es sich selbst langsam davon überzeugt hat, daß es eine solche Beziehung erfolgreich handhaben kann. Aber solche Fortschritte brauchen sehr viel Zeit.

Wenn einem Kind Befriedigung in der Weise geboten wird, wie z. B. eine gute Mutter ihr kleines Kind verhätschelt, wird es, selbst wenn es schon älter ist, zunächst Bindungen entwickeln, wie es sie ursprünglich gegenüber einer guten Mutter hätte bilden können. Dann, und erst dann, ist das Kind bereit, eine Beziehung zu einer Mutter oder einer Mutterfigur aufzubauen. Das ist nun möglich, gerade weil das Kind die Figur, seiner eigenen Neigung folgend und unter einer Mehrzahl zur Wahl stehender Personen, selbst gewählt hat.

Nichts ist für die Genesung des Kindes gefährlicher als die Begegnung mit einem weiblichen Wesen, das sich eine Mutterrolle anmaßt, das die „Rechte des Kindes" studiert hat und zu dem Schluß gekommen ist, Rechte seien etwas, das man dem Individuum aufzwingen müsse. Wenn einem Kind von einer Elternfigur unbeschränkte Befriedigung seiner Bedürfnisse sofort aufgezwungen, anstatt gleichsam nebenbei angeboten wird, erlaubt ihm oft sein Zustand des Ausgehungertseins nicht, diese Befriedigung abzulehnen, obwohl es sie nur unter unannehmbaren Bedingungen haben kann. Dies zwingt das Kind in eine kleinkindhafte Abhängigkeit hinein.

Wenn ein Kind in eine derartige Situation hineingerät, erlebt es zunächst einen Konflikt zwischen seinem Wunsch nach Süßigkeiten oder danach, gewiegt und gehätschelt zu werden, auf der einen Seite, und seiner widerstrebenden Selbstachtung, die ihm eine solche Befriedigung erst dann akzeptabel erscheinen läßt, wenn sein Status fest gegründet ist, und wenn es selbständig die Person ausgewählt hat, von der es Befriedigung bereitwillig annehmen kann.

Obwohl Empfindungen, die ein Kind ursprünglich seinen Eltern gegenüber gehabt hat, ständig auf einzelne Mitarbeiter übertragen werden, geschieht dies immer in abgeschwächter Form. Bis zu einem gewissen Grad dient das Verhalten der Erwachsenen an der Schule auch dazu, der Angst entgegenzuwirken, die ein Kind hinsichtlich gerade dieser Empfindungen gehabt hat. Der Unterschied zwischen einer Betreuerin an der Schule und der Mutter eines Kindes gibt dem Kind ein Gefühl des Geborgenseins in der Schule, weil es dort vor dem Eingreifen seiner Mutter sicher ist, während der Mutter die möglichen Folgen seiner Feindseligkeit erspart bleiben.

Nachdem sie fast fünf Monate in der Schule gewesen war, brachte Emily dies alles zum Ausdruck, als sie anfing, einige ihrer Gefühle mitzuteilen. Im Gespräch mit dem Psychiater verglich sie ihre gewohnten Betreuer, besonders ihre Betreuerin Joan, mit einer neuen, vertretenden Betreuerin, die wir Marilyn nennen wollen. Emily hatte zu diesem Gespräch einen Riegel Schokolade mitgebracht, den sie nun auswickelte, wobei sie sagte, er sei ein Geschenk von Joan. Dann fügte sie hinzu: „Sie sorgt für mich." Gefragt, was sie damit meine, antwortete sie: „Sie sorgt für mich, sie liebt mich nicht." Auf die Frage, was Liebe bedeute, sagte Emily: „Liebe heißt, daß man mich drückt, mich küßt und mich herumträgt und mich 'runtersetzt." Nach einer Pause fügte sie hinzu: „Eltern tun das. Betreuer sorgen für einen. Sie geben einem Kleider und Süßigkeiten. Joan sorgt für mich. Marilyn liebt mich. Meine Eltern sorgen nicht für mich, sie sind keine Betreuer."

In diesen und ähnlichen Bemerkungen brachte Emily einige der Gründe für ihr autistisches Rückzugsverhalten zum Ausdruck, das sie zu Hause gezeigt hatte. Aber sie erklärte auch in gewisser Weise, warum es ihr in der Schule möglich geworden war, aus ihrem Schneckenhaus herauszukommen und Kontakt mit anderen aufzunehmen. Nach ihren Worten sind Eltern Leute, die einen lieben und drücken und wieder 'runtersetzen — und nach anderen Bemerkungen Emilys kann man hinzufügen, nicht so, wie das Kind es möchte, sondern wie es den Eltern gefällt. Die Betreuer an der Schule nehmen sich des Kindes an, wenn das Kind irgend etwas braucht, und ohne daß das Kind seinerseits etwas dafür geben muß. Das meinte Emily damit, daß man „für ein Kind sorgt".

Die neue und unerfahrene Betreuerin kam ihr für ihr Gefühl zu nah, zwang Emily ihre Gefühle auf (die nicht für diese Gefühle bereit war), indem sie sie liebkoste und herumtrug. Dieser enge Kontakt, den sie als „Liebe" bezeichnete, war mehr, als sie zu diesem Zeitpunkt akzeptieren konnte, und überwältigte sie physisch und psychisch. Sie war bereit, jemand für sich sorgen zu lassen und sich die Fürsorge gefallen zu lassen, die man ihr angedeihen ließ, aber vorläufig konnte sie das nur, solange niemand von ihr verlangte, im Austausch dafür zu lieben.

Die Erfahrungen an der Schule zeigen, daß von allen möglichen Beziehungen diejenige zu Elternfiguren als letzte hergestellt wird. Dem steht auch die Tatsache nicht entgegen, daß für das eine oder andere Kind der gleiche Betreuer zunächst vielleicht ein Mädchen für alles oder ein gutmütiger Trottel war, der nur dazu da zu sein schien, um sich ausnützen zu lassen, dann ein verhaßtes älteres Geschwister und schließlich ein sehr begehrter älterer Freund.

Die Schwierigkeit, eine Elternbeziehung aufzubauen, und das bei ihrer Bildung beteiligte Zeitmoment wurden durch die Aussage eines Achtjährigen sehr hübsch veranschaulicht, die er machte, nachdem er achtzehn Monate lang auf der Schule gewesen war. Er sagte, von mir sprechend, zu seiner Betreuerin: „Zuerst konnte ich ihn nicht gebrauchen, ich wußte nicht mal, ob er da war oder nicht. Dann, ungefähr vor einem Jahr, hatte ich schreckliche Angst vor ihm; wenn er mich nur ansah, hab' ich gezittert. Heute hab' ich ihn sehr gern, und es gefällt mir gar nicht, wenn er eine seiner Reisen macht." [5]

---

[5] Teilnehmende Beobachterin: Ronnie Dryovage.

Dieses Kind, dessen Beziehung zu seinem Vater in seinem früheren Leben eins der beunruhigendsten Elemente gewesen war, war in der ersten Zeit seines Aufenthalts an der Schule in der Lage, bedeutsame Schritte in Richtung auf die Integration hin zu tun, weil es nicht gezwungen wurde, sich mit den emotionalen Problemen herumzuschlagen, die eine Bindung an eine Elternfigur möglicherweise wiedererweckt hätte. Im zweiten Abschnitt seiner Anpassung waren seine Schuldgefühle so stark, daß es von Angst und Schuldgefühlen überwältigt worden wäre, hätte man es in die Nähe einer Vaterfigur gezwungen. Erst in den späteren Phasen seiner Anpassung war es fähig, Elternbeziehungen realistisch zu bewältigen und sich den zusätzlichen Schutz und die zusätzliche Geborgenheit zunutze zu machen, die nur eine Elternbeziehung bieten kann. Aber selbst dann noch konnte der Junge seine Gefühle nur der Figur einer älteren Schwester offenbaren.
Nachdem wir soviel darüber gesagt haben, wie wenig angebracht es ist, ein Behandlungszentrum nach den Prinzipien eines Kinderheims einzurichten, müssen wir auch noch betonen, daß derartige Heime für Kinder, deren Fähigkeit, Bindungen zu Elternfiguren einzugehen, ungeschädigt ist, sehr geeignet sind. Solche Kinder sind bald fähig, die positiven Bindungen, die sie früher zu ihren Eltern entwickelt haben, auf die ihnen gebotenen Elternfiguren zu übertragen. Aber dann besteht auch keine Notwendigkeit, sie in eine Spezialschule für psychisch gestörte Kinder zu schicken.

Es ist günstig für unsere Arbeit, daß es dem Kind gut bekommt, wenn es mit anderen Kindern zusammenkommt, die an andersgearteten Störungen leiden, vorausgesetzt natürlich, daß die Kindergruppen sorgfältig zusammengestellt werden, und daß ihr Gruppenleben so gelenkt wird, daß es dazu taugt, dem Kind bei der Überwindung seiner Schwierigkeiten zu helfen. Zum Beispiel kann das extrem in sich zurückgezogene Kind, das die Welt in seinem eigenen Bezugssystem sieht, nicht erkennen, daß das durch seine Handlungen manifestierende Kind, sagen wir einmal das verwahrloste Kind, unter Ängsten leidet, die ebenso tief verwurzelt sind wie seine eigenen. Es glaubt statt dessen, das verwahrloste Kind habe ein freies und leichtes Leben, und es hat vielleicht sogar den Schulschwänzern ihre vermeintliche Freiheit geneidet, bevor es selbst an die Schule gekommen ist.
Es hat nie gewagt, sich so zu verhalten wie das verwahrloste Kind, weil es zu große Angst vor den seiner Vorstellung nach schrecklichen Folgen eines solchen Lebens hatte. Aber sobald es in der Schule lebt, kann es mit eigenen Augen sehen, daß die größere Ungeniertheit, mit der der „Ver-

wahrloste" sich dessen bemächtigt, was er will, oder sich Luft macht, nicht zu katastrophalen Folgen führt, und die Ängste, die das schüchterne Kind früher von einem aktiven Leben zurückgehalten haben oder es gehindert haben, seine Gefühle zum Ausdruck zu bringen, können sich langsam auflösen. Dann wird das Beispiel des „Verwahrlosten" ein Anreiz zu freierem Verhalten, aber auch das natürlich nur bei sorgfältiger Handhabung der Gruppensituation. Der kleine Ausreißer andererseits beneidet das in sich zurückgezogene Kind um seine scheinbare Fähigkeit, Ruhe und Frieden zu genießen, und schließlich wird dies zum Anreiz für den Versuch, selbst auch die anscheinend friedlichere Lebensart auszuprobieren.

Genau wie nur unsere Handlungen und Gefühle zeigen, wie unsere allgemeinen Anschauungen und unsere besonderen Absichten beschaffen sind, so würden sich unsere Anschauungen am besten offenbaren, wenn wir im einzelnen nacherzählen könnten, was sich an der Schule von Tag zu Tag ereignet. Aber selbst ein Bericht vom Umfang eines Buches wie der vorliegende bleibt notwendig skizzenhaft und unzulänglich.
In Kürze kann man sagen, unsere Art des Vorgehens ist hauptsächlich psychoanalytisch. Genauer gesagt: sie verfolgt die Richtung, die Aichhorn zuerst in der Behandlung verwahrloster Jugendlicher eingeschlagen hat, die in Anstalten untergebracht waren, unter Berücksichtigung der Veränderungen, die der Zuwachs an Erkenntnissen seit jenen ersten Bemühungen der Rehabilitation von Kindern mit sich bringt. Außerdem sind wir stark beeinflußt durch die pädagogischen Anschauungen John Deweys.
Darüber hinaus wird die Anschauung der Schule, die man an den Interaktionen der Mitarbeiter ablesen kann, offensichtlich von den Ansichten vieler frei praktizierender Fachleute beeinflußt. Die Bemühungen, psychisch gestörten Kindern zu helfen, die wir gleich beschreiben werden, wären nicht möglich gewesen, wenn wir nicht von den Erfahrungen all unserer Vorgänger stark profitiert hätten. Aber bei unserer Arbeit hat nicht notwendigerweise die Forschung den unmittelbarsten Bezug zum therapeutischen Handeln, aus dem man immer am meisten lernt, noch beschränkt sich das Lernen auf diejenigen Berichte, denen man zustimmt. Es gehören auch jene Berichte dazu, die schwere Zweifel in einem aufsteigen lassen und die oft ein stärkerer Reiz zu wagemutigen Experimenten sind als die, mit denen man vollkommen einverstanden ist. Aus diesem Grund ist es fast unmöglich, beim Zitieren der entsprechenden Werke all den Quellen Gerechtigkeit widerfahren zu lassen, die uns beeinflußt haben.

Aber mehr als irgendwelchen spezifischen Werken sind wir den Schriften Sigmund Freuds und Anna Freuds, John Deweys und August Aichhorns und denen all der anderen großen Erzieher von Comenius und Pestalozzi bis zu den Bühlers, der Montessori und Piaget verpflichtet, die uns geholfen haben, Kinder zu verstehen — und vor allem, uns selbst zu verstehen.

Und nun, bevor wir die Beobachtungen der verschiedenen teilnehmenden Beobachter wiedergeben und besprechen, müssen wir noch erwähnen, daß zwar alle Mitarbeiter über die Anschauungen, die unseren Behandlungsbemühungen zugrundeliegen, einig sind; eben diese Anschauungen machen es aber notwendig, daß jeder einzelne Mitarbeiter sie ganz und gar nach Maßgabe seiner eigenen Persönlichkeit in die Tat umsetzt. Tatsächlich wäre nichts gefährlicher, als wenn wir alle das gleiche täten, und es würde sicherlich die Vielfalt und Verschiedenheit persönlicher Beziehungen verwischen, auf denen all unsere Bemühungen gegründet sind.

Da persönliche Beziehungen ein wesentlicher Bestandteil unserer Arbeit sind, machen die Menschen, die persönliche Beziehungen herstellen und aufrechterhalten, stärker als alles andere „die Schule" aus. So verschieden ihre Ausbildung gewesen sein mag — manche haben ihre Examina in Anthropologie, Pädagogik, Humangenetik, Medizin, Krankenpflege, Psychologie, Sozialarbeit oder Soziologie abgelegt —, sie arbeiten nicht als Vertreter ihrer Fachrichtung, sondern als Personen, die die notwendige Ausbildung bekommen oder bekommen haben, um psychisch gestörten Kindern in einem besonderen Rahmen wie dem unseren zu helfen. Die meisten von ihnen haben an unserer Schule eine Lehrzeit durchgemacht.

Ebenso, wie die Kinder mit den Aufgaben fertig werden müssen, die ihnen die besondere Welt der Schule stellt, müssen auch die Mitarbeiter sich in diesen Kosmos einordnen, bevor sie auch nur versuchen können, den Kindern dabei zu helfen. Auch für sie ist dies ein Prozeß, der beträchtliche Zeit und Mühe erfordert. Auch sie müssen lernen, Teil einer zielstrebigen Einheit zu werden, und darüber hinaus, was noch schwieriger erscheinen mag, zugleich ihre persönliche Eigenart zu bewahren. Mit einem Wort, sie müssen lernen, *mehr* sie selbst zu werden, und nicht weniger.

Genau wie die Kinder einen Integrationsprozeß durchmachen müssen, so müssen auch die Mitarbeiter ständig Erfahrungen integrieren, denen die Kinder sie aussetzen, ebenso die Reaktionen, die diese Erfahrungen hervorrufen. Deswegen sind im Grunde alle Mitarbeiter ständig bei allen anderen Mitgliedern der Schulgemeinschaft in der Lehre, und wenn der

Lernprozeß auch manchmal schmerzlich ist, ist er doch immer lohnend. Aber nur wenn die Mitarbeiter sich ständig dessen bewußt sind, daß sie lernen, um besser zu verstehen, um spontaner und zugleich rationaler handeln zu können, können sie den Kindern als Beispiel dienen, nicht für vollbrachte Integration — wenn es diesen Zustand überhaupt gibt —, sondern für ständig zunehmende Integration, die durch einen langsamen, schrittweisen Prozeß erreicht wird.

Und schließlich können die Kinder, da die Mitarbeiter ihre deutlich wahrnehmbare Individualität behalten, sich aus einer Vielfalt von Persönlichkeiten diejenigen frei auswählen, die ihnen für die Anknüpfung konstruktiver Beziehungen am anziehendsten erscheinen.

1. Die Kinder

Es gibt nun einmal kein typisches Kind, und irgendeins als das erste Beispiel auszuwählen, ist besonders schwierig, wenn man über eine Anstalt schreibt, die stolz darauf ist, jedes Kind als ein deutlich unterscheidbares Individuum anzusehen. Aber wenn uns schon ein Kind zur Einführung dienen muß, dann sind die Probleme, denen wir bei Lucille begegneten, so gut geeignet wie irgendwelche anderen.

Lucille war noch nicht sechs Jahre alt, als sie an unsere Schule kam. Zu ihrer Lebensgeschichte gehörte die Unterbringung in zwei Kinderheimen — von denen eins eine Behandlungsinstitution war — und in drei Pflegefamilien; niemand hatte hier wie dort mit ihr und ihren Problemen fertig werden können. Zwischendurch hatte es immer wieder Zeiten gegeben, in denen sie bei ihrer unverheirateten Mutter lebte, die sehr wenig im Gleichgewicht war. Alle Behandlungsbemühungen an zwei psychiatrischen Kliniken konnten auch keine Besserung ihres Leidens herbeiführen. Die psychiatrische Untersuchung ergab unter anderem schizophrene Tendenzen, extreme Hyperaktivität und Denkstörungen. Die Symptome, die sich bei ihren verschiedenen Anstaltsaufenthalten als besonders lästig erwiesen hatten, waren ihre Wutanfälle und ihre sexuelle Verwahrlosung. Noch bevor sie fünf Jahre alt war, näherte sie sich auf der Straße fremden Männern, machte sie auf sich aufmerksam, verhielt sich ihnen gegenüber sexuell provokant und versuchte sie zu liebkosen.

Als ich sie zum erstenmal sah, kam sie auf allen vieren auf mich zu und bellte wie ein junger Hund. Dann sprang sie mich an und versuchte zuerst, mich im Genitalbereich zu beißen, dann zu berühren. Jede Unterhaltung mit ihr war damals unmöglich, weil sie sofort in wahnhaftes Geschwätz verfiel. Später, als wir begannen, ihre Lebenserfahrungen und ihre Reaktionen darauf zu verstehen, wurde uns klar, daß sie nicht irgendein Phantasiespiel spielte, als sie sich wie ein provokantes Hündchen aufführte, sondern eine Szene wiederholte, die sie vorher viele Male in der Realität gespielt hatte, oft mit lustbringenden Folgen für sich selbst. In Wirklichkeit hatte sie realistisch versucht, mir zu gefallen und mich zu amüsieren, wie sie früher eine Reihe von „Vätern" amüsiert hatte, die sie durch ihre neuartigen Kapriolen ihrer Mutter „zugeführt" hatte.

Diese „Väter" hatten gewöhnlich damit begonnen, sie mit Süßigkeiten zu füttern und sie zu berühren, während sie bei ihrer Mutter auf dem

Schoß saß, und hatten sie dann weggestoßen, wenn sie so weit waren, das Spiel unter Erwachsenen fortzusetzen. Das eindrucksvollste Erlebnis ihres Lebens war die häufige Beobachtung des Geschlechtsakts. Viel später, als wir sie genügend hatten beruhigen können, um mit ihr zu spielen, wurde z. B. deutlich, daß „Vater, Mutter und Kind" zu spielen (nach ihrer Ansicht) folgenden Ablauf von Ereignissen zum Inhalt hatte: Die Mutter füttert das Baby, das dann in eine Ecke geworfen wird, während die männliche und die weibliche Puppe einander heftig bespringen [1].
Bei einem an einer Angstneurose leidenden Kind wäre ein solches Spiel vielleicht eine sadistische Deutung des Sexualakts gewesen, die Wiederholung einer Urszene, die es als äußerst beunruhigend empfunden hatte, weil sie die Eltern in einer Beziehung zueinander zeigte, die sich so sehr von der üblichen unterschied. Für Lucille jedoch stellte das Spiel nicht den ungewöhnlichsten Teil ihres Wissens über das Zusammenleben von Eltern dar, sondern alles in der Welt, was sie von Beziehungen zwischen Eltern wußte. Was sie darstellte, war ihr wahres und nicht ein verzerrtes Bild des Verhaltens ihrer Eltern oder der Menschen, die in ihrem Leben den Platz der Eltern eingenommen hatten. Die sofortige „Durcharbeitung" dieser traumatischen Erlebnisse hätte zu nichts geführt, weil unter ihnen nichts begraben war. Für Lucille war ein langer Prozeß des Kennenlernens normaler menschlicher Beziehungen notwendig, bevor man sich bemühen konnte, ihr zu helfen, ihre Erlebnisse in einem normaleren Zusammenhang zu sehen. Sie mußte zu allererst lernen, wie normale Beziehungen Erwachsener untereinander (und zu einem Kind) beschaffen sind, bevor sie bereit war, ihre Kindheitserinnerungen durchzuarbeiten, die sie weder verdrängt noch als ungewöhnlich empfunden hatte.
Tatsächlich sind bei den meisten unserer Kinder die größten Schwierigkeiten nicht durch Verdrängungs- oder Abwehrmechanismen zustandegekommen, die den normalen Lebensprozeß gestört haben. Zwar leiden manche auch darunter, daß sie zuviel zu verdrängen gehabt haben, und alle haben für ihren eigenen Gebrauch pathologische Abwehr entwickelt, aber die wichtigste Ursache ihrer Unfähigkeit, mit der Welt zurechtzukommen, liegt darin, daß es ihnen von Anfang an mißlungen ist, ihre Persönlichkeit zu organisieren. Es ist nicht so, daß sie von der Norm abweichend organisierte Persönlichkeiten haben, sondern ihre Persönlichkeit ist nicht genügend organisiert. Meistens sind ihre Lebenserfahrungen nicht verschmolzen und in so hohem Maß fragmentarisch geblieben, daß sie nur rudimentäre Persönlichkeiten gebildet haben.
Manche Kinder zeigen einen so totalen Mangel an Verdrängung, daß sie

---

[1] Teilnehmende Beobachterin: Florence White.

fast gar nicht sozialisiert sind. Anderen ist die Abwehr so vollständig mißlungen, daß sie den Versuch ganz aufgegeben haben, sich in dieser Welt zurechtzufinden; sie haben sich ganz und gar von ihr zurückgezogen; dazu gehört auch, daß sie nicht sprechen oder essen wollen. Darum ist es unsere Hauptaufgabe, in das Chaos eine gewisse verständliche Ordnung zu bringen. Die Reorganisation zerfallener Persönlichkeiten ist sekundär, und im Vergleich eine viel einfachere Aufgabe, aber dazu kommt es erst viel später, wenn überhaupt.
Wenn wir helfen wollen, Ordnung in die Persönlichkeit des Kindes zu bringen, stützen wir uns hauptsächlich auf seinen Wunsch, mit einer Welt auszukommen, die ihm reichliche Befriedigung all seiner Bedürfnisse oder fast aller Bedürfnisse bietet, und nicht nur derjenigen, die gewöhnlich von Erwachsenen als legitim anerkannt werden. Wir sind der Ansicht, daß vor allem anderen ein Kind zutiefst davon überzeugt sein muß, daß — im Gegensatz zu seinen früheren Erfahrungen — diese Welt angenehm sein kann, bevor es irgendeinen Antrieb verspüren kann, in ihr weiterzukommen. Wenn ein solcher Wunsch aufgekeimt ist und wirklich Teil seiner Persönlichkeit geworden ist, dann — und erst dann — können wir auch von dem Kind erwarten, die weniger angenehmen Aspekte des Lebens zu akzeptieren und mit ihnen zurechtzukommen.
Nebenbei gesagt: dies ist die Art, in der das normale Kind lernt oder lernen sollte, wie man mit Unbehagen fertig wird. Im Säuglingsalter (und vor der Geburt) werden alle seine Bedürfnisse — so nimmt man an — befriedigt. Aber erst nachdem das Kind die Welt viele Monate lang als etwas relativ Befriedigendes erlebt hat, erwarten wir von ihm, daß es lernt, einen Teil seines Verhaltens zu beherrschen, selbst wenn das eine unangenehme Aufgabe zu sein scheint.
Die Befriedigung der Bedürfnisse eines Kindes muß zu dem Mittel werden, das es veranlaßt, eine positive Beziehung zu den Erwachsenen zu entwickeln, die für sein Wohlbefinden sorgen. Dann kommt zur Befriedigung der Bedürfnisse des Kindes die einzigartig zufriedenstellende Erfahrung hinzu, die nur eine echte menschliche Beziehung zu bieten hat. Die Beziehung zu dieser Person fordert das Kind schließlich dazu heraus, seine Persönlichkeit zumindest teilweise nach dem Vorbild der Person oder Personen zu verändern, die ihm nun so wichtig sind. Es identifiziert sich mit ihnen, wie wir sagen, und diese Identifikation ist oft der Ausgangspunkt für die Organisation seiner eigenen Persönlichkeit. Diejenigen Aspekte der Persönlichkeit des Erwachsenen, mit denen das Kind sich identifiziert, bilden den Kern, um den herum es seine Begabungen, seine Interessen, seine Wünsche und sein Temperament ordnet, die alle bisher chaotisch und unentwickelt waren.

Aber wenn das Kind Ordnung ins Chaos bringen soll, muß es vorher die Erfahrung des Lebens in einer geordneten Welt gemacht haben. Für ein Kind, das tagein, tagaus unter Erwachsenen lebt, die ihm Vorbilder eines vernünftigen und geordneten Lebens liefern, wird es zur Herausforderung, ihr Schema zu übernehmen, zunächst in seinem äußeren, dann in seinem inneren Leben. Der Ordnungsgedanke darf ihm auch nicht aufgezwungen werden. Er muß ihm so vor Augen geführt werden, daß das Kind selbst zu erkennen beginnt, diese Art zu leben sei vernünftiger und für es selbst vorteilhaft. Früher oder später wird dieser Gedanke ihm auch zu dem Gefühl verhelfen, es sei vielleicht besser, wenn es auch sein inneres Leben vernünftig ordne.

Dies ist etwas ganz anderes als die Analyse der Übertragungsbeziehung, die das anerkannte Werkzeug der herrschenden psychotherapeutischen Richtungen ist. Diese Methode setzt natürlich das frühere Vorhandensein von Beziehungen voraus, die übertragen werden können. Aber da viele unserer Kinder nie vorher die Erfahrung einer bedeutsamen Beziehung gemacht haben, müssen wir uns an unserer Schule auf wirkliche, rechtschaffene Beziehungen stützen. Lucille z. B. hatte in ihrem früheren Leben nichts erlebt, was sich als Grundlage für die Entwicklung neuer Beziehungen geeignet, noch was ihr das Leben lebenswert gemacht hätte. Um sie wieder gesund zu machen, mußten wir ihr die vollständig neue Erfahrung befriedigender menschlicher Beziehungen verschaffen. Erst danach konnte sie ein Bezugssystem aufbauen, das es ihr ermöglichte, die Welt rundum und ihre früheren Erlebnisse zu verstehen. In ihrem Fall brauchten keine Behinderungen des Weltverständnisses beseitigt zu werden außer jenen, die auf richtig gedeuteten früheren Erfahrungen beruhten. Aber diese waren nicht nur zum größten Teil beunruhigend gewesen, sondern sie waren alle chaotisch, und darum war auch ihre Welt chaotisch. Kein Kind wird versuchen, eine Welt, die äußerst sinnlos erscheint, zu verstehen oder zu bewältigen. Die Welt mußte zuerst einmal anfangen, Lucille angenehm und geordnet zu erscheinen, bevor sie irgendwie den Wunsch empfinden konnte, selbst eine angenehme Person zu werden und ihre chaotischen inneren Strebungen zu ordnen. In vielen ähnlichen Fällen besteht unsere Aufgabe darin, dem Kind neue Erfahrungen zu ermöglichen, die es ihm erlauben, die gegenwärtige Welt zu ordnen, und nicht darin, Mißdeutungen früherer Erfahrungen auszuräumen, die die Entwicklung eines richtigen Bildes von der Welt behindern.

Da so viele unserer Kinder noch niemals vorher Partner in einer befriedigenden menschlichen Beziehung gewesen sind, sind sie zunächst unfähig, menschliche Beziehungen irgendeiner Art herzustellen. Selbst Kinder, die unter übermächtigem Druck in scheinbare Unterwerfung gezwungen worden waren und zunächst „höfliches" Benehmen an den Tag legten, offenbarten später, daß die Höflichkeit nur ein Schild war, hinter dem der Haß gegen all jene verborgen lag, die die Kinder daran gehindert hatten, Beziehungen zu entwickeln. Später, wenn sie die Geborgenheit der Schule spürten, verschwand dieser Schild, und ihr Haß kam zum Vorschein. Wie Lucille bellten oder knurrten sie uns an, aber nicht verführerisch, sondern aggressiv. Sie konnten nur schreien, nicht reden.

Richard, ein elfjähriger, überängstlicher und zwanghaft sauberer Junge, erzählte uns später: „Meine Mutter hat mir immer den Mund mit Seife ausgewaschen, wenn ich schlechte Wörter gebraucht habe, aber mit den schlechten hat sie auch alle guten Wörter weggewaschen."

Richard hatte viele Wochen lang kaum mit uns gesprochen. Wenn er etwas mitteilen mußte, schrie er uns an, und nur sehr wenig von dem, was er schrie, endete nicht mit dem wiederholten Ausruf „tötet, tötet", am häufigsten mit „tötet den Doktor" (womit ich gemeint war). Er nannte sich selbst „der Killer", und anstatt seinen Namen auf seinen Schrank zu schreiben, wie es andere Kinder tun, malte er in riesigen roten Buchstaben das Wort „Killer" darauf. Während dieser Zeit führte er lange knurrende Gespräche mit seinem Teddybären, den er so vollkommen beherrschte, wie er selbst früher vollkommen unterdrückt worden war. Diesen Teddybären machte er zum Ausführungsorgan all seines Hasses [2]. Obwohl er rasch alle Möglichkeiten der Befriedigung ausnützte, die wir ihm boten, dauerte es viele Monate, bis er bereit war, mit uns zu sprechen, und noch viele weitere Monate, bis er in der Lage war, auch nur eine bedeutsame menschliche Beziehung anzuknüpfen.

Kinder wie Richard und Lucille und fast alle anderen Kinder, die an unsere Schule kommen, wissen nicht, wie sie zu anderen Menschen in Beziehung treten sollen, weil sie nie die Techniken erworben haben, die das weniger gestörte Kind in der beschützten und vereinfachten Art zu leben lernt, die die Familie ihren kleinen Kindern normalerweise bietet. Nur wenige unserer Kinder leiden an Neurosen, die auf eine zu starke Bindung an einen Elternteil oder an beide Eltern zurückgehen, oder auf die Unfähigkeit, durch derartige Bindungen entstandene Konflikte zu lösen, die typischen neurotischen Konflikte Erwachsener. Es sind vielmehr Kinder, deren abnorme Entwicklung ihnen nie eine Möglichkeit gegeben hat, zunächst einmal eine beständige Identifikation zustande zu bringen. Infolgedessen haben sie nie eine geeignete Reihe von Vorbildern

---

[2] Teilnehmende Beobachterin: Patty Pickett.

gewonnen, die sie in der eigenen Vorstellung hätten vereinen können, um sie als Vorbild für eine integrierte Persönlichkeit zu benützen [3].

Aus primitiver Zuneigung entwickelt sich erst eine einfache Identifikation, die relativ frei von Ambivalenz ist, nachdem das Kind gelernt hat, reichliche und vorhersehbare Befriedigung seiner Bedürfnisse zu erwarten. Im Idealfall findet diese Entwicklung zu einer Zeit statt, wenn andere ablenkende Beziehungen und Aufgaben noch nicht vorhanden sind. Normalerweise ist diese einzigartige Konzentration auf die einzige Beziehung zur Mutter auch die Grundlage, auf der das Kind im Säuglingsalter seine Persönlichkeit aufbaut. Aber die Komplexität des modernen Lebens bietet, selbst wenn man sie auf das reduziert, was normalerweise von einem Acht- oder Neunjährigen gefordert wird, viel zu viele Reize, als daß sie sich gefahrlos auf eine zentrale emotionale und zur Reifung unerläßliche Aufgabe konzentrieren könnten. Darum versuchen wir an unserer Schule, für die Kinder Situationen zu schaffen, die so einfach, so unkompliziert und so beschützend sind, wie man sie realistischerweise für ein acht, zehn oder zwölf Jahre altes Kind nur irgend machen kann.

Kurzum, was die psychische Realität des Kindes angeht, versuchen wir ein Milieu zu erzeugen, das nicht so sehr Leistungen betont, sondern Wachstum anregt, so wie es das Milieu tut, in dem der Säugling zu allererst lernt, die Personen, die er kennt, gernzuhaben und zu ihnen eine Beziehung herzustellen. Es ist ein Milieu, in dem das Kind lernt, mehr Wert auf emotionale Integration zu legen, als auf sichtbare Wettbewerbserfolge, in dem es lernt, eine leere „Beliebtheit" zugunsten einer oder einiger weniger intensiver und emotional bedeutsamer Beziehungen zu meiden. Wir ziehen die Entwicklung einer ausgeprägten und gefestigten Persönlichkeit jeder oberflächlichen Anpassung vor, selbst wenn dabei eine Person herauskommt, die nicht mit „jedermann" auskommt. Wir sind zufrieden, wenn das Kind lernt, mit sich selbst und ein paar bevorzugten Leuten gut auszukommen, und im übrigen die Aufgabe meistert, ein nützlicher Bürger zu werden.

Am bezeichnendsten für die Schule ist daher die Tatsache, daß wir versuchen, ein Gesamtmilieu zu schaffen, das alle wichtigen Tätigkeiten der Kinder umfaßt und ihnen erlaubt, sich darauf zu konzentrieren, aus ihrem Leben ein geschlossenes Ganzes zu machen. Um dazu in der Lage zu sein, müssen wir versuchen, gewisse andere Tätigkeiten oder Erlebnisse, die wir für weniger wichtig oder sogar für hinderlich halten, aus-

---

[3] Eine theoretische Erörterung dieser Art von Fällen findet sich in den unter „Veröffentlichungen über die Schule" zusammengestellten Schriften Nr. 2 und 3.

zuschließen oder zu steuern. Um dem Kind zu helfen, seine wahnhafte Art der Annäherung an die Wirklichkeit abzulegen und seine Isolierung zugunsten menschlicher Beziehungen aufzugeben, versuchen wir, jeden Anreiz zum einsamen Tagträumen zunächst zu reduzieren und später auszuschalten, besonders die Comics und das Radio, deren Inhalte meistens aggressiver oder furchterregender Natur sind.
Wir versuchen, dem Kind die „vorfabrizierte", mechanische Anregung allmählich zu entziehen und sie durch das Erlebnis von Tätigkeiten zu ersetzen, die zu menschlichen Kontakten führen und im Kind die Überzeugung wachsen lassen, daß es selbständig etwas tun kann. Wir ermutigen es, sich nicht auf andere zu stützen, sondern sich seine eigene Unterhaltung zu bereiten, ein Erlebnis, das die Hoffnung fördert, es werde eines Tages auch fähig sein, in bezug auf seine Umwelt etwas zu tun, um sie zu einem besseren Schauplatz für sein Leben zu machen. Hierbei sollte man nicht übersehen, daß im Mittelpunkt der Einstellung aller Mitarbeiter zu ihrer Arbeit der Wunsch steht, Leben und Umwelt für das Kind besser zu gestalten. Daß es ihnen gelingt, dies zu tun, gibt dem Kind das Gefühl, daß es möglich ist, Dinge zum besseren zu wenden — ein Gefühl, das es vorher nie gekannt hat. Dieses Gefühl findet schließlich seinen Ausdruck darin, daß das Kind sein Interesse an furchterregenden Radiosendungen oder unheimlichen Filmen verliert, nach denen viele unserer Kinder geradezu süchtig sind, wenn sie zu uns kommen.
Martin, ein zehnjähriger verwahrloster Junge, sehr aufgeweckt und mit den Händen sehr geschickt, hatte den größten Teil seines Lebens in der wahnhaften Welt seiner Phantasien zugebracht. Je mehr er sich einer unerträglichen Welt entzog, desto mehr Zeit verbrachte er im Kino. Aber nachdem er zwei Monate lang an der Schule war, nahm die Häufigkeit seiner Kinobesuche erheblich ab. Dies wurde zum einen dadurch möglich, daß er lernte, sich selbst Vergnügen zu erlauben, die er in Wirklichkeit viel lieber wollte, und zum anderen durch die Lenkung von seiten seiner Betreuer, die ihn ermutigten, sich bei verschiedenen Tätigkeiten zu behaupten. Kurze Zeit später, als andere Jungen seiner Gruppe die Möglichkeit erwogen, in einen Film zu gehen, erklärte er spontan, er habe keine Lust zu gehen. „Warum sollte ich in einen Film gehen?" fragte er. „Dort muß ich stillsitzen und sehe unwirkliche Leute unwirkliche Dinge tun, während ich hier selbst wirkliche Dinge tun kann." [4]
Den Kindern Radio und Fernsehen abzugewöhnen ist jedoch nur eine unserer vielen Bemühungen, die Umwelt des Kindes so zu manipulieren, daß ihre Reize hauptsächlich konstruktiver Art sind, und daß sie nicht

---

[4] Teilnehmende Beobachterin: Gayle Shulenberger.

zuviele Erfahrungen bietet, die Angst erzeugen [5]. Aus diesem Grund halten wir unsere Arbeit manchmal mehr für Milieutherapie als für Psychotherapie [6]. Das heißt, wir bauen weniger auf die isolierte Beziehung zu einer Person oder auf die Bearbeitung von Problemen in einem relativ abgeschlossenen Behandlungszimmer — nicht einmal auf die Verwendung von symbolischem Spielzeug —, sondern mehr auf eine Vielfalt persönlicher Beziehungen zwischen den Kindern und den verschiedenen Mitarbeitern und zwischen den Kindern selbst. Wir versuchen dem Kind zu helfen, zu all jenen Menschen an der Schule echte Beziehungen herzustellen, die ihm hier wichtig werden. Wir versuchen auch, alle Tätigkeiten im Leben des Kindes so zu organisieren, daß es allmählich fähig wird, immer schwierigere Aufgaben zu bewältigen, und daß Einsichten und Erfahrungen, die es im normalen Ablauf der Ereignisse gewinnt, zu Fortschritten in seiner persönlichen Entwicklung werden. Das können wir jedoch nur dadurch tun, daß wir ein allgemeines Milieu schaffen, in dem alle Erfahrungen so dosiert sind, daß das Kind sie vermittels solcher Anstrengungen handhaben kann, die leicht zu leisten sind. Wir bleiben innerhalb der Dimensionen der Realität, aber wir stellen die Aufgaben, deren Bewältigung zu einem erfolgreichen Leben gehört, in solcher Weise, daß ihre Lösung das unzulängliche oder geschädigte Ich stärkt. Zum Beispiel ist ein Erfolg leichter zu erringen, wenn er nicht darin seinen Ursprung haben muß, daß man aus einem feindseligen Wettbewerb als Sieger hervorgeht, sondern darin, daß man für Leistungen in nicht auf Wettbewerb angelegten Tätigkeiten Achtung erwirbt. Diese Achtung bringt eine Gruppe viel bereitwilliger auf, wenn sie das Gefühl hat, daß die Befriedigung ihrer Grundbedürfnisse gesichert ist, und daß die einzelnen nicht um diese Befriedigung kämpfen müssen, indem sie zeigen, daß sie „dem Nebenmann einen Schritt voraus sind". In ähnlicher Weise gibt der Schulbesuch weniger Anlaß für Angst, wenn kein Druck ausgeübt wird, zur Schule zu gehen, wenn es kein Schulversagen gibt und keine Zeugnisse, die man nach Hause bringen muß, und wenn man sicher sein kann, daß der Lehrer weiß, man ist aus dem Gleichgewicht wegen einer Sache, die am Vormittag passiert ist, und darauf Rücksicht nehmen wird — wenn auch immer in den Grenzen dessen, was für

---

[5] Natürlich schalten wir erzieherische oder aus anderen Gründen wünschenswerte Programme nicht aus. Im Gegenteil, wir stützen uns im Unterricht sehr auf audiovisuelles Lehrmaterial. Mindestens ein Lehrfilm pro Woche gehört zum regelmäßigen Programm der Schulklassen, und alle Kinder, die es möchten, besuchen regelmäßig am Samstagmorgen die Filme im Museum für Naturgeschichte, usw.

[6] Eine weitere Erörterung der Umwelt- oder „Milieutherapie" findet sich in den „Veröffentlichungen über die Schule", Nr. 2, 3, 5, 6 und 8.

Rücksichten man in einer Situation nehmen kann, in der andere lernen.

Die Kinder, die die Schule schwänzen, weil sie die Lernsituation fürchten, werden nicht gezwungen, den Unterricht zu besuchen; andere Kinder, die sich vor allem vor dem Wettbewerb fürchten, bekommen Einzelunterricht. Auch in der Klassensituation wird der Wettbewerb auf ein Minimum beschränkt, so daß der Rahmen für ein Schulversagen gar nicht geschaffen wird [7]. In der Klasse und außerhalb wird eine unmittelbare Abfuhr des Bedürfnisses nach körperlicher Bewegung gefördert. So gibt es weniger Möglichkeiten, daß sich neue Spannungen ansammeln, und sowohl weitere Niederlagen als auch zusätzliche Gründe für explosives Verhalten werden ausgeschaltet. Diese und viele andere Faktoren erlauben es uns, allmählich zu immer früheren, immer verborgeneren Problemen Zugang zu gewinnen und dem Kind zu helfen, sie eins nach dem anderen zu lösen.

Wir konzentrieren unsere Bemühungen also darauf, das Kind alltägliche Tätigkeiten (besonders diejenigen, in deren Umkreis seine Schwierigkeiten ihren Ursprung haben) als nicht bedrohlich erkennen zu lassen. Danach müssen wir sie zu Tätigkeiten machen, bei denen das Kind, wenn nicht Einsicht in seine Schwierigkeiten, so doch mindestens die Bewältigung der Ängste zustandebringen kann, die es bisher gehindert haben, adäquat zu funktionieren.

Die Ängste, in deren Mittelpunkt die Sauberkeit oder die Ausscheidungsfunktionen stehen, lassen sich bei diesen Kindern unmittelbarer und leichter behandeln, während sie sich waschen oder etwas dagegen haben zu baden, als wenn man in Spielsitzungen ihre Gefühle bespricht, wo das wirkliche Erlebnis nur mit Hilfe von Spielpuppen oder Spielzeug nachgespielt werden kann. (Wenn ein Kind einmal gelernt hat, mit so zerbrechlichem Spielzeug wie Plastikbadewannen oder Puppen halbwegs ordentlich zu spielen, ist die schwierigste Aufgabe im Verlauf seiner Rehabilitation schon gelöst.) Darum versuchen wir, uns mit Sauberkeitsängsten auf dem Schauplatz zu befassen, auf dem sie entstanden sind, d. h. im Bad und in der Toilette. Aus dem gleichen Grund können orale Störungen im Eßzimmer viel direkter behandelt werden als im Behandlungszimmer, und so weiter.

Die Situationen der Nahrungsaufnahme, die nächtlichen Ängste, die Unfähigkeit, Regelmäßigkeit und Sauberkeit zu lernen, waren gerade die Punkte, wo die Bemühungen der Eltern mißdeutet oder allzu gut ver-

---

[7] Eine eingehende Erörterung der pädagogischen Arbeit an der Schule findet sich in Nr. 5 der „Veröffentlichungen über die Schule".

standen wurden (z. B. die ablehnende Mutter, die ihre Ablehnung des Kindes dahinter zu verbergen versucht, daß sie strafend erzwingt, „was für das Kind am besten ist"). Dies waren die Anlässe, wo versuchsweise hergestellte Elternbeziehungen abbrachen. Darum sollte die Hilfe, die wir den Kindern bei der Bewältigung dieser zentralen, sich ständig wiederholenden und „routinemäßigen" Tätigkeiten zuteil werden lassen, es ihnen ermöglichen, die Mißdeutungen aufzugeben, und deshalb müssen die entsprechenden Erlebnisse im gleichen Rahmen als befriedigend empfunden werden. Wenn das einmal der Fall ist, müssen diese Situationen und Tätigkeiten früher oder später zum Ausgangspunkt einer echten persönlichen Beziehung werden. Dies gilt nicht nur für so offenkundige Problembereiche wie die Angst vor Schmutz oder die Abneigung gegen den Zwang, sich zu waschen, sondern auch für Probleme, die weniger offenkundig mit einem bestimmten Zeitpunkt oder einer bestimmten Situation zusammenhängen. Wir warten z. B. nicht immer ab, bis ein Kind seine Kastrationsängste in einer sogenannten Behandlungssituation zutage fördert, und denken dann mit ihm zusammen über seine Ängste nach. Statt dessen besprechen wir sie mit ihm in kritischen Augenblicken, wenn die Angst sich in seinem Verhalten geäußert hat. Dabei machen wir häufig von der Technik Gebrauch, die Fritz Redl als das „marginale Interview" bezeichnet hat, wie später in verschiedenen Zusammenhängen gezeigt werden soll [8].

Ein „marginales Interview", soviel möchte ich hier schon sagen, ist ein Gespräch zwischen dem teilnehmenden Beobachter und einem oder mehreren Teilnehmern. Es hat deutenden Charakter, aber es braucht die augenblickliche Tätigkeit der Gruppe oder des einzelnen nicht zu stören. Sein Zweck kann es sein, eine Angst zu klären, die die Freude oder Beteiligung an einer Tätigkeit stört, oder es kann dazu da sein, das Kind vor einem unvermeidlichen Ergebnis seines Verhaltens zu warnen, das es selbst nicht vorauszusehen scheint. Das Gespräch kann ihm einfach helfen, den Grund seiner Handlungen zu verstehen, oder es kann das Verhalten eines anderen erklären, das es anscheinend mißverstanden hat, usw. Ein Kennzeichen dieser Art des marginalen Gesprächs liegt darin, daß es zwar unter Umständen den Ablauf der Ereignisse oder die An-

---

[8] Meine lange und enge Freundschaft mit Fritz Redl hat mir bei der Entwicklung der Arbeitsprinzipien der Schule und bei ihrer Verwirklichung in der Praxis unschätzbare Dienste geleistet. Unsere vielen Gespräche und unser ständiger Gedankenaustausch haben dazu geführt, daß ich heute nicht mehr genau weiß, wo seine Ideen zu Ende sind und meine anfangen. Es möge hier genügen zu sagen, daß wir an der Schule ihm nicht nur für seine Ideen zutiefst Dank schulden, sondern auch für viel eifrige Hilfe und Anregung.

sicht des Kindes von diesen Ereignissen verändert, aber das Handeln nicht ersetzt; es wird eher darauf Wert gelegt, daß die Tätigkeiten ohne unnötige Unterbrechung weitergehen. Das marginale Gespräch soll die blockierten Bahnen einer Einzelbeschäftigung oder einer sozialen Interaktion wieder freimachen, aber nie an ihre Stelle treten.

In diesem Sinn wirkt es als Ich-Stützung, denn es bestärkt das Ich darin, mit der nun realitätsgerechten Tätigkeit fortzufahren. Es leistet dem Kind einen Dienst, den bei einem besser integrierten Kind sein eigenes Ich leisten würde. Tatsächlich ändert das Kind bei sehr geschickter Handhabung derartiger marginaler Gespräche sein Verhalten so, als habe es sein eigenes Ich dazu angeregt — und es hat oft das genußreiche Gefühl, es sei von selbst hinter die Dinge gekommen.

Im allgemeinen liegt uns, wenn wir unsere Theorie in die Praxis umsetzen, mehr daran, das Ich zu stärken, als unbewußte Tendenzen ans Licht zu bringen, obwohl wir auch letzteres tun müssen. Wir versuchen dies zu tun, indem wir das Ich bei seinen Bemühungen unterstützen, Triebwünsche zu beherrschen und die Probleme der Realität zu bewältigen. Genau wie das kleine Kind z. B. lernt, daß auffallende Masturbation in der Öffentlichkeit unerwünscht ist, so muß man dem Kind an der Schule helfen, die Häufigkeit und Offenkundigkeit der Masturbation so zu vermindern, daß sie dem entspricht, was die Gesellschaft als Maximum an Masturbation akzeptiert. Und man muß ihm dabei helfen, ohne daß es das Gefühl bekommt, Masturbation sei „schlecht", sei etwas, für das man sich schämen oder vor dem man sich fürchten müsse. Bei unseren Kindern geht es also weder darum, die Masturbation zu unterdrücken, noch die Unterdrückung wieder aufzuheben, sondern darum, zu lernen, sich in einer sozial annehmbaren Weise zu benehmen.

Diese Bemerkungen sollen nicht bedeuten, daß Ich-Stärkung und Bewußtmachung des Unbewußten einander widersprächen; tatsächlich müssen wir oft, wenn wir das Ich in seinem Kampf mit dem Es unterstützen, Wesen und Richtung triebhafter Tendenzen bewußt machen und dem Kind zeigen, wieviel Schaden angerichtet werden könnte, wenn man diese Tendenzen nie in Schach hielte. Der Unterschied liegt also in der Betonung, nicht im Wesen — in einer Betonung, die aus der Art unserer Arbeit entspringt. Diese Ich-Stärkung durch Erfahrungen, bei denen das Kind erlebt, wie Probleme, die sich aus alltäglichen Vorkommnissen ergeben, erfolgreich gehandhabt werden, und diese Bewußtmachung unbewußter Tendenzen als ein Schritt zu ihrer Beherrschung sind nur in der Methode, aber nicht ihrem Wesen nach das Gegenteil der klassischen Psychoanalyse. Die klassische Analyse konzentriert sich natürlich darauf, das Unbewußte bewußt zu machen, sie sieht dies als

einen Schritt zur Auflösung einschränkender Verdrängungen [9]. Aber das Ziel ist in beiden Fällen das gleiche, nämlich die Befreiung des Individuums und die Eröffnung eines Weges zu einem befriedigenderen Leben.
So ist also, während wir die freudianischen Theorien von der Struktur der menschlichen Persönlichkeit und der menschlichen Entwicklung vollständig akzeptieren, die Methode, die wir anwenden, durch die Probleme bedingt, denen wir gegenüberstehen. Diese Probleme hängen nur gelegentlich mit zu starren Hemmungen zusammen, meistens sind sie jedoch in einer ungleichmäßigen Entwicklung, in einer Mißdeutung der Realität und einem niedrigen Niveau der Selbstbeherrschung begründet.

---

[9] Auf der Tagung der Amerikanischen Gesellschaft für Psychoanalyse in Montreal im Jahr 1949 hat E. Kris in einem Vortrag darauf hingewiesen, daß wir es hier möglicherweise mit dem Phänomen der „zirkulären Verursachung" zu tun hätten — eine treffende Bezeichnung, die den scheinbaren Konflikt zwischen diesen beiden Arten des Vorgehens auflöst.

2. Die erste Begegnung

Von allen Tagen an der Schule ist der erste am wichtigsten: für das Kind, das sich dann eine Meinung von uns und der Schule bildet, und für uns, weil wir dann mit den Beziehungen zu ihm beginnen, die später Anhaltspunkte für die Lösung seiner Probleme werden können. Nie wieder wird das Kind in bezug auf die Schule so ängstlich sein, und nie wieder wird es so wenig bereit sein, dies zuzugeben. Nie wieder wird es in bezug auf sein Leben in der Schule, die Erwachsenen und die anderen Kinder dort, in bezug auf das, was man dort tut, und auf sein Vorankommen in der neuen Ordnung so hoffnungsvoll oder so voll Angst sein. Aber nie wieder wird es auch so sehr geneigt sein, das, was es erlebt, zu mißdeuten, den Mitarbeitern zu mißtrauen und sie zu bekämpfen. Andererseits wird uns sein Verhalten vielleicht nie wieder so deutlich zeigen, wovor sich das Kind am meisten fürchtet, wie verzerrt seine Anschauung von der Realität ist, und auf welche Weise es versucht, wirkliche Probleme und eingebildete Gefahren abzuwehren.

Obwohl wir uns die größte Mühe geben, das Gegenteil zu erreichen, muß das Kind, das sich in einer so schwierigen Situation sieht, sich ängstlich fühlen. Es muß sich in irgendeiner Weise an ein Milieu anpassen, das sich von dem, an das es gewöhnt ist, grundlegend unterscheidet; es muß sich vom Leben in einer Familie auf das Leben in einer Anstalt umstellen — ein Übergang, der selbst für einen gut angepaßten Erwachsenen ziemlich schwierig ist. Selbst ein Kind, von dem man meinen könnte, es habe bei einem ausgedehnten vorbereitenden Besuch schon gute Bekanntschaft mit der Schule geschlossen, wird ganz anders reagieren, wenn es weiß, daß es nun „endgültig" auf der Schule ist. Tatsächlich hat es bei seinem Besuch nur die äußeren Verhältnisse der Schule kennengelernt und hat höchstwahrscheinlich das Gefühl gehabt, es sei zu nichts verpflichtet. Die Gefühle, die dadurch ausgelöst werden, daß das Kind nun in die Schule gekommen ist, um hier lange Zeit zu leben — vielleicht sogar für immer, wie manche glauben —, sind so grundlegend anders als seine Empfindungen bei seinem früheren Besuch, daß es gar nicht umhin kann, alles — das Milieu, sich selbst in diesem Rahmen, die Kinder, die Erwachsenen — in einem ganz anderen Licht zu sehen. Aber da die Gefühle das Erlebnis ausmachen, besonders bei psychisch gestörten Kindern, ist ihr Erlebnis, wenn sie „endgültig" in die Schule eintreten, tatsächlich ganz anders, als es bei ihrem Besuch war.

Das, was wir für das neue Kind geplant haben, kann seine Angst bestenfalls mildern. Aber während unsere Bemühungen als solche vielleicht jämmerlich unzureichend bleiben, helfen sie dem Kind doch insofern, als sie ihm die Freiheit lassen, sich eine Meinung über uns und sein mögliches Leben in der Schule zu bilden. Dabei zählen nur unsere Handlungen und Haltungen. Je weniger wir reden, je mehr wir dem Kind erlauben, uns zu beobachten, ohne daß es auf unsere Worte hören muß, desto mehr wird es seiner eigenen Meinung vertrauen. Wenn wir dem neuen Kind die Schule erklären, verlassen wir uns mehr auf die tatsächlichen täglichen Aktivitäten, die es beobachten oder an denen es teilnehmen kann, als darauf, was nach unserer Ansicht seine akuten Probleme, seine wichtigsten Ängste oder Wahnvorstellungen sein mögen. Selbst wenn wir es positiv wüßten, würde es nur anmaßend erscheinen, wollten wir ein so überlegenes Wissen zeigen, anstatt zu warten, bis das Kind uns zu seiner Zeit ins Vertrauen zieht. Wenn wir über seine Ängste sprechen würden, ohne zu warten, würden wir es möglicherweise nur einschüchtern, so daß es das Gefühl bekäme, wir hielten es für unzulänglich. In Wirklichkeit zielen wir darauf ab, dem Kind schließlich das Gefühl zu geben, daß wir glauben, weder es allein noch wir allein könnten seine fundamentalen Probleme lösen, aber es werde fähig sein, sie in einem Prozeß des täglichen Zusammenlebens mit unserer Hilfe zu lösen. Trotzdem möchten wir dem Kind gleich das Gefühl geben, wir hielten es für sehr gut imstande, die einfachen Aufgaben des Lebens zu meistern, wie z. B. aufstehen, sich anziehen, essen, sich waschen oder Taschengeld ausgeben. Bei diesen Routinetätigkeiten helfen wir dem Kind nur, wenn es das von uns fordert. Jedes andere Vorgehen würden diese Kinder auf Grund früherer Erfahrungen nicht als Hilfe ansehen, sondern als einen Ausdruck des Mißtrauens oder einen verschleierten Wunsch, sie zu gängeln.

Viele Kinder bekommen bei ihrem Besuch oder am ersten Tag in der Schule dadurch einen ziemlich richtigen ersten Eindruck von unseren Ansichten, daß sie andere Kinder beobachten, die ihren Spaß haben, und noch mehr dadurch, daß sie Kinder an der Schule freimütig Dinge tun sehen, die ihre Eltern oder ihr eigenes Gewissen mißbilligen (das heißt nicht, daß sie diesem Eindruck notwendigerweise trauen, aber sie können nicht umhin, ihn aufzunehmen). Sie bemerken auch rasch, daß solches Verhalten von den Erwachsenen an der Schule nicht bloß geduldet, sondern gebilligt wird.

Wir haben immer wieder festgestellt, daß es am besten ist, nicht sofort oder sehr früh den Versuch zu machen, mit dem Kind über seine dringlichen oder zentralen Probleme zu sprechen, oder ihm bei ihrer Bewältigung zu helfen oder es in bezug auf diese Probleme oder unsere Einstellung zu ihnen zu beruhigen. Worin seine Hauptschwierigkeiten auch bestehen mögen — sei es seine Unfähigkeit zu lernen oder sein Größen- oder Verfolgungswahn — sein Weltbild ist zu verzerrt, als daß es unsere Bemühungen im richtigen Licht sehen könnte: es würde sie auch nur wieder gemäß seinen früheren Erfahrungen verzerren. Es ist immer am besten zu warten, bis das Kind die Initiative ergreift, das zu besprechen, was ihm am wichtigsten ist. Jedes Kind, das in unsere Schule eintritt, hat die Erfahrung gemacht, daß Erwachsene versuchen, es zu ändern, unter dem Vorwand, ihm helfen zu wollen. Da das Kind selbst das Gefühl hat, zu handeln, wie es muß, oder da es sogar glaubt, sein Verhalten sei die einzig vernünftige oder brauchbare Art, auf die Welt zu reagieren, will es sich nicht ändern, geändert werden oder auch nur sich helfen lassen. Es glaubt nicht, daß es Hilfe braucht, und es ist am allerwenigsten bereit, sie von Erwachsenen anzunehmen, besonders von solchen Erwachsenen, die gerade von denen ausgewählt worden sind, mit denen das Kind am wenigsten harmoniert, nämlich von den Erwachsenen, die für es verantwortlich sind. Daß sie die Schule ausgesucht haben, ist nur ein weiterer guter Grund, uns zu mißtrauen.

Auch in anderer Hinsicht ist es nicht immer möglich, dem Kind sofort — in Form verbaler oder greifbarer Erfahrungen — zu beweisen, daß unsere Einstellung anders ist als die seiner Eltern oder der Welt der Erwachsenen, wie es sie gekannt hat. Aber vielleicht ist es charakteristisch für unsere Gesellschaft, daß es eine besondere Erfahrung gibt, die dem neuen Kind am häufigsten zu der Meinung verhilft, die Schule könnte sich doch auffallend von der Welt unterscheiden, die es gewohnt war, und seine Befürchtungen und Ängste bezüglich des Lebens in der Schule könnten ungerechtfertigt sein. Es ist die Erfahrung, daß an der Schule seine emotionalen Bedürfnisse den Vorrang vor materiellen Erwägungen haben, und daß wir die Gefühle eines Kindes in einer Sache nicht übergehen, selbst wenn sie dem widersprechen, was man im allgemeinen für objektive Werturteile hält.

Oft ist das, was das Leben an der Schule sehr „anders" erscheinen läßt, unsere Einstellung zu Geld oder materiellen Gütern (Taschengeld und seine Verwendung, die Freiheit, Nahrungsmittel und Material zu verschwenden usw.) und die Billigung kindlicher Verhaltensweisen, die angeblich der Altersstufe des Kindes nicht mehr angemessen sind (Spielen mit Plüschtieren, Daumenlutschen usw.). Ein Junge z. B. nahm bei seiner ersten Mahlzeit ein belegtes Brot, biß einmal davon ab und legte es dann weg. Provokativ nahm er noch eins, biß ein klein wenig davon ab und legte es weg. Dies wiederholte er noch einmal und noch einmal, bis er insgesamt acht Brote angebissen hatte. Um diese Zeit begann er sich zu fragen, ob wir nicht, entgegen seinen Erwartungen, mehr daran interessiert sein könnten, ihm die Freiheit zu gewähren, seinem emotionalen Bedürfnis gemäß Nahrungsmittel zu verschwenden, als daran, Nahrungsmittel zu sparen oder gute Tischsitten zu erzwingen.

Viele Kinder haben auch aus einem Gespräch über ihr Taschengeld (wieviel sie jede Woche bekommen werden, die Tatsache, daß man es ihnen gibt, damit sie es ausgeben, wie es ihnen gefällt, ohne irgendwelche Bedingungen daran zu knüpfen; daß es für ihr Vergnügen gedacht und nicht etwas ist, das man sparen muß, usw.) mehr Sicherheit gewonnen, als sie aus jeder Versicherung, die über diese konkrete Sache hinausgegangen wäre, hätten gewinnen können. Daß sie das Taschengeld bekommen, ohne irgend jemandem darüber Rechenschaft ablegen zu müssen, und nicht als Belohnung für gutes Benehmen, ist im Augenblick wichtiger für sie als irgendeine Versicherung, daß man für ihre Bedürfnisse sorgen werde oder daß wir ihnen bei ihren Schwierigkeiten helfen wollen. Zu diesem Zeitpunkt (am ersten Tag) können sie nicht erkennen oder zugeben, daß sie Schwierigkeiten haben oder Hilfe brauchen; unsere Versprechungen würden ihnen also sinnlos vorkommen. Sie weisen lange den Gedanken von sich, daß sie uns brauchen, entweder, weil sie diesen Bedarf nicht erkennen, oder weil Stolz oder Angst es ihnen nicht erlauben, die Existenz ihrer Probleme zuzugeben.

Oft ist es auch die Entdeckung, daß realistische Situationen an der Schule realistisch gehandhabt werden — daß nicht alles für ein psychisches Problem gehalten wird —, die manchen Kindern die Schule akzeptabel erscheinen läßt, diese Entdeckung und die Erkenntnis, daß für ihre Alltagsbedürfnisse gesorgt wird und daß ihre emotionalen Probleme als ihre Privatangelegenheit angesehen werden. Dies veranlaßte z. B. ein sehr altkluges neunjähriges Mädchen zu dem Entschluß, bereitwillig in die Schule einzutreten, nachdem es zuerst sehr dagegen gewesen war. Die Mutter dieses Kindes war oft in dessen psychische Intimsphäre eingedrungen, indem sie seine psychischen Probleme mit ihm besprochen, seine Zeichnungen und Träume gedeutet hatte. Aber schon nach einem vorbereitenden Gespräch mit dem Psychiater begann das Mädchen zu glauben, daß wir an der Schule nicht gegen den Willen eines Kindes in sein Unbewußtes, geschweige denn in sein Privatleben eindringen.

Der Psychiater erklärte dem Kind die Schule und besprach dabei nur so alltägliche Dinge wie die Taschengeldfrage; er sagte ihm, es gebe an der Schule niemanden, der fragen würde, warum und wie es das Geld ausgebe. Das Mädchen hörte zu und sagte dann: „Sie sollen angeblich an meinen Träumen interessiert sein, nicht an solchen Sachen wie Taschengeld." Als der Psychiater ihm versicherte, daß das Taschengeld und alles, was damit zusammenhängt, mindestens so wichtig sei wie Träume — und daß dies die Einstellung an der Schule sei — erklärte es sich wenigstens mit einem Besuch einverstanden. Bei diesem Besuch erlebte das Mädchen, daß niemand eingriff, als es vorzog, seine Kontakte mit Erwachsenen abzubrechen, und sich statt dessen eine Zeitlang einer Gruppe von Kindern anschloß. Nachdem es ein Weilchen mit ihnen gespielt und sie beim Abendessen beobachtet hatte, entschied es, es wisse nun schon eine ganze Menge über die Schule, und vor dem Fortgehen erklärt es sich bereit, in die Schule zu kommen und dort zu leben.

Neuaufnahmen sind an unserer Schule selten, hauptsächlich, weil es sehr lange dauert — im Durchschnitt zwei oder drei Jahre — Kinder zu rehabilitieren, die so schwer gestört sind, daß sie Anstaltsbehandlung brauchen, weil sie in ihrer eigenen Familie oder in einer Pflegefamilie nicht mit dem Leben zurechtkommen. Wir nehmen im Lauf eines Jahres gewöhnlich nicht mehr als zehn neue Kinder auf, und wir versuchen diese Neuzugänge so zu verteilen, daß niemals mehr als drei oder vier Kinder auf einmal neu eintreten. Andererseits versuchen wir die Neuaufnahme von Kindern auf drei Abschnitte des Jahres zu beschränken, damit die Kinder die meiste Zeit nicht dadurch gestört werden, daß sie sich neu anpassen müssen.
Die Aufnahmen finden gewöhnlich am Anfang des Sommers (Ende des Schuljahres), am Ende des Sommers (wenn ein neues Schuljahr beginnt) und nach Weihnachten statt. Obwohl die Schule das ganze Jahr über durchgehend geöffnet ist, stellen diese Ereignisse im Geist der Kinder die wichtigsten Unterteilungen des Jahres dar; sie sind darauf gefaßt, daß zu diesen Zeiten Veränderungen eintreten, und sind daher eher bereit, sie hinzunehmen. Wenn diese Wegmarken des Kalenders passiert sind, wollen sie sich auf einen „Normalzustand" einrichten, auf ein mehr oder weniger ungestörtes Leben oder mindestens auf ein Leben, das nicht durch Neuankömmlinge gestört wird. Daher fühlen sich die Kinder zu diesen Zeiten des Jahres durch Veränderungen in der Zusammensetzung ihrer Gruppen am wenigsten gestört.
Die Gruppen, das sei nebenbei gesagt, sind relativ klein, wenn auch aus verschiedenen technischen Gründen, die wir nicht beeinflussen können (darunter z. B. die Art des Gebäudes, in dem wir wohnen), nicht immer so klein, wie wir es gern hätten. Die Schlafraum-Gruppen umfassen vier bis acht Kinder; wir haben aber festgestellt, daß eine Schlafraum-Gruppe von sechs Kindern wahrscheinlich für die Art von Kindern und für die Altersgruppen, für die wir da sind, besser wäre. Die Klassengemeinschaften sind etwas größer, so daß wir fünf Schlafraum-Gruppen,

aber nur vier Klassengruppen haben; in den Klassen sind sieben bis zwölf Kinder. Außer diesen Gruppierungen, die mehr oder weniger gleich bleiben, werden viele andere Gruppierungen entweder geplant oder kommen spontan zustande, wie es der Anlaß gerade ergibt; z. B. nehmen Kinder aus verschiedenen Schlafraum- oder Klassengruppen gemeinsam an einem Werkunterrichtsprogramm teil, machen zusammen Ausflüge, bearbeiten gemeinsam ein Beet im Garten usw.

Wenn ich von einem Gartenbeet spreche, ist nicht von irgendeiner Arbeit die Rede, die von den Kindern gefordert würde. Wenn sie wollen, können sie Gartenarbeit tun und pflanzen, was sie wollen. Aber sie müssen es nicht. Und selbst wenn sie etwas auf ein Beet säen, wird kein Druck auf sie ausgeübt, sich weiter darum zu kümmern, denn das würde aus der Gartenarbeit anstatt einer Freude eine Mühe machen. Alle Hausarbeit, einschließlich des Saubermachens, Aufräumens usw. wird von Hausmädchen getan. Es ist zwar überhaupt nichts dagegen einzuwenden, daß man „normale", nicht gestörte Kinder bei einfachen Arbeiten im Haus mithelfen läßt, aber die Kinder in unserer Schule sind ja gerade deswegen bei uns, weil sie sich nicht „normal" einordnen können und erst versuchen sollen, es zu lernen. Während dieses Lernprozesses sollten ihre Beziehungen zu den Menschen, die sie überzeugen sollen, daß diese Welt besser ist, als sie dachten, nicht durch die Bemühung belastet werden, sie dazu zu bewegen, Arbeiten auszuführen, die ebensogut jemand anders für sie tun kann, und auch nicht dadurch, daß sie sich stillschweigend Erwachsenen unterordnen müssen, die sie als übermächtig erleben. Andererseits erwarten wir von den Kindern, sich nicht passiv auf Erwachsene zu verlassen, wenn es um jene Aufgaben der Reifung und der Integration geht — wie Spielen oder in der Klasse Lernen —, die nur mit aktiver Beteiligung des Kindes zu bewältigen sind.

Auf diese Weise versuchen wir, den Verbrauch psychischer und physischer Energie zu verhindern, die aufgewendet werden müßte, um Kleider oder Spielzeug aufzuräumen oder Betten zu machen. Diese Energie braucht das Kind für viel wichtigere Aufgaben. Es muß seine Lethargie und seinen Negativismus überwinden oder auf die Gewohnheit verzichten, ganz und gar in der Welt seiner wunscherfüllenden Phantasien zu leben. Wir ziehen es vor, wenn das Kind all seine psychische Energie für die Aufgabe aufspart, Beziehungen zu anderen Menschen zu knüpfen. Wenn ein Kind erst einmal relativ gute Fortschritte bei der Lösung seiner Probleme oder bei der Überwindung seiner Schwierigkeiten gemacht hat, dann kann eine Zeit kommen, in der es konstruktiv ist, es darauf vorzubereiten, auch die Arbeiten zu verrichten, deren Erledigung die Außenwelt von ihm erwarten wird, wenn es dahin zurückkehrt. Dann wird man das Kind vielleicht bitten, beim Aussortieren seiner Wäsche zu helfen oder sein Bett zu machen, aber nur, wenn die Arbeit *mit* einem Erwachsenen zusammen, aber nicht *für* einen Erwachsenen getan wird. Es müssen Aufgaben sein, die unmittelbar mit der Person des Kindes und seinem persönlichen Wohlbefinden zu tun haben, und bei denen das Kind dies auch erkennt.

Zum Beispiel kann man von einem Kind, das schmutzige Kleider tragen möchte, nicht erwarten, es könne verstehen, daß es eine fröhliche Tätigkeit ist, auszusortieren, welche Kleidungsstücke in die Wäscherei und welche in die Reinigung geschickt werden sollen. Erst wenn das Kind den echten Wunsch hat, saubere Sachen zu tragen, kann seine Hilfe dabei, daß die Kleider zur Reinigung kommen, eine relativ angenehme Tätigkeit werden. Dann, und erst dann wird die Übernahme einer solchen Aufgabe nicht einen Verbrauch vitaler Energie bedeuten, sondern eher einen Gewinn. Dieser kann darin bestehen, daß das Kind etwas Konstruktives auf gleicher Ebene wie der Erwachsene tut, oder in dem Vergnügen, das der Erwachsene empfindet, wenn das Kind endlich spontan eine gewisse Fähigkeit zeigt, sich sozialisiert zu verhalten — ein Vergnügen, das das Kind spürt und das gewöhnlich seine Ich-Stärke vermehrt.

Diese Art der Zusammenarbeit zwischen dem Kind und einem Erwachsenen wird erst möglich, nachdem das Kind sein Leben in der Schule als sinnvoll, als „real" akzeptiert hat. Wenn ein Kind neu in die Schule kommt, nimmt es das Milieu der Schule selten sofort als „real" an. Selbst wenn es sich einige der lustvolleren Züge seines neuen Lebens zunutze macht, klammert es sich gewöhnlich eine Zeitlang an sein früheres Lebensmilieu (gewöhnlich an die Familie) als Alltagsrealität. Es faßt sein Leben in der Schule als eine vorübergehende Angelegenheit auf, als einen Ausflug in eine seltsame und andere Welt, wo die Erfahrungen keinen realen Sinn haben und wo einen die eigenen Handlungen zu nichts verpflichten. Solange ein Kind diese Gefühle hegt, sieht es das Leben an der Schule nicht als etwas an, mit dem eine Auseinandersetzung sich lohnen würde.

Eine solche Haltung hat vielerlei Gründe. Einer davon ist die Tatsache, daß es dem Kind, solange es damit rechnet, sehr bald in ein Milieu zurückzukehren, das seinem früher gewohnten ziemlich gleicht, als unnötige Verschwendung psychischer Energie erscheint, seine Handlungsweise, geschweige denn seine Persönlichkeit, an das Schulmilieu anzupassen, nur um sich in einer Woche oder einem Monat wieder ganz neu anpassen zu müssen. Ein anderer Grund ist der, daß das Kind Angst hat, wenn es das freie Verhalten praktiziert, zu dem man es an der Schule er-

mutigt, werde es in schwere Konflikte mit seinen Eltern geraten, zu denen es bald zurückzukehren glaubt.
Und schließlich muß man sich klarmachen, daß das Kind in seine alte Persönlichkeit sehr viel vitale Energie investiert hat; dazu gehören sogar seine Verdrängungen: Es war schwere Arbeit, die von der Norm abweichende Persönlichkeit zu entwickeln, die es zu brauchen meinte, um mit seinen Eltern oder der Gesellschaft auszukommen oder um sie zu bekämpfen. Es war z. B. eine schwere Mühe und ein bitterer Kampf, den Wunsch zu verdrängen, Dinge zu tun, die seine Eltern mißbilligten. Es erscheint dem Kind als höchst unklug, diese Arbeit zunichte zu machen, solange es glaubt, seine Eltern würden es in ein paar Wochen oder Monaten zwingen, die alte Verdrängung wieder einzuführen. Natürlich stellen die Kinder über diese Dinge keine geordneten Überlegungen an, aber ihre Gefühle gegenüber Situationen, die für sie entscheidend wichtig sind, sind oft richtiger, als man es als Erwachsener in seinen Überlegungen nachvollziehen kann.
Aus diesen und ähnlichen Gründen vergehen oft mehrere Monate, in denen das Kind nur auf der Stelle zu treten scheint. Aber das Kind ist nicht müßig. Es verbringt in Wirklichkeit seine Zeit damit auszuprobieren, ob es tatsächlich auf die Bedingungen der Schule und die Wertvorstellungen und die Art zu leben eingehen muß, die sie vertritt. Während dieser Zeit wird das Kind vielleicht versuchen, um jeden Preis um die Notwendigkeit herumzukommen, sein Verhalten zu ändern. Es wird vielleicht versuchen, seine Eltern davon zu überzeugen, daß das Leben an der Schule nicht das Richtige für es ist, oder es wird versuchen, der Schule zu beweisen, daß es selbst so schlimm ist, daß man ihm nicht mehr helfen kann. Alte Symptome mögen sich verschlimmern und neue können auftreten, besonders während eines Besuchs zu Hause. All diese Anstrengungen macht das Kind, um die größere, weiterreichende Anstrengung zu vermeiden, die damit verbunden wäre, auf die Herausforderung der Schule zu reagieren, sich selbst oder seine Ansichten vom Leben zu ändern.
Es ist sehr schwierig, ein Kind davon zu überzeugen, daß das von der Schule geschaffene Milieu eine ebenso legitime Form der Realität ist, wie es sein früheres Lebensmilieu war. Kinder leben nur in der Welt, in der sie aufwachsen, und haben noch nicht gelernt, daß mehrere verschiedene Lebensweisen gleich legitim sein können, ganz zu schweigen von der Schwierigkeit der Erkenntnis, daß eine neue und seltsame Art zu leben besser sein könnte als die, die sie gekannt haben. Obwohl die hervorstechendsten Merkmale der Schule auf das Kind sehr anziehend wirken mögen, kann es sie als solche erst akzeptieren, wenn es nicht mehr

fürchtet, wir seien nur nett zu ihm, um es später zu übervorteilen; wenn es nicht mehr fürchtet, ein leichteres Leben werde es in noch tiefere Konflikte mit seinen Eltern führen oder notwendig machen, daß es Lebensweisen aufgibt (z. B. Verwahrlosung, Taubheit usw.), von denen es meint, es könne noch nicht ohne sie auskommen.

Zum Beispiel brauchen viele Kinder sehr lange, um zu merken, daß Mahlzeiten etwas Erfreuliches sein können. Die Mahlzeit ist so lange der Kampfplatz für seine Konflikte mit Erwachsenen gewesen, daß monatelang alles, was zur Essenszeit geschieht, für das Kind unangenehm ist, so negativ pflegt es gewohnheitsmäßig auf diese Situation zu reagieren. Für diese Kinder haben Mahlzeiten nur Demütigung bedeutet oder die Erfahrung, von Erwachsenen unterdrückt zu werden; sie mußten stillsitzen und haben sich gelangweilt, oder sie mußten Dinge essen, die sie nicht mochten, oder die Mahlzeiten waren vielleicht die große Gelegenheit, sich an den Erwachsenen für andere Leiden dadurch zu rächen, daß sie sich eigensinnig weigerten zu essen.

Erst nachdem das Kind das Alltagsleben an der Schule als real akzeptiert hat, werden die potentiellen Befriedigungen, die wir anbieten, zu etwas, was das Kind „nehmen" kann. Dann kann das Kind auch erst anfangen, die Hilfe anzunehmen, die wir ihm zur Bewältigung der Aufgaben des Lebens anbieten. Erst dann wird es sich zur Lösung der Konflikte, die in ihm selbst oder zwischen ihm und der Realität bestehen, unserer Hilfe bedienen. Erst dann werden ihm seine Erfahrungen an der Schule dabei nützen, seine Ansichten vom Leben und seine Meinung über sich selbst zu ändern.

Die Beziehungen des neu angekommenen Kindes zu Erwachsenen sind meistens stark geschädigt; vielleicht sind darum die meisten Neulinge viel mehr an anderen Kindern interessiert als an Erwachsenen. Während sie möglicherweise eine Zeitlang gegenüber allen Erwachsenen gleichgültig bleiben oder sie bestenfalls erbarmungslos ausnützen, sind sie vom Gruppenleben sofort fasziniert, entweder positiv oder negativ. Eine Weile benehmen sich manche so, als würden sie vom Gruppenleben vollständig verschlungen. Deshalb möchte ich ein paar Bemerkungen über das Gruppenleben der Erörterung der ersten konkreten Erfahrungen des Kindes voranstellen.

In der Vorstellung der Kinder ist ihre Schlafraum-Gruppe die wichtigste von allem; sie ist ihre „Familie". Um sie soweit wie möglich als organische Einheit zu erhalten, versuchen wir, nicht mehr als ein neues Kind auf einmal hinzuzufügen, und kein weiteres dazukommen zu lassen, bevor der vorige Neuankömmling ein gut integriertes Mitglied der Gruppe geworden ist. Das bedeutet nicht, daß die Kinder einer solchen Gruppe immer oder auch nur meistens als geeinte Gruppe agieren. Im Gegenteil, der Zusammenhalt der Gruppe zeigt sich oft am besten in der Fähigkeit des einzelnen Kindes, sich aus ihrer Geborgenheit heraus in neue Lebensbereiche zu wagen. Es ist für jedes Kind wichtig zu wissen, daß seine Gruppe ein immer verfügbarer Hort der Geborgenheit für es ist. Durch seine positiven Beziehungen zu den anderen Kindern und Erwachsenen oder durch die Bereitschaft der Erwachsenen, schlechte Laune ohne Vergeltung hinzunehmen, kann das Kind immer die psychische Energie wieder auffüllen, die es bei seinen Ausflügen in die Außenwelt verausgabt.

Ein neues Kind hat die Neigung, von Gruppe zu Gruppe zu schweifen, weil es noch keine Geborgenheit in seinen persönlichen Beziehungen gefunden hat; deswegen ist eine Gesellschaft so gut — oder richtiger, so schlecht — wie die andere. Außerdem hat es Angst, sich an irgendeine bestimmte Gruppe von Personen psychisch zu binden. Dann kommt eine Zeit, in der die Unterstützung durch die Gruppe sehr notwendig und sehr wichtig ist, weil das Kind gegenüber allen Außenseitern so unsicher ist, daß es die ganze Zeit bei der Gruppe bleibt, oder zumindest bei denjenigen Gruppenangehörigen, die nicht anderswo emotionell gebunden sind. Später, wenn das Kind sich in seiner Gruppe geborgen fühlt, verläßt es sie zuweilen für einen Augenblick, aber nur, wenn andere Kinder seiner Gruppe in Sichtweite sind. Und schließlich verläßt es die Gruppe häufiger, um außerhalb kurzlebige Verbindungen einzugehen, aus denen es in gewissen Abständen in die Geborgenheit seiner Gruppe zurückkehrt.

Oft bekommt das neue Kind durch die Mitglieder einer zusammenhaltenden Gruppe die erste Ahnung davon, welches Lebensklima für die Schule charakteristisch ist. Das geschieht weniger deswegen, weil das neue Kind den Wunsch hat zu verstehen, sondern weil die anderen bereit sind, Beziehungen zu ihm anzuknüpfen, es in die Gruppe aufzunehmen. Der Neuankömmling ist gewöhnlich der Gruppe gegenüber gleichgültig und oft feindselig. Sein früheres Leben hat ihn gelehrt, von anderen das schlimmste zu erwarten; also tut er es. Aber die Gruppe bietet ihm ein echtes Willkommen — ohne sich ihm aufzudrängen —, das widerspricht seinen früheren Erfahrungen und ist oft ein wirklicher „Schock", weil es eine so unerwartete Aufforderung ist, sein Bild von der Welt und seine Beziehungen zu anderen Kindern zu überprüfen. Die Gruppe ihrerseits versucht dem neuen Kind nicht deswegen zu helfen, eins der ihren zu werden, weil es der Anstand erfordert oder weil Erwachsene darauf hinwirken, sondern aus einer inneren Notwendigkeit heraus: Die Gegenwart eines Außenseiters ist den Kindern unbehaglich, darum versuchen sie, ihn zu einem „Insider" zu machen.

Das gilt natürlich nur, wenn die Gruppe während einer beträchtlichen Zeitspanne nicht durch Neuzugänge gestört wird. Andernfalls erlauben die häufigen Veränderungen keine Entwicklung eines Gruppenklimas, das stark genug ist, den Neuankömmling aufzunehmen. Wenn die verschiedenen Angehörigen einer Gruppe noch nicht einer des anderen sicher sind, wird der Neuankömmling entweder gehaßt, weil seine Ankunft eine neue Bedrohung bedeutet, oder er wird als möglicher Bundesgenosse umworben und deshalb nicht als eine Person empfangen, sondern als ein Werkzeug benützt.

In gewisser Weise ist die Aufnahme eines Neuankömmlings in die Gruppe eine Probe für ihren Zusammenhalt, ein Test für die Geborgenheit, die die zur Gruppe gehörigen Kinder füreinander bedeuten. Gruppen, die verschiedene Stadien der Gruppenintegration erreicht haben, können bei einem flüchtigen Beobachter — solange sie ungestört bleiben — den Eindruck erwecken, als hätten sie alle den gleichen Grad des Zusammenhalts. Aber sobald ein Neuling dazukommt, reagieren sie verschieden. Bei der Gruppe mit dem geringsten Zusammenhalt und deshalb mit der geringsten Sicherheit wenden sich die Kinder gegen den Neuling, entweder, indem sie sich so verhalten, als seien sie eine so geschlossene „In-Group", daß für einen Außenseiter gar keine Möglichkeit besteht, jemals einer der Ihren zu werden, oder indem sie verschiedenen Kindern erlauben, um die Wette nach seiner Freundschaft zu streben, oder indem sie ihm offene Feindseligkeit entgegenbringen.

Kinder einer besser integrierten Gruppe machen eine Demonstration der Gruppenzusammengehörigkeit, sie zeigen einen Zusammenhalt, der den wirklich vorhandenen weit übersteigt; sie überschlagen sich fast in ihrem Bemühen, den Neuling möglichst rasch zum Eintritt in die Gruppe zu bewegen. Sie benehmen sich entweder so, als ob sie ihn als eine praktische Prüfung für ihren gegenseitigen Zusammenhalt betrachten (das eifrige Bestreben des Neulings, sich ihnen anzuschließen, wird gebraucht, um die Fiktion aufrechtzuerhalten, sie seien eine integrierte Gruppe), oder so, als müßten sie sich selbst durch eine Demonstration des Zusammenhalts davon überzeugen, daß das Hinzukommen eines Kindes die Sicherheit, die sie einander geben, nicht bedroht.

Eine wirklich gut integrierte Gruppe begegnet dem Neuling mit freundlicher Gleichgültigkeit. Die Kinder, die eine solche Gruppe bilden, fühlen sich so geborgen, daß sie den Neuling annehmen können oder auch nicht. Wenn er sich ihnen anschließen will, gut und schön; wenn nicht, ist ihnen das auch recht. Wenn ein Neuling einer solchen Gruppe vorgestellt wird, erklären ihm die Kinder, was sie gerade tun, und laden ihn ein, mitzumachen, aber im übrigen machen sie ziemlich genauso weiter wie vorher. Im großen und ganzen überlassen sie den Neuling sich selbst und achten seine Privatsphäre; genau das können die Kinder einer weniger integrierten Gruppe nicht.

Auch für das neue Kind ist der zwanglose Empfang durch die zusammenhaltende Gruppe sehr beruhigend — ebenso die gleichmütigen Bemerkungen eines „Alteingesessenen" — während die offenkundigen Annäherungsversuche von Angehörigen einer weniger kohärenten Gruppe seine Unsicherheit noch vergrößern. Wenn *sie* schon nicht wissen, woran sie miteinander sind, wie soll der Neue wissen, wo er seinen Platz in ihrer Gruppe finden soll? Außerdem wird er ihr Interesse an ihm als das erkennen, was es ist: als den Wunsch, sich zu ihrem eigenen Nutzen bei ihm beliebt zu machen, oder als Versuch, die Angst zu überwinden, die seine Ankunft erzeugt hat.

In ähnlicher Weise kann auch ein Willkommensfest für den Neuankömmling auf diesen nur dann beruhigend wirken, wenn er nicht zum Mittelpunkt gemacht wird, sondern nur ein Teilnehmer ist wie alle anderen. Der Zweck eines solchen Festchens besteht nicht darin, den Neuling sofort und künstlich zu einem Mitglied der Gruppe zu machen, das sie guten Glaubens aufnimmt, sondern darin, der Unbehaglichkeit aller Beteiligten die Spitze zu nehmen. Das kleine Fest „zu Ehren" eines Neuankömmlings, bei dem er im Mittelpunkt der Aufmerksamkeit steht, wird manchmal empfohlen, um einem neuen Kind zu helfen, sich „zu Hause" zu fühlen, aber wir empfinden dies als weniger empfehlenswert. Die Ehre mag dem Narzißmus des Kindes schmeicheln, aber gerade Narzißmus wird dem Kind wenig dabei nützen, in der Gruppe Aufnahme zu finden. Außerdem wird in dem Kind die begreifliche Befürchtung erweckt, es werde vielleicht später nicht fähig sein, die außergewöhnliche Stellung zu halten, zu der ein derartiges Fest es zu erheben scheint. Das Erwachen nach dem Fest wird um so rauher sein, wenn die erste Erfahrung des Kindes in der Gruppe darin bestanden hat, daß es ihr wichtigstes Mitglied war. Darum ist ein kleines Fest, bei dem der Neuling im Mittelpunkt steht, nicht ratsam wegen der Art und Weise, in der der Neuling es erlebt.

Hinsichtlich der Annahme des neuen Kindes durch die übrigen Kinder ist dies aber noch weniger ratsam. In Wirklichkeit haben die alten Gruppenmitglieder besondere Aufmerksamkeit verdient, denn von ihnen wird verlangt, einen Neuling aufzunehmen und auch die erwachsenen Gruppenleiter mit ihm zu teilen. Das Hinzukommen eines neuen Kindes bedeutet für sie eine echte Unannehmlichkeit, und man kann nicht von ihnen erwarten, daß sie über sein Kommen froh sein sollen, gewissermaßen, weil es ihnen aufgezwungen wird.

Wenn ein Erwachsener ein kleines Fest veranstaltet, in dessen Mittelpunkt das neue Kind steht, bedeutet das oft, daß der Erwachsene die wahre Verteilung der Unannehmlichkeiten leugnen oder sogar ins Gegenteil verkehren möchte. Obwohl sie wissen, daß der Gruppe die schwierige Aufgabe auferlegt wird, sich an ein neues Kind anzupassen, benehmen sich manche Erwachsene so, als sei das ein erfreuliches Ereignis, womit sie die Unannehmlichkeit leugnen, die sie den Kindern zumuten. Äußerungen wie „wir sind alle so froh, daß du zu uns gekommen bist", taugen nur dazu, die Angehörigen der alten Gruppe davon zu überzeugen, daß ihre Interessen verraten werden. Der Erwachsene scheint sich dadurch, anstatt die Interessen der Gruppe gegen den Neuankömmling zu schützen, mit den Interessen des Neulings zu identifizieren, und nicht mit den Interessen derer, die er schon länger und besser kennt.

Wir halten es für besser, offen zuzugeben, daß das Hinzukommen eines Neulings für die alten Gruppenmitglieder eine schmerzliche Zumutung ist, die wir bedauern und für die wir um Entschuldigung bitten. Wir erklären, warum solche Dinge wegen des Anstaltsbetriebes unvermeidlich sind, und wir machen deutlich, daß das Fest viel mehr für die alten Gruppenmitglieder gegeben wird als für das neue. Wenn jedes Kind (wie der Neuankömmling) außer dem Spaß des Feierns noch ein Spielzeug geschenkt bekommt, wird der Verlust zum Teil durch den Erwachsenen und die Schule wieder ausgeglichen, oder zumindest symbolisch ausgeglichen.

Ein Fest, das für alle Kinder der Gruppe und nicht nur für den Neuling veranstaltet wird, ist für das neue Kind, das noch keine Beziehungen angeknüpft hat, auch leichter annehmbar, weil es das Gefühl hat, es verpflichte es nicht, wie es ein Fest zu seinen Ehren vielleicht täte. Dies war deutlich am Verhalten der achtjährigen Alice abzulesen, die an tiefsitzenden Ängsten litt, die sie von allen Kontakten mit der Realität ferngehalten hatten. Ihren persönlichen Rückzug hatte sie fast ihr ganzes Leben lang durch „sehr braves" Verhalten verdeckt, unterbrochen von gelegentlichen heftigen und gefährlichen Angriffen gegen ihre Mutter und eine jüngere Schwester, die sie sogar noch mehr haßte.

Auf dem kleinen Fest, das wir bei ihrer Ankunft gaben, aß sie sehr wenig, als wollte sie uns zeigen, sie wisse sehr wohl, daß sie noch nicht dazugehöre. Die ihr angebotenen Süßigkeiten steckte sie in die Tasche, als wollte sie uns zu verstehen geben, sie sei nicht bereit, Bett und Tisch mit uns zu teilen, oder sie wisse ganz genau, daß sie in der Gruppe noch

keinen Status habe. Sie versuchte vielleicht auch herauszubekommen, ob solches An-sich-Nehmen von Nahrungsmitteln erlaubt sei. (Andere Kinder testen auf diesen Festen, ob sie sich überessen oder Nahrungsmittel verschwenden dürfen.)
Nach dem Fest schenkten die übrigen Kinder Alice wenig Aufmerksamkeit, obwohl sie diese auf sich zu ziehen versuchte, indem sie über ihre Familie sprach. Da die anderen sie kaum kannten, war dieses Thema für sie nicht interessant. Schließlich verkündete sie jedem, der es hören wollte, sie habe ihre kleine Schwester sehr gern. Aber dieses Geschwätz war zuviel für Priscilla, die ebenfalls eine jüngere Schwester heftig gehaßt hatte und seinerzeit auch versucht hatte, ihre wahren Gefühle durch laute Liebesäußerungen zu verdecken. Priscilla mag auch aus eigener Erfahrung die Unaufrichtigkeit in Alices Behauptung gespürt haben. Da sie mittlerweile gelernt hatte, ihre wahren Gefühle zuzugeben, sagte sie beiläufig zu Alice, sie habe ihrerseits ihre Schwester *nicht* gern. Alice sah die Betreuerin an und erwartete eine Mißbilligung einer so unhöflichen Verleugnung gesellschaftlicher Konventionen. Aber es wurde nichts weiter gesagt, und Alice fühlte, daß trotz ihrer Behauptung ihre wahren Gefühle von Priscilla verstanden und geteilt worden waren, und vielleicht sogar von der Betreuerin. Sie reagierte darauf, indem sie ihr Spielzeug in ihre Spielkiste legte — eine erste Geste, mit der sie zu erkennen gab, daß sie sich zu Hause fühlte [1].
Wie viele andere Kinder benützte Alice ihren ersten Tag dazu, zu erforschen, welche Haltung die Schule zu ihren beherrschenden Gefühlen des Ungeliebtseins und des Unversorgtseins einnehmen würde. Sie fragte, wer ihre Sachen wieder heilmachen werde, wenn sie kaputtgingen, und ob ihren Spielsachen nichts geschehen werde. Dann fragte sie, wer ihr neue Schuhe kaufen werde, und als Lucille ihr antwortete, die Betreuerin werde es tun, und sie selbst habe gerade am Tag vorher neue Schuhe bekommen, bemerkte Alice, ihr Vater habe ihr ein Paar neue Schuhe versprochen, aber er sei nie dazugekommen, sie ihr zu besorgen. Daß eine solche Kritik an ihrem Vater als selbstverständlich hingenommen wurde, und daß die Betreuerin sich nicht bemühte, sie zu beruhigen oder ihren Vater zu entschuldigen, machte ihr Mut, noch weitere Klagen über ihre Eltern zu äußern. Einmal, sagte sie, habe sie einen Zahn verloren und ihn unter ihr Kopfkissen gelegt, aber ihren Groschen von der Blauen Fee habe sie nie bekommen.
Als sie am nächsten Morgen aufwachte, begann Alice weitere Prüfungen, um festzustellen, ob die Betreuerin andere Kinder — und damit auch sie

---

[1] Teilnehmende Beobachterin: Joan Little.

selbst — vor Bosheit und schlimmen Streichen beschützen würde. Sie faßte ein schläfrig aussehendes Kind in einem Bett nahe bei ihrem eigenen ins Auge und schlug der Betreuerin vor: „Sag ihr, ihre Mutter ist hier, dann wird sie schnell aufwachen." Als die Betreuerin antwortete, sie werde nichts dergleichen tun, wurde Alice in der Kritik ihrer Mutter kühner und machte die scheinbar irrelevante Bemerkung, sie schäme sich ihrer Mutter [2].

So hatte Alice schon in den ersten 24 Stunden einige ihrer Hauptprobleme ziemlich direkt zu erkennen gegeben — ihre Furcht, man werde niemals richtig für sie sorgen, ihre Mutter sei dermaßen unzulänglich, daß sie sich ihrer schämen müsse, und man könne sich nicht darauf verlassen, daß ihr Vater gegebene Versprechen auch halte. All diese Probleme konnte sie mehr oder weniger offen aussprechen, nachdem die Lüge über ihr Verhältnis zu ihrer Schwester nicht angekommen war, und nachdem sie gesehen hatte, daß das Zum-Ausdruck-Bringen wahrer Gefühle an der Schule selbst dann gefördert wurde, wenn es der Höflichkeit und den Konventionen zuwiderlief. Während sie immer freier darin wurde, ihre Gefühle merken zu lassen, war es ihr auch eine Beruhigung zu erfahren, daß ihre Betreuerin sie daran hindern würde, sich anderen Kindern gegenüber in gefährlicher Weise feindselig zu verhalten, daß sie sie also vor Dingen schützen würde, von denen sie fürchtete, sie könnte sie tun, falls niemand ihre Feindseligkeit in Schach hielt.

Alices Eintritt in die Schule wurde dadurch erleichtert, daß man sie in eine Gruppe einfügte, die ziemlich gut integriert war, und in der sich alle anderen Kinder so geborgen miteinander fühlten, daß sie frei genug waren, Alice dabei zu helfen, ihre Gefühle zum Ausdruck zu bringen. Aber Paul wurde aufgenommen, weil er ein dringender Fall war (er hatte mehrere Selbstmordversuche und mindestens einen Mordversuch hinter sich), und man konnte nicht warten, bis in einer Gruppe, die schon eine genügend starke Kohärenz entwickelt hatte, ein Platz frei würde. Gleich, nachdem die Betreuerin ihm das Haus gezeigt und ihn den anderen Jungen seiner Schlafraumgruppe vorgestellt hatte, nahm die Sache einen schlechten Anfang. Der achtjährige Bob hatte das Gefühl, er könne sich angesichts der Drohung eines Neuankömmlings nicht auf die Unterstützung seiner Gruppe verlassen, denn er hatte in ihr selbst noch keine sehr gefestigte Stellung. Seine eigene Ungeborgenheit im Verein mit dem Altersunterschied ließen ihn die Konkurrenz eines Zehnjährigen fürchten: darum versuchte er von Anfang an, Paul „auf seinen Platz zu verweisen".

[2] Teilnehmende Beobachterin: Joan Little.

In hochmütigem Ton fragte er Paul, ob er seine Schlittschuhe mitgebracht habe, da die Kinder vorhatten, nach dem kleinen Fest Schlittschuh laufen zu gehen. Paul war bestürzt und fühlte sich zurückgesetzt, entweder, weil er keine Schlittschuhe hatte, oder weil er nicht Schlittschuh laufen konnte, oder aus beiden Gründen. Er sagte: „Ich hab' vergessen, meine mitzubringen", und zugleich nahm er die Hand der Betreuerin, als ob er nach Unterstützung suche, da seine Würde so angegriffen wurde. Sie behielt seine Hand in der ihren und bat ihn, sich neben sie zu setzen, aber er weigerte sich, mit den anderen an dem festlichen Tisch zu sitzen und setzte sich abseits an einen kleinen Tisch, wo sie ihm von Zeit zu Zeit Gesellschaft leistete. In seiner Isolierung von den anderen tat er so, als lese er in einem Comic-Heft, aber in Wirklichkeit beobachtete er sehr sorgfältig, was vor sich ging. Als die anderen Jungen ihm etwas zu essen anboten, lehnte er ab und sagte, er sei nicht sehr hungrig. Gegen Ende stellten sich die Kinder spontan hintereinander auf und marschierten singend um das Zimmer herum. Paul summte die Melodie mit, aber er schloß sich den andern nicht an, wenn er auch seine Limonadenflasche im Takt der Musik schwenkte [3].

Die Kinder in dieser Gruppe waren zwar in der Gruppengemeinschaft nicht geborgen genug, um es Paul zu ermöglichen, sich ihnen anzuschließen, aber die Möglichkeit, ihr Verhalten ungehindert zu beobachten, verschaffte ihm einen gewissen ersten Eindruck von der Atmosphäre der Schule. Bald nach dem kleinen Fest zog er sich in sein Bett zurück, blieb aber weiter auf seinem Beobachtungsposten. Als er sah, wie ein anderer Junge anfing, am Daumen zu lutschen, nachdem er ins Bett gegangen war, stand Paul wieder auf, unter dem Vorwand, er müsse etwas holen, in Wirklichkeit aber, um an dem anderen Kind nahe vorbeizugehen, wobei er versuchte, alles ganz zwanglos erscheinen zu lassen. Als er sich vergewissert hatte, daß er richtig gesehen hatte und daß niemand etwas dagegen zu haben schien, daß ein großer Junge am Daumen lutschte, ging er wieder in sein Bett zurück und steckte erleichtert den Daumen in den Mund [4].

So bekommt das neue Kind dadurch, daß es andere Kinder beobachtet, die ihm vielleicht nicht in der Überwindung ihrer Schwierigkeiten vor-

---
[3] Teilnehmende Beobachterin: Gayle Shulenberger.
[4] Nebenbei sei bemerkt, daß Paul zwar schon am allerersten Abend begonnen hatte, zu primitiven Formen der Befriedigung zurückzukehren, er bekam aber bald Angst und hatte das Gefühl, wir seien gefährlich tolerant. Er beklagte sich eine Zeitlang, wir verwöhnten ihn, und bat die Betreuerin, ihm selbst oder den anderen ein Verhalten, das er für unerwünscht hielt, wie das Herumspielen mit oder das Vergeuden von Nahrungsmitteln oder zu häufiges Empfangen von Geschenken, nicht zu erlauben.

aus sind, aber zum mindesten darin, daß sie keine Angst davor haben, etwas zu genießen, ein Gefühl dafür, was die Schule zu bieten hat.
Je unsicherer die Kinder in einer Gruppe sind, desto weniger sind sie in der Lage, die Ängste eines neuen Kindes zu lindern, und desto mehr bleibt es dem Erwachsenen überlassen, dem Kind den Eindruck zu vermitteln, daß es nun in einer Umwelt lebt, in der seine Bedürfnisse befriedigt werden, wo immer dies möglich ist. Das ist schwieriger, weil das psychisch gestörte Kind, wie ich schon gesagt habe, Erwachsenen noch weniger vertraut als anderen Kindern. Man muß ihm dazu verhelfen, zu erkennen, daß seine Furcht vor der Welt der Erwachsenen nicht ganz gerechtfertigt ist, und daß nicht alle Erwachsenen es mißverstehen oder ihm Böses wünschen.
Manchmal kommen die Bedürfnisse des Kindes und seine Prüfung der Erwachsenen so direkt zum Ausdruck, daß man ihm schon am ersten Tag (oder im Lauf der ersten Tage) seines Aufenthalts in der Schule Erfahrungen verschaffen kann, die dazu führen, daß seine Abwehr gegen legitime Bedürfnisse anfängt abzubröckeln. Danach kann es sich selbst die Befriedigung wenigstens einiger derjenigen Wünsche erlauben, die bisher unerfüllt geblieben waren. Diese Befriedigung führt bei schwer gestörten Kindern nicht immer unmittelbar zu guten persönlichen Beziehungen, und nichts wäre unangebrachter als diese Erwartung. Im Gegenteil, gerade weil ein Kind sich vielleicht bald der Befriedigung einiger seiner Triebbedürfnisse sicher ist, wird es möglicherweise wagen, die Schwere seiner psychischen Störung offener zu zeigen. Aber das bedeutet, daß es sich auch freier fühlt, seinen Negativismus, seine verzerrten Vorstellungen von anderen Menschen und ihren Handlungen, von der Welt und auch von sich selbst zu offenbaren. Neuerworbene Gefühle der Kraft und der Geborgenheit haben oft ein kraftvolleres „Ausagieren" zur Folge. In gewisser Weise spricht dies jedoch dafür, daß diese Gefühle schließlich im Rahmen einer persönlichen Beziehung zum Ausdruck kommen. Das Kind stellt seine Probleme nicht mehr heimlich und isoliert szenisch dar, sondern in Gegenwart eines wichtigen Erwachsenen, oder es richtet seinen Negativismus gegen diesen Menschen, so daß er nicht mehr im Inneren aufgestaut bleibt.
Bevor er in die Schule kam, hatte Paul all seine Destruktionsversuche unternommen, wenn kein Erwachsener zugegen war. Aber im Lauf eines Monats nach seiner Aufnahme hatte er seine selbstzerstörerischen Tendenzen in einen sozialen Zusammenhang gestellt und brachte sie nun hauptsächlich symbolisch zum Ausdruck. Er versuchte nun nicht mehr, sich selbst oder andere zu zerstören, sondern das, was er oder sie unmittelbar am Leibe trugen. Zuerst versuchte er, seinen eigenen Schlafanzug

in Brand zu stecken, und als man ihn daran hinderte, machte er ein paar Tage später einen Haufen aus den Schlafanzügen der anderen Kinder und versuchte, sie zu verbrennen. Aber beide Versuche machte er erst, als er sich dessen sicher war, daß seine Betreuerin sofort zur Verfügung stehen würde, und nachdem sie die kleinen Brände gelöscht hatte, war er offensichtlich erleichtert [5].

Manchmal ist das Verhalten des neuen Kindes selbst für eine festgefügte Gruppe so bedrohlich, daß die Kinder sich von dem Neuling zurückziehen; dann müssen vor allem Erwachsene diesem Kind die Schule interpretieren. Natürlich kann man gar nicht oft genug betonen, daß psychisch gestörte Kinder verbalen Äußerungen nicht trauen. Den Handlungen Erwachsener vertrauen sie ein wenig mehr, aber am überzeugendsten wirkt die Gefühlstönung, die durch die Handlung zum Ausdruck kommt. Trotzdem ist das Verhalten Erwachsener ein schlechter Ersatz für die Überzeugungskraft, die den Äußerungen und Verhaltensweisen anderer Kinder innewohnt. Wir sind jedoch oft auf uns selbst angewiesen, wenn das Verhalten des neuen Kindes von der Art ist, daß es die Gruppe stark befremdet.
Ein passendes Beispiel dafür ist das Verhalten Marys an ihrem ersten Tag in der Schule. Dieses Kind war neun Jahre alt, als es zu uns kam. Marys Verhalten hatte psychotische Züge, aber zu ihrer Unterbringung in der Schule hatten eher ihre asozialen Handlungen geführt. Dazu gehörten Diebstahl, heftige Angriffe auf andere Kinder und abstoßende Grausamkeit gegen Tiere. Sobald Mary ihrer Gruppe vorgestellt worden war, tat Grace, eins der anderen Gruppenmitglieder, ihr bestes, um es Mary behaglich zu machen. Sie stellte ihr ein paar Fragen, und als darauf keine Reaktion erfolgte, schien sie zu spüren, daß sie von einem neuen Kind nicht erwarten könne, etwas über seine persönlichen Angelegenheiten auszusagen, wenn sie selbst nicht den Anfang damit machte. Also erzählte sie Mary, ihre Eltern seien tot.
Dadurch wurde für einen Augenblick das Eis gebrochen; Mary antwortete, sie selbst habe bei einer Tante gewohnt. Dann machte Grace einen neuen Vorstoß, indem sie sagte, hier sei es nicht so schlecht, viel besser jedenfalls als in einem Pflegeheim, in dem sie gewesen sei und wo man sie herumgestoßen habe. Darauf antwortete Mary mit großem Vergnügen und mit einem gehässigen Lächeln, sie habe einmal ein Kind mit einem Bleirohr so schlimm auf den Kopf geschlagen, daß sein Kopf mit vielen Stichen habe genäht werden müssen (was der Wahrheit ent-

---

[5] Teilnehmende Beobachterin: Gayle Shulenberger.

sprach). Die Kinder hier sollten sich nur in acht nehmen und ihr nicht in die Quere kommen. Diese Haltung beunruhigte die anderen Kinder so, daß sie sich von ihr zurückzogen [6].

Glücklicherweise war die Sicherheit, die die anderen in der Anstalt und untereinander schon gewonnen hatten, schon groß genug, daß sie sich nicht mehr vor Mary fürchteten. Darum hatten sie es nicht nötig, in ihrer Reaktion zu zeigen, wie gefährlich sie ihrerseits sein konnten, wie es Kinder in einer unsicheren Gruppe vielleicht getan hätten. Aber Marys Verhaltensweise reichte aus, um die anderen Kinder wünschen zu lassen, jeden Umgang mit ihr zu meiden; sie überließen sie also ganz sich selbst, was natürlich nicht dazu beitrug, daß Mary sich zu Hause fühlte.

Da dieser Weg der Auseinandersetzung mit der Schule nun verschlossen war, oblag es einer Betreuerin zu versuchen, Mary auf praktische Art und Weise und trotz ihres starken Negativismus gegenüber Erwachsenen zu zeigen, wie die Schule Kindern gegenüber eingestellt ist. Als die Betreuerin Mary die ganze Schule zeigte, interessierte sich Mary für die Farben, die sie im Spielzimmer entdeckte. Zugleich erzählte sie der Betreuerin, wie sie einmal zu Hause, als die Wohnung neu gestrichen wurde, mit den Farben gespielt habe, aber dann sich ganz und gar damit beschmiert habe und schwer verprügelt worden sei. Die Betreuerin versuchte nicht, sie davon zu überzeugen, ein solches Verhalten sei in der Schule erlaubt (eine Behauptung, die Mary entweder für unwahr gehalten hätte, oder die sie als einen Versuch angesehen hätte, ihr zu schmeicheln, weil sie so gefährlich war); sie sagte nur zu Mary, wenn sie wollte, könne sie mit diesen Farben sofort spielen [7].

Mary nahm die Farbtöpfe vorsichtig in die Hand, aber bald wurde sie mutiger und fragte, was geschehen würde, wenn sie sich mit Farbe beschmierte. Die Betreuerin sagte, „nichts"; sie werde die Farbe einfach wieder abwischen, und sie zeigte ihr, wie leicht das mit Terpentin geht. Darauf tauchte Mary ihre Finger tief in den Farbtopf und bedeckte ihren Arm mit Farbflecken. Dann hielt sie der Betreuerin den Arm hin, damit sie ihn abwischen konnte. Während dies geschah, fragte sie: „Was macht man hier mit Mädchen, die nach Terpentin stinken?", woraufhin die Betreuerin nur lachte. Auf diese Beruhigung hin brachte sie einen großen Schwall von Fragen vor — wer für die Kinder sorge und wer wann was mit ihnen mache — am Schluß wollte sie etwas über das Spielen mit Ton wissen, aber obwohl sie ermutigt wurde, hatte sie nicht den Mut, es am ersten Tag gleich auszuprobieren.

---

[6] Teilnehmende Beobachterin: Joan Little.
[7] Teilnehmende Beobachterin: Gayle Shulenberger.

Bei ihrem ersten Besuch in der Schule hatte man Mary ermutigt, Fragen zu stellen, aber sie wollte nichts fragen. Erst nachdem eine konkrete Erfahrung ihr gezeigt hatte, daß wir Kinder verstehen, empfand sie es als sinnvoll, auf das zu hören, was wir zu sagen hatten. Davor hatte sie kein Interesse daran gezeigt, etwas über die Schule zu erfahren. Vielleicht wollte sie lieber nicht mit Fremden über das reden, was in ihr vorging; vielleicht war sie nicht daran interessiert, mit uns zu sprechen, weil sie nicht darauf vertraute, daß wir ihr die Wahrheit sagen würden; vielleicht lag der Grund auch nur in ihrem extremen allgemeinen Negativismus gegenüber Erwachsenen. Während sie nun zuhörte, machte ihr an dem, was sie über das Leben in der Schule erfuhr, am meisten Eindruck, daß man ihr versicherte, sie könne jederzeit ruhen oder schlafen, wenn sie wolle. Diese Aussage prüfte sie sofort nach, indem sie sich in ihr Bett zurückzog. Sobald sie dort war, wirkte sie ziemlich erleichtert, wahrscheinlich aber deswegen, weil sie das Bedürfnis hatte, sich vor der Versuchung zurückzuziehen, nachdem sie ihr einmal nachgegeben und sich mit Farbe beschmutzt und ihren Negativismus überwunden hatte, der sie am freien Fragenstellen hinderte.

Da wir ihr Recht respektierten, sich negativistisch zu verhalten und den Kontakt mit uns zu vermeiden, ereignete sich die unmittelbare Folge dieses Vorfalls erst ungefähr einen Monat später. Obwohl sie chronologisch nicht zur „ersten Begegnung" gehört, gehört sie psychologisch so eng zu den ersten Erfahrungen Marys in der Schule, daß wir sie hier erwähnen dürfen.

Als Mary sich das nächstemal bereit erklärte, mit ihrer Betreuerin in das Spielzimmer zu gehen, malte sie das Gesicht eines unglücklichen kleinen Mädchens, und als ihre Betreuerin sie fragte, wer dies sei, gab sie deutlich zu verstehen, es sei ein Selbstbildnis. Aber dann fügte sie hinzu, das Mädchen habe keinen Namen, es sei nur irgendein Mädchen, „ein Mädchen ohne irgendeinen Namen". Sie schien das Gefühl zu haben, sie selbst habe keine eigene persönliche Identität[8].

Nachdem sie so eins ihrer ernsteren Probleme zu erkennen gegeben hatte, zog sie sich sofort wieder von allen Kontakten mit ihrer Betreuerin zurück und aß auch wieder allein für sich. Aber da sie dies in Gegenwart ihrer Betreuerin tat, war sie in der Lage, den Kontakt wieder aufzunehmen, nachdem sie eine Weile gegessen hatte, denn die Tatsache, daß ihr Verhalten nicht kritisiert wurde, hatte ihr wieder ein wenig Vertrauen gegeben, wenn auch vielleicht nicht in sich selbst, so doch mindestens in die Schule. Nun bat sie die Betreuerin, ihr eine Geschichte vor-

---

[8] Teilnehmende Beobachterin: Gayle Shulenberger.

zulesen, die sie sehr gut kannte. Es war die Geschichte von einer Raupe (nach Marys Worten: „von einem häßlichen Wurm"), die sich nach vielen Abenteuern in einen Schmetterling verwandelte. Nach der Hälfte der Geschichte nahm ihre Spannung zu, und sie sagte, „Weißt du, was am Ende passiert?" „Ja", sagte die Betreuerin, „aber warum erzählst du's mir nicht?" Also erzählte ihr Mary aufgeregt, wie sich der häßliche, unglückliche Wurm in einen schönen, glücklichen Schmetterling verwandelt. Es war das erstemal, daß sie irgendeine positive Gemütsbewegung zeigte, und es kam einem so vor, als habe sie nun Hoffnung, daß sie selbst eines Tages aus einem namenlosen, belanglosen Mädchen in ein glückliches, deutlich umrissenes Individuum verwandelt werden könnte.

Daß sie dies glauben konnte, daß sie wenigstens einen Augenblick lang glauben konnte, sie könne eine eindeutige Person werden, Befriedigung und Glück könnten für sie erreichbar sein, war wirklich der Beginn eines Fortschritts in der Behandlung. Dies war wirklich der Tag, an dem Mary zum erstenmal „in der Schule" war; vorher war sie immer nur physisch gegenwärtig gewesen. Dies war also gewissermaßen der erste Tag, an dem sie in der Schule „lebte", obwohl sie schon seit etwa dreißig Tagen und Nächten dort war.

Bei Mary lag zwar zwischen dem Tag ihrer Ankunft und dem wahren Beginn ihres Lebens in der Schule ein ganzer Monat, aber bei anderen Kindern ist es möglich, dieses Erlebnis schon ganz am Anfang ihres Aufenthalts herbeizuführen.
Frank (elf Jahre alt) war ein aktiver Verwahrloster, dessen Verhalten sich auf frühe und andauernde Entbehrungen auf Grund seiner Unterbringung in unzulänglichen und stets wechselnden Pflegeheimen zurückführen ließ. Als seine Mutter schließlich wieder heiratete und einen geeigneten Hausstand zustande brachte, war seine Einstellung so asozial geworden, daß er ständig mit der Gesellschaft auf dem Kriegsfuß stand. Einer seiner Versuche, sich für viele frühere Enttäuschungen einen Ausgleich zu verschaffen, nahm die Form des Zuvielessens an, woraus Fettsucht entstand.
Die Bemühungen seiner Eltern, bei ihm durch Diät einen Gewichtsverlust herbeizuführen, deutete er als Zeichen ihrer Abneigung. Während seiner ersten Mahlzeit in der Schule verkündete er, es sei wichtig, daß er abnehme, und er bat die Betreuerin, ihm nicht zuviel aufzugeben und ihn daran zu erinnern, seine Diätvorschriften zu beachten. Man sagte ihm sachlich, er könne so viel oder so wenig essen, wie er wolle, das sei ganz und gar seine eigene Entscheidung, und wir hätten nicht den

Wunsch, ihn in der einen oder anderen Weise zu beeinflussen. Es stellte sich dann heraus, daß er sein Essen kaum angerührt hatte. Die Betreuerin versicherte ihm, sie habe nichts dagegen, nur werde er wahrscheinlich später Hunger bekommen, wenn er überhaupt nichts äße. Das überzeugte ihn anscheinend davon, daß sie aufrichtig gewesen war, als sie gesagt hatte, er könne soviel essen, wie er wolle, und er fiel wie ein Wolf über sein Essen her. Er ließ sich vom Hauptgang viermal geben, vom Nachtisch fünfmal, und als er das meiste davon aufgegessen hatte, fragte er: „Ist das alles, was wir zu essen haben?" Er bekam noch eine Portion; danach war er bereit zuzugeben, daß er genug bekommen hatte [9].

Am gleichen Tag erkundete Frank, wie weit er im Gebrauchen „schlimmer" Wörter gehen konnte. Obwohl seine eigenen Reden voll von ordinären Ausdrücken waren, kritisierte er andere Kinder und sagte: „Ihr flucht hier aber 'ne Menge." Dann wandte er sich an die Betreuerin und fragte: „Wie kommt es, daß ihr sie so reden laßt? Wird das hier nicht unterbunden?" Sie sagte, sie sehe keinen Grund einzugreifen, aber dann wollte er wissen: „Liegt es daran, daß Sie nichts dagegen tun können?" (Er hatte das Gefühl, nur Schwäche könne der Grund dafür sein, daß dies ungestraft hingenommen werde.) Ebenfalls an diesem allerersten Tag wollte Frank sich Gewißheit übers Bettnässen verschaffen und fragte, was passieren würde, wenn er jemals sein Bett naßmachen würde. Als seine Betreuerin ihm sagte, es werde nichts geschehen, man werde ihm nur ein frisches Laken geben, bat er darum, mitten in der Nacht geweckt zu werden. Diese Forderung lehnte sie ab, obwohl er sie plagte, ihm irgendein Versprechen zu geben, und als er merkte, daß sie meinte, was sie sagte, wie in der Frage des Essens, war er unendlich erleichtert [10].

Dann untersuchte er überrascht die Plüschtiere, die er auf den Betten der anderen Kinder bemerkte. „Das ist irgendwie komisch, nicht?" sagte er. „Daß sie alle Plüschtiere haben. Das ist wie bei Babies, nicht?"

Von Anfang an versuchte Frank herauszubekommen, ob ihm eine Befriedigung seiner speziellen Bedürfnisse (wie des Bedürfnisses, zuviel zu essen) möglich sein würde, und ob diese Dinge in unserer Haltung den Vorrang vor abstrakten Normen hätten (wieviel ein Junge seines Alters essen „sollte"); es war auch wichtig für ihn herauszufinden, ob die freie und ehrliche Äußerung seiner Gefühle (durch „unanständige" Redeweise) möglich sein würde oder ob er seine wahren Gefühle hinter Vorspiegelungen und „höflichen" Reden würde verbergen müssen. Außer-

---

[9] Teilnehmende Beobachterin: Patty Pickett.
[10] Teilnehmende Beobachterin: Patty Pickett.

dem stellte er fest, daß seine infantilen oder neurotischen Tendenzen (Bettnässen) als legitime Bedürfnisse für selbstverständlich gehalten wurden, oder wenigstens als legitim im Hinblick auf seine Störung. Daran, daß er und die anderen mit Plüschtieren spielen durften, mag er unbestimmt gespürt haben, daß die Kinder an der Schule kindisch oder reif sein können, wie sie wollen oder wie es ihre emotionalen Bedürfnisse erfordern, und daß sie sich nicht an Reifenormen anpassen müssen, die ihrer augenblicklichen emotionalen Entwicklung nicht entsprechen.

Für Frank war, im Gegensatz zu vielen Kindern, die an unsere Schule kommen, der Schutz vor elterlicher Einmischung kein wichtiges Problem, und darum war er auch gar nicht neugierig, wie es damit in der Schule sein würde. Als ein Kind, das gewöhnt ist wegzulaufen, kannte er das Mittel gegen zuviel Einmischung von seiten der Eltern oder der Erwachsenen. Er hatte sein symptomatisches Verhalten: er konnte schwänzen. Kinder, deren Persönlichkeitsstruktur ihnen nicht erlaubt, sich der Herrschaft der Eltern dadurch zu entziehen, daß sie ihre Probleme aktiv zum Ausdruck bringen oder weglaufen, die z. B. ihre Feindseligkeit herunterschlucken müssen, suchen sich zuerst und vor allem anderen zu vergewissern, ob wir sie vor ihren Eltern beschützen wollen. So lange sie sich in dieser Hinsicht nicht sicher fühlen, können sie sich nicht erlauben, überhaupt zu versuchen, sich von ihrer neuen Umwelt ein Bild zu machen. Ohne diese Gewißheit ist es ihnen ziemlich gleichgültig, ob wir ihnen erlauben, diejenigen asozialen oder infantilen (aber trotzdem recht realen) Bedürfnisse zu befriedigen, die ein Vergnügen sind, das ihre Eltern immer mißbilligt oder geradezu verboten haben.
Hank, ein sieben Jahre alter, negativistischer Junge, hatte sich jahrelang durch Aggression und wilde Wutanfälle für etwas gerächt, was er als elterliche Ablehnung erlebte. Mit Hilfe dieser Mittel hatte er seine Eltern und andere Kinder so erfolgreich eingeschüchtert, daß weder öffentliche noch private Schulen ihn behalten konnten. Von der frühesten Kindheit an hatten die Eltern ihm unter anderem ein strenges System der Reinlichkeit und des „guten" Benehmens aufgezwungen und hatten ihn durch Druck zu einem „erwachsenen" Verhalten veranlaßt, das seinem Alter nicht angemessen war. Daher ist es verständlich, daß seine erste Sorge in unserer Schule den Aspekten des Lebens galt, die ihn immer am meisten belastet hatten.
Zuerst wollte er wissen, wie sicher er in der Schule vor der Herrschaft seiner Eltern sei. Vom Augenblick seiner Ankunft an brachte er seinen Groll gegen seine Mutter zum Ausdruck, aber während er dies tat, zeigte er auch, wie er sich gegen ihre Tyrannei auflehnte und sich ihr zugleich

unterwarf. Wie alle anderen Kinder, die in unsere Schule kommen, fragten wir ihn, wie er genannt werden wolle. Er sagte: „Hank, nicht Henry", und fügte dann hinzu, er hasse den Namen Henry, weil seine Mutter ihn gern so nenne.

Als man ihm seinen Schlafraum im Obergeschoß zeigte, sagte er, er würde gern im oberen der zwei Etagenbetten schlafen, weil seine Mutter immer glaube, er könnte aus einem oberen Bett herausfallen und sicher wollen würde, daß er in einem unteren Bett schlafe. Als er die Plüschtiere sah, wehrte er sich sofort gegen die Versuchung kindlicher Freuden. Er sagte: „Oh nein, das Zeug ist nichts für mich — ich bin schon groß; ich mag keine Spieltiere!"

Seine Angst in bezug auf die Reinlichkeit kam sofort zum Vorschein. Die Bäder liegen direkt neben den Schlafräumen, und die meisten Kinder akzeptieren dies ohne weiteres. Aber Hank sagte, er wünsche sich, sein Bad solle im gleichen Raum sein wie sein Bett, und eine Zeitlang tat er so, als sei dies tatsächlich der Fall, weil die Funktionen des Badezimmers für ihn ein so zentrales Problem darstellten.

Als er an diesem ersten Tag seine Zahnbürste auspackte, sagte er zu der Betreuerin: „Weißt du, ich putze mir sehr gern die Zähne." Sie lachte ein wenig und gab ihm zu verstehen, daß sie nicht sehr davon überzeugt sei. Also wiederholte er seine Behauptung. Als darauf keine Reaktion erfolgte, wechselte er auf ein harmloses Thema über, aber nachdem er ein paar Minuten Konversation gemacht hatte, fragte er: „Was passiert hier, wen man sich nicht die Zähne putzt"? Die Betreuerin sagte, man kümmere sich hier nicht besonders darum, aber seine Zähne könnten ja schmutzig werden, und er gab zu: „Das stimmt, das könnte passieren. Aber trotzdem vergesse ich manchmal, mir die Zähne zu putzen." Sie versicherte ihm, alle Jungen vergäßen manchmal, sich die Zähne zu putzen; damit war er offenbar zufrieden [11].

Trotz dieses Gesprächs war jedoch noch kein wirklicher Kontakt zwischen ihnen entstanden. Hank blieb sehr distanziert, als wenn die Betreuerin und die anderen Kinder gar nicht wirklich existierten. Am nächsten Abend, als er in der Badewanne war, erzählte er ihr, daß er sich gewöhnlich mit seiner Mutter streite, wenn sie dafür sorge, daß er sein Bad nehme. Während er ihr diese Dinge erzählte, vollzog er einen Ritus, in dessen Verlauf er jeden einzelnen Körperteil einseifte, rieb und wieder abspülte, was er jeweils mehrmals wiederholte. „Ich muß alles ganz genau kontrollieren," sagte er, „denn ich mag nichts riskieren." Seine Betreuerin versicherte ihm, niemand werde kontrollieren, wie gut

---

[11] Teilnehmende Beobachterin: Ronnie Dryovage.

er sich wüsche, aber das machte ihm keinen Eindruck. „Oh, ich kann das aber nicht leicht nehmen," sagte er, „meine Mutter hat gesagt, ich darf das nicht." Die Betreuerin fuhr fort ihn zu beruhigen, ohne auf dem Thema zu beharren, worauf er antwortete: „Oh, meine Mutter könnte aber hierher zu mir ziehen, und dann würde sie es sehen." Die Betreuerin versicherte ihm, das sei ganz unmöglich, aber er war immer noch nicht überzeugt. „Na ja, aber Mutter könnte als Betreuerin herkommen," sagte er, „man kann nie wissen." [12]

Da er den Aussagen der Betreuerin noch keinen Glauben schenkte, fragte er ständig andere Kinder, ob es wahr sei, daß die Eltern nie auf Besuch in die Schule kämen. Erst als sie ihm alle mehrmals gesagt hatten, daß Elternbesuche selten sind, daß man den Kindern vorher über sie Bescheid sage und daß die Eltern niemals den Teil des Gebäudes betreten, in dem die Kinder wohnen, erlaubte er sich, hinsichtlich seiner Waschungen weniger zwanghaft zu werden. Dann trat an die Stelle seiner Sauberkeits- und Ausscheidungsängste und seiner zahlreichen anderen Zwänge langsam ein natürlicheres Verhalten, und er wurde entspannter.

Hank behielt seine Distanz bis zum Ende seines zweiten Tages in der Schule bei. An diesem Abend las ihm seine Betreuerin, als es Schlafenszeit war, eine Geschichte vor, dann sang sie ein paar Lieder für ihn und schließlich brachte sie ihm sein „Betthupferl". Als er den Imbiß kommen sah, wurde er endlich weich. „Jesses", sagte er, „drei Sachen kriegen wir, wenn wir ins Bett gehen — Geschichten, Lieder und was zu essen." Diesmal bestand ein echter Kontakt zwischen Betreuerin und Kind. Dann bat er sie, ihm ein Spieltier zu kaufen, und sie versprach, er werde es am nächsten Tag bekommen. An diesem Abend schlief Hank innerhalb weniger Minuten ein, obwohl seine lange Vorgeschichte von Schlaflosigkeit und nächtlichem Aufschrecken sich noch oft äußern sollte, bevor er wirkliche Nachtruhe finden konnte [13].

Zwar verschwanden Hanks Zwänge und die asozialsten Ausdrucksformen seiner Ängste und seiner Feindseligkeit sehr bald, aber im Grunde konnte sich seine ängstliche und feindselige Persönlichkeitsstruktur nur sehr langsam verändern. Im allgemeinen erlaubt die beruhigende und beschützende Umwelt der Schule es dem Kind bald, seine pathologische Abwehr gegen frühe Fixierungen aufzugeben. Darum wurde es für Hank möglich, auf sein Baderitual zu verzichten, als ihm die notwen-

---

[12] Teilnehmende Beobachterin: Ronnie Dryovage.
[13] Teilnehmende Beobachterin: Ronnie Dryovage.

dige Beruhigung gerade in der Situation geboten wurde, in der das Ritual begonnen hatte. Aber die Auflösung seiner starken analen Fixierung und das In-Gang-Bringen einer Veränderung seiner Persönlichkeit gingen nicht so dramatisch vor sich wie sein Aufgeben des Abwehrverhaltens. Das mag darin begründet sein, daß die zwanghafte Abwehr in Form des Baderituals dem Kind von der Mutter von außen her aufgezwungen worden und nicht vom Kind selbst spontan entwickelt worden war.

In ähnlicher Weise gab Hank die ihm von den Eltern aufoktroyierten Scheinpositionen, mit sieben Jahren sei man schon erwachsen und wolle nicht mehr mit kindischen Spielsachen spielen (oder man putze sich gern die Zähne) ziemlich rasch auf, wie Frank seinen vorgeblichen Wunsch, zu fasten. Aber dies weist nicht wirklich auf Fortschritte in der Persönlichkeitsintegration hin. Man sollte es eher als notwendige Schritte der Genesung ansehen, die getan werden müssen, bevor wesentliche Veränderungen in der Persönlichkeit des Kindes eintreten können.

Wir wollen jetzt jedoch nicht so sehr Behandlungsverläufe als solche erörtern, sondern vielmehr zeigen, wie alle Lebenstätigkeiten für den guten Zweck ausgenützt werden können: welche spezifischen Möglichkeiten zur Förderung der Persönlichkeitsintegration in den sich wiederholenden Alltagsaufgaben zu finden sind und was für Chancen sie bieten, dem Kind bei der Lösung seiner emotionalen Probleme zu helfen. Zu diesem Zweck wollen wir in den folgenden Kapiteln kurze Schilderungen vorlegen, die typischen Tagen in unserer Schule entnommen sind.

3. Ereignisse in ihrer Abfolge

Schriftsteller, besonders Meister des psychologischen Romans oder Dramas, machen ihre Helden gewöhnlich dadurch lebendig, daß sie uns erlauben, sie „in Aktion" zu sehen; sie befähigen uns, die Entwicklung des Helden zu verstehen, indem sie uns zeigen, was verschiedene persönliche Beziehungen ihm bedeutet haben und wie er auf die Herausforderung reagiert hat, die sie mit sich brachten. Wir werden über die entscheidenden Augenblicke im Leben des Helden unterrichtet, ebenso darüber, wie das, was zu diesem Zeitpunkt und an diesem Ort geschehen ist, zur Formung seiner Persönlichkeit beigetragen hat. Mit einem Wort, der Künstler wählt aus dem ganzen Lebenslauf diejenigen menschlichen Interaktionen aus, die es uns wie Wegweiser ermöglichen, die Zwischenräume auszufüllen.

Wenn wir jedoch das Problem der Persönlichkeitsentwicklung wissenschaftlich anpacken und versuchen, aus der psychoanalytischen Literatur etwas darüber zu erfahren, stellen wir fest, daß in den meisten Berichten von uns erwartet wird, selbst die verwickeltsten Persönlichkeitsschäden durch das zu verstehen, was der Patient und der Analytiker zusammen rekonstruieren. Im großen ganzen wird erwartet, daß wir den Prozeß der Persönlichkeitsentwicklung nicht auf der Grundlage der Erlebnisse verfolgen, die das Individuum geformt haben, sondern vielmehr mit Hilfe der Reflexionen des erwachsenen Patienten über diese Erlebnisse oder durch die Anschauung dessen, wie das Kind seine Erlebnisse „nachspielt"[1].

Um zu verstehen, was die von der Norm abweichende Persönlichkeit hervorgebracht hat, müssen wir uns auf Erinnerungen verlassen, die in einer ganz besonderen Art von Beziehung zutage treten — in der Beziehung zwischen dem Patienten und dem Analytiker. Aber diese Beziehung ist weit entfernt von den Alltagstätigkeiten und -erlebnissen, die ursprünglich die Schädigung der Persönlichkeit herbeigeführt haben. Es ist eine Beziehung, die sich von allen anderen unterscheidet, die oft streng begrenzt ist und die eine nur ihr allein eigene Logik hat. Sie schließt gewöhnlich jene Umwelten, Handlungen, Erlebnisse und Stö-

---

[1] Hervorragende Ausnahmen sind: August Aichhorns Werk, *Verwahrloste Jugend*. Die Psychoanalyse in der Fürsorgeerziehung, Leipzig 1925, in dem Beobachtungen verwahrloster Jugendlicher „in Aktion" vorgelegt werden, und, in neuerer Zeit, das Buch *Infants Without Families* von Anna Freud und Dorothy Burlingham, New York, International Universities Press, 1944.

rungen aus, die alle anderen Beziehungen zutiefst beeinflussen. Und selbst wenn der Analytiker, wie bei der Analyse kleiner Kinder, sich sehr viel mehr wie eine „reale" Person verhält, wird die analytische Situation oft als etwas ganz Besonderes definiert, und Verhaltensvorschriften, die für alle anderen Lebenslagen gelten, werden absichtlich aufgehoben oder abgewandelt.

Zwar tritt in der Kinderanalyse in gewissem Maß Spielmaterial an die Stelle des gesprochenen Wortes, und Handlungen mit Puppen oder Spielzeug entsprechen den realen Tätigkeiten des Kindes eher als die freien Assoziationen Erwachsener den Lebenserfahrungen des Erwachsenen. Aber die Puppe, die das Kind auf die Spieltoilette setzt, ist auch dann, wenn das Kind sagt, die Puppe sei es selbst, trotzdem nicht das reale Kind; auch die mit größter Sorgfalt nachgebildete Toilette ist keine wirkliche Toilette, und die Handhabung des Inhalts der Toilette hat auch nicht dieselben Folgen, die sie im wirklichen Leben wahrscheinlich haben würde. Sie sind Symbole, und als solche unterscheiden sie sich nicht sehr von jenen anderen Symbolen, den gesprochenen Wörtern.

In unseren Behandlungsversuchen aber, die sich bemühen, das Leben des Kindes in seiner Totalität zu umfassen, haben wir Gelegenheit, in die Prozesse der Persönlichkeitsentwicklung Einblick zu gewinnen, die irgendwo zwischen dem liegen, was der Künstler, und dem, was der Analytiker uns zu bieten hat. Weil wir mit den Kindern vierundzwanzig Stunden am Tag zusammenleben, brauchen wir uns nicht auf symbolische Ersatzdarstellungen von Ereignissen zu verlassen, die in der Vergangenheit stattgefunden haben, um zu verstehen, was zu jener Zeit geschehen sein mag. Wir können direkt beobachten, wie jene früheren Erlebnisse das gegenwärtige Verhalten beeinflussen. Aber noch viel wichtiger ist die Tatsache, daß wir alle Tätigkeiten beobachten, die zur Zeit das Leben des Kindes ausmachen, ja, sogar an ihnen teilnehmen. Wir sehen das Erlebnis, das signifikante Reaktionen hervorruft, und sind oft daran beteiligt. Und obwohl wir uns, wie in der Analyse, immer noch auf die Aussagen des Kindes oder auf unsere eigenen Bemühungen Zusammenhänge herzustellen, verlassen müssen, um zu verstehen, warum ein Erlebnis eine tiefgehende Wirkung hat, brauchen wir uns wenigstens in bezug auf das Erlebnis selbst nicht auf die Erinnerung des Kindes zu verlassen; wir beobachten das Kind nicht nur während seiner Aktion, sondern wir treten mit ihm in Interaktion. Und genau wie der Künstler es uns ermöglicht, den Helden zu verstehen, indem er uns erlaubt, in entscheidenden Augenblicken dabeizusein, so können wir an der Schule das Kind direkt beobachten, während die Dinge geschehen, die vielleicht eines Tages seine Gefühle, dann seine Anschauung vom Leben und schließlich seine Persönlichkeit verändern werden. Wir hoffen, daß direkte Beobachtungen dieser Art uns vielleicht auch helfen werden zu verstehen, welche Art von Erlebnissen für einen Menschen konstruktiv und welche Art negativ ist — und warum.

Natürlich ist direkte Hilfe dieser Art, die den ganzen Spielraum der Alltagsbetätigungen eines Kindes umfaßt, keine Patentmedizin, die wir leichthin in allen Fällen verschreiben können, und das nicht nur, weil sie teuer und zeitraubend ist. Es trifft zweifellos zu, daß manche gestörten Kinder die Sicherheit des Bewußtseins brauchen, daß sie nur mit Symbolen umgehen. Sie fürchten sich so sehr vor echtem, persönlichem Kontakt, vor realen Situationen oder davor, den Sinn oder Zweck ihres Verhaltens in der Alltagswirklichkeit zu erkennen, daß sie nur über sie nachdenken können, wenn sie sicher sind, daß das, was sie sagen, „nur Unterhaltung" zwischen ihnen und dem Analytiker ist. Auf diese Weise vermeiden sie die Angst, die das tatsächliche Erlebnis erweckt, eine Angst, die ihnen das Verstehen unmöglich machen würde, das notwendig ist, bevor sie ihre Handlungen, ihre Meinungen und schließlich ihre Persönlichkeitsstruktur ändern können.

Dies gilt zwar für manche Kinder, aber wir haben festgestellt, daß dieser Umgang mit Symbolen an Stelle des Erlebnisses selbst unnötig zeitraubend ist. In anderen Fällen verhindert er sogar, daß das Kind sich mit seinem Problem auseinandersetzt. Dies trifft besonders bei Kindern zu, die zum Schaden ihrer Realitätsbeziehung mit dem Leben schon weitgehend oder ganz und gar symbolisch umgehen, bei Kindern, die Symbole hauptsächlich in einer „privaten" Bedeutung verwenden, die von der normalerweise geltenden abweicht. Diese Kinder sind entweder zutiefst in ihrem magischen Denken fixiert, oder sie haben auf andere Weise den Kontakt mit der Realität zu weitgehend verloren. Wenn man den Begriff ziemlich weit faßt, könnte man sie als wahnkrank oder schizophren bezeichnen, wenn auch manche von ihnen auf Grund ihres Verhaltens als „verwahrlost" bezeichnet werden [2].

---

[2] Frau Escalona hat die verschiedenen für psychotische Kinder notwendigen Behandlungsmethoden erörtert und vorgeschlagen, man sollte wenigstens mit verschiedenen Behandlungsmethoden Versuche anstellen. (S. Escalona, Some Considerations Regarding Psychotherapy with Psychotic Children, Bulletin of the Menninger Clinic, XII, 1948, 126—134.) Aber selbst Frau Escalona scheint mehr an Behandlungssituationen zu denken, die vom Hauptlebensstrom des Kindes abgetrennt sind, was einen Teil ihrer Skepsis erklären mag. Solche Kinder sollten — wenn irgend möglich — in einer Umwelt leben, die in ihrer Gesamtheit heilsam ist; sie brauchen eine Behandlung von 24 Stunden und nicht nur einer Stunde am Tag. Auch Dr. Fromm-Reichmanns und Dr. Rosens Erfahrungen mit erwachsenen Psychotikern scheinen diese Auffassung zu bestätigen.

Im großen und ganzen haben wir jedoch das Gefühl, dem Kind in realen Situationen und ohne Zuhilfenahme von Symbolen helfen zu können. Aber dies können wir nur tun, wenn das Kind davon überzeugt ist, daß es sich nun in einem Milieu befindet, das ihm viel mehr Sicherheit gibt als alle anderen, die es vorher gekannt hat, und wenn seine Alltagstätigkeiten vor den Folgen geschützt sind, die es früher mit Recht erwartet und gefürchtet hat.

So konnte Aichhorn es sich nicht nur leisten, seine aggressive Gruppe ihre Wohnung zerstören zu lassen, sondern er konnte diesen Akt sogar zu heilsamem Vorteil nützen. Das war möglich, weil ihr asoziales Verhalten keine Strafmaßnahmen der Gesellschaft nach sich zog, und weil die Situation und die Emotionen, die aus solchen Handlungen entstanden, sofort im realen und unmittelbaren Milieu behandelt wurden [3].

Ein anderes Beispiel: Die Besprechung nächtlicher Ängste zur Schlafenszeit wäre nicht sehr zweckdienlich, und die Versicherung, das Kind sei beschützt vor Gefahren, von denen es sich einbildet, sie lauerten in der Dunkelheit, würde erfolglos bleiben (oder sogar das Gegenteil des Angestrebten bewirken), wenn das Kind nicht handgreifliche Beweise dafür bekäme, daß es sofort Schutz bei einem verständnisvollen Erwachsenen finden kann, dem es vertraut, wenn es in der Nacht Angst bekommt. Derartige Versicherungen scheinen z. B., wenn sie dem Kind gegeben werden, bevor es einschläft, wirksamer zu sein, als wenn es sie während einer Spielstunde am Tage bekommt. Wenn man am Abend mit dem Kind über die Schatten spricht, in denen es gefährliche Löwen sieht, ist es ebenfalls wirksamer, als die Versicherung, Löwen könnten unmöglich in sein Schlafzimmer kommen, wenn sie ihm am hellen Tage und in einem Zimmer gegeben wird, das nicht sein eigenes ist und von seinem Schlafzimmer vielleicht meilenweit entfernt ist. Im allgemeinen haben wir festgestellt, daß zwischen bestimmten Behandlungsversuchen und der Umgebung, in der sie gemacht werden, eine spezifische Affinität besteht. Die Affinität zwischen dem von Freud vorgeschriebenen spezifischen Milieu und der Methode und den Ergebnissen der Psychoanalyse wird anerkannt, aber sorgfältige Untersuchungen ihrer Natur, ihrer Vorteile und ihrer Nachteile stehen noch aus. Berichte über andere Arten der Therapie wie z. B. die aktive Technik (Ferenczi), Kurz-Psychotherapie (Chicago Psychoanalytic Institute) usw. können diese Frage

---

F. Fromm-Reichmann, Notes on the Development of Treatment of Schizophrenics by Psychoanalytic Psychotherapy, Psychiatry, XI, 1948, 263—275; J. N. Rosen, The Treatment of Schizophrenic Psychosis by Direct Analytic Therapy, Psychiatric Quarterly, XXI, 1947, 3—37, 117—119.

[3] Aichhorn, a. a. O., S 167—185.

nicht klären, solange die spezifische Beziehung zwischen Umwelt und Verfahrensweise einerseits und ihre Folgen andererseits nicht sehr viel eingehender und auf der Grundlage vergleichender Untersuchungen diskutiert werden. Auch Berichte über positive Ergebnisse mit der einen oder anderen dieser Umwelten oder Methoden lösen dieses Problem nicht. Selbstverständlich müssen diese Bemerkungen auch für unsere eigenen Behandlungsversuche an der Schule gelten. Es bleibt zukünftigen Forschern überlassen, aus sorgfältigen vergleichenden Studien, die bis jetzt noch fehlen, ihre Schlüsse zu ziehen.

Ohne diese Einschränkungen außer acht zu lassen, können wir vielleicht sagen, daß wir bei unserer Art von Arbeit glauben, einem Kind dann am besten helfen zu können, wenn unsere Bemühungen nicht auf ein besonderes Behandlungszimmer oder auf den Spielplatz oder auf den Zeitpunkt, an dem das Kind ins Bett geht, oder auf die Mahlzeiten beschränkt werden. Jeder Zeitpunkt und jede Umgebung haben ihre besonderen therapeutischen Möglichkeiten, die wir uns zunutze machen müssen. Auch hat jede Routinetätigkeit ihre besondere Chance, zum Träger spezifischer Erfahrungen zu werden, wie ich in späteren Kapiteln zu zeigen versuchen werde.

Hier möchte ich betonen, daß eine therapeutische Handhabung der gesamten Betätigungen des Kindes es uns erlaubt, diese Tätigkeiten miteinander ins Gleichgewicht zu bringen. Um z. B. eine chaotische Lebensform zu verhindern, kann es notwendig werden, daß man gewisse Routine-Tätigkeiten einschränkt, um in der Lage zu sein, bei jenen anderen äußerste Freiheit zu erlauben, wo es das Kind im Augenblick nötig zu haben scheint, vollkommen, ja, sogar unvernünftig frei zu sein.

Trotzdem darf der Leser, wenn in diesem oder in den folgenden Kapiteln besondere Tageszeiten oder besondere Tätigkeiten zur Erörterung ausgewählt werden, sich nicht vorstellen, daß das, was z. B. am Morgen geschieht, nichts mit dem zu tun hat, was zur Schlafengehenszeit am Abend vorher oder auf dem Spielplatz am Tag zuvor geschehen ist. Im Gegenteil, der spezifische Erfolg, der sich daraus ergibt, daß man besondere Tätigkeiten richtig handhabt, kommt hauptsächlich durch ihre kumulative Wirkung zustande. Gerade weil die meisten unserer Bemühungen nicht auf das Behandlungszimmer beschränkt sind, und weil wir uns nicht in der Hauptsache auf das Wieder-Durchleben (in der Phantasie oder in der Erinnerung) früherer Emotionen und Ereignisse verlassen, müssen wir uns jede einzelne Lebenserfahrung des Kindes so gut wie möglich zunutze machen, wann und wo auch immer sie sich zufällig ergibt.

Angesichts dieser Tatsachen sollte einer Erörterung der spezifischen integrativen Tendenzen, die den verschiedenen Tätigkeiten innewohnen, mindestens ein Beispiel vorangestellt werden, um zu zeigen, daß das, was in irgendeinem bestimmten Augenblick oder Rahmen geschieht, seine Wurzeln in vielen früheren Ereignissen hat. Dieses Beispiel kann weiterhin zeigen, daß in den folgenden Kapiteln, wenn spezifische Situationen auf der gedruckten Seite künstlich aus dem allgemeinen Zusammenhang, in dem sie sich ereignet haben, herausgelöst werden, diese Situationen in Wirklichkeit zu einer eng zusammenhängenden Abfolge von Ereignissen gehören. Es kann auch dazu beitragen, die verschiedenen Aspekte der Beziehung eines einzelnen Kindes zu einem Erwachsenen zu veranschaulichen und zu zeigen, wie verschiedene Umwelten der Beziehung verschiedene Tönungen verleihen und sich so für das Durcharbeiten verschiedener Probleme anbieten.

Dieser Bericht handelt von einer bestimmten Woche im Leben des zwölfjährigen Tom. Toms Eltern hatten geheiratet, als der Vater schon fortgeschrittenen Alters war. Im Alter stand Toms Mutter daher ihrem Sohn näher als ihrem Ehemann. Als er alt genug war, wurde Tom ihr Spielgefährte für die Zeiten, in denen sie allein waren; aber wenn der Vater anwesend war, war er überzeugt, Mutter und Sohn bemühten sich um die Wette um seine Aufmerksamkeit. Und als ob diese Situation noch nicht schwierig genug gewesen wäre, war das Verhalten der Mutter oft so, daß es der Junge als verführerisch empfand. Aber wenn der Vater erschien, verließ sie ihn sofort (so sah er es wenigstens) um des Rivalen willen. Mutter und Sohn machten einander auch in intellektuellen Dingen Konkurrenz, ebenfalls in Spielen und im Sport: hier hatte er das Gefühl, sie wetteifere mit ihm wie mit einem Altersgenossen. Aber während sie ihn so auf sexuellem und intellektuellem Gebiet vorzeitig anzuregen schien, versäumte sie es, seine kindlichen emotionalen Bedürfnisse zu befriedigen.
Einige der Störungen, die aus dieser komplexen Familienstruktur erwuchsen, kamen in der Schule in einer Reihe von Ereignissen zum Ausdruck (und wurden dabei auch zum Teil beseitigt), die sich über einen Zeitraum von mehr als einer Woche erstreckten. Es begann mit Toms schwerer Enttäuschung über seine Mutter, als ein Brief nicht kam, von dem er glaubte, sie habe ihn ihm versprochen. Wieder einmal, wie schon so oft in seinem früheren Leben, hatte er das Gefühl, sie habe zuerst Hoffnungen in ihm erweckt und ihn dann enttäuscht. Diesen Groll gegen seine Mutter richtete er gegen die mütterliche Figur einer Betreuerin, die er beschuldigte, sie lasse ihn immer Mangel leiden.
Als er neu in die Schule gekommen war, waren Toms Gefühle des äußer-

sten Verlassenseins und der äußersten Vernachlässigung mit Wahnvorstellungen gewalttätiger Verfolgung verbunden gewesen. Zu dieser Zeit hatte er die Überzeugung geäußert, alle Frauen, die er kenne, schmiedeten ständig Pläne, wie sie ihn töten könnten. Dies wandelte sich später in genauer definierte Verfolgungsbeschuldigungen; er hatte dann das Gefühl, sie wollten ihm seine Genitalien rauben. Dies alles war natürlich von ebenso drastischen oder sogar noch gewalttätigeren Phantasien begleitet, in denen er sich ausmalte, wie er sich rächte, indem er beliebig viele Männer und Frauen folterte und tötete. Aber zu der Zeit, als sich die folgende Reihe von Ereignissen zutrug, hatten seine Beschuldigungen, die Frauen wollten seinem Körper Schaden tun, sich weitgehend in Wahnvorstellungen von weniger gewalttätigen Verfolgungen verwandelt. Er beschuldigte seine Betreuerin nicht mehr, sie wolle, daß er verhungere, sondern nur, sie wolle, daß er nicht satt werde, daß er sich schlecht fühle, oder sie gebe ihm nie das, was er sich am meisten wünsche [4].

Ausgehend von der realistischen Klage, daß er traurig darüber sei, an diesem Tag keine Post bekommen zu haben, fing Tom bald an zu übertreiben und sagte, er bekomme ja überhaupt nie Post. Dabei klagte er nicht mehr seine Mutter an, sondern die Betreuerin; er sagte, er dürfe nie

---

[4] Teilnehmende Beobachterin während der ganzen Reihe von Episoden, wenn nicht anders angegeben: Patty Pickett. Wie schon auf S. 21 erwähnt, haben jeweils drei Betreuer und ein Lehrer die Verantwortung für eine Gruppe. Sie lösen einander ab und sind gewöhnlich maximal viereinhalb Schichten pro Woche „im Dienst", um eine Überarbeitung und die damit einhergehende seelische Belastung zu vermeiden. Jede Schicht dauert ungefähr sieben Stunden. Die Woche ist in fünfzehn Schichten eingeteilt, wobei die Zeit nach dem Einschlafen und vor dem Aufwachen der Kinder nicht mitgezählt wird. Wir haben festgestellt, daß während der Nacht ein Betreuer, der „Dienst hat", für alle Kinder genügt, da es selten vorkommt, daß mehrere Kinder während der Nacht zur gleichen Zeit aufwachen und Trost brauchen. Auf diese Weise ist jeder einzelne Betreuer nur vier- oder fünfmal pro Woche „im Dienst", und dann jeweils weniger als einen halben Tag hintereinander. Die meisten Mitarbeiter finden es aber zweckmäßig und wünschenswert, einen großen Teil der Mahlzeiten zugleich mit den Kindern und im gemeinsamen Speisesaal einzunehmen, selbst wenn sie nicht „im Dienst" sind. So und auf viele andere Weisen finden zwanglose Begegnungen statt, die verhindern, daß zwischen den „Dienstperioden" emotionale Lücken entstehen.
In kritischen Zeiten wie z. B. in der Periode, die wir gerade beschreiben wollen, stellt sich der beteiligte Betreuer freiwillig und weil er fühlt, welche Bedeutung er für das Kind hat, diesem während kürzerer oder längerer Zeitabschnitte auch außerhalb seiner „Dienstzeit" zur Verfügung, um dem Kind zu helfen, nicht nur beim Überstehen der Krise, sondern auch dazu, sie zum Guten auszunützen.

irgend etwas Schönes tun, er werde nie an interessante Orte oder auf Ausflüge mitgenommen, aber er habe bemerkt, daß alle anderen viel Spaß mit ihr hätten.

Aus früheren Erfahrungen wußte die Betreuerin, daß es Tom nur noch mehr erbittert hätte, wenn sie ihn darauf hingewiesen hätte, wie unrealistisch er in seinen Anschuldigungen sei. Das, worauf er in Wirklichkeit reagierte, waren ja nicht aktuelle Ereignisse, sondern Emotionen, die aus einer nur allzu wirklichen Vergangenheit zurückgeblieben waren. Also schlug sie in beiläufigem Ton vor, sie und Tom könnten ja einen Spaziergang oder einen Einkaufsbummel machen, denn an diesem Tag habe es ja Taschengeld gegeben, und er würde vielleicht gern sein Taschengeld ausgeben. Aber Tom sagte, er habe nicht diese Absicht; er habe etwas anderes mit seinem Taschengeld vor. „Ich werde es sparen", sagte er, „um Nahrungsmittel dafür zu kaufen."

Die Betreuerin sagte, sie könne nicht verstehen, warum er sein Taschengeld für Nahrungsmittel ausgeben wolle, da sie doch in der Küche immer reichlich vorhanden seien, aber sie versicherte ihm auch, wenn es irgend etwas besonderes gebe, das dort nicht zu haben sei, und das er gerne möchte, werde sie es für ihn kaufen. Und sie fügte hinzu — was er schon wußte — daß wir der Meinung seien, jedes Kind an der Schule solle alles haben können, was es sich zu essen wünsche [5].

Aber Tom sagte nur: „Ich mag nichts von dem Essen, was wir hier haben und auch nichts, was du mir kaufen könntest." Die Betreuerin wiederholte, sie wünsche, er würde ihr sagen, was er gern hätte, so daß sie es ihm besorgen könnte, aber er unterbrach sie und sagte: „Es gibt nichts, was du mir geben kannst, was ich gern habe, und damit Schluß."

So hatte er nicht nur seinen Groll gegen seine Mutter (die ihn seelisch hatte Mangel leiden lassen) auf die Betreuerin übertragen (die er beschuldigte, das gleiche zu tun), sondern er übertrug auch die Überzeugung, daß von ihr unmöglich irgendeine Lust ausgehen könne, und wenn es doch möglich wäre, dann wollte er sie nicht. Nach diesem Wortwechsel zog sich Tom in eine Ecke zurück und schmollte; allen Bemühungen seiner Betreuerin und der anderen Kinder, ihm Freundlichkeit zu erweisen, wandte er den Rücken.

Es gelang Tom, die wiederholten Bemühungen der Betreuerin, einen positiven Kontakt herzustellen, zu frustrieren. Sie bot ihm z. B. ein paar

---

[5] Einmal in der Woche wechseln sich die Kinder dabei ab, selbst den Speisenplan für einen ganzen Tag zu machen. Auch sonst werden die regulären Speisenpläne weitgehend von dem bestimmt, was die Kinder selbst gern essen, und ihre Vorschläge werden gewöhnlich befolgt. Außerdem können sie ohne weiteres Getränke, Süßigkeiten, Eis usw. haben, ziemlich nach ihrem Belieben.

Stunden später am gleichen Tag, als sie zusammen am Schwimmbecken waren, an, mit ihm Ball zu spielen, was ihm gewöhnlich Spaß machte. Aber nun war er kurz angebunden und sagte zu ihr: „Nein, ich werde mit einem von den Jungs spielen." Aber ihre Bemühungen, ihm zu zeigen, daß sie ihm das Leben angenehmer machen wollte, waren nicht ganz vergebens. Sie befähigten ihn, sich irgendeinen Kontakt zu suchen; aber da er sich von einer Mutter-Figur frustriert fühlte, vermied er allen Kontakt mit ihr und wandte sich statt dessen an männliche Altersgenossen. Seine Wut zwang ihn jedoch, aggressiv mit ihnen zu spielen, indem er so in das Schwimmbecken hineinsprang, daß er fast auf die anderen Kinder sprang, die schon im Wasser waren. Als er im Wasser war, sprang er tatsächlich auf einen der anderen Jungen, wobei er versuchte, den Unterleib des anderen mit seinem eigenen Unterleib zu treffen. Als die Betreuerin ihn rief und sagte, er solle aufhören, wandte er sich gegen sie, bespritzte sie aggressiv und trotzig mit Wasser und schrie: „Was denn! Was ist denn, wenn ich auf ihn springe!"

Für den Rest des Tages endeten alle Versuche der Betreuerin, wieder freundlichen Kontakt mit Tom aufzunehmen, mit Mißerfolgen. Aber er schloß sich gerade so weit auf, ihr einzugestehen, daß er — im Gegensatz zu seinem gewöhnlichen Verhalten (wo er jede Anstrengung machte, um Mädchen zu provokanten Spielen zu bewegen) — jetzt keine Lust habe, mit Mädchen zu spielen, weil er, wie er sich ausdrückte, sie einfach nicht ausstehen könne.

Dieses aggressiv zurückweichende Verhalten besonders gegenüber einer Mutter-Figur und allgemein weiblichen Wesen gegenüber hatte sein Gegenstück in seinen offenkundig aggressiven Annäherungsversuchen gegenüber Jungen; nur hielten die Jungen Abstand, weil ihnen seine Versuche zu feindselig und aggressiv vorkamen. Am zweiten Tag z. B. kehrte er zu seinen früheren gewalttätigen Phantasien zurück und verkündete herausfordernd, er werde jetzt schreckliche Bilder malen und schreckliche Geschichten oder Gedichte schreiben. Während er zeichnete und schrieb, machte er Bemerkungen des Inhalts, er werde: „den Mann niedermachen; erdolchen, erdolchen, Rache, Rache!" Zugleich provozierte er durch seine Bemerkungen die brennende Neugier der anderen Kinder nur, um dann zimperlich zu versuchen, was er zeichnete oder schrieb zu verstecken, bis er sicher war, daß alle Kinder in Hörweite in höchster Erregung waren. Dann sorgte er dafür, daß sie alle seine Produkte zu sehen bekamen. Der folgende Vers und die Zeichnung (Abb. 8) sind Beispiele davon.

„Neben dem Pfade liegt im Gras
ein junger Mann, die Gedanken voll Haß;

> er kann seine Wut nicht länger halten,
> erschießt im Wirtshaus alle Gestalten.
> Und mit dem Colt geht er dann ins Bett,
> voll Blei gepumpt er jeden gern hätt ..."

Für den Rest dieses Tages fuhr er fort, sehr massiv Feindseligkeit abzuführen.

Am folgenden Tag, als ein Betreuer die Verantwortung für die Gruppe hatte, sah Tom zeitweise über ihn hinweg, aber da er Tom weniger an die Frustration zu erinnern schien, die seine Mutter ihm verursachte, machte er keine Versuche, andere Jungen zu provozieren oder sich ihnen gegenüber aggressiv zu verhalten, statt dessen isolierte er sich einfach nur. Die Bemühungen des Betreuers, Tom aus seinem Gefühl des Isoliertseins und Abgelehntwerdens herauszuhelfen, indem er versuchte, mit ihm zu reden oder zu spielen, führten zu nichts. Als der Betreuer ihn schließlich dazu bewegen konnte, sich an einem Spiel zu beteiligen, fiel er zurück in seine Gefühle des Verfolgtseins. Er gab nach ein oder zwei Minuten auf, indem er erklärte: „Ich werde nie ein Spiel gewinnen. Ihr laßt mich nie gewinnen." [6] Spätere Versuche, ihn wieder aus seiner Isolierung zu locken, wurden aufgegeben, weil sie ihn nur noch mehr zu erbittern schienen.

Während der Dauer von fast drei ganzen Tagen blieb Tom in dieser wütenden und frustrierten Isolierung, die sich in wiederholten Ausbrüchen von Anklagen Luft machte, allerdings nur in Gegenwart der Betreuerin. Es sah so aus, als könne er nur in Anwesenheit einer Mutterfigur jene Probleme bearbeiten, die mit der Enttäuschung durch seine Mutter begonnen hatten.

Am späten Nachmittag des dritten Tages wurde die Ausdauer der Betreuerin schließlich dadurch belohnt, daß Tom mit ihr Pingpong spielte. (Von allen Spielen hatte Tom Pingpong am liebsten. Er war ein guter Spieler und gewann oft, und aus diesem Grund versuchte die Betreuerin am Pingpongtisch einen Kontakt herzustellen, was ihr schließlich auch gelang.) Während des ganzen Spiels beschuldigte Tom sie monoton, sie wolle ihn schlagen, sie wolle gewinnen, und er versicherte ihr in aggressivem Ton, er werde dafür sorgen, daß es ihr nicht gelinge. Bemerkungen wie: „Du brauchst nicht zu glauben, daß du gewinnen wirst", „Denk' doch nicht, daß du weißt, wie man Pingpong spielt", „Jetzt hab' ich dich aber gekriegt, siehst du", „Siehst du, wie dumm du bist" begleiteten jeden Aufschlag. „Siehst du! Hier kommt der Ball, der zeigen

---

[6] Teilnehmender Beobachter: Clarence Lipschutz.

wird, daß ich den Punkt gewinne! Nun siehst du, daß ich es kann!" Es gelang der Betreuerin, diese provokante Prüfung zu bestehen, ohne die Nerven zu verlieren, und sie versicherte ihm immer wieder, sie wisse, daß er gut Pingpong spielen könne, sie wisse, daß er gute Chancen habe, zu gewinnen. Als er schließlich gewonnen hatte (ohne Täuschung), sagte er: „Siehst du! Du hast nicht geglaubt, daß ich es könnte!"
Am folgenden Tag, dem vierten, benahm sich Tom seiner Betreuerin gegenüber positiver. Obwohl sie an dem Tag keinen Dienst hatte, war sie im Hause, und Tom hatte die Möglichkeit, wieder mit ihr Kontakt aufzunehmen, wenn er wollte, was er nach langem Zögern auch tat. Er erklärte sich bereit, noch einmal mit ihr Pingpong zu spielen, und hielt es auch durch, ohne sie zu beschimpfen. Aber er fuhr fort, seine Aggressionen an den Jungen auszulassen.
Am fünften Tag, als seine Betreuerin wieder die Aufsicht über die Gruppe hatte, vertraute er ihr an, er habe schrecklich Angst, die anderen Jungen schlössen sich gegen ihn zusammen. Den ganzen Tag lang hielt er sich ganz in ihrer Nähe und erzählte ihr, wie die anderen Jungen ihn verfolgten, über seine Geheimnisse sprächen und Pläne schmiedeten. „Sie reden immer von mir", sagte er. „Sie rotten sich alle gegen mich zusammen! Sie versuchen alle, mir das Leben sauer zu machen! — Ich glaube, es gibt im ganzen Schlafraum keinen Jungen, der mich mag. Ich glaube, nicht ein einziger Junge in der ganzen Schule mag mich. Warum kann ich nicht mit den Jungen auskommen? Die einzigen, die mich in dieser Schule gernhaben, sind die Betreuer, und sogar von denen können manche mich nicht leiden. Vielleicht bist du die einzige, die mich leiden mag."
Was man auch versuchte, um Tom zu helfen, die Dinge ein wenig realistischer zu sehen, nichts schien etwas zu nützen. Er gab zwar zu, daß aus den Gesprächen der anderen, die er verstehen konnte, nicht immer klar hervorging, daß sie über ihn sprachen, aber er sagte: „Ich weiß nicht. Vielleicht tun sie es gar nicht, aber mir scheint es immer so, als ob sie über mich reden. Ich meine immer, sie schimpfen auf mich, und ich weiß sicher, daß sie es oft wirklich tun." Ein paar Minuten später kam einer seiner besten Freunde vorbei und sagte irgend etwas recht Harmloses, worauf Tom hervorstieß: „Ich hasse deine widerlichen blauen Augen und dein hübsches blondes Haar! Ich hasse sie!"
Am nächsten Morgen und den ganzen Tag über hielt er sich weiterhin von den anderen ziemlich fern, blieb aber in der Nähe seiner Betreuerin. Kaum war er am Morgen aufgewacht, als er sich schon laut beklagte, am After jucke es ihn. „Gottverdammt!" rief er immer wieder, „es juckt so fürchterlich, ich kann es nicht aushalten!" und er kratzte sich wie wild.

Vorschläge, was er auftragen könne, um den Juckreiz zu mildern, wurden mit obszönen Bemerkungen abgelehnt, und dies setzte sich den ganzen Tag lang fort. Aber zugleich hörte er auf, sich seiner Betreuerin gegenüber verführerisch oder provokant zu verhalten (wie er es vor Beginn der geschilderten Episode getan hatte), und hängte sich wie ein kleines Kind an sie, als ob er Schutz suchte. An den vorhergehenden Tagen war er um so wütender geworden, je mehr sie versucht hatte, ihm etwas zu Gefallen zu tun. Nun schienen ihn ihre Bemühungen zu trösten.

Am folgenden Morgen, am Anfang des achten Tages, beklagte er sich auch wieder gleich nach dem Aufwachen über allerlei Schmerzen und Wehwehchen, aber diesmal über nichts bestimmtes. Einmal tat ihm der Fuß oder das Bein weh, dann war es der Kopf, schließlich tat ihm überall alles weh. Diese Klagen waren ganz anderer Art als seine gewöhnlichen provokanten Beschwerden; er brachte sie etwa so zum Ausdruck wie ein kleines Kind. Nun reagierte er endlich auf die freundliche, tröstende Haltung seiner Betreuerin, aber auf eine Art, wie es vielleicht ein ganz kleines Kind getan hätte. Später an diesem Tag und auch an den folgenden Tagen entspannte er sich und hatte eine freundliche und relativ stabile Beziehung zu den Betreuern und den anderen Kindern. Er sprach freier und realistischer über seine früheren und aktuellen Schwierigkeiten und zeigte noch andere Anzeichen des Auftauens. Aber diese Folgen gehören nicht mehr zum Zweck meines Beispiels.

Im Verlauf dieser acht Tage hatte man den Eindruck, als erlebe Tom aufs neue einige der Gefühle und Schwierigkeiten, die ihren Anfang in der Beziehung zu seiner Mutter genommen hatten, und als arbeite er sie nun mit seiner Betreuerin durch. Schließlich war es seine Mutter, die die Reihe der Ereignisse dadurch ins Rollen gebracht hatte, daß sie ihm den Brief nicht schickte, den sie ihm, wie er meinte, versprochen hatte. Diese Enttäuschung erlebte er als Wiederholung vieler früherer Vorfälle, bei denen sie zuerst übermäßige Hoffnungen in ihm erweckt hatte; diese Enttäuschung hatte er als totale Ablehnung erlebt.

Zuerst hatte Tom Gefühle des Mangels wiedererstehen lassen, die so tief gingen, daß nichts und niemand fähig zu sein schien, ihn zufriedenzustellen. Dann entwickelte er in seiner Verzweiflung Vorstellungen der Allmacht: er schloß, niemand als er selbst könne ihm zum Glück verhelfen. Diesem Gefühl gemäß zog er sich in die Isolierung zurück. Aber es ist schwierig, die Isolierung aufrechtzuerhalten, besonders für ein Kind, dessen Probleme in einer sehr engen Beziehung zu mindestens einem Elternteil ihren Ursprung haben, wie abweichend von der Norm diese

Beziehung auch gewesen sein mag. Die Isolierung läßt sich noch schwerer aufrechterhalten in einer Umwelt, wo Kinder und Erwachsene versuchen, das schmollende Kind in freundliche Beziehungen hineinzuziehen.

Auch in dieser Situation, wie in so vielen anderen, übte die Gruppe ihren therapeutischen Einfluß auf das Individuum aus. Wenn nur die Beziehung zwischen Tom und seiner Betreuerin bestanden hätte, hätten ihre Bemühungen, einen Kontakt herzustellen, viel leichter abgewiesen oder geleugnet werden können, denn solche Bemühungen lassen sich in einer Zweierbeziehung leicht als eine Forderung, als ein aggressives Eindringen in die eigene Privatsphäre interpretieren. Aber die Anwesenheit der Gruppe und ihre legitimen Interessen trugen dazu bei, diese Bemühungen weniger konzentriert, diffuser und deshalb weniger bedrohlich erscheinen zu lassen. Außerdem riefen Toms Versuche, die freundlichen Bemühungen der Betreuerin als Verfolgung zu deuten, die stillschweigende Mißbilligung der Gruppe hervor; sie konnten darum der Realitätsprüfung nicht standhalten, die die Anwesenheit der Gruppe von ihm verlangte.

Als Kind hatte Tom sich von seiner Mutter im Stich gelassen und vernachlässigt gefühlt. Er hatte sich seinem Vater zugewandt, nicht infolge der ödipalen Entwicklung, sondern in Verzweiflung, auf der Suche nach ein wenig Liebe und Zuwendung. Aber da sein Motiv dabei weit weniger der Wunsch war, zu lieben und geliebt zu werden, als die Folge einer langen Reihe von Frustrationen, strebte er auf aggressive Weise nach Beachtung, und sein ödipaler Konflikt konnte nicht durch Identifikation mit dem Vater gelöst werden, aber auch nicht durch irgendeine dauerhafte positive Beziehung zu ihm.

Unter dem Einfluß dieser Erlebnisse seiner Kindheit fühlte Tom sich von seiner Betreuerin abgelehnt, wandte sich von ihr und allen anderen weiblichen Wesen ab und wandte sich Angehörigen seines eigenen Geschlechts zu, aber auf feindselige Weise. Als die Freundlichkeit seiner Betreuerin ihr Ziel zu erreichen begann, und er die Existenz von Frauen nicht länger leugnen konnte (was er versucht hatte), probierte er, mit ihr nach Art der von der Norm abweichenden Lösung umzugehen, die er einst für seinen ödipalen Konflikt gefunden hatte. Da seine Mutter anscheinend nicht willens oder fähig war, seine emotionalen Bedürfnisse zu befriedigen, hatte er sich seinem Vater zugewandt, um bei ihm diese Befriedigung zu suchen. Und als auch sein Vater ihm nicht verschaffte, wonach er sich sehnte, und mehr der Mutter zugewandt blieb als ihm, hatte er versucht, ihren Platz einzunehmen. Gemäß seiner Feindseligkeit tat er das nicht, indem er sich für den Vater anziehender machte, sondern indem er bewies, daß er besser war als seine Mutter: indem er sie auf Gebieten übertraf, wo er ihr überlegen war, z. B. bei Spielen — beim Pingpong. Aber die Betreuerin reagierte in dieser Situation positiv auf seinen Sieg, was seiner Erfahrung mit seiner Mutter widersprach. Deshalb erschien die Betreuerin in einem positiveren Licht. Außerdem hatte Tom nach der massiven Aggressionsabfuhr, die sich über eine Reihe von Tagen erstreckt hatte, einige seiner heftigsten Aggressionsgefühle verausgabt, und seine früheren guten Erfahrungen mit der Betreuerin machten allmählich ihren Einfluß geltend.

Zu diesen Faktoren kam hinzu, daß Tom auch Schuldgefühle wegen seiner aggressiven homosexuellen Angriffe auf die anderen Jungen empfand, und als seine Gewalttätigkeit verpufft war, bekam er Angst, sie könnten Vergeltung üben. Er fürchtete nun, sie könnten ihm das antun, was er selbst ihnen hatte antun wollen. Er fühlte sich homosexuell verfolgt, zuerst von den Jungen und dann durch den physischen Schmerz an einer Körperstelle, die mit seinen homosexuellen Tendenzen zu tun hatte. Die verläßliche Fürsorge, die seine Betreuerin ihm zuteil werden ließ, bedeutete zu diesem Zeitpunkt für ihn Schutz vor homosexuellen Gefahren und machte ihm eine langsame Erholung (Genesung) möglich. Sein Ich wurde stark genug, seine wahnhaften Verfolgungsvorstellungen zu bekämpfen und seine Feindseligkeit nach innen zu lenken, anstatt eine Abfuhr aufs Geratewohl zuzulassen. Dieser Anstieg der inneren Spannung offenbarte sich in unbestimmten körperlichen Beschwerden, die langsam verschwanden, da er weiterhin handgreifliche Beweise dafür erhielt, daß seine Betreuerin ihm Gutes zu tun wünschte. Dies wiederum half ihm dabei, allmählich eine befriedigende Beziehung wiederherzustellen, wenigstens vorläufig.

In den folgenden Tagen konnte Tom immer besser Geschenke und Dienste von seiner Betreuerin annehmen. Immer mehr konnte er sie als eine selbständige Person anerkennen und nicht mehr als ein Symbol dessen, was er als die schlimmsten Züge seiner Mutter im Gedächtnis hatte. Nachdem er während einer langen Zeitspanne diese Betreuerin noch vielen Prüfungen unterzogen hatte, und nachdem er fähig geworden war, ihre Beziehung zueinander gut zu nützen, konnte Tom allmählich die besseren Aspekte der Beziehung zwischen seiner Mutter und ihm erkennen und eine brauchbarere Beziehung zu ihr und zu seinem Vater herstellen. Aber diese Entwicklungen gehören nicht mehr zu meinem Beispiel; sie kamen auch nur langsam zustande in den vielen Monaten, die noch folgen sollten.

Dieses Beispiel zeigt auch, wie eine Episode, die mit einer Übertragungsbeziehung begonnen hatte (mit der Übertragung von Gefühlen, die sich auf die Mutter bezogen, auf eine Betreuerin), ihre Lösung fand, als sich die übertragene neurotische Beziehung wieder in eine echte persönliche Beziehung verwandelt hatte. Dies entspricht unseren Bemühungen, (neurotische) Übertragungsbeziehungen in echte Beziehungen umzuwandeln. In ähnlicher Weise versuchen wir, neurotische Einstellungen (wie z. B. defätistische Gefühle hinsichtlich der eigenen Fähigkeit, etwas zustande zu bringen) in Erfolgserlebnisse zu verwandeln, und zwar in der gleichen Konstellation, in der das Individuum ursprünglich dem Leben in neurotischer Weise entgegengetreten ist.

Aber unser Hauptziel bei der Beschreibung dieser Ereignisse war es, zu zeigen, was für einen mißverständlichen Eindruck wir möglicherweise vermitteln würden, wenn die Ereignisse des frühen Morgens — denen das nächste Kapitel gewidmet ist — oder irgendeiner anderen Tageszeit isoliert gesehen würden. Es trifft zwar zu, daß Tom schließlich den Weg zurück zu seiner Betreuerin fand, nachdem er am Morgen des letzten Tages der Geschichte aufgewacht war. Aber wenn auch das, was an jenem Morgen geschah, hinsichtlich der Entwicklung der Fähigkeit Toms, zu anderen eine Beziehung herzustellen, wichtig und bedeutsam war, so war dies doch nur auf Grund dessen der Fall, was vorher geschehen war: auf Spaziergängen, am Schwimmbecken oder beim Pingpong. Jedes dieser Erlebnisse war potentiell heilsam, bekam aber seinen wahren Wert erst in der sinnvollen Abfolge.

Das tatsächliche Geschehen in diesem Fall habe ich stark vereinfacht dargestellt, ohne Rücksicht auf die verschiedenen Zusammenhänge zwichen den geschilderten Ereignissen und den vielen anderen, die ich weglassen mußte.

Der Schauplatz persönlicher Kontakte veränderte sich fortwährend, aber jede Konstellation bot Tom spezifische Gelegenheiten, besondere Aspekte seiner komplexen Schwierigkeiten auszuagieren und durchzuarbeiten. Der Schauplatz wechselte vom Schlafraum, wo die Enttäuschung sich ereignete, keine Post zu bekommen, während andere Kinder Post bekamen, zu einem Spaziergang auf der Straße, zum Spielzimmer, dann zum Schwimmbecken und zurück zum Schlafraum, wobei jeweils Wirkungen auf andere Kinder eingeschlossen waren. Dann wurde der Schauplatz mit dem Pingpongspiel wieder ins Spielzimmer zurückverlegt, darauf folgten Spaziergänge, Kontakte mit anderen Jungen, dann das Zimmer der Krankenschwester mit dem Angebot juckreizstillender Salbe. Schließlich wurde im Schlafraum eine Lösung gefunden, am Morgen, zu einer Zeit, in der das Kind emotionalen Kontakt auf infantiler Stufe leichter akzeptieren kann.

Jede dieser Einzelsituationen wurde entsprechend den Alltagstätigkeiten erlebt, die jeweils zur gleichen Zeit vor sich gingen. Der Wunsch, im Wettbewerb zu gewinnen, hätte sich nirgends besser zum Ausdruck bringen lassen als am Pingpongtisch. Die aggressiven Angriffe auf die anderen Jungen hätten nirgends ein sozial akzeptableres Ventil finden können (oder eins, das für andere Kinder weniger schädlich gewesen wäre) als im Wasser, am Schwimmbecken, und die schließlich eintretende Erlösung wurde am Morgen nach dem Aufwachen erlebt, zu einer Zeit, in der kindliches Vertrauen besonders naheliegt.

Es erübrigt sich zu sagen, daß diese Ereignisse auf Mitarbeiterbesprechungen und in zwangloseren Gesprächen von allen Personen, die mit Tom zu tun hatten (Betreuern, Lehrern, der Krankenschwester) erörtert wurden. So ist jeder Mitarbeiter, der mit einem Kind umgeht, in jedem Stadium über alle wesentlichen und auch über die meisten nebensächlichen Entwicklungen unterrichtet und kann entsprechend handeln.

4. Vom Traum zum Wachen

Das Aufwachen am Morgen, das Aufstehen und das Anziehen sind für unsere Kinder oft schwierige Aufgaben. Sie haben zu oft den kürzeren gezogen, um dem neuen Tag mit großer Zuversicht zu begegnen. Es fehlt ihnen die emotionale Kraft, die notwendig wäre, um ihre Schläfrigkeit und den Wunsch zu überwinden, sich die Geborgenheit und Behaglichkeit eines angenehmen, warmen Bettes zu erhalten.
Obwohl wir nicht genau wissen, was die Kinder während der Nacht erleben, haben wir nach dem, was uns manche Kinder von ihren Träumen oder darüber, was sie quält, wenn sie zufällig nachts aufwachen, erzählen, den Eindruck, daß ein Kind, je weniger es bereit ist, den gewöhnlichen Lebensaufgaben zu begegnen, um so wahrscheinlicher böse Träume und nächtliche Ängste hat, die es ihm erschweren, sich dem neuen Tag zu stellen.
Gleich nach dem Aufwachen haben viele Kinder den lebhaften Wunsch, uns ihre Träume zu erzählen, aber dem stehen mehrere Schwierigkeiten entgegen. Einmal interessieren wir uns natürlich für alles, was das Kind in der Nacht beunruhigt hat. Wir wollen ihm helfen gegen die Ängste, die der Traum z. B. nicht nur offenbart, sondern vielleicht sogar verschlimmert haben mag. Wir wollen ihm auch dabei helfen, seine unbewußten Wünsche, Ängste usw. zu erkennen und durchzuarbeiten. Aber während diese und viele andere Gründe dafür sprechen, uns die Träume mancher Kinder anzuhören, gibt es ebenso triftige Gründe, andere Kinder nicht zu ermutigen, ihre irrationalen Phantasien noch weiter auszudehnen, weil sie es dadurch noch schwerer haben könnten, dem neuen Tag realistisch ins Auge zu sehen.
Wenn er solche Entscheidungen trifft, kann sich der Betreuer nicht einmal auf die Art verlassen, wie das Kind anfängt, über seinen Traum zu sprechen, denn oft erinnert sich das Kind während des Erzählens an furchterregende Teile des Traumes, die es beim Aufwachen vergessen hatte, und die erst jetzt zum Vorschein kommen, während es sich auf den Traum konzentriert. Derartiges Material, an das das Kind sich wieder erinnert oder das durch Assoziationen auftaucht, kann oft die Ängste des Kindes vertiefen und einen so verheerenden Einfluß auf den übrigen Tag haben, daß das Kind nicht die Kraft hat, die Realität zu bewältigen.
Wenn der Betreuer entscheidet, wessen Träume er sich anhören soll, genügt es nicht, daß er das Kind und seine Probleme gut kennt, obwohl

das sehr nützlich ist. Wenn man nämlich den Traum abweist, kann das Kind das Gefühl bekommen, man lehne auch es selbst ab, und diese Zurückweisung erlebt es im Zusammenhang mit dem Traum, über den es sprechen wollte: zum Schaden (der durch den Traum entstandenen Angst) kommt dann noch die Beleidigung, daß der Betreuer nicht zuhören will.

Es ist auf jeden Fall nicht einfach zu entscheiden, ob ein Kind stark genug ist, den Bodensatz seines Unbewußten zu handhaben, wie er sich in seinen Träumen offenbart (und daher ermutigt werden sollte, darüber zu sprechen); es ist ebenso schwierig zu wissen, ob ein anderes Kind zu unsicher ist, sich an die Aufgaben des Lebens zu machen, nachdem es am hellichten Tag gerade dem ausgesetzt ist, was in seinem Unbewußten begraben war. Derartige Entscheidungen können niemals generell getroffen werden.

Die Frage wird noch dadurch kompliziert, daß der Betreuer, selbst wenn er weiß, daß er es riskieren kann, das eine Kind zum Erzählen seiner Träume zu ermutigen, während er ein anderes Kind daran hindern sollte, auch noch fähig sein muß, die Wirkungen seiner Entscheidung auf die anderen anwesenden Kinder vorauszusehen. Was wird es für die anderen mit ihrer Angst vor unbewußten Wünschen bedeuten, wenn sie miterleben, daß der Betreuer sich Träume nicht anhört, und was wird es für sie bedeuten, dem Unbewußten zuzuhören, wie es sich in den Träumen eines anderen Kindes offenbart?

Nur Intuition und Einfühlungsgabe können dem Betreuer dazu verhelfen, jene Kinder zum Nacherzählen ihrer Träume zu ermutigen, deren Ich stark genug ist, sich dem Traummaterial — meistens ihren Ängsten — zu stellen und es durchzuarbeiten, und dafür zu sorgen, daß andere es nicht tun. Der Betreuer muß sich hier von seinen oft unbewußten Eindrücken leiten lassen, die ihm sagen, wie stark das Kind im Augenblick gerade ist, oder wie erschüttert es zu sein scheint, wenn es an seinen Traum denkt. Diese Anzeichen der augenblicklichen Schwäche oder Stärke des Kindes sind, wenn es um Entscheidungen geht, wie man die Manifestationen des kindlichen Unbewußten handhaben soll, viel wichtiger und viel zuverlässiger als irgendwelche auf Theorien gegründete vorgefaßte Meinungen.

Oft besteht für eine derartige Situation die beste Lösung weder darin, daß man sich näher mit dem Traummaterial befaßt, noch darin, daß man seine Aufdeckung vermeidet. Der Fall Toms ist hierfür ein passendes Beispiel.

Nachdem Tom an unsere Schule gekommen war, mußte er über ein Jahr lang jeden Morgen seiner Betreuerin erzählen, was er geträumt hatte. Er tat dies, während er noch halb im Schlaf war. Hätte man aber zu diesem oder irgendeinem anderen Zeitpunkt während der ersten Zeit seines Aufenthalts in der Schule seine Träume mit ihm besprochen, hätte es fatale Wirkungen gehabt; er hätte sich nur weiter in eine Welt imaginärer Ängste zurückgezogen und auch noch die geringe Fähigkeit zur Realitätsbewältigung verloren, die er hatte. Trotzdem wurde es, nachdem er seine Träume in täglichem Vortrag von sich gegeben hatte, und nachdem er sicher war, daß seine wilden feindseligen und sexuellen Phantasien bei seiner Betreuerin kein besonderes Interesse wachriefen (wie er gehofft und gefürchtet hatte), allmählich möglich, ihn mit der Realität zu konfrontieren. Dann gingen seine Reden über in Vorstellungen ängstlicher Erwartung dessen, was der Tag wohl bringen werde, aber obwohl diese Ängste noch immer wahnhaft waren, kamen sie der Realität doch schon viel näher. Allmählich wurden aus den rasenden Ergüssen ruhigere Gespräche, und erst dann, aber immer noch sehr langsam, konnte Tom beruhigende Versicherungen über konkrete Befürchtungen hinsichtlich des kommenden Tages akzeptieren. Danach war er imstande, sich lange genug zu unterbrechen, um heißhungrig etwas zu essen — er wachte jeden Morgen ausgehungert auf — und schließlich war er mehr oder weniger bereit, aufzustehen.

Wenn die Betreuerin diesen Jungen zur Ruhe bringen wollte, mußte sie sich vorsehen, ihn in bezug auf seine Ungefährdetheit während des Tages nicht zu früh zu beruhigen. Tom konnte nicht nur nicht zuhören, sondern er hätte ihre beruhigenden Versicherungen als Zeichen der Angst angesehen, die er in ihr erweckt hatte, und er hätte nur alles bezweifelt, was immer sie sagen mochte. Außerdem hätte er es ihr übelgenommen, wenn sie seine Ergüsse unterbrochen hätte, und das würde sein Gefühl, verfolgt zu werden, verstärkt haben.

In diesem Fall trat die Beruhigung also nur dadurch ein, daß die Betreuerin freundlich und passiv zuhörte. Es zeigte Tom, daß sie sich für ihn interessierte, ohne den Eindruck zu erwecken, sie sei von seiner sexuellen oder feindseligen Provokation gefangengenommen. Die entspannte Ruhe, mit der sie ihm zuhörte, schien darauf hinzuweisen, daß seine Ängste, ebenso wie seine Versuche, zu verführen oder aggressiv zu sein, für andere (oder für ihn selbst) nicht so verheerend waren, wie er fürchtete.

Nachdem Tom einen Teil seiner Spannung durch Reden entladen hatte, gewann sein Ich langsam wieder die Herrschaft über seine unbewußten und irrationalen Gedanken, soweit ihm dies möglich war, eine Herrschaft, die durch die Erinnerung an die Traumerlebnisse erschüttert worden war. Die Betreuerin wurde, wie ein gutes und starkes Ich, vom Unbewußten Toms weder bedroht noch überwältigt; sie stellte sich ihm einfach nur, ohne es zu akzeptieren, zu unterstützen oder zu unterdrükken.

Nachdem sie so ihren guten Willen bewiesen und dem Jungen Zeit gegeben hatte, wieder etwas Ich-Stärke zu bekommen, konnte sie seinem Ich weiterhelfen, indem sie ihm zeigte, daß er seine Furcht ängstlich übertrieben hatte — nicht die Furcht vor dem eigenen Unbewußten, sondern die Furcht vor den Gefahren, die der neue Tag bringen könnte. Gemäß ihrer ich-stützenden Funktion half sie Tom, den kommenden Tag (und sich selbst in ihm) realistischer zu sehen. Danach war er allmählich fähig, vernünftiger über seine Befürchtungen zu sprechen, und der Redestrom, in dessen Zentrum er selbst stand — aber hinter dem auch die Entschlossenheit stand, jede Interaktion mit einem anderen Menschen auszuschalten —, konnte langsam dem Gespräch zwischen zwei Menschen Platz machen, die guten Kontakt miteinander haben. Sobald dieses Stadium erreicht war, konnte die Betreuerin anfangen, Tom mit Keksen oder Süßigkeiten zu füttern. Ein so offensichtlicher Beweis dafür, daß eine Befriedigung seiner fundamentalsten Bedürfnisse gesichert war, gab ihm wieder ein klein wenig Vertrauen zum Leben, und dies wiederum gab ihm die Kraft, die Sicherheit des Bettes aufzugeben.

Wenn wir ihm etwas zu essen angeboten hätten, während er zunächst seine zum Teil unbewußten Gedanken hervorsprudelte, hätte er es als einen Versuch angesehen, ihm „den Mund zu stopfen", also die Abfuhr seiner Emotionen zu blockieren. Er hätte es entweder als einen Versuch empfunden, ihn zu ersticken, oder, wenn nicht ihn, dann sein Unbewußtes, und beide in die Verdrängung zurückzuzwingen. Aber Nahrung, die man ihm während eines mehr oder weniger vernünftigen Gesprächs anbot, wurde zum Symbol der Rückkehr zum menschlichen Kontakt mit seiner Betreuerin und damit zur Realität des Tages. Das doppelte Erlebnis, (durch Reden) ungefährdet zur Abfuhr einer Spannung unbewußten Ursprungs fähig zu sein und (durch Gefüttertwerden) von der Spannung des Hungers befreit zu werden, gab Tom wieder genug Kraft, so daß er aufstehen konnte [1].

Über zwei Jahre später, als Tom nicht mehr von ganz irrationalen Ängsten überflutet wurde, und als er diejenigen seiner Tendenzen, die er früher nicht verstanden hatte, schon weitgehend in der Gewalt hatte, konnten seine Traumerzählungen beim Aufwachen ganz anders gehandhabt werden. Nun war es nicht mehr nötig, seine Träume unbeachtet zu las-

---

[1] Teilnehmende Beobachterin: Patty Pickett.

sen, und es war nicht nur möglich, sondern wünschenswert, sie im Augenblick des Aufwachens zu behandeln. Nun stärkte die Betreuerin Toms Ich auf einer anderen Stufe, wenn sie seine Bemühungen unterstützte, sowohl den Traum als auch seinen Inhalt in den Bereich des Irrealen, des Phantastischen zu verweisen und seine nächtlichen Ängste im hellen Tageslicht einer rationalen Anschauung zu betrachten. Während dieser Periode fing Tom manchmal damit an, daß er seiner Betreuerin am Morgen erzählte, er habe einen sehr schlechten Traum gehabt. Einmal hatte er z. B. geträumt, er sei wie wild Auto gefahren, dabei sei der Wagen auf der ganzen Straßenbreite hin- und hergeschossen, und er habe überhaupt keine Herrschaft über ihn gehabt. Es bedurfte nur geringer oder gar keiner Nachhilfe, damit er hinzufügte, der Traum an sich sei ihm nicht so wichtig. Was ihn beunruhige, sei die Furcht, er werde nie in der Lage sein, gut Auto fahren zu lernen.

Ohne auf die unbewußten Ängste einzugehen, die der Traum anzeigte, darunter seine Zweifel, ob er jemals in der Lage sein werde, alle Aufgaben zu meistern, die die Reife ihm möglicherweise stellen würde, beruhigte die Betreuerin Tom, in seinem Alter werde nicht nur nicht von ihm erwartet, er solle ein Auto lenken, sondern es sei ihm sogar gesetzlich verboten. Sie fügte hinzu, der Grund dafür sei, daß kein Kind seines Alters fähig sei, unfallfrei oder korrekt ein Auto zu lenken. Sie erinnerte ihn auch daran, wie gut er in der Lage sei, seinem Alter angemessene Dinge zu tun, und daß dies alles Dinge seien, von denen er gefürchtet habe, er könne sie vielleicht nicht bewältigen. Sie wies darauf hin, daß dies für ihn der bestmögliche Beweis sei, er werde, wenn er erwachsen sei, auch fähig sein, die Dinge zu tun, die zu jedem späteren Reifestadium gehören. Außerdem erinnerte sie ihn daran, daß man niemanden zwinge, ein Auto zu lenken, und daß es, wenn ihm diese Vorstellung mißfalle, keine Notwendigkeit gebe, warum er es jemals tun müsse. Diese Art, Tom daran zu erinnern, wie zulänglich er auf seiner eigenen Altersstufe war, half ihm, die mehr oder weniger realistische Angst zu überwinden, die der Traum hervorgerufen hatte; den Traum selbst hatte er, da er nun eine besser integrierte Persönlichkeit war, schon vor Beginn des Gesprächs als Phantasie bezeichnen können [2].

Diese Fähigkeit, einen Traum als Traum zu sehen und nicht als ein getreues Abbild der Wirklichkeit, war weitgehend eine Folge davon, daß Tom nun einen viel größeren Teil seines Tages für die Begegnung mit der Realität verwendete, während er im ersten Abschnitt seines Aufenthalts an der Schule den größten Teil des Tages mit wilden Phantasien

---

[2] Teilnehmende Beobachterin: Gayle Shulenberger.

und in Tagträumen zugebracht hatte, die vollkommen unwirklich und von Angst erfüllt waren.

Am Anfang seines Aufenthaltes an der Schule hätte eine Besprechung seiner Träume für Tom nur ein weiteres Erlebnis der Niederlage bedeutet. Sie hätte ihm gezeigt, wie wenig er seine irrationalen Tendenzen beherrschen konnte, und ein Gespräch über seine Träume hätte damit geendet, daß er dem Tag in den Klauen solcher Tendenzen hätte begegnen müssen, in dem vollen Bewußtsein seiner Unfähigkeit, sie zu beherrschen. Viel später erst verschaffte eine Besprechung seiner Träume Tom das Erlebnis, daß sein rationales Selbst mit einiger Hilfe — mit Unterstützung der Betreuerin — die Traumreste beurteilen konnte und sie als Phantasien sehen konnte, die keine direkte Beziehung zu seinem wirklichen Leben hatten. Nun stärkte eine morgendliche Besprechung seiner Träume nur sein Ich für die Begegnung mit dem Tag, während sie es vorher gewiß geschwächt hätte.

Während Tom die Aufmerksamkeit seiner Betreuerin direkt auf seine Träume lenkte, entweder, indem er über sie sprach, oder indem er ihre Wirkungen offen zeigte, bedienen sich andere Kinder größerer Umwege, um sich unsere Hilfe zu sichern. Paul z. B. begann, nachdem er erhebliche Fortschritte gemacht hatte, mit Recht zu fürchten, sein Aufenthalt an der Schule neige sich dem Ende zu. Nun machte er sich große Sorgen um seine Zukunft. Obwohl die Pläne für seine zukünftige Unterbringung mehrmals mit ihm besprochen worden waren, ebenso die Maßnahmen, die wir treffen würden, um sein Wohlbefinden nach seinem Fortgang von der Schule zu sichern, beunruhigte ihn der Gedanke an das, was vor ihm lag, immer noch, und besonders nachts. Er konnte dies nicht ohne Umschweife zugeben, da er unsere beruhigenden Versicherungen schon gut kannte und wußte, daß wir uns wirklich an sie hielten. Sein Ich sah keine Gründe für seine Befürchtungen, und das hielt ihn davon ab, sie offen auszusprechen, was auch damit übereinstimmte, daß er unvernünftige Furcht jetzt besser beherrschen konnte. Aber er war doch so beunruhigt, daß er den Tag nicht mit einem Gefühl der Zuversicht beginnen konnte.

Anstatt über seine Befürchtungen zu sprechen, projizierte er sie auf seine Betreuerin. Wenn er aufgewacht war, sagte er als erstes zu ihr, sie sehe aus wie ein verlassenes Kind, das niemanden habe, der sich um es kümmere. Er sagte ihr, ihr Haar sei ungekämmt, und er wisse durch Beobachtungen, daß sie nur zwei anständige Ausstattungen habe. Es war ziemlich viel freundliche Beruhigung und weiteres Gespräch notwendig, ehe Paul äußerte: „selbst dann hast du noch zwei Ausstattungen mehr als ich, denn ich habe nicht einmal einen einzigen guten Anzug." Also versicherte man Paul, der Grund, warum er keine guten Anzüge habe, sei der, daß er sie an der Schule nicht brauche, denn alle Jungen trügen dort nur nicht zusammengehörige Hosen und Jacken. Davon habe er mehrere alte und ein paar neue, und sobald er die Schule verlasse, werde man ihm Anzüge und alle andere Kleidung geben, die er brauche.

Später, als er gefragt wurde, warum er am Tage nie über diese Dinge spreche, wenn seine Betreuerin versuche, sie mit ihm zu erörtern, antwortete er: „Am Tage, wenn ich etwas zu tun habe, mache ich mir keine Sorgen darüber; warum sollte ich dann darüber reden? Du bist ja nicht da, wenn ich mitten in der Nacht aufwache. Dann hab' ich nichts zu tun, und dann mache ich mir Sorgen, was mit mir geschehen wird." Also brauchte sogar Paul, dessen nächtliche Ängste ganz realistisch geworden waren, am Morgen noch Unterstützung, um den Tag erfolgreich beginnen zu können, für einen Erfolg also, den er zur Stärkung seines Vertrauens zu sich selbst und seiner Fähigkeit, mit der Welt fertig zu werden, noch recht dringend benötigte [3].

Pauls morgendliche Wut darüber, daß seine Betreuerin ihn nicht genügend vor seinen nächtlichen Ängsten schützte, kam in seinen kritischen Bemerkungen direkt zum Ausdruck. Aber erst nachdem ein Kind relativ gut integriert ist, hat sein feindseliges Verhalten beim Aufwachen — oder zu irgendeiner anderen Tageszeit — eine so genau bestimmbare Ursache, und erst dann ist es so zielgerichtet, daß es relativ einfach zu bewältigen ist.

Lange sind die Kinder hilflos hin und her geworfen von ihren widersprüchlichen Gefühlen, besonders nachts und in ihren Träumen; das ist natürlich auch am Tage so, aber etwas weniger schlimm. Gleich nach dem Aufwachen sind sie noch vollkommen überwältigt von ihren heftigen und einander widerstreitenden Gefühlen. George brachte dies eines Morgens ziemlich direkt zum Ausdruck, nachdem ein längerer Aufenthalt an der Schule ihn gelehrt hatte, sich zu seinen Gefühlen zu bekennen, wenn er sie auch noch nicht wirklich integrieren konnte.

Wie gewöhnlich, wenn er sich überhaupt dazu herbeiließ, am Morgen zu sprechen, redete er von seinen nächtlichen Ängsten und Albdrücken. Dann beklagte er sich, der Schlafraum sei zu kalt und er sei in der Nacht fast erfroren. Als die Betreuerin sich anschickte, zusätzliche Decken für George zu besorgen, so daß er nicht wieder frieren werde, beklagten sich andere Jungen im gleichen Schlafraum, es sei zu warm und stickig. Dieser Beschwerde stimmte George auch zu und sagte: „Ich

---

[3] Teilnehmende Beobachterin: Gayle Shulenberger.

hatte heute Nacht das Gefühl, hier drin sei ein Drache, der mich mit brennender Luft anblies." Die Betreuerin wies auf den Widerspruch hin, fragte ihn, ob er noch ein oder zwei Decken zusätzlich haben wolle oder nicht und fragte, was denn nun wahr sei, daß ihm in der Nacht zu kalt oder zu warm gewesen sei. Georges Antwort gab ein zutreffendes Bild von seinem wirklichen Seelenzustand. Er sagte: „Ich bin eiskalt vor Angst und koche vor Wut." [4]

Je mehr Georges Angst durch die freundlichen Bemühungen der Betreuerin „auftaute", desto aggressiver setzte sich seine „kochende Wut" gegen sie durch, da sie nicht mehr durch seine lähmende Angst in Schach gehalten wurde. In diesem Fall ließ sich, wie in vielen anderen Fällen, eine gewisse Integration zuerst nur auf der asozialen Stufe der Feindseligkeit zustande bringen. Wenn man das Kind von einigen seiner Ängste befreit, wird zumindest ein Teil seiner Energie fürs Leben freigesetzt, aber bevor sie für konstruktive Aufgaben zur Verfügung steht, dient sie zuerst eine Zeitlang seiner Feindseligkeit. Dennoch ist eine derartige Trennung der Gefühle, wenn sie einander auch blockieren, ein notwendiger Schritt zum „Auftauen" des Kindes. Wir haben ähnliche Beobachtungen auch bei vielen anderen Kindern gemacht. Sie können nur selten ihre einander widerstreitenden Gefühle ausdrücken, und fast nie so deutlich, wie George es tat.

Die meisten Kinder an unserer Schule pflegen eine Zeitlang die Betreuer ärgerlich herumzukommandieren, besonders morgens, bevor sie selbst aufgestanden sind. Sie verlangen z. B. von der Betreuerin, ihnen bestimmte Kleidungsstücke ans Bett zu bringen, nur um sie dann schimpfend auf den Fußboden zu werfen, weil sie nicht genau das waren, was sie wollten, oder weil es ihnen zu langsam gegangen ist, oder weil sie nicht genau dort hingelegt worden sind, wo sie sie haben wollten. Andere Kinder gehen so weit, sich von der Betreuerin nacheinander alle Kleidungsstücke, die sie besitzen, einzeln ans Bett bringen zu lassen, nur um jedes einzelne wütend abzulehnen, und das nicht nur einmal, sondern zwei- oder dreimal. Erst nachdem sie auf diese Weise ein wenig von ihrer Feindseligkeit losgeworden sind, können sie den Gedanken ins Auge fassen, sich anzuziehen. Dann können sie fast jedes der Kleidungsstücke akzeptieren, die sie gerade so heftig abgelehnt haben — und tun es auch.

Wollte man ein derartiges Verhalten mit den Kindern besprechen, während sie noch wütend sind, hätte es wenig oder gar keinen Zweck. Ihr

---

[4] Teilnehmende Beobachterin: Gayle Shulenberger.

Verhalten ist nicht als solches zielgerichtet, sie haben weder eine Abneigung gegen ihre Kleider, noch sind sie auf die Betreuerin als Individuum wütend. Das Kind legt diese Art des Verhaltens an den Tag, weil es eine Abfuhr feindseliger Spannung ermöglicht, die das Kind sehr nötig hat. Die Spannung selbst ist im Unbewußten des Kindes entstanden, das die Nacht über ungehindert über seine Psyche geherrscht hat. Beim Aufwachen müssen die rationalen Funktionen ihre Macht über die irrationalen Tendenzen wieder geltend machen. Das Ich muß wieder in seine Rechte eintreten, sonst ist das Kind unfähig, den Kontakt mit der Realität wieder herzustellen, sonst ist es z. B. unfähig, das Bett zu verlassen. Es ist, als ob das Ich des Kindes, um die Herrschaft über unbewußte Tendenzen wieder zu erlangen, diese irrationalen Triebe überzeugen müßte, daß das Ich, wenn sie sich nur einem gewissen Maß an realistischer Beherrschung unterwerfen, ihnen mit viel größerer Gewißheit Befriedigung verschaffen wird.

Das morgendliche Verhalten des Kindes gegenüber der Betreuerin ist also eine kurze Wiederholung des Vorgangs, durch den die Herrschaft des Ichs beim Kleinkind anfänglich zustande kommt. Ursprünglich ist das Ich entwickelt worden, um dem Kind die reale Befriedigung seiner Triebwünsche zu verschaffen, die den eingebildeten Befriedigungen seiner Phantasie so sehr vorzuziehen sind. Die Feindseligkeit des Kindes gegenüber der Betreuerin scheint also die Bemühungen des wiedererwachenden Ichs zu symbolisieren, die unbewußte Feindseligkeit zu beherrschen. Es ist eine Probe. Es ist, als müsse das Kind gegenüber der Betreuerin aggressiv sein, um sich selbst davon zu überzeugen, daß das Ich versucht, die feindseligen Tendenzen in einen sozialen Zusammenhang zu stellen, nicht um sie ganz und gar zu unterdrücken, sondern vielmehr, um ihnen zu ermöglichen, wirksam zum Ausdruck zu kommen und Befriedigung zu finden.

Wenn die Betreuerin (oder der Betreuer) in diesem Augenblick eine derartige Entladung der Feindseligkeit gegen ihre Person verbieten würde, hätte das Kind nur geringe Möglichkeiten zu lernen, daß sein Drang zur Feindseligkeit auch auf eine Weise abgeführt werden kann, die den Forderungen des Ichs besser gerecht wird (durch Aussprache). Seine Feindseligkeit würde dann vielleicht in viel gefährlicheren Gewalttaten und physischer Aggression zum Ausdruck kommen oder das Kind in eine Isolierung zurücktreiben, in deren Mittelpunkt es selbst steht. Wenn das Kind seine Feindseligkeit nicht gegen eine Person entladen kann, wird es imaginäre Befriedigung in aggressiven Phantasien suchen, die es auf gefährliche Weise von der Realität trennen und ihm insbesondere freundschaftliche Beziehungen zu anderen Menschen unmöglich machen. In diesem Zusammenhang ist außerdem wichtig, daß durch derartige symbolische Aggressionsabfuhr nicht nur gewisse Mengen feindseliger Spannung freiwerden, sondern daß das Kind aus eigener Anschauung erfährt, daß solche Abfuhr möglich ist. Das erlaubt ihm, weitere Abfuhr wenigstens eine Weile aufzuschieben, und beides zusammen ermöglicht es sogar einem relativ schwachen Ich, die übriggebliebene Feindseligkeit in gewissem Maß zu beherrschen.

Also gelten in bezug auf Feindseligkeit die gleichen Faktoren wie beim Erzählen von Träumen. Der Betreuer muß sich nicht nur auf das verlassen, was er über die Kinder weiß, sondern auch auf seine spontane Einfühlungsgabe, wenn er entscheidet, wie er das Kind am Morgen behandelt.
Wenn die Feindseligkeit des Kindes auf einem Unbehagen beruht, das der Betreuer entweder durch Gespräch oder durch realistische Beruhigung beheben kann (wie z. B. bei Pauls Kritik an seiner Betreuerin), dann sollte der Betreuer versuchen, die Feindseligkeit des Kindes mit ihm durchzuarbeiten und ihm bei dem zugrundeliegenden Problem zu helfen, das das Unbehagen hervorgerufen hat. Aber wenn die Aggression des Kindes gegen den Betreuer eher das äußerliche Erscheinungsbild eines inneren Kampfes zwischen den Selbstbeherrschungsversuchen des Kindes und seinen asozialen Trieben ist, dann ist es am besten, der Betreuer erträgt die Aggressionen des Kindes mit Ruhe und unterwirft sich — so weit er es realistischerweise kann — den feindseligen Launen des Kindes. Nur dann können die asozialen Triebe des Kindes ihre Energie auf das Ich übertragen, weil die bewußten Bemühungen des Kindes der Abfuhr von Feindseligkeit und nicht ihrer Beherrschung zu dienen scheinen. Aber selbst wenn in diesem Fall das Ich der Feindseligkeit des Kindes dient, übt es dennoch seine Hauptfunktion aus, die darin besteht, den Kontakt mit der Realität herzustellen, die Realität zu erkennen und schließlich das Verhalten des Kindes der Realität gemäß zu modifizieren.
Diese verschiedenen Stufen, in denen das Ich die Herrschaft über asoziale Triebtendenzen gewinnt, sind in einem Großteil des Morgenverhaltens des Kindes oft deutlich zu erkennen. Zuerst erteilt es dem Betreuer seine Befehle brummend. Was es äußert, klingt eher nach Gebell als nach Worten. Seine Augen sind halb geschlossen. Das Kind steckt noch in der Welt seiner Phantasien, und der Kontakt zur Realität ist ganz gering. Während der Betreuer die Befehle des Kindes befolgt, wird langsam die zweite Stufe der Ich-Herrschaft erreicht. Die Befehle werden nun lauter ausgesprochen, aber auch deutlicher. Die Ein-Wort-Befehle verwandeln

sich in ganze Sätze. Die Augen des Kindes öffnen sich weiter und bleiben schließlich offen; sie sehen immer mehr die äußere Welt der Realität an und immer weniger die innere Welt der Phantasie. Diese nähere Untersuchung der Realität wird zwar in erster Linie unternommen, um die feindseligen Bedürfnisse des Kindes zu befriedigen, aber die Willfährigkeit des Betreuers wird dem Kind unweigerlich auch narzißtische Befriedigung verschaffen.

Nun wird langsam die dritte Stufe der Ich-Herrschaft erreicht. Der Betreuer als Diener befriedigt die Eigenliebe des Kindes. Wenn man sich aber die Fortdauer dieses Dienstes sichern will, muß man den Betreuer in gewissem Maß als Person anerkennen. Also beginnt das Kind in einer wechselseitigen Kommunikation mit ihm zu reden. Das Ich des Kindes braucht sich nicht mehr ausschließlich auf seine Feindseligkeit als Energiequelle für seine Stärke zu verlassen. Befriedigter Narzißmus stellt eine weitere Kraftquelle dar (während zugleich, wie wir schon gesagt haben, der Aggressionsdruck durch Entladung gesenkt wird und daher die Notwendigkeit der Aggressionsabfuhr abnimmt).

Schließlich wird der Geber narzißtischer Befriedigung (der Betreuer) wertvoll, nicht notwendigerweise schon als eine selbständige Person, sondern als Lustspender. Auf diese Weise sind in einem drei-(oder mehr-)stufigen Prozeß die Fundamente eines sozialen Kontakts hergestellt worden. Diese Kontakte stellen ihrerseits den wirksamsten Ausgleich gegenüber den unbewußten asozialen Tendenzen dar, die während der Nacht fast uneingeschränkt über das Kind geherrscht haben. Mit Hilfe dieses Kontakts und mit Hilfe seiner gewachsenen Fähigkeit, den Tag realistischer zu betrachten, wird es dem Kind leichter, den nächsten vierundzwanzig Stunden optimistischer entgegenzusehen.

Außer den asozialen, feindseligen oder ängstlichen Tendenzen des Kindes, die es ihm am meisten erschweren, am Morgen zur Realität zurückzufinden, gibt es noch andere Schwierigkeiten, die ihm am Tagesanfang begegnen. Nicht allein unbewußte Phantasien oder realistische Befürchtungen sind kennzeichnend für das nächtliche Erleben des Kindes. Schon allein das Im-Bett-Sein ist ganz einfach ein großes Vergnügen, und, was oft wichtiger ist, es bietet eine scheinbar totale Sicherheit vor der Außenwelt. (Tatsächlich müssen wir, um die Nachtruhe des Kindes wiederherzustellen und zu schützen, uns große Mühe geben, dem Kind genau diese Behaglichkeit und Geborgenheit zu sichern.)

Morgens, beim Aufstehen, muß das Kind das Vergnügen eines behaglichen, warmen Bettes aufgeben, zugleich die Freuden seiner wunscherfüllenden Phantasien. Der Schutz und die Sicherheit, die das Kind aus der Ausschaltung der Außenwelt gewinnt, werden ihm genommen.

Darum muß der Betreuer dem Kind nicht nur bei den aus dem Unbewußten stammenden Schwierigkeiten helfen, sondern er muß sich auch so verhalten — und versuchen, die Welt, der das Kind beim Erwachen begegnet, so einzurichten —, daß es dem Kind klar wird, beim Vertauschen der Welt des Bettes gegen eine aktivere Lebensform bestehe die Aussicht, größeres Vergnügen zu gewinnen, ohne größere Risiken einzugehen.

Der Betreuer hat immer die Hauptaufgabe, beides zu tun: dem Ich des Kindes in seinem Kampf gegen innere asoziale Tendenzen zu helfen, und die Welt des Kindes so zu gestalten, daß es den Aufgaben des Lebens mit Zuversicht begegnen kann. Alle therapeutischen Funktionen des Betreuers sind während der Periode des Aufwachens auf das Kind konzentriert; dies ist vielleicht die Tageszeit, zu der das Kind seinen Betreuer am meisten braucht. Beim Erwachen (und beim Einschlafen) ist das Kind am stärksten auf sein Unbewußtes und auf seinen Betreuer konzentriert, weil zu diesem Zeitpunkt weniger Ablenkungen oder Forderungen aus der Außenwelt kommen — die Tätigkeiten anderer Kinder, das Bedürfnis, zu lernen oder der Wunsch zu spielen — und daher auch die Bemühungen des Betreuers weniger gestört werden.

In dieser morgendlichen Konstellation muß der Mitarbeiter, wie bei vielen anderen Gelegenheiten, nicht nur eine Rolle spielen, in der er das Ich des Kindes unterstützt, sondern er muß oft so handeln, als *sei* er das Ich des Kindes; er muß also eine Rolle spielen, die das Kind dann allmählich übernimmt. (Vielleicht muß er sogar das Über-Ich des Kindes unterstützen, das ist zwar weniger wünschenswert, aber trotzdem in vielen Fällen zeitweise notwendig.) Der Betreuer muß das Kind gleichsam bei der Hand nehmen und ihm den neuen Tag vorstellen, indem er guten Morgen sagt, ihm die Hand tätschelt oder sie nur fest ergreift. Selbst das Kind, das auf das „Guten Morgen" des Betreuers mit der Behauptung reagiert, es sei ein saumäßiger Morgen, und fragt, warum man es nicht in Frieden lassen könne, hat einen Schritt in Richtung auf die Kommunikation getan.

Wie eng der Zusammenhang zwischen Befriedigtwerden, Akzeptieren der Realität und der dadurch bedingten Ich-Stärkung ist, kann man an jenen Kindern sehen, die, noch im Halbschlaf und bis übers Gesicht zugedeckt, die Hand unter der Decke hervorstrecken, um sich etwas zu essen geben zu lassen; was sie bekommen, mampfen sie erst einmal unter der Decke, bevor sie schließlich auftauchen und mehr verlangen. Sie begegnen also, um ein physisches Bedürfnis oder einen Triebwunsch zu befriedigen, der Realität wenigstens versuchsweise, um dann zweckgerichtet und auf sozial annehmbare Weise, d. h. den Forderungen des Ichs gemäß, zu handeln.

Damit man den Kindern helfen kann, derartige Kontakte mit der Realität herzustellen, darf die Realität nicht zu unangenehm sein, und mindestens einer ihrer angenehmeren Vertreter muß anwesend sein. Darum muß zuerst und vor allem der Betreuer da sein, wenn die Kinder aufwachen, und er muß versuchen, sie nicht zu wecken, bevor sie bereit sind, sich wecken zu lassen.
Technische Gründe zwingen uns, alle Kinder innerhalb einer verhältnismäßig kurzen Zeitspanne zu wecken — aber sie würden, wenn wir es nicht täten, einander auf weit weniger wünschenswerte Art und Weise aufwecken. Also muß die Zeit des Einschlafens so eingerichtet werden, daß die Kinder beim Aufwachen im großen und ganzen ihr Schlafbedürfnis und ihren Wunsch zu schlafen gerade befriedigt haben; wenn sie wollen, können sie später am Tag wieder schlafen. Ob sie ausgeschlafen haben, ist an ihrer Reaktion leicht zu merken, wenn man den Raum betritt: Wenn nicht wenigstens ein paar von ihnen sich dann bewegen, ein Geräusch machen, versuchen, ein Auge aufzumachen, sind sie noch nicht wirklich mit dem Schlafen fertig. Wenn sie ausgeschlafen haben, genügt es gewöhnlich, daß jemand ruhig den Raum betritt oder die Vorhänge aufmacht, um das eine oder andere Kind zu wecken. Wenn auch nur ein Kind wach ist, tut ein kleines leises Gespräch das übrige. Manche Kinder mögen gern durch ein Lied geweckt werden, andere wachen gern davon auf, daß sie den Betreuer summen hören, wenn sie fast bereit sind aufzuwachen.
Andere Betreuer setzen sich an den Tisch und stellen ganz leise Spielzeug oder Spiele für die Kinder auf. Auf diese Weise zeigen sie ihnen ohne Worte, daß in der Welt des wachen Lebens greifbarere gute Dinge als in der Traumwelt zu haben sind. So muß der Betreuer, abgesehen davon, daß er das Ich unterstützt, auch noch buchstäblich das Es in seinem eigenen Bereich bekämpfen, ohne Lustgewinne zu versprechen, die wir nachher in Wirklichkeit nicht herbeischaffen können.
Es wäre z. B. schlechte Politik, wollte man einem deprimierten Kind die Ereignisse des kommenden Tages in zu leuchtenden Farben ausmalen. In seinem Fall wäre es vielleicht besser, Verständnis und Mitfühlen für seine Ängste zu zeigen, so daß es sich angesichts der scheinbar unlösbaren Aufgabe, den Tag ohne Unglück zu überstehen, nicht so allein fühlt. Auch hier ist es wieder am wichtigsten, jedes Kind als ein deutlich erkennbares Individuum und gemäß seiner augenblicklichen Fähigkeit, für sich selbst zu sorgen, zu behandeln. Z. B. können Kinder, die in der Lösung ihrer Probleme schon weit fortgeschritten sind, nun selbständig einen gewissen Kontakt zur Außenwelt wiederherstellen.
Diesen Kindern sollte man die Möglichkeit geben, sich dabei soviel Zeit

zu lassen, wie sie brauchen. Man muß es vermeiden, sie in bezug auf das Aufstehen oder das Anziehen zu drängen, bevor sie bereit sind, sich solchen sozialen Forderungen zu fügen — oder wenn sie schon bereit sind, bevor sie auch stark genug sind, es zu tun. Darum werden manche Kinder, wenn sie halbwach sind, absolut in Ruhe gelassen. Eins von ihnen liegt z. B. gern noch eine Weile ruhig im Bett, an einem Tag vielleicht zehn Minuten lang, an einem anderen Tag eine dreiviertel Stunde. Zu seiner Zeit wird es sich dann am Gespräch beteiligen oder sich direkt an den Betreuer wenden. Die Reaktion des Betreuers muß das Kind überzeugen, daß der neue Tag es willkommen heißt, zum mindesten, was seinen Betreuer (seine Betreuerin) angeht.

Ein anderes Kind wird dadurch immer mehr bereit, dem neuen Tag zu begegnen, daß es ausführlich darüber beruhigt wird, was er ihm bringen wird. Es hat von sich aus die Abfolge entwickelt, in der es Informationen entgegennehmen will, angefangen beim Allgemeinsten und fortschreitend zu Dingen, die es immer stärker persönlich angehen. Während es noch halb schläft, soll man ihm sagen, wie das Wetter ist, dann, was es anziehen wird, was für Unternehmungen geplant sind oder an welchen es sich beteiligen kann, und schließlich, ob der Betreuer sich individuell mit ihm beschäftigen wird. Während es diese beruhigenden Versicherungen über die persönlichen Einzelheiten seines Tageslaufs bekommt, kann das Kind es sich leisten, immer wacher zu werden.

Im allgemeinen dürfen wir bei diesen morgendlichen Kontakten noch weniger als zu anderen Tageszeiten damit rechnen, daß das Ich des Kindes mit uns zusammen gegen irrationale Tendenzen kämpfen kann, oder daß das Ich stark genug ist, die nächstliegende Aufgabe in realistischer Weise zu handhaben. Wenn wir uns zu eifrig zeigen, dem Kind zu helfen, bekommt es vielleicht den Eindruck, auch wir seien der Ansicht, es könne ohne unsere Hilfe nichts zustande bringen. Im allgemeinen müssen wir dem Kind einen großen Teil unserer Unterstützung in nicht-verbaler Form geben. Tatsächlich sind die Kinder zu kaum einer anderen Tageszeit so wenig bereit zu verbaler Kommunikation wie in diesen Morgenstunden.

Obwohl wir uns über die große Bedeutung nicht-verbaler Kommunikation vollkommen klar sind, gehen wir wegen der historischen Entwicklung der Psychoanalyse in unserem Denken und Planen immer noch viel zu sehr auf der verbalen Stufe vor und verlassen uns zu stark auf das Mittel der Verbalisierung. Es steht uns nicht einmal eine adäquate Terminologie zur Verfügung, um nicht-verbale Interaktion zu beschreiben. Wir tun dies nur mit Hilfe von Begriffen, die vorwiegend behavioristisch sind und wenig geeignet, um dynamische Vorgänge verständlich zu machen. Auch unsere Fähigkeit, nicht-verbale Einflüsse, Bedeutungen von Kontakten usw. zu beobachten, ist nicht so entwickelt wie unser Verständnis verbaler Äußerungen. Wir hoffen, daß die weitere Arbeit mit Kindern — besonders an Orten wie unserer Schule, wo den ganzen Tag lang und bei allen Tätigkeiten Beobachtungen gemacht werden können — es uns gestatten wird, die Bedeutung und Wichtigkeit nicht-verbaler Kontakte besser zu erkennen, und daß sie uns schließlich helfen wird zu verstehen, wie sie tatsächlich vor sich gehen. Je besser wir über sie Bescheid wissen, desto mehr werden wir in der Lage sein, sie uns immer geschickter zunutze zu machen.

Oft sind die traumatischen Erlebnisse, die als erste in der Persönlichkeitsentwicklung unserer Kinder Abweichungen von der Norm verursacht haben, so früh in ihrem Leben eingetreten, daß die Kinder sich noch nicht verbal über sie äußern konnten. Häufig sind sie auch auf einer Entwicklungsstufe eingetreten, in der das Ich noch ebensowenig konsolidiert war wie bei älteren Kindern im Augenblick des Erwachens. Dies wiederum macht die Morgenstunden für eine Herstellung von Kontakten auf die direkteste Weise so wertvoll; in dieser emotionalen Konstellation haben Kontakt und Hilfe dieser Art die nachhaltigste Wirkung.

Die Mitarbeiter, die während dieser ersten Stunden des Tages mit den Kindern zusammen sind, versuchen jedes Kind anders zu behandeln. Richard z. B. war eins von den Kindern, die nur geweckt und dann eine Weile sich selbst überlassen werden; man gab ihm eine Chance, sich zu sammeln. Aber seine Betreuerin mußte ihm dadurch helfen, daß sie ihn in gewissen Abständen — vielleicht sogar drei- oder viermal — erinnerte, daß sie noch da war und an ihm und daran, daß er aufstand, interessiert war. Sie tat dies entweder, indem sie mit ihm sprach, an sein Bett kam, ihn berührte oder indem sie seinen Namen rief. Sie wartete, bis er sie beim Anziehen zu Hilfe rief, und wenn er das tat, wußte sie, daß er nun bereit war, dem Tag zu begegnen, bereit, nicht nur sie, sondern auch ihre Hilfe zu akzeptieren [5].

Den zehnjährigen Walter aufzuwecken war schwieriger. Walter schien sich über Nacht sogar noch weiter zurückzuziehen als die anderen. Wenn er abends einschlief, war nur sein Körper zugedeckt, aber jeden Morgen war er ganz und gar unter der Decke, sogar mit dem Kopf. Seine Betreuerin pflegte mit der flachen Hand leicht auf seine Decke zu klopfen und leise zu ihm zu sprechen, bis irgendwo unter der Decke hervor eine Hand erschien. Wenn die Betreuerin sie nahm und sie ein paar

---

[5] Teilnehmende Beobachterin: Patty Pickett.

Minuten lang ruhig in der ihren hielt, steckte Walter schließlich den Kopf heraus. Aber selbst nach einer derartigen Kontaktaufnahme war er noch zu weit von der Realität entfernt, um ihr zu begegnen, und er tat so, als ob er wieder eingeschlafen sei. Die Betreuerin pflegte mehrmals zu seinem Bett zurückzukommen und eine Minute zu ihm zu sprechen; er tat jedesmal wieder so, als sei er eingeschlafen, aber jedesmal hatte er einen besseren Kontakt mit ihr als vorher. Das Gespräch pflegte sich von einem leisen „Hallo" bis zu Bemerkungen über sein Befinden und zu der Frage zu steigern, was er gern anziehen würde. Dann ließ er sich von seiner Betreuerin allmählich beim Anziehen helfen, obwohl er immer noch nicht ganz in der Tageswelt war. Sie mußte ihm dabei helfen, sich zu orientieren, indem sie ihn bestimmte Dinge selbständig herausfinden ließ. Er war gewöhnlich vergnügt, wenn er ohne Hilfe herausgebracht hatte, welcher Wochentag gerade war und was für Tätigkeiten man an diesem Tag zu erwarten hatte. Mittlerweile war er bereit, aufzustehen und mit dem Spielen anzufangen, aber dieser Prozeß dauerte durchschnittlich fünfundvierzig Minuten [6].

Mit einem unserer zwölfjährigen Jungen war es wieder anders. Dieses Kind mußte, wenn es die Augen aufmachte, zunächst mit seinem Lieblingsspielzeug umgeben werden; dann mußte die Betreuerin verschiedene Kleidungsstücke an sein Bett bringen, und zwar eins nach dem anderen. Er pflegte ruhig dazuliegen und zu beobachten, wie die Gegenstände sich häuften, die die Realität darstellten, mit der er zu tun haben würde. Zuerst mußte es die angenehme Realität des Spielzeugs sein, und erst wenn er es zur Hand hatte, konnte er die schwierigere Realität des Sich-Anziehen-Müssens akzeptieren.

Wir hatten versucht, diese Dinge schon um sein Bett herum zu versammeln, während er schlief, so daß er sie beim Aufwachen vorfand, aber das funktionierte nicht. Wenn er sie am Morgen alle um sich her versammelt sah, zog er sich wieder zurück. Genau wie er der Realität nicht auf einmal begegnen konnte, so mußten auch seine Besitztümer eins nach dem anderen wieder erscheinen. Erst nachdem er jeweils einen Gegenstand geprüft hatte und wieder mit ihm vertraut geworden war, konnte der nächste hinzugefügt werden [7].

Bei einigen unserer Kinder muß das Aufwachen in mehreren deutlich abgesetzten Stufen vor sich gehen, von denen jede bei der Vorbereitung der Kinder auf den Tag einem besonderen Zweck dient.

Manche Kinder haben eine Routine, die sie jeden Morgen durchexerzie-

---

[6] Teilnehmende Beobachterin: Josette Wingo.
[7] Teilnehmende Beobachterin: Patty Pickett.

ren müssen, um sich selbst zu überzeugen, daß sie in gewissem Maß von dem Erwachsenen unabhängig sind und daß sie sich bei ihren Altersgenossen durchsetzen können. Paul war eine Zeitlang morgens sehr empfindlich und verdrießlich, wenn nicht gar ausgesprochen gehässig. Bald nach dem Aufwachen mußte er mit irgend jemand einen Streit anfangen, dabei war ihm jeder Anlaß recht. Wenn er meinte, er habe sein Ziel erreicht, und habe auf diese Weise seine Unabhängigkeit von den anderen Kindern und von dem anwesenden Erwachsenen bewiesen, pflegte er mit zufriedener Stimme zu erklären, er müsse wieder ins Bett gehen, weil er noch nicht genug geschlafen habe. Er ging dann für fünf oder zehn Minuten zurück ins Bett und tat so, als ob er schliefe. Manchmal schlief er in diesen wenigen Minuten wirklich und lutschte oft zugleich heftig am Daumen. Dann stand er wieder auf und fing einen neuen Streit an, diesmal aber weniger aggressiv. Wenn dies gut ging, und besonders wenn er das Gefühl hatte, er habe seine Ansicht deutlich zum Ausdruck gebracht, war er bereit, sich ohne weiteres anzuziehen. Für Paul machte es zu dieser Zeit nur noch wenig aus, auf welche Weise er sich davon überzeugte, daß er ohne Risiko aufstehen könne, da im Gegensatz zu seinen früheren Erfahrungen seine Meinungen und seine Unabhängigkeit an der Schule respektiert wurden [8].

Der zehnjährige Jerry zeigte morgens einen Negativismus, der weder der chaotische Ausdruck ungerichteter Feindseligkeit war, noch ein Versuch, ganz allgemein seine Unabhängigkeit zu beweisen. Sein Bedürfnis, die Betreuerin herumzukommandieren, hing direkt mit dem Bereich zusammen, der zwischen ihm und seiner Mutter immer zu großen Konflikten geführt hatte. Zu Hause war er in diesen Konflikten immer der Unterlegene gewesen, und er sah sich schließlich gezwungen, die Spannung und die Feindseligkeit, die ein Leben unter der strengen Herrschaft seiner Mutter in ihm hatte entstehen lassen, in körperliche Symptome zu überführen.

Jerry hatte an verschiedenen behindernden Allergien gelitten. An der Schule verschwanden diese Allergien sehr bald, als er anfing, seine lange aufgestaute Wut und Frustration nach außen gegen die Person seiner Betreuerin zu entladen. Besonders am Morgen bestand er darauf, daß seine Betreuerin ihm die Kleider zurechtlegte, aber jedes Stück, das sie ihm brachte, wies er wütend zurück. Wenn sie seine sämtlichen Hemden herbeigebracht hatte (sechs oder sieben oder noch mehr), und wenn er überzeugt war, daß es alle waren, die er besaß, pflegte er herablassend eins von den Hemden zu akzeptieren, die er gerade abgelehnt hatte. Der

---

[8] Teilnehmender Beobachter: Eugene Miller, M. D.

gleiche Vorgang wiederholte sich bei den Socken, Hosen, Schuhen usw. Genau wie er früher am Morgen das Nörgeln seiner Mutter hatte ertragen müssen, er ziehe sich nicht sorgfältig genug an, so pflegte er nun an seiner Betreuerin herumzumäkeln. Da seine Mutter ihn immer gezwungen hatte zu tragen, was sie für richtig hielt, und ihn immer seine Sachen selbst hatte holen lassen, mußte er sich nun beweisen, daß er anziehen konnte, was er wollte, und daß er sogar seine Betreuerin veranlassen konnte, ihm seine Kleider zu bringen [9].
Dies war keine Aggressionsabfuhr im eigentlichen Sinn; es war auch kein Versuch von Jerrys Ich, durch die Befriedigung asozialer unbewußter Tendenzen die Herrschaft zu erlangen. Jerrys Verhalten diente dem relativ einfachen Zweck, ihn selbst zu überzeugen, daß die Verhältnisse in der Schule vollkommen anders waren als zu Hause, und daß er, da er nun über seine eigenen Angelegenheiten selbst entscheiden durfte, es sich leisten konnte, dem Tag mit einer gewissen Gelassenheit zu begegnen.

Während Kinder wie Jerry den Tag damit beginnen müssen, eine Unabhängigkeit geltend zu machen, die sie in ihrem früheren Leben nie gekannt haben, müssen andere Kinder mit dem Beweis beginnen, daß sie sich infantile Vergnügungen erlauben können, und zwar ohne Statusverlust und ohne daß sie Vorteile aufgeben müßten, die einer höheren Altersstufe entsprechen, wie sie auch Vorteile genießen, die sonst nur kleinen Kindern zugestanden werden.
Ein zehnjähriger Junge wurde z. B. von einem anderen Kind (einem Neuankömmling) als Baby bezeichnet, weil er sich von seiner Betreuerin anziehen ließ. Der Neuling war noch nicht bereit, sich solches Vergnügen oder eine solche Faulheit zu erlauben, weil er fürchtete, er könnte dadurch die Achtung der anderen Kinder verlieren. Zugleich war er eifersüchtig auf das Kind, das sich einen so einfachen Ausweg aus einer schwierigen Aufgabe erlauben konnte. Die Betreuerin wandte sich entschieden dagegen, daß irgend jemand den Jungen ein Baby nenne, und erklärte, es sei sein gutes Recht, sich nicht selbst anzuziehen, wenn er das nicht wolle, und das mache ihn auch keineswegs zu einem Baby. Sie wies auf seine Leistungen in der Schule und auf dem Spielplatz hin, um zu zeigen, daß man ihn kaum für ein Baby halten könne, gleichgültig, ob er es genieße, sich morgens anziehen zu lassen oder nicht. Dies half nicht nur dem Jungen, den sie gerade anzog, sondern gab auch dem eifersüchtigen Kind Grund zum Nachdenken. Es zeigte ihm, daß es sogar selbst eines Tages vielleicht fähig sein könnte, seine Abwehr fallenzulassen und

---

[9] Teilnehmende Beobachterin: Patty Pickett.

das gleiche Vergnügen zu genießen, ohne die einer späteren Altersstufe entsprechenden Freuden aufzugeben [10].

Bei einer Gelegenheit wie dieser, aber auch zu anderen Zeiten, versuchen wir im allgemeinen Situationen zu schaffen, die das Kind dadurch zur Reife hinführen, daß es sie selber herbeiwünscht, aber nicht unter dem Druck Erwachsener, die höhere Leistungen verlangen. Wenn Erwachsene durch Druck ein Verhalten herbeiführen wollen, das weniger kindlich ist, ist das Kind nie sicher, ob ihr Hauptmotiv nicht darin besteht, einer unangenehmen Aufgabe entrinnen zu wollen. Das Kind fürchtet, daß die Erwachsenen es nicht zu seinem eigenen Besten vorantreiben, sondern zu *ihrem* Besten, und höhere Leistungen um diesen Preis vergrößern weder die echte Selbständigkeit noch die Reife. Andererseits haben wir bis jetzt noch kein Kind an unserer Schule gehabt, das nicht vorgezogen hätte, sich mehr oder weniger allein anzuziehen, sobald es für diese und andere Aufgaben des Lebens genug Energie zur Verfügung hatte. Diese Kinder stehen auf und ziehen sich an, ohne viel Umstände zu machen, obwohl sie auch dann noch gern ein wenig symbolische Hilfe annehmen, als wenn sie damit zeigen wollten, daß ihre gegenwärtige Unabhängigkeit — im Gegensatz zu vorzeitiger Reife — nicht zugleich bedeute, daß sie auf irgendein wirklich wünschenswertes Vergnügen verzichteten. Aber das Vergnügen, das sie jetzt wollen, ist weder Willfährigkeit noch irgendeine wirkliche Hilfe, die darin besteht, daß man etwas für sie tut; sie wollen nur, daß die Betreuerin bereit ist, ihnen zu helfen, weil zwischen ihnen eine wechselseitige Zuneigung besteht.

Die meisten Kinder haben zuerst etwas dagegen, direkt geweckt zu werden. Das können sie gewöhnlich erst akzeptieren, wenn ihr Ich viel stärker geworden ist, wenn sie in bezug auf ihre emotionale Stabilität viel weiter vorangekommen sind. Es ist, als ob den stärker gestörten Kindern menschliche Kontakte unmittelbar nach dem Aufwachen unangenehm wären. Sie müssen anscheinend einen Teil der Traumwelt in die Realität mitnehmen und müssen dabei jeden raschen Übergang vermeiden. Richard benahm sich, als müsse er sich vergewissern, daß die Welt angenehmer Phantasien, z. B. beschützender Tiere, beim Aufwachen nicht ganz und gar verschwinde. Er mußte mit seinem Teddy sprechen, bevor er mit Menschen sprechen konnte. Die Betreuerin mußte genau den richtigen Augenblick wählen, um ein Gespräch mit ihm anzufangen, denn wenn er sich zu sehr in sein Spiel mit dem Tier vertiefte oder sich dabei zu sehr aufregte, war er wieder unerreichbar [11].

[10] Teilnehmende Beobachterin: Josette Wingo.
[11] Teilnehmende Beobachterin: Patty Pickett.

Wir haben oben schon erwähnt, daß man diese Dinge beschreiben und sogar über sie sprechen kann. Aber es gibt andere Erlebnisse und andere Arten des Kontakts, die viel mehr dazu beitragen, den Kindern den neuen Tag annehmbar zu machen.

Während Walter den physischen Kontakt brauchte, sind andere Kinder gegen physische Kontakte konditioniert. Es sind meistens Kinder, deren Eltern sie grob anzufassen pflegten, entweder um sie morgens zu wecken, oder zu anderen Tageszeiten, um sie zu veranlassen, etwas Gefordertes zu tun. Aus ähnlichen Gründen empfinden Kinder, die von ihren Eltern grob oder gewaltsam angezogen wurden, zunächst alle Hilfen beim Anziehen nicht als angenehm. Kinder, die mit physischen Kontakten unangenehme Erfahrungen dieser oder anderer Art gemacht haben, und die man mit Worten nicht ansprechen kann, müssen mit anderen Mitteln von den freundlichen Absichten des Betreuers überzeugt werden. In einem solchen Fall ist es am besten, beim Wecken einfach ein paar Kekse oder ein Bonbon auf das Bett des Kindes zu legen oder es ihm sogar in den Mund zu stecken, bevor man anfängt, mit ihm zu reden.

Anderen Kindern, die allen Erwachsenen mißtrauen und nur glauben, was sie sehen, oder was die anderen Kinder sagen oder tun, kann der Betreuer morgens am besten helfen, indem er sie absolut in Ruhe läßt. Sie beginnen sich einfach dadurch sicher zu fühlen und aufzuwachen, daß sie beobachten, was der Betreuer tut, wie er mit einem anderen Kind spricht oder ihm hilft, oder sie fassen Mut, indem sie zusehen, was die anderen Kinder selbst tun. Manche Kinder können es sich nur dann erlauben, aufzuwachen und den Kontakt mit der Welt wieder aufzunehmen, wenn sie sehen, daß einige ihrer Freunde schon mit Spielsachen spielen oder um den Tisch herumsitzen und miteinander Spiele machen.

Manch ein Kind braucht eine Einladung zum Spielen von einem anderen Kind, bevor es sein Bett verlassen kann. Erst dann ist es sicher, daß es akzeptiert ist. Manche unserer Kinder, besonders diejenigen, die schon eine Zeitlang an der Schule sind und wirkliche Fortschritte gemacht haben, verhalten sich so, als ob sie genau wüßten, was das ängstliche Kind am Morgen braucht. Und sie handeln entsprechend, gewöhnlich mit viel mehr Erfolg, als ein Erwachsener mit der gleichen Taktik erreicht hätte. Sie nehmen einige ihrer Spielsachen mit an das Bett des furchtsamen Kindes und fangen an, mit ihm zu spielen, dabei setzen sie sich auf sein Bett oder direkt daneben. Sie legen die Puppen oder Spielzeugautos oder Flugzeuge direkt auf die Bettdecke des schläfrigen Kindes und ziehen es allmählich in ihr Spiel hinein.

Das Kind, das sich fürchtet, dem neuen Tag zu begegnen, kann nicht umhin, sich für das Spiel zu interessieren, das ein anderes Kind auf seiner Bettdecke vor seiner Nase ausbreitet. Bald hat es irgend etwas gesagt, ein Wort gibt das andere, und schon ist es am Spiel beteiligt. Dann erweitert der Anstifter, als wisse er, wie er vorgehen muß, die Grenzen des Spiels über das Bett hinaus, verlegt es auf den Fußboden vor dem Bett, dann weiter hinaus ins Zimmer, und bald findet sich das Kind, das unentschlossen war, ob es aufstehen solle, auf dem Fußboden vor dem Bett, oder am Tisch sitzend wieder, ganz gefesselt von dem Spiel, und es weiß nicht recht, wie es so wach geworden und aus seinem Bett herausgekommen ist. Aber der Bann ist gebrochen: Es hat einen Schritt in die Realität getan, und nichts Schlimmes ist geschehen.

Wie die Kinder dies machen, hängt natürlich von ihren Interessen, ihrem Alter, ihrer Intelligenz und Reife ab, ebenso von der Art des Kindes, das sie in ihr Spiel hineinzuziehen versuchen. Der elfjährige Mitchell pflegte sein Schachbrett an das Bett eines anderen Jungen zu bringen, dann legte er es auf die Bettdecke und stellte ruhig und entschieden die Figuren auf. Zuerst pflegte er mit den schwarzen und den weißen Figuren zu ziehen, als ob er nur gegen sich selbst spielte. Bald fing das schläfrige Kind an, sich für das Spiel zu interessieren, und sagte Mitchell, wie er ziehen solle, und schließlich machte es die Züge selbst, wobei es immer wacher wurde [12].

Kinder, die in bezug auf ihre Lieblingsspiele weniger reif sind, bedienen sich einfacherer Mittel, allerdings gehen sie dabei oft viel raffinierter oder, wie man versucht ist zu sagen, viel therapeutischer vor. Als Lucille schon seit zwei Jahren an unserer Schule war, brauchte sie immer noch eine gewisse Hilfe zur Vorbereitung auf den neuen Tag. Aber sie zog es mittlerweile vor, sich diese Hilfe selbst zu verschaffen.

Sie nahm dabei ihre Bettpuppe, die sie passenderweise „Schlummerle" nannte, zu Hilfe. Zunächst pflegte sie mit „Schlummerle" zu sprechen, dann mit „Schlummerle" (oder durch sie) mit einem anderen Kind. Während sie noch nicht als Lucille, sondern als „Schlummerle" sprach, begann sie z. B. ein Gespräch mit Alice. Aber sie sprach nicht wirklich mit Alice, sondern mit Alices Bettpuppe „Sterntaler". Lucille, die für „Schlummerle" sprach, und Alice, die zunächst unter ihrer Bettdecke hervor redete, sich dann aber aufsetzte und die Augen weit aufmachte und „Sterntaler" spielte, führten Gespräche, die begannen, als gehörten sie noch ins Land der Träume. Aber das Bedürfnis, miteinander zu kommunizieren, zwang allmählich beide, sich immer mehr der Realität zu nähern. Schließlich pflegte Lucille ihr Bett zu verlassen und mit

---

[12] Teilnehmende Beobachterin: Patty Pickett.

„Schlummerle" oder vielmehr als „Schlummerle" Alice zu besuchen. Das Gespräch wurde dann immer mehr zum Bestandteil eines organisierten Spiels. Dieses Spiel führte sie dann gewöhnlich zu ihren Puppenwagen oder Puppenhäusern, und sie fanden sich bald hellwach in der Alltagsrealität kleiner Mädchen wieder [13].

Nach einem weiteren Jahr war Lucille recht gut in der Lage, den neuen Tag relativ vergnügt und recht vital zu beginnen. Nun war es Emily, die sich am meisten vor dem Aufwachen fürchtete und die den „Siebenschläfer" spielte, indem sie sich unter der Decke versteckte und so tat, als ob sie schliefe, unzugänglich für alle Versuche der Betreuerin, ihr die Begegnung mit dem neuen Tag zu erleichtern. Aber Emily war Lucille nicht gewachsen.

Lucille pflegte sich vor Emilys Bett aufzupflanzen oder sich auf die Bettdecke zu setzen — wogegen Emily nichts hatte, so lange es eins von den Kindern tat. Dann verkündete Lucille laut jede Bewegung, die sie Emily unter der Decke machen „sah", und dies wurde für das Kind im Bett zu einem Spiel. Lucille sagte etwa: „Sie hat geblinzelt, sie kann nicht mehr schlafen" oder: „sie hat gelächelt, sie wacht auf" oder was ihr sonst einfiel. Sobald es ihr gelang, einen Blick von Emily zu erhaschen, pflegte sie zu lachen und ihr zuzuwinken, während sie sagte: „Komm, komm, wach' auf" und Emily wurde „des Wachseins überführt", ob es ihr gefiel oder nicht [14].

Manche Kinder können den Tag nicht beginnen, ehe sie sich in bezug auf ihren Körper und seine Funktionen sicher fühlen. Und je stärker ein Kind gestört ist, desto mehr braucht es anscheinend in dieser Hinsicht Gewißheit.

Man ist der Ansicht, eine Grundlage für die Entwicklung des Ichs bestehe darin, daß das Kind seinen Körper als etwas erkennen muß, das von der übrigen Welt getrennt ist, und zugleich als etwas, das willentlicher, bewußter Beherrschung unterworfen ist. Die erste Leistung des rudimentären Ichs ist die Fähigkeit, die willkürlichen Bewegungen nach Belieben zu steuern. Die erste Erfahrung in der Selbstbeherrschung ist die Umwandlung von Zufallsbewegungen in zielgerichtetes Handeln. Diese Erfahrung dient als Modell für jede bewußte Steuerung des Handelns im späteren Leben. So wird verständlich, warum manche Kinder den Tag nicht beginnen können, ohne ihre körperlichen Funktionen zu prüfen.

---

[13] Teilnehmende Beobachterin: Joan Little.
[14] Teilnehmende Beobachterin: Joan Little.

Ein Kind, das sich nur darüber im Ungewissen ist, wie es sich ganz allgemein den Tag über bewähren wird, ist weniger beunruhigt als ein Kind, das sich auch um seinen Körper Sorgen macht. Es scheint, als ob ein relativer Verlust der Realitätskontrolle ein weniger weitreichender Schritt in der Desintegration der Persönlichkeit ist als der Verlust der Herrschaft über den eigenen Körper; dieser ist fundamentaler Art und erregt daher viel größere Angst. Kurzum, ein Kind, dem es wenigstens gelungen ist, sich der Herrschaft über seine Körperfunktionen zu versichern, ist besser daran als ein Kind, das nicht einmal auf diesem Gebiet den normalen Ansprüchen genügt.

Andererseits kann das Ich, wenn ein Individuum stark überfordert ist und unterdrückt wird, oder wenn sein Ich aus anderen Gründen ernsthaft geschwächt ist, sogar die Herrschaft über körperliche Funktionen aufgeben. Dann dienen somatische Störungen der Abfuhr von Spannungen, die das angemessener reagierende Individuum in zielgerichtete Aktivität umsetzt. Das Kind, das gegen seinen Willen zum Essen gezwungen wird, wehrt sich zunächst dagegen. Es reagiert gegen etwas, das ihm wie Aggression erscheint, mit eigenen Gegenaggressionen. Es stößt den Löffel weg, der ihm gewaltsam in den Mund gesteckt wird, und wenn es sich dadurch nicht vor der Nahrung schützen kann, die es nicht mag, und wenn sie ihm weiterhin aufgezwungen wird, dann spuckt es aus, was es nicht essen will. Aber wenn selbst solche zielgerichteten Handlungen zunichte gemacht werden und das Kind gehindert wird, auf der Grundlage seines eigenen Wollens zu handeln, wird es unter Umständen alle Versuche aufgeben, das, was mit ihm geschieht, zu beeinflussen. Dann kann unbeherrschte und unbeherrschbare Gegenwehr an die Stelle beherrschter und beherrschbarer Versuche der Selbstverteidigung treten.

Wo das Handeln des Ichs — der absichtliche Versuch, unangenehme Nahrung zu meiden — in einer totalen Niederlage geendet hat, übernimmt vielleicht der Körper das Regiment, und unbeherrschbares Erbrechen kann dann an die Stelle willensgesteuerter Handlungen (Wegstoßen des Löffels, Spucken usw.) treten.

Wir müssen betonen, daß das Kind in einer solchen Situation nicht nur erkennt, daß eine Demonstration der Selbständigkeit mit dem Ziel, ein Unlusterlebnis zu vermeiden, nicht zum Erfolg führt — obwohl dies schon an sich seinem Selbstvertrauen größten Schaden zufügt —, sondern es hat auch das Gefühl, für seinen Versuch bestraft zu werden, selbständig etwas an einer unangenehmen Situation zu ändern.

Eine solche Bestrafung als Ergebnis ihrer Bemühungen, selbst über ihr Schicksal zu bestimmen, führt viele Kinder — wenn sie zum Erlebnis der Unterlegenheit dazukommt — zur Aufgabe aller aktiven und bewußten Versuche, mit einer unlustvollen Realität fertig zu werden. Der Körper wird überwältigt, da das Ich (das Bewußtsein und der Wille des Kindes) ihn nicht mehr durch absichtliches Handeln vor Schaden schützen kann. Der Körper wird dann vielleicht auf seine eigene Weise reagieren, entweder aktiv, indem er die Nahrung erbricht, oder indem er sich passiv der überwältigenden Behandlung fügt, indem er lethargisch wird und nicht mehr fähig ist zu essen (durch Anorexie). Mit einem Wort, der Körper, der nun nicht mehr durch die zielgerichteten Handlungen des Kindes geschützt wird, wird krank. Der Weg zur Genesung ist das Gegenteil dessen, der zur Krankheit geführt hat. Ein schwaches und unzulängliches Ich, das den Körper vor den Einwirkungen einer feindlichen Welt (in unserem Beispiel vor der Zwangsfütterung) nicht schützen konnte, hat zu einem kranken Körper geführt (Erbrechen, Übelkeit, in anderen Fällen: Anorexie, Allergien und so fort). Es dauert einige Zeit, bis Kinder, die früher einmal eine solche Niederlage erlitten haben, sich morgens adäquat fühlen können, ohne sich zuerst zu vergewissern, daß ihr Körper und ihre Körperfunktionen leidlich in Ordnung sind.

Nach psychoanalytischer Theorie ist die Körpervorstellung die Grundlage für die Ich-Bildung. Wenn dies zutrifft, kann man gut verstehen, warum ein schlecht funktionierender Körper ein schwaches Ich zur Folge haben kann. Aber auch das Umgekehrte trifft zu, und ein schwaches Ich kann schlechte körperliche Koordination nach sich ziehen. Bei unseren Kindern hält die Furcht, ihr Körper sei nicht voll funktionstüchtig, noch lange an, nachdem die physische Störung, z. B. das habituelle Erbrechen, verschwunden ist.

In gleicher Weise dauert die Furcht der Kinder, sie (ihr Ich) könnten unfähig sein, die Bewegungen ihres Körpers zu beherrschen, gewöhnlich viel länger an als ihre tatsächliche Unfähigkeit. Kinder, die ihre Bewegungen früher einmal nicht steuern konnten (Arm- und Handbewegungen wie bei spastisch Gelähmten oder unwillkürliche Stoßbewegungen) fürchten immer noch jeden Morgen, sie könnten die Herrschaft über ihre Arm- und Beinbewegungen verloren haben, lange nachdem sie sie wirklich beherrschen gelernt haben. Deshalb können wir verstehen, warum und wieso die Rückkehr der Ich-Herrschaft am Morgen weitgehend von der Überzeugung der Kinder abhängt, daß ihr Körper angemessen funktioniert, daß sie ihre Glieder bewegen können, wie sie wollen, daß ihr Ich tatsächlich „herrscht", wenigstens über ihre eigenen Bewegungen.

Diese Fähigkeit, seine Glieder zu beherrschen, zu steuern, ist das Bild, das dem Kind zu versprechen scheint, es werde auch andere Aufgaben

bewältigen können, die das Leben oder der Tag ihm möglicherweise stellen wird. Die These, daß die Beherrschung des eigenen Körpers die Grundlage für eine größere Ich-Stärke sei, wird gestützt durch die Tatsache, daß wir regelmäßig einen Zusammenhang feststellen können zwischen dem Verschwinden unkontrollierter Bewegungen (Tics und Muskelzucken, aber auch unwillkürliches Ausschlagen, Stoßbewegungen mit dem Fuß usw.) und angemesseneren intellektuellen und emotionalen Funktionen.
Fortschritte in der Behandlung in Richtung auf bewußtere und vernünftigere Steuerung der Handlungen und Emotionen wird manchmal angekündigt durch bessere Koordination und das Verschwinden ungesteuerter Bewegungen (manchmal treten sie auch hinterher auf), aber wir haben noch nie bedeutsame geistig-seelische Fortschritte allein oder körperliche Fortschritte allein beobachtet.
Manche Kinder müssen ihre Fähigkeit, sich zu bewegen, ausprobieren, bevor sie es wagen, das „sichere Bett" zu verlassen. Andere müssen ihren Körper überprüfen oder überprüfen lassen, um sicherzugehen, daß alles in Ordnung ist, ehe sie den Tag beginnen können.
John war fast von Geburt an von Erwachsenen total unterdrückt worden. Eine Erkrankung der Mundregion hatte ihn gehindert, in bezug auf die Nahrungsaufnahme irgendeine spontane Aktivität zu entwickeln, und er war vom Beginn seines Lebens an zwangsweise gefüttert worden. Die Nahrungsaufnahme wurde ihm so unangenehm, daß er selbst dann noch die Nahrung ablehnte, als die Erkrankung der Mundregion behoben war. Jahrelang hatte man (zuerst eine Kinderschwester, dann seine Eltern), alle Bewegungen Johns eingeschränkt, um ihn füttern zu können, ohne daß er die Nahrung wegstieß oder ihr auswich. Diese Einschränkung der Bewegungsfreiheit im Zusammenwirken mit der Schwäche eines schlecht ernährten Körpers und mit einem Geist, der ständig gegen eine unterdrückende Umwelt eingesetzt werden mußte, genügten, um John daran zu hindern, jemals wirklich die Herrschaft über seine Bewegungen zu bekommen. Als er elf Jahre alt war, und nachdem mehrere Jahre der Behandlung an unserer Schule seine Eß-Schwierigkeiten behoben hatten, war es ihm z. B. immer noch praktisch unmöglich, einen Ball zu fangen, weil es ihm an der notwendigen Koordination fehlte.
Bevor John morgens das Bett verließ, mußte er ausprobieren, ob er fähig sei, seine Glieder nach Belieben zu bewegen. Er pflegte mit groben und unkoordinierten Bewegungen der Arme und Beine zu beginnen, wobei er sie seitwärts und auf und ab schlenkerte. Von solchen groben Bewegungen pflegte er zu feineren Bewegungen der Finger und Zehen überzugehen. Dann, nachdem er sich so von seiner Beherrschung der willkür-

lichen Muskulatur überzeugt hatte, pflegte er ein paar koordinierte Bewegungen zu versuchen, und nachdem er gesehen hatte, daß sie ihm gelangen, war er bereit, die koordinierten Bewegungen zu machen, die notwendig sind, um aus dem Bett zu steigen und sich anzuziehen. Jede Ablenkung während dieser Überprüfung seiner Fähigkeiten hätte John zutiefst übelgenommen; man mußte sie daher vermeiden. Wenn er jemals unterbrochen wurde, pflegte er sich sofort in sein Bett zurückzuziehen, und es dauerte dann immer einige Zeit, bis er die ganze Prozedur von vorn anfing [15].

Wenn die Kinder am Morgen als erstes ihren Körper überprüfen, machen sie sich um sehr verschiedene Körperteile Sorgen. Manche sind am meisten besorgt um ihre Haut und suchen nach Kratzern oder Pikkeln. Aber wir haben oft bemerkt, daß Kinder sich besonders morgens auch sehr um ihre Füße und Zehen kümmern. Es kann sein, daß diese Sorge um ihre Füße damit zusammenhängt, daß die Füße beim Aufstehen und danach die ersten koordinierten Bewegungen machen. Es kann sein, daß die Füße als Organe der Fortbewegung besonders wichtig sind, sowie — etwas, das für die ängstlichen Kinder und diejenigen, die zum Weglaufen neigen, eine besonders wichtige Rolle spielt — als Organe der Flucht. Es kann aber auch sein, daß die Füße und Zehen deswegen gewählt werden, weil ihnen gewisse symbolische Bedeutungen zugeschrieben werden. Es ist uns nie gelungen, eine allgemeingültige Erklärung für diese morgendliche Beschäftigung mit den Füßen zu finden, aber was auch der Grund dafür sein mag, ziemlich viele Kinder müssen sich erst davon überzeugen, daß ihre unteren Extremitäten in Ordnung sind, bevor sie das Gefühl haben, sie könnten beruhigt den Tag beginnen.

Angesichts einer der häufigsten und schwersten Ängste, die Kinder haben, ist es verständlich, daß sie sich morgens, wie zu vielen anderen Zeiten des Tages, um die Zulänglichkeit ihrer Genitalien Sorgen machen. Aber in vielen Fällen ist schwer festzustellen, ob sie morgens ihre Genitalien betasten, um sich zu vergewissern, daß sie noch da und in Ordnung sind, oder ob sie es tun, weil die Beherrschung masturbatorischer Tendenzen noch nicht vorhanden ist, oder ob sie damit versuchen wollen, sich selbst davon zu überzeugen daß es noch Lustmöglichkeiten gibt, obwohl die Welt ihnen widerwärtig erscheint, und so weiter.

Dennoch scheinen die Aktionen und Reaktionen mancher Kinder deutlich darauf hinzuweisen, daß ein Verhalten, das ganz einfach wie Masturbation aussieht, in Wirklichkeit dazu dienen soll, das Kind über die Zulänglichkeit seiner Genitalien zu beruhigen. Bill z. B. hatte kaum

---

[15] Teilnehmende Beobachterin: Josette Wingo.

Hemmungen, zu fast jeder Tageszeit ziemlich unverhohlen zu masturbieren. Es ist daher schwer zu verstehen, warum er es eine Zeitlang nötig hatte, morgens die Kraft seines Penis dadurch zu prüfen, daß er Gegenstände an ihm aufhängte. Offenbar brauchte er die Gewißheit, daß er sich morgens noch „aufrechthalten" konnte, bevor er an andere Aufgaben des Tages heranzugehen vermochte.

Andere Kinder messen manchmal der Art, wie sie mit ihren Genitalien umgehen, verschiedene Bedeutungen bei. Harry z. B. pflegte sich eine Mausefalle zu verschaffen und sie morgens an seinem Penis zu befestigen. Dieses Verhalten war für ihn auf verschiedenen Ebenen bedeutungsvoll. Erstens empfand er dabei ein körperliches Lustgefühl. Außerdem bestrafte er sich selbst für sein Verhalten in der Nacht (oder an vorhergehenden Tagen oder in der Vergangenheit). Aber am wichtigsten war für ihn wahrscheinlich, daß trotz der schweren Bestrafung nichts Schlimmes geschah, weder ihm selbst noch seinem Körper. Selbst die Mausefalle konnte nicht einen Teil seines Körpers vom übrigen trennen. Dies war die Gewißheit, die er brauchte, um den Mut für den Tag aufzubringen.

Harry war keineswegs das einzige Kind, das am Morgen die Gewißheit nötig hatte, daß den Tag über keine gefährliche Strafe sein Wohlbefinden stören werde. Nicht viele Kinder gehen so weit wie Harry, aber ein Großteil der Plagen, die die Kinder morgens den Betreuern antun, hat auch den Sinn: „Ich will sehen, ob ich Angst haben muß, für das bestraft zu werden, was ich heute vielleicht tue." Wenn das schlechte Benehmen des Kindes am Morgen keine unangenehmen Folgen hat, hat es sich eine sehr wichtige Beruhigung in bezug auf den Tag verschafft: Die Welt der Erwachsenen erscheint dann viel weniger bedrohlich, als das Kind gefürchtet haben mag.

Die harmloseste Art der Kinder, sich die Gewißheit zu verschaffen, daß ihr Körper für den Tag gut gerüstet ist, ist die eine oder andere Form des Exhibitionismus. Kinder stolzieren manchmal nackt vor Betreuern oder anderen Kindern herum. Das ist zwar in manchen Fällen mehr ein Verführungsversuch als irgend etwas anderes, aber der Mehrzahl unserer Kinder scheint viel mehr an einer Bestätigung zu liegen, daß ihr Körper hübsch, brauchbar oder zumindest nicht abstoßend ist. Daß dies meistens der Grund für ihren Exhibitionismus ist, kann man an der Reaktion des Kindes auf die beiläufige Bemerkung des Betreuers sehen, der Körper des Kindes sei in Ordnung; das Kind reagiert auf diese Bemerkung alsbald damit, daß es sich anzieht.

Bevor ein Kind genug Mut gefaßt hat, sich zur Schau zu stellen oder frei und offen die Organe seines Körpers zu überprüfen (selbst noch nachher), kann seine Sorge um seinen Körper subtilere Formen annehmen. Dann bekunden die ganz unsicheren Kinder (aber auch die relativ sicheren, die noch fürchten, ihr Körper sei nicht ganz auf der Höhe) morgens ihre Angst dadurch, daß sie über schlimme oder weniger schlimme Schmerzen und Wehwehchen klagen, sowohl an der Körperoberfläche als auch im Körperinneren. Diese Kinder müssen dem Betreuer Teile ihres Körpers zeigen und brauchen die wiederholte Bestätigung, daß sie in Ordnung sind — vorausgesetzt natürlich, daß das zutrifft. Viele unserer Kinder haben solche beruhigenden Versicherungen schon vorher bekommen, aber die physische oder psychische Realität ihres Lebens war von der Art, daß sie trotzdem Schmerzen empfanden. Darum sind sie mißtrauisch gegen beruhigende Versicherungen, besonders wenn sie ihnen von einer Mutterfigur (der Betreuerin) gegeben werden, denn gewöhnlich haben sie den leeren Trost, der mit den Tatsachen nicht übereinstimmte, von ihren Müttern bekommen.

Das hat zur Folge, daß diese Kinder Beruhigung durch eine Person brauchen, die ihnen in dieser Hinsicht vertrauenswürdiger erscheint, von einem Fachmann, einer Krankenschwester oder manchmal vom Arzt[16]. Die Schwester muß sichtbare und unsichtbare Kratzer und Pickel versorgen; sie muß aber zugleich darauf achten, daß die Klagen nicht an die Stelle persönlicher Beziehungen treten. Sie muß auch dafür sorgen, daß ihre Dienstleistungen nicht angemessenere und gesündere Befriedigungen ersetzen, denn sonst würden die Kinder sich möglicherweise an ihre somatischen Symptome klammern. Sie kann dies z. B. dadurch bewerkstelligen, daß sie allen Kindern ihre Aufmerksamkeit schenkt, gleichgültig, ob sie mit Beschwerden zu ihr kommen oder nicht. Der Bedarf an Pflastern und Salben für eingebildete oder kaum sichtbare Wehwehchen nimmt beträchtlich ab, wenn die Kinder anfangen zu bemerken, daß sie für ihre Beschwerden von der Schwester nicht mehr freundliche Zuwendung bekommen, als wenn sie sie nur auf einen freundschaftlichen Plausch besuchen, ohne über ein Wehweh zu klagen. Die Krankenschwester besucht alle Kinder, während sie beim Aufstehen sind, so daß sie ihr ihre Befürchtungen sofort mitteilen können[17].

---

[16] Unsere Kinder werden von der Abteilung für Kinderheilkunde der Universität ärztlich versorgt. Da unsere Kinder sehr ängstlich sind und oft an eingebildeten Krankheiten leiden, sind sie schwierige Patienten, die die Geduld des Arztes auf die Probe stellen. Die großartige Hilfe, die uns bei unserer Arbeit von der ganzen Abteilung für Kinderheilkunde zuteil wird, besonders aber von ihrem Vorsitzenden, Dr. F. Howell Wright, möchte ich hier dankbar anerkennen.

[17] Fast alle unsere Kinder weisen bald nach ihrem Eintritt einen guten Gesundheitszustand auf — selbst diejenigen, die häufig krank waren. Wenn sie etwa

Selbst fachmännische Beruhigung über eingebildete, aber nichtsdestoweniger als heftig empfundene Schmerzen genügt für manche Kinder nicht immer, besonders in den Morgenstunden, weil dann der Schmerz häufig die Angst vor dem Tag und vor dem, was in seinem Verlauf passieren könnte, symbolisiert.

Eine Methode, die sich oft als nützlich erwiesen hat, besteht darin, daß die Schwester das Kind bittet, zum Frühstück aufzustehen und bis zum Beginn der Schulzeit zu spielen, wenn es will, oder nach dem Frühstück wieder ins Bett zu gehen, wenn ihm das lieber ist. Wenn der Schmerz anhält oder wenn es sich bei Schulbeginn noch immer nicht wohlfühlt, kann es nach der Schwester schicken oder sie aufsuchen, und sie wird dann weiteres unternehmen, um dem Kind zu helfen. Es ist nicht der Zweck dieses Vorgehens, das Kind seine Schmerzen vergessen zu lassen, während es frühstückt oder im Freien spielt. Aber häufig geschieht es wirklich, daß der stärkere Kontakt mit Kindern und Betreuern auf einer realistischeren Grundlage, die Tatsache, daß das Kind von ihnen akzeptiert wird und dies spürt, und seine Überprüfung der eigenen Zulänglichkeit ihm ein genügend starkes Sicherheitsgefühl geben, so daß es in der Lage ist, auf geringfügige Unpäßlichkeiten nicht mehr zu achten, oder die libidinöse Energie, die es in seinem Körper konzentriert hat, auf andere Ziele zu lenken, sobald diese Energie in angenehmen Beziehungen zu anderen Menschen positiv eingesetzt werden kann.

Ebenso wichtig oder sogar noch wichtiger ist der Umstand, daß diese physischen Beschwerden ohne physische Grundlage gewöhnlich die Angst des Kindes widerspiegeln, es sei körperlich minderwertig. Darum ist die Fähigkeit, sich beim Spielen als tüchtig zu erweisen, die überzeugendste Beruhigung, die das Kind bekommen kann, daß trotz seiner Befürchtungen sein Körper sehr wohl den Anforderungen gewachsen ist, die es im Lauf des Tages vielleicht an ihn stellen wird. Diese Gewißheit gibt ihm dann mehr Zuversicht in bezug auf die Begegnung mit den weniger lustvollen Betätigungen des Tages, wie z. B. mit dem Lernen in

---

ein Jahr lang an der Schule gewesen sind, werden sie nur noch selten krank, mit Ausnahme der üblichen ansteckenden Kinderkrankheiten. Darum ist die Krankenschwester in ihrer Eigenschaft als Krankenpflegerin gewöhnlich nicht allzu beschäftigt und kann den größten Teil ihrer Zeit dazu verwenden, gesunden Kindern Gesellschaft zu leisten. Sie geht mit ihnen zum Einkaufen, spielt mit ihnen und nimmt im allgemeinen an ihrem Alltagsleben teil. Das hat den großen Vorteil, daß die Kinder wissen, sie können, ob sie krank sind oder nicht, ihre Zeit in Anspruch nehmen; bald ziehen es die meisten Kinder, die ihre Gesellschaft haben wollen, vor, mit ihr auf einem Einkaufsgang zusammen zu sein oder beim Limonadetrinken, anstatt auf dem Umweg über ein eingebildetes Wehweh.

der Schulklasse. Das direkte Erlebnis, daß es bei seinen persönlichen Kontakten zurechtkommt, ist für das Kind wirksamer als alle verbalen Versicherungen, die wir ihm möglicherweise geben könnten. Tatsächlich kommen, da kranke Kinder sofort behandelt werden, nur sehr wenige Kinder nach einem aktiven Spiel zu der Schwester zurück, weil eingebildete Schmerzen verschwinden, sobald der Körper in der Realität geprüft und als gesund befunden worden ist.

Wir haben schon früher in diesem Kapitel darauf hingewiesen, daß das Aufstehen ebensosehr ein Gruppenphänomen ist wie eine Frage unseres Umgangs mit den Kindern als Einzelwesen. Manche Kinder reagieren hauptsächlich auf die Herausforderung der Gruppenaktivitäten, manche brauchen nur ein Minimum an physischem oder verbalem Kontakt, oder sie können Kontakt am Morgen überhaupt nicht ertragen. Manche möchten, daß ihre Betreuer morgens hellwach sind, und haben es gern, wenn sie Marschlieder singen. Anderen Kindern würde ein so kraftvolles Vorgehen mißfallen; sie mögen es, wenn man ihnen etwas vorsummt, usw. Manchen Kindern fällt es leichter, aufzuwachen und Kontakte aufzunehmen, wenn der Betreuer ziemlich ruhig ist und ein wenig schläfrig wirkt.

Natürlich kann man nicht zugleich singen und still sein, aber wenn es einem Betreuer eher nach Stille zumute ist, kann er demjenigen Kind mehr Zeit widmen, das besser auf diese Stimmung reagiert, und sich an Tagen, wo er sich selbst munter fühlt, auf die Kinder konzentrieren, die morgens seine Munterkeit brauchen. Auch hierin zeigt unser System, jeder Gruppe zwei oder mehr Betreuer beizugeben, seine Vorteile. Sie sind verschiedene Persönlichkeiten, jeder hat seinen eigenen Rhythmus, und natürlich zieht derjenige, der sich morgens hellwach und tatkräftig fühlt, es vor, das Wecken der Kinder zu übernehmen, während ein Betreuer, der dazu neigt, morgens schläfrig zu sein, gewöhnlich lieber in der Spätschicht arbeitet.

5. Die Zwischenzeiten

Sobald die Kinder aufgestanden und angezogen sind, müssen sie den Schlafraum mit dem Eßzimmer vertauschen und dann in ihre Schulklasse gehen. Jede dieser Tätigkeiten ist von den vorangehenden und den nachfolgenden durch eine „Zwischenzeit" getrennt. Das Kind hält sich bei der alten Tätigkeit auf; das Trägheitsprinzip macht sich bemerkbar. Das Kind möchte weiter das tun, was es bis jetzt getan hat. Es möchte nicht eine Tätigkeit zugunsten einer anderen aufgeben, weil dies neue Entscheidungen und neue Schwierigkeiten mit sich bringt.

Wir sagen uns oft, das Kind ist so vertieft in sein Spiel, daß es ihm zuwider ist, es zugunsten des Mittagessens liegenzulassen. Das mag sehr wohl der Fall ein, aber oft klammert es sich an die augenblickliche Tätigkeit nicht so sehr, weil es sie so gern hat, sondern weil es ihm davor graut, die neue Tätigkeit anzupacken, oder weil es so wenig emotionale Energie übrig hat, daß sie nicht genügt, um die für den Übergang notwendige Anpassung zu bewerkstelligen.

Der Tag ist voll von solchen Zwischenstadien, und viel Zeit und Mühe wird verbraucht, um die alte Tätigkeit aufzugeben und sich auf die neue vorzubereiten, mit Widerstreben gegen die erste und mit Angst hinsichtlich dessen, was die zweite womöglich erfordert. Es gibt eine Zwischenzeit zwischen dem Aufwachen und dem Anziehen, zwischen Anziehen und Spielen, zwischen Spielen und Frühstück, und so fort den ganzen Tag hindurch.

Außerdem ist die Zeit nicht die einzige Dimension, die das Kind in der Latenzzeit vorzugsweise im „Zwischendrin" sich aneignet. Die Affinität von Kindern dieser Altersgruppe zum „Zwischendrin" kommt auch in der Ortswahl zum Ausdruck, und das ist ja auch kein Wunder. Die emotionalen Bedürfnisse eines Individuums oder einer Altersgruppe schaffen sich, wenn sie sich selbst überlassen bleiben, einen Lebensraum, der mit dem besonderen Charakter dieser psychischen Bedürfnisse übereinstimmt.

Der Raum, in dem die Tätigkeiten des kleinen Kindes oder des Erwachsenen sich abspielen, ist das Haus, die Wohnung, die Veranda oder die ganze Gemeinde. Der Lebensraum des Kindes in der Latenzperiode liegt meistens im Freien; es ist der Hinterhof, eine „Hütte", ein Häuserblock, ein unbebautes Grundstück, eine Gasse. Es ist das Niemandsland, das Gebiet „zwischendrin", es sind Stätten, wo weder das Kleinkind noch der Erwachsene allzu fest Fuß gefaßt haben. Das wird im Winter sogar noch deutlicher. Wenn man Kindern dieser Altersgruppe die Möglichkeit gibt, ihre Spielorte frei zu wählen, bevorzugen sie Flure, Treppenhäuser, die Zwischenzonen des Hauses, im Gegensatz zu den fest begrenzten Räumen etwa des Kinderzimmers oder des Wohnzimmers. Aber alle Eltern wissen auch, daß diese ungenau festgelegten Räume, wo das Kind sich gern aufhält, zugleich diejenigen sind, wo das Spiel mit größerer Wahrscheinlichkeit auseinanderfällt, wo es zum Durcheinander und zu unbezähmbarer Erregung führt.

Um seine im Entstehen begriffene Fähigkeit auszuprobieren, selbst auf sich aufzupassen — mit anderen Worten: um seine Ich-Stärke zu prüfen — sucht das Kind in der Latenzzeit die „Zwischenräume" auf, weil sie ihm die freie Wahl bieten und die Herausforderung, seine eigene Kraft auszuprobieren. Aber aus dem gleichen Grund fürchtet es sie auch. Das Kind, das eben noch — besonders am Tage und wenn andere Kinder um die Wege sind — das Hintergäßchen oder das Treppenhaus als Ort seiner Spiele bevorzugt hat, wird sich im nächsten Augenblick entsetzlich davor fürchten, sie zu durchqueren, besonders wenn es allein ist oder im Dunkeln. Sein eigenes Zimmer bietet seinem Ich weniger Herausforderungen, aber dort ist es auch weniger wahrscheinlich, daß seine Ich-Stärke versagt.

Wir haben in unserer Schule versucht, eine Umwelt zu schaffen, die in gewisser Weise die nötigen „Zwischenräume" bietet, die Kinder dieser Altersgruppe anscheinend zum Leben brauchen. Dabei haben wir wie gewöhnlich die Hinweise befolgt, die die Kinder uns durch ihre spontane Wahl gegeben haben, anstatt wohlüberlegte Pläne zur Umwandlung der für unsere Arbeit bestimmten Gebäude aufzustellen.

Vor einigen Jahren hatten wir z. B. geglaubt, es wäre schön für die Kinder, wenn sie einen großen, wirklich bequemen Wohnraum hätten, neben ihren Schlafräumen, Spielzimmern, Werkstätten usw. Also bauten wir einen solchen Raum und statteten ihn so gut aus, wie wir konnten. Aber sobald die Kinder ihn übernahmen, wurde er zu etwas ganz anderem. Er wurde ein „Zwischending" zwischen Wohnzimmer, Spielzimmer, einem Raum für Zimmersport, für Musik und alles mögliche andere. Erst dann benützten die Kinder ihn gern. Und als zu den bequemen Stühlen, den Bücherborden, zu dem Klavier und dem Plattenspieler ein Billardtisch, eine Kegelbahn und eine Riesenauswahl an Bauklötzen und Spielen hinzugekommen waren, hatten die Kinder den Raum wirklich als ihr Eigentum in Gebrauch genommen. Es war, als widerspräche es den Wünschen der Kinder, irgendeine klare Aufteilung der Funktionen unter verschiedene Räume zuzulassen oder Tätigkeiten gemäß der Bestimmung eines bestimmten Raumes aufzunehmen. Sie fangen wirklich an, einen

Raum als „ihr Zimmer" zu betrachten und ihn zu genießen, in ihm zu wohnen, wenn er nicht mehr ein „Wohnzimmer" oder ein „Spielzimmer" ist, sondern ein Zwischending geworden ist, das die verschiedenartigsten Tätigkeiten ermöglicht.

In ähnlicher Weise hatten die Kinder an unseren Werkstätten erst wirklich Spaß, als sie ihren Charakter als Malerwerkstatt oder Holzbearbeitungswerkstatt verloren hatten und außer der ihnen von den Erwachsenen zugewiesenen Funktion noch andere übernommen hatten. Neben seiner Werkstatteigenschaft bekam ein solcher Raum auch noch die eines Wohnraumes, als wir ein paar bequeme Stühle hineinstellten und so eine Ecke schufen, wo ein Kind sich hinsetzen konnte, um zu lesen. Er wurde auch zu einem Spiel- und Zuhörzimmer, da man Spiele dort aufstellte und ein Radio. Dadurch wurde das, was eine „Holzbearbeitungswerkstatt" gewesen war, zu „unserer Werkstatt" und wurde entsprechend benützt.

Auf die gleiche Weise wurde die Art der Schlafräume, mit denen wir angefangen hatten, bald verändert. Obwohl wir ursprünglich versucht hatten, sie so einzurichten, daß jedes Kind möglichst viel Ungestörtheit haben konnte, wurden wir bald eines besseren belehrt. Die Kinder fühlten sich nicht wohl, wenn sie voneinander relativ isoliert waren, und wir gelangten sehr bald zu einer Einrichtung der Schlafräume, die zwar nicht ganz die Ungestörtheit eines „eigenen Zimmers" bot, aber auch nicht den „öffentlichen" Charakter eines Aufenthaltsraumes für eine Gruppe hatte. Jeder Schlafraum war bald ein „Zwischending" zwischen Einzelzimmer und Gruppenraum und gestattete den Kindern, ohne alle Schwierigkeiten aus der Privatsphäre zum Spiel, von der Ruhe zur Aktivität und von einer Tätigkeit zur anderen überzugehen. Selbst wenn sie ruhig auf ihren Betten liegen, sind sie niemals ganz „draußen", das würde ihnen zuviel Angst einflößen. Und keine Tätigkeit kann sie jemals daran hindern, sofort in die relative Isolierung ihres Bettes zurückzukehren, wenn sie es möchten.

Unsere Korridore und Treppenhäuser sind oft bevorzugte Orte und sind besonders als Ort „privater" Gespräche zwischen den Kindern beliebt. Aber an der Schule werden sie nicht anders behandelt als die übrigen Räume. Ihre Wichtigkeit wird anerkannt, ebenso die Tatsache, daß sie einen legitimen Lebensraum bilden. Sie sind mindestens ebenso gut beleuchtet wie die Schlafräume, und in einer Weise, daß die Unheimlichkeit vermieden wird, die viele Treppenhäuser und Flure für Kinder haben.

Auch unser Spielplatz hat einen Charakter angenommen, der irgendwo zwischen dem eines unbebauten Grundstücks, eines Hinterhofs und eines gut ausgestatteten Spielplatzes liegt. Es gibt dort freien Platz zum Umherschweifen, der trotzdem mit den Schaukeln, den Wippen und dem Sandkasten zusammenhängt. Wenn man an das denkt, was wir über Herausforderungen für die Ich-Stärke, über die Versuchungen, sich selbst auf die Probe zu stellen, und über die Furcht des Kindes gesagt haben, eine Probe dieser Art nicht zu bestehen, kann man also hinzufügen, daß zwar unsere physikalische Umwelt weniger Herausforderungen bieten mag, sich selbst auf die Probe zu stellen, daß sie aber auch weniger Gefahren bietet, in denen das Ich sich als unzulänglich erweisen oder versagen könnte. Die äußere Umwelt in unserer Schule ist nur so weit organisiert, daß dem Kind für den Raum, in dem es sich befindet, noch Möglichkeiten des eigenen Organisierens übrigbleiben. Sie ist aber auch so flexibel, daß sie das Leben des Kindes nicht einengt und es nicht von den plötzlichen Tätigkeits- und Stimmungswechseln abhält, die für diese Altersgruppe so charakteristisch sind.

Es war zwar auf diese Weise möglich, unseren Kindern eine äußere Umwelt zu verschaffen, die auch angemessene „Zwischenräume" mit umfaßt, die wiederum so geboten werden, daß sie anregend wirken, ohne zuviel unnötige Erregung zu verursachen, aber die Handhabung der zeitlichen „Zwischenperioden" ist schwieriger. Diesen, den ungeplanten und ungelenkten Tätigkeiten und den Problemen, die sie aufwerfen, ist der Rest dieses Kapitels gewidmet.

Die besonderen Schwierigkeiten der „Zwischenzeiten" in der menschlichen Entwicklung sind mittlerweile ziemlich allgemein bekannt. Man weiß ebenso genau, daß dies nicht nur unangenehme Zeitabschnitte sind, sondern daß sie mindestens ebenso erfüllt sind von wichtigen Erfahrungen und Entwicklungen wie jedes andere Entwicklungsstadium; die Tatsache, daß während dieser Zeiten relativ geringe Stabilität herrscht, lenkt nicht länger davon ab, daß sie ihre eigene Bedeutung haben und noch dazu eine sehr wichtige. Es ist heute z. B. ein Gemeinplatz, daß das Jugendalter ein solches wichtiges Zwischenstadium der Entwicklung ist. Es ist eine Periode, deren Bedeutung man verkennen würde, wollte man sie hauptsächlich als eine Zeit ansehen, in der der Jugendliche kein Kind mehr ist und noch kein Erwachsener.

Das Jugendalter ist zwar eine echte „Zwischenzeit", aber nicht eine Zeit des tatenlosen Wartens. Nur zu oft ist es eine Zeit, in der fast zuviel geschieht, mehr jedenfalls als in den ausgeglicheneren Entwicklungsstadien. Es ist ebenso bekannt, daß derartige „Zwischenstadien" — Zeiten des Wachsens, Zeiten der Belastung — für den Heranwachsenden wie für seine Umgebung gleich schwierig sind. Sie stellen Jugendliche und

Erwachsene vor höchst verwickelte Probleme der fortwährenden gegenseitigen Anpassung. Aber zumindest das Jugendalter ist ein Zeitabschnitt, der häufig voll offener Konflikte und daher auch voller Aktivität ist. Die Spannung entlädt sich in Handlungen, und der Jugendliche ist nur in den Pausen wirklich ein „Zwischenwesen". Meistens handelt und empfindert er entweder wie ein Kind oder vorzeitig wie ein Erwachsener, aber nur selten fühlt er sich zugleich nach beiden Seiten gezogen.

In diesem Sinn ist die Latenzzeit viel mehr als das Jugendalter eine „Zwischenzeit". Das liegt nicht nur an dem passiven Warten auf den nächsten Schritt in der Persönlichkeitsentwicklung. Es liegt mehr daran, daß das Kind unfähig ist, wieder zum Kleinkind ohne Verantwortung, zu einem vollkommen abhängigen Wesen zu werden, und daran, daß es noch nicht wirklich wissen kann, wie es auf sich selbst achtgeben soll. Die Latenzzeit ist eine Zeit, in der kindliche Vergnügungen noch sehr erwünscht, aber nicht mehr wirklich zu genießen sind, während Freuden, die einer reiferen Stufe entsprechen, noch mehr gefürchtet als herbeigewünscht werden. Kindliche Vergnügungen werden zwar sehr intensiv angestrebt, aber kaum hat man sie, dann erscheinen sie einem auch schon fade. In diesem Stadium schaffen außerdem „erwachsenere" Betätigungen, wenn sie überhaupt angestrebt werden, tiefe Angstgefühle und führen zu schweren Enttäuschungen, weil das Kind sie noch nicht bewältigen kann.

In der Altersstufe zwischen sieben und zwölf Jahren wächst der Körper immer noch, wenn auch weniger rasch als im Kleinkindalter und im Jugendalter. Auch geistig-seelische Prozesse scheinen weitgehend zu ruhen, als sammelte das Kind seine Kräfte für die anstrengende beschleunigte Entwicklung, die das vor ihm liegende Jugendalter kennzeichnen wird. Die Latenzzeit sollte eine Zeit intensiver geistig-seelischer Aktivität sein, aber einer Aktivität besonderer, rezeptiver Art. Das Kind sollte in der Latenzzeit in passiver Weise die Mittel erwerben, die es als Jugendlicher aktiv einsetzen muß, um sich zu der Person zu entwickeln, die er werden will. Und wie um die Spannung dieser Zwischenzeit noch zu vergrößern, erwartet man diese rezeptive Passivität von dem Kind zu einer Zeit, wenn ihm das Stillsitzen über längere Zeit praktisch unmöglich ist.

Die Latenzzeit wird aller Wahrscheinlichkeit nach, wie alle Zwischenzeiten, als leer, aber trotzdem anstrengend empfunden, vor allem aber als langweilig. Dieses Gefühl des Unbehagens oder der Langeweile ist der offenkundige Ausdruck unbewußter Angst oder zumindest starker Spannungen, die keinen fest umrissenen oder bewußten Inhalt haben.

Aus diesem Grund empfinden selbst normale Kinder die Latenzzeit oft als unangenehm und quälend, ähnlich wie andere Zwischenzeiten, die normalerweise vorkommen, selbst im Leben der Erwachsenen. Das Warten z. B., bevor man mit demjenigen sprechen kann, bei dem man sich um eine Anstellung bewerben will, die Zeit, die man im Wartezimmer des Arztes verbringt, bevor die Diagnose gestellt ist, oder die „Langeweile" des Soldaten in den Kampfpausen sind typische „Zwischenzeiten" im Leben Erwachsener. Das letzte Beispiel kann auch erklären helfen, warum Kinder in solchen „Zwischenzeiten" wie gehetzt nach einer Tätigkeit suchen — es kann sogar eine asoziale sein —, um ihre Angst zu vergessen oder zu überdecken, wie der Soldat vor der Schlacht. Ebenfalls wie manche Soldaten versuchen Kinder, ihre Angst vor der bevorstehenden Prüfung zu überwinden, indem sie in der Zwischenzeit versuchen, sich durch gewagte Unternehmungen ihren Mut zu beweisen. Sie erhoffen sich wenigstens einen symbolischen Erfolg, der ihre Ängste hinsichtlich ihrer Fähigkeiten beschwichtigt oder beweist, daß sie unzerstörbar sind. In Wirklichkeit fügen sie den Ängsten und Spannungen, die durch die „Heldentat" behoben werden sollten, nur neue hinzu.

Normalerweise sollte ein Erwachsener mehr oder weniger frei sein von andauernder Angst, und wenn er in den „Zwischenzeiten" seines Lebens Ängste ertragen muß, die er nicht vermeiden kann, wird er wahrscheinlich etwas gegen sie unternehmen können. Eine der konstruktivsten Möglichkeiten, die Angst der „Zwischenzeiten" (die sich in ihrer mildesten Form lediglich als Langeweile bemerkbar macht) herabzusetzen, sind Handlungen, die geeignet sind, die Spannung der Wartezeit zu beenden. Nur wenn der Erwachsene unfähig ist, etwas Konstruktives in bezug auf die Probleme zu tun, vor die er sich gestellt sieht, wird er versuchen, seine Angst zu leugnen, seine Langeweile zu bekämpfen, oder zumindest sich davor zu bewahren, seine Angst zu empfinden, indem er sich irgendwie zu schaffen macht, oft auf hektische Weise. Obwohl derartige Bemühungen vielleicht als „Freizeitbeschäftigung" getarnt werden, machen sie nicht wirklich Freude. Diese Art des Zeitvertreibs ist in Wirklichkeit kein Spiel, sondern „man schlägt die Zeit tot", man bemüht sich, Spannungen zu leugnen oder zu vergessen. Leider müssen solche Tätigkeiten, um von der zugrundeliegenden Angst ablenken zu können, das Individuum ganz beanspruchen. Und um das zu können, müssen sie aufregend sein. Aber dann können sie unter Umständen — wie bei gewagten Unternehmungen, wie z. B. beim Kartenspielen oder beim Glücksspiel —, der Spannung, die sie beheben sollten, nur neue Spannung hinzufügen.

Im großen und ganzen erlebt jedoch der Erwachsene, der in unserer Gesellschaft ein relativ normales Leben führt, diese „Zwischenzeiten" ohne allzu große Spannung. Er hat gelernt, sich mit der Tatsache abzufinden, daß sie von Zeit zu Zeit fällig sind. Er hat gelernt, sie zu bewältigen — ob es sich nun um täglich wiederkehrende oder seltene Vorkommnisse handelt, wie z. B. bei der Arbeitssuche. Meistens kann er mit ihnen fertigwerden, weil er häufig schon weiß, wie die nächsten Schritte aussehen werden, welche Dinge er sofort oder sehr bald tun muß, um die Zeit der Spannung konstruktiv zu beenden. Je mehr er sich selbst vertraut, je besser er und sein Leben integriert sind, desto besser wird es ihm gelingen, von einer Tätigkeit zur anderen überzugehen, ohne daß „Zwischenzeiten" eintreten, und daher erfordert dies auch nur minimale Anstrengung. Je unsicherer ein Mensch ist, desto weniger ist er in der Lage, häufig und spontan von einer Lebenstätigkeit zur anderen überzugehen, und desto größer ist die Wahrscheinlichkeit, daß seine „Zwischenzeiten" von Spannung erfüllt sind [1].

Aber während ein Erwachsener, der psychisch nicht allzu unausgeglichen ist, in gewissem Maß voraussehen kann, wie die Tätigkeit, die er gerade beginnen will, beschaffen sein wird, welche Schritte vernünftigerweise als nächste getan werden sollten, zunächst, um seine Spannung zu mindern, und dann, um den besonderen Grund dieser Spannung dauerhaft zu beseitigen, ist das Kind hierzu nicht in der Lage.

Kinder können weder voraussehen, was die Zukunft ihnen bringen wird, noch könnten sie viel daran ändern, falls ihnen die Vorausschau möglich wäre. Überdies kommt zu der Tatsache, daß sie häufig „Zwischenzeiten" ertragen müssen, noch hinzu, daß sie in einem Alter sind, das selbst ein dauerndes „Zwischendrin" darstellt. Weil die Kinder in der Latenzzeit so wenig in der Lage sind, selbst mit ihren Problemen fertig zu werden, suchen sie normalerweise ihre Inhalte bei anderen und erwarten, daß diese ihre „Leere" ausfüllen. Darum sind sie die besten Schüler, eifrig bestrebt zu lernen, sich etwas beibringen zu lassen, etwas in sich aufzunehmen. Aus dem gleichen Grund sind sie aber auch am unsichersten, sogar noch mehr als das Kleinkind, das viel abhängiger ist. Wenn alle Bedürfnisse des Kleinkindes befriedigt worden sind, ist es frei von aller Furcht; es hat alles bekommen, was es wollte, es macht sich keine Sorgen um die Zukunft. Das Kind in der Latenzzeit fühlt sich in bezug auf die Zukunft nie ganz sicher. Wir müssen es ständig darüber beruhigen, was die Zukunft bringen wird, sonst fühlt es sich verloren. Und während

---

[1] Die zwanghafte Anordnung der Abfolge von Tätigkeiten stellt einen neurotischen Versuch dar, die Spannung zu vermeiden, die durch Zeiten des „Leerlaufs" entsteht, während man darauf wartet, daß das nächste Geschehnis eintritt.

diese Gefühle für ein normales Kind in der Latenzzeit noch zu bewältigen sind, sind sie bei psychisch gestörten Kindern äußerst übertrieben.
Wenn das Kind in die Latenzzeit kommt, stellt man oft ein Nachlassen der „künstlerischen" Kreativität fest; das ist ein weiteres Zeichen dieser Entwicklung. Das Kleinkind, verhältnismäßig geborgen in der Liebe seiner Eltern, läßt seine Phantasie frei schweifen. Aber in der Latenzzeit hat das Kind Angst. Es hat Ängste in bezug auf seine Zukunft, auf seine Fähigkeiten, etwas zu leisten, auf sein Ansehen bei anderen Kindern und bei Erwachsenen. Also versucht es sich anzupassen. Die Ergüsse seiner Einbildungskraft werden realistischer, weniger phantastisch, aber zugleich auch stärker stereotyp.
Theoretisch könnte man Kindern und Erwachsenen das Leben erleichtern, wenn eine Tätigkeit logisch zur nächsten führen würde, wenn das, was folgt, immer eine Fortsetzung oder ein Ergebnis des vorhergehenden Ereignisses wäre, oder wenn jede Tätigkeit offenkundig und direkt zur Befriedigung eines anerkannten Bedürfnisses führen würde, wie z. B. bei der Nahrungsbeschaffung einer primitiven Gesellschaft. Dann könnte man „Zwischenzeiten" vermeiden. Aber unsere Gesellschaft ist nicht so beschaffen; sie erlaubt uns nicht, das Leben des Kindes so einzurichten, daß es unbehindert und natürlich von einer Tätigkeit zur nächsten übergehen kann, ohne daß nennenswerte Übergangszeiten entstehen.
Der Tag ist in unserer Gesellschaft nicht gemäß einem Lebensrhythmus organisiert, der auf den Bedürfnissen oder spontanen Interessen des Kindes beruht. Wenn sie ganz frei wären, sich ihr Leben nach eigenem Gutdünken einzurichten, würden nur wenige Kinder (wenn überhaupt) es für richtig halten, von neun bis drei Uhr in der Schule zu sitzen, von drei bis sechs Uhr zu spielen, dann zum Essen zu marschieren, und so fort. Selbst an unserer Schule können wir unseren Zeitplan nicht so einrichten, daß er dem Lebensrhythmus des Kindes entspricht, weil der Rhythmus jedes Kindes wieder anders ist. Außerdem würden wir die Kinder auf eine Rückkehr ins normale Leben schlecht vorbereiten — z. B. zur Rückkehr an eine öffentliche Schule —, wollten wir an einem Tag von sieben bis neun Uhr morgens Schule halten, am nächsten Tag von sechs bis sieben Uhr abends — oder überhaupt nicht; ganz abgesehen davon, wie unsere Lehrer sich ihr Leben einrichten würden, wenn die Schulzeit sich von Tag zu Tag unvorhersehbar ändern würde. Andererseits wollen und können wir, ohne unseren Zweck zu verfehlen, die Kinder nicht zwingen, nach einem starren, in allen Einzelheiten vorherbestimmten Zeitplan zu leben. In der Praxis streben wir nach einem brauchbaren Gleichgewicht, einer, wie wir hoffen, glücklichen Lösung, indem wir Bereiche relativer Freiheit schaffen (ein Großteil des Tages

außerhalb der Schulstunden und mehrere lange Pausen während der Unterrichtszeit) und entsprechende Bereiche vorgeplanter Tätigkeiten (die Schulstunden, die drei Hauptmahlzeiten, die Badezeiten im Schwimmbad usw.).

Gemäß unserem Wunsch, den Bedürfnissen und Neigungen der Kinder soweit wie möglich zu folgen und nicht mehr Zwang auszuüben, als absolut notwendig ist, gestehen wir ihnen viel mehr Freiheit zu, als eine vergleichbare Gruppe normaler Kinder wahrscheinlich genießen würde. Das bedeutet aber wiederum, daß sogar noch eine größere Zahl von Zwischenbereichen zu überbrücken ist, in denen das Kind seine freie Wahl ausüben kann. Wenn wir z. B. darauf bestünden, daß die Kinder eine Stunde lang das eine Spiel spielen und in der nächsten Stunde ein anderes, dann gäbe es im Lauf von zwei Stunden nicht mehr als eine „Zwischenzeit". Da es aber den Kindern freisteht, ihre Spiele abzubrechen, wann sie wollen, kann es innerhalb dieses Zeitraums fünf oder zehn „Zwischenzeiten" geben.

Allein schon die Wahl der nächsten Tätigkeit kann ziemlich zeitraubend sein, wenn sechs psychisch gestörte Kinder daran beteiligt sind. Und manche Unternehmungen, wie z. B. Baseball, können viel mehr Teilnehmer erfordern als sechs, die sich alle entscheiden müssen, ob sie dieses Spiel anfangen wollen und nicht irgendein anderes, und wo sie spielen wollen.

Was wir in diesem Fall tun müssen, besteht nicht nur darin, das Kind nicht erkennen zu lassen, daß es vor der neuen Unternehmung Angst hat, sondern in dem Versuch, zu verhindern, daß eine solche Angst es überfällt. Es muß uns gelingen, seine Zweifel am eigenen Erfolg zu verscheuchen; wir müssen es davor bewahren, daß es sich das Geschehen in den schwärzesten Farben ausmalt.

Sobald das eine Spiel zu Ende ist und das neue noch nicht im Gang ist, tritt die „ungeplante" Pause ein, eine typische „Zwischenzeit". Dies ist der Augenblick, in dem das schwer gestörte Kind leicht von Langeweile, wenn nicht sogar Angst, überfallen wird. Es ruft verzweifelt: „Was machen wir jetzt? Was kommt nun? Laßt uns anfangen! Los, los!", und indem es dies tut, schafft es nur Verwirrung und verlängert auch für sich selbst den Zeitraum, den es nicht bewältigen kann. Das Kind empfindet in der Zwischenzeit ein Gefühl der Zwecklosigkeit, der Leere, der Furcht, vom Spielführer nicht gewählt zu werden, das nächste Spiel nicht zu gewinnen, und noch vieles andere. Diese Empfindungen zerstören mehr als jedes andere Erlebnis sein Selbstwertgefühl, seine Selbstachtung. Tatsächlich sind die rastlose Aktivität vieler neurotischer Kinder und der ständige Ortswechsel des „Ausreißers" oft nichts weiter als Versuche, gerade dieser Leere zu entgehen, und damit auch der Angst, die bewußt werden könnte, wenn nicht irgendeine andere Tätigkeit sich ergäbe, die dies verhindern könnte. Was den Kindern in diesen Augenblikken widerfährt, ähnelt dem, was viele erwachsene Neurotiker als ihre Sonntags- oder Ferien-Niedergeschlagenheit kennen. Viele dieser Erwachsenen kommen im Alltag gut mit ihrem Leben zurecht, wenn die äußeren Umstände ihnen die meisten Möglichkeiten der freien Wahl abnehmen. Aber sobald sie unausgefüllte Zeit zur Verfügung haben — das bedeutet, daß sie autonom darüber entscheiden müssen, wie sie sie verbringen wollen —, müssen sie sich entweder in irgendein „Vergnügen" stürzen, oder sie fühlen sich niedergeschlagen. Diese Depression beruht zum Teil auf ihrer Unfähigkeit, eine Tätigkeit zu wählen, die zur Lösung des ungelösten Problems (in diesem Fall der Frage, wie sie ihre Zeit zubringen sollen, um wirklich Freude daran zu haben) oder zur Verminderung ihrer Angst beitragen könnte. Diese Unfähigkeit führt ihnen ihren Mangel an Selbständigkeit (oder Ich-Stärke) erneut vor Augen, und die Erkenntnis ruft in ernsteren Fällen ein Gefühl der Wertlosigkeit und der tiefen Depression hervor, während es in leichteren Fällen bei Langeweile und Unausgefülltheit bleibt.

Kinder sind den gleichen Gefühlen ausgesetzt, aber da ihnen — in bezug auf ihre Entwicklung und in zeitlicher Hinsicht — die Tendenz des Säuglings näher steht, Spannung durch ungerichtete Bewegung abzuführen, versuchen sie, die Spannung loszuwerden und ihre Angst und ihre Unausgefülltheit zu verdecken, indem sie rastlose Tätigkeit entfalten oder nach solcher Tätigkeit verlangen. In Wirklichkeit fürchten sie dies alles, da sie vor allen neuen und unbekannten Ereignissen Angst haben und überzeugt sind, nichts werde ihnen jemals gelingen. Gelegentlich ist es daher in „Zwischenzeiten" am konstruktivsten, wenn der Erwachsene diejenigen Tätigkeiten, die das Kind zu fürchten scheint, als nicht wählbar erklärt, obwohl das Kind vielleicht gerade diese am lautesten fordert.

In den gerade erörterten Situationen ist die „Zwischenzeit" eine logische Folge des Umstands, daß das Kind selbständige Entscheidungen zu treffen hat. Andere „Zwischenzeiten" kommen aus technischen Gründen zustande, aber nicht allein. Es wäre z. B. theoretisch möglich, alle Kinder vom Frühstückstisch weg in Gruppen in die Schulzimmer zu führen und so einen ungeplanten zeitlichen Zwischenraum zu vermeiden. Aber das würde bedeuten, die Frühstückszeit so streng zu bemessen, daß alle Kinder zugleich mit dem Essen fertig sein müßten, und das wäre höchst unerwünscht. Es würde auch dazu führen, daß das Aufsuchen des Klassenzimmers niemals eine frei gewählte Tätigkeit sein könnte, nicht einmal in bezug auf den Zeitpunkt, an dem das Kind dort ankommt, die Art und Weise, wie es das Klassenzimmer betritt, usw.

Wenn wir den Wunsch haben, das Ich zu stärken, müssen wir dem Kind natürlich reichlich Gelegenheit geben, sein Ich zu üben, so daß es zur rechten Zeit die Fähigkeit erwerben kann, eine vernünftige Wahl zu treffen. Nur dann kann die wiederholte Erfahrung, daß es ihm gelungen ist, sein Leben selbst zu ordnen, ihm die Sicherheit geben, auf Grund deren es zukünftigen Ereignissen mit Selbstvertrauen begegnen kann. Wenn man das Kind herumschiebt wie einen Bauern auf dem Schachbrett, wird es nie eine Persönlichkeit werden. Zwar können die „Zwischenzeiten" die Ich-Stärke des Kindes oft stark belasten, aber sie können gleichzeitig sehr konstruktiv genützt werden, um eben diese Ich-Stärke zu entwickeln.

Im Vergleich zum Erwachsenen oder zum Kind hat der Säugling keinen Zeitbegriff, auch keine Vorstellung von der Zukunft; für ihn ist alles Gegenwart. Das Kleinkind erwartet, daß ein versprochenes Ereignis sofort eintritt, und wenn das nicht geschieht, ist es tief enttäuscht und überzeugt, es werde nie eintreten. Wenn es sich nicht um etwas Lebensnotwendiges handelt, wird es eine Zeitlang weinen und sich dann damit abfinden, daß das Ereignis eben niemals eintritt.

Das Kind in der Latenzzeit reagiert ganz anders. Sein Zeitsinn ist schon recht gut entwickelt; es weiß, daß zukünftige Ereignisse schließlich einmal eintreten, aber es kann kaum die Anstrengung ertragen, auf sie zu warten. Sein Ich ist gut genug entwickelt, um den Unterschied zwischen Gegenwart und Zukunft zu erkennen, und es weiß auch, daß man in der Gegenwart planen muß, um angenehme Ereignisse in der Zukunft sicherzustellen. Aber es ist noch nicht so weit entwickelt, daß es die Spannung des Wartens integrieren könnte. Dies zeigt sich daran, daß es mit seiner Ungeduld die Umwelt belästigt, was es lange Zeit hindurch fortsetzt, wenn man es nicht irgendwie davon abbringt.

Dem psychisch gestörten Kind stehen nicht einmal die begrenzten Möglichkeiten des normalen Kindes, die Spannung des Wartens zu integrieren, zu Gebote. Ähnlich geht auch die Aufgabe, die verschiedenen Schauplätze des Lebens zu integrieren, die das normale Kind bewältigen kann (wenn auch oft mit großen Schwierigkeiten), weit über die Kraft des schwer gestörten Kindes hinaus. Das Leben und die Persönlichkeit der meisten unserer Kinder sind bei der Aufnahme in unsere Schule schon so stark zerstückelt, daß wir in das Chaos einen Zusammenhalt hineinbringen müssen, der ihnen bei der späteren Persönlichkeitsintegration dienen kann, wenn sie die verschiedenen Aspekte ihres Lebens in der Schule integrieren.

Darum beschränkt sich die Hilfe, die das Kind zur Überwindung seiner Angst vor der nächsten Tätigkeit braucht, nicht auf die Überbrückung der „Zwischenzeiten". Sie soll auch die Einheit des Lebens deutlich machen, die die verschiedenen Tätigkeiten umschließt; das kann das Kind ohne Hilfe noch nicht erkennen. Ein Leben, das in verschiedene Teile aufgespalten ist, kann schwerlich sinnvoll erscheinen und kann darum auch nicht gemeistert werden. Und für die Kinder, die eine Anstaltsbehandlung nötig haben, erscheint das Leben sinnlos. Die „Zwischenzeiten" dürfen nicht länger leere Zeiträume sein, die unzusammenhängende Handlungen voneinander trennen. Sie müssen verstehbare Glieder in einer Abfolge von Ereignissen werden. Sie müssen das Kind allein durch das Beispiel von der Einheit seines Lebens überzeugen, das so stark alles durchdringt, daß das Kind gezwungen ist, nach seinem Bild die Einheit seiner eigenen Persönlichkeit herzustellen.

Die Herstellung dieses Zusammenhalts wird natürlich durch die Tatsache erleichtert, daß die Betreuer (die einige der Elternfunktionen ausüben), die Lehrer, die Krankenschwester usw., alle zusammen eine Lebensgemeinschaft bilden, zu der die Kinder als ebenso wichtige Mitglieder gehören. Zusammenhänge zwischen Schulunterricht und Spiel lassen sich viel leichter aufweisen — und das Kind kann auch leichter erkennen, daß das, was es in dem einen Bereich lernt, ihm im anderen helfen wird —, wenn das Kind mit den gleichen Kindern zur Schule geht, mit denen es spielt, und wenn die gleichen Erwachsenen beides planen.

Während wir so die „Zwischenraum"-Erlebnisse hinsichtlich der persönlichen Kontakte, die hineinspielen, vereinfachen, versuchen wir auch, ihre Zahl und ihre zeitliche Dauer herabzusetzen. Ein Beispiel dafür ist der Umgang mit antizipatorischer Angst bei Ausflügen usw.

Es ist wohl mittlerweile deutlich geworden, daß unsere Kinder von tiefen Gefühlen der Unzulänglichkeit gekennzeichnet sind, ebenso durch die daraus folgenden übertriebenen Ängste, die sie in bezug auf zukünftige Ereignisse ansammeln. Dies hindert uns, sie von irgendeinem Vorhaben, das nicht zum regelmäßigen Plan gehört, im voraus in Kenntnis zu setzen. Nur wenn die Kinder auf Grund wiederholter eigener Erfahrungen genau wissen, was sie zu erwarten haben, können sie einem neuen Erlebnis ohne Angst entgegensehen. Unseren Aussagen allein trauen sie nicht.

Selbst Dinge, die normale Kinder mit Vergnügen tun, oder Ereignisse, auf die sie sich freuen, erwecken in diesen gestörten Kindern nur das Gefühl, sie würden gewiß nur in Mißerfolg und Unlust enden, wenn nicht gar in einer Katastrophe. An dieser Einstellung sind viele Gründe beteiligt, wenn sie im Einzelfall auch verschieden sind. Wir wollen hier nur wiederholen, daß die Beziehungen der Kinder zu ihren Eltern schwer gestört sein müssen, wenn eine Anstaltsbehandlung notwendig wird. Da die Beziehungen so stark gestört waren, kann man sich leicht vorstellen, daß Tätigkeiten, die anderen Kindern Spaß machen, diesen Kindern entweder nicht möglich waren oder, was wahrscheinlicher ist, als unangenehm erlebt wurden — entweder, weil die Eltern Versprechen gaben, die sie dann nicht hielten oder, falls sie sie hielten, weil die Sache trotzdem ein schlechtes Ende nahm.

Die häufigste antizipatorische Angst unserer Kinder, die oft ihren früheren Erfahrungen entspricht, ist die, Versprechen könnten nicht gehalten werden. Das bedeutet, daß z. B. jeder versprochene Ausflug Erinnerungen an andere Versprechen wieder aufsteigen läßt, die nicht gehalten worden sind (was an sich schon unangenehm ist); außerdem läßt es sie an unseren gegenwärtigen Versprechen zweifeln. In jedem Fall ist die Spannung fast unerträglich, so daß wir es uns zur allgemeinen Regel gemacht haben, keine Versprechen zu geben, die wir nicht innerhalb von 24 Stunden halten können. Gewöhnlich braucht es etwa zwei Jahre, in denen alle Versprechen gehalten werden, bis ein Kind innerlich davon überzeugt ist, daß wir unsere Versprechen halten, daß geplante Unternehmungen auch durchgeführt werden. Was wir hier über das Brechen von Versprechen gesagt haben, gilt übrigens genauso für die Freuden jeder anderen in Aussicht gestellten Unternehmung.

Es dauert auch ungefähr zwei Jahre, bis das Kind aufhört zu erwarten, daß alle zukünftigen Tätigkeiten in Verdruß oder Mißlingen enden. Auf Grund früherer Erfahrungen sind die Kinder überzeugt, ein Ausflug an den Strand werde unangenehm sein, sie würden wieder heimgehen müssen, ehe sie Zeit hätten, den Strand zu genießen, sie würden gezwungen werden, länger zu bleiben, als sie wollten, andere würden sie kritisieren oder jemand auf sie aufmerksam machen, und so fort.

Sich mit ihnen über solche Dinge auseinanderzusetzen ist sinnlos und würde nur zu gegenseitiger Verärgerung führen: Die Zukunft ist immer ungewiß, und wir sprechen mit ihnen über die Zukunft. Ihre früheren Erfahrungen stehen aber fest, und von ihnen wissen sie sicher, daß sie schlecht ausgegangen sind. Erst nachdem das Kind auf Ausflügen genug erfreuliche Erlebnisse gehabt hat und erst nachdem diese schließlich die Erinnerungen an die unerfreulichen ausgeglichen haben, wird es zu der Einstellung gelangen, daß zumindest eine ziemliche Wahrscheinlichkeit besteht, es werde die bevorstehende Unternehmung genießen können, denn erst dann wird es in seiner jüngsten Vergangenheit genug Beweise finden, die unsere gegenwärtigen Versprechen zuverlässig erscheinen lassen.

Mit jedem erfreulichen Erlebnis, dem nicht als Gegengewicht ein unerfreuliches gegenübersteht, wird das Kind bereitwilliger, uns zu glauben, wenn wir eine zukünftige Unternehmung als Vergnügen beschreiben. Und mit jedem Plan, der gut verwirklicht wird, nimmt auch die antizipatorische Spannung ab, obwohl immer ein gewisser Rest übrigbleibt, da selbst das Warten auf angenehme Erlebnisse Spannung schafft. Außerdem müssen wir zugeben, wenn wir realistisch sein wollen, daß das Kind es in seiner Macht hat, selbst unsere besten Absichten zunichte zu machen. Wir müssen zugeben, daß niemand das Kind daran hindern kann, mißvergnügt zu sein, wenn es dazu entschlossen ist. Aber auch hier ist die Gruppe oft eine Hilfe: Wenn ein Kind sieht, daß alle anderen vergnügt sind, kann es allmählich einsehen, daß es sich selbst daran hindert, vergnügt zu sein.

In diesem Zusammenhang kann man sich vielleicht vorstellen, unter welchen Schwierigkeiten die Mitarbeiter einer Anstalt wie unserer Schule sich abmühen: Wir müssen Kindern, die von vornherein überzeugt sind, daß ihre Erlebnisse nicht angenehm sein werden, angenehme Erlebnisse verschaffen. Natürlich macht diese Einstellung der Kinder viele unserer Bemühungen zunichte, denn eine negative Haltung auf seiten einiger Teilnehmer, geschweige denn der meisten, kann aus vielen positiven Erlebnissen negative machen. Und wenn unsere Bemühungen schließlich Erfolg gezeitigt haben und das Kind auf Grund seiner Erlebnisse bei uns zukünftigen Ereignissen mit berechtigter Zuversicht entgegensehen kann, haben wir unsere Pflicht getan, und das Kind verläßt die Schule. An seine Stelle tritt ein neues, das wieder zutiefst überzeugt ist, daß alles, was wir für es planen, unerfreulich sein wird.

Es erscheint uns zulässig, hier eine Analogie aus dem Bereich der Physiologie anzuführen, um noch einmal die Bedeutung der „Zwischenzeiten" zu betonen. Moderne Physiologen sind zu der Ansicht gekommen, daß die ungestörte Funktion der Bindegewebe für einen gesunden Körper weit wichtiger ist, als man früher geglaubt hat, vielleicht noch wichtiger als die Arbeit der Muskeln und Knochen. Die Erforschung der letzteren stand früher so sehr im Vordergrund, weil sie die wichtigeren physiologischen Strukturen zu sein schienen, da sie die „wirkliche Arbeit" leisten, und auch, weil die in ihnen vor sich gehenden Veränderungen der Beobachtung besser zugänglich zu sein schienen. In ähnlicher Weise haben auch wir festgestellt, daß zeitliche Zwischenräume, die zwischen Bereichen klar umrissener Tätigkeiten entstehen, für unsere Kinder sehr quälend sind, obwohl von ihnen weit weniger die Rede ist als von den augenfälligeren geplanten Tätigkeiten. In diesen Augenblicken brauchen die Kinder unsere Hilfe sehr notwendig, und sie müssen sehr sorgfältig vorbereitet werden.

Eine Methode, den Kindern in diesen Wartezeiten etwas Erleichterung zu verschaffen, besteht darin, ihnen zu zeigen, daß eine gewisse Befriedigung ihnen sicher ist, weil etwas Angenehmes schon begonnen hat. Es ist z. B. viel leichter für die Kinder, zu beschließen, ob sie auf eine Schatzsuche gehen wollen oder nicht, wenn der Betreuer, der dieses Spiel vorschlägt, zugleich die Belohnungen (die „Schätze") vorzeigt und sich vergewissert, ob alle verstanden haben, daß jedes Kind (und auch der Betreuer) eine Belohnung bekommt, gleichgültig, wer „Erster wird". Während man ein Baseballspiel plant, ist noch keine Befriedigung des Spielbedürfnisses und noch keine Spannungsabfuhr durch Motilität möglich — sie müssen warten, bis das Spiel im Gang ist. Aber während die Vorbereitungen für das Spiel getroffen werden, kann man z. B. den Kindern etwas zu essen geben, was sie gern haben, so daß die Befriedigung des einen Bedürfnisses die Spannung lindert, die durch die Notwendigkeit entstanden ist, Entscheidungen zu fällen.

Die zusätzliche Verabreichung von Eßbarem, die immer nur als greifbares Zeichen unserer guten Absichten dienen soll und niemals an die Stelle persönlicher Beziehungen treten oder diese ersetzen darf, hilft dem Kind auch dabei, eine Entscheidung zu akzeptieren, die ihm gegen den Strich geht, was es vielleicht nicht könnte, wenn nicht ein voller Mund ihm einen deutlichen Beweis unseres guten Willens lieferte und so seinen Zorn etwas besänftigte. Sehr oft hat die zusätzliche Verteilung von Süßigkeiten für Betreuer, Kind und Gruppe die Situation gerettet. Die Entscheidung über ein Vorhaben ist vielleicht durch einen Mehrheitsbeschluß zustandegekommen und vielleicht gegen den Willen eines Kindes. (Natürlich wird es nicht gezwungen, an dem Vorhaben teilzunehmen, es kann zuhause bleiben oder allein etwas anderes tun — oder sich einer anderen Gruppe von Kindern anschließen. Aber das ist es ja nicht, was es wollte; seine Gruppe hätte das tun sollen, was es selbst im Sinn hatte.)

Der Betreuer, der ja weiß, daß dem Kind die Entscheidung nicht gefallen hat, wird versuchen, es zu trösten, während es vielleicht heftig protestiert. Aber es ist schwierig, zornig zu protestieren und zugleich etwas zu essen entgegenzunehmen. Während das Kind die Süßigkeit verzehrt, hat der Betreuer eine Chance, ihm die Entscheidung annehmbar zu machen, sei es, indem er darauf hinweist, wieviel ihm daran liegt, daß das Kind mitmacht, oder indem er davon spricht, welche Rolle das Kind in dem Spiel übernehmen könnte, wenn es sich doch noch zum Mitspielen entschlösse. Auf diese Weise kann der Betreuer weiteren Zornausbrüchen des Kindes zuvorkommen und es z. B. hindern zu sagen, es weigere

sich, mitzumachen — eine Aussage, die das Kind, wenn es sie einmal gemacht hat, nur schwer wieder zurücknehmen kann, weil es meint, dadurch an Ansehen zu verlieren, oder weil der Ärger der anderen über seinen Widerstand, hat es ihn erst einmal laut geäußert, es ihm schwerer machen kann, sich ihnen wieder anzuschließen.
Dies alles trifft zwar im allgemeinen zu, aber wenn man sich gedankenlos darauf verlassen würde, daß Essen die antizipatorische Spannung herabsetzt, wäre es nicht mehr als eine mechanische Maßnahme. Und die Anwendung von Kunstgriffen ist im Vergleich zu spontanen persönlichen Beziehungen, die auf das vorliegende spezifische Problem eingestellt sind, immer unerwünscht; Süßigkeiten oder andere greifbare Gaben können nur als Zeichen oder Träger menschlicher Gefühle nützlich sein, sonst bleiben sie totes Material.
Natürlich ist auch die Wahl von Tätigkeiten selbst nicht ohne Gefahren, denn wenn das Kind aus eigenem Antrieb beschließen sollte, eine Tätigkeit anzufangen, und wenn diese Tätigkeit dann mit einem Mißerfolg oder einer Enttäuschung enden würde, wäre das Kind nur wieder überzeugt, daß es nicht selbst auf sich aufpassen kann, und alle Versuche, selbständig zu sein, würden in Verzweiflung aufgegeben. Darum muß man in solchen „Zwischenmomenten" dem Kind vernünftige Wahlmöglichkeiten vorlegen, von denen es jede akzeptieren kann und von denen jede ihm ein positives Erlebnis verschaffen könnte, an Stelle einer Erfahrung, die sein Ich schwächen würde.
Zum Beispiel könnte ein Erwachsener, der sicherstellen will, daß das Kind die Tätigkeit wählt, die es nach seiner Meinung wählen soll, dem Kind zwei Möglichkeiten zur Auswahl anbieten, von denen die eine angenehm und die andere unangenehm ist. Aber das heißt ja nicht, daß man das Kind vor eine echte Wahl stellt, und das Kind versteht es nur als eine Verspottung seines Wunsches nach Selbständigkeit. Eine echte Wahl läßt sich nur treffen zwischen Tätigkeiten, die im großen ganzen gleich anziehend sind. Man kann also „Zwischenzeiten" am konstruktivsten benützen, um die Ich-Stärke eines Kindes zu entwickeln, wenn man ihm die Erfahrung verschafft, eine Entscheidung gefällt zu haben, deren Richtigkeit durch die Tatsachen bestätigt wird. Dieses Ergebnis wird dann zu einem wertvollen Beweis seiner Fähigkeit, ganz allgemein Entscheidungen zu treffen, zurechtzukommen, in der Welt auf sich selbst achtzugeben.
Obwohl dies auf den ersten Blick einleuchtend erscheint, trägt das meiste, was heutzutage über das Gruppenleben gesagt und gedacht wird, diesem Umstand nicht genügend Rechnung. Viele Gruppenleiter sind eifrig darauf bedacht, daß eine Unternehmung in Gang kommt — und das

aus guten Gründen, wie wir schon geschildert haben, als vom Planen und Warten die Rede war, und von den Spannungen, die sie mit sich bringen. Außerdem gibt es viele Handbücher über die verschiedenen Beschäftigungsmöglichkeiten, ja, eine ganze Literatur über dieses Thema; im Vergleich dazu ist die Literatur sehr knapp, die sich damit befaßt, wie man die „Zwischenzeiten" zum Wählen benützen kann, als ein Mittel, um Selbstvertrauen und Ich-Stärke zu entwickeln.

Während Übergangszeiten zwischen Freizeitbetätigungen benützt werden können, um eine absolut ungelenkte Wahl zu erlauben, bieten die Zeiten zwischen freier und gelenkter Betätigung (wie den Schulstunden) etwas andere Probleme. Trotzdem versuchen wir sogar dann dem Kind möglichst viel Freiheit in bezug auf die Gestaltung der Einzelheiten des Übergangs zu geben; darüber möchte ich im folgenden berichten.

6. Die Herausforderung des Lernens

Die meisten Kinder kommen mit einer ausgeprägten Abneigung gegen das Lernen, gegen den Schulbesuch oder gegen jeden Druck, der darauf hinwirken soll, an unsere Schule. Selbst Kinder, die gute Schulleistungen aufzuweisen hatten, bevor sie zu uns kamen, haben Angst oder gemischte Gefühle in bezug auf die Schule, nur geht es in ihrem Fall nicht so sehr um Lernschwierigkeiten, sondern vielmehr um die Tatsache, daß sie nie gut mit anderen Kindern auskommen konnten. (Wenn ein Kind gut lernt und auch einigermaßen gut mit anderen Kindern auskommt, braucht es keine Anstaltsbehandlung.) Darum ist das, was geschieht, bevor die Schule anfängt, oft entscheidend; die Zeit vor dem Schulbeginn ist eine der kritischen „Zwischenzeiten" des Tages.
Der Unterricht findet in zwei aneinandergrenzenden Gebäuden statt, die durch einen kurzen Verbindungsgang zu erreichen sind; zusammen mit dem Schlafsaalgebäude umschließen sie den Spielplatz unserer Schule. Der Gang in die Schule erfordert also hinsichtlich der räumlichen Entfernung nur ein paar Schritte. Aber unsere Kinder messen Entfernungen hauptsächlich mit emotionalen Maßstäben, und einem Kind, das Angst vor der Schulstube hat, erscheint die Entfernung von ein paar Metern unüberwindbar. Zwar ist die Nähe zwischen Schulzimmern und Schlafraum und die Tatsache, daß die Kinder auf dem Weg in ihre Klassen nicht gezwungen sind, öffentliches Gelände zu überqueren, für unsere Kinder recht bequem, aber diese Nähe an sich genügt noch nicht, um die emotionale Kluft zu überbrücken, die den Schulschwänzer vom Klassenzimmer trennt, wenn sie auch letzten Endes dazu beitragen wird, zwischen ihm und der Klasse zu vermitteln.
Ich möchte ein mehr oder weniger typisches Beispiel zitieren: George war ein „Ausreißer" gewesen, fast von dem Augenblick an, als er laufen gelernt hatte. Mit drei Jahren trieb er sich schon auf der Straße herum, beschaffte sich etwas zu essen, indem er durch offene Fenster oder über Hintertreppen in Häuser eindrang und sich dann aus den Eisschränken Verpflegung holte. Später, im sechsten Lebensjahr, versuchte er, ein anderes Kind zu ertränken, um seine Angelausrüstung an sich zu bringen. Diese und andere Gewalttaten gegen Kinder und ein starker Verfolgungswahn hielten ihn ständig in Bewegung.
Als er im achten Lebensjahr an unsere Schule kam, war an Schulbesuch natürlich gar nicht zu denken; schon wenn er mit anderen Kindern in einem Raum zusammen war, geriet er in Panik, weil er voller Entsetzen

fürchtete, seine „Feinde" könnten seiner habhaft werden, wenn er so ohne Ausweg eingesperrt sei. Es dauerte über ein Jahr, bis er einigermaßen regelmäßig den Unterricht besuchte, aber mehrere Jahre lang war die Zeit kurz vor dem Unterrichtsbeginn immer noch sehr schwierig für ihn. Er brauchte die Hilfe seiner Betreuer in jeder Minute zwischen dem Frühstück und der Schulzeit, um nicht doch noch wegzulaufen. Und selbst mit dem Betreuer an der Seite mußte er jeden Tag vor dem Unterricht laufen oder ein Stück gehen, als ob er seinen Ausreiß-Neigungen dadurch entgegenwirken müßte, daß er ihnen ein Stückchen weit nachgab.

Andere Kinder befreien sich von Spannungen, die aus anderen Gründen vor dem Unterrichtsbeginn in ihnen entstehen, indem sie aktive Spiele spielen oder sich auf der Schaukel heftig Bewegung machen. Für wieder andere ist Bewegung allein nicht genug. Mary z. B. pflegte ins Schulzimmer hinüberzulaufen, sobald sie angezogen war, manchmal sogar bevor sie gefrühstückt hatte, um sich zu vergewissern, daß ihre Lehrerin da war. Manchmal stand sie nur da und sah der Lehrerin zu, wie sie die Arbeit für den Tag vorbereitete, manchmal half sie ihr auch, aber öfter wechselte sie nur ein paar freundliche Worte mit ihr [1].

Marys Vorgeschichte war gekennzeichnet durch das plötzliche Verschwinden der wichtigsten Gestalten in ihrem Leben, darunter ihrer Mutter. Im Schulzimmer und von ihrer Vorschullehrerin hatte sie vom plötzlichen Tod ihrer Mutter erfahren. Diese Lehrerin, der sie auch sehr zugetan war, „verschwand" zur gleichen Zeit, weil Mary nach dem Tod ihrer Mutter in einen anderen Bezirk gebracht wurde. Darum mußte sie sich selbst davon überzeugen, daß die Lehrerin noch da war und daß sie ihr keine Nachricht von Katastrophen zu übermitteln hatte; dies mußte sie jeden Morgen erleben, um dem Unterricht ohne Gespanntheit entgegensehen zu können. Im allgemeinen war sie mürrisch und reizbar, bevor sie diesen Besuch gemacht hatte, aber wenn die Angst erst einmal vorbei war, aß sie friedlich ihr Frühstück und spielte ungehemmt während der Zeit bis zum Unterrichtsbeginn.

Manchmal läßt sich das Weglaufen vor der Schule oder das Zögern, das Klassenzimmer zu betreten, auf die Furcht des Kindes zurückführen, es werde seine Freiheit, seine Selbständigkeit verlieren. Dann läßt sich ein regelmäßiger Besuch des Unterrichts erst sicherstellen, nachdem das Kind seine Unabhängigkeit von der Lehrerin bewiesen oder seine Furcht überwunden hat, seine Freiheit, die Klasse wieder zu verlassen, könnte eingeschränkt werden, wenn es erst einmal drinnen ist, Leo z. B. mußte

---

[1] Teilnehmende Beobachterinnen: Kathryn Howard und Joan Little.

sich von seiner Unabhängigkeit durch die Art überzeugen, wie er die Klasse betrat.
Am Anfang pflegte er jedesmal, wenn er ins Zimmer kam, laut zu verkünden: „Ich geh' wieder hinaus. Diesmal komm' ich nicht rein." Aber die Lehrerin fuhr in ihrer Arbeit fort, verteilte Aufgaben, half Kindern usw. und blickte nicht auf. Als Leo schließlich hereinkam, rannte er nur aufreizend herum, und als darauf keine Reaktion erfolgte, ging er zur hinteren Tür, dann wieder zurück zur Seitentür und tat jedesmal so, als gehe er hinaus. Schließlich verließ er das Schulzimmer wirklich, aber nur, um alle paar Minuten seinen Kopf hereinzustecken und zu rufen: „Ich geh' raus. Ich komm' nicht herein." Während er sich so verhielt, lächelte er und machte einen glücklichen Eindruck. Schließlich kam er ganz nah zu seiner Lehrerin heran und schrie sie an: „Hörst du, ich geh' raus. Ich will nicht arbeiten."
Nachdem die Lehrerin am Anfang ein- oder zweimal gesagt hatte, das stehe ihm frei, achtete sie nicht mehr auf ihn und machte weiter ihre Arbeit. Schließlich verließ Leo das Klassenzimmer und sagte: „Du mußt mich fangen", und blieb einige Minuten draußen. Als nichts geschah, kam er endlich herein, setzte sich auf seinen Platz und begann ohne weitere Schauspielerei mit seiner Aufgabe (ein wenig leichter Arbeit), die vorbereitet für ihn dalag. Es wurde nichts weiter gesagt, und das war auch nicht notwendig [2].
Nachdem Leo dieses Ritual mehrere Tage lang aufgeführt hatte, war er sich seiner Freiheit sicher, die Klasse zu verlassen, wann immer er es wünschte, und diese Gewißheit machte es ihm möglich, regelmäßig, rechtzeitig und ohne Furcht zum Unterricht zu erscheinen.
„Ausreißer" sind selbst dann, wenn sie den Impuls, die Schule zu schwänzen, schon lange mehr oder weniger überwunden haben, immer noch mehr als ambivalent gegenüber dem Lernen. Monatelang brauchen sie jeden Morgen Hilfe im Kampf gegen ihre „Ausreiß-Neigungen" und beim Ertragen der Spannung, die sie vor dem Unterrichtsbeginn empfinden. Manchen Kindern muß man von einem erfreulichen Erlebnis erzählen, das sie nach der Schulstunde erwartet, wenn es ihnen nur gelingt, die Zeit bis dahin ohne Zusammenbruch zu überstehen. Anderen kann man durch eine ganz realistische Besprechung helfen, in der man ihnen erklärt, warum sie lernen sollten und was sie dabei gewinnen können — nicht in der weit entfernten Zukunft, sondern in der verhältnismäßig nahen Gegenwart —, z. B. Geschenke, die es in der Schulstunde gibt, oder gleich danach.

---

[2] Teilnehmende Beobachterin: Anna Lukes.

Bei manchen Kindern ist die Angst vor dem Lernen nur Teil einer umfassenderen Angst vor dem Erforschen der Welt oder davor, etwas über die Welt zu erfahren. Sie haben Angst, durchs Lernen, durchs Erforschen könnten sie unversehens irgendeine verheerende Entdeckung machen. Solche Ängste kommen gewöhnlich in Lernhemmungen zum Ausdruck. In Wirklichkeit hat das Kind nicht vor dem Lernen an sich Angst, sondern davor, Geheimnisse innerhalb der Familie zu entdecken, von denen es glaubt, es solle nichts von ihnen wissen. Gelegentlich mag diese Angst zu Recht bestehen. Häufiger aber hat das Kind eine zufällige Bemerkung oder Beobachtung mißverstanden, und das hat schon sehr früh in ihm die Vorstellung erweckt, irgendwo sei irgendein entsetzliches Geheimnis verborgen, ein so furchtbares Geheimnis, daß es um jeden Preis vermeiden müsse, es zu erfahren. Seine Vorstellungen von solchen Schrecklichkeiten sind wilder als alles, was Eltern vielleicht vor ihrem Kind verbergen möchten, wie z. B. häusliche Zwietracht, verstorbene Geschwister, Sucht- oder Geisteskrankheiten oder andere Arten von Störungen in der Familie. Diese Kinder haben nicht nur Angst, durch Lernen unversehens das sprichwörtliche Gerippe im Schrank zu entdecken, sondern sie fürchten sich vielmehr vor ihren schreckenerregenden Übertreibungen dieses Gerippes.
Eine weitere häufige Ursache von Lernhemmungen ist die Angst, etwas über die Sexualität zu erfahren; das Kind fürchtet, dieses Wissen könnte es in Schwierigkeiten bringen — vielleicht haben seine Eltern es davor gewarnt, aber es ist wahrscheinlicher, daß sie dergleichen dadurch angedeutet haben, daß sie mit Mißbilligung auf seine Erforschung oder Manipulation der eigenen Genitalien reagiert haben.
Die räumliche Entfernung von allen Menschen, über die das Kind nichts erfahren möchte, weil es davor Angst hat, nimmt der Furcht vor dem Forschen etwas von ihrer Bedeutung. Das gleiche gilt auch für die Angst vor dem Erwerb sexuellen Wissens. Da die Eltern, die dem Kind gesagt haben, man sollte nie versuchen, etwas über das Geschlecht herauszufinden (wie z. B. dadurch, daß man die Sexualorgane eines anderen Kindes anschaut oder berührt), weit weg sind, ist der Einfluß ihrer vermuteten Tabuierung des Lernens weniger wirksam.
Wenn die Eltern z. B. in einer anderen Stadt wohnen, wird klar, daß sie nicht im einzelnen über Untersuchungen Bescheid wissen können, die in einer Entfernung von mehreren hundert Meilen durchgeführt werden. Es ist ebenfalls klar, daß nichts, was man an einem so weit entfernten Ort in der Schule lernt, so leicht zur Entdeckung irgendwelcher Familiengeheimnisse führen wird, die das Kind auszugraben fürchtet. Räumliche Entfernung von den Ursachen der Angst genügt jedoch allein noch

nicht, um nach einer so schweren Blockierung die Fähigkeit des Kindes zum Forschen wiederherzustellen. In solchen Fällen muß man dem Kind viele Erlebnisse verschaffen, die ihm zeigen, daß das Forschen keineswegs so gefährlich ist, wie es fälschlich annimmt, bevor es wagt, auf eigene Faust zu forschen. Wie immer hängen auch hier von der persönlichen Beziehung mehr als von den technischen Verfahrensweisen Erfolg oder Mißerfolg unserer Bemühungen ab. Nur weil die Lehrerin immer wieder geprüft worden ist und sich als vertrauenswürdig erwiesen hat, kann das Erforschen mit ihr zusammen weniger furchterregend scheinen — weil ihre Gegenwart die notwendige Geborgenheit bietet. Erst nachdem sich das Forschen mit ihr zusammen viele Male als ungefährlich erwiesen hat und auch in verschiedenen Zusammenhängen wiederholt worden ist, wird das Kind schließlich in der Lage sein, selbständig etwas herauszufinden. Zunächst muß dies jedoch immer in nächster Nähe von Menschen oder Orten vor sich gehen, von denen das Kind weiß, daß es ihnen trauen kann.

Besonders die symbolische Funktion des Lesens scheint häufig unter der Furcht vor dem Forschen zu leiden. In vielen Fällen haben wir festgestellt, daß das Erforschen der Natur eine erfolgversprechende Methode ist, um die allgemeine Lernangst und insbesondere die Leseangst zu überwinden.

Psychologisch scheint das darauf zu beruhen, daß jedes Kind mit bestimmten Aspekten der Natur vertraut geworden ist, lange bevor es irgend etwas von komplizierten Familienbeziehungen oder Familiengeheimnissen wußte und Angst davor bekam, zu verstehen, welcher Art sie waren — auch lange bevor es etwas vom Lesen als einem Mittel der Wissensaneignung wußte. Außerdem braucht man bei der Natur nicht etwas zu verstehen, was demjenigen, der lesen lernt, als magische Nebenbedeutung von Symbolen erscheint, wie z. B. Wörter. Das Kind glaubt, wenn es die Natur untersucht, wird es nur die Natur verstehen. Wenn es aber lesen lernt, fürchtet es, es werde alles verstehen lernen, einschließlich dessen, von dem es glaubt, es solle es nicht verstehen. Andererseits war die Kenntnis eines Teils der Natur, nämlich seines eigenen Körpers, das erste Wissen, das das Kind erworben hat. Die erste Forschung, die es unternahm, galt der Kenntnis des eigenen Körpers. Und gerade weil diese Erforschung der Natur, oft die Erforschung der eigenen Genitalien oder der Genitalien eines anderen Kindes, eingeschränkt oder geradezu verboten wurde, scheint uns klar, daß die Erforschung der Natur eben die Stelle ist, wo man wieder anfangen muß.

Als wir solchen Kindern helfen wollten, die Natur zu untersuchen, haben wir festgestellt, daß der Gebrauch des Mikroskops und des Vergrößerungsglases eine sehr wertvolle Unterstützung bietet. Anscheinend können sie das Kind davon überzeugen — auf eine Weise, die es akzeptieren kann —, daß es fähig ist, Dinge zu sehen, die bisher für es unsichtbar waren oder mit denen es nicht fertig werden konnte. Damit soll natürlich nicht gesagt werden, man brauche in solchen Fällen dem Kind nur ein Vergrößerungsglas in die Hand zu drücken und zu sagen: „Geh' und forsche"; auch hier kann wieder nur die Beziehung zu einem Erwachsenen ihm den richtigen Mut verleihen, etwas zu lernen.

Manchmal bringen besondere Familienkonstellationen besondere Gründe für Lernhemmungen mit sich. Felix' Schwierigkeiten ließen sich bis zum Tod seines Vaters zurückverfolgen, der gestorben war, als Felix noch sehr klein war. Sein Vater war Ingenieur gewesen; seine Arbeit hatte darin bestanden, Geschwindigkeit und Belastbarkeit von Autos zu testen; bei einem dieser Tests kam er ums Leben. Felix' Mutter heiratete wieder, diesmal einen bekannten Rechtsanwalt. Obwohl sich der Stiefvater alle Mühe gab, entwickelte sich bei Felix die Vorstellung, er dürfe, um seinem Vater gegenüber loyal zu sein, niemals eine so gute Ausbildung erwerben wie sein Stiefvater. Die Sachlage wurde dadurch kompliziert, daß diese Einstellung kombiniert war mit einer Heldenverehrung, die auf dem Wagemut seines Vaters aufgebaut war. Felix beschloß, auch ein Draufgänger zu werden. Indem er nicht lernte, stellte er seine Verachtung für alles Wissen, den höchsten Wert seines Stiefvaters, zur Schau. Dadurch, daß er in der Schule versagte, bestrafte er auch seine Mutter dafür, daß sie wieder geheiratet hatte, anstatt sich ganz ihm oder dem Andenken seines Vaters zu widmen.
Nach dem Vorbild der Kühnheit seines Vaters kletterte er über hohe Zäune, machte viele Kunststücke und wurde schließlich zum Anführer einer Bande, wodurch er wiederum den Wertvorstellungen seines Stiefvaters (als Rechtsanwalt) Trotz bot. Auf diese Weise versuchte er zu zeigen, daß nicht diejenigen, die sorgfältig lernen und vorsichtig leben (wie der Stiefvater), sondern diejenigen, die etwas wagen (wie sein Vater und er selbst) die wahren Führer sind.
Auch bei Felix mußte die Rehabilitation begonnen werden, ohne daß man seine Schulschwierigkeiten direkt anpackte. Man ließ ihn nicht, wie er es gewohnt war, gelangweilt in der Klasse herumsitzen oder die anderen am Lernen hindern, sondern man ermutigte ihn, in der Werkstatt hölzerne Rennautos zu bauen und sie mit einfachen elektrischen Anlagen auszustatten. Wenn er sie mit großer Geschwindigkeit bergab fuhr, wurde sein Bedürfnis nach Tollkühnheit befriedigt, zugleich gewann er Ansehen bei der Gruppe. Später wurde, unter vorsichtiger Lenkung, sein

Bedürfnis, die Konstruktion von Maschinen zu verstehen, zum Anreiz für ihn, lesen zu lernen. Auch hier wurde sein Interesse an Geschwindigkeit ausgenützt. Er lernte mit Hilfe von „Flash Cards" lesen, die ihm jeweils nur kurze Zeit gezeigt wurden [3].

Ein endgültiger Erfolg trat ein, als Felix sein Ressentiment gegen seinen Stiefvater dadurch überwand, daß er sich auf dessen eigenem Gebiet, im Recht und in intellektueller Wendigkeit, symbolisch bewährte. Eines Tages wurde eines der Kinder zu Unrecht wegen irgend etwas beschuldigt, und Felix, gewissermaßen als sein Rechtsbeistand, verteidigte es gegen die intellektuellsten Kinder seiner Gruppe und trug den Sieg davon. So schloß er symbolisch Frieden mit dem Andenken seines Vaters wie auch mit seinem Stiefvater; von da an konnte er ohne seine gewohnte kämpferische Haltung auskommen.

Abgesehen von der Angst vor dem Forschen, haben viele Kinder vor der Schule entweder deswegen Angst, weil sie nach so vielen Niederlagen die Konkurrenz fürchten, oder weil für sie der Sieg in einem Wettbewerb gleichbedeutend ist mit der Vernichtung eines gefährlichen Rivalen, vielleicht eines jüngeren oder älteren Geschwisters. Diese letztere Vorstellung erzeugt so starke Schuldgefühle, daß die Kinder es sich nicht einmal leisten können, in einen Wettbewerb einzutreten, oder gar einen zu gewinnen. Darum versuchen wir alles Konkurrenzdenken auszuschalten und ermutigen das Kind, seine Leistung nicht an der anderer zu messen, sondern nur an seinen eigenen früheren Leistungen. Da unsere Klassen nicht nach Jahrgängen gestuft sind und Kinder verschiedenen Alters in einer Klasse zusammen sind, kann man dem Kind verhältnismäßig leicht zeigen, daß es nicht gerecht wäre, wenn es seine eigenen Leistungen an denen der anderen messen würde, und daß ein Erfolg in einem solchen Wettbewerb in Wirklichkeit nicht viel zu sagen hätte, verglichen mit dem Messen seiner heutigen Leistungen an denen, die es vor einigen Monaten aufzuweisen hatte.

Wenn das Kind erst einmal im Schulzimmer ist, besteht der wichtigste Therapiebeitrag der Lehrer darin, ihm die reale Möglichkeit zu geben, seine Arbeit mit Erfolg zu erledigen. Erstens sind die Klassen klein, was sehr wichtig ist; die Lehrer können individuelle Aufgaben für jedes Kind vorbereiten, sie können ihm helfen, wenn es Hilfe braucht, und können jeweils kritisieren oder loben, wo und wann es am konstruktivsten ist. Das Kind steht nicht unter dem Druck von Hausaufgaben und ist frei

---

[3] „Flash Cards" sind Karten mit Wörtern, Zahlen oder Bildern, die als visuelles Hilfsmittel zum Üben des schnellen Erkennens dienen. (Anm. d. Übers.) Teilnehmende Beobachterin: Anna Lukes.

von allen Aufgaben, die zu tun sind, wenn der Lehrer (die Lehrerin) nicht dabei ist, um seine Angst zu lindern, oder um ihm zu helfen, wenn es glaubt, es könne nicht verstehen oder mit der Aufgabe nicht fertig werden.

Trotzdem kann man dem Kind, solange es in seiner Schularbeit noch weit zurück ist, die Situation im Klassenzimmer selbst mit der größten Mühe bestenfalls erträglich machen. Erst nachdem das Kind wiederholt erlebt hat, daß es im Lernen Fortschritte machen kann, daß Tätigkeiten oder Unternehmungen im Schulzimmer erfreulich sind, daß seine Angst vor dem Lernen, vor dem Erwerb von Wissen, ungerechtfertigt ist, kann ihm das Klassenzimmer angenehm erscheinen. Dies gilt sogar für Kinder, die man ermutigt, im Schulzimmer nur zu spielen, bis sie sich allmählich anpassen können. Sie spielen dann vielleicht eine Zeitlang und genießen es, aber plötzlich schauen sie vielleicht auf, sehen die anderen Kinder bei der Arbeit und erkennen zu ihrem Mißvergnügen, daß sie in bezug auf „Zulänglichkeit" weit hinter anderen zurückstehen. Dies zwingt sie meistens, eine Umwelt zu verlassen, in der sie sich so unzulänglich fühlen, und eine andere aufzusuchen, wo sie sich sogar ihren Altersgenossen überlegen fühlen — einen Rahmen überdies, in dem sie ihre Feindseligkeit gegen eine Welt entladen können, mit der sie auf dem Kriegsfuß stehen; mit einem Wort: es zwingt sie wieder in die Welt des Schuleschwänzens und der Verwahrlosung zurück.

In diesen Fällen können wir nur darauf hoffen, daß der Konflikt zwischen dem Wunsch, den angenehmen Umgang der Lehrerin zu genießen (oder die Sicherheit, mit schönem Spielzeug zu spielen, wo man dazu ermutigt wird), und dem entgegengesetzten Impuls, vor der Klassenzimmer-Situation davonzulaufen, so stark wird, daß das Kind das Bedürfnis verspürt, den Konflikt zu lösen. Dann ist es unsere Aufgabe, ihm bei der Lösung so zu helfen, daß es ins Klassenzimmer kommt, um zu lernen *und* zu spielen, anstatt nur zum Spielen dorthin zu gehen. Es gibt also für jeden „Schulschwänzer" und jedes Kind, das Angst vor der Schule hat, eine Zwischenperiode, in der es versucht, sich an die Schulsituation anzupassen, aber noch nicht angepaßt ist. Dies ist für das Kind eine sehr kritische Zeit, in der es spezielle Hilfe dabei braucht, sich selbst zu überzeugen, daß es weder weglaufen noch sich fürchten muß. Diese Kinder stellen einen vor noch ernstere Probleme als ein Kind, das noch im vollen Wortsinn ein „Schulschwänzer" ist.

Selbst wenn ein Kind noch unfähig ist, am Unterricht teilzunehmen — übrigens ist der „Schulschwänzer" selten ein Kind, das nicht zur Schule gehen will; er ist gewöhnlich ein Kind, das sich aus psychologischen Gründen den Schulbesuch nicht leisten kann —, ist es während seiner

„Schulabstinenz" wahrscheinlicher als zu irgendeiner anderen Zeit, daß es einige der Gründe zu erkennen gibt, die es am Lernen hindern. In diesem Sinn gehört das Schuleschwänzen in Wirklichkeit in eine Erörterung der Probleme im Klassenzimmer, besonders wenn von einer Behandlungsinstitution die Rede ist. Ein Beispiel kann vielleicht veranschaulichen, wie die während des Schuleschwänzens unternommenen Streifzüge es uns — und, was sogar noch wichtiger ist, dem Kind — ermöglichen, direkte Einsicht in die Gründe zu gewinnen, warum das Kind nicht lernt.

Selbst als seine Eltern ihn noch zwangsweise in die Schule zu bringen pflegten, hatte George es nie länger als ein paar Minuten auf einmal im Klassenzimmer aushalten können. Wie wir schon am Anfang dieses Kapitels erwähnt haben, war er praktisch von zu Hause weggelaufen, seit er sich sicher auf seinen Beinen fortbewegen konnte. Sein schwerer Verfolgungswahn machte ihn nicht nur äußerst aggressiv gegen andere, sondern — was für dieses Beispiel noch wichtiger ist — ließ ihn auch die Gesellschaft anderer fürchten. Diese Tatsache machte es uns eine Zeitlang unmöglich, eine der besten Methoden zur Zähmung von Ausreißern anzuwenden; es war besonders anstrengend und schwierig, George auf seinen Streifzügen zu begleiten, manchmal geradezu gefährlich. Aber das Zusammensein mit ihm, während er sich irgendwo herumtrieb, war unsere einzige Chance, irgendeine Beziehung zu ihm herzustellen, und später bot es eine Gelegenheit, ihn bei der Veränderung seiner Lebensweise zu beeinflussen.

Nach vielen frustrierenden Bemühungen gelang es seiner zu dieser Zeit bevorzugten Betreuerin, in gewissem Maß sein Vertrauen zu gewinnen, und er erlaubte ihr schließlich, ihn zeitweise auf seinen „Ausflügen" zu begleiten. Das tat er nicht, weil er sie gern hatte — noch war er unfähig, irgendwelche positiven Beziehungen herzustellen oder irgendwelche positiven Gefühle zu hegen —, sondern weil sie ihm ihre Nützlichkeit bewiesen hatte, indem sie ihn beschützte, wenn er durch seine Diebereien und seine Angriffe auf andere in Schwierigkeiten geraten war, und auch, indem sie ihm Spielzeug und etwas zu essen verschaffte. Als sie allmählich begann, ihre Beziehung zu benützen, um einen sozialisierenden Einfluß auszuüben, ergab sich eine Situation, in der er zum erstenmal einige der Gründe nannte, die ihn das Lernen fürchten ließen, und von den katastrophalen Folgen sprach, die er davon erwartete.

Wie gewöhnlich, wenn er ausriß, wollte George fischen. Als er eines Tages sein Angelzeug an einer bestimmten Stelle des Seeufers ablud, wies ihn die Betreuerin darauf hin, daß er besser daran tun würde, woanders hinzugehen, weil an dieser Stelle das Fischen nicht erlaubt sei. (Sie war der Ansicht, daß er zwar noch nicht ertragen könne, wenn ihm etwas verboten werde, wozu er entschlossen war, daß er aber vielleicht einen Ortswechsel aushalten und so eine Ahnung davon bekommen könnte, wie man kleine Änderungen vornehmen kann, um nicht in Schwierigkeiten mit der Gesellschaft zu kommen, besonders wenn es keine große Mühe macht.) George fragte sie, wieso, und woher sie wisse, daß hier das Fischen nicht erlaubt sei. Sie zeigte auf ein Schild und sagte ihm, darauf stehe „Fischen verboten", worauf er antwortete: „Ich kann nicht lesen, also gilt es nicht für mich."

Dies führte zu ihrem ersten Gespräch über die Tatsache, daß man sich nicht damit entschuldigen kann, daß man die Gesetze nicht kennt, weil man nicht lesen kann, und daß dies keinen Schutz vor Strafe bietet. Es führte auch zu dem Gedanken, daß man sich, wenn man lesen kann, eine der vielen Stellen auszusuchen vermag, wo das Fischen erlaubt ist, anstatt sich der Gefahr auszusetzen, etwas Ungesetzliches zu tun — eine Erfahrung, die George unangenehm vertraut war. Bei diesem Gespräch kam es ihm zum erstenmal in den Sinn, daß das Lesenlernen auch Vorteile haben könnte, und daß der Umstand, daß er nicht lesen konnte, ihn nicht so schützte, wie er früher geglaubt hatte. Außerdem ermöglichte uns dieses Gespräch, diese und ähnliche Argumente später George gegenüber zu gebrauchen [4].

Der Zusammenhang zwischen Georges erstem Nachdenken über die möglichen Vorteile des Lernens und seinem späteren Erfolg in der Schule kam erst viele Monate später im Klassenzimmer zum Vorschein [5].

Ein Jahr später, als George schon mehr oder weniger regelmäßig zum Unterricht kam, kämpfte er immer noch gegen das Lernen. Er fühlte sich nun nicht mehr von eingebildeten Feinden verfolgt, aber er hatte seine Paranoia noch nicht überwunden. Früher hatte er seinen Menschenhaß personalisiert und projiziert und hatte dann seinerseits das Gefühl gehabt, von seinen Feinden geschädigt und verfolgt zu werden. Nun waren es in gewisser Weise seine Schulfächer, die er in Personen verwandelte; er haßte sie, projizierte seinen Haß auf sie und fühlte sich

---

[4] Teilnehmende Beobachterin: Ann Morrisett.
[5] Dies kann uns übrigens als ein Beispiel dafür dienen, warum es so schwierig ist, sich an Kapitelüberschriften zu halten, warum ein Kapitel über den Schulunterricht so weit ausgedehnt werden muß, daß es auch wilde Streifzüge zum See einschließen kann, und warum ein späteres Kapitel über das Verhalten der Kinder zur Schlafenszeit mitenthalten wird, was am Tage auf dem Spielplatz geschehen ist.

seinerseits von ihnen verfolgt. Zu dieser Zeit waren die Anfangsgründe des Lesens, wie er sagte, sein „schlimmster Feind". Es dauerte noch ein Jahr, bis er lesen gelernt hatte, das Lesen nicht mehr haßte und sich darum auch nicht mehr von ihm verfolgt fühlte. Dann nahm das Rechnen den Platz des schlimmsten Feindes ein, aber zu dieser Zeit war seine Persönlichkeit schon viel besser integriert, und er war in der Lage, selbst etwas Konstruktives gegen seinen Verfolgungswahn zu tun. Aber von dieser Entwicklung später noch mehr.

Am Anfang hatte die Lehrerin außerhalb des Unterrichts eine freundliche Beziehung zu George hergestellt, ehe er jemals wagte, das Schulzimmer zu betreten, und als er dazu bereit war, wurde von ihm nur erwartet, daß er dort spiele. Wir hofften, er werde auf diese Weise ein wenig seine Furcht vor dem Ort des Lernens verlieren, nachdem er zuerst die Angst vor der Lehrerin verloren hatte. Die Beziehung zu seiner Lehrerin fing allmählich an, ihm immer mehr zu bedeuten, aber er zog es immer noch vor, unwissend zu bleiben, und wünschte sich, die Lehrerin würde aufhören zu versuchen, ihm das Lernen angenehm erscheinen zu lassen. In solchen Augenblicken pflegte George zu ihr zu sagen: „Hör' auf, bitte zu mir zu sagen. Wenn du die ganze Zeit bitte sagst, ist es schwer, nicht zu arbeiten." Er wollte dem Druck ihrer freundlichen Überredung entkommen, denn er erkannte, sie würde ihn nicht nur zwingen, sich intellektuell zu entwickeln, sondern ihn auch zu einem höflicheren Benehmen veranlassen [6].

Einige Zeit später zeigten Georges Beschwerden deutlicher den Konflikt zwischen Ich und Es, da sein Ich sich immer stärker behauptete, aber noch nicht stark genug war, um das Drängen all seiner aus der Laune des Augenblicks entspringenden Wünsche nach sofortiger Befriedigung zu überwinden. Als er für die Fortschritte gelobt wurde, die er gemacht hatte — und der Fortschritt war zu jener Zeit noch klein genug —, platzte George heraus: „Und was krieg' ich für all diese schwere Arbeit ... nichts! Nur Fortschritt. Kein Geld, kein Garnichts, nur Fortschritt." Natürlich hatte man seine Beschwerden vorausgeahnt, bevor er sie jemals laut werden ließ, und der kleinste Schritt vorwärts wurde reichlich mit Spielzeug und auf andere Weise belohnt. Zu dieser Zeit kämpfte George nicht mehr offen, indem er weglief oder seiner Lehrerin trotzte; seine Ambivalenz in bezug auf das Lernen drückte sich hauptsächlich in mürrischem Widerstand aus.

Nach einigen weiteren Monaten hatte George tatsächlich lesen gelernt. Da es ihm nun doch nicht gelungen war, unwissend zu bleiben, und da

---

[6] Teilnehmende Beobachterin: Ruthevelyn Pim.

er den Kampf gegen das Erwachsenwerden verloren hatte, war er bereit zuzugeben, warum er ihn geführt hatte. Nun sagte er seiner Lehrerin, warum er gehofft hatte, er werde nie lesen lernen, und eines Tages, kurz darauf, als er wieder keine Lust hatte, mit dem Lesen fortzufahren, und man ihn fragte, was los sei, erklärte er, warum er Angst habe, erwachsen zu werden, und warum er „dumm" bleiben wolle. Er sagte, als kleiner Junge habe er „jemand getötet. Ich hab' ihn unter Wasser unter die Felsen gestoßen." (Er hatte tatsächlich, wie schon erwähnt, ein Kind in den Fluß gestoßen, um dessen Angelzeug stehlen zu können. Dies mag auch der Grund sein, warum er auf einem Angelausflug zum erstenmal davon sprach, welche Vorteile es habe, wenn man nicht lesen könne.) Er fürchte, fuhr er fort, wenn er erwachsen sei, würde er vielleicht das gleiche wieder tun und dann auf den elektrischen Stuhl geschickt werden. Wenn er dann lesen und schreiben könne, würde jeder sagen, er habe gewußt, was er tue; wenn er aber ein Dummkopf bleibe, könne ihn niemand verantwortlich machen.

Da George nun das dramatischste Ereignis seiner Vergangenheit erwähnt hatte, konnte man ihm versichern, er werde niemals für das bestraft werden, was er als kleines Kind getan habe, während man ihm zugleich eindringlich klarmachte, daß seine Unwissenheit ihm niemals als Entschuldigung dienen werde, wenn er erwachsen sei. Im Gegenteil, erklärte man ihm, seine ungenügenden Schulleistungen würden gegen ihn sprechen, weil sie den Anschein erwecken würden, als habe er sich nie bemüht, in der Gesellschaft voranzukommen. Diese und ähnliche Erörterungen machten das Lernen als solches nicht viel erstrebenswerter — das konnte erst durch tatsächliche Leistungen zustande kommen —, aber sie brachten ihn doch allmählich von der Vorstellung ab, Unwissenheit sei ein wertvoller Schutz.

Nur ganz langsam wandelte sich Georges Bedürfnis auszureißen in sozial annehmbarere Formen der Spannungsabfuhr vor dem Unterricht, aber schließlich wurde sogar seine Runde um den Häuserblock abgelöst von einem Gang über den Spielplatz. Wie bei den meisten „Ausreißern" gab es auch bei George, selbst nachdem er sich ziemlich gut angepaßt hatte, noch Zeiten, in denen sein alter Drang zum Weglaufen sich wieder bemerkbar machte, besonders in Zeiten der Belastung oder wenn es wieder Frühling wurde oder wenn er sich allgemein unglücklich fühlte. Dann mußte seine Lieblingsbetreuerin nicht nur die ganze Zeit zwischen dem Frühstück und dem Unterrichtsbeginn mit ihm verbringen, sondern auch noch viele weitere Stunden des Tages, wobei sie sein schwaches Ich gegen das Drängen seiner asozialen Wünsche unterstützte. Sie mußte ihm bestätigen, daß er Fortschritte gemacht hatte, und mußte seine Leistungen einzeln aufzählen, bevor er seine Niedergeschlagenheit darüber überwinden konnte, daß er immer noch so weit zurück war, oder bis er aus seiner Haltung des „Es nützt ja doch alles nichts" wieder herausfinden konnte [7].

George wußte, daß er Hilfe brauchte, um seiner Neigung zum Weglaufen widerstehen zu können, und je nachdem, wie ihm morgens zumute war, erwartete oder verlangte er Unterstützung. Er pflegte zu sagen: „Hier kommt der Jagdhund", oder er wandte sich mit einem Gemisch aus Stolz (über das Interesse seiner Betreuerin an ihm) und Verzweiflung (weil sie ihn schließlich doch überzeugen würde, daß es besser sei, am Unterricht teilzunehmen) den anderen Kindern zu und sagte: „Hier kommt mein Jagdhund; sie jagt mich in die Schule." Aber sie war *sein* „Jagdhund"; sie und seine Beziehung zu ihr machten ihm schließlich das Lernen möglich.

Wenn George weniger unter einem Minderwertigkeitsgefühl litt, sondern mehr von dem Wunsch nach sofortigem Lustgewinn getrieben wurde, hatte man mit anderen Methoden mehr Erfolg. Dann mußte die Runde um den Häuserblock durch eine geeignetere Maßnahme ersetzt werden, etwa durch einen Besuch im Drugstore auf ein „Soda" oder zum Kauf eines kleinen Spielzeugs. Dieses Spielzeug pflegte George während des Unterrichts nie aus der Hand zu legen; es war für ihn ein greifbares Symbol für den Umstand, daß Lernen nicht bedeutete, man müsse auf sein Vergnügen verzichten, sondern vielmehr, man bekomme noch neue Vergnügen dazu, wie seine Betreuerin ihm erklärt hatte.

Je größere Fortschritte George in seiner Anpassung machte, desto mehr trat symbolisches Verhalten an Stelle seines Ausagierens, und schließlich wurde die symbolische Beruhigung durch echte persönliche Beziehungen ersetzt: Die Sicherheit, die George daraus gewann, daß er sich an ein Spielzeug klammerte, wurde allmählich durch die Geborgenheit ersetzt, die er in der Beziehung zu seiner Lehrerin fand. Eine Zeitlang mußte er nun vom Frühstück weg ins Klassenzimmer rennen, um alle Spannung des Aufschubs nicht nur dadurch zu beheben, daß er sich selbst davon überzeugte, Klasse und Lehrerin seien keineswegs so scheußlich, wie seine Angst sie ihm ausmalte, sondern auch dadurch, daß er die Lehrerin nun fünfzehn oder zwanzig Minuten lang ganz für sich hatte; in dieser Zeit konnte er sich bei ihr die verbale Bestätigung holen, daß seine Aufgaben an diesem Tag nicht zu schwierig sein würden. Noch wichtiger war aber die emotionale Gewißheit, daß er ihr etwas bedeutete, eine Ge-

---

[7] Teilnehmende Beobachterinnen: hauptsächlich Gayle Shulenberger, aber später auch Patty Pickett und andere.

wißheit, die er aus der Tatsache ableitete, daß sie genug Interesse an ihm hatte, um ihre freie Zeit mit ihm zu verbringen und seinetwegen früher in die Klasse zu kommen. Eine Zeitlang konnte er sich nur in der Klasse halten, wenn er sich mit ihr und mit seiner Arbeit eingerichtet hatte, bevor irgendein anderes Kind ins Klassenzimmer gekommen war. Damals trat seine echte Beziehung zu einer Lehrerin als Quelle der Geborgenheit an die Stelle der Spielzeug-Symbole [8].

George hatte eine große Handgeschicklichkeit und ein gutes technisches Verständnis, aber im Lesen und Verstehen war er immer noch weit zurück, weil er so lange die Lernsituation vermieden hatte. Der Unterricht war ihm nur erträglich, weil die Freiheit der Klasse es ihm ermöglichte, jeden Statusverlust, den er auf Grund seiner Zurückgebliebenheit im Lesen zu erleiden fürchtete, durch seine Talente sofort auszugleichen. Eines Tages lasen die Kinder z. B. im Physikunterricht über Kontraktion und Expansion durch Wärme, und was sie gelesen hatten, wurde am Beispiel der Kabel erläutert, die die George-Washington-Brücke tragen. George war vollkommen hilflos, weil die Anforderungen der Stunde weit über seine gegenwärtigen Lesefähigkeiten hinausgingen, und er wurde sehr unruhig, bereit, jeden Augenblick aufzugeben und wegzulaufen. Auf dem Höhepunkt dieser Krise sprang er auf, ging zu den Bauklötzen und baute ein Modell der Brücke, das ihm großes Lob von den anderen Kindern eintrug und mit dem er sich glänzend aus der Klemme half [9].

Eine andere Methode, die sich für George als sehr brauchbar erwies, bestand darin, ihm zu erlauben, zu lernen, was er wollte und wann er es wollte. Nachdem George das Lesen akzeptiert hatte und nun wütende Angst vor dem Rechnen hatte („hab' einen Kampf mit dem Rechnen gehabt", wie er sich ausdrückte), wurde dieses Fach eine Zeitlang aus seinem Programm gestrichen. Als es wieder eingeführt wurde, erweckte es immer noch die gleiche Wut, aber diesmal brachte er sie in so heftiger Form zum Ausdruck, daß er genug Erleichterung fand, um in seiner Arbeit fortfahren zu können. Das sah so aus: Als die Lehrerin zu ihm sagte, nun sei es Zeit für ihn, es noch einmal mit dem Rechnen zu versuchen, benützte er seinen Gürtel als Peitsche, ging durch den ganzen Raum und schlug auf die Pulte und Stühle ein, während er schrie: „Ich werd' es nicht tun. Ich werd' es einfach nicht tun." Dies war ihm auch deswegen möglich, weil er nun genug Sicherheit gewonnen hatte, um seine Feinde (das Rechnen) anzugreifen, während er früher eine so ge-

---

[8] Teilnehmende Beobachterinnen: Kathryn Howard, Anna Lukes und Ruthevelyn Pim.
[9] Teilnehmende Beobachterin: Kathryn Howard.

ringe Meinung von seinen Fähigkeiten gehabt hatte, daß er vor einer
Herausforderung nur davonlaufen konnte. Die Lehrerin sah sich seinen
heftigen Ausbruch an und hatte das Gefühl, sie habe vielleicht das Rechnen zu früh wieder zur Sprache gebracht. Sie sagte zu George, wenn er
so sehr dagegen sei, werde sie nicht darauf bestehen, daß er rechnen
lerne. Aber in diesem Augenblick hatte George seine Heftigkeit schon
verausgabt. Er setzte sich einfach nur hin und sagte: „Gib mir die
Arbeit", und er machte seine Aufgabe ohne weiteres Widerstreben und
ohne besondere Schwierigkeiten [10].

Einige Zeit nach dieser Aggressionsabfuhr, und nachdem George im allgemeinen Fortschritte darin gemacht hatte, symbolisches Material als das
zu akzeptieren, was es war und nicht als dingliche Realität (oder als eingebildeten Feind), wurde er auch fähig, mit seiner Angst und seinen
Aggressionen symbolisch fertig zu werden.

Obwohl George sich jetzt manchmal mit Rechnen beschäftigte, dauerte
seine allgemeine Abneigung gegen dieses Fach noch eine Weile an, und
man übte keinen Druck auf ihn aus. Eines Tages versprach ihm seine
Lehrerin, sie werde mit ihm fischen gehen, und wenn sie Fische fingen,
würden sie sie miteinander braten und essen. Auf diese Weise von ihrem
guten Willen überzeugt, fand er den Mut, die gefürchteten Rechenprobleme anzupacken. Er saß an seinem Pult und spielte mit ein paar
Papierfetzen herum, zunächst anscheinend ohne Ziel. Dann fing er an,
aus dem Papier Fähnchen zu machen. Er baute ein System beweglicher
Rollen mit drei Fähnchen, und als die Lehrerin ihn fragte, warum es
drei seien, und was das alles zu bedeuten habe, sagte er: „Na ja, das ist
ein System. Ich will es dir erklären. Siehst du das weiße Fähnchen? Das
ist für alles Gute. Für alles, was ich nicht hasse. Für alles außer Rechnen." Dann legte er das weiße Fähnchen hin und nahm das leuchtend
rote auf. Er verbarg sein Gesicht dahinter und sagte: „Diese Fahne ist
fürs Rechnen. Es ist eine rote Fahne, weil ich jedesmal wütend werde,
wenn ich Rechnen sehe. Ich werde einfach wütend." Dann zeigte er ihr
das dritte Fähnchen; es war weiß und zeigte einen Totenkopf mit gekreuzten Knochen. Dann schloß er fast geringschätzig: „Und dies ist
eine Fahne, die ich benütze, wenn die anderen Kinder mich ärgern." [11]

So entwickelte George, nachdem er gelernt hatte, symbolisches Material
als solches zu akzeptieren und zu benützen (Buchstaben, Zahlen usw.),
spontan ein symbolisches System, mit dessen Hilfe er seine Wut auf
soziale und höchst akzeptable Weise zum Ausdruck bringen konnte, auf

---

[10] Teilnehmende Beobachterin: Kathryn Howard.
[11] Teilnehmende Beobachterin: Kathryn Howard.

eine Weise, die ihm gestattete, seine Arbeit fortzusetzen, ungestört von der durch die verschiedenen bedrohlichen Situationen erzeugten Spannung. Alle Spannung wurde nun symbolisch mit Hilfe der Fähnchen abgeführt. Er benützte dieses Fähnchensystem wirklich eine Zeitlang und signalisierte seiner Lehrerin, wenn er das Gefühl hatte, die anderen Kinder belästigten ihn, oder wenn er bereit war, sich mit dem Rechnenlernen zu befassen, was er dadurch kundgab, daß er die rote Fahne hißte.

Wenn wir für Kinder, die fürchten, das Lernen sei gleichbedeutend mit dem Aufgeben primitiver Freuden, die Umwelt des Klassenzimmers beruhigend gestalten wollen, gehen wir nicht so weit, sie das Babyfläschchen mit in die Klasse bringen zu lassen, so daß sie mit dem Schnuller Milch daraus trinken können. Der Grund dafür ist, daß wir versuchen, in der Welt unserer Schule wenigstens ein Milieu zu bewahren, von dem das Kind erkennt, daß es ein reiferes und integrierteres Benehmen erfordert. Dies ist das Klassenzimmer. Trotzdem sind manche Kinder recht erfinderisch darin, sich die Beruhigung zu verschaffen, die ihnen ihre Fähigkeit gewährt, auf frühere Formen des Lustgewinns zu regredieren, und dies gelingt ihnen in einer Art, die in ihrer Reife den Anforderungen der Situation im Klassenzimmer durchaus entspricht.
George z. B. brachte seine erste hervorragende Leistung im Lesen (acht Seiten ohne Unterbrechung) unmittelbar nach einer solchen „Heldentat" zustande. Im Physikunterricht gelang es ihm eines Tages, eine Situation herbeizuführen, die ihrer Leistung nach ein Zeichen von Reife war, ihrem Inhalt nach aber bedeutete, daß er durch größere Reife in der Lage sein würde, sich selbst sogar noch mehr von den Befriedigungen zu verschaffen, die er brauchte.
Einer Anregung folgend, die seine Lehrerin ihm in einer Physikstunde gegeben hatte, konstruierte er ein sorgfältig ausgearbeitetes Siphon-System. Er nahm mehrere Flaschen und verband sie durch Gummiröhren miteinander, so daß er, wenn er an einem Ende des Systems blies oder saugte, Flüssigkeit durch die verschiedenen Flaschen und Röhren treiben konnte. Zur Mittagessenszeit mußte er seine Arbeit unterbrechen, aber während der Mahlzeit warf einiges, was er zu seiner Lehrerin sagte, ein Schlaglicht auf das, was er zu tun versuchte. (Die Mittagsmahlzeit nehmen die Kinder an Schultagen zusammen mit den Lehrern ein; die anderen Hauptmahlzeiten zusammen mit ihren Betreuern.) Ohne erkennbaren Anlaß sagte er: „Früher mal hat mein Großvater eine Kuh gekauft, damit ich immer Milch hätte. Er hat einen Teil der Garage als Stall benützt." Während er dies sagte, stieß er ein Loch in eine Milchtüte,

steckte einen Strohhalm in das Loch und fing an, die Milch durch den Strohhalm zu saugen.
Am Nachmittag dieses Tages, als George nach der Mittagspause in seine Klasse zurückkam, spielte er wieder mit seinem Röhrensystem und trieb verschiedene Flüssigkeiten durch die verschiedenen Flaschen [12].
Auf diese Weise bewies George sich selbst, daß er durch Lernen im Klassenzimmer besser verstehen könne, wie Flüssigkeiten sich verhalten, und er hat vielleicht sogar das Gefühl gehabt, etwas über den Melkvorgang erfahren zu haben. Diese Leistung und das Lob, das er dafür bekam, machten ihn sehr glücklich und gaben ihm soviel Mut, daß er sich dem gefürchteten Lesen mit Selbstvertrauen zuwandte und sich zu einer sehr produktiven Sitzung über sein Buch machte.

Wir haben einige der vielen und verschiedenartigen Schritte in Georges Anpassung an die Lernsituation im einzelnen beschrieben, weil sie in ihrer Abfolge ziemlich typisch sind: von der allgemeinen Angst vor dem Lernen über die Beziehung zu Personen, die das Vertrauen des Kindes genießen, zu den versuchsweisen Ansätzen isolierten Lernens und schließlich zur endgültigen Anpassung an den Unterricht. Georges Weg zeigt auch, warum wir in unserem Vorgehen flexibel bleiben müssen, und wie sehr. An jedem einzelnen Unterrichtstag sind ein paar Kinder in der Klasse, die noch gegen das Lernen kämpfen; andere fangen gerade mit der Anpassung an die Klassensituation an, während andere noch ihre Angst davor überwinden müssen.
Wie in allen anderen Lernsituationen nützt es wenig, wenn der Lehrer weiß, was das Kind lernen soll, solange das Kind selbst nicht überzeugt ist, daß es zu seinem eigenen Besten lernen muß. Während diese beiden Bedingungen beim Unterrichten normaler Kinder häufig zugleich vorhanden sind, müssen bei Fällen von psychisch bedingter Lernhemmung zwei weitere Schritte vorher getan werden: Erstens muß das Kind erkennen, was es am Lernen gehindert hat; zweitens muß es erkennen, daß seine alte Verhaltensweise (Nicht-Lernen) selbst angesichts dessen, was es für seine Interessen hält, unwirksam war.
Bei George fing die Erkenntnis der Ursache seiner Lernhemmung an, als er sagte, er habe geglaubt, wenn er nicht Bescheid wisse, werde er für seine Handlungen nicht zur Rechenschaft gezogen. Diese Einsicht kam in einer Reihe von oft weit auseinanderliegenden Schritten zustande, von denen wir nur zwei beschrieben haben. Der früheste und am wenigsten folgenreiche war die Tatsache, daß er sich durch seine Unfähigkeit

---

[12] Teilnehmende Beobachterin: Kathryn Howard.

zu lesen beschützt glaubte, als er an der falschen Stelle angeln wollte. Gerade weil dieser Bereich relativ unwichtig schien, war es hier am leichtesten für ihn, mit dem Nachdenken über seine Lernhemmung anzufangen, daher geschah es auch hier zuerst. Dieses Nachdenken führte allmählich dazu, daß er auch die wichtigsten Gründe dieser Hemmung verstehen lernte, nämlich als er begriff, er habe immer geglaubt, wenn er nicht lesen könne, sei er auch für ein Kapitalverbrechen nicht verantwortlich.

Es trifft zwar zu, daß wir, schon bevor George es uns sagte, eine ziemlich genaue Vorstellung davon hatten, warum George sich fürchtete, lesen zu lernen und erwachsen zu werden. Auch George hatte wahrscheinlich eine vage Ahnung, warum er glaubte, er sei vor den Gesetzen besser geschützt, wenn er unwissend bliebe, bevor er es in Worte faßte. Aber vor diesen Gesprächen hatten wir keine Möglichkeit, unser Wissen zu nützen, genau wie das Wissen der Lehrerin, warum und was der Schüler lernen sollte, wenig nützt, solange sie bei dem Lernprozeß nicht den Willen des Schülers auf ihrer Seite hat. Dies ist aber erst möglich, wenn auch der Schüler davon überzeugt ist, daß er lernen sollte, und wenn er darauf vertrauen kann, daß die Anleitung der Lehrerin ihm nützen wird.

Auch aus anderen Gründen wäre es unklug, wollten wir unser Wissen, warum Kinder sich so verhalten, wie sie es tun, benützen, bevor sie selbst darüber mit uns gesprochen haben. Die meisten psychisch gestörten Kinder — und auch viele normale jüngere Kinder — sind überzeugt, daß Erwachsene hellseherische Fähigkeiten haben. Darum haben sie oft Angst vor Erwachsenen und geben sich besondere Mühe, ihre Gedanken und Gefühle vor ihnen zu verbergen. Aber wir haben ein vitales Interesse daran, daß die Kinder weder Angst vor uns haben, noch ihre Gedanken und Gefühle vor uns verbergen. Außerdem flüchten sich Kinder, die nicht fähig sind, mit der Welt auf realistische Weise fertig zu werden, häufig in den Glauben an Magie. Je weniger lebenstüchtig sie sind, desto mehr folgen sie dieser Neigung. Wenn wir zulassen, daß sie den Eindruck bekommen, wir hätten magische Fähigkeiten, weil wir anscheinend ihre unausgesprochenen Gedanken erraten können, werden sie selbst um so begieriger, diese Fähigkeiten auch zu bekommen. Außerdem, wenn wir auf magische Weise die Gedanken von Kindern lesen können — warum sollten sie dann überhaupt lesen und schreiben lernen? Wenn sie erst einmal unsere Magie beherrschen, werden sie ja ohnehin alles wissen.

All unsere Bemühungen, besonders bei Kindern, die das Lernen nicht ausstehen können, müssen darauf gerichtet sein, in ihnen den Eindruck hervorzurufen, nur Lernen befähige einen, Wissen zu erwerben. So können wir sie vielleicht allmählich vom Wert des Lernens überzeugen, wie auch davon, daß es keine andere Möglichkeit gibt, Wissen zu erwerben. Und schließlich wird dies möglicherweise zu einem weiteren Anreiz für sie werden, lernen zu wollen.

Außerdem können wir, soviel Grund wir auch haben mögen zu glauben, wir wüßten, was das Kind denkt oder was sein Verhalten motiviert, nie sicher sein, daß unsere Annahmen richtig sind. Wir können auch nie sicher sein, daß es selbst seine Motive schon bis zu Ende durchdacht hat. Wenn das Kind sich über seine Motive noch nicht ganz im klaren wäre und wir sie an seiner Stelle benennen würden, wäre es möglicherweise nicht in der Lage, unsere Beweisführung zu akzeptieren. Und selbst wenn es sie akzeptieren würde, könnte das Kind selbst später nie sicher sein, daß dies wirklich seine wahren Motive waren, und daß wir sie ihm nicht untergeschoben haben. Es könnte auch nie davon überzeugt sein, daß es selbst in der Lage war — oder je in der Lage gewesen wäre —, die Ursachen seiner Handlungsweisen zu entdecken.

Wir sind sehr darauf bedacht, das Ich des Kindes zu stärken, seine Selbstachtung und sein Gefühl der Zulänglichkeit zu steigern, es zu überzeugen, daß es fähig ist, seine eigene Handlungsweise zu verstehen, zu ändern und zu steuern. Nichts trägt mehr zur Entwicklung dieser Einstellungen bei als die Überzeugung, daß man selbständig herausfinden kann, was man für Beweggründe hat, und nichts ist deprimierender als der Gedanke, daß andere die innerste Triebfeder des eigenen Verhaltens entweder besser oder früher verstehen als man selbst. Darum verwenden wir z. B. unser intuitives Wissen oder Informationen von den Eltern nicht, bevor das Kind uns gesagt hat, was los ist, oder bevor wir wirklich wissen, nicht nur glauben, daß das Kind selbst Bescheid weiß. Aber wenn das Kind uns einmal erzählt hat, was es über seine Motivationen weiß, fühlen wir uns befugt, dieses Wissen in geeigneten Augenblicken zu verwenden, selbst wenn das Kind es vergessen hat, denn eine solche Information ist zu einem Teil unserer Beziehung geworden und ist nun unser gemeinsames Eigentum, nicht mehr Privateigentum des Kindes.

Am Anfang haben wir gesagt, man könne von unseren Bemühungen sagen, sie förderten die Entwicklung eines starken Ichs eher direkt als auf dem Weg über eine Aufdeckung unbewußter Tendenzen. Georges Erfahrungen mögen veranschaulichen, wie wir durchweg versucht haben, das Ich in seinem Kampf gegen asoziale Tendenzen zu unterstützen, und wie wir das Über-Ich in seiner repressiven Funktion nicht unterstützt haben. Wir haben nicht zu George gesagt, er dürfe nicht an einer Stelle fischen, wo es verboten ist; wir haben ihm nicht die schlimmen Folgen einer Gesetzesübertretung vor Augen geführt. Wir haben ihm (seinem Ich) vielmehr die Wahl gelassen und ihm die Vorteile sozialen Verhaltens und mehr noch der Ich-Entwicklung, des Lernens, gezeigt. Aber wir haben ihm auch nicht gesagt, warum er vor dem Lernen solche Angst hatte. Das mußte er selbst herausbekommen und mußte es uns selbst zu der ihm passend erscheinenden Zeit aus eigenem freiem Willen erzählen. Als er es uns erst einmal erzählt hatte, und als es zu einem Teil seiner bewußten Einsicht geworden war (wie auch zu einem Teil persönlicher Beziehungen), waren wir in der Lage, es zu benützen, wenn auch sparsam und vorsichtig.

Oft bekommt ein Kind Angst, wenn wir, bei dem Versuch, ihm beim Verstehen seines eigenen Verhaltens zu helfen, es an irgendein Ereignis aus seiner Vergangenheit erinnern, von dem es uns erzählt hat. Das Kind wird dann vielleicht erschreckt fragen: woher weißt du das? und wird sehr erleichtert sein, wenn wir es daran erinnern können, wann und wo es uns davon erzählt hat. Auf diese Weise erwacht in dem Kind oft die Bereitschaft, sich die Erinnerung zunutze zu machen, um sich selbst zu verstehen, während es diese Möglichkeit abgelehnt hatte, so lange es nicht sicher wußte, daß es selbst uns von seinem Erlebnis erzählt hatte.

Wir haben schon im fünften Kapitel darüber gesprochen, daß Zeiten des tatenlosen Wartens schwierig sind, und daß man antizipatorische Angst so weitgehend wie möglich vermeiden muß. Darum findet das Kind, wenn es das Schulzimmer betritt, seine Arbeit schon auf seinem Platz ausgebreitet vor; das hat die Lehrerin getan. Das Kind weiß genau, wieviel Arbeit von ihm erwartet wird, und wenn möglich kommt ihm die Lehrerin zu Hilfe, sobald es darum bittet, so daß sich keine Frustration über ein vorliegendes schwieriges Problem ansammeln kann. Wenn die Lehrerin mit einem Kind arbeitet und ein anderes Kind sie um Hilfe bittet, versichert sie ihm, sie werde in ein paar Minuten bei ihm sein, und sie kann ein solches Versprechen auch halten, weil die Klassen klein und die Aufgaben relativ kurz bemessen sind.

Auch hier sind wieder die persönlichen Beziehungen noch wichtiger als die aufs beste geplanten Verfahrensweisen. Obwohl die Lehrerin die Arbeit für das Kind vorbereitet, muß die Einstellung so sein, daß Lehrerin und Kind zusammen das Problem anpacken. Es ist nicht eine Aufgabe, die die Lehrerin dem Kind gestellt hat, sondern eine Aufgabe, die die Lehrerin stellt, damit das Kind sie mit ihr zusammen erledigt. Für manche Kinder ist jede von Erwachsenen gestellte Aufgabe unannehmbar, weil das, was Erwachsene früher von ihnen forderten oder erwarteten, gewöhnlich schlecht für ihr physisches oder psychisches Wohlbefinden war.

Es mag zwar in einer fortschrittlichen Schule für normale Kinder möglich sein, die Kinder sich selbst spezifische Aufgaben stellen zu lassen, aber ein solches Verfahren ist in einer Schule für schwer gestörte Kinder unmöglich, zumindest für diejenigen Kinder, die in ihrer Wiederanpassung noch keine großen Fortschritte gemacht haben. Jeder, der auch nur eine Ahnung von paranoiden, wahnkranken oder autistisch in sich selbst zurückgezogenen Kindern hat, kann sich wohl vorstellen, daß es fast zum Chaos kommen würde, wollte man erwarten, daß sie sich selbst Aufgaben stellen, zu einer Verwirrung, die für sie selbst destruktiv wäre, noch mehr aber für diejenigen, die schon weiter fortgeschritten sind und deren noch zaghafte Versuche der Selbststeuerung durch die chaotische Selbstbehauptung der gestörten Kinder zunichte gemacht würden.

Da das Kind also irgendwann mit Aufgaben zurechtkommen muß, die von Erwachsenen gestellt sind, muß man Wege finden, es davon zu überzeugen, daß es mit der Annahme dieser Aufgaben nicht sein Recht auf Selbständigkeit aufgibt. Je mehr wir dem Kind zeigen können, daß wir nicht die Absicht haben, sein Recht auf Selbstbehauptung zu behindern, desto eher wird es schließlich unserer Versicherung glauben, daß wir seine Schul-Arbeiten nicht für es vorbereiten, um es ohne Respekt vor seinen natürlichen Wünschen in eine Art Zwangsjacke zu stecken (wie es selber glaubt), sondern um ihm das Lernen in einer Weise nahezubringen, die genau seinen natürlichen Fähigkeiten und seinem augenblicklichen Wissen entspricht.

Ein Kind kann z. B., wenn es das will, lesen oder schreiben lernen, anstatt sich mit Rechnen zu beschäftigen, wie George es tat; es kann anstatt des einen Buches ein anderes lesen, das es vorzieht, usw. Aber eine derart begrenzte Freiheit genügt nicht, um ein Kind davon zu überzeugen, daß seine Selbständigkeit sichergestellt ist, wenn es noch im offenen Konflikt mit allen Erwachsenen oder mit dem Lernen schlechthin steht. Diese Kinder brauchen grundlegendere Beweise dafür, daß ihre Selbständigkeit nicht bedroht ist, wenn sie sich um des Lernens willen einem Minimum an Schulroutine unterwerfen.

Im allgemeinen haben wir festgestellt, je mehr freie Bahn wir dem Kind geben, sich auf den Gebieten durchzusetzen, auf denen es dies aus besonderen Gründen, die in seiner Vorgeschichte liegen, am meisten nötig hat, desto mehr wird es schließlich auf den meisten anderen Gebieten mit uns zusammenarbeiten. In einem Fall mag dieses Gebiet, auf dem das Kind Unabhängigkeit braucht, das Gehen oder Sich-Bewegen sein, in einem anderen Fall ist es vielleicht das Reden oder die Freiheit zu verbaler Aggression und so weiter.

Alle wirklich fortschrittlichen Schulen lassen dem Kind sehr viel Freiheit, sich auszudrücken und Spannung abzuführen, oder man sollte besser sagen, diese Schulen können die Ansammlung von Spannung dadurch verhindern, daß sie das Kind nicht zum Stillsitzen zwingen. Aber nur wenige können Freiheit in dem Ausmaß erlauben, wie es in einer Behandlungsinstitution wie der unseren möglich ist. Bei uns gibt es keine unnötigen Einschränkungen der Bewegungsfreiheit, auch nicht außerhalb der Schulklasse, und das Kind ist nicht in Versuchung, die Freiheit des Schulzimmers auszunützen, um Einschränkungen im Elternhaus auszugleichen.

Außerdem erleben die Kinder in anderen Schulen unter Umständen ungünstige Reaktionen auf einige Arten gestörten Verhaltens oder auf provokante Reden. Die Kinder an unserer Schule sind es so sehr gewöhnt, ihre Gefühle offen zum Ausdruck zu bringen, daß sie auf solches Verhalten bei anderen nicht reagieren und es nicht mißbilligen. Als z. B. die Lehrerin den Kindern aus einem Buch vorlas, in dem der Satz vorkam: „Mütter sorgen gern für ihre Kinder", sagte Bill spontan: „Meine Mutter aber nicht." [13] Auf diese nüchterne Feststellung reagierten die übrigen Kinder nicht, weil sie daran gewöhnt waren, andere — wie sie selbst — negative Gefühle über Verwandte ebenso selbstverständlich zum Ausdruck bringen zu hören wie positive Empfindungen. So war Bills Zorn sofort erledigt und störte ihn nicht dabei, die Geschichte weiterhin mit Genuß anzuhören und dann zu seiner Arbeit zurückzukehren.

In jedem Behandlungsinstitut wird auf das vollständige Verstehen der Bedürfnisse und Schwierigkeiten eines Kindes ganz besonderer Wert gelegt. Die Lehrerin, die zu einer solchen Institution gehört, weiß besser als die meisten anderen Lehrer, was in einem Kind vor sich geht. Da ihr Handeln nicht allein auf ihrer eigenen Meinung beruht, sondern von den Beobachtungen aller anderen Mitarbeiter gestützt wird, die mit dem Kind arbeiten, hat sie eine zusätzliche Sicherheit, die ihr in der Arbeit mit einem schwierigen Kind hilft. Sie ist z. B. beruhigt, wenn der Psychiater ihr bei einer Mitarbeiterbesprechung oder im privaten Gespräch sagt, daß der Negativismus eines bestimmten Kindes nicht auf irgendeinen Fehler zurückgeht, den sie gemacht hat, sondern daß das Kind sich ihm gegenüber genauso negativistisch verhält. Sie kann dann zusehen

---

[13] Teilnehmende Beobachterin: Kathryn Howard.

und dem Kind erlauben, seinen Negativismus zu entladen, ohne selbst unsicher zu werden, weil sie mit der Ansicht nicht allein steht, daß dies die konstruktive Methode zur Behandlung des Kindes ist.
Ein weiteres Beispiel kann dies noch mehr veranschaulichen: zwei malerisch sehr begabte Kinder hörten plötzlich auf zu malen, und als ihre Zeichnungen sehr stereotyp wurden, machte die Lehrerin sich Sorgen. Als diese Entwicklung auf einer Mitarbeiterkonferenz besprochen wurde, stellte sich heraus, daß die frühere Konzentration der Kinder aufs Malen in gewissem Maß ein Versuch gewesen war, in Tagträume und eine Phantasiewelt zu fliehen, während ihr gegenwärtiger Mangel an Interesse ein gesunder Versuch war, mit der Welt auf realistische Weise fertig zu werden. Nun verstand die Lehrerin, daß das, was sie als Zeichen der Regression mit Besorgnis betrachtet hatte, in Wirklichkeit gute Fortschritte anzeige [14].
In anderen Fällen kann die Tatsache, daß die Lehrerin die emotionalen Probleme eines Kindes versteht, ihr dabei helfen, emotionale Verwicklungen zu erkennen; dann kann sie dafür sorgen, daß das Kind durch diese Schwierigkeiten im Klassenbetrieb nicht gestört wird. Natürlich bringen Verfasser von Fibeln und anderen Schulbüchern Themen zur Sprache, von denen man normalerweise erwartet, daß sie Kinder interessieren, und die Wörter enthalten, die zum allgemeinen Kinderwortschatz gehören. Gewöhnlich handelt es sich um Geschichten, von denen man annimmt, daß sie in den Kindern angenehme Gefühle hervorrufen. Darum erscheinen Mutter, Vater, Bruder, Schwester, Baby, Essen und Spielsituationen sehr häufig. Aber bei vielen unserer Kinder rufen diese Wörter negative Gefühle hervor, oder sie haben einen stark ambivalenten Beiklang, wie Bill durch seine Reaktion zu erkennen gab. Aber selbst auf der viel einfacheren Stufe des Worterkennens kann die Vergangenheit des Kindes seine Leistungsfähigkeit in der Gegenwart beeinträchtigen. Wir haben schon von Alices intensiver Eifersucht auf ihre jüngere Schwester („das Baby", wie sie sie verächtlich nannte) und von ihren gemischten Gefühlen ihrem Vater gegenüber gesprochen. Als sie die Aufgabe hatte, alle Wörter zu unterstreichen, in denen ein „y" vorkam, unterstrich sie alle Wörter richtig, ausgenommen „Daddy" und „Baby". Der Lehrerin war klar, daß beide Wörter mit Alices zentralen Schwierigkeiten zu tun hatten; sie sagte, sie habe ihre Sache gut gemacht, ohne auf Einzelheiten einzugehen. So zeigte sie Alice ohne große Umstände, daß sie ihre emotionalen Schwierigkeiten respektierte und

---

[14] Teilnehmende Beobachterin: Anna Lukes.

daß diese ihren Erfolg in der Schule nicht zu beeinträchtigen brauchten [15].

Wie viele schwer gestörte Kinder lernte Walter mit seinen Problemen fertig zu werden, indem er alle bedeutsamen Ereignisse seines Lebens voneinander isolierte und auch die Ereignisse von ihren Folgen trennte. Um dieses System beibehalten zu können, mußte er jedes Verstehen und damit auch alles Lernen vermeiden. Es gelang ihm so gut, den „Blöden" zu spielen, daß er mehrere Jahre in einer Anstalt für schwachsinnige Kinder zubrachte.

Als Walter schließlich anfing, im Lernen Fortschritte zu machen, versuchte er noch lange, das, was er lernte und erfuhr, von dem zu trennen, was ihm emotional wichtig war. Aus diesem und vielen anderen Gründen waren alle Wörter für ihn sehr schwierig, die Zusammenhänge herstellen; am schwierigsten waren diejenigen, die Kausalzusammenhänge bezeichnen. Aber er mußte sie natürlich lernen, sonst hätte er nie fähig werden können, seinen Mechanismus aufzugeben, der darin bestand, die Dinge voneinander zu isolieren. Hätte er kein Verständnis für diese Wörter erworben, hätten wir ihm niemals zeigen können, daß er Ereignisse und Gefühle voneinander trennte, die rechtmäßig zusammengehörten.

Ihm das Wort „because" (weil) beizubringen, brachte die größten Schwierigkeiten mit sich. Es erforderte alle Geduld und Ausdauer, die seine Lehrerin ihm nur zu bieten hatte, weil sie verstand, was es für ihn bedeuten würde, das Wort und den Begriff „because" (weil) zu bewältigen. Nach sehr vielen mißglückten Versuchen erklärte Walter sich schließlich bereit, das Wort an die Tafel zu schreiben. Langsam und sorgfältig malte er (mehr als er schrieb) das Wort, und in den ersten Buchstaben, das „b", zeichnete er Augen, und dann auf die Spitze des Buchstabens eine winkende und ausgestreckte Hand; erst dann konnte er das übrige Wort schreiben.

Walter war das Kind, das morgens seinen Kopf und besonders seine Augen zugedeckt ließ, um der Welt nicht zu begegnen, um sie nicht zu sehen. Schließlich pflegte er eine Hand unter der Decke hervorzustrecken, um einen ersten Kontakt herzustellen. In der Klasse zeigte er graphisch, daß für ihn das Verstehen der Bedeutung der Konjunktion „because" (weil) gleichbedeutend war mit einem Ausgreifen in die Welt; es hieß, sie zu sehen und schließlich sie zu verstehen. Ohne Walters Probleme zu verstehen, hätte die Lehrerin ihm in diesem Augenblick vielleicht nicht die verständnisvolle Ermutigung geben können, die er brauchte. Aber sie verstand, warum dieses Wort für ihn so schwierig war,

---

[15] Teilnehmende Beobachterin: Ida Bass.

und sie kam ihm um viel mehr als die Hälfte des Weges entgegen. Durch ihre Hilfe wurde es Walter möglich, seine zaghaften Versuche fortzusetzen, das „weil" seines Handelns und des Lebens, das um ihn her vor sich ging, zu verstehen [16].

Diese beiden Beispiele können auch verdeutlichen, warum es bei manchen Kindern wichtig ist, sie bei ihrer Aufgabe zu halten, während es bei anderen ebenso wichtig ist, das Gegenteil zu tun. Wenn man Alice gezwungen hätte, ihre Aufgabe ganz zu lösen, hätte es keinem guten Zweck gedient, denn der Umstand, daß sie nicht mit den Worten „Daddy" und „Baby" fertig werden konnte, hemmte nicht ihren allgemeinen Fortschritt; zu gegebener Zeit würden ihre übrigen Fortschritte es ihr ermöglichen, nicht nur mit den beiden Wörtern und Begriffen fertig zu werden, die sie repräsentieren, sondern auch mit den emotionalen Problemen, die sie bezeichneten. Walters Situation war vollkommen anders. Ohne den Begriff des „because" (weil) zu bewältigen, konnte er weder beim Lernen noch bei der Bewältigung seiner emotionalen Probleme Fortschritte machen. Außerdem wäre es Walter zu diesem Zeitpunkt unmöglich gewesen, irgendwo anders als im Schulzimmer die Bedeutung und Tragweite dieses Begriffes zu verstehen. Nur dort, in der sachlichsten Umgebung, konnte er sich diesem schwierigen Begriff überhaupt nähern, weil das Klassenzimmer nach seinem Empfinden eine gewisse Distanz von seinen unmittelbaren emotionalen Problemen bedeutete. Die beste Methode, bei der Entscheidung, ob man darauf bestehen soll, daß ein Kind an der einen oder anderen Lernaufgabe arbeitet, oder ob man die Sache ganz unberücksichtigt lassen soll, Fehler zu vermeiden, besteht darin, den Hinweisen zu folgen, die das Kind selbst gibt. Darum werden die Kinder, wann immer dies möglich ist, ermutigt, sich ihre Aufgaben selbst zu stellen, und sie dann auch zu erledigen. Man fragt sie z. B., wie viele Sätze sie schreiben wollen, wie viele Wörter sie lernen wollen, und so fort. Falls ihre selbstgestellten Aufgaben sich in vernünftigen Grenzen halten, wird nicht mehr von den Kindern erwartet, als daß sie ihr selbstgestecktes Ziel erreichen. Sie pflegen sich daher, wenn sie sich an einem Tag gut zum Lernen aufgelegt fühlen, größere Aufgaben zu stellen als an anderen Tagen.

Manche Kinder sind so sehr zu Konformität gedrängt worden, daß sie ihre Selbständigkeit nur durch Negativismus zur Geltung bringen konnten. In der Schule nicht zu lernen war eine Art der Selbstbehauptung, die ihnen so wichtig geworden war, daß sie sie erst aufgeben konnten, nachdem sie durch wirkliche Leistungen erhebliche Selbstachtung ge-

---

[16] Teilnehmende Beobachterin: Kathryn Howard.

wonnen hatten. Aber bevor es tatsächlich dazu kam, mußten sie erst einmal die Freiheit haben, ihren alten Negativismus, ihre alten Formen der Unabhängigkeit zum Ausdruck zu bringen, um sich selbst davon zu überzeugen, daß Lernen nicht „nachgeben" bedeutet (wie sie früher gedacht hatten), daß es nicht bedeutet, seine Unabhängigkeit aufzugeben. Solche Kinder müssen die Freiheit haben, ihren Negativismus auszudrücken; erst wenn sie ihn höchst energisch demonstriert haben, sind sie fähig, sich ruhig an die konstruktive Arbeit zu machen.

Bill hatte seiner Mutter unter anderem dadurch trotzen können, daß er nicht lesen lernte. Als seine Lehrerin ihn aufforderte zu lesen, antwortete er: „Werd's nicht tun, werd's nicht tun". Aber die Lehrerin hielt ihm das Buch hin und sagte, er könne sehr wohl lesen. Also las er: „*Nicht* Rusty *nicht* lief *nicht* zurück *nicht* zu *nicht* Vater *nicht* und *nicht* Mutter. *Nicht* sein *nicht* Name *nicht* ist *nicht* Flecki! *Nicht* er *nicht* schaute *nicht* auf *nicht* das *nicht* Telefon, *nicht* als *nicht* er *nicht* Herrn *nicht* Wood *nicht* reden *nicht* hörte", usw.

Nachdem die Lehrerin gezeigt hatte, daß sein Negativismus sie nicht beirren konnte, und nachdem sein Bedürfnis nach Selbstbehauptung durch Negativismus befriedigt war, wurde Bills Motivation wieder positiv, und er gab sich Mühe, wenn auch sein Widerstand immer wieder zum Durchbruch kam. Aber nur dadurch, daß das Lesen zuerst zu einem Erlebnis der Selbstbehauptung durch Negativismus wurde, konnte es schließlich zu einem positiven Erlebnis der Selbstbehauptung werden [17].

In diesem wie in anderen Fällen können die Lehrer die Methoden anwenden, die nach ihrer Überzeugung für das Kind am besten geeignet sind, weil ihr Status an unserer Schule nicht auf den schulischen Fortschritten des Kindes beruht. Die Lehrer wissen, daß sie mehr Anerkennung ernten, wenn sie in einer Klasse von ängstlichen und gespannten Kindern eine entspannte Atmosphäre schaffen können, als wenn sie auf schulische Fortschritte hinweisen können, die in vielen Fällen auf Kosten des Geborgenheitsgefühls zu erreichen gewesen wären, das das Kind hat. Die Lehrer brauchen die Eltern nicht zufriedenzustellen und haben auch ihre Kritik nicht zu fürchten; dies gibt ihnen die Freiheit, entweder zu experimentieren oder zu warten, wenn ein Kind noch nicht bereit ist zu lernen.

Eine Methode, die Lehrer vor Störungen von seiten der Eltern zu bewahren, besteht darin, ihren Kontakt mit ihnen auf ein Minimum zu beschränken. Natürlich haben Eltern ein Interesse daran, die Lehrer ihres Kindes kennenzulernen, ebenso seine Betreuer, seine Krankenschwester

---

[17] Teilnehmende Beobachterin: Kathryn Howard.

und alle übrigen, die direkten Kontakt zu dem Kind haben, und von denen das Kind unter Umständen ausführlich erzählt, wenn es auf Besuch nach Hause kommt. Aus genauso verständlichen Gründen sind diejenigen, die mit dem Kind arbeiten und oft unter den Wirkungen von Verhaltensweisen leiden, die durch Einstellungen der Eltern zustande gekommen sein können, neugierig darauf, die Eltern kennenzulernen. So ist gewiß auf beiden Seiten der berechtigte Wunsch vorhanden, einander zu kennen. Die Erfahrung hat uns jedoch gelehrt, daß derartige Kontakte mehr schaden als nützen. Die Lehrerin fühlt sich bedrängt, wenn Eltern sie z. B. fragen, warum ihr Kind ein ganzes Jahr lang keine Fortschritte im Lernen gemacht hat. Die Lehrerin kann vollkommen überzeugt sein, daß dies für das Kind am besten war, und daß es nur so dazu gelangen kann, seine Furcht vor dem Lernen und seine Abneigung gegen das Lernen schließlich zu überwinden. Aber gerade ihr Beruf macht es ihr schwer, eine solche Ansicht auszusprechen, ohne in eine Verteidigungshaltung hineinzugeraten. Es ist viel leichter für den Sozialarbeiter oder den Leiter unserer Schule, Eltern zu erklären, warum ein Kind im Augenblick keine Fortschritte im Lernen machen kann oder machen sollte.
Die Beziehungen zwischen Mitarbeiter und Eltern erwähnen wir im Zusammenhang mit der Erörterung des Lernens in der Schulklasse, weil Klagen über den Mangel an Schulerfolgen zu den häufigsten Kritiken gehören, die Eltern am Beginn des Aufenthalts ihres Kindes an unserer Schule anbringen. Das Ausbleiben von Lernerfolgen gehört zu den heikelsten Fragen im Kontakt der Eltern mit unserer Schule, weil nach üblicher Denkweise kontinuierliche Lernfortschritte die Grundlage für die Beurteilung eines Lehrers bilden. Darum erschien es uns notwendig, ausführlicher darauf einzugehen, daß man zur Beurteilung eines Lehrers in einer Behandlungsinstitution andere Maßstäbe braucht.
Aus dem gleichen Grund gilt das, was wir über den Lehrer gesagt haben, ebenso für die Betreuer. Gleich nach den Klagen über mangelhafte Schulfortschritte kommen z. B. die kritischen Bemerkungen über mangelnde Sauberkeit, und zwar sowohl in bezug auf die Körperpflege als auch in bezug auf den Wortschatz. Eine Betreuerin kann vollkommen überzeugt sein, daß es für die psychische Entwicklung eines Kindes notwendig ist, es sich beim Spielen so schmutzig machen zu lassen, wie es will, und in dieser Überzeugung mag sie auch noch durch die Ratschläge des Psychiaters und des Direktors bestärkt worden sein. Aber auch die Betreuerin ist in hohem Grad ein Glied unserer Gesellschaft, und auch für sie gelten die herrschenden Normen und Vorstellungen von angemessenem Verhalten. Nach diesen Normen bringt die gute Versor-

gung eines Kindes stillschweigend die Verpflichtung mit sich, darauf zu achten, daß es sauber und adrett ist.

Die Beschwerde einer Mutter oder eines Vaters, ihr Kind sei schmutzig hinter den Ohren, kann bei der Betreuerin, die für die Erscheinung und das Verhalten des Kindes unmittelbar verantwortlich ist, leicht eine emotional getönte Reaktion hervorrufen. Sie mag zwar vollkommen überzeugt davon sein, daß es für das Kind im Augenblick am besten ist, wenn man es schmutzig sein läßt, aber die elterliche Kritik erweckt trotzdem unbewußte (oder nicht so unbewußte) Erinnerungen an ihre eigene Sauberkeitserziehung. Sie wird dann vielleicht in zu defensiver Haltung behaupten, es sei richtig gewesen, das Kind schmutzig sein zu lassen, oder sie wird unter Umständen durch ihre Reaktion ein unbewußtes Schuldgefühl offenbaren, daß sie nicht besser für das Kind gesorgt und nicht darauf bestanden hat, daß es sauberer sei.

Wir haben festgestellt, daß es am besten ist, wenn kritische Bemerkungen oder Fragen dieser Art von einer Person beantwortet werden, die nicht direkt oder persönlich mit der Sache zu tun hat, die der Kritik ausgesetzt ist. Einmal ist es besser aus dem einfachen Grund, daß derjenige, der letzten Endes für derartige Methoden verantwortlich ist, auch die Verantwortung tragen und für sie geradestehen sollte, zum anderen aber auch, weil es immer leichter ist — ohne Gefühlsbeteiligung — Anschuldigungen oder Kritik zurückzuweisen, die gegen andere gerichtet sind, als Mißverständnisse zu berichten, die aus eigenen Handlungen entstanden sind.

Ein weiterer Grund, Kontakte zwischen Eltern und denen, die unmittelbar mit dem Kind arbeiten, zu vermeiden, ist der, daß beide den verständlichen Wunsch haben, ihre „Erfahrungen auszutauschen". Eine Mutter oder ein Vater erzählt z. B., das Kind habe über die Lehrerin oder die Betreuerin diese oder jene Geschichte erzählt. Diese Geschichte kann eine faszinierende Verdrehung sein, die man nur im Rahmen des wahnhaften Bezugssystems des Kindes verstehen kann, oder aus seinem feindseligen Wunsch, den Vater, die Mutter, die Lehrerin oder die Betreuerin zu verletzen, oder sie kann auf beliebig viele Bedürfnisse zurückgehen, die sich in diesem Symptom offenbaren.

Der relativ weniger beteiligte Sozialarbeiter oder Direktor ist weit besser in der Lage, ein derartiges Verhalten auf seiten des Kindes (und manchmal auf seiten der Eltern) als ein Symptom zu erkennen und es entsprechend zu behandeln. Aber diese notwendige geistig-seelische Distanz kann man von einem zutiefst beteiligten Menschen nicht immer erwarten. Der heftig beschuldigte Betreuer oder die Lehrerin, deren Handlungen das Kind aus irgendeinem inneren Bedürfnis entstellt wie-

dergibt, kann sich plötzlich mit dem Kind konfrontiert finden oder den Eltern gegenüber die Behauptungen des Kindes richtigstellen, selbst wider besseres Wissen über das, was für den Fortschritt des Kindes am besten wäre.
Die physische Ferne der Eltern hat ebenfalls Vorteile für das Kind und die Lehrer. Sehr bald nach dem Eintritt in unsere Schule wird dem Kind klar, daß es weder schlechtes Benehmen noch Schulversagen benützen kann, um seine Eltern zu frustrieren oder um ihnen etwas heimzuzahlen. Zum Beispiel hatte Max nur eine Möglichkeit, sich an seiner sehr strengen Mutter zu rächen, die ihn vollkommen beherrschte: Er konnte aus der Schule schlechte Zeugnisse mit nach Hause bringen, die ihr großen Kummer machten. Während seiner ersten Schultage bestand er zunächst darauf, seine Eltern, dann, seine Betreuer (die er in die Stellung der Eltern einsetzte) müßten von seinem schlechten Benehmen und von seinem schulischen Versagen unterrichtet werden. Erst nachdem er erkannt hatte, daß weder schlechtes Benehmen noch seine Weigerung zu lernen dazu dienen konnten, irgendwelche Erwachsenen, sei es zu Hause, sei es in der Schule, einzuschüchtern oder zu ärgern, war er bereit, sich in der Klasse zur Ruhe zu bequemen, sowohl in bezug auf sein Verhalten als auch in bezug aufs Lernen.

Von dieser Abschweifung zu den Beziehungen zwischen Eltern und Mitarbeitern kehre ich nun zurück zu der Freiheit der Lehrerin, den Unterricht auf alle Fälle so einzurichten, wie dem Kind am meisten geholfen wird. Bei einem Kind, das vor Gedrucktem Angst hat, oder das sich davor fürchtet, mehreren Aufgaben auf einer Seite zu begegnen, wird die Lehrerin einen Bogen Papier nehmen und jeweils nur eine Aufgabe oder einen Satz aufschreiben und das Kind daran arbeiten lassen, bis es fertig ist. Sie wird ihm nur dann eine weitere Aufgabe zur Bearbeitung geben, wenn es eine haben will, und wieder in persönlicher Form, auf ein Blatt Papier geschrieben.
Kinder, die fürchten, beobachtet zu werden, während sie arbeiten, können nur lernen, wenn sie relativ abgeschirmt sind, so, als wenn sie allein arbeiteten. Manche Kinder können nur arbeiten, wenn sie sich von allen Seiten beschützt fühlen; mehrere Kinder fingen zuerst zu lesen an, während sie zusammengekauert wie Babies in der Nische unter dem Pult der Lehrerin saßen. Ein Junge, der jahrelang unfähig gewesen war, auch nur die Buchstaben des Alphabets zu erkennen, blieb monatelang während des Unterrichts an diesem Platz. Er pflegte ein paar „Flash-Cards" mit in sein Versteck zu nehmen, und immer, wenn er mit ihnen fertig war, bat er die Lehrerin, seinen Vorrat aufzufüllen. Schließlich, nachdem er

im Lesen das Pensum des zweiten Schuljahrs bewältigt hatte — und zugleich seine Angst vor dem Lesen — kam er aus seinem sicheren Versteck hervor. Erst jetzt war er bereit, in Gegenwart anderer zu arbeiten. Wie er können auch alle anderen Kinder entscheiden, ob und wann sie zu Gruppenunternehmungen im allgemeinen und in irgendeinem bestimmten Fach bereit sind [18].

Da unsere Klassen weder nach dem Schuljahr noch nach dem Alter geordnet sind, sind diejenigen Kinder, die gerade mit Erfolg eine psychische Schwierigkeit oder eine Lernschwierigkeit überwunden haben, oft am besten in der Lage, anderen bei ihren Schwierigkeiten zu helfen. Auf diese Weise können sie ihre eigenen neuerworbenen Fähigkeiten auf die Probe stellen und zugleich die Versuchung bekämpfen, wieder in ihr früheres Verhalten zurückzufallen, und zwar auf die dazu am besten geeignete Art — nämlich, indem sie dieses Verhalten bei anderen bekämpfen, anstatt bei sich selbst.

Es ist oft sehr gut, wenn man die Möglichkeit hat, Gruppen von Kindern auf Grund solcher Überlegungen zusammenzustellen. Bei Harry war es der Lehrerin zunächst unmöglich, ihn in der Klasse zu halten (Harry war damals ein siebenjähriger Verwahrloster). Aber als der zwölfjährige Joe ihr seine Hilfe anbot, hatte sie einen wertvollen Bundesgenossen. Joe war gerade erst aus seiner eigenen Verwahrlosung herausgewachsen und schätzte seinen neugewonnenen Status als Bürger des Klassenzimmers. Wegen seiner noch nicht lange zurückliegenden Vergangenheit hatte er mehr von dem nötigen mitfühlenden Verständnis für Harry als die Lehrerin, aber weil seine eigene „Steuerung" noch nicht sehr zuverlässig war, war Harrys Schuleschwänzen ihm unerträglich. Jedenfalls bot er seine Hilfe an, und man kam überein, sein Pult und seinen Stuhl neben Harrys zu stellen.

Sooft Harry unruhig wurde, spürte Joe es viel früher, als es die Lehrerin gekonnt hätte. Er pflegte dem jüngeren Kind tröstend den Arm um die Schultern zu legen, und Harry wurde dadurch beruhigt; der Lehrerin hätte er dagegen niemals erlaubt, ihn zu berühren. Harry vertraute Joe als einem, der früher selbst ein Verwahrloster gewesen war; der Lehrerin gegenüber war er immer noch mißtrauisch. Wenn sie in seine Nähe kam, wurde er zitterig, während es Joe ganz leicht fiel, ihn zu beruhigen. Joe selbst genoß dies sehr, was wiederum ihm selbst und Harry weiterhalf. Er genoß besonders den Status, der ihm aus dem Umstand erwuchs, daß er Harry lenken konnte, wo die Lehrerin hilflos war. Auf diese Weise war kein Zwang nötig; dies ermöglichte es später der Lehre-

---

[18] Teilnehmende Beobachterin: Ruthevelyn Pim.

rin, viel früher eine gute Beziehung zu Harry herzustellen, als sie es gekonnt hätte, wenn sie vorher Zwang auf ihn hätte ausüben müssen [19].

Daß wir die Kinder nicht nach Schuljahr oder Alter gruppieren müssen, hat noch andere Vorteile. Während das Lernen durch Übung und die Wiederholungen, die damit verbunden sind, manchen Kindern Geborgenheit geben, können andere es nicht ertragen. Aber ein Kind, das gerade das Einmaleins gelernt hat und zusätzliche Übung braucht, kann sie dadurch bekommen, daß es Kaufladen spielt (oder andere Spiele dieser Art).

Manchmal werden selbst diese Spiele uninteressant; dann kann man die Techniken, die man aus Not in der einklassigen Dorfschule entwickelt hat, sehr gut gebrauchen. Aber wenn man ein Kind bittet, einem anderen Kind, das noch nicht so weit fortgeschritten ist, sein neues Wissen beizubringen, macht ihm das nicht nur nichts aus, sondern es hat Freude daran, das Einmaleins immer noch einmal zu wiederholen, was es sonst verabscheuen würde. In ähnlicher Weise kann ein Kind höchst unwillig sein, ein Buch noch einmal zu lesen, mit dem es gerade erst fertig geworden ist, dessen nochmalige Lektüre aber ein Gewinn für es wäre. Wenn wir es jedoch bitten, das Buch einem anderen Kind vorzulesen, ist es mehr als bereit dazu, und was ihm als eine langweilige Übung erschien, wird zu einem faszinierenden Erlebnis. Man darf sich ruhig den Stolz zunutze machen, den ein Kind in bezug auf seine neuerworbene Fähigkeit empfindet, um diese Fähigkeit durch Wiederholung zu festigen, immer vorausgesetzt, daß die Lehrerin dafür sorgt, daß diese Art des „Lehrens" nicht in ein Protzen mit der eigenen Überlegenheit ausartet.

„Überlernen" zum Zweck der Festigung des Erworbenen ist immer eine vernünftige pädagogische Übung. Unsichere Kinder brauchen aber noch mehr als andere das Gefühl, sich dessen sicher zu sein, was sie gelernt haben, denn jedesmal, wenn sie erkennen, daß sie etwas vergessen haben, von dem sie glaubten, sie hätten es einmal gewußt, ist es ein schrecklicher Schlag für ihre neuentstandene Überzeugung von ihrer Leistungsfähigkeit. Wir lassen den Neuling ziemlich weit unter seinem eigenen Leistungsniveau anfangen, um sicher zu sein, daß er von Anfang an Erfolg hat. Ähnlich bewahren wir ihn später vor Enttäuschungen, indem wir ihn beim Lernen sehr vorsichtig fortschreiten lassen. Natürlich muß auch hier ein mittlerer Kurs gesteuert werden; einerseits muß man ihn vor möglichen Mißerfolgen schützen, andererseits muß man langweilige Wiederholung vermeiden. Dabei helfen: das Lehren anderer, eine

---

[19] Teilnehmende Beobachterin: Anna Lukes.

große Auswahl von Lesestoff des gleichen Niveaus, das Spielen von Spielen, die auf neugelerntem Stoff beruhen und das Lesen im Zusammenhang mit geplanten Unternehmungen.
Wenn man im Schulzimmer miteinander spielt und wenn ein Schüler einem anderen Schüler etwas beibringt, werden die persönlichen Beziehungen erweitert, und die Kluft zwischen Lehrer und Kind wird überbrückt. In einer Situation, in der jedes Kind ein potentieller Lehrer ist und wo die meisten Kinder wirklich schon anderen etwas beigebracht haben, nimmt die Angst vor dem Lehrer, vor Lehren und Lernen ab.
Ein weiterer Vorteil der Vermischung von Kindern verschiedenen Alters und verschiedener Unterrichtsstufen liegt darin, daß auch jüngere oder weniger gut angepaßte Kinder an recht anspruchsvollen Unternehmungen teilnehmen können. Die Älteren leisten die schwierigeren Aufgaben des Lesens und Planens; die Jüngeren können erkennen, wieviel größer der Reiz eines ausgearbeiteten und einer reiferen Stufe angemessenen Unternehmens ist, ganz zu schweigen von dem Stolz, an einem so lohnenden Projekt teilgenommen zu haben.
Dies trifft zwar schon für jüngere Kinder zu, aber es gilt noch mehr für ältere Kinder, die auf Grund ihrer psychischen Schwierigkeiten in ihren Schulleistungen weit hinter der Norm zurückgeblieben sind. Sie fühlen sich nicht wohl in dieser Lage, aber sie können sie in gewissem Maß ausgleichen, wenn sie trotzdem auf dem Niveau ihrer Altersstufe zu einem Unternehmen beitragen können, das insgesamt ihrem Alter angemessen ist, aber über ihr schulisches Niveau hinausgeht.
Ein Kind von zwölf Jahren, dessen Leistungen im Lesen gerade eben dem Niveau des zweiten Schuljahrs entsprechen, wird Selbstvertrauen gewinnen, wenn es Bilder oder graphische Darstellungen anfertigen kann, die für ein Projekt auf dem Leistungsniveau des fünften oder sechsten Schuljahrs gebraucht werden. Diese handgreifliche Demonstration, daß es in mancher Hinsicht gleiches oder sogar besseres leisten kann als diejenigen, die das Leistungsniveau des sechsten Schuljahrs erreicht haben, wird das Kind ermutigen. Das wird aber nur so sein, wenn man nicht von ihm erwartet, daß es im Lesen das gleiche leistet wie sie, wenn es sein Lesepensum auf dem Niveau des zweiten Schuljahrs, auf seinem eigenen Niveau also, erledigen kann. Auf diese Weise ist es für viele intelligente, in schulischer Hinsicht zurückgebliebene Kinder eine große Hilfe, wenn sie Teil einer Gruppe sein dürfen, die auf dem Niveau des sechsten Schuljahrs arbeitet, und wenn sie zu dieser Arbeit durch Zeichnen oder Malen, durch bildnerische Arbeiten aus Ton oder Holz beitragen können, die eben auf diesem Niveau stehen, oder dadurch, daß sie Bühnenbild und Beleuchtung für ein Theaterstück besorgen.

Manchmal ist es gut für ein Kind, wenn man es von einer Gruppe in eine andere versetzt. Es kann z. B. beim Überwinden seiner anfänglichen Lernhemmung in einer Gruppe oder bei einer Lehrerin so große Schwierigkeiten erlebt haben, daß es nun, obwohl es vielleicht zum Lernen bereit ist, in der alten Umwelt nicht lernen kann. Solche Kinder zeigen oft den spontanen Wunsch, in eine andere Unterrichtsgruppe versetzt zu werden. An unserer Schule läßt sich dies leicht einrichten, ohne Rücksicht auf die Jahreszeit, da alle Klassen nicht nach Schuljahren eingeteilt sind und jeder Unterricht individuell geplant wird. Nach einer solchen Veränderung macht ein Kind dann unter Umständen rasche Fortschritte im Unterricht.

Ein weiterer wichtiger Aspekt des Schulunterrichts in unserem Milieu ist der Beitrag, den er zum Verständnis und zur Lösung psychischer Probleme leisten kann, die nicht unmittelbar mit dem Lernen zu tun haben. Ein gut organisierter Schulunterricht stellt dem Kind konkrete und festumrissene Aufgaben. Dies ermöglicht es ihm im Zusammenwirken mit der mehr durch Routine bestimmten Natur der Arbeit in der Schulklasse oft eher, einer Lehrerin, während ihre Aufmerksamkeit auf schulische Aufgaben konzentriert ist, seine drängendsten Probleme zu offenbaren, als anderen Personen, deren Wunsch, ihm zu helfen, ihm mehr in die Augen springt. Außerdem fühlen die Kinder, daß die Lehrerin, da die Arbeit in der Klasse weitergehen muß, nicht stärker auf das Gesagte eingehen wird, als sie selbst es wollen, und die Gruppe wird kaum auf das achten, was da vor sich geht. Dann können sie über ihre Probleme relativ sachlich sprechen, und ohne daß es im Augenblick irgendwelche weitreichenden Folgen hat. Andererseits wirkt die größere Objektivität bei der Beurteilung festumrissener Aufgaben oft sehr beruhigend.

Z. B. hatte Donald, sowohl bei psychotherapeutischen Sitzungen als auch seinen Betreuern gegenüber, wiederholt mit großer Angst gefragt, ob er überhaupt Fortschritte mache und ob er jemals im Leben Erfolg haben werde. Er war nie in der Lage, diese Ängste mit den Betreuern oder dem Psychiater durchzuarbeiten, und er konnte ihre ermutigenden Bemerkungen auch nicht als stichhaltig akzeptieren. Der Grund für seine Zweifel kam ans Licht, nachdem er sechs Monate an unserer Schule gewesen war. Nun sagte er zu dem Psychiater: „Wenn meine Lehrerin zu mir sagt, ich mache Fortschritte, dann glaube ich ihr, denn sie weiß es. Sie kann sehen, wie meine Arbeit besser wird. Ihr anderen könnt das nicht sehen." Seine Lehrerin war darum der erste Mensch, dem Donald seine zentrale Angst in bezug auf Erfolge im Wettbewerb anvertrauen konnte, denn sie war, wie er glaubte, objektiver in ihrem Urteil über Leistungen, und sie befaßte sich auch nicht (wie er glaubte) mit emotionalen Problemen. Er hatte ihr auch erzählt, was er noch nie jemand anders gegenüber zugegeben hatte, daß er nämlich lange Zeit im Unterricht keine Fortschritte hatte machen wollen, weil er Angst hatte, seinen Vater zu überflügeln [20].

Zum Abschluß dieses Kapitels über das Geschehen in den Schulklassen möchte ich noch hinzufügen, daß die Kinder, die es ertragen können, an fünf Tagen in der Woche zum Unterricht gehen. Die Schulstunden dauern von neun bis zwölf Uhr (mit einer Pause von 30 bis 45 Minuten in der Mitte dazwischen) und dann wieder von halb zwei bis drei Uhr (mit einer weiteren Pause von 20 bis 30 Minuten). Die Kinder verbringen also an einem normalen Schultag durchschnittlich nicht mehr als dreieinhalb Stunden in der Klasse. Sie können allerdings, wenn sie wollen, die Pause im Klassenzimmer zubringen und Spiele spielen oder nach Wunsch etwas anderes tun.

Selbst von der relativ kurzen Zeit, die offiziell dem Lernen gewidmet ist, wird ein erheblicher Teil mit Malen oder Zeichnen, mit der Versorgung der Tiere in den Schulzimmern (Fische, Schildkröten, Hamster usw.) und anderen, nicht zum Lernen gehörigen Tätigkeiten zugebracht; dazu gehört auch, daß Spiele gespielt werden, wenn eine Aufgabe beendet ist. Außerdem gibt es, wie schon erwähnt, keine für Schularbeiten bestimmten Zeiten außerhalb des Unterrichts, keine „Hausaufgaben" und keine anderen schriftlichen oder Lern-Aufgaben, die nach der Schule zu erledigen sind. Selbst wenn ein Kind Briefe nach Hause schreiben will — was selten vorkommt — kann es das in der Schulstunde an Stelle einer regulären Schreib- oder Aufsatzübung tun [21].

---

[20] Teilnehmende Beobachterin: Anna Lukes.
[21] Das Recht des Kindes, keine Briefe zu schreiben, wenn es nicht will, wird streng beachtet. Die Eltern werden aufgefordert, in ihren Briefen die Kinder nicht zu bitten, ihnen zu schreiben. Manche Eltern nehmen ihre Zuflucht dazu, ihre Kinder zu bitten, schriftlich den Empfang von Päckchen mit Süßigkeiten oder Spielzeug zu bestätigen, um die Kinder zum Schreiben zu veranlassen. (Es wird befürwortet, daß Eltern Päckchen schicken und Briefe schreiben, damit die Kinder nicht glauben, man habe sie vergessen. Außerdem möchten wir, auch im Hinblick auf die spätere Anpassung des Kindes, daß es langsam zu der Überzeugung gelangt, seine Kritik an den Eltern sei nicht ganz gerechtfertigt gewesen. Päckchen von zu Hause tragen oft dazu bei, daß das Kind die Eltern in einem freundlicheren Licht sieht; außerdem erhöhen sie im allgemeinen sein Gefühl der Geborgenheit.) In solchen Fällen bekommt das Kind nur das Päckchen; den Eltern wird mitgeteilt, warum das Kind den Brief nicht ausgeliefert bekommen hat. Die Angst der Eltern — daß sie vielleicht vergessen werden könnten, wenn kein schriftlicher Kontakt aufrechterhalten wird und Besuche selten sind — ist verständlich, wenn sie auch unvernünftig ist. Kein Kind vergißt seine Eltern, wenn es das Alter der Vernunft erreicht hat. In Wirklichkeit

Trotzdem liegt unser Problem, sobald die Lernhemmung einmal überwunden ist, nicht darin, daß die Kinder wegen der kurzen Zeit, die sie im organisierten Schulunterricht zubringen, nicht genug Fortschritte machen — im Gegenteil, wir müssen dann darauf achten, daß sie nicht zu rasche Schulfortschritte machen und das Wissensniveau, das ihrem Alter entspricht, nicht erheblich überschreiten. Das könnte ihnen Schwierigkeiten machen, wenn sie in eine öffentliche Schule zurückkehren, wo sie dann entweder mit Kindern zusammen in eine Klasse gehen müßten, die mehrere Jahre älter sind als sie, oder noch einmal einen Unterricht über sich ergehen lassen müßten, den sie schon vor langer Zeit hinter sich gebracht haben. In jedem Fall könnte das Lernen in der Schule wieder gefährlich unangenehm und langweilig werden. Weil wir jedem Kind individuelle Aufmerksamkeit angedeihen lassen, und weil die Lernaufgabe auf die Neigungen des Kindes ausgerichtet wird und daher potentiell Freude macht, können die meisten Kinder, wenn ihre Lernhemmungen erst einmal vollständig beseitigt sind, den Lehrstoff von zwei oder mehr Schuljahren leicht in einem Jahr bewältigen.
Solche ausgezeichneten Fortschritte, die Freude am Lernen und die intellektuelle Kühnheit beim Anpacken neuer Probleme auf realistischer Basis entschädigen die Lehrerin dann für die Anfechtungen und Mühen, die sie in der ersten Zeit mit dem Kind hat durchmachen müssen, als es noch nicht an die Schulsituation oder ans Lernen angepaßt war. Dies gibt ihr den Mut und die psychische Kraft, mit einem Neuling weiterzuarbeiten, der noch in der negativen Periode steckt. Es ist zweifelhaft, ob sie ohne diese greifbaren Beweise für den Wert ihrer Methoden Jahr für Jahr ihre anstrengenden Aufgaben erfüllen könnte.
Auf keinen Fall kann die Behandlung eines Kindes als abgeschlossen angesehen werden, bevor es fähig ist, nicht nur erfolgreich am Unterricht teilzunehmen — sorgfältiger individueller Unterricht könnte das bewirken —, sondern wirklich von sich aus lernen zu wollen, und bevor es in der Lage ist, sich an Schulerlebnissen zu freuen. Außerdem muß das Kind erkennen können, welche Gegenstände oder Lernerfahrungen seiner Begabung und seinen Interessen am besten entsprechen, d. h., es muß gelernt haben, gemäß seiner Entwicklungsstufe und seiner natürlichen

---

pflegen Kinder, deren Beziehung zu den Eltern stark gestört war, nach ein oder zwei Jahren des Nichtschreibens plötzlich anzufangen, regelmäßig an ihre Eltern zu schreiben, aber erst, nachdem ihre Schwierigkeiten mit den Eltern genügend durchgearbeitet worden sind, so daß sich entweder die alte Bindung wieder bemerkbar macht, oder das Kind den Wunsch äußert, anständige Beziehungen zu seinen Eltern zu haben. Aber dies geschieht erst, wenn es wegen dem, was ihm früher geschehen ist, nicht mehr so wütend auf sie ist.

Begabung etwas zu leisten — nicht wie jedes andere Kind, sondern als besonderes Individuum, das seine einzigartigen Vorzüge genießt und ausnützt, ohne nach einer tödlichen Gleichförmigkeit zu streben. Sowohl verstandesmäßig als auch schulisch muß das Kind gelernt haben, nicht nur sich selbst so anzunehmen, wie es ist, sondern danach zu streben, seine individuellen Vorzüge so gut wie möglich zu nützen, zwar innerhalb der Grenzen dessen, was die Gesellschaft von ihm und es von sich selbst erwarten kann, aber innerlich unabhängig von den Forderungen einer künstlichen Norm.

7. Nahrung: das hervorragende Mittel zur Sozialisierung

Es gibt kaum eine Tageszeit, in der nicht einige Kinder essen. Außer unseren drei Hauptmahlzeiten gibt es zweimal täglich einen Imbiß — einen etwa um drei Uhr nachmittags und einen vor dem Schlafengehen —, aber für die Kekse und Süßigkeiten usw., die die Kinder verzehren, gibt es keinen Plan und keine Berechnung. Wir haben festgestellt, daß Süßigkeiten, die kurz vor Hauptmahlzeiten gegessen werden, den Kindern nur selten den Appetit verderben, und daß die Gesundheit der Kinder, selbst wenn ihnen der Appetit verdorben wird, nicht leidet. Es ist uns nicht wichtig, wann oder was sie essen, ob sie hauptsächlich bei den Mahlzeiten essen oder dazwischen; uns liegt vor allem daran, daß das Essen ihnen zum Vergnügen wird.
Wir machen jedem Kind klar, daß es ein Recht auf Butterbrot und Milch hat, so oft es danach verlangt, und daß es soviel davon haben kann, wie es will. Dies hat sich bei uns als das beste und einfachste Mittel erwiesen, eine der am tiefsten verwurzelten Ängste der Kinder zu beheben: die Angst, sie müßten hungern. Es ist bemerkenswert, daß sogar Kinder, die immer reichlich zu essen gehabt haben, unbewußt die Mißbilligung des Vaters oder der Mutter gleichsetzen mit der unausgesprochenen Drohung des Nahrungsentzugs. In gleicher Weise wird Nahrungsüberfluß nicht nur als Fülle guter Dinge im allgemeinen empfunden, sondern als reichlich vorhandene allgemeine Sicherheit.
Wir versuchen die Kinder davon zu überzeugen, daß Nahrungsmittel immer reichlich zur Verfügung stehen, und das gelingt am besten dadurch, daß man bereit ist, zu jeder Tages- oder Nachtzeit etwas zu essen herbeizuschaffen. In diesem Sinne ist jederzeit Essenszeit, aber das verringert nicht die Bedeutung der Hauptmahlzeiten, sondern erhöht sie eher noch. Da die Kinder den Tag über immer wieder einmal essen, werden sie nie so hungrig, daß sie es sich nicht leisten können, sich bei Tisch sozial zu verhalten; sie müssen sich also nicht so sehr auf das Essen konzentrieren, daß die perönlichen Interaktionen ausgeschlossen werden, die bei Tisch vor sich gehen.
In welchem Maß Kinder, denen sehr viel vorenthalten worden ist, Nahrung als Symbol für alle Arten der Lust erleben, anstatt als etwas, von dem man sich ernährt, wird veranschaulicht durch einige Aussagen, die George in der Anfangszeit seiner Rehabilitation machte. „Weißt du", sagte er, „ich bin einer von den Menschen, die essen müssen. Manchmal,

wenn ich gerade eine Menge gegessen habe, geh' ich aus dem Eßzimmer und werde wieder hungrig, und ich möchte noch mehr essen. Und dann, ein bißchen später, bitte ich wieder um etwas zu essen, auch wenn es noch nicht wieder Essenszeit ist. Ich mag eben gern essen und essen, und ich muß einfach immer was zu essen zur Hand haben." [1]

Diese Angst, hungern zu müssen, kann das Ergebnis *jedes* Mangels sein, den das Kind erlebt hat, so eng ist im Säuglingsalter der Zusammenhang zwischen der Nahrungsaufnahme und allen anderen Erfahrungen. Julians Geschichte zeigt sehr deutlich den Zusammenhang zwischen frühen Mangelerlebnissen und Diebstahl; letzterer ist hier eine Methode, die das Kind findet, um sich zu vergewissern, daß es selbständig für die Befriedigung seiner Bedürfnisse sorgen kann. Aber der Mangel, den das Kind leidet, und der dann später z. B. zum Diebstahl und anderen Verstößen gegen Gesetze führen kann, braucht keineswegs die Folge davon zu sein, daß das Kind im Säuglingsalter nicht genug zu essen bekommen hat oder nicht genug von der Nahrung, die es gern mochte.

Julian hatte seine ersten drei Lebensjahre in einem Waisenhaus verbracht, wo er in physischer Hinsicht sehr gut versorgt wurde. Aber die gute Versorgung, einschließlich der gut zubereiteten Nahrung, genügte nicht, um seinen Gefühlen schwerer Benachteiligung entgegenzuwirken, die auf die unpersönliche Weise zurückzuführen waren, in der seine wesentlichen Bedürfnisse befriedigt wurden. Am Ende seines dritten Lebensjahres wurde Julian von einer sehr reichen Familie adoptiert, wo er nicht nur mit einer Überfülle von Nahrung, sondern auch mit Spielzeug und allen Arten materieller Wohltaten überschüttet wurde. Als Julian schließlich über die Ursprünge seiner Straftaten sprechen konnte, erzählte er seiner Betreuerin, daß er seine diebische Laufbahn damit begonnen habe, daß er von Milchwagen Milchflaschen nahm, daß er ganze Transportkästen mit Flaschen voll Frischmilch zu nehmen pflegte, soviel trank, wie er konnte, und den Rest versteckte, so daß er immer sicher sein konnte, Milch zu haben, wenn er sie brauchte.

Julian erzählte weiter, der Milchmann habe ihn der Diebereien beschuldigt, habe ihm aber nie etwas beweisen können. Dies habe ihm den Mut verliehen, sagte er, auch andere Sachen zu stehlen, so auch Geld und Juwelen, die er auch in Verstecken vergrub, um sie zu haben, wenn er sie brauchte. Aber er bestand darauf, wenn er nicht den überwältigenden Drang verspürt hätte, Milch zu stehlen, hätte er es wahrscheinlich nie gewagt, andere Dinge zu stehlen — wenn wir auch nicht sicher sein kön-

---

[1] Teilnehmende Beobachterin: Patty Pickett.

nen, daß wir diese letzte Behauptung für bare Münze nehmen dürfen [2].

Durch Nahrung entsteht bei vielen „Ausreißern" eine erste Bindung an unsere Schule; die Sicherheit eines regelmäßigen Nahrungsangebots ist eine große Hilfe bei der Gewöhnung ans Haus. Manche Kinder, die zu „Ausreißern" geworden waren, sobald sie aus dem Kleinkindalter heraus waren, konnten unsere Schule zunächst nur auf dieser Basis akzeptieren. Natürlich kann man von diesen Kindern nicht erwarten, daß sie sich an Essenszeiten halten. Sie kommen und gehen, wie es ihnen gefällt. Nur Hunger oder Kälte treibt sie dazu, Zuflucht zu suchen, aber häufiger ist es der Hunger, denn Schutz vor Kälte finden sie mit gutem Spürsinn in Kellern, Garagen oder Einfahrten.

Solange sie bei ihren Eltern wohnten, war es das Essen, was sie regelmäßig abends nach Hause trieb. Aber wenn sie hungrig und erschöpft zurückkamen, empfingen ihre Eltern sie mit Beschimpfungen, wenn nicht Strafen; sie mußten also für das Essen leiden, bevor man es ihnen gab, und das machte sogar das Essen in psychologischer Hinsicht unannehmbar. Da an alles, was sie bekamen, so viele Bedingungen geknüpft waren, machten die Kinder sich abwehrend von allen Bindungen frei. Schließlich konnte nicht einmal mehr Hunger sie bewegen, Nahrung anzunehmen, so lange sie das Gefühl haben mußten, es werde ihnen von Erwachsenen gegeben, die sie haßten und fürchteten.

Wenn wir ihnen an der Schule etwas zu essen anboten, konnten sie es nur dann essen, wenn sie sich selbst gegenüber die Fiktion aufrechterhalten konnten, die Annahme der Nahrung verpflichte sie zu nichts, oder wir gäben sie ihnen nicht bereitwillig. Sie mußten uns finster drohen, was uns alles passieren würde, wenn wir das Essen nicht hergäben. Die Bereitwilligkeit, mit der die Betreuerin ihnen etwas zu essen holte, sobald sie auftauchten, wurde nicht als ein Akt guten Willens gedeutet, sondern als Beweis für unsere Furcht. Sobald das Essen auch nur zu sehen war, pflegten sie danach zu grapschen. Sie schnappten es sich vom Tisch oder rissen es einem aus der Hand, wiederum um sich selbst vorzumachen, nur ihre eigene Kühnheit oder unsere Furcht bewahre sie vor dem Hunger. Auf diese Weise konnten sie essen, ohne sich verpflichtet zu fühlen, sich als Gegenleistung an irgendwelche Regeln zu halten.

Auf die Betten solcher Kinder werden Süßigkeiten, Milch usw. gestellt, so daß sie dies vorfinden, wenn sie am Abend zurückkommen. Zuerst essen sie diese Dinge, ohne darüber nachzudenken, aber nach einiger Zeit fangen sie an zu erwarten, daß sie etwas zu essen vorfinden werden, und

---

[2] Teilnehmende Beobachterin: Patty Pickett.

dann wird ihnen langsam klar, daß sie es nicht bekommen, weil es ihnen gelungen ist, uns einzuschüchtern; sie merken auch, daß sie es uns weder abgelistet noch geraubt haben. Erst viel später, wenn ein Kind davon überzeugt ist, daß es vorteilhaft ist, ein Bett zu haben und etwas zu essen zu bekommen, ohne daß Bedingungen daran geknüpft werden, gibt ihm seine Wertschätzung für Nahrung und Bett, die im gleichen Haus sind, ein erstes Gefühl, ein „Heim" zu haben. Dann ist es unter Umständen bereit, Anfänge einer persönlichen Beziehung aufkommen zu lassen, und in einem weiteren Schritt kann man das Essen wieder benützen, um dem Kind bei der Bewältigung der nächsten Stadien seiner Domestizierung zu helfen. Wenn es dann müde und hungrig nach Hause kommt, und einen Menschen vorfindet, der bereit ist, ihm etwas zu essen zu geben, einen Menschen, den es als Freund anzusehen gelernt hat, wird es diesem Menschen vielleicht allmählich anvertrauen, was es zum Weglaufen getrieben hat. Wenn diese Beziehung stark genug wird, können wir sie benützen, um das Kind weiter zu zähmen, indem wir seinem Vagabundieren eine gewisse Grenze setzen (wie z. B. die Rückkehr vor Mitternacht). Wenn das Kind dann erheblich nach der in gegenseitigem Einvernehmen festgesetzten Zeit nach Hause kommt, wird es z. B. nicht eine Vielfalt seiner Lieblingsspeisen bekommen, sondern nur das, was bedingungslos als Recht jedes Kindes an der Schule betrachtet wird: Butterbrot und Milch. Wenn es um Schokolade oder Kuchen bittet, erklären wir, daß es solche Sachen nur haben kann, wenn es rechtzeitig nach Hause kommt, wie ausgemacht.
Aber den Versuch, dem Kind solche Beschränkungen aufzuerlegen, oder das Kind zu ermutigen, dies selbst zu tun, kann nur eine Person machen, zu der das Kind eine relativ starke, wenn auch nicht notwendigerweise stabile Beziehung hergestellt hat; stabile Beziehungen würden die emotionale Reife des Kindes zu diesem Zeitpunkt noch weit überfordern. Wenn eine andere Person, an die das Kind sich noch nicht gebunden fühlt, versuchen würde, ihm Beschränkungen aufzuerlegen, würde es sein Vertrauen zu unserer Schule verlieren, und die Erfolge, die man bei seiner Domestizierung schon errungen hat, könnten wieder zunichte gemacht werden. Es würde entweder mit Wutausbrüchen reagieren oder weglaufen, ohne wiederzukommen, weil es eines freundlichen Empfangs nicht mehr sicher wäre. Selbst einen gleichmütigen Empfang von seiten seines „Freundes" erlebt das Kind nun als angenehm und beruhigend; alle anderen müssen ihm höchst duldsam begegnen, wenn sie es nicht wieder vertreiben wollen. Nur wenn das Kind von einem Menschen empfangen wird, an den es sich gebunden fühlt, pflegt es in diesem Stadium der Entwicklung Schuldgefühle zu empfinden, falls es später zu-

rückkommt als zur vereinbarten Zeit. Aber diese Schuldgefühle sind der einzige Faktor, der es später veranlassen wird, dableiben zu wollen.
In einem viel späteren Stadium der Domestikation wird die Tatsache, daß das Kind Geschmack am guten Essen gefunden hat, ihm weiterhin helfen, das Weglaufen aufzugeben. Der typische „Ausreißer" ist viel zu ängstlich, zu verkrampft, zu gehetzt, um sein Essen zu genießen, er braucht es, er verschlingt es voll Angst, aber er genießt es nicht. Trotzdem lernt das Kind während seiner einsamen nächtlichen Mahlzeiten, wenn es ißt und mit einem bevorzugten Erwachsenen spricht, allmählich ein Mahl und den damit verbundenen sozialen Kontakt schätzen. Bei adäquater Handhabung wird dieser soziale Kontakt zusammen mit dem Schuldgefühl wegen des Weglaufens schließlich den „Ausreißer" in jeder wichtigen Hinsicht domestizieren.
Danach machen „Ausreißer" in der Essenssituation fast keine Schwierigkeiten mehr. Das Essen ist einerseits das beste Mittel, um sie zu domestizieren, andererseits sind sie, wenn sie erst einmal gelernt haben, regelmäßig zu den Mahlzeiten zu kommen und sie in Frieden hinter sich zu bringen, herzhafte Esser, die ihr Essen ohne allzu viele Schwierigkeiten genießen.
Frank, der ein „Ausreißer" gewesen war, brachte einmal zum Ausdruck, daß der Reichtum an Befriedigung in unserer Schule, besonders der reichliche Vorrat an Nahrung, asoziales Verhalten unnötig mache. Er sprach mit der Krankenschwester über eine Mitarbeiterkonferenz, deren Abhaltung er am Morgen bemerkt hatte, und äußerte die Vermutung, wir hätten „über die Kinder und ihre Probleme gesprochen". Dann fügte er hinzu: „Weißt du, ich hab' auch ein Problem gehabt. Bevor ich an diese Schule kam, hab' ich gestohlen und bin weggelaufen, aber jetzt tu' ich es nicht mehr." Auf die Frage, ob er wisse, warum er sich geändert habe, antwortete er: „Klar, hier kriegt man alles, was man will. Ich brauche nicht zu stehlen." [3]
(Auf den ersten Blick erscheint diese Aussage recht zungenfertig; deshalb möchte ich hinzufügen, daß bis zu diesem Zeitpunkt niemand an der Schule mit Frank über die Gründe seines Weglaufens oder über die Gründe, warum er es nicht mehr tat, gesprochen hatte.)
Mangelerlebnisse in der frühen Kindheit scheinen in vieler Hinsicht zu Gier zu führen, wenn auch die Gier nach Eßbarem ein besonders wichtiges und häufiges Symptom bei Kindern zu sein scheint, die die Folgen ihrer Mangelerlebnisse im Säuglingsalter noch nicht überwunden haben. Auch Keith war ein Kind, das im Alter von drei Jahren von einer sehr

---

[3] Teilnehmende Beobachterin: Ruth Frank.

reichen Familie adoptiert worden war. Die Sache ging von Anfang an schlecht, zum Teil, weil Keith wie Julian das Gefühl hatte, er sei nicht so sehr um seiner selbst willen adoptiert worden, sondern vielmehr als Gefährte für die einzige Tochter seiner neuen Eltern, nachdem diese erfahren hatten, daß sie keine eigenen Kinder mehr bekommen würden. Bei diesen Kindern wirkte der Mangel, den sie vor der Adoption gelitten hatten, mit dem Gefühl zusammen, das, was ihre neuen Schwestern genössen, könnten sie nie erreichen: eigene Kinder der Adoptiveltern zu sein. Dies gab dem alten Gefühl neue Nahrung, nie genug zu bekommen, und verschlimmerte noch die Gier, die dieses Gefühl sowieso schon ausgelöst hatte.

Keiths Gefühl, daß nichts ihn jemals befriedigen könne, äußerte sich höchst charakteristisch, als seine Betreuerin mit ihm zum Einkaufen ging. Eines Tages waren sie in der Stadt im Kaufhaus „Marshall Field's", und nachdem sie gegessen und für Keith mehrere Spielsachen gekauft hatten, wurde deutlich, daß er immer noch etwas wollte. Als die Betreuerin ihn fragte, was sie kaufen könne, um ihm eine Freude zu machen, sagte er: „Kauf mir Marshall Field's (Geschäft), dann bin ich zufrieden." Auch bei anderen Gelegenheiten, wenn er alles bekommen hatte, was er sich wünschte, und noch mehr, war es nie genug. Als die Betreuerin Keith fragte, was sie tun solle, um ihm das Leben angenehmer zu machen, antwortete er: „Kauf' mir einfach alles Spielzeug, das es gibt, vielleicht werde ich dann zufrieden sein." Wiederholte Aussagen dieser Art machten deutlich, daß immer dann, wenn er etwas sah, was er nicht schon hatte, unbeherrschbare Gier in ihm aufstieg. Eines Tages, auf einem anderen Einkaufsausflug, als er schon eine Reihe von Sachen gekauft hatte und ihm nichts einfiel, was er noch wollte, ließ er immer noch den Kopf hängen. Als die Betreuerin fragte, was los sei und was er wolle, sagte er: „Kauf' mir die ganze 55. Straße (den benachbarten Einkaufsbezirk), vielleicht bin ich dann zufrieden." Das gleiche geschah im Einheitspreisladen, wo er alles kaufte, was er wollte, und immer noch alles mit hungrigen Augen ansah. Auch dort sagte er: „Warum kaufst du mir nicht den ganzen Laden?" Alles, worauf sein Auge fiel, machte ihn unzufrieden, obwohl er selbst wußte, daß seine Wünsche so übertrieben waren, daß sie niemals erfüllt werden konnten. „Kauf mir das ganze Geschäftszentrum von Chicago", sagte er. „Vielleicht werde ich dann zufrieden sein." [4]

An unserer Schule gibt es die Einrichtung eines immer wohlgefüllten Süßigkeitenschrankes. Dieser Schrank mit seinem Vorrat von vielerlei

---

[4] Teilnehmende Beobachterin: Gayle Shulenberger.

Keksen, Süßigkeiten, Schokolade usw. ist für viele Kinder, so auch für Keith, eine Quelle des Geborgenheitsgefühls. Mehrmals täglich verspürte Keith das Bedürfnis, sich mit weiteren Süßigkeiten zu versorgen — oft nur, um sich davon zu überzeugen, daß der Vorrat nie erschöpft sei. Er war besonders angetan von der Idee eines Süßigkeitenschrankes.

Bevor er an unsere Schule kam, hatte seine Mutter seine Gier nach Eßbarem teilweise in Schach gehalten, weil sie die Folgen seiner übermäßigen Eßlust fürchtete; sie versuchte, ihn bei einer Diät zu halten. Trotzdem hatte er sechzehn Pfund Übergewicht, als er an unsere Schule kam. Während der ersten anderthalb Jahre seines Aufenthalts bei uns nützte er die unbeschränkte Versorgung mit Nahrungsmitteln aus und aß ständig zuviel. Während dieser Zeit verminderte nicht einmal der sichtliche Überfluß an Eßbarem seine Eßgier, und auf dem Höhepunkt dieser Periode hatte er mehr als vierzig Pfund Übergewicht.

Dann begann Keith allmählich, und ohne daß wir etwas unternommen hätten, sich einzuschränken. Während eines Zeitraums von drei Monaten (vom 20. bis 23. Monat seines Aufenthalts an der Schule) nahm sein Übergewicht um zehn Pfund ab.

Dann kam Halloween [5] heran. Keith hatte schon eine Zeitlang ratlos überlegt, als was er sich für „tricks-and-treats" verkleiden sollte. Im allgemeinen ermutigen wir die Kinder nicht dazu, sich beim normalen Spiel zu verkleiden. Wir versuchen besonders solche Kostümierungen zu vermeiden, die ihre Erscheinung so sehr entstellen würden, daß sie Angst hätten, nicht erkannt zu werden, oder daß sie sich selbst im Spiegel nicht mehr erkennen könnten. Unsere Kinder haben ein gestörtes Gefühl der persönlichen Identität, und viele leiden geradezu an der Furcht, ihre Identität zu verlieren. Darum ziehen wir es vor, Erlebnisse, die in dieser Hinsicht Ängste verstärken könnten, zu vermeiden. Aber innerhalb dieser Grenzen dürfen sie sich verkleiden, besonders an Halloween.

Am Nachmittag vor Halloween nahm Keiths Spannung zu. Die Vorstellung vom Verkleiden regte seine kaum beherrschten heftigen Aggressionen wieder an, zugleich die Angst vor dem, was er tun könnte und vor dem, was andere Kinder tun könnten, um Vergeltung zu üben. Es war Keith unmöglich, sich nicht zu verkleiden und auf „tricks-and-treats" zu verzichten, wie einige andere Kinder seines Alters beschlossen hatten, denn seine Gier war noch zu lebendig, als daß er diese Chance, Eßbares einzusammeln, hätte vorbeigehen lassen können.

---

[5] Halloween: Herbstfest am 31. Oktober, dem Vorabend von Allerheiligen. Die Kinder verkleiden sich und ziehen von Haus zu Haus, mit der scherzhaften Drohung „tricks or treats" = wenn wir nichts bekommen (Äpfel, Nüsse, Süßigkeiten), spielen wir euch einen Streich. Anm. d. Übers.

Gemäß den aggressiven Phantasien, die schließlich zu seiner Unterbringung in unserer Schule geführt hatten, hatte er zunächst geplant, sich als Dracula oder das Frankensteinsche Ungeheuer zu verkleiden [6]. Diese blutrünstigen Pläne waren einem seiner Betreuer bekannt; das machte es ihm schwer, sie aufzugeben, ohne das Gesicht zu verlieren — das konnte Keith nicht tun, weil er seinen Status für gefährdet hielt. Darum begann von einem geeigneten Augenblick an seine andere Betreuerin, ihm ausschließlich bei seinen Halloween-Vorbereitungen zu helfen.

In kritischen Situationen wie dieser stehen den Kindern wenn möglich ihre beiden regulären Betreuer und oft noch zusätzlich andere Betreuer zur Verfügung. Natürlich kann man kritische Situationen nicht immer vorhersehen; es ist also auch nicht immer möglich, in solchen Zeiten mehr als einen Betreuer eine Gruppe versorgen zu lassen. Aber aus Erfahrung wissen wir ungefähr, wann mit Wahrscheinlichkeit kritische Situationen eintreten. Halloween ist einer der Tage, für die wir im voraus planen können. Daher standen Keith an diesem Tag seine beiden regulären Betreuer zur Verfügung.

Als der Nachmittag verging, wurde Keith immer aufgeregter und ängstlicher. Er tat, was er in solchen Augenblicken zu tun gelernt hatte: er griff zurück auf Süßigkeiten, um sein psychisches Gleichgewicht wieder herzustellen. Dann bat er seine Betreuerin, mit ihm zu dem Süßigkeitenschrank zu gehen, aber als er dort war, raffte er außer einer Menge Süßigkeiten auch ein paar leere Bonbonschachteln an sich, stellte sie aufeinander und sagte, daraus könne man einen feinen Hut machen. Das Spiel mit den Schachteln gefiel ihm so gut, daß er plötzlich beschloß, sich als Süßigkeitenschrank zu verkleiden. Also machte er sich ein Kostüm aus vielen verschiedenen Bonbonschachteln und Einwickelpapierchen, die er hier und dort anklebte. Als „Süßigkeitenschrank" hatte er ungeheuren Spaß an unserer Halloween-Party und fürchtete sich nicht, „tricks-and-treats" zu spielen. Wenn er zu diesem Zweck zu jemandem hinging, freute er sich besonders, wenn jemand erkannte, daß er den „Süßigkeitenschrank" darstellte [7].

Daß Keith sich als Süßigkeitenschrank verkleidete, enthielt ein gewisses Maß an Selbstironie. Dazu war er nun fähig, weil sein Zuviel-Essen, obwohl er immer noch äußerst gierig war, während der vorhergehenden drei Monate nachgelassen hatte.

Daß er sich an diesem Tag mit dem Süßigkeitenschrank identifiziert hatte, bezeichnete tatsächlich einen Wendepunkt. Dies zeigte er am Tag nach Halloween, als er zum erstenmal zugab, daß er immer Süßigkeiten

---

[6] Teilnehmender Beobachter: Clarence Lipschutz.
[7] Teilnehmende Beobachterin: Gayle Shulenberger.

gehortet hatte, weil er solche Angst hatte, daß eines Tages der Vorrat ausgehen würde. Er hatte es geheimgehalten, aber nun zeigte er seiner Betreuerin eine Schachtel, in der er sich einen großen Vorrat von Süßigkeiten „für Notfälle" aufgehoben hatte [8].
Etwa zur gleichen Zeit fing Keith an, einen Teil seiner überzähligen Süßigkeiten an andere Kinder zu verteilen. Von Erwachsenen mußte er immer noch Eßwaren im Überfluß bekommen, besonders Süßigkeiten, aber jetzt genoß er es, von dem Überschuß etwas abzugeben, anstatt ihn zu horten wie früher. Dies verbesserte seine Beziehungen zu anderen Kindern erheblich, und sie zeigten viel mehr Bereitschaft, ihn zu akzeptieren. Während ihnen vorher der Anblick von Keiths Gier eher bedrohlich erschien, wurde seine neue Freude am Eßbaren zu einem sozialen Vorzug, und nun wurden das Essen und das Leben allgemein für Keith erfreulicher.

Selbst wenn die Kinder in bezug aufs Essen domestiziert sind, zwingen wir sie nicht, irgendeine Mahlzeit mit uns zusammen einzunehmen. Gewöhnlich haben sie für die Ankunft im Eßzimmer einen Spielraum von einer halben Stunde. Wenn sie innerhalb dieses Zeitraums nicht erscheinen, und wenn wir meinen, daß sie es, psychologisch gesehen, leicht hätten schaffen können, bekommen sie mindestens das Hauptgericht und soviel Milch und Butterbrot wie sie wollen, aber nicht unbedingt die ganze Mahlzeit. Das gilt natürlich nur für diejenigen Fälle, in denen wir meinen, das Kind sei eigentlich bereit, regelmäßige Essenszeiten zu akzeptieren, und seine Rehabilitation würde zu diesem Zeitpunkt am meisten dadurch vorwärtsgebracht, daß es lernte, sich in seinen Eßgewohnheiten nach der Norm zu richten.
Andere bekommen, was sie wollen, wann immer sie es wollen, damit sie den Aufenthalt an unserer Schule (und uns) schätzen lernen, und damit das Essen so attraktiv wird, daß sie schließlich mit uns zusammen die regelmäßigen Mahlzeiten einnehmen. Um dies zu erreichen, ist es oft notwendig, daß ein Erwachsener allein mit einem Kind ißt. Das Essen mit anderen ist für viele Kinder so unerfreulich gewesen, daß sie zuerst mit nur *einem* anderen Menschen wieder lernen müssen, daß Essen nicht unbedingt ein Elend sein muß; erst dann sind sie bereit, mit einer Gruppe zu essen. Manche Kinder schmieren so schlimm mit ihrem Essen herum, daß andere Kinder sich abgestoßen fühlen und man nicht von ihnen erwarten kann, daß sie mit den ersteren essen. Auch mit diesen Kindern muß so lange ein Erwachsener allein essen, bis ihre Eßgewohn-

---
[8] Teilnehmende Beobachterin: Gayle Shulenberger.

heiten sich gebessert haben. Nebenbei gesagt, die Kinder werden mit Ausnahme der Sonntage von Hausmädchen bedient, so daß die Mahlzeiten so bequem verlaufen wie möglich.

Während die Kinder essen, ist es viel schwieriger, denjenigen, die unter gewohnheitsmäßigen Eßschwierigkeiten leiden, zu helfen, obwohl gerade dies die Zeiten sind, die wir bei ihnen am wirksamsten nützen können. Kinder z. B., die sich bei den Mahlzeiten immer mit ihren Eltern gestritten haben, lernen es besonders langsam, das Essen in unserer Schule zu genießen. Auch ihnen muß man gewöhnlich die Freude am Essen außerhalb der regulären Mahlzeiten wiedergeben. Wenn uns das erst einmal gelungen ist, lernen sie, das zwingende Beispiel anderer Kinder zu befolgen, und ganz langsam wird die Freude an den Hauptmahlzeiten wieder hergestellt; danach nimmt natürlich das Bedürfnis nach einem Großteil des Zwischendurch-Essens ab.

Eßschwierigkeiten machen sich beim Frühstück, der ersten regulären Mahlzeit des Tages, sogar noch stärker bemerkbar als bei anderen Mahlzeiten. Zu dieser Zeit, vor der Begegnung mit den mehr Reife erfordernden Aufgaben des Tages, hilft eine symbolische Rückkehr zu frühkindlichen Eßgewohnheiten dem Kind, sich seine Sicherheit nachdrücklich zu beweisen. Manche Kinder kombinieren dies mit einer Entladung von Feindseligkeit, indem sie mit dem Messer die Deckel ihrer Milchflaschen durchstoßen, um ein Loch für den Strohhalm zu machen. Nachdem sie so mit einem Streich entweder ihre Kraft oder ihre Fähigkeit, Feinde zu besiegen, bewiesen haben oder gezeigt haben, daß sie sich die einfachen Lebensnotwendigkeiten selbst beschaffen können, saugen sie die Milch durch den Strohhalm. Manche Kinder müssen viele Strohhalme zerkauen oder auf andere Weise kaputtmachen, bevor sie genug Spannung abgeführt haben, um das Saugen genießen zu können. Es stehen natürlich Gläser zum Trinken zur Verfügung, aber sie werden beim Frühstück nur selten benützt, selbst von älteren oder gehemmteren Kindern, die es bei anderen Mahlzeiten für unter ihrer Würde halten, die Milch durch einen Strohhalm zu saugen.

Im allgemeinen haben wir festgestellt, daß selbst sehr „eingefahrene" Eßschwierigkeiten sehr bald verschwinden, wenn sie ursprünglich aus offenem Trotz gegen die Eltern oder als Mittel zustandegekommen sind, die Eltern zu tyrannisieren. Da bei uns weder auf das Essen noch auf Tischmanieren besonderer Wert gelegt wird, und da das Kind essen kann oder nicht, wie es ihm gefällt, kann es uns durch Nichtessen oder durch Beschwerden weder tyrannisieren noch provozieren. Außerdem geben andere Kinder ein lebhaftes Beispiel durch ihre Freude am Essen, wenn es auch ebenso wichtig ist, das Kind davon zu überzeugen, daß es durch sein eigenes schlechtes Benehmen nicht andere tyrannisieren oder ihrer Freude am Essen berauben kann.

Die Dinge liegen viel komplizierter, wenn die Eßstörung des Kindes nicht auf irgendwelche bewußten Versuche zu tyrannisieren oder zu provozieren zurückgeht, sondern zu einem unbewußten neurotischen Symptom geworden ist, wie in Fällen von Anorexie oder paranoischem Vergiftungswahn.
Die Nahrungsaufnahme ist einer der ersten Kontakte des Kindes mit der Außenwelt. Sie ist die Tätigkeit, um die herum sich die ersten persönlichen Beziehungen entwickeln und in deren Bereich sie auch zuerst zusammenbrechen können — mit den gefährlichsten und weitreichendsten Folgen. Daher kann es durchaus vorkommen, daß eine Eßstörung als solche zwar verschwindet, aber die ursprünglich mit ihr zusammenhängenden psychischen Probleme weiterbestehen. In dieser Hinsicht gibt uns der Umstand, daß wir mit den Kindern zusammen essen, oft einen leichten und direkten Zugang zu der Störung und die Möglichkeit zum Durcharbeiten ihres Ursprungs in früheren erschütternden Erlebnissen.
Pauls Angst, er könne nicht genug zu essen bekommen, ließ erst nach, nachdem er sich selbst dadurch Beruhigung verschafft hatte, daß er mehrfach die Nahrungsmittelvorräte in der Küche und in den Lagerräumen inspizierte. Dies war bei ihm eine zwanghafte Handlung, die er eine Zeitlang vornahm und die ihm sehr viel Sicherheit gab. Eines Sonntags hatte das Milchauto Verspätung. Paul war ganz außer sich, als die Frühstückszeit herankam; er kam von seinen Inspektionsgängen zurück und erzählte seiner Betreuerin, es sei nicht genug Milch da. Sie hörte sich seinen Bericht an und sagte, er solle sich keine Sorgen machen; wenn das Auto wirklich zu spät komme, werde sie einfach in den Laden an der Ecke gehen und dort soviel Milch kaufen, wie wir brauchten. Nach kurzer Zeit ging sie wirklich mit ihm dorthin und kaufte Milch, da das Milchauto nicht gleich kam, wenn es auch etwas später die reguläre Milchlieferung brachte. Diese praktische Demonstration, daß wir immer alle Nahrungsmittel bekommen konnten, die wir brauchten, gleichgültig, ob die regulären Lieferungen planmäßig kamen oder nicht, hinterließ bei Paul einen bleibenden Eindruck, und seine Angst und seine zwanghaften Kontrollen ließen nach. Es war interessant festzustellen, daß er, sobald auf diese Weise psychische Energie freigesetzt worden war, sie sofort konstruktiv einsetzte, um etwas über die ihn umgebende Welt zu erfahren [9].

---

[9] Teilnehmende Beobachterin: Gayle Shulenberger.

Wir haben schon von der Rolle der Milchflasche beim Frühstück gesprochen. Hier sollte erwähnt werden, daß fast jedes Kind früher oder später darauf zurückgreift, wenigstens bei den Mahlzeiten seine Milch langsam durch einen Strohhalm aus dem Glas oder aus der Flasche zu saugen. Außerdem kehren viele Kinder zu irgendeiner Zeit buchstäblich zur Flaschenkost zurück; wir müssen dies allerdings sehr vorsichtig dosieren, wenn wir eine dauernde Regression vermeiden wollen.

Einmal begann eine Gruppe von sechs- bis neunjährigen Jungen, rasche Fortschritte zu machen, nachdem sie den Gebrauch der Babyflasche aus den Behandlungszimmern (in denen sie einzeln mit den Mitarbeitern spielten oder redeten) in ihren Schlafraum verlegt hatten, und mehrere Wochen lang nahm jeder von ihnen eine Babyflasche mit ins Bett. Der Wert der Freude an derartigem regressivem Verhalten, wenn es richtig genützt wird, ist heute weithin anerkannt. Aber es ist sehr viel leichter, ein solches Zugeständnis in einem Milieu gut zu nützen und es richtig zu dosieren, in dem man das Gesamtverhalten der Kinder kennt und es sich ganz zunutze machen kann, als wenn man sich in einer Behandlungssituation befindet, die vom übrigen Leben des Kindes isoliert ist.

In der Praxis sind die Dinge jedoch nicht ganz so einfach, wie sie scheinen mögen, und viele Schritte müssen jedem Gebrauch der Babyflasche vorangehen, bevor er einem guten Zweck dienen kann. Während die Rückkehr zur Babyflasche im Rahmen einer fest gegründeten Beziehung (die ein Reifungserlebnis darstellt) eine wertvolle Hilfe ist, kann sie außerhalb einer solchen Beziehung einen unerwünschten Rückzug aus der Welt mit sich bringen und eine autistische Regression fördern. Die Freude an primitiven Lusterlebnissen innerhalb einer reiferen Beziehung kann das Individuum befreien; die Rückkehr zu primitiven Lusterlebnissen mit dem Ziel, sich der Herausforderung der Sozialisierung zu entziehen, schränkt seine Freiheit nur ein. Dies wird deutlich an dem Unterschied zwischen dem einsamen Trinker oder der Flucht in den Rausch und dem sozialen Genießen von Alkohol, das persönlichen Beziehungen Ungezwungenheit gibt.

Ein Teilaspekt von Anns Aufenthalt in unserer Schule kann zuerst den asozialen und später den personalisierten Gebrauch der Babyflasche veranschaulichen. Ann kam zu uns, als sie sieben Jahre alt war. Sie war ein hübsches Kind, übermäßig aktiv, verwahrlost, und im Grunde ein aufs äußerste verwirrtes kleines Mädchen, unfähig, sein eigenes Handeln oder das der Menschen in seiner Umgebung zu verstehen. Anns Vater war gestorben, als sie drei Jahre alt war, und seitdem hatte sie in den verschiedensten mehr oder weniger ungeeigneten Heimen gelebt. Ihre schwer gestörte Mutter hatte schon vor dem Tod des Vaters einen höchst schädlichen Einfluß auf das Mädchen ausgeübt, und danach wurde er noch schlimmer.

Die Mutter selbst war als Kind körperlich und seelisch nur unzureichend versorgt worden und war oft schweren körperlichen Belastungen ausgesetzt gewesen. Von ihrem eigenen Kind verlangte sie die Wärme, den Trost und die Gesellschaft, die sie in ihrer eigenen Kindheit nicht gehabt hatte. Da sie unfähig war, ihrer Tochter diese Dinge zu geben, versuchte sie, als das kleine Mädchen bei einer Pflegemutter gute körperliche und psychische Pflege bekam, sogar die Aufmerksamkeit der Pflegemutter dem Kind abspenstig zu machen und auf sich zu lenken. Da Ann auf diese Weise doppelten Mangel litt, versuchte sie, das Unmögliche möglich zu machen: sich die Freuden zu verschaffen, die sie brauchte, und zugleich einer unerträglichen Situation zu entfliehen. Um das erste zu erreichen, suchte sie Trost in provokanter, offensichtlicher und lange andauernder Masturbation und versuchte auch andere zu verführen, ihr auf diese Weise Befriedigung zu verschaffen. Um dies letztere zu bewerkstelligen, war sie ständig auf der Flucht. Oft hatten ihre mißglückten Versuche wegzulaufen den Charakter von Pseudo-Selbstmordversuchen, so z. B. wenn sie absichtlich vor herankommenden Autos auf die Straße hinauslief.

An der Schule kehrte sie bald an den Punkt zurück, wo im Säuglingsalter ihre menschlichen Beziehungen zusammengebrochen waren oder sich überhaupt nicht entwickelt hatten. Sie fing wieder an, die Babyflasche intensiv zu benützen. Genau wie sie versucht hatte, die Masturbation zu benützen, um sich selbst zu befriedigen und Befriedigung von anderen zu bekommen, benützte sie nun die Babyflasche auf eine Art und Weise, die zeigte, welche autistischen und interpersonalen Nebenbedeutungen sie für sie hatte.

Bei individuellen Spielstunden mit ihrer Betreuerin forderte sie, die Babyflasche solle mit Milch gefüllt werden. Auf diese Weise verschaffte sie sich die Gewißheit, daß eine Rückkehr zur primitiveren autistischen Befriedigung ihr offenstünde, selbst wenn die persönliche Beziehung zu ihrer Betreuerin zusammenbrechen sollte. Viele Monate lang forderte sie am Anfang jeder Spielstunde, die Flasche solle gefüllt werden, rührte sie aber während der Stunde nie an. Sobald die Stunde aber vorbei war, pflegte sie die Flasche zu ergreifen, und während sie mit ihrer Betreuerin den Korridor entlangging, fort von dem Raum, in dem sie miteinander gesprochen oder gespielt hatten, pflegte sie kräftig aus der Flasche zu trinken. So zeigte sie durch ihr Verhalten, daß in diesem Stadium ihre Fähigkeit, Beziehungen aufrechtzuerhalten, noch sehr gering war (die Beziehungen bestanden für sie nur so lange, wie sie in der Abgeschlossenheit des Raumes wirklich in Kontakt mit der Bezugsperson war), und daß die Beziehung nicht mehr von Dauer war, sobald sie diese ganz besondere Umgebung verließ. Ann brauchte die handgreifliche Berührung der gefüllten Flasche, um zu glauben, daß infantile und autistische Befriedigung zur Verfügung stünde, falls der Kontakt zu ihrer Betreuerin unterbrochen würde, und sie bediente sich der Flasche, sobald dieser besondere Kontakt jeweils beendet wurde [10].

Dann kam eine Zeit, in der diese Kontakte mit der Betreuerin auf einer höheren Integrationsebene erweitert wurden, indem Ann große Mengen von Süßigkeiten aß. Als Tiefe und Bedeutung ihrer Beziehung zu ihrer Betreuerin zunahmen, nahm sie gelegentlich während der Stunde versuchsweise die Babyflasche und trank daraus, aber indem sie dies tat, schien sie eine gewisse Distanz zwischen sich und die Betreuerin legen zu müssen — eine größere Distanz, als wenn sie mit ihr sprach oder spielte. Alle primitiven Lustempfindungen hatten für sie immer noch eher autistische als soziale Nebenbedeutungen, aber sie begann wenigstens auszuprobieren, ob primitive Befriedigung nicht auch zum Träger persönlicher Beziehungen werden könnte.

Ann tat einen weiteren Schritt in der Annahme infantiler Lusterlebnisse auf persönlicher Basis, als sie ihre Betreuerin bat, sie mit Süßigkeiten zu füttern. Die Kluft zwischen persönlichen Beziehungen und primitiven Lustempfindungen wurde schließlich überbrückt, als sie das Saugen aus der Babyflasche als ein Mittel benützte, um ihrer Betreuerin näher zu kommen: nun trank sie ihre Milch aus der Flasche, während sie auf dem Schoß der Betreuerin saß, glücklich und in sehr gutem Kontakt mit ihr [11].

Da diese Beziehung nun durch heftig vermißte infantile Befriedigungen zementiert worden war, benützte Ann sie zu einem für ihre Verhältnisse sehr reifen Schritt. Bisher war Ann vollständig von einigen älteren Kindern beherrscht worden, die sie unkritisch nachgeahmt hatte. Jetzt aber, während sie auf dem Schoß der Betreuerin saß, unterbrach sie ihr Saugen einen Augenblick und machte ein paar stichhaltige kritische Bemerkungen über ein Bild, das schon seit mehreren Wochen an der Wand hing, ein Bild, das eins der älteren Mädchen, von denen sie ganz und gar abhängig gewesen war, gemalt hatte.

So durchlief sie bei ihrem Gebrauch der Babyflasche die verschiedenen Stadien von der primitiven Befriedigung an Stelle einer persönlichen Beziehung zur primitiven Befriedigung innerhalb einer persönlichen Bezie-

---

[10] Teilnehmende Beobachterin: Joan Little.
[11] Teilnehmende Beobachterin: Joan Little.

hung und schließlich zu einer persönlichen Beziehung, die durch infantile Lustempfindungen noch gewann — dieses letztere Stadium wurde ihr zur Quelle der Kraft für ein erstes Streben nach persönlicher Selbständigkeit. Ann war fähig, diese Schritte mehr oder weniger autonom zu tun, weil in ihrem Fall die Funktion der Nahrungsaufnahme nicht sehr stark gestört war, obwohl ihre Fähigkeit zur Herstellung persönlicher Beziehungen blockiert war.

Als Grace mit neun Jahren an unsere Schule kam, war sie meistens autistisch in sich selbst zurückgezogen; die übrige Zeit war von Größenwahn- und Angstphantasien erfüllt. Aber es gab keine Zeit, in der sie nicht sogar im Hinblick auf Zeit, Raum und ihre eigene Identität vollkommen desorientiert gewesen wäre. Da sie unfähig war, mit der sie umgebenden Welt fertig zu werden, versuchte sie, alles was sie brauchte oder haben wollte, durch alle Mittel zu bekommen, die ihr gerade in den Sinn kamen, auch durch extreme Zerstörungswut oder Diebstahl. Über ihre drei ersten Lebensjahre ist fast nichts bekannt, aber aus den wenigen zur Verfügung stehenden Informationen kann man schließen, daß niemals jemand angemessen für Grace gesorgt hat. Ihr Vater starb, als sie drei Jahre alt war. Kurz darauf ließ ihre Mutter sie im Stich und interessierte sich nicht mehr für sie. Grace wurde in ein Kinderheim gesteckt, wo sie blieb, bis sie sechs Jahre alt war. Von da an lebte sie, bis sie an unsere Schule kam, in verschiedenen Pflegefamilien, von denen keine mit ihr und mit ihren Problemen fertig werden konnte. Inzwischen wurde ihre Störung immer mehr akut und führte unter anderen schwerwiegenden Symptomen zu einer schweren Intelligenzhemmung. Graces Gier war also wie die Keiths auf eine Vielfalt schwerer und frühzeitig eingetretener emotionaler Mangelerlebnisse zurückzuführen. Sehr lange hatte Grace keine größere Angst als die, es könnte nicht genug zu essen da sein und sie müsse hungern. Auch sie konnte erst persönliche Beziehungen herstellen — und dadurch die Anfänge einer persönlichen Identität entwickeln — nachdem sie die Gewißheit hatte, daß ausreichend Nahrung vorhanden und jederzeit zu haben war. Und wie Ann konnte sie die Babyflasche erst genießen, nachdem ihre erste Gier und Angst in bezug auf die Nahrung in gewissem Maß nachgelassen hatten. Der begrenzte Nahrungsvorrat der Babyflasche wurde erst zur Lustquelle, nachdem ihre Angst vor dem Verhungern das Vergnügen des Saugens nicht mehr störte. So lange es ihr nur auf Quantität ankam, fand sie kein echtes Vergnügen am Essen, und es ließ sich auch kein persönlicher Kontakt um das Essen herum aufbauen.
Während vieler Monate aß Grace zuviel; sie blieb im Eßzimmer, nach-

dem die anderen Kinder hinausgegangen waren und sammelte Reste von den Tellern, obwohl sie schon große Portionen gegessen hatte. Nach jeder Mahlzeit wickelte sie sich Eßbares in eine Serviette und nahm es mit, weil sie fürchtete, sie könnte vor der nächsten Mahlzeit wieder Hunger bekommen. Immer, wenn ein Gang aufgetragen wurde, sprang Grace aufgeregt in die Luft und suchte mit den Blicken ihre Betreuerin, um sich von ihr bestätigen zu lassen, daß sie genug bekommen werde. Häufig aß sie ohne Besteck direkt von ihrem Teller, um rechtzeitig für eine dritte und vierte Portion fertig zu werden, obwohl die Mengen, die sie aß, nicht begrenzt wurden. Nach einer gewissen Zeit forderte sie weniger Portionen von dem, was es zu essen gab. Dann wandelten sich ihre Eßgewohnheiten von extremer Gier zu extrem infantilem Verhalten. Sie saugte ihre Nahrung, nahm das Essen aus dem Mund, sah es an und steckte es wieder in den Mund. Gelegentlich spuckte sie etwas aus. Aber allmählich hörte sie auf, Essensreste in ihre Serviette einzuwickeln, und begann statt dessen, ein kleines Glas mit sich herumzutragen, in dem sie eine Süßigkeitenration aufbewahrte [12].

Wie andere Kinder, die nie vorher wirklich sozialisiert worden sind, weil ihnen sehr früh die Befriedigung ihrer wesentlichen biologischen Bedürfnisse vorenthalten worden ist, lernte Grace zuerst beim Essen, eine Beziehung zu anderen herzustellen. Auch Fortschritte auf anderen Gebieten der Sozialisierung begannen im Hinblick auf Nahrung oder Eßverhalten. Sie lernte erst, ihr Leben zu organisieren, nachdem sie gelernt hatte, ihren Besitz zu organisieren, und sie lernte Ordnung in diesen Dingen erst, nachdem sie ordentliches Verhalten auf dem Gebiet gelernt hatte, das für sie immer noch überragende Bedeutung hatte: auf dem Gebiet der Ernährung.

Sie säuberte ihre Süßigkeitenschachtel mehrmals, stapelte Riegel von Süßigkeiten, nach Farbe und Größen geordnet, und verkündete spontan, während sie damit hantierte: „Das macht Spaß!" Später begann sie auch ihre Regale zu reinigen. Sie arrangierte immer wieder ihr Spielzeug, in der gleichen Weise, wie sie ihre Süßigkeitenriegel geordnet hatte, und nach der gleichen Methode wollte sie auch ihre Kleider für den nächsten Morgen säuberlich und genau hingelegt haben. Ihr Bett mußte perfekt sein, und sie kehrte gern den Fußboden rund um das Bett und sogar darunter. Es war, als wenn Ordnung bei den Dingen, zu denen sie eine Beziehung hatte, dem Beispiel der Ordentlichkeit in bezug aufs Essen folgen müsse, und als wenn beides stattfinden müsse, bevor eine innere Ordnung zustande kommen konnte [13].

[12] Teilnehmende Beobachterin: Marjorie Jewell.
[13] Teilnehmende Beobachterin: Joan Little.

Bei Kindern wie Julian, Keith und Ann hatte die Angst in bezug auf die Nahrung ihren Ursprung mehr oder weniger direkt in dem schweren Mangel, den sie als Säuglinge und oft noch einige Zeit danach erlebt hatten. Aber diese Kinder sind nicht die einzige Gruppe, für die das Essen und alles, was damit zusammenhängt, von größter Bedeutung ist. Es gibt andere Kinder, bei denen es viel komplizierter ist, ihnen die Lust am Essen wiederzugeben. Es sind in der Mehrzahl keine verwahrlosten oder in anderer Weise asozialen Kinder. Es sind Kinder, deren frühkindliche Erlebnisse sie veranlaßt haben, sich zu Personen zu entwickeln (oder man sollte besser sagen, denen sie es nicht erlaubten, sich psychisch weiter zu entwickeln), deren Verhalten und Denkschemata sich am besten mit denen erwachsener Schizophrener vergleichen lassen und nicht mit denen erwachsener Neurotiker oder Delinquenten. Einige dieser Kinder kamen an unsere Schule als autistisch in sich selbst zurückgezogene Wesen (wie Walter und Emily), andere als Kinder, die so vollkommen ohne Kontakt mit der Welt waren, daß sie geistesschwach wirkten (wie John), oder es waren Kinder, die an den verschiedensten Wahnkrankheiten litten, wie z. B. Beziehungs- oder Verfolgungswahn (wie George).

Walter hatte sein Leben lang bei der Ernährung Schwierigkeiten gemacht. Er litt an Appetitlosigkeit, erbrach sich und hatte schwere Nahrungsmittelallergien. An der Schule blieb er eine Zeitlang ein schwacher Esser. Er lebte fast nur von Broten mit Butter und Gelee, die nur er streichen durfte. Er war immer tief in sich selbst zurückgezogen, aber am Eßtisch war es noch schlimmer. Alle Versuche, ihn von seinen Tagträumen wegzubekommen oder Kontakt herzustellen, schlugen fehl, bis ihm eines Tages seine Betreuerin erklärte, woher die verschiedenen Nahrungsmittel stammten, die die anderen aßen. Walter konnte für solche Unterhaltungen nur während flüchtiger Augenblicke interessiert werden, aber da es die einzigen waren, auf die er überhaupt reagierte, setzte seine Betreuerin ihre Bemühungen fort, ohne genau zu wissen, warum. Nach einigen Wochen erzählte sie ihm zufällig von der Ananas, die die anderen aßen, und die er entschieden abgelehnt hatte wie die meisten anderen Nahrungsmittel. Sie erzählte ihm, wie man die Ananas angebaut, zubereitet, eingedost und den weiten Weg von Hawaii hergeschickt hatte, damit die Kinder sie beim Frühstück genießen könnten. Schließlich war Walters Interesse geweckt, aber was ihn besonders interessierte, war die Frage, ob zwischen Hawaii und dem Servieren der Büchsen in der Schule jemand sich an ihnen zu schaffen gemacht haben könnte [14].

---

[14] Teilnehmende Beobachterin: Josette Wingo.

Aus dieser und ähnlichen Fragen wurde deutlich, daß viele seiner Eßschwierigkeiten mit der Furcht zusammenhingen, er könnte vergiftet werden. Seine Ängste legten sich, als seine Betreuerin ihre Erklärungen fortsetzte und erweiterte, daß Nahrungsmittel, die in der Schule auf den Tisch kämen, vor fremden Eingriffen sicher seien. Er mußte sich aber selbst überzeugen, indem er zusah, wie das Essen in der Küche zubereitet wurde, um sich zu vergewissern, daß seine eingebildeten Feinde nicht darankommen konnten.

Diese Gespräche und die Beobachtungen, die er machte, ermöglichten es ihm, zumindest während des Essens einen Kontakt herzustellen, und wenigstens zu einer Person. Die Sicherheit, die ihm aus dieser Beziehung erwuchs, erlaubte ihm dann, offen über seine traumatischen Erlebnisse zu sprechen, besonders über den folgenschwersten von mehreren wahrscheinlichen Selbstmordversuchen.

Es kam zutage, daß Walter, als er drei Jahre alt war, eine relativ große Menge Ammoniak geschluckt hatte. Er hatte ins Krankenhaus gebracht werden müssen, und vom Krankenhaus aus wurde er in eine Anstalt für zurückgebliebene Kinder geschickt, weil er als geistesschwach angesehen wurde. Sein Aufenthalt unter den geistesschwachen Kindern machte ihn sehr unglücklich, und er empfand ihn immer als eine Strafe. Die Tatsache, daß er Ammoniak geschluckt hatte, sah er als einen Versuch seiner Feinde an, ihn zu vergiften, und auch den Umstand, daß er in der Anstalt bleiben mußte, schrieb er ihrem Einfluß zu. Er bekam dort aus dem einen oder anderen Grund nie genug zu essen — oder er glaubte es zumindest. Er war überzeugt, man habe den Plan, ihn dort verhungern zu lassen oder zu vergiften.

Eine Zeitlang pflegte Walter über diese Dinge nur bei den Mahlzeiten zu sprechen, wenn er mit seiner Betreuerin und den anderen Kindern zusammen aß. Alle Versuche, sie mit ihm in Einzelsitzungen zu erörtern (selbst wenn er dabei aß), konnten erst viel später zum Erfolg führen. Anscheinend mußte er durch das Beispiel anderer Kinder zum Essen angeregt werden, und anscheinend mußte er sehen, daß das, was sie aßen, nicht vergiftet war, um es sich leisten zu können, über seine Ängste zu sprechen. Ein weiterer Grund mag gewesen sein, daß dies die gleiche Situation war — mit anderen Kindern zusammen zu essen —, in der sich bei ihm die Vorstellung gebildet hatte, man habe ihn in eine Anstalt geschickt, um ihn dort zu vergiften, oder er konnte vielleicht nur bei den Mahlzeiten reden, weil seine Betreuerin ihm im Eßzimmer nicht ihre ungeteilte Aufmerksamkeit zuwenden konnte, da sie sich auch noch um die anderen Kinder kümmern mußte. Auf diese Weise war er nicht der Wirkung ihrer vollen Aufmerksamkeiten ausgesetzt, was zu dieser Zeit ein so intensiver persönlicher Kontakt gewesen wäre, daß er ihn nicht hätte ertragen können.

Später sprach Walter — wieder bei einer Mahlzeit — über Erlebnisse, die noch vor der Ammoniakvergiftung lagen. Seine Mutter hatte häufig und scharf den Alkoholismus seines Vaters kritisiert; Walter aber hing sehr an seinem Vater. Sie hatte den Jungen auch wiederholt davor gewarnt, so zu werden wie sein Vater. Das führte dazu, daß er zunächst fürchtete, alle Flüssigkeiten seien giftig; später begann er alle Nahrung zu hassen, ob sie nun flüssig war oder nicht. Aber dieser Vergiftungsangst lagen noch frühere Erlebnisse bei der Nahrungsaufnahme zugrunde, die sich in etwas ausdrückten, das sich am besten als ein aggressives Zerbeißen, Zerkauen oder Zermahlen der Nahrung beschreiben läßt. Dies war ein sehr in die Länge gezogener Vorgang, der mit einem großen Widerstreben verbunden war, das Essen schließlich herunterzuschlucken. Walter benahm sich so, als sei das Hinunterschlucken selbst schmerzhaft und sogar ein wenig furchterregend [15]. —

Als mit der Zeit wenigstens zwischen ihm und einigen seiner Betreuerinnen Beziehungen entstanden waren, benützte er seine Einzelsitzungen bei einer der Betreuerinnen hauptsächlich, um auf dem Schnuller einer Babyflasche aggressiv herumzubeißen und herumzukauen. Walter mußte seine Aggressionen in bezug auf Essen und Saugen ausagieren und durcharbeiten, bevor diese beiden Tätigkeiten für ihn lustvoll werden konnten. Er biß oft lange auf dem Sauger herum, ohne viel Flüssigkeit aus der Flasche zu saugen und ohne herunterzuschlucken. Auf seinem Gesicht lag während des ganzen Vorgangs ein Ausdruck größter Wut. Nachdem er sich über längere Zeit so verhalten hatte, benützte er eines Tages Puppen, um eine detaillierte Geschichte von einem kleinen Kind zu reproduzieren, dessen Eltern entweder tot oder verschwunden waren. Das Kind wurde dann in eine Anstalt geschickt, bis eine neue Mutter kam und es herausholte. Diese Mutter war sehr lieb und erschrak, daß das Kind so wenig wußte und weder lesen noch buchstabieren konnte; darum sorgte sie dafür, daß es zur Schule gehen und lernen konnte. In seiner Geschichte betonte Walter, daß Schule und Heim in ein und demselben Gebäude seien, und zeigte damit, wie wichtig es für ihn — wie für die meisten ängstlichen Kinder — war, beide zusammen zu haben, wie wichtig es war, daß alles, was zu seinem Leben gehörte, innerhalb einer kompakten Einheit stattfand. Während er wichtige Elemente seiner traumatischen Vergangenheit durcharbeitete und fähig wurde, die Gegenwart in einem günstigeren Licht zu sehen, entstand in ihm auch die Bereitschaft

---

[15] Teilnehmende Beobachterin: Josette Wingo.

zu lernen. Zu diesem Zeitpunkt war Walter elf Jahre alt; obwohl er Einzelunterricht gehabt hatte, bevor er an unsere Schule kam, und obwohl wir uns die ganze Zeit über bemüht hatten, ihm etwas beizubringen, lernte er nun zum erstenmal, Buchstaben zu erkennen, und kurz darauf fing er an zu lesen [16].

Emily war acht Jahre alt, als sie an unsere Schule kam. Ihr Vater hatte zuerst wenig Zeit für seine kleine Tochter gehabt und war dann mehrere Jahre lang abwesend, weil er in der Armee war. Eine Körperbeschädigung hinderte die Mutter, in angemessener Weise für ihre Tochter zu sorgen. Wegen der Schwierigkeiten der Mutter wurde Emily einer Reihe von Pflegerinnen und Dienstmädchen anvertraut, die die Anweisung bekamen, ein strenges Fütterungsschema einzuhalten, und die später bei der Sauberkeitserziehung und in allen anderen Dingen ebenso streng vorzugehen hatten. Vom Säuglingsalter an verhielt Emily sich autistisch. Sie zog sich vollständig von einer Welt zurück, die ihr zu wenig Befriedigung bot. Ihre Tage waren ausgefüllt mit intensiver und lange andauernder rektaler und vaginaler Masturbation, die nur durch orale Stimulation unterbrochen wurde, zu der sie die gleichen zwei Finger verwendete, die sie auch bei der Masturbation bevorzugte. Auch diese orale Stimulation hatte oft mehr den Charakter der Masturbation als den des Saugens.
Man hatte Emily wiederholt mit den Folgen ihrer Masturbation gedroht und sie auch dafür bestraft. Aus diesem und vielen anderen Gründen waren ihre Phantasien erfüllt von Schreckbildern von dem, was ihr geschehen könnte, und dem, was sie anderen antun könnte. Ihre stärkste Angst war, andere könnten versuchen, sie zu töten.
Emily hatte jahrelang beim Essen Schwierigkeiten gemacht. Sobald sie jedoch an unserer Schule war, verlor sie ihre allgemeine Angst vor dem Essen ziemlich bald. Aber alles Eßbare, das von außerhalb kam, besonders Gebäck oder Süßigkeiten, die sie von zu Hause geschickt bekam (oder von denen sie meinte, sie seien von zu Hause gekomen), reichte aus, um ihre heftige Angst wieder zu beleben, man versuche, sie zu vergiften. Wir bekamen den ersten Hinweis auf ihre Angst vor Vergiftung, als sie eines Tages eine Schachtel Gebäck erhielt. Sie nahm einen Keks heraus und aß ihn; dann schrie sie, so laut sie konnte, die Betreuerin töte sie, ersticke sie, erwürge sie. Schließlich verstand die Betreuerin, daß das, was sie so beunruhigte, der Gedanke war, der Keks, den sie gegessen hatte, sei ihr von zu Hause geschickt worden.

---

[16] Teilnehmende Beobachterin: Gayle Shulenberger.

Erst nach einer ausführlichen Erklärung der genauen Herkunft des Gebäcks fühlte sich Emily etwas beruhigt. Dann verglich sie mit der Betreuerin, was sie beide den Tag über gegessen hatten, und auch hier hatte Emily erst die Gewißheit, daß niemand sie vergiftet hatte, nachdem sie erkannte, daß beide das gleiche Essen gegessen hatten, das von den gleichen Köchen in der gleichen Küche zubereitet worden war [17].
Hier möchte ich eine weitere Bemerkung über die Mahlzeiten an der Schule im allgemeinen machen. Weil die Kinder Angst vor Vergiftung haben — aber noch mehr, weil fast alle das Gefühl haben, von Erwachsenen um das betrogen worden zu sein, was ihnen zusteht —, verschafft es ihnen eine große Befriedigung, wenn sie beobachten, daß die Mitarbeiter genau das gleiche essen wie sie, und zwar nicht nur, wenn sie „im Dienst" sind und ohnehin mit den Kindern essen. Es ist besonders beruhigend für sie, wenn sie sehen, daß die Mitarbeiter auch dann das gleiche und mit ihnen zusammen essen, wenn sie nicht „im Dienst" sind. Fast jedes Kind hat zu irgendeiner Zeit einmal geprüft, ob auf dem Tisch, wo die Mitarbeiter zusammen essen, wenn sie dienstfrei sind, nichts erscheint, was der Speisenplan der Kinder nicht auch umfaßt. Ziemlich viele Kinder überprüfen dies wochenlang, bis sie sicher sind, daß sie nicht betrogen werden. Aus ähnlichen Gründen machen wir es ihnen leicht, den Speisenplan zu prüfen. Das macht es ihnen möglich, im voraus die Sicherheit zu gewinnen, daß genug zu essen da sein wird und genug solche Speisen, die sie gern mögen. Außerdem wird der Speisenplan für eine ganze Woche im voraus angeschlagen, so daß die Kinder sich vergewissern können, daß sie auch alles bekommen, was wir für sie geplant haben.
Zurück zu Emily: Etwa drei Monate später schilderte sie, daß sie zu Hause das Gefühl gehabt habe, alles Essen, das ihr vorgesetzt wurde, sei zum Essen nicht geeignet. Eine Gruppe unserer Kinder aß Kekse, während sie auf dem Weg zum Einheitspreisladen war, und einige Kinder sprachen über das Essen zu Hause. Daraufhin begann Emily mit sich selbst zu sprechen und sagte: „Vater probiert das Essen und spuckt es auf den Fußboden. Mutter probiert das Essen und spuckt es auf den Fußboden. Das Kind probiert das Essen und spuckt es auf den Fußboden." Dieses Bild wiederholte sie mehrmals [18].
Kurze Zeit später kündigte eine ihrer Betreuerinnen an, sie werde für eine Woche auf Urlaub gehen. Zuerst tat Emily so, als höre sie nichts, und blieb bis zur nächsten Mahlzeit völlig unansprechbar. Dann be-

---

[17] Teilnehmende Beobachterin: Joan Little.
[18] Teilnehmende Beobachterin: Joan Little.

nützte sie schließlich das Essen, um ihr Unglücklichsein über die bevorstehende Trennung auszudrücken. Der Umstand, daß ihr gesagt wurde, eine der Personen, zu denen sie endlich eine rudimentäre Beziehung gefunden hatte, werde sie verlassen, ließ ihr alles Essen wieder giftig erscheinen — oder wenigstens ungenießbar.

Sie nahm ein kleines Boot, das ihr die Betreuerin am Tag vorher geschenkt hatte, mit sich ins Eßzimmer. Dort bat sie um Getreideflocken. Die Betreuerin setzte ihr Getreideflocken vor, aber Emily füllte nur ihr Boot damit und warf das ganze auf den Fußboden. Dann verlangte sie Rührei und machte damit das gleiche. Den Toast zerpflückte sie in kleine Stückchen und warf ihn auf die gleiche Weise auf den Fußboden. Sie lehnte alle Versuche ihrer Betreuerin ab, sie zu füttern, aber schließlich wurde sie weniger übellaunig und ließ sich dazu herbei, auf dem Schoß der Betreuerin zu sitzen. Dann legte sie die Hand aufs Herz und sagte, dort tue es ihr weh. Die Betreuerin versprach ihr, sie werde nur eine Woche lang fort sein, und beschrieb ihr, wer in der Zwischenzeit für sie sorgen werde. Nach einer Weile entspannte sich Emily und rollte sich schließlich während der restlichen Essenszeit auf dem Schoß der Betreuerin zusammen [19].

Im Gegensatz zu Walter und Emily, deren Vorgeschichte keine körperliche Traumatisierung aufwies, ließ sich Johns schizophren wirkendes Verhalten teilweise auf eine Kombination physischer und psychischer Schädigungen zurückführen, die am Anfang seines Lebens eingetreten waren (wie auf S. 112 beschrieben). Wir können hier hinzufügen, daß dies später durch eine weitere Verletzung am Mund stärker wurde, die er in einem kritischen Zeitpunkt seiner Entwicklung erlitt. Ich möchte auch noch hinzufügen, daß Johns Mund-Infektion sofort nach der Geburt künstliche Ernährung notwendig gemacht hatte, und daß er mehrere Monate lang im Krankenhaus bleiben mußte. Die Behandlung, der er unterzogen wurde, war sehr schmerzhaft, so daß die Nahrungsaufnahme von Anfang an unangenehm war.

Als John schließlich aus dem Krankenhaus entlassen wurde, hatte seine Entwicklung einen schlechten Anfang genommen. Seine Mutter wurde darauf aufmerksam gemacht, daß sie ihn um jeden Preis füttern müsse. Aber nach seinen bedauerlichen Erfahrungen war John dem Essen sehr abgeneigt, und dies führte zu Zwangsfütterungen, gegen die er sich wehrte und die er übelnahm. Dies alles, zusammen mit der Angst der Mutter, machte ihre gegenseitige Beziehung ausgesprochen unerfreulich.

---

[19] Teilnehmende Beobachterin: Joan Little.

John spuckte sie an und spuckte auch die Nahrung aus, die sie ihm zwangsweise in den Mund stopfte.

Verzweifelt wegen der Warnung des Arztes bestand die Mutter darauf, John zu füttern, und jede Mahlzeit wurde zu einer großen Schlacht, die stundenlang dauerte. Johns Kopf wurde festgehalten, und das Essen wurde ihm so tief in den Hals gestopft, daß er es nicht mehr ausspucken konnte. Damit dies möglich war, wurde John so fest niedergehalten, daß er weder mit den Füßen stoßen noch sich sonst bewegen konnte. Auf diese Weise wurde er jeglicher Möglichkeit beraubt, seine Angst und seine Wut abzureagieren, und es war auch keine Spannungsabfuhr durch Schreien oder Bewegung möglich. Die einzige Methode, durch die John seinen äußersten Abscheu gegen die ganze Fütterungsprozedur zum Ausdruck bringen konnte, bestand darin, daß er in Erwartung der Nahrung schon würgte und sich erbrach, sobald sie ihm eingezwungen worden war.

Johns Beziehung zu seiner Mutter wurde immer schlechter. Verzweifelt, weil er nichts aß, und wütend über seinen Widerstand befolgte sie den Rat eines Arztes und fing an, ihm das wieder einzufüttern, was er erbrochen hatte. Unter dem Einfluß einer derartigen Routine blieb nicht nur Johns motorische Entwicklung langsam und unzureichend, sondern auch sein allgemeines Wachstum und seine intellektuellen Fortschritte. Dies vergrößerte natürlich die Angst der Eltern in bezug auf Johns Nahrungsverweigerung. Mit dreieinhalb Jahren fing John endlich an, in der Begegnung mit der Welt mehr Aktivität zu zeigen. Die Eltern versuchten ihn bei seinen schwächlichen Versuchen motorischer Betätigung zu ermutigen, und weil sie so sehr darauf bestanden, begann er zu früh und voll Angst mit dem Treppensteigen. Zu diesem Zeitpunkt fiel er die Treppe hinunter und verletzte sich so schwer am Mund und am Zahnfleisch, daß mehrfach genäht werden mußte.

Diese zweite Mundverletzung machte das Essen wieder zur Qual. Jede Bewegung des Mundes tat weh. Außerdem gab John seinen Eltern die Schuld für die Verletzung, denn er hatte das Gefühl, sie hätten ihn „gezwungen", Treppen zu steigen. Die Verletzung, die Feindseligkeit gegen seine Eltern und die schmerzhaften Zwangsfütterungen, die durch die neue Verletzung noch schlimmer wurden, machten ihm das Leben ganz und gar verhaßt. Seine Appetitlosigkeit und seine Ablehnung jeder Nahrung wurden so schlimm, daß er schließlich wegen seiner Anorexie ins Krankenhaus mußte.

Als John an unsere Schule kam, zeigte er ein krankhaftes und monomanisches Interesse für Nahrungsthemen. Er sprach unausgesetzt von eßbaren Dingen oder beschäftigte sich in seinen Phantasien mit ihnen, zugleich war ihm das Essen verhaßt. Er pflegte stundenlang von Speisen zu sprechen. Seine Gefühle kamen am besten in einer Geschichte zum Ausdruck, die er beim TAT erfand (TAT = Thematic Apperception Test, projektiver Persönlichkeitstest von Murray), in der eine Person zu einer anderen sagte: „Oh, wir müssen Eiskrem besorgen. Komm, das ist das beste auf der ganzen Welt. Das ist besser als Gott... Sie liebten Gott nicht, sie hatten statt dessen eine Vorliebe für Eiskrem." Aber wenn John etwas Eßbares auch nur sah, sogar Eiskrem, fing er an zu würgen. Wenn der Hunger ihn schließlich zwang, etwas zu essen, pflegte er meistens einen Teil dessen, was er gegessen hatte, wieder zu erbrechen.

An der Schule führten — im Gegensatz zu seinen früheren Erfahrungen — sein Widerwille gegen das Essen nicht zu Bemühungen unsererseits, ihn zum Essen zu zwingen, sein Erbrechen nicht zum Abscheu, zu Beschuldigungen oder zu übertriebenen Mitleidsbekundungen. Obwohl also Erbrechen und Würgen usw. keine adäquaten Methoden mehr waren, um seiner Umwelt etwas heimzuzahlen oder sie zu tyrannisieren, war dieses Verhalten immer noch, auf Grund seiner Vorgeschichte, ein angemessener Ausdruck für Johns Reaktion aufs Essen. Wie bei vielen anderen Kindern und in vielen anderen Situationen stellten wir fest, daß wir in einer Art von Teufelskreis gefangen waren. Solange Erinnerungen an die Vergangenheit das Essen für John zu einer Qual machten, konnte er es niemals genießen, und so lange angenehme Eßerlebnisse nicht ebenso oft vorkamen wie unangenehme, mußte das Essen für ihn quälend bleiben.

Am Anfang hatten wir gehofft und geglaubt, es würde am besten sein, mit John angenehme Kontakte auf Gebieten des Lebens herzustellen, wo er nicht soviel gelitten hatte, so daß dort entstandene gute Beziehungen dazu beitragen könnten, ihm das Essen angenehmer zu machen. Aber unsere Bemühungen, ihm nahezukommen, wenn er nicht aß, führten zu nichts. All seine geistig-seelische Energie war so konzentriert auf seine Liebe zum Eßbaren und seinen Haß gegen das Essen, daß keine Energie für die Herstellung eines Rapports in irgendeiner anderen Situation übrig zu sein schien. Beim Spielen, beim An- oder Ausziehen, in der Badewanne oder auf Spaziergängen zog er sich in autistische Isolierung zurück, aus der er nur auftauchte, wenn er einen Menschen als Werkzeug oder als Diener zu benützen wünschte. Menschen hatten nur in dem Maß Realität für ihn, in dem sie sich seinen Launen fügten.

Obwohl wir uns weiterhin bemühten, es ihm in allen anderen Situationen so bequem wie möglich zu machen, gab es wenig oder gar keinen Fortschritt. Wir mußten unsere Bemühungen also darauf konzentrieren,

dort persönliche Beziehungen herzustellen, wo sie von Anfang an hätten entstehen sollen, und wo das wenige, was von ihnen existiert hatte, vollkommen zusammengebrochen war: beim Essen. Es dauerte jedoch viele, viele Monate, bevor Johns Würgen und Erbrechen nachließ, und es dauerte über zwei Jahre, bevor er diese Verhaltensweisen ganz aufgab.
Wenn John bei Tisch saß, tyrannisierte er mit seiner Feindseligkeit, selbst nachdem sein Würgen und Erbrechen nachgelassen hatte, jeden in seiner Umgebung durch stilles Zögern. Er brauchte Stunden, bis er zu essen anfing; gewöhnlich begann er erst in dem Augenblick, in dem er zu der Überzeugung kam — nach ein oder zwei Stunden aufreizenden Wartens —, daß der Erwachsene, der bei ihm war, sich zum Fortgehen anschickte. Dann pflegte er in ein paar Minuten das Essen so rasch hinunterzuschlingen, daß besonders in der ersten Zeit ein neuer Anfall von Erbrechen die Folge war.

Wir stellen allgemein fest, daß bei Kindern, die von Erwachsenen vollständig unterdrückt worden sind, die erste Möglichkeit, Vergeltung zu üben, sich in feindseligem Zögern ausdrückt. Sie wagen es noch nicht, offenkundig aggressiv zu sein, aber sie hemmen in feindseliger Weise unsere Handlungen und Maßnahmen, indem sie sich nicht anziehen, indem sie Dinge verlieren, nach denen sie dann stundenlang suchen müssen, durch Langsamkeit im Reden oder in ihren Bewegungen, durch endlose und bedeutungslose Geschichten, die wir uns anhören müssen, indem sie Ausgänge versperren oder indem sie so langsam oder so nah vor uns gehen, daß sie uns am Weitergehen hindern. So blockieren sie unsere Handlungs- und Bewegungsfreiheit, wie sie bei ihnen früher blockiert worden ist.
Wir wollen noch einmal darauf hinweisen, daß das kleine Kind Befreiung von seiner Spannung darin findet (oder zu finden versucht), daß es sie durch Bewegung abführt. Wenn das Kind gezwungen worden ist, die Spannung, die es in der Bewegung entladen wollte, in sich hineinzunehmen, sie aufzustauen, dann nimmt sein Ruhigsein, sein Stillsitzen den Charakter „eisiger" Feindseligkeit an. Indem es unbeweglich wird, bestraft uns das Kind dafür, daß wir es gehindert haben, sich zu bewegen. Die besondere Art, in der ein solches Kind seine Aggression durch Zögern oder Unbeweglichkeit ausdrückt, ist zum Teil davon abhängig, auf welchem Gebiet sein Wunsch nach Bewegung am stärksten blockiert worden ist. So wählte John Unbeweglichkeit (Nicht-Essen) oder Zögern beim Essen als seine bevorzugte Form, andere zu bestrafen oder zu tyrannisieren, obwohl sich bei ihm, wie in vielen anderen ähnlichen Fäl-

len, Unbeweglichkeit und Zögern auch auf alle anderen Lebensäußerungen erstreckten, wenn auch etwas weniger intensiv.

Wir müssen jedoch dem früher unterdrückten Kind erlauben, uns sehr lange auf diese Weise zu tyrannisieren, denn man muß ihm die Möglichkeit geben, ein gewisses Gefühl der Bemeisterung wiederzugewinnen, wo immer es ursprünglich zusammengebrochen ist, und in der gleichen Weise. Nachdem ihm dies gelungen ist, und nachdem sein Erfolg es ermutigt hat, auch auf anderen Gebieten des Lebens die Oberhand zu gewinnen, ist die Zeit gekommen, langsam aufzuhören, dem Kind zu erlauben, uns durch sein Zögern oder auf andere Weise zu tyrannisieren. Aber mittlerweile sind die meisten Kinder gewöhnlich ohnehin viel zu aktiv und zu sicher geworden, um das Zögern als Mittel zur Beherrschung anderer zu gebrauchen.

Genau wie Johns Eltern ihn früher während der Mahlzeiten, die stundenlang dauerten, physisch unterdrückt hatten und ihn gezwungen hatten, sich ihrem Willen zu unterwerfen, so zwang er nun seine Betreuer, sich einer ähnlichen Qual passiven Wartens zu unterziehen. Während dieser Zeit ignorierte er sie als Personen weiterhin. John erkannte eine Betreuerin zum erstenmal als menschliches Wesen, als er vom hilflosen Erbrechen und Würgen zum aktiven Spucken überging. Nun wiederholte er eine Phase seines früheren Lebens, in der er in seinen Handlungen noch zielstrebiger gewesen war, und als sein Spucken ein gewisses Interesse am anderen Menschen als Person und an den Reaktionen dieser Person angezeigt hatte. Wie das Spucken früher einmal dem Erbrechen vorangegangen war, so folgte es jetzt auf das Erbrechen und kündigte ein neubelebtes Interesse an anderen Menschen an. Als er die Betreuerin anspuckte, fing er an, sich für ihre Reaktionen zu interessieren; er erkannte sie zum erstenmal als Person.

Nachdem John so von passiven zu aktiven Versuchen übergegangen war, sie zu überwältigen, trat schließlich eine Periode der Abhängigkeit ein, in der er es sich zunächst gefallen ließ, wenn sie ihn mit dem Löffel fütterte, und dann danach verlangte. Schließlich begann John die Betreuerin liebzugewinnen und stellte allmählich genau dort eine Beziehung zu ihr her, wo sie ursprünglich zusammengebrochen war: bei den Mahlzeiten. Ohne das Spucken aufzugeben, ging er dazu über, mit seinem Essen herumzupantschen, wobei er nicht nur sich selbst von oben bis unten bekleckerte, sondern auch den Tisch und die neben ihm sitzende Betreuerin. Es war, als müsse er das appetitliche Aussehen des Essens zerstören und etwas daraus machen, das dem Erbrochenen ähnlich sah, das man ihn einmal zu essen gezwungen hatte [20].

---

[20] Teilnehmende Beobachterin: Betty Lou Pingree.

Als es John allmählich immer mehr möglich wurde, seine Unbeweglichkeit aufzugeben, hatte er einmal ein Gespräch mit dem Psychiater, in dem er einige der Gründe zu erkennen gab, warum er nun seinen unerschütterlich feindseligen Widerstand gegen jede Bewegung aufgeben konnte. Ein Teil von Johns megalomaner Uninteressiertheit an seiner Umwelt und an Erwachsenen zeigte sich an der Tatsache, daß er darauf bestand, es gebe keinen Unterschied zwischen ihm, den Erwachsenen, und anderen Kindern. John sagte: „Erwachsene rauchen und haben ein Geschäft, im übrigen sind sie das gleiche (wie Kinder)." Auf die Frage, ob Erwachsene etwas für Kinder täten, antwortete John: „Sie geben ihnen reichlich frische Luft und spielen Spiele mit ihnen." Auf die Frage, welche Spiele das seien, antwortete er: „Wer es schneller kann, wer sich schnell anziehen und wer schnell essen kann." Auf die Frage, ob es auch an der Schule so sei, antwortete John: „An der Schule gibt es Betreuer, die spielen nicht das Spiel, wer schneller ist." Dieser „Unterschied" machte es ihm möglich, an der Schule wieder gesund zu werden: Niemand zwang ihn, schnell zu sein. Als er ein wenig später gefragt wurde, was Erwachsene denn eigentlich tun müßten, sagte John: „Erwachsene sollten Kinder stillen." Auf die Frage, woher er das wisse, sagte er: „Ich hab' es in Mutters Kochbuch gelesen. Es ist gut für sie. In dem Kochbuch ist ein Bild davon, das Baby — aber ich weiß es nicht mehr." Dann fügte er spontan hinzu: „Meine Mutter macht keine so guten Kuchen", und nach einer Pause: „Wissen Sie, wir kochen an der Schule. Wir machen Sahnebonbons und Pfannkuchen. Meine Betreuerin hat das sehr oft für mich gemacht."

Das Buch, aus dem man wichtige Erkenntnisse gewinnen konnte, darunter auch Kenntnisse über die Kinderaufzucht, war (nach Johns Meinung) das Kochbuch. Seine Mutter konnte nicht gut damit umgehen; ihre Kuchen waren nicht so gut wie die, die seine Betreuerin für ihn gebakken hatte.

Nachdem das Essen an der Schule auf diese Weise wohlschmeckend geworden war, wurde das Essen im allgemeinen angenehmer für John. In einem allmählichen allgemeinen Prozeß des Auftauens begann sich die Abfuhr von Feindseligkeit, die während des Essens angefangen hatte, zunächst auf Johns geistig-seelisches Leben und dann auch auf seine körperlichen Tätigkeiten auszudehnen. Diese neue Handlungsfreiheit wurde in den Dienst seiner Feindseligkeit und seiner überwiegenden Beschäftigung mit dem Essen gestellt. John schüttete heimlich Salz in die Zuckerdose, mischte Gips oder Seifenpulver unter die Nahrungsmittelvorräte und versuchte auch noch auf andere Weise, anderen die Freude am Essen zu verderben (wie man sie ihm immer verdorben hatte). Er gab sich

auch Phantasien hin, in denen er giftiges Gebräu anderen in den Mund und in den Hals zwang. Diese Phantasien über giftige Nahrungsmittel führten dann zu Erinnerungen daran, wie schmerzhaft das Gefüttertwerden gewesen war und wie sehr er es gehaßt hatte.
Wir haben hier nur ein paar der Höhepunkte aus Johns Genesung erwähnt. Sie war in Wirklichkeit langsam und umständlich und erstreckte sich über Jahre. Aber jeder Schritt zu einer höheren Integrationsstufe, jeder Fortschritt in bezug auf persönliche Beziehungen oder auf die Geschwindigkeit und Angemessenheit seiner motorischen Koordination mußte zuerst bei Mahlzeiten, oder wenn er sonst etwas aß, gelernt werden.

Orale Schwierigkeiten sind jedoch weder die einzigen, die zuerst beim Essen auftreten, noch sind sie die einzigen, die sich zur Essenszeit am besten handhaben lassen. Manche Kinder benützen die Essenszeit, um Schwierigkeiten zu äußern, die in anderen Bereichen entstanden sind. Dafür kann es viele Gründe geben; es kann sein, daß Mahlzeiten für sie weniger mit Angst beladen sind, oder daß das Essen bei ihnen weniger gestört war als andere Erfahrungsbereiche, oder daß die Nahrungsaufnahme für sie der einzige Vorgang war, der angenehme persönliche Kontakte mit sich brachte, oder daß das Essen selbst das lustvollste Erlebnis war, das sie jemals gehabt hatten. Einige dieser Kinder können z. B. gewisse Probleme der Ausscheidung zum erstenmal am Mittagstisch zu erkennen geben oder durcharbeiten. Durch ihre Neigung, mit dem Essen herumzuschmieren oder zu pantschen, reagieren sie vielleicht auf eine zu strenge Sauberkeitserziehung, und obwohl sie diese Erfahrung in bezug auf die Ausscheidung gemacht haben, fällt es ihnen leichter, mit diesem Problem beim Essen fertig zu werden als im Bad.
Charles, ein neunjähriger Junge mit sehr hoher Intelligenz, litt an verschiedenen Zwängen, Tics und Hemmungen, unter anderem auch an zwanghafter Reinlichkeit. Die einzige Triebbefriedigung, die er sich selbst erlauben konnte, war das Essen. Dies hatte er so intensiv getan, daß er sehr stark fettsüchtig war, obwohl seine Mutter sich jahrelang bemüht hatte, bei ihm eine Gewichtsabnahme zu erreichen.
Das Essen, das einzige lustvolle Erlebnis, das ihm zur Verfügung stand, war auch die Gelegenheit, bei der Charles sich zum erstenmal erlaubte, sich schmutzig zu machen. Während er zuerst zwanghaft aß und sich dabei so verhielt, als stehe er unter starkem Druck, wurde er mit der Zeit beim Essen immer nachlässiger; aber er wurde auch immer mehr fähig, das, was er aß, wirklich zu genießen. Er verkleckerte sein Essen über den Tellerrand, wischte sich die Finger am Hemd ab und war bald

der schmutzigste und unordentlichste Junge in der ganzen Schule — aber nur beim Essen. Im Bad war er immer noch peinlich sauber.
Beim Mittagessen gab er zu erkennen, wie sehr er sich davor fürchtete, offen aggressiv zu sein, und später kam auch seine Sorge in bezug auf die Ausscheidung zum Vorschein. Nachdem er gelernt hatte, sich zu erlauben, am Eßtisch so unordentlich zu sein, wie er wollte, hatte er dort auch das Gefühl (aber nur dort), offen über den Sinn seines feindseligen Zähneknirschens sprechen zu können. Wenn andere Kinder ihn danach fragten, sagte Charles: „Oh, das ist nur eine von meinen kleinen Gewohnheiten." Aber als seine Beziehung zu seiner Betreuerin besser wurde, besonders dadurch, daß sie ihn fütterte, konnte er ihre Feststellung akzeptieren, daß es keine angemessene Erklärung sei, wenn man etwas eine „Gewohnheit" nenne, sondern nur eine andere Art, eine Erklärung zu vermeiden, ohne diese Absicht zuzugeben.
Am Eßtisch, dem einzigen Ort, wo er sich damals wirklich sicher fühlte, konnte Charles seiner Betreuerin schließlich seine Gründe erklären: „Wenn ich es tue", sagte er, „versuche ich, nicht an etwas anderes zu denken, das zu unangenehm ist, als daß ich daran denken möchte."
So stellte Charles also die Verbindung zwischen seinen unerfreulichen Gedanken und seinen Tics her, und einige Zeit später konnte er, wieder beim Essen, den Zusammenhang erkennen zwischen dem Zuviel-Essen und seiner Besorgnis in bezug auf alles, was mit der Ausscheidung zu tun hat. Einmal, als die Betreuerin mit Charles in einem Restaurant aß, bestellte er sich eine große Portion Bohnensuppe aus weißen Bohnen. In sehr vertraulichem Ton sagte er zu ihr, er habe ein Geheimnis: Bei sich nenne er diese Suppe seine „Bubu-Suppe". Auf die Frage, warum er dies tue, antwortete er noch vertraulicher: „Du weißt doch, was Bohnen für Folgen haben, und das tu' ich gerade gern (einen Flatus abgehen lassen)."

Die Essenszeit ist auch eine Gelegenheit, die es uns erlaubt, den Kindern leicht und beiläufig die infantilen Genüsse zu verschaffen, die sie sich gern bieten lassen würden, die sie aber aus Angst nicht direkt erbitten mögen. Kinder, die sich nicht sicher genug fühlen, selbstverständlich zu akzeptieren, daß man sie wie Babies behandelt und verwöhnt, oder geradezu danach zu verlangen, verstehen Bedingungen zu schaffen, die es ihnen ermöglichen, die angenehmen Dienstleistungen wieder zu genießen, die jedem Kleinkind rechtens zustehen — Dienstleistungen, die ihnen zu früh entzogen worden sind, weil die Eltern sie gezwungen haben, sich „ihrem Alter entsprechend" zu benehmen oder „selbst für sich zu sorgen", bevor sie psychisch dazu bereit waren.

Am Mittagstisch hielt Hank eines Tages z. B. seinen Arm sehr steif von sich gestreckt und sagte: „Mein Arm ist steif. Ich kann meine Hand nicht zum Mund führen." An einem anderen Tag steckte er, nachdem er das Angebot, ihn zu füttern, abgelehnt hatte, den Löffel in den Mund und tat so, als könne er ihn nicht wieder herausbekommen. „Hilf mir", sagte er, „ich kann meinen Löffel nicht aus dem Mund kriegen."[21] Zu verlangen, man solle ihn füttern, hätte ihn viel zu passiv erscheinen lassen. Er wollte Herr der Lage bleiben und dennoch eine Möglichkeit haben, infantile Vergnügen zu genießen. Also gab er eine Zeitlang diese Art von Vorstellungen: er lehnte jedes Angebot, ihn zu füttern, ab, tat aber in den verschiedensten Situationen so, als könne er das Essen nicht in den Mund bekommen, oder als könne er den Löffel ohne die Hilfe der Betreuerin nicht wieder aus dem Mund holen.

Wir haben schon in den verschiedensten Zusammenhängen erwähnt, daß Nahrungsmittel und Essen in allen Augenblicken großer Belastung (Streß) sehr dazu beitragen können, den Kindern wieder Sicherheit zu geben. Beides ist eine günstige Ablenkung, liefert Abfuhrmöglichkeiten für Spannungen, und vor allem sind beide Symbole der Sicherheit und Geborgenheit. Sie zeigen, daß Befriedigung zu haben ist. Oft hängt der Erfolg neuer Methoden zur Bewältigung schwierigerer Aufgaben, besonders, wenn man sich dabei in bislang unbekannte Erfahrungsbereiche vorwagt (wie z. B. bei Ausflügen in die Umgebung der Schule), davon ab, ob genug zu essen vorhanden ist oder nicht, und ob es im jeweils psychologisch richtigen Augenblick verteilt wird.
Im allgemeinen sind wir sehr vorsichtig damit, Kinder aus der Geborgenheit der wohlbekannten Schul-Umwelt herauszunehmen. Aber früher oder später müssen sie lernen, daß ihre Angst vor den eingebildeten Versuchungen und Gefahren der Außenwelt ungerechtfertigt und stark übertrieben ist. Wenn wir das Gefühl haben, daß ein Kind bereit ist, Ausflüge zu machen, die für es selbst weit mehr eine Erkundung seiner Ängste und eine Prüfung seiner Fähigkeit sind, der Welt zu begegnen, als ein Ausflug im eigentlichen Sinn, ermutigen wir es, mitzunehmen, was es möchte. Wenn es sich dann an einige seiner Lieblingsbesitztümer klammern kann, hat es ein greifbares und zugleich symbolisches Band, das es mit der Quelle seiner Geborgenheit verbindet. Aber das allein genügt nicht, wenn es nicht durch Eßbares unterstützt wird.
Zum Beispiel machte einmal eine Gruppe von Mädchen einen Ausflug in dem Kombiwagen der Schule — in einem Auto, das ihnen vollkommen

---

[21] Teilnehmende Beobachterin: Ronnie Dryovage.

vertraut war. Sie nahmen Puppen, „Comic"-Bücher und sonst noch allerlei mit, was sie nötig zu haben glaubten. Trotzdem wurden sie, als die Schule außer Sicht war, teilnahmslos; manche taten so, als läsen sie in ihren Büchern, andere taten so, als ob sie schliefen, und ganz allgemein schienen sie die Lust an der Fahrt verloren zu haben. Aber sobald die Betreuerin anfing, Süßigkeiten zu verteilen, und die Kinder zu essen begannen, zeigten sie neues Interesse an der Außenwelt, schauten hinaus und sprachen untereinander und mit der Betreuerin lebhaft über das, was sie sahen. Ihre einzige Sorge war nun, ob die Süßigkeiten für die ganze Fahrt ausreichen würden. Sie waren erst beruhigt, als man ihnen sagte, es seien reichlich Süßigkeiten vorhanden, und wenn sie nicht reichen sollten, könnte man unterwegs anhalten und mehr besorgen [22].

---

[22] Teilnehmende Beobachterin: Marjorie Jewell.

8. Ausruhen und Spiel

Echtes Spiel basiert auf der Freude an ungestörter physischer Koordination, und ein Großteil des Spielens hat keinen anderen Sinn als den Genuß, den das Kind empfindet, wenn es sich eine neuerworbene Beherrschung seiner eigenen Bewegungen wiederholend bestätigt; man denke nur an das kleine Kind, das einen kriechenden Hund spielt oder ein galoppierendes Pferd; hier ist die Phantasievorstellung oft wenig mehr als ein Vorwand fürs Laufen und Springen.

Ruhe, Ausruhen in dem Sinn, wie ich das Wort hier gebrauchen werde, ist etwas anderes als Schlaf, der normalerweise das allerberuhigendste Erlebnis ist. Für psychisch gestörte Kinder ist der Schlaf oft etwas, das man fürchten muß, etwas, das mit psychischen Gefahren beladen ist. Wie man den Schlaf für Kinder beruhigend machen kann, wird im zwölften Kapitel besprochen, das von der Zeit des Zubettgehens und von nächtlichen Ängsten handelt. Ich möchte hier auf die Tatsache hinweisen, daß einige sehr ängstliche Kinder nur dann ausruhen können, wen sie ganz wach sind. Zu keiner anderen Zeit sind sie frei von Ängsten wie z. B. der, in der Dunkelheit der Nacht könnten ihnen schreckliche Dinge passieren, oder selbst am Tage, wenn sie nicht aufpassen. Noch häufiger ist die Angst des Kindes, es könnte im Schlaf irgendeine schreckliche Tat begehen, wenn das Ich seine asozialen Impulse nicht mehr in Schach hält.

Wenn in diesem Kapitel die Ruhe und die Entwicklung koordinierter Bewegung einen viel größeren Raum einnehmen als das wirkliche Spiel, dann liegt es daran, daß aktives Spielen eine Koordination voraussetzt, die dem Entwicklungsalter des Kindes angemessen ist. Sogenanntes Phantasiespiel, das nicht von Handlungen oder von einer ständigen Umstellung zumindest des Spielzeugs und der Spielumgebung begleitet ist, hat wenig vom Spiel an sich, sondern ist meistens reine Phantasie. Es ist oft eine Art von Phantasie, die sich gut für die wahnhafte Flucht aus der Realität eignet. Tatsächlich verspinnt sich das Kind, das wegen seiner Ängste nicht Ballspielen lernen kann (was sich in seiner Bewegungsunfähigkeit ausdrückt), häufig in Phantasien, in denen es sich selbst als den großen Ballspieler sieht. Aber solche Selbsttäuschungen über seine Talente pflegen seine Mißerfolge auf dem Ballspielplatz noch schmerzlicher zu machen; es wird das Spiel in der Wirklichkeit aufgeben und noch mehr in megalomane Selbsttäuschungen flüchten.

Das Essen, von dem wir zuletzt gesprochen haben, ist schließlich nur

eins der grundlegenden biologischen Bedürfnisse, das, falls es sehr stark frustriert wird, zu psychischen Störungen führen kann. Ebenso grundlegend sind die Funktionen von Ruhe und Bewegung. Auch hier können schwere Störungen entstehen, wenn der Säugling oder das Kind nicht die nötige Ruhe genießen, oder wenn sein Bedürfnis, sich Bewegung zu verschaffen, nicht adäquat angeregt oder unterstützt oder sogar in schädlicher Weise blockiert wird. Wenn wir einem psychisch gestörten Kind sein Wohlbefinden zurückgeben wollen, müssen wir auch seine Fähigkeit wiederherstellen, sich Bewegung zu machen und auszuruhen, und beide Fähigkeiten wieder in ein gesundes Gleichgewicht bringen.
Sobald ein Kind die Fähigkeit erworben hat, sich frei zu bewegen und zu anderen Menschen in Beziehung zu treten, pflegt es auch zum Spielen fähig zu sein, und das Spielen ist in seiner Erziehung zu körperlicher, emotionaler und intellektueller Zulänglichkeit kein großes Problem mehr. Darum wollen wir uns hauptsächlich auf den Erwerb der körperlichen Koordination und der Fähigkeit zum Ausruhen konzentrieren und nicht auf spezifische Spieltätigkeiten als solche.
Jedes Kind an unserer Schule hat die Freiheit zu ruhen oder sich aktiv zu betätigen, wie es ihm lieber ist. Kinder, die in ihren Bewegungen gehemmt sind, die nicht nur durch eine „eingefrorene" Persönlichkeit, sondern auch durch „eingefrorene" Körper gekennzeichnet sind, brauchen erhebliche Zeit und Hilfe, ehe sie „auftauen" können, bevor sie sich frei bewegen oder sich irgendwelche Emotionen gestatten können. Sie sind wie Säuglinge, die zuerst friedlich und angenehm in die Arme der Mutter geschmiegt ruhen müssen, bevor sie die Fähigkeit entwickeln können, sich mit Vergnügen und zielgerichtet zu bewegen (im Gegensatz zu den unangenehmen ungesteuerten Bewegungen, durch die sie versuchen, mit einem frustrierenden Erlebnis fertig zu werden). Auf die gleiche Weise müssen manche dieser „eingefrorenen" Kinder lernen zu ruhen, bevor sie es genießen können, sich zu bewegen. Danach können sie zum erstenmal lernen, ihre eigenen Bewegungen genügend zu beherrschen, um sich frei und mit Freude zu bewegen.

Für uns ist es fast unmöglich, zu wissen, wann ein Kind bereit ist, sich in dieser Weise zu entspannen. Wenn man ein Kind veranlassen würde, sich hinzulegen (wie z. B. bei Liegekuren), ehe es dazu bereit ist, würde man ihm die letzte Spontaneität nehmen, die es noch hat — nämlich die, Zeit und Ort seines Ausruhens zu wählen, oder die, ins Gitterbett zurückzukehren — eine Handlung, die nicht immer nur rein symbolisch ist. Es ist wichtig für das Kind, daß es sich spontan Zeit und Ort des Ausruhens aussuchen kann, nicht nur, damit es seine Ruhe ganz und gar genießen

kann; es ist auch das Vorbild, nach dem es am Ende von seiner Ruhepause zurückkehren und bereit sein wird, spontan zu handeln.
Wir haben besonders bei Kindern, die vorzeitig in eine Pseudo-Anpassung hineingezwungen worden waren, festgestellt, daß sie gelernt hatten, sich gegen die Angst und den Groll zu verteidigen, die durch Druck von seiten ihrer Eltern hervorgerufen wurden; sie tun es dadurch, daß sie das Verhalten übertreiben, das ihre Eltern nach ihrem Gefühl von ihnen fordern: indem sie übermäßig aktiv sind. Aber während sie mehr Aktivität zeigen, machen sie zugleich die Absichten ihrer Eltern zunichte, indem sie zwecklos oder asozial handeln. Außerdem wehren sie sich durch ihre gehetzte, wenn auch ziellose Aktivität gegen die Versuchung des Ausruhens; manche von ihnen sind „Ausreißer", andere Verwahrloste und wieder andere sind einfach ganz allgemein überaktiv.
Als Julian allmählich bereit war, seine Überaktivität aufzugeben, schien er im wahren Sinn des Wortes Wärme zu brauchen, bevor er psychisch „auftauen" konnte. Er pflegte sich stundenlang auf einer Bank zusammenzurollen, die über einem Heizkörper gebaut war. Interessanterweise — und in Übereinstimmung mit dem, was wir über „Zwischenräume" gesagt haben — wählte er sich einen passenden Platz für seine Rückkehr zu einem Seelenzustand, der weder zum einen noch zum anderen Bereich gehört.
Im Schlafraum oder auf dem Sportplatz war Julian immer noch der angepaßte, autarke Junge, temperamentvoll und immer in Bewegung: der typisch amerikanische Junge, wie seine Eltern ihn haben wollten. Aber in der Garderobe, wo die Kinder ihre Mäntel und Überschuhe unterbringen, fand er sein „Niemandsland". Dies ist der Raum, in dem unsere Kinder sich zwischen verschiedenen Tätigkeiten kurz aufhalten, wenn sie aufgehört haben, im Freien zu spielen und nun im Haus spielen wollen, wenn sie zwischen den Unterrichtsstunden spielen wollen, oder wenn sie vom Spielen zu den Mahlzeiten gehen — ein Raum, in dem keine besondere Tätigkeit ausgeübt wird. Die Undifferenziertheit dieses Durchgangsraumes schien in bezug auf Verwirklichung des angeblichen Bedürfnisses nach Aktivität von Julian am wenigsten zu verlangen.
Auf dieser Bank in der Garderobe pflegte Julian, auf dem Gitter über dem Heizkörper sitzend, sich gelassen durch ein Fenster anzusehen, was draußen auf dem Spielfeld vor sich ging, oder er beobachtete ebenso passiv, was drinnen vor sich ging, so weit es sein Blickfeld erlaubte. Allmählich schien er zu erkennen, daß andere aktiv waren, während er sich in einem Ruhezustand befand, und daß ihm trotzdem nichts Schreckliches angetan wurde. Langsam entspannte er sich immer mehr, bis er sich schließlich zu einer Kugel zusammenrollte.

Für Erwachsene wäre die durch das Gitter aufsteigende Hitze nach kurzer Zeit höchst unbehaglich gewesen, aber Julian schien in dieser Hitze zu gedeihen. Er saß dort wochenlang, allerdings pflegte er, wenn ein Kind oder ein Erwachsener sich näherte, aus seiner gekrümmten Lage aufzuschrecken und irgendeine gehetzte Aktivität vorzutäuschen. Später gab er diese Versuche auf und blieb vollständig passiv, abgesehen von dem Versuch, die Störer durch Knurren zu verscheuchen. Noch später erlaubte Julian seiner Lieblingsbetreuerin, bei ihm zu sitzen. Dann schien er auch die Wärme zu spüren, die in ihr war. Er hatte es gern, wenn sie ihm den Arm um die Schulter legte, und schließlich rollte er sich wirklich in ihrem Schoß zusammen, um dort wie ein Baby zu ruhen [1].
In jeder anderen Situation war Julians Körper ganz starr und steif, selbst nachts, wenn er schlief. So lernte er nur, sich auszuruhen, wenn er hellwach war; er stellte seinen ersten persönlichen Kontakt erst in dem Augenblick her, als die personale Wärme durch ihre physikalische Entsprechung ergänzt wurde. Die auf diese Weise hergestellten Beziehungen ließen sich schließlich auf andere Situationen übertragen, und am Ende war Julian auch auf dem Spielplatz und in vielen anderen Situationen fähig, seinen starren Hemmungsmechanismus zu lockern. Am längsten dauerte es bei Julian, bis er fähig war, sich im Schlaf auszuruhen.
Während es bei Julian eine Zeitlang dauerte, bis er nachts oder auch am Tage, wenn er nur auf seinem Bett lag, ausruhen konnte, gibt es viele andere Kinder, die die Möglichkeit haben müssen, sich in ihr Bett zurückzuziehen, wenn sie unter Druck (Streß) stehen. Dies ist besonders wichtig für Kinder, die dazu neigen, somatische Symptome zu entwickeln. Wir sorgen dafür, daß ihnen klar ist, daß sie, wenn sie wollen, jederzeit ins Bett gehen können, ohne krank sein zu müssen. Auf diese Weise wird schließlich ihr Bedürfnis beseitigt, körperliche Symptome zu entwickeln, weil sie ihr Ziel (Geborgenheit im Bett) auch ohne Symptome erreichen können. Aber sobald sie ihren Ruhebedarf gedeckt haben oder stark genug geworden sind, dem Leben aktiver zu begegnen, müssen wir anfangen, ihnen die Verlockungen eines aktiveren Lebens in richtiger Dosierung nahezubringen. Sonst würden diese Kinder vielleicht mehr Zeit im Bett verbringen, als sie brauchen, um die psychische und physische Kraft für ein normal aktives Leben wiederzugewinnen.
Um die Kinder zu ermutigen, ihre Ruhezeiten selbst zu regeln, geben wir ihnen die Freiheit, zu schlafen oder sich auszuruhen, so lange und wann sie wollen, besonders außerhalb der Unterrichtsstunden. Aber sie können auch den ganzen Tag im Bett bleiben und den Unterricht überschlagen,

---

[1] Teilnehmende Beobachterin: Ronnie Dryovage.

wenn sie es nötig haben, ohne daß große Umstände gemacht werden; insbesondere ist dazu nicht nötig, daß sie krank sind.
Walter hatte, bevor er an unsere Schule kam, schon einen großen Teil seines Lebens krank im Bett verbracht. Er hatte immer an einer großen Zahl physischer Krankheiten gelitten — Erkältungen, Allergien, Störungen des Gastro-Intestinal-Trakts usw. —; alle zusammen reichten aus, ohne allzu schlimm zu sein, ihn jedes Jahr einige Monate ans Bett zu fesseln. Auf diese Weise gelang es ihm, im Bett vor einem Leben Schutz zu finden, dem er sich nie gewachsen fühlte. Auch auf andere Weise ließ er es seinen Körper entgelten, wenn ihm das Leben unerträglich wurde, unter anderem durch mehrere Selbstmordversuche. So konnte er vermittels einer einzigen Technik sich selbst für den heftigen Haß bestrafen, den er niemals an anderen auslassen konnte, und zugleich den Herausforderungen des Lebens und der bedauerlichen Tatsache seiner eigenen Unzulänglichkeit ausweichen. Außerdem hatte er erfahren, daß er als krankes Kind zärtlicher gepflegt wurde, als wenn er gesund und munter war. Tatsächlich wurde seine Umgebung durch seine autistische Zurückgezogenheit entmutigt, aus der er zwar für kurze Augenblicke auftauchte, aber nur um massiven Negativismus an den Tag zu legen. Solches Verhalten seinerseits machte es den meisten Menschen unmöglich, freundlich zu ihm zu sein. Nur wenn er körperlich krank war (oder zu sein schien), wurden seine Zurückgezogenheit oder sein Negativismus für andere annehmbarer und trugen daher weniger dazu bei, ihre gutgemeinten Versuche zu hemmen, ihm etwas zuliebe zu tun.
Nachdem Walter an unsere Schule gekommen war, entwickelte er eine Zeitlang weiterhin körperliche Krankheiten. Nachdem man ihm mehrmals erklärt hatte, er könne immer im Bett bleiben, dazu müsse er nicht krank sein, begann er uns auf die Probe zu stellen, um zu sehen, ob das wahr sei. Als er sich davon überzeugt hatte, daß es wahr war, wurden seine Krankheiten im Verlauf von sechs Monaten immer seltener und verschwanden schließlich ganz. Über ein Jahr lang zog er es vor, wenn er das Gefühl hatte, selbst seinem einfachen und beschützten Leben an der Schule nicht gewachsen zu sein, den Tag über im Bett zu bleiben, aber er blieb dort wenigstens in gewissem Kontakt mit der Realität und spielte mit seiner Betreuerin oder mit einem der Kinder. Dann erkannte er, daß es unnötig war, den ganzen Tag im Bett zu bleiben, und schließlich machte er es wie die anderen Kinder: Er warf sich für längere oder kürzere Zeit auf sein Bett, wenn er das Gefühl hatte, eine Ruhepause nötig zu haben.

Gewöhnlich ist es ziemlich einfach, der Mehrheit der Kinder, die aus ihrer Säuglingszeit eine gewisse Fähigkeit zum Ausruhen, wenn auch nicht notwendigerweise zum Entspannen übrigbehalten haben, die nötige Ruhe zu verschaffen. Es ist oft viel schwieriger, gestörten Kindern wieder eine angemessene Beweglichkeit zu verschaffen.

Alle stark gestörten Kinder sind gekennzeichnet durch einen Mangel an Gleichgewicht in ihrer motorischen Koordination. Manche sind so gehemmt, daß nicht nur ihre Seelen, sondern auch ihre Körper so schwer „gepanzert" zu sein scheinen wie mittelalterliche Ritter. Sie sind anscheinend unfähig, sich zu bewegen. Es ist fast, als ob sie all ihre Kraft bräuchten, um nur einen Arm oder ein Bein zu heben, und wenn sie das zuwege gebracht haben, scheint für weitere Bewegung keine Energie mehr übrig zu sein. Manche Kinder schlurfen steif daher, als könnten sie ihre Füße nicht heben, andere bewegen nur den ganzen Arm, als könnten sie den Ellbogen nicht bewegen.

Peggy, die neun Jahre alt war, als sie kam, brauchte etwa zwei Jahre, um einen Teil ihres Panzers abzulegen. Sie litt an schweren Depressionen, die nur gelegentlich von wütenden Ausbrüchen von Feindseligkeit unterbrochen wurden. Diese waren gewöhnlich so heftig wie kurz, und nach jedem Ausbruch fiel sie in stumpfe Isolierung zurück. Um sich selbst und die Menschen in ihrer Umgebung vor ihrer Heftigkeit zu schützen, deren Folgen sie in megalomaner Weise übertrieb, erlegte sie sich selbst in jeder Richtung Hemmungen auf; sie war im intellektuellen, im körperlichen und im sozialen Bereich unfähig, sich zu bewegen. Sie hatte auch fast vierzig Pfund Übergewicht, eine Folge der Tatsache, daß sie sich immer noch an das einzige Vergnügen klammerte, das sie als Säugling gekannt hatte, ans Essen. Das Zuvielessen selbst war übrigens keineswegs frei von feindseligen inkorporativen Tendenzen.

Peggy benützte ihre Unfähigkeit zu koordinierter Bewegung geschickt für die Zwecke ihrer Feindseligkeit. Sie blockierte die Bewegungsfreiheit anderer, besonders dort, wo man unmöglich an ihr vorbeikommen konnte, in Türöffnungen und Gängen. Sie stieß mit anderen zusammen oder pflanzte sich fest und unbeweglich vor ihnen auf.

Später, als Peggy ihre Feindseligkeit offener zeigen konnte (was zugleich bedeutete, daß sie etwas davon entladen konnte), wurde die Speicherung der verbleibenden Feindseligkeit einfacher. Sie erkannte nun auch, daß ihre Aggressionen nicht ganz so verheerend waren, wie sie immer gefürchtet hatte: Den Menschen, gegen die sie ihre heftigen Ausbrüche richtete, passierte nichts Schreckliches, ja, nicht einmal ihr selbst, da die Objekte ihres Hasses, ihre Lehrer und Betreuer, keinen Vergeltungsversuch machten. Das trug dazu bei, daß sie zu der Überzeugung kam, ihre schwere Panzerung sei weder notwendig noch vorteilhaft, und sie wurde

freier in ihren Bewegungen. So war Peggy, die zehn Jahre lang kaum ihre Füße hatte bewegen können, nun fähig, zu laufen und zu hüpfen — und es zu genießen. Dies war in Anbetracht ihrer Fettsucht eine erhebliche Koordinationsleistung.
Ungefähr zur gleichen Zeit begann Peggy auch die sozial annehmbaren Arten der Aggressionsabfuhr zu erkennen und zu nützen, die ihr durch ihre neuen Fähigkeiten nun eröffnet worden waren. Sie entwickelte eine Zeitlang eine fast monomane Hingabe für Baseball. Wenn sie Baseball spielte, schlug sie den Ball so ungestüm, daß sie die Jungen übertrumpfen konnte (die Vertreter des gehaßten und bewunderten Geschlechts waren — Vertreter vor allem ihres besonders gehaßten und gefürchteten Bruders). Solange sie gefürchtet hatte, ihr Haß würde bewirken, daß ihrem Bruder schwerer Schaden geschähe, wenn sie sich selbst nicht absolute Hemmungen auferlegte, hatte sie sich vor Angst nicht bewegen können. Aber nun konnte sie sehen, daß weder ihr Haß gegen die Jungen noch die Tatsache, daß sie sie im Wettkampf schlug, böse Nachwirkungen hatten. Im Gegenteil, ihre Siege hoben ihr Ansehen und erlaubten ihr, Beziehungen herzustellen, die vorher für sie nicht in Frage gekommen wären. Da sie sich so erfolgreich von ihrem körperlichen Panzer befreit hatte, faßte sie auch Mut, intellektuell „aufzutauen", und sie begann fast gleichzeitig, in der Schule Fortschritte zu machen.

Während Peggy und ähnlich geartete Kinder daran gehindert sind, sich zu bewegen, bewegen andere Kinder ihre Glieder und Gelenke fortwährend, eine Hyperaktivität, die sich oft auch auf die unwillkürliche Muskulatur ausdehnt, oder auf Muskeln, die sich gewöhnlich nicht unabhängig von anderen bewegen. Bei diesen Kindern zeigt sich außer ihrer Hyperaktivität ein ständiges Zucken der kleinen Muskeln und eine große Vielfalt von Tics. Sie scheinen so sehr die Herrschaft über die Bewegung ihrer Glieder und anderer Körperteile verloren zu haben, daß sie wie Spastiker oder vollkommen unkoordiniert erscheinen. Manchmal kann man bei ein und demselben Kind eine Kombination von extremen Gegensätzen beobachten: eine starke Panzerung derjenigen Körperteile, die normalerweise bewußter Steuerung unterworfen sind (besonders der Körperteile, die der Begegnung mit der Welt dienen, wie Arme und Beine), und eine fortwährende Bewegung anderer Teile des Körpers, wie z. B. ein Zucken des Mundes, ein Kopfschütteln oder ein Zähneknirschen. Bei wieder anderen Kindern sind die Hände, die im allgemeinen zur Bemeisterung der Welt oder zum Ausdrücken aggressiver Tendenzen gebraucht werden, in ständiger Bewegung, werden aber dadurch gehindert, der Feindseligkeit des Kindes

Ausdruck zu geben, daß sie damit beschäftigt werden, das Individuum selbst in Schach zu halten.

Tom z. B. war ständig in Bewegung, als er in unsere Schule eintrat. Mit der einen Hand hielt er ständig seine Genitalien fest, und mit der anderen schlug er sich in einer fortwährenden rhythmischen Bewegung an die Stirn. So war er mit der einen Hand damit beschäftigt, gegen sich selbst den sexuellen Angriff zu führen, den er ursprünglich gegen einen Elternteil hatte ausführen wollen und von dem er dann gefürchtet hatte, der Elternteil könnte ihn gegen ihn selbst richten. Mit der anderen Hand bestrafte er den Kopf, der sich solche inzestuösen und feindseligen Gedanken ausdachte. Natürlich hatte dies, wie alle anderen komplexen Symptome auch noch andere Bedeutungen. Indem er seine Genitalien berührte, überzeugte er sich z. B. zugleich davon, daß sie noch intakt waren und nicht zur Strafe für seine Wünsche beschädigt worden waren. Auf jeden Fall hinderte er seine Hände daran, den Elternteil anzugreifen, indem er sie ständig an seiner eigenen Person beschäftigte.

Als Peter mit elf Jahren an unsere Schule kam, war er ein typisches aus den Fugen geratenes Kind. Er war ständig auf der Flucht, sowohl in der Bewegung als auch im Sprechen. Indem er fortwährend redete, versuchte er die Aufmerksamkeit seiner Mutter pausenlos zu fesseln, während er zugleich sein inzestuöses Verlangen nach ihr wie hinter einer Rauchwolke aus Worten verbarg. Er hoffte auch, durch sein unaufhörliches Reden in höchster Geschwindigkeit zu verhindern, daß sein Vater entdeckte, wie sehr er ihn haßte. Außerdem war Peters Redestrom ein Versuch, seinen wortkargen Vater lächerlich zu machen, ein Versuch, die Mutter mit seiner Beweglichkeit zu verführen und den Vater als Langsamdenker bloßzustellen.

Der Geschwindigkeitsfaktor war auch auf der körperlichen Stufe vorhanden. Indem er rannte wie ein Rennpferd (ein Tier, mit dem er sich bis hin zu seinem häufigen „wiehernden Gelächter" identifizierte), hoffte er der Vergeltung seines Vaters zu entgehen, falls der Vater jemals erkennen sollte, wie aggressiv die Phantasien seines Sohnes waren. Die Möglichkeit einer solchen Vergeltung erschien Peter ziemlich wahrscheinlich, da sein Vater Metzger war und viele Tiere schlachtete, darunter auch Pferde.

Zu der Zeit, von der wir sprechen, hatte Peter angefangen, die Bedeutung seines eigenen „seltsamen" Verhaltens teilweise zu erkennen, und hatte Mitgefühl mit einem anderen Kind, das unter ähnlichen Schwierigkeiten zu leiden schien. Als er das schizophren wirkende Verhalten des neu angekommenen Chris beobachtet hatte und durch seine Beobachtung ziemlich erschüttert war, sagte Peter zu seiner Betreuerin: „Wenn er sich dreckig benimmt (d. h. wenn er sich in seiner Hyperaktivität exhibitionistisch gebärdet), sollte man seine Schrauben anziehen, dann würde er es nicht mehr tun; wenn er dann ganz plötzlich so ruhig ist (d. h. wenn Chris in einen Stupor verfällt), erschreckt mich das noch mehr. Dann müßte man die Schrauben lockern, damit er nicht so große Angst hat. Wie z. B. gestern abend, als die Betreuerin ein paar Messer benützte, um unseren Imbiß herzurichten, und Chris sich so aufführte, als wollte er Harakiri begehen, und dann nahm die Betreuerin die Messer weg, und Chris bewegte sich überhaupt nicht mehr. Ich wünschte, er könnte sich richtig benehmen." [2]

Peters Beobachtungen zeigten übrigens auch seine Einsicht in die Tatsache, daß geistig-seelische Gesundheit (wie auch wahre Freiheit) ein Mittelding zwischen Zügellosigkeit und Gehemmtheit ist. Aber es ist ein langer Weg vom Erkennen des Zusammenhangs zwischen Mangel an körperlichem und Mangel an psychischem Gleichgewicht (den sogar ein Kind entdecken kann) bis zur Auflösung dieses Zusammenhangs und zur Wiederherstellung einer gleichmäßigeren Leistungsfähigkeit der Gesamtpersönlichkeit. Mit der großen Ungleichheit seiner motorischen und intellektuellen Entwicklung bot Charles ein Problem dieser Art. Dieser neunjährige Junge hatte die Intelligenz eines „Genies" (I. Q. über 160), war aber in seinen Bewegungen so schwerfällig und „blöde", als sei er geistig zurückgeblieben. Da er sich von seiner Mutter ständig abgelehnt fühlte, hatte er von seinem Vater Wärme und Zuneigung erhofft. Charles' Vater hatte zwar seinen Sohn gern, aber er war selbst eine kühlintellektuelle Persönlichkeit und kannte nur eine Methode, mit dem Jungen in Kontakt zu kommen — durch intellektuelles Gespräch.

Wie Peggy und viele andere Kinder, die unter emotionellen Entbehrungen leiden, fand Charles seinen Trost in der primitivsten Befriedigung, im Essen. Und wie Peggy hatte er das Gefühl, sich dadurch besser vor dem Impuls zu physischer Aggression gegen einen Elternteil schützen zu können, daß er immer dicker wurde, bis er sich praktisch kaum mehr bewegen konnte. Da er von seiner unintegrierten Feindseligkeit vollkommen beherrscht wurde, fühlte er sich nur sicher, wenn er sich vollkommen stillhielt (man sagte von ihm, er sei „so ein glückliches, friedliches Kind, das immer ruhig allein spielt"). Wenn er sich nicht bewegen konnte, konnte er weder jemand verletzen noch töten. So waren vom Säuglingsalter an all seine Bewegungen stark gehemmt. Aber Angst und Feindseligkeit drängten nach irgendeiner Erleichterung.

---

[2] Teilnehmende Beobachterin: Marjorie Jewell.

Die Blockierung der Motilität verbaute Charles die üblichen Wege der Spannungsabfuhr, und selbst in der frühen Kindheit zerstörte seine enorme Feindseligkeit jede persönliche Beziehung, die er vielleicht zu anderen Kindern hätte haben können. Dies alles verstärkte nur sein Leiden, seine Feindseligkeit und seine Tendenz, sich aus einer allzu unerfreulichen Welt zurückzuziehen. Auf die Anregungen seines Vaters hin versuchte er immer mehr, sich für andere Freuden dadurch einen Ausgleich zu verschaffen, daß er seine ausgeprägten intellektuellen Fähigkeiten ausnützte, aber in der Realität erwies sich das als unmöglich. Seine Spielkameraden nahmen ihm sein aggressives Prahlen mit seinem Wissen übel, und seine Feindseligkeit nahm immer mehr zu. Die überlegene Intelligenz, die er auf diese Weise in den Dienst der Feindseligkeit stellte, verstärkte nur seine Isolierung und machte sein Leben immer elender.

An der Schule fühlte er sich vor der Bedrohung durch seine Mutter sicher, und er war auch nicht fähig, ihr etwas anzutun, da sie nie da war; außerdem war er der übermäßigen intellektuellen Anregung durch seinen Vater nicht mehr ausgesetzt, und wir lobten ihn auch nicht für sein geistiges Schauturnen, wie es sein Vater und seine Lehrer ständig getan hatten. Hier an der Schule waren wir in der Lage, ihm allmählich dabei zu helfen, die Gedanken zu entwirren, von denen er besessen war.

Charles selbst beschrieb, er fühle sich wie eine starke Dampfmaschine (sein Intellekt und seine Körperkraft), die man nur laufen lassen konnte, weil sie unter strenger Kontrolle stand, und weil der Weg für die Kraftentladung (seine Aggressionen) von anderen vorherbestimmt worden war [3].

Die Dampflokomotive konnte sich nur auf den Schienen bewegen, die ihr vorgeschrieben waren; irgendeine Abweichung nach Charles' eigenen Wünschen war unmöglich. Es war ungefährlich, sich mit „Volldampf voraus" auf den intellektuellen Bahnen vorwärts zu bewegen, die sein Vater ihm angewiesen hatte: dabei brauchte Charles nicht zu fürchten, er könnte aus eigenem Antrieb handeln. Wenn er etwas anderes täte, liefe er Gefahr, aus seinem Haß heraus zu handeln, und das könnte bei seiner überragenden Intelligenz für diejenigen Menschen höchst gefährlich sein, von denen er am stärksten abhängig war — für seine Eltern.

Als Charles an unsere Schule gekommen war, benützte er zuerst die Freiheit, die die Schule jedem Kind gibt, um mehr Zeit als je vorher der

---

[3] Unsere erste Erkenntnis der Art dieser Zwangsvorstellung kam von einem der Kinder. Ein Bericht über diesen Verfall findet sich auf S. 268.

Beschäftigung mit seiner wichtigsten fixen Idee zu widmen: Eisenbahnlokomotiven. Aber eine so sehr in den Dienst einer Zwangsvorstellung gestellte Intelligenz kann nicht zu beruhigendem Wissen führen, nicht einmal in einem Milieu wie in unserer Schule.

Er lernte alles über Lokomotiven, was er nur konnte, aber seine fast ausschließliche intellektuelle Beschäftigung mit diesem Gegenstand vermittelte ihm kein Verständnis, denn es ging nie über die winzigsten Einzelheiten dessen hinaus, was mutmaßlich einen Lokomotiventyp stärker machte als einen anderen, was eine Lokomotive oder eine Art von Gleisen besser gegen das Entgleisen sicherte, usw.

Auch das langwierigste Studium konnte ihm nicht die Zuversicht geben, daß die Lokomotiven auf den Schienen bleiben würden. Aber schließlich benützte Charles die Freiheit, die die Schule bot, um seine allbeherrschende Angst direkter zu untersuchen. Ich möchte hinzufügen, daß das, was vielleicht wie zuviel Freiheit aussieht, nicht deswegen eingeräumt wird, weil die Mitarbeiter überzeugt sind, zuviel Freiheit sei immer gut für ein Kind, sondern häufiger deshalb, weil wir warten müssen, bis das Kind uns Hinweise darauf gibt, wie wir ihm am besten helfen können. Solche Hinweise bekommen wir mit viel größerer Wahrscheinlichkeit, wenn wir zulassen, daß das Kind seinen eigenen Neigungen folgt. Sobald wir die Hinweise verstehen, die das Kind uns gibt, kommen wir vielleicht zu der Entscheidung, das, was das Kind braucht, ist nicht mehr oder soviel Freiheit, wie wir ihm gegeben haben, sondern vielmehr wohldurchdachte Einschränkung [4].

Auch Charles gab uns im richtigen Augenblick unseren Hinweis, als er fasziniert und bewegungslos stundenlang den vorbeifahrenden Zügen der Illinois-Zentralbahn zusah, wo sie zwei Häuserblocks von der Schule entfernt einen Viadukt überquerten. Er war ständig in Angst, eine Lokomotive könnte entgleisen; in diesem Fall hätte er den Eindruck gehabt, sein ganzes Abwehrsystem sei zusammengebrochen.

Dieses langandauernde und ängstliche Beobachten der Züge verhalf uns zu besserem Verständnis für Charles' besondere Angst in bezug auf Lokomotiven, zu einer Einsicht, die wir aus seinem übereifrigen Eisenbahn- und Lokomotivenstudium nie gewonnen hatten. Aus den mit ihm ge-

---

[4] Bei Harry z. B. konnten wir nicht von vornherein wissen, ob, wann und warum wir seine unaufhörlichen Kinobesuche einschränken sollten. Nur dadurch, daß wir seinen Hinweisen nachgingen, ihn, so oft er wollte, ins Kino gehen ließen und ihn auch dorthin begleiteten, konnten wir erfahren, was die Kinobesuche für ihn bedeuteten. Die Hinweise, die wir an Ort und Stelle bekamen, brachten uns auf die Methode, wie wir sie ihm abgewöhnen konnten. (Siehe „Veröffentlichungen über die Schule" Nr. 9, S. 243—244.)

führten Gesprächen, während er dort saß und die Züge beobachtete, ging hervor, daß Charles nicht nur seine feindseligen Tendenzen mit den Lokomotiven identifizierte, was wir schon wußten, sondern auch die Feindseligkeit seiner Eltern. Nachdem seine zwanghafte Abwehr begonnen hatte, sich aufzulösen, bemerkte er eines Tages, als er einen Zug pfeifen hörte: „Das klingt wie eine Frau, die mit ihrem Mann keift." (Zwischen seinen Eltern gab es viel bitteren Streit.)
Die Auflösung der Angst, die Charles vor seinen Eltern hatte, und der Angst vor seiner eigenen Feindseligkeit mußte noch große Fortschritte machen, bevor er sich auch freier bewegen konnte. Aber seine zwanghafte Beschäftigung mit Dampflokomotiven, den Symbolen seiner streng gesteuerten Kraft und Feindseligkeit, mußte erst ganz aufhören, bevor er Bewegungsfreiheit gewinnen konnte, und diese war nötig, bevor Charles seine überragende Intelligenz zu irgendwelchen konstruktiven Zwecken frei zu gebrauchen vermochte.
Charles machte den ersten wirklichen Fortschritt, als die relative Geborgenheit, die er an der Schule erlebte, ihn zu seinen ersten Versuchen ermutigte, ein wenig Bewegungsfreiheit zu erwerben, und bald danach, sich auszuruhen und sich zu entspannen (denn dieses unbewegliche Kind war nie entspannt). Er begann damit, indem er Zugführer spielte. Dies ließ auch auf einen Fortschritt in bezug auf größere eigene Aktivität schließen, denn er hatte nie wirklich Lokomotive gespielt, er hatte es nur phantasiert. Das Zugführer-Spielen brachte zunächst noch keine Bewegung mit sich — er war ein bewegungsloser Zugführer —, aber es bedeutete schon einen Fortschritt, daß er fähig war, sich in seiner Vorstellung als Person zu sehen. Er stellte sich nun vor, er sei die Person, die Kraft steuerte, anstatt zu glauben, er sei selbst eine vernunftlose und unmenschliche Kraft.
Nach einiger Zeit wurde der Zugführer aktiver und begann, sich in seinem Phantasiespiel zu bewegen; er lief am Zug entlang und kontrollierte, ob alles in Ordnung sei. Nach einer Weile folgte auf die neuerworbene Fähigkeit, sich zu bewegen, auch die Fähigkeit, sich auszuruhen. Nun richtete Charles sein Bett als Bahnhof ein, als eine Endstation, wo alle Lokomotiven zum Halten gebracht werden. Auf diese Weise „stoßen die Züge nicht mitten in der Nacht zusammen und zertrümmern alles". Da diese erschreckende Möglichkeit ausgeschaltet war, konnte er nun friedlich in seinem Bett ruhen und konnte seinen Körper allmählich wieder für neue Aktivität vorbereiten, während er schlief [5].
Am Anfang seines Aufenthalts an unserer Schule war es Charles prak-

---

[5] Teilnehmende Beobachterin: Gayle Shulenberger.

tisch unmöglich, auch nur eine Steigung von 1,5 m hinaufzugehen. Später behauptete er, es sei schwere Arbeit, aber es sei wahrscheinlich eine gesunde Übung, und er nehme an, er sollte es versuchen. Ihn zu dieser Zeit dazu zu ermutigen, wäre unklug gewesen; dann wäre nur das Drängen des Vaters auf intellektuelle Leistung durch unser Drängen auf Leistungen in bezug auf körperliche Bewegung und motorische Koordination ersetzt worden. Im Gegenteil, wir rieten ihm, nicht zu versuchen, es fertigzubringen, wenn es ihm zu schwer falle. Wir erklärten ihm, daß körperliche Bewegung, die keinen Spaß mache, uns sinnlos erschien und rieten ihm, sich um seine Gesundheit keine Sorgen zu machen.

Später wiesen seine Betreuer darauf hin, daß es anderen Kindern Vergnügen zu machen scheine, den kleinen Hügel hinauf und hinunter zu laufen; daß sie es nicht täten, weil es gesund sei oder eine gute Übung, sondern einfach, weil es ihnen Spaß mache. Viel später sagten wir beiläufig, es sei zu schade, daß er auf solche Vergnügungen verzichten müsse; allerdings schränkten wir dies immer ein, indem wir sagten, er habe zu entscheiden, ob er an solchen Unternehmungen teilnehmen wolle oder nicht. Dieser Gedanke schien ihn zu überraschen, und er fing an, über seine Einstellung nachzudenken. Er sagte immer noch, er habe Angst, hinzufallen, oder er könnte beim Hinunterlaufen so viel Schwung bekommen, daß er von seiner eigenen Geschwindigkeit mitgerissen würde und nicht an der Stelle anhalten könnte, wo er habe anhalten wollen. Aber dies brachte er nun spontan in Zusammenhang mit seiner Angst davor, was geschehen könnte, wenn eine Lokomotive entgleiste.

Mittlerweile hatte Charles auch eine ziemlich gute Beziehung zu seiner Betreuerin hergestellt und empfand (für seine Verhältnisse) wenig Feindseligkeit gegen sie. Diese Betreuerin erklärte ihm, daß Lokomotiven, wenn ihre Bremsen einmal nicht funktionieren, immer durch einen Prellbock angehalten werden, und sie versprach ihm, sich am Fuß des Hügels aufzustellen und ihn notfalls wie ein Prellbock aufzufangen, falls er feststelle, er könne nicht aus eigener Kraft anhalten. Bei ihr fühlte er sich sicher genug, dies zu versuchen: er rannte den Hügel hinunter und warf sich aggressiv und mit ungeheurer Wucht gegen sie. Glücklicherweise gelang es ihr, seinem Anprall standzuhalten.

Erst nach dieser konkreten Demonstration, daß jemand da war, der ihn anhalten konnte, selbst wenn er seiner aggressiven Motilität freien Lauf ließ, wagte Charles, sich ein wenig freier zu bewegen. Bevor er dies jedoch tat, bestand er eine Zeitlang darauf, seine Betreuerin müsse bereitstehen, um ihn anzuhalten und aufzufangen, falls er merke, er könne es nicht allein. Nachdem sich dieses Erlebnis oft genug wiederholt hatte, fing er an, ungehemmter zu laufen, und bald rollte er den Hügel hin-

unter, lief und fiel, ganz ähnlich wie ein zweijähriges Kind. Es war, als entwickle er nicht nur seine motorische Koordination von Grund auf neu, sondern auch die Freude an körperlicher Bewegung. Von hier aus gelangte er langsam zu der Überzeugung, daß es Vergnügen macht, wenn man seinen Körper bewegt. Zunächst rollte er den Hügel hinunter, dann ging er spazieren, und schließlich spielte er sogar mit seiner Betreuerin Ball, aber dieser Prozeß erstreckte sich über mehr als zwei Jahre.
Bevor Charles seine neue Freiheit im Spiel mit anderen Kindern verwenden konnte, mußte er mit ihnen die Erfahrungen wiederholen, die er mit seiner Betreuerin gemacht hatte. Zuerst stieß er beim Laufen aggressiv mit jedem Kind zusammen, das zufällig auf seine imaginären Gleise geriet. Später gewöhnte er sich an, hinter den Kindern herzujagen, den Kopf gesenkt, geradeaus stürmend und keuchend wie eine mächtige Dampflokomotive. Aber eines Tages hielt er plötzlich bewegungslos an, ging hinüber zum Tisch und holte einen Zug aus Pappe, den er am Abend vorher gebaut hatte. Er trug ihn auf seinen ausgestreckten Armen, lief hinter einem anderen Jungen her und sagte: „Ich werde dich mit meiner Lokomotive überfahren."
So wurde Charles auch hier zum Träger des Zuges — gewissermaßen zum Zugführer — und war nicht mehr die tote Maschine, die streng gelenkt wurde. Wochenlang gab es nun ein Hin und Her zwischen der Verwendung von Papplokomotiven zum Ausdruck seiner Aggressionen und der persönlichen Verkörperung der mächtigen Lokomotive auf Schienen, bis er schließlich aufhörte, die Maschine zu spielen, und die Objekte seines Zorns als der Junge Charles verfolgte.
Erwartungsgemäß konnte Charles, wenn er die Lokomotive war, nur blindlings geradeausstürmen; wenn er aber den Zugführer spielte, konnte er mit seiner Papplokomotive in fast allen Richtungen laufen. Die Kinder erkannten den Unterschied, obwohl er ihnen nie erklärt wurde. Wenn Charles die Lokomotive spielte, riefen sie aus: „Die Dampflokomotive jagt uns wieder"; wenn er sie mit seinen Papplokomotiven verfolgte, akzeptierten sie es entweder ganz nüchtern oder sagten: „Charles ist wieder hinter mir her." [6]
So muß bei Kindern wie Charles (wie bei den Kindern, die beim Aufwachen die Ich-Steuerung wieder herstellen müssen, siehe viertes Kapitel) ein Teil der Feindseligkeit entladen werden, bevor sie eine sozialisiertere Verhaltensweise annehmen können. Sie müssen sich selbst (oder ihrem Ich) erst beweisen, daß eine gewisse Übereinkunft mit der Welt selbst

---

[6] Teilnehmende Beobachterin: Gayle Shulenberger.

dann nützlich ist, wenn sie unbewußten oder teilweise unbewußten feindseligen Impulsen dient. Bei den bewegungsgehemmten Kindern muß jedem konstruktiven Gebrauch der motorischen Fähigkeiten ein feindseliger Gebrauch vorangehen. Sehr oft muß die Fähigkeit, sich frei zu bewegen, im Dienst asozialer Triebziele erworben werden, ehe sie später sozialen oder rationalen Zielen dienen kann.
Gleichzeitig mit Charles' Fähigkeit, seine Aggressionen zu humanisieren (was bedeutete, daß er sie in gewissem Maß steuern konnte), wuchs auch die Fähigkeit, seine Bewegungen zu humanisieren. Zuerst wandelte sich seine Steifheit in roboterähnliche Bewegungen (geradeaus Vorwärtsstürmen mit gesenktem Kopf), und dann trat endlich eine immer bessere motorische Koordination ein. Dies ermöglichte es Charles allmählich, das Spielen mit Spielzeug zu akzeptieren, an Gemeinschaftsspielen teilzunehmen und dadurch erfreuliche Beziehungen zu anderen Kindern herzustellen. Dann ergab sich zugleich mit seiner zunehmenden Bewegungsfreiheit eine allmähliche Vernachlässigung seiner ausschließlichen Beschäftigung mit dem Intellekt. Er stellte nun seine Intelligenz nicht mehr so sehr zur Schau, sondern benützte sie konstruktiver. Er wurde immer mehr fähig, sie auf Dinge anzuwenden, die den Interessen seiner Altersstufe und seiner Altersgenossen näherstanden. Die Befreiung seiner Bewegungsfähigkeit und die Wiederherstellung seiner Fähigkeit zum Ausruhen waren die nötigen Schritte gewesen, um die Kluft zu schließen zwischen seiner intellektuellen Überlegenheit einerseits und seiner Unfähigkeit, sie konstruktiv zu gebrauchen oder sich zu Menschen in Beziehung zu setzen, andererseits.
Der letzte Anpassungsschritt wurde getan, als Charles anfing, seine Intelligenz zum Verstehen gerade derjenigen Probleme zu gebrauchen, denen er ursprünglich hatte entfliehen wollen: des schlechten Verhältnisses zwischen seinen Eltern, seiner Angst vor seiner Mutter und seines Hasses gegen sie und seines Grolls gegen den geliebten Vater, weil dieser sich mehr für seine intellektuellen Fähigkeiten interessierte als für die Befriedigung seiner legitimen kindlichen Bedürfnisse.
Zugleich lernte er auch körperliche Funktionen wie Essen, Verdauung und Ausscheidung verstehen und als normal akzeptieren — Funktionen, die bis dahin für ihn so voll von geheimer Bedeutung gewesen waren, daß er sie vor lauter Angst nicht hatte erforschen können. Nun benützte er die neugewonnene Freiheit, seine Intelligenz zweckmäßig zu gebrauchen, um diese physiologischen Prozesse zu verstehen. Seine Bemerkungen ließen erkennen, daß er auch noch einen weiteren Grund für sein Zuvielessen und sein monomanes Interesse für Dampflokomotiven eingesehen hatte. Was er hatte erfahren wollen, war gewesen, wie durch den

Prozeß der Umwandlung von Materie in Energie Kraft zu gewinnen ist — für ihn symbolisiert im Verbrennen von Kohle in der Dampflokomotive. Nachdem er begriffen hatte, daß selbst die maximale Nahrungsaufnahme die ihm zur Verfügung stehende Energiemenge nicht merklich steigern würde, konnte er sein Zuvielessen teilweise aufgeben. Eine solche Erkenntnis hätte er aus seiner übertriebenen Beschäftigung mit Dampflokomotiven niemals gewinnen können, selbst wenn er *alles* über sie erfahren hätte.

Charles' anfängliche Unfähigkeit, echtes Wissen zu erwerben, d. h. ein Wissen, das auf Lebensprobleme und ihre Lösung bezogen ist, mußte hier erwähnt werden, weil dieser bewegungsgehemmte Junge mit seinen überragenden Fähigkeiten (meßbar durch den I. Q. und seine Erfolge im Routine-Lernen) tatsächlich nicht besser in der Lage war, mit seinen Lebensproblemen fertig zu werden, als Peggy oder andere Kinder, deren motorische Hemmung nicht von hoher Intelligenz begleitet ist, sondern von intellektueller Blockierung.

Man ist sich allgemein darüber einig, daß das Kind die Welt nur aktiv bemeistern, erkennen und verstehen lernt, indem es die Fähigkeit entwickelt, sich intentional und zielstrebig zu bewegen. Bis dahin bleibt das Kleinkind vollkommen abhängig vom Erwachsenen und gewinnt kein Verständnis der Welt. Sobald es beginnt, sich selbständig und zielstrebig zu bewegen, erwirbt das Kleinkind ein wenig Unabhängigkeit, die eine Zeitlang genau in dem Maß zunimmt, in dem das Kind fähig wird, sich immer freier zu bewegen und seine Körperorgane zum Erforschen der Welt zu gebrauchen.

In ähnlicher Weise haben wir bei unseren bewegungsgehemmten Kindern, selbst bei den hochintelligenten, beobachten können, daß selbständiges Denken und schließlich die Fähigkeit, sich zu einer eigenständigen Persönlichkeit zu entwickeln, genau wie bei Kleinkindern erst auftraten, nachdem die Kinder die Fähigkeit erworben hatten, sich frei und ohne Unterstützung zu bewegen.

Kein Kind kann sich eines adäquaten sozialen Lebens erfreuen, wenn es nicht die Fähigkeit erworben hat, mit anderen Kindern zu spielen. Sehr viel mehr als das von Erwachsenen geforderte Lernen ist das Spiel das Gebiet, in dem das Kind seine Selbständigkeit erprobt und entwickelt, wo es lernt, sich seinen Altersgenossen gegenüber zu behaupten. Darum wurde Charles' überragende Intelligenz erst zu einem sozialen Vorteil, nachdem sein emotionales Bedürfnis nach Beziehungen zu Kindern befriedigt werden konnte, weil er gelernt hatte, sich zu bewegen und zu spielen. Nun brauchte er seine Intelligenz nicht mehr auszunützen, um sich für seine feindselige Isolierung einen Ausgleich zu verschaffen, und konnte sie dazu verwenden, in einer sozialen Lebensweise Vergnügen zu finden.

Während Charles von seinem motorischen Hemmungen befreit werden mußte, müssen andere Kinder, wie bereits erwähnt, die Herrschaft über ihre unzusammenhängenden, fahrigen Bewegungen erwerben. Ich habe im vorhergehenden Kapitel beschrieben, wie Johns Lebensenergien in der Essenssituation befreit werden mußten. Aber die Freisetzung von Energien ist nur ein Schritt in Richtung auf die Genesung; der konstruktive Gebrauch dieser Energie ist ein weiterer und letzten Endes wichtigerer Schritt. Für John ging es darum, ganz von vorn anzufangen. Wie bei einem Baby in seinem Körbchen führte bei John jeder innere oder äußere Reiz zu einem ungezielten Schwenken der Hände und Arme, einem Hin- und Herrollen des Kopfes, und wenn er nicht gerade stand, schlug er auch mit den Beinen aus.

John hatte alle Hoffnung aufgegeben, sich jemals bei Spielen mit anderen Kindern zu behaupten. Im Gegensatz zu Charles konnte er sich niemals auch nur einen Ausgleich durch intellektuelle Überlegenheit verschaffen. Aus einer unerfreulichen Realität flüchtete er sich in grandiose Tagträume von einer eingebildeten Überlegenheit, die ihm vermeintlich alle anderen untertan machte. So versuchte er, sich für die ständigen Niederlagen zu entschädigen, die er in Wirklichkeit erlebte.

Unser Problem bestand darin, ihm das Handeln wieder zu ermöglichen und ihm so zu zeigen, daß er mindestens in einigen Spielen Erfolg haben konnte. Tatsächliche Erfolge im Wettbewerb, so hofften wir, würden es unnötig machen, daß John glaubte, er sei so großartig im Gewinnen von Spielen, daß keins der Kinder mit ihm zu spielen wage. (Auf diese Weise erklärte er sich in seinem Größenwahn, warum er nie jemand zum Spielen hatte.) Das Erleben des Erfolgs im Spiel sollte John nach unserer Meinung vorzugsweise durch eine Geschicklichkeit erwerben, die ihn auch ermutigen würde, sich um eine gewisse körperliche Koordination zu bemühen. Es mußte natürlich ein Spiel sein, in dem man Koordination üben kann, ohne sich anzustrengen, da er keiner Anstrengung fähig war. Es mußte auch ein Spiel sein, das ihn zu einem gewissen persönlichen Kontakt zwang, dem er gewöhnlich auswich, wo er nur konnte, um seine eigene Unzulänglichkeit nicht erkennen zu müssen. Eine weitere Bedingung war die, daß Mißerfolge zum Spiel gehören mußten. Bei der gegebenen Unzulänglichkeit Johns waren häufige Mißerfolge unvermeidlich, und der erste Mißerfolg hätte dazu geführt, daß er sich überhaupt keine Mühe mehr gegeben und sich in autistische Phantasien zurückgezogen hätte.

Dies geschah z. B., wenn man ihm sehr einfache Puzzlespiele vorlegte. Er konnte selten die einzelnen Stücke an der richtigen Stelle einfügen und war immer frustriert. Wenn wir ihm Buntstifte oder Farben anboten, pflegte er ein paar Striche zu ziehen, aber er blieb in autistischer Isolierung. Er war mit den schlimmsten Kritzeleien zufrieden, die er in allen Einzelheiten größenwahnsinnig als den geplanten Ausdruck seiner künstlerischen Begabung deutete. In Ausmalbüchern konnte er nie innerhalb der Umrißlinien bleiben. Sie ließen ihm zwar die Möglichkeit, sich in seine Isolierung zurückzuziehen, aber sie vermehrten seine Frustration, weil er nie den freigelassenen Raum ausfüllen konnte. Das Schneiden mit der Schere lehnte er im allgemeinen als zu anstrengend ab, und wenn er es doch tat, führte es bald zu einer Niederlage, weil er nie so schneiden konnte, wie es seiner Absicht entsprach, und das Ergebnis war wieder das gleiche — eine frustrierte Rückkehr in wütende Isolierung. Das Spiel, das schließlich seinen Zweck erfüllte (Mikado), mußte von zwei Personen gespielt werden, und die zeitweilige Niederlage gehörte zum Spiel, weil sich sonst die Partner nicht abwechseln konnten und das Spiel zum Stillstand gekommen wäre. Es erforderte nur die Koordination einer Hand, und hier wieder nur die Koordination von zwei Fingern; dies konnte er schließlich lernen. Darüber hinaus war keine Anstrengung erforderlich, denn man konnte nicht behaupten, daß das Aufheben der Stäbchen Kraft erforderte. Schließlich bedeutete Mißerfolg, da er zum Spiel gehörte, keinen Verlust des Gesichts, besonders da der andere Partner auch früher oder später seine Fehler machen mußte, und da dies John deutlich vor Augen führen mußte, daß seine Mißerfolge nur zeitweilig waren und nicht total.

John spielte mehr als anderthalb Jahre lang Mikado. Er spielte es mit einem Erwachsenen in mehreren Sitzungen pro Woche. Später kehrte er jedesmal zu diesem Spiel zurück, wenn er bei anderen Versuchen, größere Koordination zu erwerben, eine Niederlage erwartete.

John und viele andere Kinder, die in ähnlicher Weise behindert sind, können es sich nicht leisten, höhere Leistungen der Motorik zu versuchen, wenn sie das Gefühl haben, von anderen Kindern beobachtet zu werden. Sie haben zu oft Mißerfolge erlebt, um es im Beisein anderer Kinder noch einmal riskieren zu können, deren Überlegenheit sie beneiden. So mied John, der nie schwimmen gelernt hatte, auch unter Vorschützung verschiedener Gründe wie Erkältungen, Husten und anderer eingebildeter Leiden das Schwimmbecken und den Strand. Erst als er endlich sicher war, daß dort auch noch andere Kinder waren, die nie schwimmen gelernt hatten, und daß man nicht von ihm erwartete, es zu lernen, außer wenn er es selbst wollte, konnte er seine eingebildeten

Krankheiten und den Schutz aufgeben, den sie ihm vor der Niederlage in Gegenwart anderer boten. Nun begann er wenigstens im seichten Teil des Schwimmbeckens zu spielen.

Fast zwei Jahre lang spielte John nur im Wasser, wurde immer vertrauter mit diesem Element und hatte immer weniger Angst davor; erst dann verspürte er den Wunsch, schwimmen zu lernen. Diesen Wunsch sprach er nicht im Wasser oder in dessen Nähe aus, sondern in der Sicherheit des Zimmers, in dem er seine Einzelsitzung mit einer bevorzugten Person hatte. Dort bat er, man möge ihm das Schwimmen beibringen, und dort lernte er eine Einzelbewegung nach der anderen, dann die Kombination dieser Bewegungen. Abgeschirmt vor der Beobachtung durch andere und mit viel geduldiger Hilfe lernte er die zum Schwimmen nötige Koordination, und dieses Wissen und Können übertrug er dann ins Schwimmbecken. In ähnlicher Weise mußte er lernen, einen Ball zu fangen und zu werfen: mit einer Person, der er vertraute, in einer Situation, in der er nicht von anderen Kindern beobachtet wurde, bevor er es wagte, auf dem Spielplatz Ball zu spielen [7].

Der Versuch, erst später im Leben die Beherrschung der Motorik zu lernen, die im Kleinkindalter nicht erworben worden ist, ist so wichtig und gewöhnlich so schwierig, daß noch ein weiteres Beispiel die Vielfalt der möglichen und notwendigen Arten des Vorgehens veranschaulichen soll. Es zeigt auch, daß die Fähigkeit, sich richtig auszuruhen, vor der Fähigkeit zu normaler Koordination und zielstrebiger Bewegung erworben werden muß. Denn selbst der Säugling, der schon die Fähigkeit erlangt hat, seine Bewegungen zu steuern, fällt zurück in ungerichtete Bewegungen, wenn er nicht genug Ruhe bekommt oder wenn er müde oder angespannt ist.

Tonys Sehschaden war so schlimm gewesen, daß er als Säugling und Kleinkind praktisch blind war, obwohl seine Eltern dies mehrere Jahre lang nicht erkannten. Solange er in seinem Körbchen blieb, war er ein fröhliches Baby, aber als er anfing zu kriechen und zu laufen, tat er sich andauernd weh, konnte keine Entfernung richtig schätzen und war offensichtlich doch nicht blind. Der Ärger der Eltern über sein ständiges Geplärr und seinen Entwicklungsrückstand machte die Sache nur noch schlimmer. Nach einigen Jahren stellte man fest, welcher Art Tonys Sehschaden war, und man korrigierte ihn durch eine Brille. Aber mittlerweile war es zu spät und konnte nicht viel nützen, solange die Korrektur des Sehfehlers nicht von der Lösung der psychischen Schwierigkeiten begleitet war, die aus dem Sehschaden entstanden waren.

---

[7] Teilnehmende Beobachterin: Florence White.

Tony hatte die Fähigkeit, seine Bewegungen zu beherrschen, in der Sicherheit seines Bettchens erworben. Aber im Gegensatz zur normalen Entwicklung hinderten ihn seine späteren Erfahrungen daran, diese Beherrschung zu benützen, um weitere motorische Fähigkeiten zu erwerben. Da er ständig mit irgendwelchen Gegenständen zusammenstieß und sich wehtat, war er gezwungen, diese Beherrschung zu benützen, um alle Bewegung zu hemmen, anstatt sie zu entwickeln. Sein Ziel war natürlich, die Unannehmlichkeiten zu vermeiden, die sich aus den meisten seiner Bewegungen ergaben.
Als Tony schließlich sieben Jahre alt war, hatte er praktisch aufgehört, sich zu bewegen, und all seine Anstrengungen zielten darauf ab, andere zu veranlassen, ihn zu bewegen, oder sich für ihn zu bewegen.
Seine Bewegungslosigkeit war aber nie ein entspanntes Ausruhen, sondern einfach ein angespanntes Vermeiden jeder Bewegung. Bevor wir ihm dabei helfen konnten, seine Beherrschung der Muskulatur für zielgerichtete Bewegung einzusetzen anstatt zur Hemmung jeder Bewegung, mußten wir zuerst seine Fähigkeit zum Ausruhen wiederherstellen. Seine Angst vor dem Hinfallen, seine Furcht, sich bei jeder Bewegung wehzutun, mußten beseitigt werden, und man mußte ihn von allem Druck befreien, aktiv zu sein. Früher hatten seine Eltern ihn zu ermutigen versucht, zu gehen und herumzulaufen und zu spielen, weil sie verständlicherweise wünschten, er solle all diese Dinge tun können. Zu dem von ihnen ausgehenden Druck war der Spott seiner Altersgenossen hinzugekommen, so daß Tony im Hinblick auf seine gesamte Erfahrung mit immer größerer Gespanntheit und Unbeweglichkeit reagierte. Das Leben hatte ihn ganz gewiß das eine gelehrt: sich bewegen, heißt sich wehzutun, entweder physisch oder psychisch.
An der Schule machten wir ihm klar, man erwarte nicht von ihm, daß er sich bewege, zuerst wurde er getragen und später vorsichtig die Treppen hinauf- und hinuntergeführt. Wenn er ging, hielt ihn jemand an der Hand, und auf diese und viele andere Weisen wurde ihm gezeigt, daß wir keine Forderungen in bezug auf Aktivität stellten, daß wir jedoch, wenn er sich bewegte, alle Vorsichtsmaßnahmen trafen, um es ganz ungefährlich zu machen.
Dank dieser Maßnahmen und der Tatsache, daß er in unserer Schule jederzeit ausruhen oder sich hinlegen konnte, wenn er wollte, wurde ganz langsam seine Fähigkeit, sich auszuruhen, wiederhergestellt. Wenn Tony sich hinlegte, entspannten sich seine Muskeln immer mehr, und die Angespanntheit seiner Gesichtszüge nahm ab. Übrigens zog er es vor, wie andere Kinder, die vor dem Hinfallen Angst haben, sich auf dem Fußboden auszustrecken, anstatt auf einer Couch oder einem Bett. Auf

dem Fußboden konnte er nicht mehr hinunterfallen, und dort war es ihm möglich, sich zu entspannen; das Bett war ein Möbel, von dem er vielleicht herunterrollen konnte, und eine Zeitlang konnte er sich im Bett nie entspannen. Schließlich, als er genug Sicherheitserlebnisse hinter sich hatte, zeigte er sich wieder bereit, sich an eine Aktivität zu wagen. Nun fing er an, stundenlang die Treppen in der Schule auf und abzugehen; zuerst hielt er sich am Geländer fest, als ginge es um sein Leben, später rührte er das Geländer nicht mehr an.
Als nächstes prüfte Tony seine Fähigkeit, noch schwierigere Koordinationsaufgaben zu bewältigen. Er nahm die Gewohnheit an, Ringe aus Gummi auf dem Kopf zu tragen, um auszuprobieren, ob er sie im Gleichgewicht halten konnte, wenn er ging. Zuerst marschierte er nur rund um den Schlafraum und war sehr aufgeregt über die Tatsache, daß er die Ringe auf dem Kopf balancieren konnte. Dann fing er an, die Treppen hinauf und hinunter zu gehen, erst nur bis zum ersten Stock, dann bis zum zweiten, und schließlich ganz hinunter bis in den Keller. Bei diesem ersten Mal ging er etwa eine Stunde lang die Treppen hinauf und hinunter, kehrte immer wieder zu seiner Betreuerin zurück und berichtete über seine Erfolge, wie weit er gegangen war, und schließlich erzählte er ihr voll Stolz, daß er, im Keller angekommen, zweimal um den Treppenpfosten herumgegangen war, „nur um zu beweisen, daß ich es kann".
Von diesem Tag an machte er diese Übung täglich, und zu seiner Betreuerin sprach er nur noch von seiner neuen Leistung. Häufig (und selbst erstaunt darüber) erzählte ihr dieses Kind, das vorher selten am Daumen gelutscht hatte: „Ich bring' es nur dann fertig, wenn ich beim Hinuntergehen auf der Treppe den Daumen in den Mund stecke." Oder: „Ich kann es nicht, wenn ich den Daumen nicht im Mund habe." Auf die Frage: warum, antwortete Tony sehr deutlich, als wenn er lange darüber nachgedacht hätte: „Ich weiß nicht, warum ich den Daumen im Mund haben muß, aber ich muß ihn immer in den Mund stecken, sonst kann ich es nicht." [8]
Tonys Verhalten, und übrigens auch seine Bemerkungen, zeigen, wie eng der Zusammenhang zwischen höheren Leistungen auf einem Gebiet und regressivem Verhalten auf einem anderen Gebiet ist. Tony konnte es sich nur leisten, das Babysein in bezug auf koordinierte Bewegung aufzugeben, wenn er sich gleichzeitig an einen greifbaren Beweis klammerte, daß ihm trotz einer reiferen Beherrschung seiner Bewegungen noch primitiverer Lustgewinn zur Verfügung stand. Das Daumenlutschen ist

---

[8] Teilnehmende Beobachterin: Betty Lou Pingree.

selbst zwar nicht geradezu ein Ausruhen, es wird aber ganz sicher als beruhigend erlebt; man kann dies bei jedem kleinen Kind beobachten, das ruhig und zufrieden wird, wenn es nach einer Anspannung zu seinem Daumenlutschen zurückkehren kann. In diesem Sinn zeigte Tonys Verhalten die enge Beziehung zwischen den Gegensätzen Ruhe und Bewegung.

Für viele unserer Kinder sind ihre integrativsten Erlebnisse diejenigen, die am engsten mit einer greifbaren Leistung, einem neuerworbenen Können verbunden sind. Viele dieser Erfolge werden niemals direkt als solche bezeichnet. Andere kommen nur dadurch verbal zum Ausdruck, daß das Selbstvertrauen, das das Kind empfindet, nachdem es eine neue Leistungsstufe bewältigt hat, es ihm erlaubt, etwas von der drückenden Angst zu offenbaren, von der es früher nicht sprechen konnte, weil es nie auch nur gewagt hatte, ihr ins Gesicht zu sehen. Der Erfolg auf einem Gebiet läßt das Kind hoffen, daß es vielleicht auch etwas gegen seine Angst oder ihre Gründe ausrichten kann, und dies gibt ihm die Möglichkeit, sie ans Tageslicht zu bringen. Es ist nur natürlich, daß das Kind eine solche Angst bereitwilliger demjenigen Menschen anvertraut, der ihm in einem anderen Bereich zum Erfolg geholfen hat. Dies traf z. B. bei Ann zu.

Ann war zwar ständig in Bewegung, aber ihre körperliche Koordination und ihre intellektuellen Leistungen ließen sehr viel zu wünschen übrig. Sie hatte unter anderem Angst, daß sie nicht mehr geliebt werden würde, falls sie lernen würde, sich „erwachsener" zu verhalten und Leistungen zu vollbringen, denn dann würde sie ihre Stellung als „das Baby" verlieren. Sie hatte das Gefühl, ihre Kleinkindhaftigkeit und ihre Unzulänglichkeit seien die Mittel, mit deren Hilfe sie die Erwachsenen in ihrer Umwelt beherrschen könne.

Ein weiterer Grund dafür, daß Ann infantil bleiben wollte, war die schon erwähnte Tatsache, daß Anns Mutter, seit das Kind auf der Welt war, in bezug auf ihre emotionale Befriedigung und auf die Sinngebung ihres Lebens von Ann abhängig gewesen war. Aus diesem und anderen Gründen konnte die Mutter ihrem Kind nie irgendeine Selbständigkeit erlauben und behandelte es so, als sei es immer noch ein Teil ihres eigenen Körpers. Den emotionalen Bedürfnissen ihrer Mutter konnte Ann nur in ihrer Rolle als Baby gerecht werden. Also blieb sie unreif, um sich vor jedem möglichen Verlust der Liebe ihrer Mutter zu schützen und um die Wünsche ihrer Mutter zu erfüllen. Aber für das, was sie tat, hatte sie mit all jenen Ängsten vor dem Unverständlichen zu zahlen, die das Kleinkindalter charakterisieren. Sie konnte nie lernen zu verstehen, weil

man von einem Baby nicht annimmt, daß es etwas versteht. Sie war abhängig und unfähig, auf sich selbst aufzupassen, aber zugleich war sie enttäuscht, denn ihre Mutter zwang sie zwar, unselbständig zu bleiben, aber Anns Bedürfnis nach angemessener Fürsorge wurde nie befriedigt.
Die relative Geborgenheit, die Ann an unserer Schule erlebte, machte ihr die ersten Versuche möglich, auf einer Ebene größerer Reife etwas zu leisten. Zuerst wollte sie vor allem eine bessere körperliche Koordination erreichen. Mehr als alles andere wünschte sie sich, radfahren zu können, aber das war wegen ihrer schlechten Koordination eine Zeitlang noch nicht möglich.
Schließlich lernte Ann mit Hilfe ihrer Betreuerin radfahren. Das gab ihr den Mut, noch am gleichen Tag im Schwimmbecken die Prüfung im tiefen Wasser zu versuchen, eine Prüfung, die sie schon viele Wochen früher hätte bestehen können, wenn sie nur den Versuch gewagt hätte. An jenem Abend war Ann sehr stolz und wollte vor dem Schlafengehen so lange radfahren wie möglich. Sie wechselte sich mit einigen Mädchen beim Radfahren ab, und während sie wartete, bis sie wieder an die Reihe kam, fing sie spontan an, den vorderen Hof zu säubern, indem sie Papier auflas und Blätter wegharkte — eine konstruktive soziale Leistung, zu der sie sich vorher nie bereitgefunden hatte, selbst wenn man sie darum bat. So wurde also das durch ihre neuen Leistungen gewonnene Selbstvertrauen sofort auf reife Art in sozial Nützliches umgesetzt, wie sie es vorher nicht einmal erwogen hatte. Immer wieder rief sie aus: „Ich kann jetzt zwei Sachen, ich kann schwimmen, und ich kann radfahren", und sie sang lange glücklich vor sich hin: „Ich hab's geschafft, ich hab's geschafft, ich hab's geschafft."
Dieser doppelte Erfolg in der Beherrschung ihrer Bewegungen hatte Ann anscheinend den Mut gegeben, an einige ihrer anderen Ängste heranzugehen, besonders an ihre sexuellen Ängste, vielleicht, weil sie jetzt hoffte, sie könnte sie mit Hilfe ihrer Betreuerin bewältigen, die ihr bei ihren anderen jüngsten Erfolgen zur Seite gestanden hatte.
Im einzelnen sah das so aus: Eins der anderen Mädchen beanspruchte das Fahrrad etwas länger, als sie es nach Anns Ansicht hätte tun sollen, und Ann wartete ungeduldig darauf, wieder an die Reihe zu kommen. Sie beklagte sich immer lauter und rief schließlich aus: „Warum fährt sie so lange? Sie glaubt, sie ist eine Königin, sie glaubt, sie ist eine Prinzessin, sie glaubt sogar, sie ist ein Mann!" [9]
Ann gab zwar auf diese Weise zu erkennen, daß sie Jungen ganz allge-

---

[9] Teilnehmende Beobachterin: Dorothy Flapan.

mein beneidete, aber am gleichen Abend, als sie sich anschickte, ins Bett zu gehen, brachte sie ihre sexuellen Ängste noch deutlicher zum Ausdruck. Nun fragte sie ihre Betreuerin: „Tut es weh, wenn das Baby aus der Scheide herauskommt?" [10] Mit der Antwort auf diese Frage waren alle Äußerungen über ihre sexuellen Ängste für diesen Tag beendet. Aber diese und ähnliche Gedanken schienen Anns Geist weiterhin zu beschäftigen, und ihre realen neuen Leistungen gaben ihr das Selbstvertrauen, am nächsten Tag weiter vorzudringen. Sie fragte ihre Betreuerin: „Wie alt bist du?" und auf die Antwort, vierundzwanzig, rief Ann mit wütender Stimme: „Was? So alt? Und du menstruierst immer noch?" Wobei sie ihre Angst vor der Menstruation dadurch zu erkennen gab, daß sie hoffte, sie würde bald wieder aufhören. Danach ließ sie eine Äußerung folgen, die auf eine viel drückendere Angst hinwies als die über Geburt und Menstruation — nämlich ihre Besorgnis in bezug auf die Masturbation.

Nachdem sie über die Masturbation beruhigt worden war, ging das Gespräch eine Zeitlang weiter, bis Ann schließlich ihre Betreuerin fragte: „Berührst du deine Scheide?" Aber darauf rief eines der anderen Mädchen: „Gottverdammt, das ist ihre Sache!" in einem Versuch, ihre eigene Intimsphäre und die der Betreuerin zu schützen. Ein drittes Mädchen, das schon eine Zeitlang an der Schule war, machte dem Gespräch ein Ende, indem es so autoritativ sagte: „Manche Leute tun es, und manche tun es nicht", daß es dabei blieb, soweit die Kinder betroffen waren. Die Verlagerung des Themas der Masturbation auf eine allgemeinere Ebene

---

[10] Wenn die Kinder an unsere Schule kommen, kennen sie gewöhnlich die richtigen Bezeichnungen für die verschiedenen Geschlechtsteile nicht. Entweder zeigen sie darauf oder sie benützen kindische oder obszöne Bezeichnungen. Wir versuchen, ihnen die korrekten Bezeichnungen beizubringen, um sowohl die obszönen als auch die leisetreterischen Euphemismen zu vermeiden. Das Kind lernt bald, die korrekten Ausdrücke zu gebrauchen, wenn es auch oft Mißverständnisse gibt, die dann ausgebügelt werden müssen.
Harry hatte einen ziemlich vulgären Ausdruck zur Bezeichnung seines Penis, den er jedem, besonders den weiblichen Betreuern gegenüber, ungehemmt benützte. Ich erwähnte beiläufig, daß das, wovon ich spreche, in gepflegter Sprache gewöhnlich als Penis bezeichnet wird. Das kam ihm komisch vor. Also suchte er mit Hilfe eines seiner „gebildeteren" Freunde das Wort „Penis" im Lexikon auf. Dort fanden sie, es sei das „männliche Paarungsorgan" (copulation). Aber der ältere Junge las es gemäß seiner eigenen Neurose falsch, und zwar als „das männliche Organ der Vollendung" (completion). Das rief große Aufregung hervor und erforderte weitere Erklärungen, die für beide Jungen konstruktiv waren. Von da an kannten sie nicht nur die korrekte Bezeichnung für einen wichtigen Teil ihres Körpers, sondern sie hatten auch seine Funktion besser verstehen gelernt.

machte es aber der Betreuerin möglich, ganz allgemein darüber zu sprechen, nicht in bezug auf ihre eigene Person oder auf ein bestimmtes Kind, was sich für Ann und auch für die übrigen Mädchen als beruhigend erwies [11].

Jedesmal, wenn Erfolge auf dem Gebiet der Körperkoordination Kindern, die immer ängstlich gewesen sind, wieder Mut machen, werden sie mit einiger Wahrscheinlichkeit eine Zeitlang auf aggressive und asoziale Weise ausgenützt. Das ganz neue Selbstvertrauen wirkt sich dann nicht nur auf reale Aufgaben und Leistungen aus, sondern auch auf Selbsttäuschungen. Besonders die Körperkoordination ist, wenn sie im Kleinkindalter erworben wird, wie es der Norm entspricht, gewöhnlich begleitet von übertriebenen Vorstellungen des Kindes über seinen eigenen Körper, seine Macht und seine Kraft. Man konnte daher vernünftigerweise erwarten, daß Ann ihr neues Selbstvertrauen nicht nur konstruktiv, in der Körperkoordination, anwenden würde, sondern auch in wahnhafter Weise, indem sie übertriebene Vorstellungen von ihrem Körper entwickeln würde.

Anns gehobene Stimmung hielt an. In ihrer Freizeit fuhr sie meistens glücklich auf dem Fahrrad herum, aber sie begann auch, besser Ball zu spielen, und im Unterricht packte sie Lernprobleme an, vor denen sie sich immer gefürchtet hatte. Drei Tage jedoch, nachdem sie radfahren gelernt hatte, zeigte sich, daß ihre neue Selbstsicherheit auch ihre Wahnvorstellungen über ihren Körper gesteigert hatte. Als sie sich an jenem Abend vor dem Baden auszog, bat sie ihre Betreuerin, ihr beim Ausziehen des Schlüpfers zu helfen, und als die Betreuerin dies tat, sagte Ann: „Nun kannst du meinen Penis sehen." Dies erlaubte der Betreuerin, ihr zu versichern, sie habe keinen Penis und habe nie einen gehabt. Sowohl dieses Gespräch als auch weitere halfen Ann, die Tatsache, daß sie ein Mädchen war, besser zu akzeptieren, wenn auch dieses Thema weiterhin in verschiedenen Zusammenhängen immer wieder auftauchte.

Obwohl also das neue Selbstbewußtsein, das Ann durch reale Leistungen gewonnen hatte, ihre Selbsttäuschungen über ihren Körper nicht verminderte, gab es ihr wenigstens den Mut, über sie zu sprechen. Da die Betreuerin aber ihren Wert für Ann dadurch bewiesen hatte, daß sie ihr bei einer schwierigen Aufgabe hatte helfen können, und da die neuen Fähigkeiten Anns Sicherheit erheblich vergrößert hatten, hatte die realistische Feststellung der Betreuerin, Mädchen hätten niemals einen Penis gehabt, beträchtliches Gewicht. Diese Tatsache machte es, zusammen mit ihrer

---

[11] Teilnehmende Beobachterin: Dorothy Flapan.

eigenen größeren Zulänglichkeit, Ann möglich, sich weniger stark an ihre megalomanen Vorstellungen über ihren Körper zu klammern; dies war ein wichtiger Schritt in Richtung auf ihre mögliche Auflösung.
Der Zusammenhang zwischen der allmählichen Beherrschung der Körperbewegungen und größerer emotionaler Reife, auf den wir hingewiesen haben, wird auch deutlich an Anns Verhalten, nachdem sie zwei Wochen lang bei ihrer Mutter zu Besuch gewesen war. Dieser Besuch fand etwa sieben Wochen nach den hier beschriebenen Ereignissen statt. Es war uns klar, daß ein solcher Besuch für Ann schädlich sein würde, da ihre Mutter schon früher gezeigt hatte, daß sie jeden Kontakt mit ihrer Tochter für ihre eigenen neurotischen Bedürfnisse ausnützte. (Versuche, die Mutter selbst zu behandeln, hatten sich als erfolglos erwiesen.) Die einzige Möglichkeit zu Anns Unterstützung — da die Mutter die Gesetze auf ihrer Seite hatte, wenn sie auf Besuchen bestand — lag darin, sie soweit wie möglich vor ihrer Mutter zu schützen und sie weiterhin in der Zeit zwischen den seltenen Besuchen in ihrer Persönlichkeit zu stärken, so daß sie eines Tages, wenn sie emotional und legal mündig sein würde, in der Lage wäre, selbst ihren Weg zu machen.
Anns Fortschritte schienen zur Zeit der Niederschrift dieses Abschnitts die Hoffnung zu rechtfertigen, daß dieser Plan schließlich gelingen würde. Was nach Anns Rückkehr in die Schule geschah, kann nebenbei auch als Beispiel dafür dienen, daß unsere Arbeit aus einer langen Reihe von Erfolgen und Rückschlägen besteht, aber auch dafür, daß im großen und ganzen jeder neue Tiefpunkt weniger tief liegt, und jeder darauffolgende Höhepunkt sowohl höher als auch besser ist als der vorhergehende. Nur um der Kürze willen berichten wir über die zahllosen Erfolge und Rückschläge nicht ausführlich.
Während des Besuchs hatte Anns Mutter die Tochter wieder in die Rolle des Babys gezwungen. Nur erschien Ann eine solche Rolle jetzt weniger befriedigend als je zuvor, denn ihre jüngsten Erlebnisse hatten ihr gezeigt, wie die wahre Befriedigung kindlicher Bedürfnisse beschaffen sein kann. Außerdem riefen Anns Versuche, von der Mutter für ihre neuen und „reiferen" Leistungen Beifall zu bekommen, meistens nur scharfe Kritik hervor. Ann kam innerlich unsicher von diesem Besuch zurück, verhielt sich asozial, feindselig, war unfähig, im Unterricht etwas zu lernen und war wieder in ständiger zielloser Bewegung; sie konnte auch nicht mehr radfahren.
Am Tag nach ihrer Rückkehr verwandelte sie einige der Werkzeuge ihres letzten großen Erfolgs aus der Zeit vor den Ferien in einen Trümmerhaufen. Diese hatten nun eine bedrohliche Bedeutung bekommen. Sie waren Symbole der Aufforderung zum Reifwerden, Symbole einer Reife,

die sie nun fürchtete, da sie sie in Konflikt mit ihrer Mutter gebracht hatten. Ann ging an die Stelle, wo bei uns die Fahrräder aufbewahrt werden, warf einige von ihnen um und machte zwei Räder unbrauchbar, indem sie auf ihnen herumtrampelte. Aber die Fahrräder, die sie kaputtmachte, waren die der älteren Kinder, das kleinere, auf dem sie radfahren gelernt hatte, war nicht dabei; dieses Rad rührte sie nicht an. So entsprach sie symbolisch der Forderung ihrer Mutter, nach den Maßstäben Erwachsener nichts zu leisten, indem sie die Fahrräder zerstörte, die für sie eben diese Art von Leistung repräsentierten. Aber es gelang ihr auch sicherzustellen, daß höhere Leistungen dieser Art ihr immer noch offenstanden, wenn und wann sie wieder dazu bereit sein würde, indem sie ihr eigenes Fahrrad verschonte. Tatsächlich saß sie nach drei Tagen wieder glücklich auf dem Fahrrad, und langsam ließen die Wirkungen des Besuchs wieder nach [12].

Jede der verschiedenen Möglichkeiten der Betätigung, die wir an der Schule bieten, hat für bestimmte Kinder ihre besondere Bedeutung. Schwimmen ist z. B. ebenso oft eine Ursache des Schreckens wie des Stolzes. Normalerweise macht das Gefühl des warmen Wassers auf der Haut, das narzißtische Vergnügen geschmeidig und leicht fließender Bewegung, die nur im Wasser möglich ist, die Art, wie es ausweicht und umhüllt, all dies und noch viel mehr, das Wasser, unser erstes Medium des Lebens, zu einer besonders üppigen Quelle der Freude und der Integration.

Früher oder später wird das Spielen im Wasser für all unsere Kinder zu einem befriedigenden Erlebnis, ebenso das freie Umherschwimmen für diejenigen, die nie vorher schwimmen gelernt hatten. Der Wert des Spielens im Wasser ist seit langem anerkannt, und warme Bäder sind seit undenklichen Zeiten ein zwangloses und natürliches Beruhigungsmittel. Außerdem ist es für die meisten unserer Kinder ein sehr lustvolles Erlebnis, sich in ein Element fallen zu lassen oder hineinzuspringen, das den Fall so abfedert, daß er nicht wehtut, sondern zum Vergnügen wird. Im Gegensatz zu ihren angsterfüllten Phantasien fallen sie nun mit Vergnügen und werden nicht nur von dem weichen Element aufgefangen, sondern auch von der schützenden Betreuerin.

Wie jede andere von uns schon beschriebene Betätigung haben auch das Spiel im Badebecken und das Schwimmen ihre besonderen wohltätigen Wirkungsmöglichkeiten. Wenn das Kind schwimmen kann, wird z. B. seine Angst vor dem Ertrinken weitgehend gemildert. Das Schwimmenlernen hat die emotionale Nebenbedeutung, man habe sich von der all-

---

[12] Teilnehmende Beobachterin: Joan Little.

umfassenden Flüssigkeit unabhängig gemacht, während man sich zugleich sanft von ihr umgeben fühlt. Auf einer weiteren Ebene hat es für das Kind die beruhigende Bedeutung: „Ich habe Angst gehabt, mir weh zu tun, wenn ich durch die Luft fiel, aber jetzt falle ich, es ist angenehm, und mir ist nichts Schlimmes geschehen." Oder es kann bedeuten: „Ich habe Angst gehabt, zu ertrinken, aber jetzt kann ich schwimmen." Dies ist der Entdeckung Freuds ähnlich, daß der Examenstraum (in dem der Träumer fürchtet, in einem Examen durchzufallen, das er in Wirklichkeit schon bestanden hat) die beruhigende Bedeutung hat: „Fürchte dich nicht ... denk' an die Angst, die du empfunden hast ... aber nichts ist geschehen, um sie zu rechtfertigen."

Aber jede der Betätigungsmöglichkeiten kann auch eine spezifische Bedeutung für ein bestimmtes Kind haben und deshalb besondere Gelegenheiten zur Hilfe bieten, wie z. B. in Eddies Fall.

Gewöhnlich näherte sich Eddie seinen mannigfachen Ängsten auf solchen Umwegen, daß es sehr schwierig war, ihm zu helfen. Allerdings eignete sich das beschützte Leben, das wir ihm boten, nicht besonders gut als Grundlage für seine Ängste. Alles, was er von unserem Schutz hatte, war die Freiheit, sich ungestört seinen Wahnvorstellungen von Verfolgung und intensivem Haß hinzugeben. Eddie, der zu dieser Zeit zwölf Jahre alt war, wäre fast ertrunken, als er drei war. Etwa zur gleichen Zeit war er beinah von einem Auto überfahren worden. (Außerdem war zu dieser Zeit seine Mutter schwanger, und wenig später kam seine Schwester zur Welt.) Mit zehn ließ er seinen Aggressionen gegen ein anderes Kind freien Lauf, indem er es in den See stieß, in der Absicht, es zu töten. Diese Tat brachte ihn vor Gericht, und danach hatten all seine zahlreichen Ängste und Wahnvorstellungen damit zu tun, daß er tötete oder getötet wurde. Er fürchtete sich besonders vor Unfällen; er hatte Angst, vernichtet zu werden, und er hatte Angst vor seiner gefährlichen Macht, andere zu vernichten. Übrigens sind solche Ängste und Vorstellungen für viele unserer Kinder typisch, wenn sie auch nicht immer so heftig sind wie bei Eddie.

Eddies Angst vor dem Ertrinken (entweder in bezug auf ihn selbst oder auf andere) konnten wir direkt angehen, als die Nähe des Wassers sie wieder weckte, und als er das Gefühl hatte, er sei nun endlich gegen die Möglichkeit des Ertrinkens geschützt. Er konnte zum erstenmal über diese seine Angst sprechen, nachdem sein Betreuer ihm geholfen hatte, die Fähigkeit zu erwerben, die diesen Schutz zu bieten schien, das Schwimmen.

Am Anfang fürchtete sich Eddie sogar davor, zum Schwimmbecken zu gehen. Wenn er schließlich doch ging, bemühte er sich nicht, schwimmen zu lernen, sondern blieb im flachen Teil des Beckens und spritzte heftig die anderen Kinder an. Wenn es zu schlimm wurde, mußte man ihn aus dem Becken herausholen, aber während sein Betreuer ihn heraushob, wandte er gegen die anderen Kinder seine Lieblingstechnik an, durch die er sich magische Macht über Personen und Dinge zu verschaffen suchte: Er pflegte sie aggressiv anzustarren und Bewegungen wie Tatzenhiebe in ihrer Richtung zu machen.

Eines Tages hatte sein Betreuer bei einer solchen Gelegenheit das Gefühl, Eddie sei bereit, über seine Ängste zu reden, besonders da er an diesem Tag anscheinend auf seinen Betreuer gut zu sprechen war. Als sie auf dem Rand des Schwimmbeckens saßen, fragte der Betreuer: „Warum tust du das, Eddie?" (er meinte seine „Tatzenhiebe"), und der Junge sagte: „Weil sie dann weggehen." Er wiederholte die Bewegungen und starrte in die Richtung der anderen Kinder, die in ihrem Spiel vordrangen und zurückwichen, was ihm vielleicht den Eindruck vermittelte, er beherrsche sie wirklich und könne sie zum Zurückweichen zwingen.

Der Betreuer fragte, ob Eddie wirklich glaube, seine Gesten könnten die Kinder vertreiben, und Eddie sagte: „Ja. Es sind Strahlen. Ich richte sie auf irgend jemand oder irgend etwas, und sie bewirken, daß sie weggehen." Darauf sagte der Betreuer: „Warum versuchst du's nicht einmal bei mir, Eddie?" Also richtete Eddie zwei- oder dreimal seine Tatzenhiebe gegen den Betreuer, gab ein knurrendes Geräusch von sich und starrte ihn intensiv an. Der Betreuer rührte sich nicht, also machte Eddie weiterhin seine Bewegungen, aber er schloß nun die Augen. Ganz ruhig sagte sein Betreuer: „ Hab keine Angst, Eddie. Mach die Augen auf, ich bin immer noch hier." Eddie machte die Augen auf und starrte den Betreuer an, der ihn anlächelte. Dann erwiderte er das Lächeln und wirkte erleichtert. „Ja", sagte er, „du bist noch hier", und sie blieben in freundlichem Kontakt dort sitzen.

Ein paar Minuten später bat Eddie seinen Betreuer, ihm einen Ball zu besorgen, und sagte, er wolle wieder ins Becken. Sein Betreuer holte ihm einen Ball, und Eddie hielt sich an dem Ball fest und fing an, in dem Becken herumzupaddeln. Dies war der erste wirkliche Versuch Eddies, schwimmen zu lernen [13].

Es waren drei weitere Zusammenkünfte im Schwimmbecken notwendig, bevor Eddie wirklich schwimmen konnte, wenn auch vorläufig nur im flachen Wasser. Bei der ersten dieser Zusammenkünfte verzichtete er auch zum erstenmal darauf, die anderen Kinder anzuspritzen, und als ihn sein Betreuer darauf hinwies, wurde er nachdenklich und sagte:

---

[13] Teilnehmender Beobachter: Roderick E. Peattie.

„Heute hat es mir richtig Spaß gemacht. Ich hab' die anderen Kinder tatsächlich nicht einmal bemerkt."

Bei der nächsten Zusammenkunft beschloß Eddie, das Schwimmbecken einmal der Länge nach entlangzuschwimmen, und er bestand diese Probe mit Erfolg. Nun, als er sicher war, daß er für sich selbst sorgen könne, selbst wenn er wieder ins Wasser gestoßen würde oder hineinfiele, war er bereit, über das zu sprechen, was wirklich in ihm vorging, und es fand folgendes Gespräch statt.

Eddie fragte: „Wenn ein Mann auf einer Klippe mit einem anderen Mann kämpfen würde, und der Mann stieße ihn ins Wasser, dann würde er ertrinken, wenn er nicht schwimmen könnte, nicht?"

Betreuer: „Da sind zuviele ‚wenn' drin, Eddie. Ich weiß wirklich nicht genau, was du wissen möchtest."

E: „Aber wenn man in den See gestoßen würde, müßte man schwimmen können, wenn man wieder herauswollte, nicht?"

B: „Niemand wird dich hier in den See stoßen, Eddie. Solange du an der Schule bist, kann dir nichts passieren."

E: „Aber wenn man ins Wasser fällt, sollte man schwimmen können, nicht?"

B: „Ja. Wenn du ins Wasser fielest und du könntest wieder an Land schwimmen, wärest du nicht in Gefahr."

E: „Naja, einmal, als ich ein kleiner Junge war, lag ich am Rand des Schwimmbeckens und fiel hinein. Ich weiß nicht mal, was passiert ist. Ich glaub' nicht, daß mich irgend jemand gestoßen hat, aber ich bin ganz plötzlich ins Wasser gefallen."

Daraufhin fragte der Betreuer Eddie, was er denn heute tun würde, wenn er ins Wasser fiele, und Eddie sagte: „Ich würde schwimmen."

Eddie hatte nun das Gefühl, er habe gelernt, sich selbst zu schützen, wenigstens in einigen Dingen; er fühlte sich weniger bedroht und hatte mehr das Gefühl, der Situation gewachsen zu sein. Jetzt stieg auch der Wunsch in ihm auf, sich selbst zu beherrschen, besonders in seinen aggressiven Neigungen, was ein paar Tage später zum Vorschein kam. Ein anderes Kind hatte ihn gerade geärgert, und er griff wieder auf seine „Tatzenhiebe" zurück. Diesmal hielt er jedoch fast sofort von selbst inne, sah seinen Betreuer an, lächelte und gab sich selbst einen Klaps auf die Hand; dabei sagte er: „Die Hand ist böse. Ich werde ihr eins draufgeben müssen."

Natürlich sagte ihm sein Betreuer, es sei nicht nötig, sich selbst zu schlagen, Hände seien weder gut noch böse, sondern sie täten ganz einfach das, wozu man sie veranlasse. Aber das konnte Eddie noch nicht ganz akzeptieren, dazu war er noch nicht bereit. Es schien, als müsse er wie ein ganz kleines Kind sich selbst als getrennt von einer Hand ansehen, die ungehörige Dinge tat, damit seine übrige Persönlichkeit die Herrschaft über diese Hand ausüben konnte. Wir hatten den Eindruck, dieser Versuch, seine aggressiven Tendenzen zu beherrschen, sei eine Folge seiner Sicherheit, weil er gelernt hatte, sich vor dem Ertrinken zu schützen [14].

In Fällen von Realitätsprüfung wie diesem muß man sehr darauf achten, daß das Kind davor geschützt wird, sich Situationen ausgesetzt zu sehen, die der krankmachenden Vergangenheit allzu ähnlich sind, bevor es fähig ist, frühere Ängste realistisch einzuschätzen. Nichts ist schädlicher für das Kind, als wenn es in Situationen hineingezwungen wird, die es noch nicht bewältigen kann; das würde nur alte Traumata verstärken.

Eddie wurde geholfen, einige seiner Ängste in bezug aufs Ertrinken in einer Situation durchzuarbeiten, die der ursprünglichen krankmachenden Konstellation ähnlich genug war; auf diese Weise konnte der Erfolg im Schwimmbecken ihm wirksame Erleichterung verschaffen. Aber dies war nur dadurch möglich, daß die aktuelle Situation zugleich so gesichert war (in bezug auf Rettungsschwimmer, Betreuer und die durch die persönliche Beziehung des Kindes zu seinem Lieblingsbetreuer gegebene Geborgenheit), daß es ungefährdet mit Ängsten fertig werden konnte, die auf früheren Erlebnissen beruhen. Wie immer war es auch hier wichtig, das Kind nicht zu zwingen, sich seinen Erinnerungen an die Vergangenheit zu stellen oder die Realität vorzeitig zu prüfen; man mußte vielmehr die Situation so handhaben, daß das Kind selbständig bestimmen konnte, wie es mit seinen Erinnerungen an frühere Zeiten und seinen daraus entstandenen aktuellen Ängsten umgehen wollte.

Ein weiterer psychischer Faktor, der mit der Fähigkeit zusammenhängt, sich zu bewegen, und der im Gegensatz zu der Sicherheit steht, die man daraus gewinnen kann, ist die Angst, die besonders bei psychisch gestörten Kindern entsteht, wenn sie sich frei bewegen. Z. B. pflegen Mädchen, die Jungen übertrumpfen möchten, sich gefährliche Unternehmungen auszusuchen; Jungen, die echten oder mißdeuteten Erwartungen ihrer Eltern entsprechen möchten, wollen sich wie „richtige Männer" verhalten, während andere durch tollkühnes Benehmen bei ihren Altersgenossen Ansehen zu gewinnen versuchen. Dann ist körperliche Bewegung selbst bei gut koordinierten Kindern kein Vergnügen mehr. Statt dessen wird sie zur Ursache von Angst, die schon bestehende Schwierigkeiten

---

[14] Teilnehmender Beobachter: Roderick E. Peattie.

noch vergrößern kann. Wir haben zwar bisher noch kein Kind in unserer Schule gehabt, dessen Hauptschwierigkeit die Angst war, die sich aus den gewagten Unternehmungen herleitete, die es ausführen zu müssen glaubte, aber wir haben oft festgestellt, daß sie ein komplizierender Faktor ist. Oft gibt dieser Wagemut uns aber auch eine der besten Möglichkeiten, das Kind von seiner Angst zu befreien und ihm das Vergnügen zu erschließen, das es dank seines gut funktionierenden Körpers genießen kann.

Kinder, die sich im allgemeinen unterlegen fühlen, sei es mit oder ohne Grund, versuchen besonders oft, durch Waghalsigkeit einen Ausgleich zu schaffen. Die meisten ihrer gefährlichen Unternehmungen sehen sie auch als eine Herausforderung des Schicksals an. Es ist, als müßten sie sich selbst beweisen, daß sie letzten Endes doch keine bösen Kinder sein können. Sonst müßte das Schicksal ja eine der vielen Möglichkeiten, die sie ihm bieten, nützen und sie durch Unfälle bestrafen [15].

Eddie z. B. kletterte, als er zum erstenmal auf einen öffentlichen Spielplatz mitgenommen wurde, wie unter Zwang eine Leiter hinauf, die zu einer aus zwei Stangen bestehenden Doppel-Rutschbahn führte. Dabei zeigte er so viele Zeichen der Angst, daß der Betreuer ihm jedesmal sagte, er müsse nicht hinaufsteigen, und wenn er es tue, brauche er nicht hinunterzurutschen. Der Betreuer sagte ihm auch, ihm wäre es lieber, wenn Eddie sich von der Rutschbahn ganz und gar fernhielte, aber wenn er darauf bestünde, solle er sich wenigstens von ihm helfen lassen. Aber Eddie hatte das Gefühl, er müsse den anderen Kindern seinen Mut beweisen, und er glaubte, dies sei eine gute Gelegenheit, sich hervorzutun. Da er darauf beharrte, stieg der Betreuer mit ihm hinauf und hielt ihn fest, während sie beide die Stangen hinunterrutschten. Unter dem Schutz seines Betreuers konnte Eddie die Kühnheitsdemonstration verwirklichen, die er nötig hatte [16].

In dieser besonderen Situation war es besser, die „Heldentat" nicht zu verhindern. Wir konnten nur die damit verbundene Angst vermindern — einer der Gründe war der, daß es sich um einen öffentlichen Spielplatz handelte, speziell mit Geräten ausgerüstet, die für Kinder konstruiert waren. Obwohl davon nicht die Rede war, war den Kindern klar, daß die Gesellschaft von ihnen erwartete, sie müßten mit solchen Geräten umgehen können. Oft kann man jedoch die Versuche eines Kindes, sich durch Tollkühnheit hervorzutun, so verhindern, daß sein Statusbedürfnis trotzdem nicht zu kurz kommt.

---
[15] Siehe auch „Veröffentlichungen über die Schule", Nr. 9, S. 234.
[16] Teilnehmender Beobachter: Clarence Lipschutz.

Der Betreuer ergreift die Initiative und hält das Kind zurück, wenn es z. B. in ein Wasserloch springen, auf einem hohen Grat entlanggehen, auf den Ast eines Baumes hinausklettern will usw. Der beharrliche Wunsch des Kindes, das Wagnis zu vollbringen, der immer lauter und wütender wird, je mehr das Kind überzeugt ist, daß der Betreuer es daran hindern wird, erlaubt es dem Kind, sich vollkommen sicher zu fühlen, und doch gegenüber den anderen Kindern seinen Status aufrechtzuerhalten oder erst zu etablieren. Sie werden Zeugen seines Wunsches, das Wagnis zu unternehmen, und sie sehen auch, daß nur der Widerstand des Erwachsenen und ganz und gar nicht die Angst des Kindes dieses daran hindert, sein Vorhaben auszuführen. Außerdem ist auch jede Möglichkeit des Mißerfolgs ausgeschlossen.
Neue Kinder stellen gewöhnlich eine Zeitlang mit ihrem Beharren auf dem Wunsch nach tollkühnen Taten den Betreuer auf die Probe. Sie tun dies so lange, bis ihr Status in der Gruppe so gefestigt ist, daß sie es nicht länger nötig haben, anderen mit ihrem angeblichen Mut Eindruck zu machen. Erst wenn sie endlich überzeugt sind, daß der Betreuer sie daran hindern wird, zu weit zu gehen und sich ernstlich zu gefährden, werden sie angstfrei in ihren Bewegungen und haben wirklich Freude daran.

Es ist weithin bekannt, daß das Kind in seiner Sozialisierung einen bedeutsamen Schritt tut, wenn es darauf verzichtet, sich in der Rolle des Räubers zu sehen und statt dessen vorzieht, den Polizisten zu spielen. Es hat noch nicht darauf verzichtet, seine aggressiven Neigungen auszuagieren, aber es braucht dies nicht mehr auf asoziale Weise zu tun. Es ist bereit und fähig, seine Aggressionen in sozial akzeptablen Formen zu entladen. Bei vielen unserer Kinder können wir es uns nicht leisten zu warten, bis sie selbst solche Schritte in Richtung auf die Sozialisierung tun, weil ihr Ich zu schwach ist, es ohne unsere Unterstützung zu versuchen. Damit das Ich des Kindes gestärkt wird, ist es am besten, wenn man ihm dabei hilft, den Übergang zu sozialem Verhalten selbst zu finden. Darum halten wir es für besser, wenn der Erwachsene das asoziale Verhalten des Kindes abstellt und es dabei beläßt. Es ist dann am Kind, zu entscheiden, ob es den nächsten Schritt tun will.
In gewisser Weise gleicht unsere Funktion der des Gesetzes, das hauptsächlich Gewalttaten verbietet und nur selten anständiges Benehmen erzwingt. Das letztere ist ein Vorrecht des Individuums, ein Vorrecht, das es selbständig ausüben muß, um sich als ein sich selbst achtender Bürger „zu finden". Asoziales Verhalten zu verhindern ist unser Recht und unsere Pflicht, die wir als Erwachsene haben; aber das Kind hat das Privi-

leg, den Übergang von der asozialen Aggressionsabfuhr zur Aggressionsabfuhr in sozial konstruktiver Weise zu vollziehen.
Louis fuhr z. B. eines Tages auf seinen Rollschuhen wild in unserer Turnhalle herum; dabei vermied er nur knapp die Wände und Säulen und riskierte ständig, sich selbst und andere Kinder durch Zusammenstöße zu verletzen. Der Betreuer hielt ihn an und erklärte ihm, er werde nicht erlauben, daß Louis sich selbst oder jemand anders wehtue. Da Louis so gehindert wurde, seine Aggression auf asoziale Weise zu entladen, beschloß er spontan, ein Polizist zu sein. Er besorgte sich einen roten und einen grünen Pingpongschläger, mit denen er erfolgreich den Verkehr der Rollschuhläufer regelte, so daß jeder sein Vergnügen daran haben konnte und niemand zu Schaden kam. Für Louis war dies eine wichtige Erfahrung mit der Umsetzung seiner asozialen Neigungen in konstruktives Verhalten. Sie wurde ihm dadurch erleichtert, daß der Rollenwechsel innerhalb des Spiels so plötzlich vor sich ging, daß er seine aggressiven Tendenzen nur sehr wenig unterdrücken mußte. Die neue Rolle hob Louis' Ansehen in der Gruppe beträchtlich, ebenso seine Selbstachtung. Unmittelbar nach dem Spiel hatte der Betreuer zum erstenmal seit vielen Monaten ein wirklich angeregtes Gespräch mit dem Jungen. Während vorher ein Gespräch mit ihm von dem Erwachsenen mühevoll in Gang gehalten werden mußte, war es diesmal Louis selbst, der es lebendig machte [17].
Schwieriger ist es bei Spielen, die, oberflächlich gesehen, harmlos sind und wie vollkommen legitime Betätigungen aussahen. Trotzdem kann ein bestimmtes Spiel wegen der Phantasien, die ein Kind mit ihm verbindet, ihm voller Gefahren erscheinen, und so ein Spiel wird nur Angst erzeugen, die keine Entspannung zuläßt. Ralph z. B. schien nur für Baseball zu denken, zu träumen und zu leben. Oberflächlich gesehen, schien das erstens daher zu rühren, daß er es für das einzige hielt, was ihn mit seinem Vater verband (er glaubte, seine Mutter könne ihn nicht brauchen), und zweitens war es die einzige Tätigkeit, in der er für sein Alter überdurchschnittlich tüchtig war. In den meisten anderen Lebensbereichen war er scheinbar unterlegen. Deshalb glaubten wir eine Zeitlang, man sollte Ralph seine monomanische Leidenschaft für Baseball weiterhin erlauben, damit er all die Achtung genießen könne, die sie ihm verschaffte; zugleich hofften wir, er werde vielleicht diesen starken Status ausnützen, um Leistungen auf anderen intellektuellen und physischen Gebieten aufzubauen. Aber je mehr Ralph es sich erlaubte, uns mehr von seinen wahren Gefühlen zu zeigen, desto mehr wurde deutlich, wie sehr

[17] Teilnehmender Beobachter: Roderick E. Peattie.

er immer Angst hatte, wenn er Baseball spielte. Obwohl er ermutigt wurde, es aufzugeben, schien er nicht auf etwas verzichten zu können, was ihm so lange so wichtig gewesen war. Als er in anderen Bereichen reifer wurde, und besonders, als er sich für chemische Experimente zu interessieren begann, wurde er beim Fangen des Balls ungeschickt, so daß dieser früher ausgezeichnete Spieler sich nicht nur unbeholfen anstellte, sondern sich mehrmals verletzte, bis er sich schließlich einmal beim ungeschickten Fangen einen Finger ausrenkte.

Ralph bestand natürlich darauf, er wolle mit dem bandagierten Finger weiterspielen, aber die Dinge standen nun so, daß wir der Ansicht waren, wir könnten ihn am Baseballspielen hindern, ohne seinem Ansehen zu schaden. Wir sagten ihm, sein Finger solle ungestört heilen, und obwohl vom medizinischen Standpunkt aus solche Vorsichtsmaßnahmen nicht angezeigt waren, sagte man ihm, er müsse mindestens zwei Wochen lang aufs Baseballspielen verzichten.

Da er nun zwei Wochen davor geschützt war, spielen zu müssen, teilte er uns zum erstenmal etwas über seine Ängste mit. Er sprach ausführlich über die schrecklichen Unfälle, die beim Baseballspielen passieren können, und schloß mit der Erzählung, wie in einer Schule, die er früher besucht hatte, einem der Kinder „der Kopf von einem Baseball ganz zerschmettert wurde, so daß er ganz klebrig wurde. Junge, das war scheußlich!" Daß diese Angst vor dem, was ihm auf dem Baseballfeld geschehen könnte, mit unbewußten Gefühlen seinem jüngeren Bruder gegenüber zusammenhing, wurde ebenfalls zu diesem Zeitpunkt klar. Nachdem er eine Zeitlang ausführlich über den schrecklichen Unfall gesprochen hatte, fuhr er ohne Unterbrechung fort: „Und wenn ich nach Hause komme, werde ich mit meinem kleinen Bruder spielen. Er wird in mein Bett kommen, Junge, und dann werd' ich aber mit ihm spielen!" [18]

Es ist eine den meisten Erziehern wohlbekannte Maßnahme, Spielen mit bedrohlichem Charakter einen beruhigenden Charakter zu verleihen. Wenn man mit psychisch gestörten Kindern arbeitet, ist diese Maßnahme besonders wichtig, denn sie ist eine der Möglichkeiten, den Kindern zu zeigen, daß das, was sie als bedrohlich deuten, ebensogut als beruhigend angesehen werden kann, ohne daß man deswegen die Lust am Spiel verlieren muß. Natürlich läßt sich ein solcher Wechsel von Angst zu Sicherheit erst herbeiführen, wenn sich das Kind in unserer Schule und in der Beziehung zu seinem Betreuer geborgen fühlt. Typisch für solche Vorkommnisse sind die Verwandlungen vom Gangster zum Cow-

---

[18] Teilnehmende Beobachterin: Fae Lohn.

boy oder zum Sheriff, vom Brandstifter zum Feuerwehrmann und so fort. Aber diese Wandlung ist nur möglich, wenn das jeweilige Spiel (oder die Rolle) nicht zum Wahnsystem des Kindes oder zu seiner spezifischen Angst gehört. Manche Spiele, so harmlos sie auch erscheinen mögen, hängen nämlich durch ihren Inhalt oder ihre Begleitvorstellungen so unmittelbar mit spezifischen Ängsten zusammen, daß keine direkte Maßnahme ihre bedrohliche Bedeutung für ein bestimmtes Kind aufheben kann.

Ein Junge in der Vorpubertät, der jahrelang an schweren Lernstörungen gelitten hatte, wünschte sich mehr als alles auf der Welt, er könnte auf einer Ranch leben. Entweder offenkundig oder in seiner Phantasie spielte er ständig Cowboy. Seine Eltern kamen zu dem Schluß, da er das Stadtleben und Schulangelegenheiten so wenig schätzte, sei es vielleicht eine gute Idee, ihn das einfachere Leben eines Cowboys führen zu lassen. Als es uns gelang, zu der wahren Bedeutung seiner Phantasien vorzudringen, wurde deutlich, daß seine Spiele ganz und gar nicht harmlos waren. Seine Phantasien kreisten um die Vorstellung, er werde die Rinder mit dem Lasso einfangen und ihnen dann seine Initialen einbrennen; die für das Brandzeichen gewählte Stelle waren immer die Genitalien der Tiere. So kann selbst das auf der ganzen Welt bekannte Cowboy-Spiel für ein bestimmtes Kind eine Bedeutung annehmen, die ganz anders ist als diejenige, die es für die meisten anderen Kinder hat. In solchen Fällen müssen wir ein derartiges Spiel unterbinden, denn es läßt sich, psychologisch gesehen, nicht in ein beruhigendes Spiel verwandeln, sondern es führt das Kind nur weiter weg von der Realität und vertieft seine Angst. Seine Wut auf den Betreuer, weil er dies tut, ist weniger wahnhaft als seine aggressiven Tagträume; sie ist Teil einer wirklichen Beziehung und deswegen oft ein guter Hebel, den man ansetzen kann, um der tiefsitzenden Angst beizukommen. In dieser und in ähnlichen Situationen ist letzten Endes eine strategisch richtige Maßnahme gegen eine Tätigkeit (z. B. das Cowboyspiel) die beste Methode, mit dem Problem fertig zu werden.

9. Allein und in der Gruppe

Bisher haben wir eine Reihe von Möglichkeiten geschildert, Kindern bei ihren Schwierigkeiten zu helfen: Hilfe an Ort und Stelle, Hilfe bei der Bewältigung von Aufgaben, bei der Realitätsprüfung zur Überwindung von Ängsten, Hilfe durch beiläufige Gespräche, durch nicht-verbalen Kontakt usw.

Ein großer Teil dieser Unterstützung erfolgt, wenn das Kind mit seiner Gruppe zusammen ist (wenn es auch nicht immer ein Teil dieser Gruppe ist), und dies bedingt in gewissem Maß die Art und die Wirksamkeit der Unterstützung durch die Erwachsenen. Während des größten Teils ihres Lebens sind die Kinder, die wir betreuen, für ihr psychisches Wohlbefinden entweder zu weit entfernt von oder zu nahe bei Erwachsenen gewesen. Sie sind z. B. entweder abwehrend und verfrüht unabhängig von Erwachsenen geworden (wie Verwahrloste) oder haben nie eine echte psychische Unabhängigkeit gewonnen (wie von Angst besessene Kinder). In Wirklichkeit zeigen die meisten beide Tendenzen: im einen Augenblick sind sie abwehrend unabhängig, im nächsten klammern sie sich ängstlich an uns.

Die Persönlichkeitsentwicklung läuft der Bildung eines unabhängigen Ichs parallel. Die Entwicklung eines immer reicheren, unabhängigeren Ichs sollte zugleich eine immer größere Fähigkeit mit sich bringen, ungezwungen zu anderen Menschen in Beziehung zu treten. Ein freies und spontanes Wechselspiel zwischen Abhängigkeit und Unabhängigkeit von anderen sollte der Höhepunkt der Persönlichkeitsentwicklung sein, zumindest soweit es um persönliche Beziehungen geht: eine Freiheit, enge persönliche Kontakte einzugehen, während man sich im übrigen meistens ein unabhängiges Ich bewahrt. Obwohl in engen Beziehungen die Gefühle (die Emanationen des Es) zu verschmelzen und das Über-Ich des einen Partners dem des anderen ähnlich zu werden scheint, behalten reife Menschen selbst bei großer emotionaler Nähe ein gewisses Maß an Ich-Distanz von einander.

Eine so reife Haltung ist bei Kindern nicht möglich, schon gar nicht bei stark gestörten Kindern. Für sie ist es besonders schwierig, ihre Individualität zu bewahren, während sie in einer Einzelbeziehung zu einem Erwachsenen stehen. Entweder stellt das Kind überhaupt keine Beziehung her, ist unfähig, zu irgendeinem der Erwachsenen, die es haßt und fürchtet, einen Kontakt zu finden und aufrechtzuerhalten, oder es bildet eine so enge, so abhängige Beziehung aus, daß es seine Selbständigkeit ganz aufgibt und nie etwas anderes als eine parasitäre Beziehung bilden kann. Das letztere scheint dem Kind zwar wenigstens vorübergehend Erleichterung zu verschaffen, läßt aber auch das Wachstum seiner Persönlichkeit verkümmern. In beiden Fällen wird sein Ich gehindert, sich zu entwickeln.

Die Notwendigkeit richtiger Bemessung der Ich-Distanz in der Therapie Jugendlicher ist erst vor kurzem in einem Aufsatz von Dr. Gitelson ins Licht gerückt worden [1].

Bei jüngeren Kindern ist sie sogar noch ein größeres Problem als bei Jugendlichen, denn das Reifungsstadium des Jugendlichen macht ihm ein gewisses Maß von Unabhängigkeit leichter. Buxbaum [2], Redl [3], und andere haben die Notwendigkeit des Lebens in der Gruppe bei kleineren Kindern ausführlicher erörtert. Darum sind die folgenden Bemerkungen hauptsächlich eine Erweiterung dessen, was sie und andere in ihren Schriften schon angedeutet haben. Im übrigen habe ich nicht vor, hier im einzelnen den Unterschied zwischen Gruppenbeziehungen einerseits und Beziehungen zwischen einem Erwachsenen und einem Kind andererseits zu erläutern.

Es möge genügen, wenn ich hier sage, daß zwar eine Gruppe ein gemeinsames Über-Ich angenommen haben kann, daß aber ein „Gruppen-Ich" — zumindest in der heutigen Gesellschaft — ein Widerspruch in sich zu sein scheint. Selbst eine Gruppe mit gutem Zusammenhalt kann ihren Mitgliedern bestenfalls etwas wie ein gemeinsames Gruppenklima bieten (um einen Ausdruck Lewins [4] zu gebrauchen), ein Klima, das das Individuum so stützt, als sei sein Ich in Übereinstimmung mit den vorherrschenden Tendenzen der Gruppe.

Andererseits pflegt eine kohärente Gruppe entweder das Individuum links liegenzulassen, dessen Tendenzen nicht mit dem Gruppenklima übereinstimmen, oder ohne Druck zu versuchen, es in ihren Kreis hineinzuziehen. Aber die Gruppe wird dem Individuum immer erlauben, seine Distanz zu wahren. In der Gruppe findet das schwer geschädigte Individuum Unterstützung für sein schwaches Ich. Zur gleichen Zeit hindert

---

[1] M. Gitelson, Character Synthesis: The Psychotherapeutic Problem of Adolescents, The American Journal of Orthopsychiatry, XXVIII, 1948, S. 422—431.
[2] E. Buxbaum, Transference and Group Formation in Children and Adolescents, The Psychoanalytic Study of the Child, Teil I, New York, International Universities Press, 1945, S. 351—365.
[3] F. Redl, The Psychology of Gang Formation and the Treament of Juvenile Delinquents, a. a. O., S. 367—377; und: Group Emotion and Leadership, Psychiatry, V, 1942, S. 573 ff.
[4] K. Lewin, Principles of Topological Psychology, New York, Mc Graw-Hill, 1936, und: Resolving Social Conflicts, New York, Harper, 1948.

die Gruppe es daran, seine Unabhängigkeit ganz aufzugeben, weil es in der Gruppe keine einzelne Person gibt, die es für sich allein fordern kann und daher auch keinen Menschen, den es nachahmen müßte. Das heißt nicht, daß manche Kinder es nicht doch versuchen, aber die konvergierenden Forderungen anderer Gruppenmitglieder an das Individuum machen es einem Kind fast unmöglich, ständig in totaler Isolierung zu verharren. Ähnlich ist auch vollständige Abhängigkeit vom Gruppenleiter, vom Erwachsenen, nicht möglich, wenn die Forderungen anderer Kinder und seine Reaktionen auf diese Forderungen ständig vorhanden sind.

So unterstützt die Gruppe nicht nur das schwache Ich, sondern sie regt es auch an, mit der Unabhängigkeit zu experimentieren. Auf diese Weise sind alle Stufen der Ich-Distanz — mit Ausnahme der totalen Unabhängigkeit und der totalen Abhängigkeit — ständig möglich. Das Kind kann im einen Augenblick seine Individualität in der Gruppe untertauchen lassen und im nächsten Augenblick mit verschiedenen Graden der Ich-Distanz, der Unabhängigkeit, experimentieren. Noch wichtiger für viele unserer Kinder ist die Tatsache, daß sie eine Zeitlang ein relativ befriedigendes Leben führen können, ohne irgendwelche emotionale Beziehungen zu Erwachsenen zu haben, weil sie die geringe emotionale Bindung, deren sie fähig sind, durch die Gruppe bekommen. Andererseits kann das Kind zwar mit einer engen Beziehung zu einem Erwachsenen Versuche anstellen, aber die Gegenwart der Gruppe gibt ihm die beruhigende Gewißheit, daß diese Beziehung es nicht unbedingt überwältigen muß, wie es vielleicht fürchtet.

Es ist also sehr wichtig für ein Kind, in einer kohärenten Gruppe zu leben, aber irgendwann im Verlauf seiner Rehabilitation muß es lernen, bleibendere, intensivere und reifere Beziehungen herzustellen, als es sie innerhalb der Gruppe bilden kann, sei es zu den anderen Kindern oder zum Gruppenleiter. Gerade weil das Ich des Kindes in einer Gruppe reift, die ihm erlaubt, mit Ich-Distanz und Ich-Nähe zu experimentieren, wird die Zeit kommen, in der es nicht mehr in der Gruppe untertauchen, sondern ein Privatleben haben möchte. Dann braucht es die Gruppe nicht mehr, um sich sofort in ihr zu verbergen, falls ein Gespräch mit dem Erwachsenen zu weit führen sollte; inzwischen kann die Anwesenheit der Gruppe tatsächlich die Erfüllung seines Wunsches behindern, seine eigenen Gefühle und die dunklen Tiefen seiner Seele gründlicher zu erforschen.

Darum brauchen die Kinder auch längere ununterbrochene individuelle Kontakte mit Erwachsenen, die nicht notwendig mit aktuellen Tätigkeiten zu tun haben müssen. Wenn man dem Kind nur hilft, sein gegenwär-

tiges Verhalten zu verstehen, oder wenn man ihm nur hilft zu verstehen, wie das Vergangene die Gegenwart störend beeinflußt, wird es nur unvollständig von alten Ängsten befreit; man muß ihm auch dabei helfen, die Überreste einer weiter zurückliegenden Vergangenheit wirklich fortzuräumen, die immer noch sein gegenwärtiges Verhalten stören.
Am Anfang seines Aufenthalts in unserer Schule und oft noch lange danach ist das Drängen der Gruppe, sich auf die unmittelbare Gegenwart zu konzentrieren, für das Kind, das nur zu schmerzhaft mit seiner Vergangenheit verbunden ist, eine große Erleichterung. Es zeigt ihm, daß die Gegenwart, entgegen seinen Ängsten, relativ unabhängig von der Vergangenheit ihren Lauf nehmen kann. Trotzdem kommt die Zeit und das Bedürfnis, frühere Erlebnisse gründlicher durchzuarbeiten.
Es gibt auch gewisse Arten des ausagierenden Verhaltens, die man nur in Situationen zulassen kann, die etwas stärker gesteuert und begrenzt sind als die Gruppensituation. Das Durcharbeiten bestimmter Erlebnisse oder Gefühle kann nur stattfinden, wenn äußere Störungen auf ein Minimum beschränkt sind und wenn das Kind sich frei fühlt auszuagieren, ohne Angst vor den Reaktionen anderer zu haben. Und es gibt auch Kinder, die nur in einer relativ intimen persönlichen Umgebung eine enge Beziehung entwickeln können. Darum haben bei uns alle Kinder die Möglichkeit, wenn sie es wollen, mit einem Mitarbeiter allein zu sogenannten Einzelsitzungen zusammenzukommen.

Vieles, was in diesen Einzelsitzungen geschieht, ist dem ähnlich, was in jeder anderen Kindertherapie geschieht, die auf psychoanalytischen Grundsätzen beruht. Über den Zweck, das Wesen und den Inhalt dieser Therapiestunden mit Kindern und über ihre besonderen Probleme und auch darüber, wie die Beziehungen zwischen dem Erwachsenen und dem Kind, die dabei entstehen, gehandhabt werden können, gibt es sehr viele Veröffentlichungen. Ich werde daher das unberücksichtigt lassen, was den Sitzungen an unserer Schule und therapeutischen Sitzungen mit Kindern im allgemeinen gemeinsam ist. Statt dessen werde ich mich auf das konzentrieren, was an den Sitzungen spezifisch zu sein scheint, die in einer Umwelt wie der unserer Schule stattfinden.
Erstens wird die Häufigkeit der Sitzungen nicht ein für allemal festgesetzt, sondern sie kann sich ändern oder geändert werden, je nach den eigenen Wünschen des Kindes oder seinen augenblicklichen Bedürfnissen. Die Häufigkeit der Therapiestunden schwankt zwischen einmal und fünfmal pro Woche. Etwa die Hälfte der Kinder wird von ihren eigenen Betreuern versorgt, die übrigen haben ihre Therapiestunden bei Mitarbeitern, die nicht ihre Betreuer sind.

Wir ziehen die erste Regelung vor, wenn wir meinen, das Kind könne es sich im Augenblick nicht leisten, mehr als eine enge persönliche Beziehung herzustellen, oder wenn wir glauben, man sollte all seine zentralen Erlebnisse so kompakt wie möglich halten. In solchen Fällen ist der Betreuer, der das Kind behandelt, derjenige von den beiden Betreuern, die der Gruppe regulär zugeteilt sind, den das Kind vorzieht. Natürlich sind wir bei solchen Entscheidungen nicht ganz ungebunden. Z. B. kann es vorkommen, daß einer der beiden regulären Betreuer einer Gruppe nicht noch mehr Kinder für Einzelsitzungen annehmen kann, während der andere in der Ausbildung noch nicht weit genug fortgeschritten ist, um einem Kind in der Einzelsitzung helfen zu können. Auch dann muß ein anderer Mitarbeiter die Therapiestunde mit dem Kind durchführen.
Während meistens in der Kinderpsychiatrie der Therapeut nicht aktiv am Leben des Kindes außerhalb der Behandlungssituation teilnimmt, entspricht unser Vorgehen dem klassischen ersten Fall von psychoanalytischer Behandlung eines Kindes — dem Fall des kleinen Hans, in dem der Vater selbst die Therapie durchführte [5].
Diese Sitzungen haben ihre eigene Kontinuität, obwohl das Kind mit dem betreffenden Erwachsenen auch noch andere enge Kontakte hat. Sehr oft ist der Verlauf dieser Sitzungen unabhängig von dem, was während des gemeinsamen Lebens in der Gruppe zwischen Betreuer und Kind vor sich geht. Ein Kind kann z. B. in einer Reihe von Einzelsitzungen massive Aggressionen gegen seinen Betreuer richten, kann aber trotzdem im täglichen Gruppenleben eine sehr positive Beziehung zu dem gleichen Betreuer haben. Ein weiterer Vorteil der Identität von Gruppenbetreuer und Einzeltherapeut läßt sich an dem weiter unten angeführten Beispiel ablesen, in dem geschildert wird, wie Gefühle der Geschwister-Rivalität, die ihren Ursprung sowohl in der Gruppensituation als auch in der Beziehung eines Kindes zu seinem Einzeltherapeuten hatten, in einer Einzelsitzung durchgearbeitet wurden.
Andererseits ist es für manche Kinder wichtig, daß die Person, mit der sie einige ihrer drückendsten Probleme durcharbeiten, nicht zugleich die Person ist, die mit ihnen zusammen ißt, sie anzieht und badet. Diese Kinder werden von Mitarbeitern behandelt, die nicht direkt mit solchen Aspekten ihres täglichen Lebens zu tun haben — und auch dies werden wir später schildern.
An dieser Stelle sollte betont werden, daß der Mitarbeiter, bei dem das Kind seine Einzelsitzungen hat, selbst dann, wenn er nicht der Betreuer

---

[5] S. Freud, Analyse der Phobie eines fünfjährigen Knaben, in: Zwei Kinderneurosen, Freud-Studienausgabe, Bd. 8, Frankfurt, S. Fischer, 1969.

des Kindes ist, trotzdem ganz entschieden zu unserer Schule gehört. Er weiß in groben Zügen, was vor sich geht, und er wird von den Schwierigkeiten oder Sorgen des Kindes unterrichtet, sobald sie sich zeigen. Das Kind weiß dies recht gut und benützt oft den Mitarbeiter, bei dem es seine Therapiestunden hat, als Vermittler zwischen sich und seinem Betreuer oder zwischen sich und dem Leiter der Schule.
Es gibt also mehrere wichtige Unterschiede zwischen unseren Einzelsitzungen und dem, was gewöhnlich in der Kinderpsychotherapie praktiziert wird. Einer davon ist der enge Zusammenhang zwischen den Sitzungen selbst und allen übrigen Tätigkeiten des Kindes in unserer Schule. Ein weiterer Unterschied ist der Umstand, daß der Erwachsene in das gesamte Leben in der Schule integriert ist, also auch zum Leben des Kindes gehört.
Da die Sitzungen in der Schule stattfinden, brauchen wir das Kind weder abzuholen, noch muß jemand anders es schicken oder bringen. Auf diese Weise bleibt es eine Verantwortung und ein Privileg des Kindes, die Einzelsitzungen zu besuchen oder zu meiden. Selbst unsere schwer gestörten Sechsjährigen sind sehr wohl fähig, rechtzeitig zu kommen, wenn sie wirklich wollen. Bei den ersten zwei oder drei Sitzungen holt der Erwachsene das Kind ab; von da ab wartet er im Spielzimmer auf das Kind. Wenn das Kind die Uhr noch nicht ablesen kann, gibt man ihm eine Zeichnung, auf der die Uhrzeiger in der Stellung zu sehen sind, die die Zeit für seine Sitzungen anzeigt; es kann dann an der richtigen Uhr kontrollieren, wann sie der Zeichnung entspricht; in manchen Fällen erinnert die Lehrerin (der Lehrer) das Kind an seinen Termin, aber es bleibt immer dem Kind überlassen, ob es gehen will oder nicht.
Alle Therapiestunden finden während der Unterrichtszeit statt. Wir haben festgestellt, daß der Konflikt zu groß wird, wenn das Kind zwischen Einzelsitzungen und dem Spielen nach der Schule wählen muß. Wenn ein Kind zu den Sitzungen kommt, gut und schön; wenn es nicht kommt, wird man es vielleicht später fragen, warum es lieber fortbleiben wollte, oder vielleicht wird sein Fortbleiben auch nicht beachtet; das hängt ganz von der Situation ab. Diese Art des Vorgehens hat den Vorteil, daß sie die Sitzungen nicht mit dem belastet, was vorhergegangen ist: ob das Kind nun durch Zureden oder durch Zwang zum Kommen veranlaßt worden ist oder ob es auf dem Weg zu seiner Therapiestunde abgelenkt worden ist.
Zugleich ist aber unter Bedingungen wie denen, die an unserer Schule herrschen, die Einzelsitzung von besonderer Bedeutung. Sie hat Funktionen, die über das hinausgehen, was psychotherapeutischen Sitzungen mit Kindern von der Art der unseren gewöhnlich eigen ist. Indem wir an

unserer Schule versuchen, den Kindern die Tätigkeiten so anziehend wie möglich und das Leben so angenehm wie möglich zu machen, berauben wir sie vieler Gelegenheiten, ihre negativen Gefühle zu äußern. Manche Kinder finden dadurch Erleichterung, daß sie am frühen Morgen ihre Betreuer plagen oder sich weigern zu lernen oder auf die eine oder andere in den vorhergehenden Kapiteln geschilderte Art. Aber für andere Kinder bietet die Einzelsitzung eine Möglichkeit, sehr massive Aggressionen oder massiven Negativismus zu äußern, die sie in Gruppensituationen nicht so leicht äußern können oder deren Äußerung unerwünschte Folgen für das Kind oder für das Gruppenleben haben könnte. Manche Kinder bringen ihren Negativismus dadurch zum Ausdruck, daß sie den Betreuer eine Viertelstunde warten lassen, bevor sie erscheinen, oder indem sie ein paar Minuten, nachdem sie gekommen sind, wieder weggehen. Außerdem zeigen sie alle anderen Arten von Negativismus, denen man bei jeder Psychotherapie begegnet.
Ein Junge z. B. verbrachte viele Therapiestunden, indem er dem Erwachsenen den Rücken zukehrte und etwas las. Andere Kinder bringen die ganze Sitzung oder mehrere Sitzungen hintereinander damit zu, daß sie grunzende Geräusche hervorbringen oder uns aller erdenklichen Verbrechen beschuldigen. Durch die Entladung so massiver Aggressionen gegen den Erwachsenen werden manche Kinder zugleich fähig, zu ihren Altersgenossen Beziehungen herzustellen, die nicht durch angesammelte Spannung und Feindseligkeit belastet sind. Für sie ist es im Augenblick wichtiger, Beziehungen zu Kindern herstellen zu können als zu Erwachsenen, und ihre Sitzungen erleichtern es ihnen.
Wie die Freiheit, Therapiestunden wahrzunehmen oder nicht zu erscheinen, von den Kindern genützt wird, läßt sich am Beispiel Teddys zeigen, dessen Angst vor seiner Mutter und vor Frauen im allgemeinen zu besonderen Formen der Angstabwehr führte. Einer seiner Abwehrmechanismen war verführerisches Verhalten und ein anderer die Gewohnheit, eine Mädchenrolle zu spielen. Beide Abwehrformen zeigte er schon in der ersten Sitzung: die erste, indem er mit aufgeknöpftem Hosenschlitz ankam, die zweite zeigte er deutlicher, indem er behauptete, er spiele ungern mit Jungen, weil sie sich so oft schlügen, und wenn er in eine Schlägerei verwickelt werde, werde seine Mutter böse.
Weil er sich in seiner ersten Sitzung so offenkundig verführerisch und mädchenhaft benahm, konnte er es sich leisten, sich in der Gruppe jungenhafter zu verhalten und sich dort auf diese Weise eine sicherere Position zu verschaffen. In der zweiten Sitzung gab er zu: „Ich mag nicht ich selbst sein." Aber diese und andere freimütige Äußerungen riefen so viel Angst hervor, daß er nicht zu seiner dritten Sitzung zu kommen

wagte. Auf die Frage, warum er nicht gekommen sei, antwortete er, er sei ganz durcheinander. Seine Betreuerin fragte ihn freundlich weiter, und schließlich sprudelte er hervor: „Ich bin nicht gekommen, weil ich mich fürchte", und fing an zu zittern.
Seine Betreuerin versicherte ihm, es gebe keinen Grund, sich zu fürchten, und es sei ganz ihm überlassen, ob er zu den Sitzungen kommen wolle oder nicht. Die Tatsache, daß sie an diesem Tag und an den folgenden Tagen weiterhin freundlich zu ihm war, wenn sie beide in Gruppensituationen zusammen waren, überzeugte ihn, daß dies eine Mutterfigur war, die ihn nicht für sein Wegbleiben bestrafte, auch wenn er das Gefühl hatte, er hätte erscheinen sollen. Diese Freiheit, zur Therapiestunde nicht zu kommen, mit der er wiederholt experimentierte, erwies sich im Zusammenwirken mit der akzeptierenden Reaktion der Betreuerin für Teddy als eine sehr beruhigende Erfahrung [6].

Ein weiteres Problem, das sich zum Durcharbeiten in Einzelsitzungen gut eignet, ist die Eifersucht. Eifersucht ist natürlich unvermeidlich in einer Umwelt, wo die Kinder sich oft in die Aufmerksamkeit ein und derselben Person teilen müssen — eines Erwachsenen, der ihnen allen etwas bedeutet. Außerdem hat die Geschwister-Rivalität die Schwierigkeiten der meisten Kinder schon so sehr vergrößert, bevor sie an unsere Schule kamen, daß sie dazu getrieben werden, sie in ihren neuen Beziehungen wieder zu reproduzieren. Dieses Ausagieren ermöglicht es uns, mit der Rivalität auf konstruktive Weise fertigzuwerden, aber zu diesem Zweck müssen wir dem Kind dazu verhelfen, sie sofort zu erkennen. Sonst kann sie seine Beziehung zu einem wichtigen Mitarbeiter so sehr stören, daß das Kind nicht mehr fähig oder willens ist, den Ursprung seiner Schwierigkeit in dieser Beziehung zu erkennen.
Geschwister-Rivalität muß als legitimer Ausdruck natürlicher Gefühle akzeptiert werden. Aber zur gleichen Zeit muß man dem Kind helfen zu verstehen, daß seine Eifersucht auf andere Kinder (die es als konkurrierende Geschwister ansieht) übertrieben wird, wenn es seine Beziehung zu einem Mitarbeiter hauptsächlich auf den Umstand gründet, daß der Erwachsene auch noch zu anderen Kindern eine Beziehung hat. Wir müssen dem eifersüchtigen Kind helfen zu verstehen, daß es nicht bedeutet, es werde abgelehnt, wenn es die Aufmerksamkeit eines Betreuers mit anderen teilen muß.
An unserer Schule bleibt dieses alltägliche Gefühlsproblem nicht den Sitzungen bei einem Therapeuten vorbehalten, der vom Zentrum der Riva-

---

[6] Teilnehmende Beobachterin: Josette Wingo.

lität weit entfernt ist; es wird auch nicht nur mit Hilfe von Puppen reproduziert, noch wird es nur in Spielen ausgedrückt, bei denen gehämmert oder mit den Füßen gestoßen wird, bei denen bestenfalls unspezifische, unintegrierte Spannung abgeführt werden kann. Statt dessen versuchen wir soweit wie möglich, mit diesen Gefühlen innerhalb einer persönlichen Beziehung fertig zu werden, und in genau der gleichen Umwelt, in der sie entstanden sind.

Richard z. B. hatte sich sein Leben lang von seiner Mutter abgelehnt gefühlt, weil er glaubte, sie bevorzuge seinen älteren Bruder. Er hatte schon eine Zeitlang Einzelsitzungen gehabt, als er erfuhr, daß seine Betreuerin vorhatte, auch mit Jerry (einem anderen Jungen aus der gleichen Gruppe) Einzelsitzungen abzuhalten. Wir wußten, daß Richard schwer damit fertig werden würde, und erwarteten irgendeine Reaktion, wenn wir auch nicht wissen konnten, wann oder wie sie eintreten würde. Das konnte geschehen, während die Gruppe versammelt war, wenn er seine Betreuerin zufällig traf oder vielleicht während seiner nächsten Sitzung bei ihr. Es stellte sich heraus, daß die Reaktion eintrat, als sie ihn am nächsten Tag in der Therapiestunde hatte.

Richard kam pünktlich, aber sobald er im Zimmer war, drehte er seiner Betreuerin den Rücken zu. Dann näherte er sich umständlich der Schachtel mit Süßigkeiten, stopfte sich die Taschen voll Bonbons, wandte der Betreuerin wieder den Rücken und fing an, die Süßigkeiten zu essen, wobei er die Einwickelpapiere auf dem ganzen Fußboden verstreute. Da dies keine Reaktion auslöste, tat Richard so, als wanke er durchs Zimmer und fing dann an, etwas zu brummen; seine Betreuerin konnte aber nicht verstehen, was er sagte.

Nachdem sie eine Weile gewartet hatte, weil sie hoffte, er werde sagen können, was ihm mißfiel, fragte sie schließlich: „Richard, warum sagst du mir nicht, worüber du wütend bist, anstatt dich so aufzuführen?" „Ich bin nicht wütend", sagte er, aber er wandte sich brüsk ab und sah zum Fenster hinaus. Nach einer kurzen Pause kam er ganz ruhig auf sie zu, nahm den Stuhl, über den sie ihre Jacke gehängt hatte (obwohl noch andere Stühle im Zimmer waren), zog ihn heran, als ob er sich auf ihn setzen wollte und richtete es so ein, daß die Jacke auf den Fußboden fiel. Sobald sie heruntergefallen war, trat er absichtlich und heftig auf sie.

Seine Betreuerin sagte: „Ich wünschte, du würdest mir sagen, worüber du wütend bist. Du trittst auf meine Jacke, aber daran kann ich nicht erkennen, was wirklich los ist." Er sah zu ihr auf, und nach kurzem Zögern hob er die Jacke auf und legte sie auf den Stuhl zurück. Dann stieß er hervor: „Du magst mich nicht mehr, du machst nie irgendwas mit mir, du gehst nie mit mir irgendwo hin, du schenkst mir nie was."

Als sie ihn fragte, warum er das glaube, sagte er: „Ich weiß nicht." Also fragte sie ihn noch einmal, was ihn so wütend gemacht habe, und er antwortete wieder: „Ich weiß nicht". Sie fragte, was denn geschehen sei, daß er glaube, sie möge ihn nicht — was in dieser Woche, was am Tag vorher geschehen sei ... Als sie beim Vortag angekommen waren, klang sein „ich weiß nicht" schon weniger sicher. Dann sagte er ganz langsam: „Naja ... ich weiß nicht."
Nun hatte seine Betreuerin das Gefühl, er sei selbst schon der wirklichen Ursache seiner Wut genügend nahe gekommen, und er habe sich auch schon davon überzeugt, daß sie ihn immer noch möge, da sie nicht ärgerlich darüber gewesen war, daß er sich am Anfang der Stunde nicht um sie gekümmert hatte, daß er nichts mit ihr hatte zu tun haben wollen oder daß er symbolisch auf ihr herumgetrampelt hatte, indem er auf ihre Jacke trat. (Daß sie diese Dinge so verständnisvoll hinnehmen konnte, lag zum Teil an ihrem schlechten Gefühl, weil sie angefangen hatte, mit einem anderen Jungen Einzelsitzungen abzuhalten, obwohl sie wußte, wieviel es Richard ausmachen würde.)
Jedenfalls fragte sie jetzt: „Hat es damit zu tun, daß ich gestern mit Jerry die erste Einzelsitzung gehabt habe?" Und nun war Richard seiner Sache sehr sicher: „Ja", sagte er, und als sie fragte, was das heißen solle, antwortete er: „Du magst mich nicht." Aber sie versicherte ihm, es berühre ihre Beziehung zu Richard nicht, daß sie einen anderen Jungen auch behandle, und sie habe ihn genauso gern wie vorher.
Nun fragte Richard, ob er wieder aus der Babyflasche trinken könne. Seine Betreuerin sagte, er wisse doch, daß er das dürfe, und er bat sie, ihm die Flasche zu füllen. (Früher hatte er sie immer selbst gefüllt, aber er hatte die Babyflasche eine Zeitlang nicht benützt.) Sie füllte die Flasche, tat ihm den Sauger darauf, und er trank eine Weile aus der Flasche, sehr zufrieden und in sehr gutem Kontakt mit ihr. Dann sagte er: „Ich komme schon sehr lange zu den Sitzungen zu dir, nicht? Vor über eineinhalb Jahren hat es angefangen", und er trank weiter aus der Flasche. Ein paar Minuten später sagte er: „Patty, ich hab' nie so eine Flasche gehabt, als ich ein Baby war", und er sah sie provokativ an. „Das ist lange her", sagte sie, „und man kann sich nur schwer daran erinnern." Darauf ließ er diesen Gedanken fallen und sagte: „Ja, das wird wohl so sein. Ich hab' aus so einer Flasche getrunken, als ich ein Baby war, aber ich kann mich kaum daran erinnern."
Richard trank weiter aus der Flasche, bis die Stunde zu Ende war, und im Weggehen sagte er freundlich zu seiner Betreuerin: „Bis später." [7]

---
[7] Teilnehmende Beobachterin: Patty Pickett.

Es war, als ob Richard, nachdem er sich zuerst davon überzeugt hatte, daß seine Betreuerin ihm immer noch ihre ganze freundliche Zuneigung entgegenbrachte, obwohl sie auch mit Jerry Einzelsitzungen abhielt, und nachdem er erkannt hatte, daß sein Gefühl, man habe ihn nicht mehr gern, auf seine eigene Rechnung ging und nicht auf das Verhalten seiner Betreuerin zurückzuführen war, sich an die vielen angenehmen Erlebnisse erinnerte, die er während seiner Einzelsitzungen mit ihr gehabt hatte.

Er hatte sich überzeugt, daß ihm selbst die primitivste Art der Befriedigung bei ihr weiterhin zur Verfügung stand, und doch hatte er noch einen letzten Versuch gemacht, sie zu provozieren. Diesmal wollte er sie nicht provozieren, ihn abzulehnen, sondern dazu, ihm eine ganz besondere Befriedigung zu gewähren. Er gab nämlich vor, er habe viel mehr unter Entbehrungen gelitten, als sonst irgend jemand, denn er habe als Baby nicht saugen dürfen, daher habe er auch einen ganz besonderen Anspruch auf Nachsicht.

Als seine Betreuerin auf diese letzte Bemerkung realistisch reagierte, gab Richard sein provokantes Verhalten auf. Er war nun überzeugt, daß sie sein Trinken aus der Babyflasche nicht akzeptierte, weil sie wegen der Einzelsitzungen mit Jerry Schuldgefühle hatte oder weil es eine besondere Maßnahme war, zu der sie von Berufs wegen verpflichtet war, sondern einfach, weil er es genoß. Er glaubte jetzt, daß sie ihn immer noch gern hatte, und er war sich dessen wieder sicher, daß er in engem Kontakt mit ihr kindliche Freuden genießen konnte.

Ich habe schon gesagt, für manche Kinder ist es am besten, wenn sie ihre Einzelsitzungen bei ihrem eigenen Betreuer haben, aber es ist für andere Kinder ebenso wichtig, daß sie sie bei jemand Fremdem haben. Louis z. B. hatte sich früher in bezug auf die meisten physischen Hilfeleistungen von seiner Mutter verführt gefühlt. Er erwartete deshalb von jeder Frau, die ihm ähnliche Dienste leistete, verführerisches Verhalten, und konnte mit keiner von ihnen seine besondere Angst durcharbeiten. Zu diesem Zweck mußte er seine Einzelsitzungen zwar bei einer Frau haben, aber bei einer Frau, die nicht auch für seine körperlichen Bedürfnisse zuständig war. Darum hatte er seine Einzelsitzungen nicht bei einer seiner Betreuerinnen, sondern bei unserer Sozialarbeiterin. Nachdem er lange Zeit gebraucht hatte, um mit ihr Bekanntschaft zu machen, sagte er eines Tages am Anfang der Sitzung zu ihr: „Ich komme gern hierher." Als sie ihn fragte, warum, sagte er: „Weil ich gern etwas unter vier Augen tue."

Aber selbst das, was er „unter vier Augen" tat, war bedingt durch seine

Angst vor direktem körperlichem Kontakt oder vor dem Zwang zu persönlicher Beteiligung. Manche Kinder benützen diese „private" Atmosphäre für ihre ersten Experimente mit regressivem Verhalten; sie rollen sich z. B. auf dem Schoß des Erwachsenen zusammen, während sie aus einer Babyflasche trinken; erst später, wenn überhaupt, können sie solches Verhalten in weniger „private" Situationen übertragen. Aber Louis, der zu keiner auch nur einigermaßen „reifen" Tätigkeit fähig war, sondern immer das frustrierte und hilflose kleine Kind spielte, benützte diese abgeschlossene Situation, um mit jungenhaften Tätigkeiten zu experimentieren, die mehr seinem Alter entsprachen. Auf diese Weise konnte er die Gefahren „erwachsener" Tätigkeiten ausprobieren und feststellen, ob er sie meistern konnte, während er im Schlafraum und im Schulzimmer immer noch das kleine Kind spielte.

In ähnlicher Weise benützte dieser Junge, den sowohl die Lehrer als auch die Eltern als stark zurückgeblieben betrachtet hatten, später die Abgeschiedenheit der Einzelsitzung für Erkundungen, die ihn ermutigten, mit einem Spielzeug-Druckkasten drucken und buchstabieren zu lernen, lange bevor er sich im Schulzimmer auf so „gefährliche" Tätigkeiten einlassen konnte.

Viel später erst, als das in den Einzelsitzungen erworbene Können so gefestigt war, daß er wagte, es im Zusammensein mit seiner Gruppe und im Schulzimmer anzuwenden, experimentierte er in den Einzelsitzungen mit regressiven Verhaltensweisen. Er wagte nun, zu untersuchen, ob man sich das „Babyspielen" in einer intimen Situation und bei einer reifen Mutterfigur ohne Gefahr der Überreizung oder der Verführung leisten könne. Nachdem der Versuch ihn überzeugt hatte, daß dies tatsächlich möglich war, wußte er, daß er die Möglichkeit hatte, sowohl infantile Befriedigung als auch reife Leistungen zu genießen [8].

Ganz anders war die Situation bei John, dessen Motilität so schwer gehemmt war, daß er nicht einmal einen Ball fangen konnte. In einem bestimmten Stadium seiner Entwicklung brauchte er zum angemessenen Weiterwachsen eine Beziehung, die sich in einer halb-privaten Sphäre abspielte, die aber trotzdem in enger Verbindung zu unserer Schule stand, denn jede Anpassung an die Außenwelt hätte seine sehr begrenzte Anpassungsfähigkeit überfordert.

Alle Versuche der psychotherapeutischen Behandlung außerhalb der Schule waren bei ihm gescheitert, weil der Energieverbrauch auf dem Weg zum Therapeuten und die Anpassung an eine andere Umwelt so überwältigende Erlebnisse waren, daß nie irgendein Durcharbeiten mög-

[8] Teilnehmende Beobachterin: Florence White.

lich war. Andererseits verbrauchte die Struktur seiner Störung die psychische Energie seiner Betreuer in so hohem Maß, daß es ihnen tatsächlich unmöglich war, Einzelsitzungen mit ihm erfolgreich durchzuführen. Sie mußten ihm bei so vielen untergeordneten Aufgaben und in so vielen schwierigen Situationen helfen, er zwang sie in die Stellung so untermenschlicher Werkzeuge, daß es ihnen schwerfiel, ihn ohne irgendeine widerwillige emotionale Reaktion für Einzelsitzungen anzunehmen. Er brauchte also die Nähe einer Person, die zwar eng mit der Schule verbunden, aber nicht seine Betreuerin war.

Lange benützte er diese Person, um die Fertigkeiten zu erlernen, die für soziale Interaktion unter Kindern das absolut erforderliche Minimum sind, wie z. B. das Jacks-Spiel [9]; als er dieses Spiel gelernt hatte, lernte er auch einen Ball zu fangen und zu werfen. Bei ihr erwarb er die Fertigkeiten, die er brauchte, um bei den Spielen anderer Kinder auf dem Spielplatz mitspielen zu können. Er konnte auch, wie schon im 8. Kapitel erwähnt, im Schwimmbecken nicht schwimmen lernen, weil andere dabei waren. Er mußte die Schwimmbewegungen in der Abgeschiedenheit des Spielzimmers lernen, in einem Zimmer, in dem er sich nicht nur wegen seiner Beziehung zu dieser bestimmten erwachsenen Person geborgen fühlte, sondern weil das Zimmer zur Schule gehörte [10].

Ein Problem, das früher oder später auftaucht, ist die Beunruhigung oder Angst des Kindes darüber, daß wir Aufzeichnungen machen. Wir möchten dem Kind natürlich die Überzeugung geben, daß es ganz und gar fähig ist, die Welt, in der es lebt, zu verstehen, zumindest soweit sie es direkt angeht. Aber die Aufzeichnungen über die Kinder, die sie ganz unmittelbar betreffen, werden im Büro hinter Schloß und Riegel verwahrt.

Das Büro ist der einzige Raum in der Schule, der verschlossen gehalten wird, wenn kein Erwachsener anwesend ist; allerdings können die Kinder ihm einen Besuch abstatten und es eingehend untersuchen, wenn es offen ist oder wenn ein Erwachsener sie begleitet. Obwohl die Kinder das Büro und seine Einrichtungen gut kennen, erregt das, was dort geschieht, ihre Neugier. Wir sagen ihnen wahrheitsgemäß, daß das Büro und besonders die Ordner unter Verschluß gehalten werden, weil kein Kind möchte, daß andere erfahren, was über es selbst aufgezeichnet ist, und daß wir deshalb alle Kinder daran hindern müssen, andere als ihre

---

[9] Kinderspiel, das mit einem Satz kleiner Gegenstände gespielt wird, die man wirft, fängt und in verschiedenen Figuren bewegt. (Anm. d. Übers.).
[10] Teilnehmende Beobachterin: Florence White.

eigenen Akten einzusehen. Sie akzeptieren diese Erklärung zwar als vernünftig, aber sie verstärkt natürlich nur ihre Neugier.
Im übrigen geben wir uns alle Mühe, den Kindern so viel Möglichkeiten zu geben, wie sie wollen, sich mit dem Büro und seinem Zubehör vertraut zu machen. Zum Beispiel kam Max erst von der Überzeugung ab, der Direktor besitze eine Maschine zum Gedankenlesen, nachdem er mehrmals mit dem Diktiergerät Versuche angestellt und sich davon überzeugt hatte, daß diese mechanische Vorrichtung nicht die geheime Macht hatte, seine Gedanken vorherzusagen oder zu beherrschen. Sie gab nur wieder, was in sie hineingesprochen wurde. Aus ähnlichen Gründen experimentieren alle Kinder nicht nur mit dem Diktiergerät und der Addiermaschine, sondern besonders mit der Schalttafel. Diese letztere ist die mechanische Vorrichtung, die am häufigsten Verdacht erregt; sie findet auch am meisten Interesse.
Neuankömmlinge sind gewöhnlich zu verwirrt über das Leben an der Schule und darüber, wie es sich von ihren früheren Erfahrungen unterscheidet, um sich über etwas so Komplexes und Mittelbares wie die Aufzeichnungen über sie selbst und die anderen Kinder Gedanken zu machen. Außerdem sind sie immer noch überzeugt, daß die Welt der Erwachsenen und ihr Tun ihr Verständnis übersteigt; deshalb kommen sie gar nicht auf den Gedanken, sie könnten versuchen, sie zu erforschen.
Früher oder später kommt aber für jedes Kind der Zeitpunkt, an dem es auf die über es selbst gemachten Aufzeichnungen neugierig wird. Diese Neugier wird bereitwillig befriedigt, aber nur im Rahmen einer gefestigten Beziehung. Ohne eine solche Beziehung würde die Sicherheit fehlen, die nicht nur zum Untersuchen, sondern auch zum Verstehen des Inhalts der Aufzeichnungen notwendig ist. Außerdem erlaubt uns nur eine solche Beziehung, später die möglichen Mißverständnisse oder Verzerrungen durchzuarbeiten, die das Kind produziert haben kann, um momentane neurotische Bedürfnisse zu befriedigen.
Wenn das Kind den nach unserer Ansicht echten Wunsch äußert, die Aufzeichnungen über es selbst zu sehen, oder wenn es den Anschein hat, als probiere es aus, ob wir wirklich unser Versprechen, es könne dies tun, wenn es möchte, erfüllen werden, ermutigt man das Kind gewöhnlich, die Bücher aufs Geratewohl aufzuschlagen und sich beliebige Abschnitte zum Lesen auszusuchen; wenn nötig, wird ihm beim Lesen geholfen.
Dabei haben wir nicht die Absicht, das Kind die Akten von vorn bis hinten lesen zu lassen, aber kein Kind hat jemals mehr als fünf oder sechs Abschnitte lesen wollen. Bis jetzt waren alle Kinder, die sich die Aufzeichnungen angesehen haben, sehr verblüfft, als sie feststellten, daß

sie hauptsächlich aus einem fortlaufenden Bericht über Ereignisse bestehen, an denen das Kind teilgenommen hat, und an die es sich gewöhnlich erinnert. Die übliche Reaktion auf diese Erfahrung wurde in typischer Weise von dem Kind ausgedrückt, das zu dem Schluß kam: „Hier ist nichts zu finden, was ich nicht weiß."

Diese und ähnliche Bemerkungen liefern einen guten Ausgangspunkt für die Erklärung, daß wir kein geheimes Wissen haben und daß wir sehr wenig über die Kinder wissen, was sie nicht auch selber wissen. Wir erklären den Kindern, daß wir die Aufzeichnungen unter anderem zu dem Zweck aufbewahren, um uns an das zu erinnern, was geschehen ist, und um am Verhalten des Kindes sehen zu können, wo wir Fehler gemacht haben, die wir in Zukunft vermeiden können. Außerdem helfen sie uns, wenn sie eine Weile geführt worden sind, zu erkennen, was ein Kind quält, und das befähigt uns besser, ihm weiterzuhelfen.

Fast alle Kinder, die Teile der Aufzeichnungen lesen, die über sie gemacht worden sind, sind beeindruckt von der Sorgfalt, mit der protokolliert wird, und bekommen ein Gefühl der Geborgenheit durch diesen Beweis der großen Mühe, die man sich gibt, um das Kind zu verstehen und um die Regelung unseres Zusammenlebens zu verbessern.

Ich möchte nebenbei erwähnen, daß unsere Aufzeichnungen soweit wie möglich von Beobachtungen berichten und frei sind von Interpretationen. Wir glauben, daß Versuche, uns schriftlich auf „offizielle" Interpretationen festzulegen, die Spontaneität unserer persönlichen Beziehungen stören könnten. Wir können zwar nicht vermeiden, das Verhalten des Kindes für uns selbst zu deuten, wenn wir uns bemühen, es zu verstehen, aber wir meinen, daß solche vorläufigen und oft unzureichenden Interpretationen nicht in die zur Aufbewahrung bestimmten Akten gehören; sie könnten zu leicht Gefühle und Handlungen nachteilig beeinflussen. Deutungen des kindlichen Verhaltens können stattfinden, nachdem die Behandlung beendet worden ist; bis dahin hat die Intensität der persönlichen Beziehung zu dem Kind notwendigerweise nachgelassen, und Deutungen können dann die Spontaneität unserer Gefühle und Urteile nicht mehr stören.

Bestimmte Arten von Aufzeichnungen sind für alle Kinder anziehend. Es ist verblüffend zu sehen, wieviel Trost ihnen die Tabellen bieten, in denen die Zunahme ihrer Körpergröße und ihres Gewichts aufgezeichnet ist. Die handgreiflichen Beweise für ihr körperliches Wachstum sind für sie immer beruhigend. Darum erbieten wir uns sogar, diese Daten einem Kind zu zeigen, z. B. wenn es beunruhigt ist und fürchtet, sein Körper entwickle sich nicht adäquat; bei anderen Teilen der Aufzeichnungen dagegen warten wir gewöhnlich, bis das Kind die Initiative ergreift,

weil wir meinen, daß es selbst am besten weiß, wann es für eine derartige Erfahrung bereit ist.
Die erste Prüfung der Aufzeichnungen und das Gespräch über ihren Inhalt findet immer in der Abgeschlossenheit eines Büros oder des Therapiezimmers statt. Natürlich reagiert jedes Kind anders auf so ein wichtiges Erlebnis, aber wenn wir von individuellen Unterschieden absehen, sind Teddys Reaktionen so typisch wie alle anderen, die wir beschreiben könnten.
Eins der größten Probleme war für Teddy sein intensiver Haß auf seinen jüngeren Bruder, dem er sich weit unterlegen fühlte. Nachdem er über eineinhalb Jahre an unserer Schule gewesen war, machte er zum erstenmal einen wirklich angenehmen Besuch zu Hause. Dabei sah er seinen jüngeren Bruder zum erstenmal nicht als den Überlegenen an, ja nicht einmal als ebenbürtigen Rivalen. Während einer Einzelsitzung mit seiner Betreuerin nach seiner Rückkehr erzählte er ihr, sein Bruder sei für ihn immer eine „Art Buhmann (gewesen), und nun ist er einfach nur ein kleiner Bub".
Zum erstenmal kam ihm nun auch der Gedanke, er selbst könne es einmal im Leben zu etwas bringen, und zugleich stiegen zum erstenmal angenehme Erinnerungen an die Vergangenheit in ihm auf.
Es fing damit an, daß er sagte, er wolle gern Automechaniker werden, und als er ermutigt wurde, das sei eine gute Idee (er hatte tatsächlich ausgezeichnete mechanische Fähigkeiten), sagte er: „Da war früher ein netter Kerl in der Pontiac-Werkstatt nah bei uns zu Hause; der hat mir immer gezeigt, wie man Sachen heilmacht. Und da war auch noch ein anderer netter Kerl." Dies war das erste Erlebnis aus seiner Vergangenheit, das Teddy mit Vergnügen erwähnte. Vorher hatte er nur über seine kriminellen Eskapaden gesprochen, hatte erzählt, wie große Jungen ihn zu verprügeln pflegten und wie unerfreulich es in seiner Familie zugegangen war.
Ebenfalls nach diesem Besuch, als er über seinen kleinen Bruder sprach, erwähnte er, daß sein Bruder jedesmal 5 Cents bekomme, wenn er sein Bett nicht naßgemacht habe. Durch seinen Tonfall und seinen Gesichtsausdruck gab Teddy zu verstehen, was er von der Unreife seines Bruders dachte und wie er die „Torheit" von Eltern beurteilte, die Kinder dafür bezahlten, daß sie nicht das Bett naßmachten, anstatt das Bettnässen gar nicht zu beachten, wie wir es an unserer Schule tun. Er fügte hinzu, sein Bruder habe ihm angeboten, ihm von dem Geld ein Geschenk zu kaufen, aber er habe es abgelehnt und gesagt: „Warum sollte ich dir dein Geld

---

[11] Teilnehmende Beobachterin: Josette Wingo.

wegnehmen?" Zu seiner Betreuerin sagte er nun: „Warum sollte ich einem kleinen Kind sein Geld wegnehmen? Ich hab' mein eigenes Geld, und ich krieg' mehr Taschengeld als er."
Dieses Gespräch fand morgens während seiner Einzelsitzung statt. Am gleichen Abend beim Schlafengehen erinnerte er sich spontan an eine andere Einzelheit aus seiner Vergangenheit: „Der Kindergarten, in den ich gegangen bin", sagte er, „hatte eine nette kleine Rutschbahn", und während er dies sagte, lachte er fröhlich.
Diese Fähigkeit, sein Elternhaus realistisch zu beurteilen, zusammen mit den angenehmen Erinnerungen an die Vergangenheit, schien ihm den Mut zu geben, sein Leben weiter zu erforschen, und bald danach bat er eines Tages, ob er die Aufzeichnungen sehen könne, die über ihn gemacht worden waren. Es war offenkundig, daß er nun glauben konnte, ihr Inhalt sei bei weitem nicht so schlimm, wie er vor dem Auftauchen seiner erfreulichen Erinnerungen gefürchtet hatte. Er bat seine Betreuerin, die Aufzeichnungen zur nächsten Einzelsitzung mitzubringen.
Auch Teddy wollte zuerst die Tabellen über seine Größen- und Gewichtszunahmen sehen. Aber als er sie ansah, verlor er die Fassung und sagte: „Oh, das ist unheimlich." Seine Betreuerin fragte, ob er das wirklich meine, ob es wirklich unheimlich sei, und er gab zu, das sei es nicht, es sei nur verwirrend. Sie hatten dann ein Gespräch über seine Neigung, alles, was er nicht gleich verstehen konnte, als unheimlich zu empfinden. Danach sahen sie sich die Tabellen gemeinsam an, und er war erleichtert und froh, als er sie schließlich verstehen konnte.
Wie immer erwies sich die Lektüre verschiedener Beobachtungen über sein Verhalten an der Schule für Teddy nur als beruhigend, und seine Neugier auf diesen Teil der Aufzeichnungen war bald befriedigt. Nun wurde seine Fähigkeit, sein gegenwärtiges und sein in der unmittelbaren Vergangenheit liegendes Verhalten zu erfahren und zu verstehen, zum Ausgangspunkt der weiteren Erforschung seiner weiter zurückliegenden Vergangenheit zusammen mit seiner Betreuerin.
Zuerst stellte Teddy eine Reihe von Fragen über seine Eltern, die er vorher nie zu stellen gewagt hatte. Er war sehr befriedigt, ausführlich darüber zu hören, daß sein Vater aus einem europäischen Land in die USA gekommen war, was er vorher nicht gewußt hatte; zum erstenmal sah er seinen Vater in einem neuen und besseren Licht.
Weitere Gespräche über seine Vergangenheit führten zu einer Erörterung der Tatsache, daß er sein Elternhaus nicht hatte verlassen wollen, um in die Schule zu gehen. In einem Ton, der anzeigte, daß dies eine Erleuchtung für ihn bedeutete, sagte er, er habe sich geweigert, seine Mutter und seinen kleinen Bruder allein zu lassen, und er fügte hinzu: „Das ist viel-

leicht der Grund, warum ich in der Schule keinen guten Start gehabt habe." Seine Betreuerin stimmte zu, das könne sehr wohl so gewesen sein, aber nur er selbst könne wissen, ob es tatsächlich der Grund gewesen sei.
Unmittelbar nachdem er die Aufzeichnungen über sich selbst gesehen hatte und nach den Gesprächen, die sich daraus ergaben, war Teddy sehr nachdenklich, aber kurz darauf wandelte sich seine Stimmung, und er kam uns fröhlicher vor, als wir ihn jemals gesehen hatten. Diese Stimmung hielt eine Zeitlang an, und Teddy benahm sich, als sei eine schwere Last von ihm genommen.
Er hatte seine Betreuerin gebeten, die Aufzeichnungen zu ihrer nächsten Therapiestunde mitzubringen, weil er mehr davon lesen wollte. Seinem Wunsch gemäß brachte sie sie mit und legte sie an einen auffallenden Platz auf dem Tisch, aber er warf kaum einen Blick darauf. Statt dessen spielten er und die Betreuerin mit einem ziemlich komplizierten Kaleidoskop, sie gaben so dem Ausprobieren und Erforschen der erfreulichen Gegenwart den Vorzug vor einer mehr oder weniger unerfreulichen Vergangenheit [12].
Während manche Kinder die Intimität der Einzelsitzung mit einem Erwachsenen brauchen, um ihre drängenden aktuellen Probleme durchzuarbeiten, können andere Kinder die Gefühle, die sie am meisten beunruhigen, besser besprechen, wenn nicht nur der Betreuer, sondern auch die Gruppe anwesend ist. Das gilt besonders für Kinder, deren Beziehung zu Erwachsenen so schwer gestört ist, daß sie selbst in der Einzelbeziehung zu einem Erwachsenen, dem sie relativ viel Vertrauen entgegenbringen, ihre wichtigsten Gefühle nicht äußern können.
Die Gegenwart anderer, besonders die Gegenwart von Kindern, die ihrer Meinung nach in bezug auf Erwachsene „im gleichen Boot" sind, gibt ihnen den Mut, dem Erwachsenen ihre Probleme zu offenbaren, der dann weniger ein Beteiligter als ein Beobachter ist. Außerdem sind sie, während sie in das Spiel mit anderen Kindern vertieft sind, weniger auf der Hut, und ihre Abwehr fällt leichter in sich zusammen.
Grace ging es einmal sehr schlecht, weil eine der Betreuerinnen ihrer Gruppe durch eine andere ersetzt worden war. Obwohl sie nie eine sehr enge Bindung an die Betreuerin gehabt hatte, belebte jeder Abschied von einer Person ihre große Angst vor der Trennung und besonders vor dem Tod aufs neue, die die traumatischste Trennung ihres Lebens, der Verlust ihrer Mutter, in ihr erweckt hatte. Ihre eigene Betreuerin versuchte wiederholt, in Einzelsitzungen den Weggang der anderen Betreuerin mit ihr

---

[12] Teilnehmende Beobachterin: Josette Wingo.

zu besprechen, aber Grace blieb schweigsam und zog sich in ein scheinbar harmloses Spiel zurück [13].

Eines Nachmittags (nach einer Morgensitzung, in der Grace sich wieder geweigert hatte, über den Abschied der Betreuerin zu sprechen) spielten Grace und Mary ziemlich lange zusammen mit dem Puppenhaus. Dann übernahm Grace die Führung, und der Charakter des Spiels veränderte sich. Zuerst nahm sie alle Möbel aus dem Puppenhaus heraus, verstreute Stückchen von Zellstoff-Tüchern in den Ecken und sagte, das seien Spinnweben. Aber Mary weigerte sich, in so einem öden Haus zu spielen und ging fort; also spielte Grace allein weiter. Sie legte „Spinnweben" auf ihre Hände und sagte, sie sei tot, die Spinnen webten ihre Netze über sie, und schließlich sagte sie, sie sei ein Gespenst.

An diesem Punkt konnte die Betreuerin ein Gespräch mit Grace anfangen, das sie auf den Weggang der anderen Betreuerin lenkte, auf Graces bekannte Trennungsangst und darauf, wie Grace früher mit diesem Problem fertig geworden war. Die Betreuerin versicherte Grace, sie selbst werde bei Grace und an der Schule bleiben, und nachdem sie ihr dieses Versprechen gegeben hatte, war Grace fähig, offen über ihre Angst vor Trennung und Einsamkeit zu sprechen, obwohl sie es in der Einzelsitzung nicht gekonnt hatte.

Als die Betreuerin Grace schließlich überzeugt hatte, daß sie gewiß nicht fortgehen werde, nahm Grace die Spinnweben von ihren Händen und aus dem Puppenhaus. Sie stellte die Möbel und die Puppen wieder hinein, und nach kurzer Zeit gesellten sich Mary und andere Kinder wieder zu dem Spiel mit dem Puppenhaus, das nun in weniger krankhafter Weise fortgesetzt wurde.

Zwischen der therapeutischen Wirksamkeit der Erlebnisse eines Kindes in der Einzelsitzung und in der Gruppe besteht also eine so enge Wechselbeziehung, daß es wenig sinnvoll ist, sich allgemein darüber zu äußern, welche von ihnen letzten Endes den Ausschlag geben. Von den verschiedenen Maßnahmen, die wir anwenden, sind manche bei gewissen Kindern wirksamer, andere wieder bei anderen Kindern und aus anderen psychologischen Gründen.

Der Einfluß, den die Kinder aufeinander ausüben, gehört zu den wirksamsten therapeutischen Hilfsmitteln, die uns zur Verfügung stehen. Die Wirkung dieses Faktors ist jedoch an unserer Schule so allgegenwärtig, daß es in diesem Buch kaum ein Kapitel gibt, in dem er keine Rolle

---

[13] Teilnehmende Beobachterin: Joan Little.

spielt. Er ist außerdem schon in einer besonderen Abhandlung beschrieben worden und soll deshalb an dieser Stelle weniger ausführlich besprochen werden, als es sonst seine Bedeutung rechtfertigen würde [14].

Jack war ein Kind, das an Verfolgungswahn und verschiedenen Zwangsvorstellungen litt. Nachdem er an unsere Schule gekommen war, interpretierte er alle Vorschläge, die von Betreuern oder Kindern gemacht wurden, im Rahmen seiner eigenen zwanghaften Tendenzen — für ihn waren ihre Vorschläge nie weniger als Regeln, von denen er glaubte, er müsse sie entweder mißachten oder streng befolgen.

Am Anfang seines Aufenthalts bei uns war den anderen Kindern seine Unfähigkeit, mit ihnen in Kontakt zu kommen, unbehaglich; sie wandten sich vor allem gegen seine Äußerungen vorgeblicher Gefühle. Einmal, als er mit einer Art Bauchrednerstimme versicherte, wie gut ihm eine Party gefalle, die die Kinder für sich selbst arrangiert hatten, machten die Kinder untereinander Bemerkungen darüber. Dann spielten sie weiter, als ob sie wüßten, daß es für Jack vielleicht leichter wäre, sich anders zu verhalten, wenn sie versuchten, ihn zum Mitmachen zu bewegen, ohne ihn mit der Bedrohung zu konfrontieren, die darin enthalten sein könnte, daß man ihn direkt zur Rede stellte. Als dies zu nichts führte, wurden sie direkter, und schließlich sagte einer von ihnen: „Wenn du redest, klingt es, als seist du weit weg", worauf Jack antwortete: „Das bin ich auch". Dagegen erhoben die Kinder Einwände und sagten, sie wollten auf ihrer Party niemand haben, der nicht da sei.

Das machte Jack ziemlich großen Eindruck. Einmal wollte er wirklich sehr gern „dabei" sein, und außerdem überzeugte ihn die Drohung der Kinder, ihn auszuschließen, weit mehr als ihre freundlichen (und später ihre kritischen) Bemerkungen von der Tatsache, daß sowohl er als auch seine Gefühle — die zu Hause immer vernachlässigt worden waren — für die Kinder von Belang waren. Dies alles baute seine abwehrende Isolierung ab, und das Ergebnis war sowohl für ihn selbst als auch für die anderen eine erfreuliche Überraschung [15].

Ein paar Tage nach diesem Vorfall war Jack dabei, als ein anderes Kind vorgab, es sei ein Bär. Angesichts der Neigung Jacks, die Realität zu meiden, war die Betreuerin von diesem Spiel nicht sehr angetan und sagte zu dem Jungen, er sei ganz gewiß kein Bär und nicht einmal ein Tier, sondern ein Mensch. Jack, der niemals zugegeben hatte, daß auch er sich einbildete, ein Tier zu sein, wurde sehr wütend und sagte: „Ach, das ist wieder eine von euren verdammten Regeln. Diese Regel ist so

---

[14] Siehe „Veröffentlichungen über die Schule" Nr. 1.
[15] Teilnehmende Beobachterin: Josette Wingo.

dreckig, daß sie ein Bad braucht." Seine Zornausbrüche gingen noch eine Zeitlang weiter, bis ein anderer Junge schließlich zu ihm sagte: „Jetzt halt' den Mund. Du bist kein Tier, du bist ein Mensch", worauf Jack sich beschwerte: „Ich hab' immer so getan, als sei ich ein Tier, aber ihr und diese verdammten Regeln hier, ihr wollt mich nicht lassen."
So hatte sich Jack zum erstenmal, veranlaßt durch den Druck der Gruppe, nicht nur zu Phantasien bekannt, die er vorher geheimgehalten hatte, sondern er hatte auch die Möglichkeit zugestanden, sie vielleicht aufgeben zu müssen. Die Auseinandersetzung wurde dadurch beendet, daß der andere Junge mit entschiedener Miene sagte: „Na, du bist ein Mensch, und wenn das eine Regel ist, dann ist es eine verdammt gute." [16]
Diese Episode ist übrigens ein Beispiel für etwas, das sehr oft vorkommt: Die Gruppe oder ein anderes Kind übt eine hemmende oder deutende Funktion aus, so daß die Beziehungen zwischen Kind und Betreuer teilweise von der Notwendigkeit, zu hemmen oder zu deuten, entlastet werden. Auf diese Weise wird es den Betreuern ermöglicht, in ihren Beziehungen zu den Kindern in höherem Grad die positiv unterstützende Funktion beizubehalten.
Wie in vielen anderen Fällen bekannte sich die Gruppe auch in diesem Fall zu einer vernünftigen Einstellung, und es gelang ihr, die Lage vernünftig zu beherrschen. Aber das Motiv, das die Gruppe in erster Linie veranlaßt hatte, ihren Einfluß geltend zu machen, war der Umstand, daß das unvernünftige Verhalten eines Kindes die Integration und Sicherheit anderer Gruppenmitglieder zu bedrohen schien.
Wahnvorstellungen sind nicht die einzige Bedrohung, gegen die eine Gruppe oder ihre Mitglieder sich verteidigen und so einen hilfreichen Einfluß auf das Individuum ausüben. Fast jede kohärente Gruppe von Kindern pflegt sich durch ein mürrisches, in sich selbst zurückgezogenes Individuum bedroht zu fühlen, und sie wird immer versuchen, es in ihren Kreis hereinzuziehen. Dies macht es dem sich absondernden Kind schwerer, der Versuchung zu widerstehen, positive Beziehungen herzustellen. Den imaginären Freuden der Geselligkeit kann das mürrische Individuum leichter widerstehen, wenn es allein in seinem Zimmer ist, wo es sich nach Belieben vorsagen kann, daß die anderen gehässig oder hassenswert sind; es ist etwas ganz anderes, sie zu mißachten, wenn sie wirklich gegenwärtig und sichtlich freundlich sind.
Die Gruppe dient auch als Therapiemittel, wenn sie zum Gegenstand der Entladung von Feindseligkeit wird, die sich sonst auf asozialere Weise

---

[16] Teilnehmende Beobachterin: Josette Wingo.

Luft machen müßte und schwere Gegenaggressionen nach sich ziehen könnte — oder die mehr Schuldgefühle hervorrufen würde als die, die entstehen, wenn Aggressionen sich gegen eine Gruppe richten, die sich in ihrer Zusammengehörigkeit sicher fühlt.

Die Gruppe erlaubt dem Individuum unter anderem, seine Gefühle offener zu äußern, weil eine der Hauptängste des feindseligen Individuums die ist, es könne mit seiner Aggression zu weit gehen und gefährliche Handlungen begehen. Diese Angst wird durch die Gegenwart der Gruppe vermindert, die als solche besser in der Lage ist, das Individuum zurückzuhalten, als alles, was es selbst zu diesem Zweck tun kann.

Überdies kann zwar die gegen eine Gruppe gerichtete Aggression Gegenaggression hervorrufen, aber die Gegenaggression einer kohärenten Gruppe — wenn auch nicht die eines Pöbelhaufens — pflegt nie so heftig zu sein wie die Gegenaggression eines Individuums unter Umständen sein würde, weil die kohärente Gruppe sich ihrer Stärke bewußt ist, aber auch ihrer Verpflichtung selbst gegenüber einem Gruppenmitglied, das sich zeitweilig gegen sie wendet. Deshalb fühlt sich die festgefügte Gruppe durch die Handlung des Aggressors weniger bedroht. Die Gruppe macht es leichter, mit den Aggressionen des Kindes und mit seiner Furcht vor Vergeltung fertig zu werden, und das Weiterleben ist trotz des Aggressionsaktes leichter, als wenn das Individuum nicht in einer solchen Gruppe lebte.

Dies alles gilt natürlich nur, wenn diese Ereignisse bei einer Gruppe von Kindern stattfinden, die im übrigen meistens zufrieden oder mindestens friedlich zusammenleben. Bei psychisch gestörten Kindern gilt es außerdem nur, wenn die Anwesenheit eines beschützenden Erwachsenen ihnen die Gewißheit gibt, daß dieser rechtzeitig dazwischentritt, wenn die Situation ihnen zu entgleiten droht.

Andererseits wird sich eine nicht festgefügte Gruppe von gestörten Kindern durch die Feindseligkeit eines Individuums bedroht fühlen, und sie wird vielleicht auf die Aggression eines Fremden heftiger reagieren als ein einzelner, weil ihre Anzahl den Kindern die Kraft und den Mut gibt, ihre Wut an dem Aggressor auszulassen.

Im allgemeinen wird eine Gruppe in ihrer Reaktion auf die Aggression eines Außenseiters um so heftiger sein, je weniger fest sie zusammenhält. Es ist jedoch etwas ganz anderes, wenn die Aggression von einem Mitglied einer sonst meistens festgefügten Gruppe von Freunden ausgeht. Die Kraft, die ihnen ihre Zusammengehörigkeit gewöhnlich gibt, erlaubt es ihnen, Aggressionen, Wahnvorstellungen oder auf andere Weise Ärger erregendes Verhalten zu übersehen. Geborgen in ihren wechselseitigen Beziehungen, fühlen sie sich nicht davon bedroht. Sie werden damit fer-

tig, indem sie dem Aggressor sagen, er solle das lassen, oder indem sie sich an die übrigen Gruppenmitglieder wenden, als ob sie sie (und damit auch sich selbst) beruhigen wollten, dieses Verhalten sei ohne Bedeutung; sie sagen dann z. B.: „Er fängt schon wieder damit an."
Der Missetäter, dem eine derartige Reaktion begegnet, kommt allmählich zu der Überzeugung, daß er trotz seines aggressiven Ausbruchs das Wohlwollen der Gruppe nicht für dauernd verliert, wie er gefürchtet hatte, und daß er, selbst wenn er seine Spannung, einem inneren Bedürfnis folgend, an den anderen ausläßt, die Sicherheit, die ihm seine Beziehungen zu den anderen geben, nicht endgültig verliert.
Dieser Umstand erhöht zwar meistens zunächst die Häufigkeit und Intensität der Feindseligkeiten eines Kindes, aber auf lange Sicht nehmen sie ab. Die Gegenaggression, die es nach jeder aggressiven Handlung zu fürchten pflegte, bleibt nun aus; auf diese Weise werden seine Angst und seine Spannung vermindert, daher sammeln sich auch weniger aggressive Gefühle an. Einerseits ist also das Bedürfnis nach Aggressionsabfuhr geringer, andererseits kann es nicht ausbleiben, daß das Verhalten der Gruppe im Individuum freundliche Gefühle erweckt; Gefühle, die es veranlassen, seine Aggressionen zu beherrschen, um nicht zuviel von der Gruppe zu verlangen oder den Verlust ihrer Freundschaft und Achtung zu riskieren.
Die Gruppe macht ihren Einfluß geltend, wo ihre allgemeinen Interessen oder die Interessen einiger Gruppenmitglieder betroffen sind. Sonst erlaubt die Sicherheit, die die Mitglieder einer festgefügten Gruppe aus ihrem Zusammenhalt gewinnen, diesen Mitgliedern, von einem Verhalten unberührt zu bleiben, das in einem anderen sozialen Rahmen heftige Reaktionen hervorrufen könnte. Bei der Behandlung von Kindern. die an den verschiedensten Wahnideen leiden, ist dieser Umstand sehr wichtig.
Es ist interessant zu beobachten, wie sich an der Schule gleichartige Kinder zusammenfinden. Ein „verwahrloster" Neuling pflegt sofort das Interesse aller anderen Verwahrlosten auf sich zu lenken, ein paranoides Kind findet das Interesse der anderen Kinder, die an Verfolgungswahn leiden, und so fort.
In dem Kapitel über das Lernen habe ich erwähnt, daß man sich die Abwehrbedürfnisse des Verwahrlosten, der sein Stadium des Ausagierens überwunden hat, bei der Rehabilitation eines Verwahrlosten, der noch in diesem Stadium steckt, zunutze machen kann. Hier möchte ich hinzufügen, daß das gleiche auch für paranoide Kinder gilt, ebenso für Kinder, die an anderen Wahnvorstellungen leiden. Aber auch eine Warnung erscheint mir angebracht. Zwei oder mehr ausagierende Verwahrloste kön-

nen sehr wohl einander bestärken; das kann dazu führen, daß beide für die Lehrerin, die Betreuerin oder andere Kinder nicht mehr ansprechbar sind. Ähnlich können auch zwei paranoide Kinder einander in ihren Wahnvorstellungen bestärken und so all unsere Bemühungen zunichte machen.

Zum Beispiel waren zwei Jungen, die aus gutem Grund große Angst hatten, sie könnten ihre noch wenig gefestigte Herrschaft über asoziale Gefühle verlieren und sich zu destruktiven (oder selbstzerstörerischen) Handlungen hinreißen lassen, beide vom Anblick Betrunkener fasziniert, von Personen also, die offensichtlich die Herrschaft über ihr Handeln verloren hatten. Sie spielten zusammen, sie seien selbst betrunken und behaupteten oft, sie sähen zufällig vorbeikommende Betrunkene. In solchen Fällen pflegte ein seltsamer circulus vitiosus des Verhaltens in Gang zu kommen. Einer von den Jungen, der schon zum Teil die Herrschaft über seine Handlungen verloren hatte und wahnhafte Bemerkungen und unkontrollierte Bewegungen machte, pflegte den anderen herbeizurufen und auf einen Mann zu zeigen, den er vom Fenster aus sehen konnte und von dem er behauptete, er sei betrunken.

Daß er den anderen Jungen herbeirief, schien auf verschiedenen Gefühlsebenen eine Bedeutung zu haben. Er hatte eine gewisse Hoffnung, der andere Junge werde sagen, der Mann draußen sei ja gar nicht wirklich betrunken; dann hätte er sich sicher fühlen können. Dieses Ziel der Abwehr hätte er aber leichter erreichen können, wenn er irgendein anderes Kind gerufen hätte, das mit viel größerer Wahrscheinlichkeit die Täuschung korrigiert hätte. Aber in diesem Fall wäre der Junge selbst als jemand erschienen, der die Realität gemäß seinen Wahnvorstellungen mißdeutet, mit einem Wort, als ein „Verrückter", wie die Kinder zu sagen pflegten. Um diese Bloßstellung zu vermeiden, zog er es vor, ein Kind zu rufen, das sicher seine Ängste verstehen würde, weil es sie selbst auch empfand. Deshalb rief er nach dem Kind, von dem er wußte, daß es höchstwahrscheinlich den visuellen Eindruck in der gleichen Weise mißdeuten würde wie er selbst, indem es ihm beipflichten würde, der Mann sei betrunken.

Der Versuch, sein Erlebnis an der Beobachtung eines Zweiten nachzuprüfen, verstärkte also seine eigene Angst, um so mehr, als das andere Kind mit der gleichen Angst vor dem Verlust der Selbstbeherrschung reagierte, wenn es sich etwas gegenübersah, das beide Kinder als einen Beweis dafür empfanden, wie leicht man die Beherrschung verlieren kann. Daß sie sich beide fürchteten, machte die Angst und die Gefahr nur realer und vergrößerte daher auch ihre Angst. Wenn es die Angst des zweiten Kindes wachsen sah, nahm auch die Angst des ersten Kindes zu, die ihrerseits wieder die Angst des anderen verdoppelte, und so ging es weiter ohne Ende [17].

Im Fall dieser beiden Jungen war eine andere Gruppenzusammenstellung im Augenblick technisch unmöglich. Da man keinem von beiden helfen konnte, solange beide weiterhin in unserer Schule lebten, mußte einer von ihnen in eine andere Anstalt umquartiert werden, um die gegenseitige Verstärkung ihrer Ängste zu verhindern, die einen Behandlungsfortschritt unmöglich machte.

Aus diesen und ähnlichen Gründen ist es oft nicht möglich, mehr als einen heftig ausagierenden Verwahrlosten oder mehr als ein Kind, das an einer bestimmten Wahnkrankheit leidet, in der gleichen Gruppe oder sogar an der gleichen Schule zu haben.

Die Aufnahme eines weiteren Kindes mit denselben Symptomen — wenn auch nicht mit der gleichen Störung — muß dann so lange aufgeschoben werden, bis die Abwehr des ersten Kindes so fest gefügt ist, daß es zwar vielleicht die Schwierigkeiten des Neulings noch als bedrohlich empfindet, aber ihnen nicht mehr zum Opfer fällt. Dann, und erst dann, wird die Bedrohung durch den Neuankömmling zu einem integrierenden Erlebnis, weil das besser angepaßte Kind seine Integration am unintegrierten Verhalten des neuen Kindes messen kann und dadurch ermutigt wird. Zu diesem Zeitpunkt ist das besser integrierte Kind für den Neuling das geeignetste Objekt zur Nachahmung, zur Identifizierung, denn er erkennt, daß das andere Kind seine Schwierigkeiten besiegt hat, und das macht ihm Mut zu glauben, daß er selbst vielleicht in der Lage sein wird, es ihm gleichzutun [18].

Der wechselseitigen Verstärkung wahnhaften Verhaltens steht die Nichtbeachtung derartigen Verhaltens durch die festgefügte Gruppe gegenüber, die wir oben schon erwähnt haben und die wir hier durch ein Beispiel veranschaulichen wollen.

Eines Abends hörten Jack und seine Gruppe still einer Geschichte zu, die ihnen kurz vor dem Schlafengehen vorgelesen wurde. Zur Vorbereitung aufs Einschlafen brannte nur noch das nötigste Licht, und alle Kinder

---

[17] Teilnehmende Beobachterinnen: Anna Lukes und Patty Pickett.
[18] Mit dieser Bemerkung kann ich die kritischen Probleme der Gruppenzusammenstellung und der Aufnahmekriterien nur streifen. Vielleicht werden wir, wenn wir sehr viel mehr über die Zusammenstellung von Gruppen, über die Vor- und Nachteile der verschiedenen Gruppierungen wissen, weit größere Fortschritte in der Nutzung von Anstalten machen können, insbesondere in der Nutzung von Nervenheilanstalten. Aber die Erforschung dieser Probleme ist nicht nur wichtig für die Behandlung psychisch gestörter Menschen; sie ist ebenso wichtig für die Zusammenstellung von Gruppen normaler Individuen sei es in Schulen, Fabriken, Büros oder in der Armee usf.

waren von der Geschichte gefesselt, als Jack plötzlich gellend schrie: „Da ist ein toter Mann unter dem Tisch." Ziemlich laut und fast einstimmig riefen die Kinder: „Da ist keiner. Halt den Mund, wir wollen die Geschichte hören."
Keine beruhigende Feststellung eines Erwachsenen hätte so eindrucksvoll sein können; tatsächlich hätte Jack darauf gar nicht gehört, denn die Erwachsenen zu Hause hatten immer die Wahrheit seiner Wahnvorstellungen geleugnet und ihn auch auf andere Weise davon überzeugt, daß sie niemals verstanden, was ihn beunruhigte.
Zu Hause hatten auch Kinder gewöhnlich auf seine Wahnbilder mit so viel Emotion reagiert (wie auch seine Eltern und andere Erwachsene), daß er ihre beruhigenden Versicherungen nie geglaubt hatte; zeigten doch ihre gefühlsbetonten Reaktionen deutlich, daß an der Sache mehr war, als sie zugeben wollten. Er war es gewöhnt, den Kummer anderer Leute über seine Wahnbilder, wie auch ihre Bemühungen, ihn zu beruhigen, nicht als ein Ergebnis seiner Verzerrung der Realität zu deuten, sondern als ein Eingeständnis, daß es gute Gründe gebe, bestürzt zu sein. Darum machte es ihn unsicher, daß die Kinder diesmal seine furchterregenden Einbildungen ohne das mindeste Interesse einfach nicht glaubten.
Er machte noch einen Versuch, obwohl seine Stimme nicht mehr so überzeugt klang und obwohl er vielleicht selbst nicht mehr überzeugt war: „Aber es sieht so aus wie ein toter Mann." Darauf antworteten die anderen: „Es kann ja sein, daß es für dich so aussieht, aber für uns sieht es gewiß nicht so aus. Es gibt keine toten Leute in der Schule."
Jack war offenbar eine Zeitlang beruhigt, aber etwa fünfzehn Minuten später sagte er ganz ruhig: „Da ist ein Mann, der sitzt auf meinem Bett." (Es war nun kein toter Mann mehr.) Mittlerweile war Jacks Vorstellung so weit eingeengt, daß eine kurze Nachschau zusammen mit der Betreuerin ihn überzeugte, es sei niemand da, vor dem er sich fürchten müsse. Danach genügte es, daß die Betreuerin ihn erinnerte, wo er sie nachts finden könne, um Jack ohne weiteres einschlafen zu lassen [19].
Natürlich war Jack weder von seinen Ängsten noch von seinen Wahnvorstellungen befreit, aber er schlief wenigstens einmal früh und friedlich ein, was in diesem Stadium ein seltenes und ermutigendes Erlebnis für ihn war.
Dieses Beispiel macht übrigens auch deutlich, wie die enge Gemeinschaft des Lebens in unserer Schule und besonders das Leben innerhalb einer festgefügten Gruppe dazu beiträgt, die Wahnvorstellungen eines Kindes aufzulösen. Als Jack noch zu Hause lebte, waren seine Wahnbilder natür-

---

[19] Teilnehmende Beobachterin: Josette Wingo.

lich für seine nähere Umgebung sehr beunruhigend. Sie waren einerseits beunruhigend, weil sie zeigten, wie Jack litt, andererseits aber auch, weil Jack in so hohem Maß alle gut gemeinten Bemühungen der Eltern, Freunde und Verwandten mißdeutete und sogar in ihr Gegenteil verkehrte. Zuhause gab man sich offensichtlich Mühe, ihm mit Nachsicht zu begegnen und ihm das Gefühl zu geben, man beschütze ihn. Aber das war für ihn nur ein Beweis dafür, daß man ihm nachspionierte. Wenn er seine Wahnvorstellungen vor Zufallsbekannten, Klassenkameraden in der Schule oder vor Kindern erwähnte, die er auf der Straße oder auf dem Spielplatz traf, machten sie sich lustig über ihn oder wollten nichts mehr mit ihm zu tun haben. In jedem Fall gab ihr Verhalten seiner Überzeugung neue Nahrung, er werde von allen verfolgt.

An unserer Schule wurde Jack nicht mit größerer Nachsicht behandelt oder mehr behütet als jedes andere Kind. Daher konnte er sich unmöglich längere Zeit vormachen, ihm allein werde besondere Aufmerksamkeit geschenkt, sei es, um ihm nachzuspionieren, sei es, um ihn zu beobachten, weil er so gefährlich oder in so einzigartiger Weise gefährdet war. Die festgefügte Lebensordnung an der Schule machte es ihm schwer, von einem Erwachsenen oder von einem Kind zum nächsten zu wandern und sich Leute zu suchen, die er mit seinem Verhalten einschüchtern konnte. Er versuchte dies zwar zuerst, aber er hatte es bald mit allen probiert, die an unserer Schule lebten oder arbeiteten. Außerdem verloren mit der Zeit die Ansichten und Haltungen, die Außenstehende in bezug auf seine Person gehabt haben mochten, gegenüber den Meinungen und Einstellungen, die ihm an unserer Schule begegneten, an Bedeutung. Wie schon oben angedeutet, waren an der Schule weder Kinder noch Erwachsene von seinen Wahnvorstellungen besonders beunruhigt, noch lehnten sie ihn ihrethalben auf die Dauer ab. Aber dies allein hätte niemals genügt, um eine Änderung zu bewirken, wenn Einflüsse von außen weiterhin seine Vorstellungen genährt hätten, ihm werde nachspioniert oder er werde verfolgt. Die gesunde Einstellung der Gruppe gegenüber seinen Wahnvorstellungen, zusammen mit der festgefügten Lebensordnung an der Schule, verminderte den Einfluß von Außenstehenden auf ein Minimum und half Jack, seinen Wahn zu überwinden.

Das Beispiel der festgefügten Gruppe und ihrer Reaktion auf neurotische Abwehr ist ein starker Anreiz für das Individuum, sein eigenes neurotisches Verhalten zu ändern, wenn es einmal zu der Überzeugung gelangt ist, daß es mit dieser Gruppe leben muß und sich ihrem Einfluß auf die Dauer nicht entziehen kann. Es zwingt den einzelnen, ein natürlicheres Verhalten zu praktizieren, und selbst wenn er dies zunächst defensiv tut, gewissermaßen um sich „in die Gesundheit" zu flüchten, erlaubt das an

der Oberfläche normalere Verhalten eine bessere Realitätskontrolle, die ihrerseits zu einer wirklich besseren Gesundheit und zur Aufgabe neurotischer Abwehr führen kann.
Zum Beispiel fürchten sich viele Kinder, wenn sie neu an unsere Schule kommen, sehr davor, sich in Gegenwart anderer Kinder auszuziehen; der Grund dafür ist allerdings selten in ihrem Schamgefühl zu suchen. Gewöhnlich sind die Motive für das, was sie als Schamgefühl bezeichnen, ihre eigenen neurotischen Ängste. Entweder haben sie das Gefühl, mit ihrem Körper sei etwas nicht in Ordnung, besonders mit den Körperteilen, die ihre Eltern sie gelehrt haben, bedeckt zu halten, oder sie fürchten, ihre Nacktheit werde unbeherrschbare sexuelle Begierden in ihnen selbst oder in anderen erwecken; sie fürchten entweder, daß ihre Nacktheit als eine Aufforderung zu sexueller Aggression verstanden werden könnte oder daß das Nacktsein an sich sie veranlassen könnte, zum sexuellen Aggressor zu werden.
Aber, was auch die Ursache ihrer Furcht ist, sich zu zeigen, die Erfahrung, andere Kinder beim An- und Ausziehen mit relativer Freiheit zu Werke gehen zu sehen, stellt die schlechte Meinung des Kindes über das Aussehen seines eigenen Körpers (oder eigener Körperteile) in Frage, während die Erfahrung, daß seine Nacktheit sowohl die anderen als auch es selbst soviel weniger erregt, als es gehofft (oder gefürchtet) hatte, sich als äußerst beruhigend erweist.
Es wäre zu einfach, wollte man annehmen, daß lediglich der Anblick des anderen Verhaltens der Kinder den Neuankömmling veranlaßt, ihrem Beispiel zu folgen. Wenn ein Kind z. B. Minderwertigkeitsgefühle in bezug auf seine Sexualorgane hat, scheint der Vorgang so abzulaufen: Während das Kind seine eigenen Minderwertigkeitsgefühle genau kennt, zwingt es der Anblick dessen, was es als die Freiheit anderer deutet, bald, darüber nachzudenken, wie seltsam sie sich benehmen; zugleich tritt der Unterschied zwischen ihren Gefühlen und seinen eigenen dadurch plastischer hervor.
Die Überzeugung, daß sich die anderen seltsam benehmen, zwingt den Neuling, oft zum erstenmal, sein eigenes Verhalten als merkwürdig anzusehen. Sobald dieser Punkt erreicht ist, kann der nächste Schritt darin bestehen, daß der Neuling zu dem Schluß kommt, wenn sie sich so natürlich benehmen und ihm seltsam vorkommen, müsse er ihnen noch viel seltsamer vorkommen, da sie so ungezwungen sind, wo er gehemmt ist.
Zum erstenmal erscheint ihm die Nacktheit als etwas, das von anderen bei bestimmten Gelegenheiten als natürlich akzeptiert wird — das stellt wiederum seine früheren Ansichten und Ängste in Frage. In Wirklich-

keit sind die anderen nicht ganz so ungehemmt, wie der Neuling glaubt — sie setzen nur ihre Ängste anders in Handlungen um —, und sie halten ihn auch nicht für so seltsam, wie er annimmt.

Natürlich würde Ungezwungenheit beim An- und Ausziehen bei nur dem einen oder anderen Kind niemals wirklich überzeugend wirken. Sie würden nur als „ungezogene" Kinder angesehen werden oder als Kinder, die es eben nicht besser wissen. Aber das Kind kann nicht so leicht die ungezwungene Verhaltensweise einer ganzen Gruppe als unerheblich abtun, die mit Selbstverständlichkeit und in Gegenwart eines Erwachsenen praktiziert wird, der mehr oder weniger als Elternfigur erlebt wird; dies ist eine Aufforderung zu ungezwungenerem Verhalten, die man nicht ganz und gar unbeachtet lassen kann.

Das ungehemmte Sich-Ausziehen vor anderen ist allerdings an sich noch keine Lösung, die die Ängste des Kindes beseitigt. Tatsächlich empfindet das Kind, das zuerst schamhaft ist und dann anfängt, sich ungezwungen vor anderen auszuziehen, noch größere Angst als vorher, als es aus Angst Teile seines Körpers verbergen wollte. Aber ohne dieses Wagnis könnte die Angst, die sich darin äußert, daß das Kind nicht wagt, sich vor anderen zu entblößen, sich niemals durch Realitätsprüfung auflösen, denn das „schamhafte" Kind würde nie Erfahrungen machen, die es eines Tages davon überzeugen könnten, daß sein Körper ebenso gut ist wie jeder andere und daß er bei anderen weder Abscheu noch irgendwelche bizarren sexuellen Wünsche erregt.

Es trifft zwar zu, daß die Herausforderung der Gruppe das Kind oft zu einem Verhalten zwingt, das zunächst mindestens ebenso asozial und unter Umständen mehr mit Angst beladen ist als irgendeine seiner früheren Abwehrreaktionen, z. B. dann, wenn es sich zur Schau stellt. Aber es wird bald möglich, seine Erfahrungen so zu planen, daß das neue und offenere Verhalten schließlich zur Auflösung von Gefühlen genitaler Minderwertigkeit führt, die ihren Ursprung in seiner geringen Meinung vom Aussehen seiner Sexualorgane haben, und dies kann wiederum zu einer vernünftigeren Ansicht von seinem eigenen Körper und von den Folgen seiner Selbstentblößung führen.

Nicht nur der Eindruck von der Freiheit anderer macht es dem Individuum möglich, selbst größere Freiheit zu wagen, sondern viel mehr noch das Gefühl der Sicherheit, das das Individuum in den Handlungen anderer spürt. Nicht die Tatsache ist so wichtig, daß die anderen Kinder sich ungezwungen benehmen, sondern vielmehr, daß sie sich sicher zu fühlen scheinen, während sie es tun.

Das Kind, das sich vor der Entblößung oder vor dem sexuellen Gefühl fürchtet, das diese auslösen könnte, wird durch diesen allgemeinen Geist

der Sicherheit veranlaßt, auch selbst zu wagen, sich ungezwungener zu benehmen. Dieses freiere Benehmen ist zwar noch furchtsam (weil es positives Verhalten und nicht nur ein Vermeiden von Handlungen ist), aber es ermöglicht schließlich die Realitätsprüfung, die dann ihre Chance bekommen kann, die Angst zu zerstreuen.
Dies alles setzt natürlich eine geschickte Handhabung der Situation durch den Erwachsenen voraus. Falls das Kind verspottet würde oder zuviel Interesse erregte, wenn es sich zum erstenmal vor anderen auszieht (oder auch bei späteren Gelegenheiten), würde ihm jeweils der Mut zu jeder weiteren Realitätsprüfung genommen; statt dessen würde es den Eindruck, den seine Genitalien hervorrufen, unter- oder überbewerten. Ähnlich kann, falls seine Selbstentblößung bei anderen sexuelle Aggression hervorruft, die Wirkung höchst schädlich sein. Es sind also nicht die offenkundigen Handlungen der Kinder, sondern es ist die Art, wie die festgefügte Gruppe beiläufig das Individuum ihre Sicherheit spüren läßt, was diese Gruppe zu einem Werkzeug der Therapie macht.

Die von der Gruppenzugehörigkeit hergeleitete Sicherheit ermöglicht es auch, daß ein Kind die Handlung eines anderen Kindes deutet. In der Zweiersituation würde ein Kind es sich vielleicht nicht erlauben, den Sinn zu erkennen oder zu benennen, den es hinter den Handlungen eines anderen Kindes spürt, weil es möglicherweise zuviel Angst vor Vergeltung hätte. Aber wenn es sich der Unterstützung durch die Gruppe sicher ist, kann das einzelne Kind sich den Mut leisten, Einsicht in die unbewußte Motivation eines anderen Kindes zu haben und dies auch zu äußern.
Eines Tages kam z. B. eine Gruppe von Jungen mit ihrer Betreuerin vom Strand zurück, als in einiger Entfernung ein Gewitter niederging. Die Kinder sahen die Blitze und konnten fernes Donnergrollen hören; darauf bekam Charles große Angst und fing an, mit den Zähnen zu knirschen. Je näher das Gewitter kam, desto stärker wurde das Zähneknirschen. Bob, ein anderer Junge aus der Gruppe, beschwerte sich zuerst bei Charles und dann bei der Betreuerin über die unangenehmen Geräusche, die Charles hervorbrachte. Aber Charles knirschte nur noch lauter und intensiver mit den Zähnen, bis Bob schließlich sagte: „Nur weil du Angst hast, brauchst du uns nicht die Köpfe abzubeißen", woraufhin andere sich ihm mit ähnlichen Protesten anschlossen [20].
Da die Gruppe offensichtlich einige der Gefühle verstand, die sein Verhalten ausdrückte, leugnete Charles seine feindselige Wut nicht länger

---
[20] Teilnehmende Beobachterin: Gayle Shulenberger.

und gab zu, daß die Deutung richtig war. Er mußte außerdem erkennen, daß andere die Bedeutung dessen verstanden hatten, was er seiner Betreuerin gegenüber leichthin als eine harmlose „Gewohnheit" bezeichnet hatte. Aber Bob hatte das, was er gesagt hatte, hauptsächlich aus zwei Gründen sagen können: Erstens gehörte er einer festgefügten Gruppe an, und zweitens gab ihm die Gegenwart der Betreuerin das Gefühl, er sei vor jeder Gegenaggression, die von Charles zu erwarten war, geschützt, auch wenn er wußte, daß sie ziemlich heftig ausfallen konnte. Außerdem war das Zähneknirschen für Bob viel weniger bedrohlich, während die Gruppe anwesend war, als es gewesen wäre, wenn er sich Charles allein gegenüber gesehen hätte.

Diese Deutungen durch Gruppenmitglieder kommen unter verschiedenen Umständen vor. Oft verdanken wir unsere besten Einsichten in die Bedeutung des seltsamen Verhaltens eines Kindes den Bemerkungen eines anderen Kindes.

Charles' Leidenschaft für Lokomotiven ist im achten Kapitel ausführlich besprochen worden. Aber darauf, daß er sich mit der blinden und zerstörerischen Kraft einer Dampflokomotive identifizierte, wurde unsere Aufmerksamkeit zum erstenmal gelenkt, als er eines Tages gerade wieder einmal einen anderen Jungen „angefahren" hatte. Wir hatten ihn das schon früher tun sehen und hatten es als einen Ausdruck seiner heftigen Aggressionen betrachtet. Aber diesmal rief das Opfer aus: „Da kommt wieder die Dampflokomotive und überfährt mich!"

Auf unsere Fragen stellte sich dann heraus, daß Charles sich vorstellte, er fahre auf Schienen und überfahre alle Dinge und Menschen, die sich seinem Vorfahrtsrecht in den Weg stellten. Aber die Tatsache, daß von nun an die anderen Kinder sein Verhalten verstanden, machte es für Charles sinnlos, seine Phantasien geheimzuhalten, wie er es bisher getan hatte. Sobald er sie offen eingestanden hatte, sobald sein Verhalten verstanden wurde und deshalb für seine Spielkameraden kein Grund mehr war, irrationale Angst zu empfinden, konnten andere Kinder sich an dem Spiel beteiligen.

Auch hier ist es wieder das enge Beieinander des Lebens an unserer Schule, das derartige Deutungen anderer Kinder in der Behandlung des Kindes fruchtbar werden läßt. Wenn Charles hätte glauben können, es gebe immer noch ein paar Kinder, die noch nicht hinter die geheime Bedeutung seines Spiels gekommen seien, hätte er diese Bedeutung weiterhin geheimgehalten, oder er hätte sich mit einer anderen Gruppe von Kindern zusammengetan. Aber an der Schule mußte Charles sich mit der Tatsache abfinden, daß alle Kinder, mit denen er spielen konnte oder (was ihm im Augenblick noch wichtiger war) die zu Opfern seiner

Aggressionen werden konnten, nun verstanden, welcher Art die Phantasien waren, die er ausagierte, wenn er mit ihnen zusammenstieß.

Nach diesem Ereignis wurde das, was lange ein isolierendes, asoziales Verhalten gewesen war (und was es für immer hätte bleiben können), durch die Deutung eines anderen Kindes und mit Hilfe der Betreuer in ein sozialisierendes Spiel verwandelt, das Charles aus seiner Isolierung herauslockte und das seine Feindseligkeit gegen die Welt herabsetzte.

Die Kinder pflegen die Handlungen oder Gefühle eines anderen Kindes nicht nur einander zu deuten, sondern auch einer Betreuerin (oder einem Betreuer), der (dem) sie vertrauen. Auf diese Weise pflegen die Mitglieder einer kohärenten Gruppe oft dem Kind sein eigenes Verhalten auf die unaufdringlichste Art zu erklären, indem sie so tun, als erklärten sie es dem Erwachsenen (oder indem sie es tatsächlich dem Erwachsenen erklären wollen).

Bert, der noch relativ neu war, stellte eines Tages die Betreuerin und die Gruppe auf die Probe, indem er versuchte, Hank zu ärgern. Zuerst stellte er seinen Fuß auf den Tisch, an dem Hank zu spielen versuchte, bis Hank sich entfernte. Aber Bert folgte ihm und setzte wieder seinen Fuß auf den Tisch, um Hank an der Fortsetzung dessen zu hindern, womit er gerade beschäftigt war. Daraufhin nahm die Betreuerin Berts Fuß und stellte ihn sanft aber entschieden auf den Fußboden.

Bert saß eine Weile ruhig da, dann fing er an zu weinen. Er verbarg seinen Kopf unter dem Tisch, als hoffte er, so werde ihn niemand weinen sehen; er versuchte sich von der Gruppe abzusondern. Die Betreuerin fragte ihn, ob sie ihm am Fuß wehgetan habe, aber Bert schüttelte den Kopf und weinte hoffnungslos weiter. In diesem Augenblick ergriff Ralph das Wort und sagte: „Natürlich hast du nicht seinem Fuß wehgetan, Gayle. Du hast seine Gefühle verletzt." Nun fing Bert, der insgeheim geweint hatte, offen zu weinen an; er hob den Kopf und sah die Mitglieder der Gruppe an, deren Verständnis und Unterstützung er nun zu spüren schien.

Während er die vorherigen Versuche der Betreuerin, ihn zu trösten, hatte abweisen müssen, konnte er nun selbst sehen, daß die Gruppe seine Gefühle verstand und respektierte (obwohl er in Wirklichkeit der Aggressor gewesen war), und er war nun bereit, ihren Trost zu akzeptieren. Bald darauf hörte er auf zu weinen und rollte sich auf dem Schoß der Betreuerin zusammen, und kurz danach beteiligte er sich als Mitglied der Gruppe am Spiel der Kinder [21].

---

[21] Teilnehmende Beobachterin: Gayle Shulenberger.

Dieses letzte Beispiel zeigt die Interaktion zwischen der direkten Hilfe, die das Kind von der Gruppe bekommen kann, und der indirekten Hilfe der Betreuerin. Bei einer derartigen Interaktion ist es oft wichtig, daß der Erwachsene (der Betreuer) eine Haltung einnimmt, die auf die Realität der Situation bezogen ist, wie z. B. die, daß er ein Kind daran hindert, ein anderes zu ärgern. Es ist die Aufgabe des Erwachsenen, den Kindern die Welt zu erklären und ihnen zu helfen, die Welt zu verstehen, während die Anwendung dieses neuen Verständnisses auf die emotionalen Probleme des Kindes am besten durch dieses selbst oder durch andere Kinder vollzogen wird, die ihm im Alter näher stehen und es besser auf seinem eigenen Niveau interpretieren können. Dies macht die Anwendung jedes neugewonnenen Verständnisses seiner psychischen Probleme für das Kind weniger bedrohlich und deshalb auch annehmbarer. In diesem Zusammenhang möchte ich noch einmal betonen, daß alle schwer gestörten Kinder mit der Welt der Erwachsenen weit stärker auf dem Kriegsfuß stehen als mit der Welt anderer Kinder.

Wenn die Kinder die Erklärung eines Erwachsenen aufnehmen und diskutieren, ist sie nicht mehr etwas, das der Erwachsene aus unbekannten und möglicherweise selbstsüchtigen Gründen dem Kind aufdrängen will, sondern etwas, das es selbst hätte herausfinden können (oder selbst herausgefunden hat.) Auf diese Weise bleibt das neue Verständnis nicht etwas Äußerliches, Ich-fremdes, sondern es wird zum Bestandteil der Anschauung des Kindes von der Welt und von sich selbst. Zwei Beispiele mögen dies veranschaulichen.

George wurde eines Tages sehr wütend, weil einige der Kinder seine gehässigen Bemerkungen recht kritisch aufnahmen. An Stelle einer Antwort kündigte er an, er wolle allein einen Spaziergang machen. Im allgemeinen hindern wir die Kinder nicht daran, sich zu isolieren, wenn sie sich in der Gruppe unbehaglich fühlen; aber in diesem Fall hatte die Betreuerin das Gefühl, es würde George nicht zum Vorteil gereichen, wenn man ihn die anderen Kinder ärgern ließe und ihm dann erlaubte, wegzulaufen, so daß er den Folgen seiner Feindschaft ausweichen könne. Sie meinte, er sei mittlerweile in seiner Entwicklung weit genug fortgeschritten, um darauf verzichten zu können, aufs Geratewohl Feindseligkeit gegen andere zu äußern, ohne ihre Haltung ihm gegenüber zu berücksichtigen, die in diesem Fall sehr freundlich gewesen war. Aber George bestand auf seinem Vorhaben und sagte großsprecherisch, er gehe fort und er wünsche nicht durch das belästigt zu werden, was andere Kinder über seine Bemerkungen dächten. Er fügte hinzu, es sei ihm auch gleichgültig, was die Betreuerin von seinen Bemerkungen halte, worauf sie die Achseln zuckte.

Aber nun übernahm Paul, einer der anderen Jungen, die Gesprächsführung und sagte: „Daß du weggehen und einen Spaziergang machen willst, ist genauso wie bei einem Mann, der trinkt. Weißt du, manche Leute betrinken sich, wenn sie 'ne Menge Schwierigkeiten haben, und glauben, sie würden sie auf diese Weise vergessen. Und dann legen sie sich hin und schlafen ihren Rausch aus, aber wenn sie wieder aufwachen, stellen sie fest, daß sie immer noch die gleichen Schwierigkeiten haben und sie nicht losgeworden sind. Es ist genau das gleiche, wenn du jetzt einen Spaziergang machen willst."
Pauls vernünftige Einstellung veränderte für George die ganze Situation. Sie gab ihm zu denken, und er fing an sich zu fragen, ob sein Versuch, immer jeder Auseinandersetzung auszuweichen, indem er einfach allein fortging, wirklich so eine gute Methode sei, mit der Realität fertig zu werden [22].

Auf ganz andere Art erwies sich die Haltung der Gruppe als Hilfe für Morton, als seine Angst ihn daran hinderte, das Weltgeschehen im richtigen Maßstab zu sehen. Morton benützte, wie viele andere Kinder, Zeitungsartikel ebenso wie Comics und das, was er als „unheimliche Filme" bezeichnete, als zusätzliches Phantasiematerial für seine Ängste. Er benützte sie auch, um gemäß seinen eigenen neurotischen Bedürfnissen in anderen Kindern Angst zu wecken.

Zur Berichtszeit waren die Zeitungen voll von der Gefahr eines nahe bevorstehenden Krieges mit Rußland, und Morton nützte die Schlagzeile: „Die USA planen den Krieg, sagen die Russen", um aufgeregt von einem Kind zum anderen zu laufen und ihnen zu erzählen, es werde Krieg geben. Seine Betreuerin nahm dieses Verhalten zum Anlaß, ihm noch einmal Sinn und Zweck von Zeitungsschlagzeilen zu erklären, und auch den Umstand, daß er die Schlagzeile mißbrauche, ohne den Artikel und die Tatsachen näher zu untersuchen.

Einige der Kinder beteiligten sich an der Diskussion und sagten, sie wünschten, man würde den Zeitungen nicht erlauben, solche Schlagzeilen zu drucken. Die Betreuerin ging darauf ein, um noch einmal mit der Gruppe zu erörtern, daß zwar jeder das Recht hat, seine Meinung zu sagen, daß man sie aber nicht einfach nur akzeptieren, sondern sie untersuchen und über sie reden solle, besonders über das, was einen selbst angehe oder einem erschreckend vorkomme. Am Beispiel der Schlagzeile zeigte sie den Kindern, wie leicht andere angegriffen werden können und wie schnell ein Streit entstehen kann, wenn man Meinungen für

---
[22] Teilnehmende Beobachterin: Gayle Shulenberger.

Tatsachen nimmt — und wie wenig man tun kann, wenn über die vorhandene Wut oder Angst nicht gesprochen wird. Dann wies sie darauf hin, wie eine bestimmte Behauptung über die Zukunft — weil sie als Tatsache und nicht als Meinung präsentiert wurde — große und ungerechtfertigte Angst und vielleicht sogar Aggression ausgelöst habe. Das erregte das Interesse jener Kinder, die dazu neigten, ihre Furcht vor möglichen Aggressionen anderer als Tatsache hinzustellen und dann die „Tatsache" dazu benützten, Aggressionen oder asoziales Sich-Zurückziehen ihrerseits zu rechtfertigen [23].
Als Ergebnis dieses Gesprächs nahm die Gruppe das Angebot der Betreuerin an, den Jungen beim richtigeren Zeitunglesen zu helfen und Meinungen von Tatsachen unterscheiden zu lernen. Daraufhin lieferte Morton, der erregbar und paranoid war, spontan ein Beispiel, wie eine Schlagzeile, die er an einem Zeitungskiosk gesehen hatte, ihn verwirrt hatte. Diese habe gelautet: „Mr. Bennett tot im Zimmer aufgefunden." Und er lachte ängstlich und versuchte, die anderen anzustecken. Aber sie sagten: „Wer ist denn dieser Mr. Bennett?" und „Sie reden von Leuten, die man nicht einmal kennt, und so kriegen sie einen dazu, daß man die Zeitung kauft. Das ist genauso wie unheimliche Comics."
Die Betreuerin sagte zu den Jungen, es sei zwar wahr, daß manche Zeitungen auf diese Weise versuchen, ihren Umsatz zu erhöhen, aber es gebe auch andere, die nur die Tatsachen drucken und den Leuten die Möglichkeit geben, selbständig zu denken. Sie erzählte ihnen, daß die Mitarbeiter vor einigen Tagen gerade beschlossen hätten, ein paar Zeitungen wie „The New York Times" (Sonntagsausgabe) zu bestellen, so daß die Kinder sie haben und selbst sehen könnten, daß es Zeitungen gibt, die ohne unzuverlässige Meinungen und reißerische Schlagzeilen über Verbrechen auskommen können. Die Kinder, besonders Morton, hörten mit Interesse, daß wir bei Mitarbeiterkonferenzen über solche Dinge sprechen.
Am nächsten Tag legte die Betreuerin eine Lokalzeitung auf den Tisch, bevor die Gruppe den Schlafraum betrat. Die Jungen sahen sie durch und stellten fest, daß die drei ersten Seiten von Mord- und Scheidungsgeschichten beansprucht wurden, die alle von Leuten handelten, die sie nicht kannten. Sie sprachen unter sich darüber und entschieden, da keiner von ihnen die Leute kenne, von denen in der Zeitung die Rede war, gingen die Geschichten sie (die Jungen) wohl wirklich nichts an [24].
Dies war das erstemal, daß Morton eine Zeitung ansehen konnte, ohne

---

[23] Teilnehmende Beobachterin: Patty Pickett.
[24] Teilnehmende Beobachterin: Patty Pickett.

Angst zu bekommen und ohne das Gefühl zu haben, jeder Mordbericht, den er las, könnte etwas mit ihm oder mit seiner Familie zu tun haben. Er wiederholte sich mehrmals, er kenne niemand von den Leuten, über die die Zeitung berichte; sie bedeuteten ihm überhaupt nichts. Er hatte zwar die Wahrheit seiner eigenen Aussagen noch nicht ganz akzeptiert, aber er dachte ernsthaft über sie nach, weil ihm die Zweifel, ob alle erschreckenden Neuigkeiten etwas mit ihm zu tun hätten, bei der Besprechung dieses Themas mit anderen Kindern gekommen waren, und nicht nur, weil ein Erwachsener eine bestimmte Meinung vertreten hatte.

Diese Art der Interaktion zwischen den Kindern und dem Erwachsenen wird besonders wichtig, wenn die Kinder Ereignissen ausgesetzt sind, die wir nicht lenken können, wenn sie mit der Außenwelt in Berührung kommen. Aber darüber mehr im folgenden Kapitel.

10. Die Außenwelt

Um drei Uhr nachmittags an einem Wochentag ist die Schule aus, und nun kommt die längste Pause des Tages. Ob die Betreuerin das Kind an der Tür des Klassenzimmers erwartet oder im Schlafraum — sie hat sich jedenfalls auf den zu erwartenden Ansturm vorbereitet, so gut sie kann. Alles ist hübsch hergerichtet, und auf dem Tisch hat sie reichlich Erfrischungen, Spiele und anderes Beschäftigungsmaterial ausgebreitet. Aber aus Erfahrung weiß sie, daß dies bestenfalls Kinder befriedigen kann, die schon seit einem Jahr oder länger an der Schule sind. Es ist also eine gewisse Hilfe, aber keine große.
Die Kinder kommen voll aufgestauter Spannung vom Unterricht. Wieviel Freiheit sie auch gehabt haben mögen, sich ihren Lernstoff auszusuchen, sich zu bewegen, Dinge zu besprechen, wie aktiv sie auch in der Pause gespielt haben mögen, sie werden immer das Schulzimmer mit einer Ladung angesammelter Spannung verlassen, wenn auch vielleicht nur wegen der beim Lernen empfundenen Anspannung oder wegen der Sorge, daß sie nun entscheiden müssen, wie sie die nächsten Stunden ausfüllen wollen.
Manche Kinder kommen herein, werfen sich auf ihr Bett und wollen gar nichts tun. Andere sind voll Unternehmungslust, aber sobald ein anderes Kind oder die Betreuerin den Mund aufmacht, um etwas vorzuschlagen, rufen sie: „Nein, nein, das will ich nicht." Und selbst wenn eins dieser negativistischen Kinder einen Vorschlag macht, der angenommen wird, kann es immer noch seine Meinung ändern, denn in Wirklichkeit sucht es nur Gründe, um sich verfolgt fühlen zu können.
Wir versuchen auf verschiedene Weise, die durch diese Unentschlossenheit entstehende Spannung herabzusetzen. Wir haben z. B. an vier von fünf Nachmittagen in der Woche eine vorher geplante Tätigkeit, die mindestens ein paar Stunden in Anspruch nimmt. Obwohl diese Tätigkeiten regelmäßig stattfinden, müssen die Kinder sich nicht daran beteiligen, wenn sie nicht wollen; wir versuchen es allerdings mit Überredung, wenn wir meinen, ein Kind sei so weit, daß die Teilnahme ihm gut tun würde. Aber selbst diese Unternehmungen sind zeitlich begrenzt, und der Rest des Tages ist immer noch frei, so daß das Kind ihn selbst ausfüllen kann. Es wäre einfach, weitere Betätigungen auf den Stundenplan zu setzen, aber das würde den Bereich des spontanen Lebens und die Gelegenheiten zur selbständigen Wahl einschränken, die die Kinder beide irgendwann zu meistern lernen müssen.

Was die geplanten und sich wiederholenden Tätigkeiten angeht, so hat die Erfahrung uns gelehrt, daß es am besten ist, zweimal in der Woche das Universitäts-Schwimmbad zu benützen, die Universitäts-Turnhalle einmal in der Woche, und eine der mechanischen Werkstätten der Universität ebenfalls einmal in der Woche. In der Werkstatt benützen die Kinder hauptsächlich die Holzbearbeitungsmaschinen, obwohl auch andere Maschinen zur Verfügung stehen. Die Turnhalle und die Werkstätten der Universität sind viel besser ausgestattet als unsere eigenen Einrichtungen dieser Art. Diese werden von den Kindern beliebig benützt, wobei nicht für bestimmte Stunden oder Tage vorausgeplant wird. Einmal in der Woche gibt es Taschengeld; das bedeutet, daß an diesem Tag ein Einkaufsgang, bei dem sie sich das besorgen können, was sie sich wünschen, für viele Kinder eine erstrebenswerte Unternehmung zu sein verspricht. Mit Ausnahme des Schwimmens werden alle anderen geplanten Tätigkeiten an einem bestimmten Tag jeweils nur für eine oder höchstens zwei Gruppen angesetzt. Das bedeutet z. B., daß ein Kind, das nicht mit seiner eigenen Gruppe zum Einkaufen gehen wollte, sich an einem anderen Tag einer anderen Gruppe anschließen kann, so daß es zusätzliche Freiheit in der Wahl seiner Gesellschaft gewinnt.

Für Samstage und Sonntage wird fast nie etwas geplant, obwohl die Betreuer darauf vorbereitet sind, den Kindern mehrere Alternativen anzubieten, wenn ihnen selbst nichts mehr einfällt. Fast das ganze Jahr hindurch sind die Samstagsfilme im Museum für Naturgeschichte und die Märchenstunden in der Public Library beliebte Freizeitziele, wie das Eislaufen im Winter und der Gang an den Strand im Sommer. Auf diese Weise bietet jeder der fünf Wochentage und der Samstagvormittag dem Kind eine Betätigungsmöglichkeit, die ihm im voraus bekannt ist. Aber jede dieser Unternehmungen dauert höchstens zwei Stunden, so daß jeden Tag weitere drei oder vier Stunden übrig bleiben, die je nach der Eingebung des Augenblicks ausgefüllt werden können.

Innerhalb der vorausgeplanten Tätigkeiten hat das Kind ebenfalls einen weiten Spielraum für seine Entscheidungen, z. B. kann es bestimmen, wo und was es am „Taschengeldtag" einkaufen will. So kann jedes Kind zu seiner Zeit mit verschiedenen Graden der Freiheit und mit seiner Entscheidungsfähigkeit Versuche anstellen. Es kann sich ziemlich eng an das halten, was die Schule oder die Betreuer für es vorgesehen haben, es kann sich aber auch dafür entscheiden, auf eigene Faust zu handeln. Aber selbst das unsicherste Kind muß irgendwie entscheiden, z. B. ob es im Bett bleiben oder sich dem anschließen will, was die Gruppe tun will, ob es etwas ganz allein tun will oder mit einem oder zwei Gefährten. Die folgenden Bemerkungen beziehen sich hauptsächlich auf diejenigen

Kinder, die sich den Kontakt mit der Außenwelt wünschen, aber sie gelten andererseits auch für alle Kinder, weil alle früher oder später lernen müssen, mit der Welt fertig zu werden. Selbst diejenigen, die es vorziehen würden, nichts mit der Außenwelt zu tun zu haben, können nicht immer davor geschützt werden. Der Kauf neuer Schuhe z. B. könnte für das Kind erledigt werden, aber wir ziehen es vor, nicht jede Berührung mit der Wirklichkeit der Außenwelt auszuschalten.

Ich habe schon gesagt, daß wir versuchen, dem Kind eine Umwelt zu schaffen, die so eingerichtet ist, daß sie keine Anforderungen stellt, die es nicht bewältigen kann. Aber das können wir, wenn überhaupt, nur im Bereich unserer Schule tun. Unsere Türen sind immer weit offen, zumindest soweit es darum geht, daß ein Kind die Schule verlassen kann. Während des Tages wird das Kind von Erwachsenen gegen Eindringlinge von außen geschützt; abends werden die Türen verschlossen, können aber von innen geöffnet werden. Auf diese Weise hat das Kind immer die Möglichkeit, das Schulgebäude zu verlassen, aber wenn es das tut, setzt es sich einer Umwelt aus, die wir nicht überwachen können.
Wenn einer unserer Mitarbeiter mit dem Kind zusammen ist, versteht es sich von selbst, daß der Erwachsene verpflichtet ist, zwischen der zufälligen Alltagsumwelt und den besonderen Bedürfnissen des Kindes zu vermitteln. Aber der Betreuer ist nicht der einzige Puffer zwischen Kind und Umwelt. Auch andere Kinder, besonders die Gruppe, in der das Kind sich bewegt, beschützen es in gewissem Maß, immer vorausgesetzt, daß es nicht eigene Wege geht.
Die Kinder, die an unsere Schule kommen, zerfallen in bezug auf ihre Wünsche nach Kontakt mit der Außenwelt grob gesagt in zwei Gruppen: diejenigen, die den Wunsch haben, frei in der Welt herumzustreifen, und diejenigen, die diesem Kontakt ganz und gar vermeiden möchten. Es dauert gewöhnlich lange, bevor ein Kind eine Zwischenstellung einnimmt. Selbst „Ausreißer", die in die Welt draußen zu „flüchten" gewohnt waren, verlieren schließlich diesen Wunsch und wollen bleiben, wo sie sind. Erst wenn sie soweit sind, daß sie sich innerhalb der Schule wirklich geborgen fühlen, wächst in ihnen allmählich wieder die Bereitschaft, der Außenwelt gegenüberzutreten. Anfangs wagen sie es nur mit ihren Betreuern als Mittelspersonen. Aber wenn ihre Sicherheit wächst, machen sie schließlich auch allein kleine Ausflüge.
Zuerst wagen sie sich vielleicht bis zum Laden an der Ecke, dann zur Filiale der Public Library drei Straßen weiter, zum Einheitspreisladen, in die nahegelegenen Museen, und schließlich gehen sie vielleicht sogar ganz allein bis in die Stadtmitte. Die Hauptsache ist, daß das Kind

immer weiß, es muß nicht allein ausgehen, wir sind jederzeit bereit, es zu begleiten. Wenn es darauf besteht, allein auszugehen, versuchen wir es so einzurichten, daß das nicht in einem zu frühen Stadium seines Aufenthalts bei uns geschieht und nicht zu oft. Schließlich ist unser wichtigstes Instrument, mit dem wir dem Kind zu helfen versuchen, die Wirkung einer sorgfältig geplanten Umwelt und persönlicher Beziehungen; wenn beide fehlen, können wir wenig für das Kind tun; wir können nur hinterher die Scherben auflesen.
Darum stellt der Neuling, der allein umherstreifen will, der „Ausreißer", ein schwieriges Problem dar, weil er sich vorläufig weder an uns noch an die Schule gebunden fühlt. Er wagt sich nicht aus einer Sicherheitsbasis heraus, um auszuprobieren, wie gut er mit den unerwarteten Situationen des täglichen Lebens fertig werden kann. Je weniger er in der Schule ist, desto länger wird er brauchen, um sich die Geborgenheit zunutze zu machen, die die Schule zu bieten hat. In einem solchen Fall — wie bei der fortschreitenden Domestizierung Georges, die wir im sechsten Kapitel beschrieben haben — müssen wir ihm unter Umständen auf seinen Ausflügen folgen. Das geschieht dann aber weniger, um zwischen ihm und der Welt zu vermitteln, sondern mehr, um ihn wenigstens vor den schlimmsten Folgen seines eigenen asozialen Verhaltens zu schützen. Aber selbst für diese „Ausreißer" kommt eine Zeit, in der sie so nah wie möglich an der Schule bleiben wollen, mehr noch als Kinder, die von Anfang an nie oder nur selten das Schulgebäude verlassen wollten. Darum kommt auch für die Ausreißer der Tag, an dem sie lernen müssen, daß die Welt draußen weder so gefährlich, noch so feindselig, noch so bedroht ist durch ihre Destruktivität, wie sie fürchten.
Kurzum, alle Kinder müssen langsam und allmählich lernen, daß sie die unvorhersehbaren Ereignisse meistern können, denen jeder von uns im normalen Leben begegnet. Dies lernen sie auf ihren Ausflügen in die Welt, sei es ein zwangloser Spaziergang, ein Ausflug ins Museum, in ein geschütztes Waldgebiet, in den Zoo, usw.

Zum Glück sind wir besonders gut in der Lage, zwischen der Schule und der Außenwelt zu vermitteln, und zwar über das Planen von Ausflügen und die Anwesenheit von beschützenden Erwachsenen hinaus. Wir sind glücklicherweise Teil einer Institution, die größer ist als die Schule selbst und die, ohne zur Schule zu gehören, doch so eng mit ihr verbunden ist, daß sie einen Bereich darstellt, der dem „Zuhause" näher steht als die fremde Welt im allgemeinen. Es ist die kleinere Welt, in deren Rahmen die Schule besteht: die Universität von Chicago.
Früher oder später gibt die Tatsache, daß unsere Schule zur Universität

gehört, jedem Kind große Sicherheit, und es ist stolz auf diese Tatsache. Dann wird den Kindern klar, daß alles, so weit sie sehen können, wenn sie aus der Tür der Schule hinausgehen, Gebäude und Gelände der Universität sind, und für das Kind ist das unmittelbar Wahrnehmbare ziemlich gleichbedeutend mit der ganzen Welt. Hauptsächlich die geographische Ausdehnung des Universitätsareals macht ihnen zunächst Eindruck und gibt ihnen Sicherheit; später bekommen sie dadurch ein Gefühl des Status, der Zugehörigkeit, wenn sie der offenen Welt gegenüberstehen.
Es wäre hübsch zu denken, daß auch der intellektuelle Charakter der Universität dem Kind Eindruck macht, aber das ist nicht der Fall. Was es ersehnt, ist Schutz und Geborgenheit, und auf seiner Integrationsstufe bedeuten ihm Abstraktionen wie die Welt der Gelehrsamkeit wenig. Wenn sie einmal bedeutsam werden, und das werden sie schließlich, zumindest für manche von unseren Kindern, dann hat die Schule ihre Aufgabe gelöst, und das Kind ist fast bereit, sie zu verlassen.
Anders ist es, wenn es um den Ruf geht, den die Universität in der Gemeinde genießt. Dieser Ruf verleiht den Kindern größere Sicherheit. Aber wie immer ist auch hier das menschliche Element viel wichtiger als alles andere. Die verschiedenen Verbindungen zwischen dem Mitarbeiterstab unserer Schule und der Universität tragen am meisten dazu bei, daß die Kinder sich hier zu Hause fühlen. Der Umstand, daß viele ihrer Lehrer und Betreuer ihre Ausbildung an dieser Universität bekommen haben oder noch bekommen (einige von ihnen sind Hörer der Universität, während sie an unserer Schule arbeiten), macht sie zu einem freundlichen, vertrauten Ort.
Es ist auch wichtig für die Kinder, daß die ganze größere Gemeinschaft, in der sie leben, sich dem Lernen widmet; das bedeutet, daß sie nicht die einzigen sind, von denen man erwartet, daß sie lernen und sich entwickeln. Diese Tatsache vermindert den Abstand zwischen ihnen und den sie umgebenden Erwachsenen. Das heißt, die meisten intelligenten Eltern pflegen ihren Kindern zwar zu sagen, daß niemand je aufhört, zu lernen, sich zu entwickeln oder der Gemeinschaft Dienste zu erweisen, aber die Realität der Eltern zeigt gewöhnlich, daß diese Dinge eine Nebensache sind, Ausschmückung des Lebens, aber nicht Teil seines Wesens. Nachdem er eine Zeitlang an der Schule gewesen war, begann Teddy sich z. B. zu fragen, wie es zugegangen sei, daß er sich verändert habe, und wie die Schule das zuwege gebracht habe. Eines Abends sprachen einige der Jungen über Verbesserungen, die seit ihrer Ankunft in der Schule vorgenommen worden waren, und sie fragten sich, warum wohl die Mitarbeiter daran interessiert seien, alles für sie zu ordnen. Dann rief Teddy seine Betreuerin zu sich ans Bett und fragte: „Patty, wie

bringt Dr. B. es fertig, daß du die Schule gern hast?" (Dr. B. ist die Abkürzung meines Namens, die Kinder und Mitarbeiter verwenden.) Sie antwortete, weder ich noch irgend jemand anders könne einen Menschen veranlassen, die Schule gern zu haben, aber sie hoffe, er werde sich nach seinen eigenen Beobachtungen und Erlebnissen an der Schule eines Tages selbst ein Urteil darüber bilden. „Na, nach was denn zum Beispiel?" fragte Teddy. Seine Betreuerin sagte, er solle doch z. B. über das nachdenken, was an diesem und am vorhergehenden Tag geschehen sei, ob es Dinge seien, die ihm gefallen hätten; wenn das der Fall wäre, und wenn solche Tage sich ziemlich oft wiederholten, würde er wahrscheinlich gern in der Schule leben; wenn er im Lauf des Tages unangenehme Erlebnisse gehabt habe und wenn sie sich wiederholten, würde ihm wahrscheinlich die Schule mißfallen. Teddy nickte und sagte, ja, es habe eine Menge Dinge gegeben, die ihm gefielen.

Dann dachte er einen Augenblick nach und fuhr fort: „Aber die Schule ist doch nicht nur für die Kinder da. Die Betreuer haben auch 'was davon, daß sie hier sind, nicht?" Seine Betreuerin fragte, was er meine, und er sagte: „Na ja, vor langer Zeit, als Josette anfing, meine Betreuerin zu sein, wußte sie nicht, was sie mit einem Jungen wie mir tun solle, und dann lernte sie es; also hat die Schule auch ihr genützt." Die Betreuerin sagte, das sei ganz richtig, einer der Hauptgründe, warum die Betreuer an der Schule arbeiteten, sei der, daß sie hier viel lernen könnten, und eins der Ziele der Mitarbeiterbesprechungen, nach denen er sie kürzlich gefragt habe, sei es, ihnen zu helfen, mehr zu lernen. Und Teddy sagte: „Du meinst, wo ihr über bestimmte Kinder sprecht und nicht nur über das, was in der Schule zu tun ist?" Die Betreuerin nickte, und Teddy fragte: „Wieviel solche Besprechungen habt ihr denn eigentlich — ihr habt fast jeden Tag eine, nicht?" Die Betreuerin sagte, ja, so sei es, aber wir besprächen unsere Arbeit nicht nur bei Zusammenkünften, sondern immer dann, wenn etwas sich ereigne, das zu Fragen anrege, das man interessant oder wichtig finde. Darauf fragte Teddy: „Ach, ist das der Grund, warum Connie bei uns auf Besuch ist? Wird sie unsere Betreuerin?" (Connie war damals eine zukünftige Betreuerin, die ihre Ausbildung gerade angefangen hatte.) Die Betreuerin sagte nein, Connie werde nicht seine Betreuerin, aber sie hospitiere bei einigen Betreuern, die schon eine Weile an der Schule seien, um ihre Arbeit zu lernen. „Du meinst", fragte Teddy, „sie soll etwas daraus lernen, daß sie dir zusieht, und dann wird sie auch Betreuerin?" und die Betreuerin antwortete: „Ich weiß nicht, ob sie eine wird oder nicht, aber das ist der Sinn der Sache."[1]

---
[1] Teilnehmende Beobachterin: Patty Pickett.

Es ist also wichtig für die Kinder zu sehen, daß sogar die Mitarbeiter an der Schule lernen und sich entwickeln, genauso, wie man es von ihnen selbst erwartet.

An der Universität betrachtet natürlich jeder Lernen und Reifen als seine Hauptaufgabe, und der offenkundige Zweck der Universität ist Dienst am Gemeinwesen. Diese Beispiele und der Geist dieser Stätte sind eine wertvolle Hilfe bei der weiteren Sozialisierung des Kindes, aber erst, wenn es emotional dafür bereit ist. Vorher würden solche Vorstellungen das Kind nur überfordern, und darum bringen wir es gar nicht mit ihnen in Berührung.

Die Universität leistet auch dadurch dem Kind unmittelbar einen Dienst, daß sie ihm den Wert des Gemeinwesens vor Augen führt, das es umgibt. Sie macht das, was für das Kind ursprünglich ein belangloser oder fremder Ort war, zu einem, für den es freundliche Gefühle hegt. Mit Hilfe ihrer Kliniken kümmert sich die Universität um die körperlichen Beschwerden des Kindes und schützt es vor Krankheiten, soweit möglich. Spaziergänge auf dem Universitätsgelände, Besuche in den verschiedenen Universitätsgebäuden machen die Universität zu einem Ort, an den das Kind gehört. Da Kinder das am meisten schätzen, was handgreiflich für sie getan wird, gefällt ihnen die Tatsache, daß so vieles, was ihnen das Leben erleichtert oder was es sicherer macht, nicht von Außenseitern getan wird, sondern von der Universität, zu der sie gehören. Angestellte der Universität reparieren die Gebäude, Werkstätten der Universität (die sie selbst besuchen) schicken die Männer, die die Möbel heilmachen, usw. Dies alles hilft ihnen, rechtzeitig zu verstehen, daß sie Teil einer größeren Welt sind, die an ihnen Anteil nimmt, sich um sie kümmert und für sie sorgt.

Während die Erwachsenen an der Schule zwischen dem Kind und der Außenwelt vermitteln, vermittelt die Universität gewissermaßen zwischen der Schule und der größeren Gemeinschaft. Je nach seinem Sicherheitsbedürfnis kann das Kind sich ausschließlich in der kleinen Welt der Schule oder in der größeren Welt der Universität bewegen, oder es kann schließlich, wenn es gelernt hat, sich in dieser relativ geschützten Welt zu bewegen, in die große Stadt hinausziehen.

Man könnte einwenden, diese Bemerkungen hätten wenig Allgemeingültigkeit, denn es sei ein einzigartiger Vorteil, daß unsere Schule Teil einer großen Universität ist. Zwar läßt sich diese besondere Konstellation nicht leicht nachahmen, aber man kann keineswegs behaupten, das zugrunde liegende Prinzip sei nicht gültig. Eine vernünftige Erziehung muß überall auf der Welt Schritt für Schritt vorangehen. Das Kind lernt zuerst seine eigene kleine Familie kennen. Von dort muß es fortschreitend zu seinen übrigen Verwandten, zur Familie im großen, Beziehungen herstellen. Danach muß es den Mut fassen, die Straße in der es lebt, zu erforschen und sie zu einem Bestandteil seines Lebens machen, und so fort bis zur nächstgelegenen Kirche oder öffentlichen Bibliothek oder zu dem, was sein Viertel gerade an lebenswichtigen Einrichtungen bietet. Das schwer gestörte Kind hat entweder überhaupt keinen Kontakt mit der Welt oder es bekämpft sie. Auf jeden Fall hat es entweder keine Kontakte zum Gemeinwesen hergestellt, oder es hat sie verloren. Sie müssen in einer langsamen, Schritt für Schritt sich vollziehenden Entwicklung wiederhergestellt werden.

Die Außenwelt greift selbst in die behütete Schul-Umwelt hinein. Wir können und wollen nicht alle Kommunikationen ausschließen, die aus der Außenwelt kommen; schließlich muß das Kind eines Tages lernen, in dieser Welt zu leben. Darum versuchen wir hier, wie bei anderen Realitätsfaktoren, eher die Reize richtig zu dosieren, als die von ihnen ausgehende Herausforderung ganz auszuschalten. Wir zensieren zwar einige Zeitschriften und Zeitungen, um die schlimmsten der grausigen Bilder und Artikel auszusondern, die mehr sein könnten, als ein Kind erträgt, aber wir können dies nur beschränkt durchführen. Wir vermögen es nicht zu verhindern, daß die Kinder Zeitschriften an den Kiosken sehen, und wenn wir ihnen nicht erlauben würden, einige davon zu kaufen, würden sie von unbezähmbarer Neugier erfaßt. Deshalb müssen wir uns im großen ganzen damit zufriedengeben, die schlimmsten ihrer Reize herauszustreichen, und im übrigen die Trümmer wegzuräumen, wenn es Schäden gegeben hat.
Aber auch hierbei hoffen wir, daß die Geborgenheit, die wir dem Kind bieten, ihm wenigstens innerhalb der Schule zu dem Gefühl verhelfen wird, daß seine Ängste ihm Trugbilder vorgaukeln, wenn es überall ohne vernünftigen Grund Unglücksfälle zu sehen meint. Später wird diese Geborgenheit es vielleicht allmählich weniger ängstlich machen hinsichtlich der Gefahren, die dem täglichen Leben innewohnen, wie es z. B. bei Eddies Furcht vor Autos der Fall war.
Außer seiner Furcht vor dem Ertrinken hatte Eddie nämlich auch große Angst vor Autos; diese Angst hatte eingesetzt, als er im Kleinkindalter einmal beinah von einem Auto überfahren worden war. Damals und auch später deutete er den Unfall teils als einen Beweis für die gefährliche Übermacht seiner Feinde, teils als eine Strafe für eigene feindselige Phantasien und Wünsche. Wie Charles versuchte er, seine Ängste dadurch zu besiegen, daß er sich bemühte, alles über Autos zu erfahren und zu lernen. Zuerst fragte er alle Leute unaufhörlich über die Vorteile

der verschiedenen Automarken aus; er wollte auch von ihnen wissen, welche Autos ihnen am besten gefielen. Auf Grund dieses Wissens hoffte er herausfinden zu können, wie gefährlich der Mensch war, mit dem er jeweils sprach.
Insgeheim glaubte er, wenn er genug über Autos wüßte, würde er nie überfahren werden. Er spielte stundenlang mit kleinen Spielzeugautos, betrachtete sie, während er sie vor sich hin und her schob, oder bückte sich hinunter, um fasziniert zu beobachten, wie sich ihre Räder drehten. Er versuchte auf diese Weise, gleichsam durch eine magische Bemühung, ihre Bewegung zu lenken, bis sie ihn nicht mehr gefährdeten. Alle direkten Beruhigungsversuche waren vergeblich; wir mußten uns auf weiter an der Peripherie gelegene Ängste konzentrieren, um seine Angst allgemein herabzusetzen. Wir versuchten z. B., indem wir ihn überreichlich mit Nahrung und Spielzeug versorgten, seinem augenblicklichen Gefühl der Benachteiligung und seiner ständigen Erwartung, auch in Zukunft zu kurz zu kommen, entgegenzuwirken.
Da wir Eddie lieber nicht Zeitungen und Zeitschriften vorenthalten wollten, und da wir anderen Kindern um seinetwillen den Wunsch danach nicht abschlagen konnten, war es nicht zu vermeiden, daß Bilder von Unfällen seine Ängste verstärkten. Aber selbst wenn wir ihm alle Bilder von zerschmetterten Autos hätten fernhalten können, hätte es wenig genützt, denn sogar die Kraftfahrzeuganzeigen genügten, um seine Ängste zu aktivieren.
Wir versicherten Eddie immer wieder, es sei nicht wahrscheinlich, daß er in einem Unfall verletzt oder gefährdet würde, wenn er einigermaßen vorsichtig sei. Um die Angst vor seiner Gefährlichkeit für andere zu lindern, wiesen wir auch darauf hin, daß wir es niemals dulden würden, wenn er anderen Schaden zufügte; die Betreuer hätten die Aufgabe, solche Dinge zu verhindern, und wir seien sehr wohl in der Lage, nicht nur ihn selbst, sondern auch andere Kinder und uns selbst gegen alles zu schützen, was er tun könne. Lange hatte er jedoch wenig Vertrauen zu dem, was wir sagten.
Eines Tages, als er schon erheblich sicherer war, blätterte er eine Zeitschrift durch auf der Suche nach Bildern von Autos oder Auto-Anzeigen, wie er es oft tat, als er etwas sah, das ihn anscheinend aus der Fassung brachte. Jedenfalls blätterte er schnell weiter, ohne sich die Seite noch einmal anzusehen. Was er gesehen hatte, war die Anzeige einer Ölgesellschaft, auf der ein Auto gezeigt wurde, das auf einem Kanu „ritt", um dem Betrachter eine Vorstellung davon zu vermitteln, wie gut Automotoren laufen, wenn man das Öl dieser Gesellschaft verwendet. Ganz beiläufig sagte der Betreuer zu Eddie, die Anzeige auf der Seite,

die er gerade umgeblättert habe, zeige nicht ein Auto, das ein Kanu überfahre, sondern ein Auto, das auf einem Kanu mitfahre. Dann erklärte er ihm den Sinn der Anzeige, ohne auf die Angst des Jungen anzuspielen.

Dieses Gespräch über eine Anzeige (anstatt über Autos und ihre Gefahren) erweckte in Eddie das Gefühl, seine Ängste seien vielleicht übertrieben. Es gab ihm auch die beruhigende Gewißheit, daß es Möglichkeiten gab, über seine Ängste zu sprechen, ohne an ihre Wurzel zu rühren, was zu diesem Zeitpunkt unerträgliche Spannungen hervorgerufen hätte. Auch andere Kinder begannen sich für den Zweck von Anzeigen zu interessieren und dafür, wie Symbole benützt werden, um Vorstellungen zu veranschaulichen, und auch das half Eddie, seine Ängste in objektiverem Licht zu sehen.

Den nächsten Schritt tat Eddie, indem er darauf verzichtete, sich ausschließlich auf eine magische Beherrschung von Autos zu verlassen, und anfing, seine Aggressionen offen in die Tat umzusetzen, indem er Autos mit Schneebällen bewarf — wieder etwas, das er nie hätte tun können, wenn wir versucht hätten, ihn von der Außenwelt zu isolieren. Daß wir es erlaubten, und daß wir ihm versicherten, er habe keine üblen Folgen zu befürchten, verminderte zusätzlich die Spannung, die er jedesmal empfand, wenn er ein Auto sah [2].

Nach diesen Erlebnissen nahm seine Angst, das Gelände der Schule zu verlassen, ab. Wenn er auf der Straße war, mußte er sich nun nicht mehr auf seine magische Beherrschung der Autos konzentrieren. (Sie drückte sich darin aus, daß er die Autos anstarrte, denn er glaubte, wenn er sie aus den Augen ließe, könnten sie plötzlich auf ihn losgehen und ihn vernichten.)

Eines Tages, nachdem er eine Zeitlang Autos mit Schneebällen beworfen hatte, fing er plötzlich an, über die Ursache seiner Angst vor Autos zu sprechen. Die Gelegenheit nützend, die Eddie uns gab, machte der Betreuer, als der Junge das nächste Mal Schneebälle auf Autos warf, den Vorschlag, nicht auf die Fenster zu zielen, weil sie zerbrechlich seien. Er schlug ihm statt dessen vor, sich auf die Metallteile zu konzentrieren. Inzwischen hatte Eddie genug Aggression abgeführt, so daß er auf die Stimme der Vernunft hören konnte, und er ging auf den Vorschlag des Betreuers ein. Als nächstes riet der Betreuer Eddie, nicht auf fahrende Autos zu werfen, denn er könnte sein Ziel verfehlen; der Schneeball könnte die Windschutzscheibe treffen, dem Fahrer die Sicht nehmen, und ein Unfall könnte die Folge sein. Auch dies kam Eddie vernünftig

---

[2] Teilnehmender Beobachter: Victor De Grazia.

vor, und dann erzählte er dem Betreuer, daß er Autos hasse, weil sie Menschen überführen, wie er selbst einmal beinah überfahren worden sei. Dies war das erste Mal, daß Eddie von sich aus einen Zusammenhang zwischen seinem knapp vermiedenen Unfall in der frühen Kindheit und seiner gegenwärtigen Angst vor Autos herstellte.

Darauf folgte ein langes Gespräch, das Eddie (ebenfalls zum erstenmal) half, etwas zu verstehen, das ihm schon vorher oft erklärt worden war, nämlich die Tatsache, daß Autos keinen eigenen Willen haben, daß sie von Fahrern gelenkt werden, und daß es, wenn Unfälle passieren, am Fahrer liegt und nicht am Auto. Langsam begann Eddie zu begreifen, daß seine Angst vor Autos in Wirklichkeit eine Angst vor seinem Vater war, die er auf Autos übertragen hatte — die Angst vor einem Vater, der (für Eddie) besonders destruktiv zu sein schien, wenn er ein Auto fuhr [3].

Ursprünglich hatte Eddie seine Angst vor dem Vater auf Autos übertragen, weil Autos weniger fähig zu sein schienen, ihn zu beherrschen oder zu bedrohen, als sein Vater. Aber da es keine Straßen ohne Autos gibt, hatte diese Übertragung es Eddie unmöglich gemacht, sich auf der Straße auch nur einen Augenblick zu entspannen. Sobald Eddie ein gewisses Verständnis für die psychologische Bedeutung seiner Ängste gewonnen hatte, nahm ihre Intensität ab, und er fing an, sich auf einen bestimmten Teil der Autos zu konzentrieren. Gemäß dem kindlichen anthropomorphen Denken fürchtete sich Eddie nicht mehr vor den unbeweglichen Teilen der Autos und hörte auf, sie mit Schneebällen zu bewerfen. Statt dessen konzentrierte er sich auf die Räder, auf die bewegten Teile. Später zielte er nur noch auf Autos, die ein Nummernschild aus seinem Heimatstaat trugen, also auf Autos, die möglicherweise von seinem Vater hätten gefahren werden können.

Nach einiger Zeit wurde Eddie so frei, daß er auf Spaziergängen den Versuch der magischen Beherrschung der Autos aufgab und begann, sich umzusehen und zu beobachten. Nun erst konnte er anfangen, seine Spaziergänge zu verstehen und zu genießen, ebenso sich selbst und diejenigen, die mit ihm zusammen waren.

Wie Eddie haben viele unserer Kinder besondere Ängste, die sie nicht nur daran hindern, Spaziergänge auf der Straße und Ausflüge außerhalb des Schulgebäudes zu genießen, sondern die sie auch, was viel schlimmer ist, daran hindern, die Welt verstehen zu lernen, wie es normale Kinder durch ihre zwanglosen Beobachtungen tun. Wie schon im vorigen Kapi-

---

[3] Teilnehmender Beobachter: Roderick E. Peattie.

tel erwähnt, wirken Betrunkene, Menschen mit offenkundigen Schädigungen, Spastiker oder andere Menschen, die die Herrschaft über ihren Körper verloren haben, auf viele unserer Kinder sehr bedrohlich. Sie erscheinen ihnen als lebendige Beweise dafür, wie leicht man die Beherrschung verlieren kann, und die Kinder fürchten, auch sie könnten plötzlich feststellen, daß ihnen ein Teil ihres Körpers fehlt (wenn sie Menschen sehen, die ein Bein oder einen Arm verloren haben), oder sie könnten die Herrschaft über ihren Körper verlieren (wie die Spastiker) oder über ihre Vernunft (wie die Betrunkenen). Auf Spaziergängen halten diese Kinder so konzentriert Ausschau nach behinderten Personen, daß sie ihre Umwelt nicht beobachten können und auch Tätigkeiten nicht genießen können, die ihnen sonst vielleicht Spaß gemacht hätten.
Trotzdem bieten Spaziergänge mit einem Kind viele Gelegenheiten für „marginale" Gespräche, die ihm helfen, sein eigenes Verhalten zu verstehen, Ängste durch Realitätsprüfung zu überwinden, und falsche Eindrücke, die es von der Welt im allgemeinen oder von zwischenmenschliche Beziehungen bekommen hat, richtigzustellen. Oft handelt es sich bei diesen Hilfsmaßnahmen auch um nicht-verbale Kontakte, die man nur schwer überzeugend beschreiben kann. Es ist schwer zu sagen, warum es für ein Kind soviel mehr bedeutet, wenn man es in einem bestimmten Augenblick bei der Hand nimmt, als wenn man sich mit Worten bemüht, seine bewußten oder unbewußten Ängste zu zerstreuen. Versuchsweise könnte man sagen, daß nicht-verbale Kontakte die tiefsten oder frühesten Schichten der Persönlichkeit erreichen, Schichten, die sich vor der Sprachentwicklung gebildet haben. Jedenfalls sind in Augenblicken, in denen das Ich wenig Kontakt mit der Realität hat, in denen es weniger gut integriert ist als gewöhnlich, oder in denen seine Fähigkeit zur korrekten Wahrnehmung plötzlich nachläßt (z. B. wenn das Kind einen zufällig Vorüberkommenden für betrunken hält), nicht-verbale Kontakte bei weitem nützlicher. Dann ist die nicht-verbale Kommunikation oder das nicht-verbale, aber beruhigende Verhalten des Erwachsenen höchst konstruktiv und geeignet, den Kontakt mit dem Kind wiederherzustellen, seinem Ich die Steuerungsfunktion wiederzugeben oder ihm zu helfen, das, was es sieht, mehr der Realität gemäß zu deuten.
In einem gedruckten Bericht, bei dem man auf Worte angewiesen ist, ist es schwierig, diese Art der nicht-verbalen Unterstützung zu beschreiben, und ich muß mich mehr oder weniger darauf beschränken, verbale Kontakte zu zitieren, die während des Tages zwanglos stattfinden. Aber man darf dabei nicht vergessen, daß diese Kontakte immer von nicht-verbalen Gesten und Gefühlsausdrücken begleitet sind, auf die das Kind

auch reagiert. Oft leistet dieses Ergreifen einer Hand oder ein „Na, na", das den Charakter eines beruhigenden Geräusches hat, mehr für die Wiederherstellung der Ich-Herrschaft oder die Förderung der Realitätsprüfung, als irgendein deutlicher Wortwechsel es gekonnt hätte.

Kontakte dieser Art, die dem, was nominell vor sich geht, so untergeordnet sind, sind besonders wichtig, wenn man die „unbeherrschte" Außenwelt weniger bedrohlich und leichter handhabbar erscheinen lassen will. Sie bewahren die Intimität persönlicher Beziehungen inmitten der fremden Außenwelt und erleichtern es dem Kind zu erkennen, wie unrealistisch seine Ängste sind. Sie überzeugen es auch, daß wir es als einen Menschen akzeptieren, dessen Gefühle immer gültig sind, selbst wenn wir zugleich versuchen, ihm zu zeigen, daß seine Überlegungen nicht immer richtig sind, oder wenn wir in seine Handlungen eingreifen müssen, weil sie unerwünschte Folgen haben könnten.

Eines Abends war eine Gruppe von Jungen auf dem Heimweg vom Eislauf am Midway — einer breiten Parkanlage um eine Durchfahrtstraße herum, die im Winter teilweise überflutet wird, damit man Schlittschuh laufen kann. Es war schon dunkel, als Jack, der neben seinem Betreuer ging, nach vorn sah und einen Mann erblickte, der näherkam. „Da ist ein Mörder!" sagte er. „Der ist hinter mir her. Er wird mich umbringen."

Der Betreuer nahm Jack bei der Hand und sagte, es werde ihm nichts passieren; er sei ja da, um ihn zu beschützen. Aber als der Mann vorbeiging, faßte Jack die Hand des Betreuers fester. Einen Augenblick später wies der Betreuer darauf hin, daß nichts Unangenehmes geschehen sei, und Jack ließ die Hand des Betreuers los, aber seine Angst war noch nicht behoben.

Auf ihrem weiteren Heimweg kamen die Kinder an einem Kasten vorbei, in dem das Ticken einer Steuerungsanlage für eine Verkehrsampel aus der Nähe deutlich zu hören war. Jack hörte es und fing an zu schreien: „Das ist eine Zeitbombe. Das ist eine Zeitbombe", und riß sich von der Gruppe los. Er lief in großen Kreisen um den Kasten herum; im Laufen wedelte er wild mit den Händen und schrie: „Seht euch vor. Das ist eine Zeitbombe." Er war etwa fünfzig Meter entfernt, als sein Betreuer ihn rief und ihm versprach zu erklären, warum es in dem Kasten tickte. Jack kam zurück, und der Betreuer erklärte, in dem Kasten sei ein Motor, der die Umschaltung der Verkehrsampel steuere. Er forderte Jack auf, sich das Ticken anzuhören und zugleich die Ampel zu beobachten. Dann würde er sehen, daß zur gleichen Zeit mit dem Klickgeräusch im Kasten die Ampel ihre Farbe wechselte. Jack war sehr interessiert, und blieb zusammen mit seinem Betreuer eine Weile stehen, um ein paarmal zu beobachten, wie die Ampel von einer Farbe zur anderen wechselte. Jack sagte kein Wort, aber er war offensichtlich sehr erleichtert, und bald rannte er den anderen Jungen nach, um sie einzuholen [4].

Die Furcht vor fremden Dingen und Menschen ist so typisch für unsere Kinder, und es ist so wichtig, daß sie lernen, wie ungerechtfertigt ihre Befürchtungen sind (und daß sie nebenbei lernen, anderen zu vertrauen und sich in dieser Welt geborgen zu fühlen), daß ich noch ein zweites Beispiel hinzufügen möchte.

Dieser Vorfall ereignete sich wie der vorher beschriebene, während eine Gruppe von Jungen auf einem Gang mit ihrem Betreuer war. An einer Stelle blieb Mitchell, ein elfjähriger Junge, der mit Recht vor seinen eigenen Aggressionen Angst hatte, wie auch davor, die Herrschaft über sie zu verlieren, ein Stück zurück, um in ein Schaufenster zu schauen. Ein paar Minuten später kam er zu seinem Betreuer gerannt und sagte, ein Mann mit einem Spazierstock habe ihn mit einem Messer bedroht. Der Betreuer beruhigte ihn zunächst ein wenig, nahm ihn dann bei der Hand und sagte, er werde mit ihm zurückgehen, um den Mann zu suchen und ihn verhaften zu lassen. Als sie den Weg zurückgingen, den Mitchell gekommen war, begegneten sie einem Mann mit einem Spazierstock, und der Betreuer fragte den Jungen, ob dies der Mann sei, den er meine. Mitchell sagte nein, aber er drehte den Kopf weg und wagte nicht, den Fremden anzusehen. Sie gingen ein wenig weiter, bis Mitchell sagte: „Er ist nicht mehr da." Daraufhin kehrten sie um und trafen wieder mit den anderen Jungen zusammen.

Unterwegs gingen sie noch einmal an dem Mann mit dem Spazierstock vorbei, und der Betreuer fragte Mitchell wieder, ob er sicher sei, daß dies nicht der Mann gewesen sei. Mittlerweile wagte Mitchell den Mann anzusehen, und er wiederholte, dies sei nicht der Mann, der ihn bedroht habe. Aber jetzt, nachdem sie zum zweiten Mal an dem Mann vorbeigegangen waren, lockerte sich der Griff, mit dem Mitchell die Hand des Betreuers festgehalten hatte, und der Betreuer ließ die Hand los. Mitchell hatte die Realität geprüft und sich davon überzeugt, daß seine ängstliche Einbildung ihm einen Streich gespielt hatte. Es war nicht nötig, seinen Irrtum anderen einzugestehen. Aber später, auf dem Heimweg, nahm der Betreuer den Vorfall zum Anlaß, sowohl Mitchell als auch den anderen Jungen beruhigend zu versichern, die Polizei sei immer da, um sie zu beschützen, wenn sie jemals in Gefahr kommen sollten [5].

---

[4] Teilnehmender Beobachter: Victor De Grazia.
[5] Teilnehmender Beobachter: Clarence Lipschutz.

Wir müssen oft, wenn unsere Kinder sich hinauswagen, auf die Schutzfunktion der Polizei, der Feuerwehr usw. zurückgreifen und auf sie hinweisen. Wie schon erwähnt, fürchten sich manche unserer Kinder vor Betrunkenen. Einmal verirrte sich ein Betrunkener zufällig in unsere Schule, und die Kinder waren beeindruckt, als sie sahen, wie leicht die Polizei, die in weniger als fünf Minuten erschienen war, nachdem wir telefoniert hatten, ihn entfernen konnte.

In ähnlicher Weise haben Besuche in der uns am nächsten gelegenen Feuerwache und der eigene Augenschein, wie nah und wie gut ausgerüstet sie ist, viel dazu beigetragen, die nächtlichen Ängste und die allgemeine Angst vor Feuer bei unseren Kindern zu vermindern.

Je nach den Umständen kann der beruhigende Hinweis auf die Mühe, die sich die Gesellschaft gibt, um ihre Mitglieder zu beschützen, verschiedene Formen annehmen. Die Kinder waren z. B. eines Tages im Zoo, und Eddie bekam große Angst, als er die Genitalien des großen Gorillas sah. Es war eine gewisse Beruhigung, daß das Tier sicher hinter Gittern war. Aber die Aufregung über den Anblick der großen Genitalien und das Gespräch, das unter den Kindern entstand, verursachte soviel Angst, daß sie anfingen, in verschiedene Richtungen auseinanderzulaufen, bis schließlich zwei von ihnen leider abhanden kamen. Nun erreichte Eddies Spannung ihren Höhepunkt.

Aber bevor der Tag vorüber war, gewann er eine große und bleibende Beruhigung in bezug auf die Gesellschaft und seine Sicherheit, wenn er sich frei in ihr bewegte, denn erstens wurden die verlorenen Kinder relativ rasch wiedergefunden, und zweitens suchte die Betreuerin auf der Polizeistation nach ihnen, um den Polizisten mitzuteilen, daß sie verlorengegangen seien. Es ergab sich, daß sie gerade auf der Polizeistation wieder auftauchten, wodurch die Schutzfunktion der Gesellschaft betont wurde [6].

Kontakte mit der Außenwelt oder einfach die Tatsache, daß ein Kind außerhalb des schützenden Milieus der Schule ist, reaktivieren oft neurotische Verhaltensweisen, die innerhalb der Schule schon seit einiger Zeit verschwunden waren oder dort nicht einmal zum Vorschein gekommen sind. Versuchungen der Außenwelt können auch Triebwünsche aufs neue erwecken, die noch nicht integriert sind, oder Abwehrhaltungen, die noch nicht abgebaut sind. Zwei Vorfälle aus dem Leben von Tom und Ellen sollen diese einander entgegengesetzten Phänomene veranschaulichen.

---

[6] Teilnehmende Beobachterin: Josette Wingo.

Nach drei Jahren hatte Tom die Tatsache akzeptiert, daß innerhalb der Schule all seine Versuche, eine Mutter-Ersatzfigur sexuell zu provozieren, zu nichts führten. Trotzdem führte ihn die „unkontrollierbare" Außenwelt in Versuchung, seine alten verführerischen Tricks noch einmal auszuprobieren.

Tom war mit einer Gruppe von Jungen draußen im Jackson-Park, und Tom beschloß, er wolle Versteck (hide-and-seek) spielen. Die anderen Jungen waren einverstanden, und sie fingen ein Spiel an, bei dem ein Junge sich versteckte und die anderen versuchten, ihn aufzuspüren. Tom rannte und jagte etwa zwanzig Minuten lang mit ihnen, dabei wurde er immer aufgeregter. Dann lief er zu seiner Betreuerin und sagte: „Willst du mich jagen?" Ihr einfaches „nein" verblüffte ihn einen Augenblick lang, aber er machte noch einen letzten Versuch. „Willst du mit mir Versteck spielen", fragte er. (Dabei versprach er sich und sagte „hide-and-peek"; peek bedeutet etwa: aus einem Versteck heraus spähen.) Und wieder sagte sie „nein". Tom hatte seinen Versprecher sehr wohl bemerkt, aber er verbesserte sich nicht. Trotzdem war die Erregung nun vorbei [7].

Für Tom war die größere Freiheit der Außenwelt eine Versuchung, auszuprobieren, ob er eine Mutter-Figur verführen könne, wie er früher geglaubt (oder gefürchtet) hatte. Andere Kinder veranlaßt die „große Welt", auf alte Abwehrmechanismen zurückzugreifen. Viele Kinder meinen, sie müßten uns noch einmal prüfen, um zu sehen, ob es nötig ist, uns durch „gute Taten" zu besänftigen. Sie stellen uns auf die Probe, um festzustellen, ob wir nicht doch von ihnen erwarten, sie sollten gesellschaftlich akzeptable, wenn auch vorgegebene, emotionale Einstellungen zeigen. Die Kinder wollen auch herausfinden, ob sie es sich leisten können, ihren eigenen wahren Gefühlen entsprechend zu handeln, selbst wenn sie außerhalb des Schutzbereichs der Schule sind.

Viele solche Versuche werden bei Geburtstagen von Eltern oder Geschwistern, am Mutter- oder Vatertag und bei ähnlichen Gelegenheiten unternommen; dann wollen die Kinder sehen, ob wir von ihnen erwarten, daß sie Geschenke kaufen oder machen, Glückwunschbriefe schreiben und so fort. Gewöhnlich kommt so etwas nicht zum Vorschein, wenn die Kinder im Bereich der Schule sind, sondern wenn sie zu einem solchen Zeitpunkt mit ihren Betreuern auf einem Spaziergang oder beim Einkaufen sind. Draußen erinnert die Werbung das Kind z. B. an den Muttertag, und es macht dann vielleicht eine Bemerkung über etwas, das es in einem Schaufenster sieht, und sagt, es wolle das als Geschenk kau-

---

[7] Teilnehmende Beobachterin: Gayle Shulenberger.

fen. Die meisten Bemerkungen dieser Art sind Versuche, entweder den Betreuer zu prüfen oder die Unterstützung zu provozieren, die das Kind braucht, bevor es seinen wahren Gefühlen entsprechend handeln kann, anstatt eine leere Geste des guten Willens zu machen. Wenn man die Kinder zu diesen Gesten ermutigte, könnten sie nie zu der Überzeugung kommen, daß echte Gefühle selbst den nettesten Gesten vorzuziehen sind.

Wie Ellen sich eines Tages in einem Laden verhielt, war ein typisches Beispiel für diese Art des Erprobens. Die Betreuerin hatte ihr mehrere Spielsachen und auch Süßigkeiten gekauft. Ellen war äußerst eifersüchtig auf die Geschwister; diese Eifersucht übertrug sie auf die anderen Mädchen in ihrer Schlafraum-Gruppe. Aber jetzt, da sie sich von ihrer Betreuerin so verwöhnt fühlte, empfand sie auch Schuldgefühle. Also fragte sie, gemäß der Forderung ihrer Mutter, sie solle nett zu ihren Geschwistern sein: „Kann ich nun etwas kaufen, was ich den anderen Mädchen mitbringen möchte?" Die Betreuerin sagte, das sei nicht nötig, aber Ellen bestand darauf. Also sagte die Betreuerin, wenn sie ihnen wirklich sehr gern etwas mitbringen wolle, müsse sie selbst darüber entscheiden. Nun brauchte Ellen, die sich im allgemeinen sehr schnell entscheiden konnte, lange Zeit, um zu beschließen, was sie für die Mädchen kaufen sollte. Schließlich wählte sie die billigste Art von Süßigkeiten, die zugleich diejenige war, die sie selbst am wenigsten schätzte.

Die Betreuerin wies noch einmal darauf hin, daß sie den Mädchen nichts mitbringen *müsse*, aber wenn sie ihnen etwas mitbringen *wolle*, sollte es eigentlich nicht etwas sein, das sie selbst nicht möge und von dem sie wisse, daß die anderen es auch nicht schätzten. Die Betreuerin fügte hinzu, ihr wäre es viel lieber, wenn Ellen den anderen Kindern gar nichts mitbrächte, aber wenn sie noch irgend etwas kaufen wolle, solle sie es lieber für sich selbst kaufen. Also suchte Ellen eine Süßigkeit aus, die ihr schmeckte, immer noch unter dem Vorwand, sie wolle sie den anderen Mädchen mitbringen. Aber nachdem sie gewählt hatte, sagte sie: „Dies werde ich den anderen Mädchen nicht geben, ich werde es selber essen." Dann, als sie sah, daß die Betreuerin nicht sofort antwortete, fügte sie hinzu: „Ich mache natürlich nur Spaß." Aber die Betreuerin sagte, sie mache nicht Spaß, sie, Ellen, wolle in Wirklichkeit gar nicht den anderen Mädchen Süßigkeiten oder irgend etwas anderes mitbringen, und das sei verständlich und ganz in Ordnung. Diese Feststellung war der krönende Erfolg des Ausflugs für Ellen, und sie aß ihre Leckerei bis auf das letzte Stück auf [8].

---

[8] Teilnehmende Beobachterin: Joan Little.

Der Einkauf von Kleidung kommt nicht gerade alle Tage vor, aber doch ziemlich regelmäßig, da wir jeden dieser Einkaufsgänge zu einer vergnüglichen Angelegenheit machen möchten und darum nicht im großen einkaufen. Allein dieser Umstand trägt schon viel dazu bei, den Kindern das Gefühl zu geben, daß sie in gewissem Maß über ihre eigenen Angelegenheiten entscheiden können.

Chris z. B. begriff, daß wir nie mehr als ein bis zwei Bekleidungsstücke auf einmal mit ihm einkauften und daß wir in kleine Geschäfte gingen, wo es kein Gedränge gab, so daß er nicht angerempelt oder gehetzt wurde. Eines Tages, auf dem Heimweg von einem Einkaufsgang, fing er spontan an, darüber zu sprechen, daß er immer ungern zum Einkaufen gegangen sei, als er noch zu Hause war. Er sagte: „Meine Mutter hat mich oft zum Einkaufen zu Macy's mitgenommen, aber da geh' ich nicht gern hin. Ich werde immer ganz aufgeregt. Da geschieht soviel zur gleichen Zeit. All die Leute und all die Sachen, und ich kann mich nicht entscheiden. Und dann wird meine Mutter böse auf mich, weil ich die Sachen nicht anprobieren will, und dann geht alles durcheinander, und ich bin ganz durchgedreht." [9]

Da unsere Kinder ihre Kleidung sehr strapazieren, brauchen sie oft neue Kleider, Hemden, Socken, Hosen, Handschuhe usw. Aber wenn sie ein oder zwei Dinge ausgesucht haben, läßt ihr Interesse nach; deshalb müssen wir ziemlich oft zum Einkaufen gehen. Diese Gänge liefern uns oft gute Gelegenheit zu bedeutungsvollen Kontakten, obwohl das Einkaufen immer mehr an der Oberfläche vor sich geht als essen oder lernen oder baden. Trotzdem: unsere Kinder sind oft genug von Eltern unterdrückt worden, die ihnen bei der Wahl ihrer Kleidung überhaupt keine Freiheit gelassen haben, und ihr Ressentiment ist oft sehr ausgeprägt. Viele von ihnen haben hinsichtlich der Unfreiheit in bezug auf die Auswahl ihrer Kleidung so unangenehme Erfahrungen gemacht, daß sie oft auf unseren Einkaufsgängen recht bedeutsame Erlebnisse haben.

Das gilt besonders für Kinder, die an schizophrenieähnlichen Persönlichkeitsstörungen leiden. Manche von ihnen haben kein deutliches Gefühl dafür, was zu ihrem Körper gehört und was nicht. Kleidungsstücke werden als Teile des Körpers aufgefaßt; in manchen Fällen stellen sie seinen Abwehrpanzer dar, in anderen Fällen symbolisieren sie sein Auseinanderfallen. In manchen dieser letzteren Fälle müssen lange Zeit alle Bemühungen darauf gerichtet sein, die Kinder bei der Organisation ihrer Persönlichkeit zu unterstützen. Man muß ihnen helfen zu verhindern, daß ihre Kleidung ständig entzweigeht. Diese Kinder haben ein erstaun-

---

[9] Teilnehmende Beobachterin: Patty Pickett.

liches Talent, neue Kleidungsstücke zu zerreißen oder sofort wieder zerzaust auszusehen, nachdem man ihnen gerade sorgfältig beim Anziehen geholfen hat.

Zu Chris' vielen Zwangsvorstellungen gehörte unter anderem das Gefühl, er werde verletzt werden, sein Körper sei inadäquat usw. Jedesmal, wenn er ein neues Kleidungsstück bekam, zerriß er es sofort. Zu Hause war er dafür bestraft worden, aber es hatte nichts genützt. An der Schule ließen wir ihn machen, was er wollte, und er hatte viele Methoden, Kleider zu ruinieren. Er wollte vor allem nichts tragen, bevor er Löcher hineingerissen hatte. Wenn er z. B. ein neues Hemd angezogen hatte, pflegte er zu einem eckigen Pfosten auf dem Spielplatz zu gehen, das Hemd vorn über den Pfosten zu ziehen, sich zurückzubeugen und so das Hemd auszudehnen, wobei eine Ecke des Pfostens mitten in der Vorderseite des Hemdes steckte. Er pflegte sich dann vor und zurück zu bewegen, so daß das Hemd sich immer mehr dehnte, bis er schließlich in die Vorderseite des Hemdes ein großes Loch gerissen hatte. Alle anderen Kleidungsstücke behandelte Chris ähnlich [10]. Kleidungsstücke, in die er keine Löcher reißen konnte, wie z. B. Gegenstände aus schwerem Cord oder Jacken aus kräftigem Wollstoff, pflegte er in kürzester Zeit zu „verlieren", also kauften wir so etwas nicht mehr für ihn.

Den Grund, warum Chris nur Kleidung tragen konnte, die Löcher hatte, konnte er uns erst zwei Jahre später sagen, fast ein Jahr, nachdem er aufgehört hatte, in alles, was er trug, Löcher zu reißen. Dann gab er zu, er habe sich immer vorgestellt, er sei angeschossen oder aufgespießt worden. Da er überzeugt war, so etwas müsse ihm passieren, hatte er es sich lieber selbst zugefügt, als es sich von anderen zufügen zu lassen. Außerdem bedeuteten die Löcher, die er in seine Hemden riß, daß er schon aufgespießt worden, aber noch am Leben war. Daß er zu Hause gezwungen worden war, heile Kleidungsstücke zu tragen, hatte also bedeutet, daß das Angeschossenwerden oder Aufgespießtwerden usw. noch in der Zukunft lag.

Die Tatsache, daß er an unserer Schule Kleidung mit Löchern tragen durfte, bedeutete, daß diese Dinge ihm in der Vergangenheit geschehen waren, und daß er sie selbst ausgeführt hatte. Auf diese Weise wurde in ihm das Gefühl verstärkt, daß er nun sein Schicksal selbst lenkte, daß die schlimmen Dinge schon geschehen waren und nicht mehr als Drohung in der Zukunft lagen.

Daß er angeschossen oder auf andere Weise verwundet werden könnte, war keineswegs Chris' einzige Befürchtung. Eine weitere Befürchtung,

---

[10] Teilnehmende Beobachterin: Patty Pickett.

die er auch mit seiner Kleidung in Zusammenhang brachte, war die Angst, eingekreist, eingezwängt oder erstickt zu werden. Alles, was mit seinem Körper in nahe Berührung kam, verstärkte seine Angst. Über seinen Wunsch, lose sitzende Kleidung zu tragen, konnte er viel früher sprechen als über das, was ihn veranlaßte, Löcher in seine Kleider zu reißen. Aber auch das erstere konnte Chris erst zugeben, als er überzeugt war, daß man ihn an unserer Schule nicht zwingen würde, eng anliegende Kleidung zu tragen.

Dies ist übrigens wieder ein Beispiel dafür, daß wir meistens zuerst auf Grund dessen, was Freud die Empathie des Unbewußten genannt hat, auf Grund von vagen Ahnungen, das Richtige tun müssen, oft lange bevor wir herausbekommen, warum es zufällig das Richtige war. Oft erfahren wir überhaupt nicht, warum es das Richtige war, oder ob es im therapeutischen Sinn genau richtig war. Der allgemeine Fortschritt des Kindes (oder das Gegenteil) muß uns dann darüber Aufschluß geben, ob wir jemals auf der richtigen Spur waren oder nicht.

Es dauerte mehrere Monate, bis Chris wirklichen Kontakt zu seiner Betreuerin bekam, und es geschah zum erstenmal, als sie zusammen Kleidung einkauften. Der wichtige Faktor dabei war, daß er die Größe bestimmen durfte. Jedes Kleidungsstück, das er aussuchte, war einige Nummern größer, als nötig gewesen wäre, damit die Sachen ihm paßten. Trotzdem — und zu seiner Verblüffung — unterstützte ihn die Betreuerin in seinen Wünschen und kaufte alles, was er aussuchte, ohne weitere Fragen und trotz heftiger Einwände des Verkäufers.

Als sie den Laden verließen, sprach Chris zum erstenmal außerhalb der Schule wirklich mit seiner Betreuerin, als er sich ihr gegenüber beklagte, daß alles, was seine Eltern ihm gekauft hätten, nie weit genug gewesen sei und ihn immer „eingeklemmt" habe. Er sah in den übergroßen Kleidungsstücken, die er sich gerade gekauft hatte, nicht besser angezogen aus, aber es waren die ersten, die er gern trug. Bei späteren Einkaufsgängen wählte er immer noch zu große Kleidungsstücke, aber nicht mehr so viel zu große wie vorher. Nach zwei Jahren war er in der Lage, Kleidung auszuwählen, die ihm paßte, und er mußte nun auch keine Löcher mehr hineinreißen. Mittlerweile sah er nicht nur besser koordiniert aus, sondern er fühlte sich auch so und handelte entsprechend [11].

Manchmal, in weniger schweren Fällen, genügt einem Kind eine einzige Gelegenheit, seine Wahlfreiheit auszuprobieren. Daß es nach eigenem Wunsch wählen darf und daß der Einkaufsgang auch ergebnislos beendet werden kann, wenn es keinen Entschluß fassen will, ist manchmal

---

[11] Teilnehmende Beobachterin: Patty Pickett.

eine neue und unerwartete Erfahrung für das Kind. Franz z. B. trieb einmal einen Schuhverkäufer fast bis zum Wahnsinn, weil er alles, was der Verkäufer anbrachte, ablehnte. Die Betreuerin blieb ganz ruhig, und zwar nicht nur aus leidender Geduld, die das Kind ebensowenig aussehen kann wie den Zwang, etwas zu kaufen, das ihm nicht zusagt. Sie ermutigte Frank nur, sich Zeit zu lassen und nicht zu kaufen, außer wenn er die Schuhe wirklich wolle. Nachdem er sich über eine Stunde lang verschiedene Größen und verschiedene Macharten von Schuhen hatte zeigen lassen, entspannte Frank sich plötzlich und sagte: „Dies ist wirklich ein furchtbar nettes kleines Geschäft." Und als er das kaum gesagt hatte, wählte er die Schuhe, die er wollte und kaufte sie [12].

Solche Erlebnisse zementieren nicht nur die Beziehung zwischen dem Kind und dem Erwachsenen, sondern sie überzeugen das Kind auch davon, daß es fähig ist, Entscheidungen zu fällen. Noch wichtiger ist, daß sie schließlich immer mehr Alltagserlebnisse des Kindes zu erfreulichen Erlebnissen machen, und nur auf diese Weise kann das Leben allgemein anfangen, dem Kind attraktiv zu erscheinen. Wenn dieses Stadium erst erreicht ist, hilft dieser Sachverhalt auch, viele unvermeidliche Kümmernisse zu mildern, die das Leben außerhalb der Schule für das Kind mit sich bringen kann.

Es wäre sinnlos, die Kinder ihre Kleidung selbst wählen zu lassen, aber dann Druck auszuüben in bezug auf Zeit und Ort des Tragens. Manche Kinder gehen beim Zurschaustellen ihrer neuen Selbständigkeit, die sie noch nicht integriert haben, über die Grenzen des Vernünftigen hinaus. Sie müssen sich erst beweisen, daß sie nicht nur von der Gesellschaft unabhängig sind, sondern gewissermaßen auch von der Natur, mindestens was das Wetter betrifft.

In gewisser Weise ist dieses Verhalten das gleiche wie die Reaktionen kleiner Kinder, nur umgekehrt. Kleine Kinder sehen es als eine persönliche Kränkung an, wenn es an dem Tag regnet, an dem sie wollen, daß die Sonne scheint, oder wenn es an einem Tag warm wird, wenn sie vorhatten, einen neuen Schlitten auszuprobieren. Stark gestörte Kinder, die auch sonst psychoseähnliche Symptome zeigen, neigen besonders dazu, durch die Art, wie sie sich kleiden, mit ihrer magischen Unabhängigkeit von den Kräften der Natur und ihrer megalomanen Überlegenheit über diese Naturkräfte zu protzen.

George (und Harry, Paul, Mary und andere) zeigten in der ersten Zeit ihres Aufenthalts an unserer Schule ein derartiges Verhalten. Es war

---

[12] Teilnehmende Beobachterin: Patty Pickett.

gleichsam, als müßten sie nun, in späterem Alter, ihr Selbstvertrauen durch ein Erproben ihrer eigenen magischen Kräfte wiederherstellen, durch ein Erproben, von dem sie im Kleinkindalter abgehalten wurden, weil sie so vollkommen unterdrückt waren. Als Säuglinge oder Kleinkinder hatten sie nie die Freiheit, die magischen und größenwahnsinnigen Behauptungen über die Welt aufzustellen, die das Vorrecht des kleinen Kindes sind, und die sich normalerweise unter dem Einfluß immer realistischerer Erfahrungen sehr bald auflösen. An heißen Sommertagen pflegte George oft dicke Socken und Schaftstiefel, eine schwere Lederjacke oder einen dicken Regenmantel anzuziehen, wobei er die Kapuze über den Kopf zog — und dies über vielen anderen warmen Kleidungsstücken. Im Winter pflegte er in offenen Sandalen ohne Socken herumzulaufen, oder mit kurzen Hosen, obenherum nur mit einem kurzärmeligen Trikothemd bekleidet. Seltsamerweise hatten all diese Kinder hinsichtlich ihrer Gesundheit nicht unter üblen Folgen ihrer merkwürdigen Kleidungsgewohnheiten zu leiden.

Wir versuchen nicht, uns mit ihnen über die Unvernünftigkeit ihrer Gewohnheiten auseinanderzusetzen. Eine Betreuerin sagt unter Umständen an einem heißen Tag einmal, daß sie froh ist, leichte Kleidung zu tragen, weil es behaglicher ist, oder sie sagt vielleicht an einem kalten, regnerischen Tag, daß sie froh ist, einen warmen Mantel anzuhaben, in dem sie warm und trocken bleibt. Auf diese Weise versuchen wir darauf hinzuweisen, ohne direkt darüber zu sprechen, daß eine realistische Haltung gegenüber den naturgegebenen Bedingungen wirksamer ist als eine magische oder eine größenwahnsinnige. Aber diese Kinder können nicht auf ihre magischen Versuche verzichten, das Wetter dadurch zu beeinflussen, wie sie sich kleiden, ehe sie gelernt haben, mit allen Lebenserfahrungen auf realistischere Weise fertig zu werden.

Die Freiheit im Umgang mit ihrer Kleidung muß sich auch auf die Freiheit erstrecken, sie entzweizumachen. Alle Kinder benützen ihre Kleidung symbolisch, wie man an den Verkleidungsspielen normaler Kinder sehen kann. Bei psychisch gestörten Kindern ist das natürlich noch deutlicher zu sehen. „Ausreißer" z. B. pflegen ihre Schuhe zu benützen, um sich selbst am Weglaufen zu hindern, und sie tun auch noch andere, noch weniger hinter dem Symbol versteckte Dinge.

Bob, der jahrelang ein Ausreißer gewesen war, machte seine ersten Versuche, nicht mehr wegzulaufen, indem er seine Schuhe fortwarf. Ein Paar warf er aus dem Fenster, ein anderes über einen Zaun. Andere Ausreißer, die mit dem Weglaufen aufhören wollen, zerreißen ihre Schuhe, verlieren sie von den Füßen oder schleudern sie einfach mit den Füßen weg.

Für jedes Kind hat die Art, wie es mit seiner Kleidung umgeht und wie wir darauf reagieren, eine besondere Bedeutung. Für Bob bedeutete die Tatsache, daß er seine Schuhe wegwarf, daß er nun gezwungen war, dazubleiben; aber Ann verlor ihre Schuhe aus anderen Gründen. Ihre Mutter hatte ihr immer zu kleine Schuhe gekauft, weil Ann nach ihrer Meinung noch ein Baby war. Sie kaufte ihr zwar auch Kleidungsstücke, die kleiner waren, als nötig gewesen wäre, aber es tat nicht so weh, diese zu tragen. Es ist also verständlich, daß es Ann mehrere Monate lang fertigbrachte, regelmäßig ihre Schuhe zu verlieren, selbst wenn sie die richtige Größe hatten und von uns gekauft worden waren. Schuhe zu tragen bedeutete für Ann, mit Zwang am Erwachsenwerden gehindert zu werden, oder gehindert zu werden, sich ihrem Alter gemäß zu verhalten.

Je unreifer ein Kind ist, desto mehr betrachtet es die Kleidung als Teil seines Körpers, seiner Person. Besonders die Kinder, die physisch oder psychisch zu kurz gekommen sind, weil man sie nie mit angemessener Kleidung versorgt hat, empfinden einen ebenso engen Zusammenhang zwischen Kleidung und allen anderen Lebensnotwendigkeiten wie andere Kinder ihn bei Nahrung und allen anderen Lebensnotwendigkeiten sehen. Einige Bemerkungen Pauls machen das sehr deutlich. Eines Tages rührte er eine Milchkaramelmasse, die er mit seiner Betreuerin zusammen gemacht hatte. Als er sie in Falten vom Löffel fallen ließ, fragte er sie plötzlich: „Woran erinnert einen das?" Die Betreuerin konnte es nicht erraten und fragte ihn, woran es ihn denn erinnere, und er antwortete: „Es erinnert mich an Kleider — weißt du, an das, was man trägt." Später drückte er sich noch deutlicher aus: „Es sieht aus wie Kleidungsstücke, die man faltet, nicht, und es ist ebenso gut wie hübsche Kleidung." [13]

Paul war eins von den Kindern, die am Anfang ihres Aufenthalts an unserer Schule nie irgendeine Dienstleistung akzeptieren konnten, die mit direkter physischer Berührung verbunden ist. Auch konnte er nie irgendwelche Nahrungsmittel annehmen, die ihm gegeben wurden, sondern mußte sie an sich reißen. Er erlaubte seiner Betreuerin nie, ihn zu berühren, und Spielzeug akzeptierte er nur widerstrebend. Direkte körperliche Berührung konnte er nicht zulassen. Aber immer, wenn seine Betreuerin sich mit seinen Kleidungsstücken befaßte, beobachtete er sie sehr aufmerksam. Er folgte ihr mit dem Blick, wenn sie im Zimmer herumging und morgens seine Sachen bereitlegte oder das aussonderte, was in die Wäscherei oder in die Reinigung geschickt werden sollte. Das erste Zeichen des Vergnügens darüber, daß jemand für ihn sorgte, bestand darin, daß er langsam zu lächeln begann, während er seiner Betreuerin zusah,

---

[13] Teilnehmende Beobachterin: Gayle Shulenberger.

wie sie sich um seine Kleidung kümmerte, um das, was gleich nach seinem Körper kam. Erst viel später erlaubte er ihr, sich um seinen Körper zu kümmern.

Paul und viele andere Kinder betrachteten die Behandlung ihrer Kleidung, sobald sie sie abgelegt hatten, als eine Art Testfall. Er beobachtete scharf, wie ein Erwachsener etwas behandelte, das zu seinem Körper gehörte, wenn es auch kein Teil des Körpers war. Erst nachdem seine Beobachtungen ihm die Gewißheit verschafft hatten, daß der Erwachsene freundliche Absichten hatte, sowohl beim Gewähren von Freiheit als auch bei der Pflege seiner Kleidung, pflegte Paul dem Erwachsenen auch zu erlauben, sich um seinen Körper zu kümmern.

Viele Kinder — die sogenannten verzärtelten (overprotected) Kinder — sind mit Sorgfalt aufgezogen worden, haben aber keine Freiheit und keinen Respekt vor ihrer Selbständigkeit erlebt. Andere Kinder — die sogenannten „vernachlässigten" — haben eine Pseudo-Freiheit und Pseudo-Selbständigkeit erlebt, sind aber nie angemessen versorgt worden. Darum ist es für viele von ihnen ein Prüfstein, wie man mit ihrer Kleidung umgeht. An diesem Prüfstein messen sie die Absichten der Erwachsenen an unserer Schule.

Ich habe Kleidung, das Einkaufen von Kleidung und Schuhen und die allgemeine Bedeutung der Kleidung für das Kind in den Mittelpunkt meiner Betrachtungen über das Verhältnis des Kindes zur Außenwelt gestellt, weil nach dem Ernährungsplan und der Reinlichkeitserziehung die Kleidungsgewohnheiten oft eine der ersten sozialen Konventionen sind, deren Beachtung man von einem Kind erwartet oder zu deren Einhaltung es gezwungen wird.

Aber ich hatte noch einen weiteren Grund, die Kleidung als Beispiel dafür zu wählen, daß Beziehungen zur Außenwelt Gelegenheiten zu Behandlung und Hilfe bieten. Am Anfang dieses Kapitels habe ich erwähnt, daß die Universität eine mehr oder weniger wirksame Schutzschicht zwischen der Welt der Schule und der Außenwelt darstellt. In ähnlicher Weise erscheinen dem Kind seine Kleider wie eine Schutzschicht, die seinen Körper vor dem direkten Zusammenprall mit der Außenwelt bewahrt, wie ein Prellbock zwischen ihm und der Welt. Deshalb hat der Gang zum Einkaufen von Kleidung eine viel größere Wirkung auf das Kind als z. B. der Einkauf von Spielzeug. Der Weg in den Spielzeugladen kann ganz dem Lustprinzip gemäß verlaufen, kann ein reiner Genuß sein. Aber beim Einkaufen von Kleidung muß sich das Kind, selbst mit der von uns zugestandenen Freiheit, immer noch in gewissem Grad nach den Konventionen der Welt richten.

Wir erlauben z. B. den Mädchen, Pistolen und Soldaten zu kaufen, Jungen dürfen Puppen und Puppenkleider kaufen usw. Aber während wir das Kind hinsichtlich der Schnitte, der Größen und der Macharten wählen lassen, welche Kleidung es haben will, lassen wir Jungen keine Mädchenkleider kaufen (und umgekehrt), ohne Rücksicht darauf, wie stark seine transvestitischen Neigungen sein mögen. Das Kind muß also beim Kleiderkauf einen gewissen Kompromiß zwischen seinen persönlichen Wünschen und den Forderungen der Welt schließen. Es muß lernen, eine Schutzschicht für seinen Körper zu wählen, die beiden möglichst nahekommt.

Die Kleidung ist aber nicht das einzige, was seinen Gefühlen oder seinem Körper sehr nahe steht und wobei das Kind lernen muß, mit der Gesellschaft Kompromisse zu schließen. Es gibt Teile seines Körpers, bei deren Behandlung es sich eines Tages dem allgemein Üblichen fügen muß, z. B. bei der Behandlung seines Haares.

Die meisten Kinder haben etwas dagegen, sich die Haare schneiden zu lassen, weil sie allgemein Angst davor haben, daß irgendein Teil ihres Körpers berührt wird, ganz zu schweigen davon, daß er verkürzt oder abgeschnitten wird. Aber es gibt andere Kinder, für die ihr Haar und sein Wachstum eine ganz andere und persönliche Bedeutung hat, wenn sie auch allgemein mit einer gewissen Furcht vor körperlicher Beschädigung noch zu tun hat. Manchmal halten wir es für notwendig, das Haar eines Kindes monatelang wachsen zu lassen, ohne es zu schneiden, genau wie wir es manchmal für notwendig halten, das Kind sich so anziehen zu lassen, wie es will. Aber wir erklären ihm, daß wir uns verpflichtet fühlen, es vor dem Spott von Außenseitern zu schützen, die z. B. dazu neigen, Jungen mit langem Haar auszulachen, und daß es sein Haar lang tragen kann, wenn es will, aber daß wir es dann nicht aus der unmittelbaren Nachbarschaft der Schule oder aus der äußeren Schutzzone der Universitätsumgebung mit hinausnehmen werden.

Das Kind kann natürlich allein ausgehen, aber wir geben uns nicht dazu her, ihm dabei zu helfen, wenn es sich in der Gesellschaft zum Narren macht. Wir sagen dem Kind, daß es innerhalb der Schule herumlaufen kann, wie es will, aber wenn es z. B. mit uns in die Stadt gehen möchte, muß es bereit sein, unsere wirklich minimalen Forderungen nach Konformität in bezug auf Haarschnitt, Sauberkeit oder Kleidung zu erfüllen.

Die Möglichkeit, sich das Haar nicht schneiden zu lassen, pflegt es dem Kind schließlich zu gestatten, das Haareschneiden als weniger bedrohlich anzusehen. Zugleich wächst unter Umständen der Wunsch, sich mit uns zusammen weiter hinauszuwagen. Dann pflegt selbst das Kind, das am meisten an seiner Haarpracht hängt, oder das sich am meisten vor dem Haareschneiden fürchtet, schließlich darum zu bitten, daß man sein Haar in Ordnung bringt.

Wenn dieser Punkt erreicht ist, vermittelt uns der Gang zum Friseur mit dem Kind oft tiefe Einsichten in die Gründe, warum das Kind das Haareschneiden vermeiden möchte oder warum es Angst davor hat, sein Haar kürzen zu lassen. Noch wichtiger ist aber, daß dieser Gang uns vielfältige Möglichkeiten bietet, dem Kind bei der Überwindung dieser Ängste zu helfen. Also lassen sich auch die Kontakte mit der Außenwelt für therapeutische und helfende Maßnahmen benützen.

Lester bestand darauf, sich nie die Haare schneiden zu lassen. Beruhigende Versicherungen, wie wir sie gewöhnlich bei solchen Gelegenheiten geben — daß die Integrität seines Körpers erhalten bleibe, daß das Haar im Vergleich zu Haut, Muskeln oder Knochen gewissermaßen tote Materie sei —, trafen auf taube Ohren. Das gleiche geschah mit anderen, weniger spezifischen Versicherungen, wie wir sie Kindern zu solchen Zeiten geben, in der Annahme, daß sie, wenn sie sich gegen das Haareschneiden sträuben, nicht so sehr Schaden für ihr Haar fürchten, sondern Beschädigungen anderer Körperteile.

In Lesters Fall riefen die beruhigenden Bemerkungen der Betreuerin eine sehr unerwartete Reaktion hervor, aber erst, nachdem er sich bereiterklärt hatte, zum Friseur zu gehen, und auf dem Weg dorthin war. Er sagte, er werde sein Haar „richtig lang" wachsen lassen, denn dann werde er aussehen wie ein Mädchen. Das weitere Gespräch brachte zutage, daß hinter seinem Wunsch, wie ein Mädchen auszusehen, eine viel tiefere Kastrationsangst lag, als sie selbst bei unseren Kindern üblich ist. Er fügte hinzu, wenn er erst wie ein Mädchen aussähe, werde er sich „die Hoden abschneiden lassen", und dann wäre er wirklich ein Mädchen.

Inzwischen hatten sie den Friseurladen erreicht, aber angesichts des Gemütszustands, in dem Lester sich befand, ging die Betreuerin einfach mit ihm vor dem Laden auf und ab, während sie ihr Gespräch fortsetzten. Schließlich gelang es der Betreuerin, ihm glaubhaft zu versichern, so lange er an der Schule sei, könne ihm, was er auch wünschen möge, eine Sache von der Art, wie er sie sich vorstelle, nie geschehen. Als er ihrer Versicherung wirklich Glauben schenkte, daß mit kurzem oder mit langem Haar, mit oder ohne Haarschnitt seine Genitalien unverletzt bleiben würden, ging er in den Friseurladen hinein. Aber sobald er drin war, klagte er über Magenschmerzen und verschiedene andere körperliche Beschwerden.

Unser Friseur kennt unsere Kinder, und, gleichgültig, ob sie ihre Angst vor dem Haareschneiden zeigen oder nicht, er läßt sie alle eine Weile spielen, die Friseurwerkzeuge und den Barbierstuhl untersuchen, seinen Mechanismus ausprobieren usw. Lester, der oft mit seiner Mutter beim Friseur gewesen war, bekam jetzt zum erstenmal die Haarschneidemaschine erklärt. Der Friseur zeigte ihm, daß sie ihm nicht in die Haut schneiden würde und könne, obwohl sie sein Haar kürzen werde. Lester probierte es aus, und schließlich waren seine Befürchtungen genügend verringert, so daß sie ihm erlaubten, sich einem Haarschnitt zu unterziehen.
Nun, da Lester glaubte, daß zumindest dieser Friseurladen ungefährlich war, wollte er sein Haar geschoren haben, es sollte „alles abgeschnitten" werden. Und erst als ihm dieser Wunsch abgeschlagen wurde, als man ihm erklärte, er bekomme nur einen normalen Haarschnitt, verschwanden seine letzten Ängste. Diese Ablehnung seiner Bitte um den radikalsten Haarschnitt war viel beruhigender als die ganze frühere Besprechung seiner Ängste und ihrer Ursachen. Daß selbst der Friseur, der Mann mit der gefährlichen Schere, über den Gedanken an soviel unnötiges Schneiden entsetzt war, erhöhte Lesters Sicherheit beträchtlich [14].

Der Gang zum Friseur oder zum Kleiderkaufen hat für das Kind wenigstens einige Bedeutungen, die wir vorhersehen können. Wir können unsere Maßnahmen ein wenig planen und wenigstens auf einige Reaktionen des Kindes vorbereitet sein. Aber unsere Hilfe kann ebenso wichtig oder noch wichtiger sein, wenn wir den unerwarteten, verborgenen Problemen begegnen, die plötzlich durch etwas aktiviert werden, was das Kind sieht. Dann kann eine augenblickliche richtige Reaktion auf seine Gefühle für das Kind nützlicher sein als die beste geplante Handlungsweise, die wir vorher beschlossen haben, oder als die sorgfältigsten Interpretationen, die wir im Spielzimmer geben können. Ein letztes Beispiel soll veranschaulichen, wie Erfahrungen, die ein Kind nur durch den Kontakt mit der Außenwelt machen kann, zu einem wichtigen Wendepunkt auf seinem Weg zum Wiedergewinnen der psychischen Gesundheit werden können, wenn der Vorfall richtig gehandhabt wird.
Die achtjährige Carol litt an schweren Depressionen, die nur von heftigen Haß- und Wutausbrüchen unterbrochen waren; diese waren für die anderen Kinder wirklich gefährlich. Die Wutausbrüche waren ihre Methode, den Haß gegen einen Bruder zu entladen, der ihr vorgezogen worden war. Der Bruder war vor einem Jahr gestorben, und Carol war

---

[14] Teilnehmende Beobachterin: Ronnie Dryovage.

überzeugt, ihren Eltern wäre es lieber gewesen, wenn sie gestorben und ihr Bruder am Leben geblieben wäre.
Carol hatte das Gefühl, da sie die Böse in der Familie sei, hätte sie sterben müssen, und sie werde bald dadurch bestraft werden, daß sie sterben müsse. Sie sah deshalb keinen Sinn darin, zu leben oder mit anderen zurechtzukommen. Sie haßte alle Menschen, am meisten aber sich selbst.
Als sie an unsere Schule kam, erwartete sie, man werde sie um ihrer heftigen Aggressionen willen hassen oder sie für sie bestrafen. Aber statt dessen sagte man ihr, wir Erwachsenen hätten sie gern und ertrügen ihr Verhalten, weil wir überzeugt seien, sie habe gute Gründe, so zu handeln, wie sie es tue; wir bedauerten zwar ihre Verhaltensweisen, aber wir respektierten das, was hinter ihnen liege.
Carol blieb uns gegenüber zwar scheu, aber nach ein paar Monaten wuchs ihr Interesse an der Umwelt, so daß sie sie gelegentlich zu erforschen versuchte und sie später auf die Probe stellte. Durch ihre Beobachtung anderer erfuhr sie, daß Handlungen, die in ihrem früheren Milieu als „böse" und strafwürdig angesehen worden wären, hier ohne große Umstände akzeptiert wurden, gewiß aber ohne Vergeltung. Sie begann sich mit anderen Kindern zu vergleichen und sah, daß ihre Handlungen keineswegs übermäßig schlimm waren. Ähnliches Verhalten bei anderen Kindern wurde nicht bestraft, und keins von ihnen starb, wenn es sich schlecht benahm.
Die Erfahrung, daß sie von ihren Betreuerinnen akzeptiert wurde, gab ihr zusammen mit ihren eigenen Beobachtungen allmählich genug Geborgenheit, so daß sie wenigstens für Augenblicke aus ihrer Depression herausfinden konnte. Aber diese neugewonnene Kraft benützte sie hauptsächlich, um ihre angstvollen Wahnvorstellungen zu prüfen. Sie legte es nun darauf an herauszubekommen, ob es zutraf, daß sie „böse" sein konnte, ohne bestraft oder vernichtet zu werden. Durch ihre fortwährenden wütenden Provokationen stellte sie die Betreuer, Lehrer und Kinder auf die Probe.
Schließlich war sie überzeugt, daß niemand sie zwingen werde, eine Verhaltensweise aufzugeben, die sie nötig hatte, und daß niemand von ihr erwartete, sie solle „brav" oder fröhlich sein oder „ihren Spaß haben". Sie hatte jetzt das Gefühl, man dulde sie so, wie sie sei, aber da sie niemanden akzeptieren konnte, konnte sie sich auch von niemandem akzeptiert fühlen. Insgesamt blieb sie in einem depressiven Zustand, der sie dagegen zu sichern schien, durch eine Störung ihres Bedürfnisses, zu schmollen, zu trauern und zu hassen, überwältigt zu werden. Trotz all unserer Bemühungen blieb sie monatelang in diesem Zustand. Sie benützte die schützende Umwelt der Schule, um jeden Einbruch in ihre

Depression zu verhindern. Erst die ungelenkten Reize der Außenwelt konnten Carol in Erlebnisse hineinzwingen, die eine positive Beziehung zu einer Betreuerin zur Folge hatten. Diese Beziehung wiederum veränderte ihre Einstellung zum Leben.

Dies alles begann eines Tages mit einer kleinen Katastrophe im Park. Während eines ihrer üblichen Versuche, ihre Betreuerin zu provozieren, rutschte Carol aus und fiel in einen Teich, aus dem die Betreuerin sie sofort „rettete". Die Betreuerin zeigte sich sehr besorgt um Carols Wohlbefinden und machte keine Anspielung auf ihr provokantes Verhalten. Beides akzeptierte Carol mit gleichmütigem Schweigen, obwohl die Haltung der Betreuerin offensichtlich im Gegensatz zu der Schelte stand, die das Kind erwartet hatte.

Dieser Vorfall brachte in Carols Verhalten keine unmittelbare Änderung zuwege, auch nicht in ihrer Einstellung zum Leben. Aber viel später erzählte sie uns, es habe ihr nicht so großen Eindruck gemacht, daß die Betreuerin sie gerettet habe, was sie mit Recht für eine der Pflichten einer Betreuerin ansah, und nicht als besondere Gunst. Was ihr wirklich etwas bedeutet habe, gab sie zu, sei die Tatsache gewesen, daß die Betreuerin, ohne sie zu schelten, sie in ihren eigenen Mantel gewickelt, ihr die Schuhe ausgezogen, die naß waren, und sie nach Hause getragen hatte, so daß ihre Füße im Mantel der Betreuerin warm eingewickelt bleiben konnten. Diese Tatsache, sagte Carol, habe sie nicht veranlaßt, die Betreuerin gernzuhaben, aber sie habe sie überzeugt, daß die Betreuerin jemand sei, dem man vertrauen könne.

Glücklicherweise hatte Carols Sturz ins kalte Wasser nicht einmal eine Erkältung zur Folge; der Vorfall zeigte ihr also auch, daß schlechtes Benehmen nicht durch Krankheit und Tod bestraft wird, wie sie immer geglaubt hatte. Dies, mehr als alles, was die Betreuerin getan hatte, schlug eine Bresche in Carols wahnhafte Angst vor der Vernichtung als Vergeltung für schlechtes Benehmen. Sie war zwar zur Zeit dieses Ereignisses noch nicht bereit, die Beziehung anzunehmen, die ihr die Betreuerin anbot, aber sie wurde aufgeschlossener für eine Beziehung, als sie bisher gewesen war [15].

Zwei Tage später hatte Carol ein weiteres bedeutsames Erlebnis. Während eines Spaziergangs im Park hatte sie einen Wutausbruch, bei dem sie ein anderes Kind tätlich angriff. Als die Betreuerin ihr sagte, sie sollte ihre Wut lieber gegen sie richten als gegen ein anderes Kind, wurde ihr Verhalten noch provozierender. Ein paar Minuten später fanden die Kinder ein sterbendes Eichhörnchen, und Carol geriet ziemlich

---

[15] Teilnehmende Beobachterin: Jean O'Leary.

außer sich. Niemand konnte sie überreden wegzugehen, und schließlich fing sie an zu weinen. Die Betreuerin redete ihr gut zu, aber es nützte nichts. Schließlich schlug die Betreuerin vor, nach anderen Eichhörnchen Ausschau zu halten, denen nichts geschehen war und die noch in den Bäumen herumhüpften. Damit erklärte sich Carol einverstanden, und als sie ein Eichhörnchen auf einem Baum erspähte, erhellte sich plötzlich ihre Miene.

In ihrer ersten spontanen Geste der Zuneigung legte sie den Arm um die Betreuerin und bat sie, ihr alles über Eichhörnchen und ihre Lebensweise zu erzählen [16]. Zum erstenmal seit Beginn ihrer Depressivität machte ihre autistische Eingesponnenheit einem wirklichen Interesse am Wissen eines anderen über die Außenwelt Platz. Am nächsten Tag appellierte Carol direkt an ihre Betreuerin, ihr ihre Zuneigung zu zeigen, und konnte diese dann auch akzeptieren. Diese Fähigkeit, freundschaftlichen Kontakt mit anderen zu akzeptieren, war der erste Bruch in der Isolierung, in die sie durch den Tod ihres Bruders und die Haltung, die nach ihrer Meinung ihre Eltern eingenommen hatten, gezwungen worden war.

---

[16] Teilnehmende Beobachterin: Jean O'Leary.

11. Im Badezimmer

Viele Ängste, mit denen ich mich in diesem Kapitel befassen werde, lassen sich bis in die frühesten Zeiten im Leben unserer Kinder zurückverfolgen.
Sie reichen zurück bis in die Zeit der frühesten Kindheit, als die Kinder zum erstenmal unangemessene Behandlung erlebten, und zwar in bezug auf die Art, wie sie beim Füttern, beim Trockenlegen oder beim Baden gehalten wurden. Angst der Eltern in bezug auf die Beziehung zu ihrem Kind und die Mechanismen, die Eltern verwenden, um diese Angst zu kompensieren, können sich darin ausgedrückt haben, daß die Haut des Kindes wenig oder keine Stimulation erfahren hat, oder daß der Körper des Kindes fest und daher schmerzhaft gehalten wurde.
Elterliche Angst ist natürlich nur eins der Gefühle, die eine schlechte Voraussetzung für die Entwicklung des Kindes bilden. Aber sie ist einer der Faktoren, die schon im frühesten Alter die Beziehung einer Mutter zu ihrem Kind gestört haben können, also auch das Empfinden des Kindes in bezug auf sich selbst und die Welt. Abscheu vor den Ausscheidungen des Kindes ist eine weitere emotionale Einstellung, die unter Umständen die Art bedingt, wie eine Mutter ihr Kind hält oder wie sie es bewegt, wenn sie seine Windeln wechselt.
Später, wenn so ein Kind in der Badewanne sitzt, pflegen die normalerweise angenehmen und diffusen Empfindungen, die ein warmes Bad hervorruft, in dem Kind Erinnerungen an seine unangenehmen Erfahrungen mit dem Berührtwerden wachzurufen. Aber das Bad gibt uns auch die Möglichkeit, alte und traumatische Erfahrungen mit dem Tastsinn durch neue und korrigierende Empfindungen zu ersetzen. Zuerst kommen diejenigen, die daraus hervorgehen, daß man fähig ist, ein Bad ungestört zu genießen. Später kommen die Empfindungen an die Reihe, die ihre Ursache darin haben, daß man auf angenehme Weise von einer anderen Person umsorgt wird.
In diesem Zusammenhang möchte ich betonen, daß sich kein echtes Vertrauen und keine echte Zuneigung zu anderen Menschen entwickeln können, solange ein Individuum überzeugt ist, daß es unangenehm oder sogar schmerzhaft wäre, von dieser oder jener Person berührt zu werden. Die Wiederherstellung der Fähigkeit des Kindes, Berührung als etwas Angenehmes zu erleben, muß notwendigerweise jeder erfreulichen menschlichen Beziehung vorausgehen, genau wie es beim normalen Säugling die frühesten Körperempfindungen sind, die durch angenehme Be-

ziehungen zur Mutter dem Kind emotionale Geborgenheit verschaffen.

Es gibt viele Gelegenheiten, bei denen das Kind lernen kann, Vergnügen an der Berührung zu empfinden. Aber das Kind in der Badewanne bietet die natürlichste Gelegenheit, um ihm zu helfen, Berührung als etwas Angenehmes zu genießen und die Möglichkeit schätzen zu lernen, sich nackt zu bewegen.

Eins unserer achtjährigen Mädchen sagte einmal etwas, das sehr deutlich zeigte, wie die bewußte oder unbewußte Feindseligkeit einer Mutter zur Angst führen kann, ihr eigenes Kind zu berühren, weil sie wirklich fürchtet, sie könnte ihm dabei Schaden zufügen. Dieses Mädchen konnte es lange nicht ertragen, von irgend jemand angefaßt zu werden. Nach vielen Monaten, in deren Verlauf es zu der Erkenntnis gekommen war, daß wir seine Wünsche immer achteten, begann es auch zu verstehen, daß wir, wenn wir es berührten, nicht darauf ausgingen, es zu unterdrücken.

Später, als es sich mehr akzeptiert fühlte und sogar glaubte, es sei beliebt, sagte es einmal zu seiner Lehrerin: „Du hast keine Angst vor mir. Du hast mich gern. Faß mich an." In dieser Aufforderung brachte das Kind sein Gefühl zum Ausdruck, daß es nur dann angenehm sein kann, von einem anderen Menschen berührt zu werden, wenn dieser Mensch sich nicht nur nicht vor einem fürchtet, sondern einen gernhat [1].

Leider sind bei uns die Bedingungen kompliziert, weil nur wenige unserer Kinder das Bad mit friedlichen Erlebnissen in Verbindung bringen. Im Gegenteil, das Baden beschwört gewöhnlich unangenehme Erinnerungen herauf, von denen manche längst begraben waren, manche aber noch peinlich frisch sind. Bei vielen dieser Kinder wurden die unangenehmen Empfindungen, die sie als Säugling erlebt haben, als sie aggressiv oder ängstlich angefaßt wurden, später beim Baden durch schmerzhaftes Schrubben noch verschlimmert, ebenso durch unangenehme Schelte oder Ermahnungen, sie sollten sich nicht so schmutzig machen oder sich selbst besser säubern.

Viele unserer Kinder haben zwar schon als Babies schlechte Behandlung erfahren (Beweis dafür sind die vielen Eßstörungen und Minderwertigkeitsgefühle in bezug auf den eigenen Körper), aber nur selten war an diesen ersten Schritten in der menschlichen Entwicklung schon ein Machtkampf beteiligt. Der Säugling ist im ersten Lebensjahr zu abhängig, zu schlecht integriert, hat ein zu unvollständiges Bild von der Welt und von seiner Stellung in ihr, um sich wirklich wehren zu können.

Während der Erziehung zur Reinlichkeit ist das bei den meisten Kindern

---

[1] Teilnehmende Beobachterin: Ida Bass.

anders. In dieser Zeit kommt ein wirklicher Machtkampf häufig vor. Selbst wenn zwischen Mutter und Kind keine Schlacht geschlagen wird, weil das Kind die Freiheit aufgeben soll, sein Geschäft zu verrichten, wo und wann es ihm gefällt, ist das Kind inzwischen in seiner geistigen Entwicklung weit genug fortgeschritten, um zu erkennen, daß es der Wille der Mutter ist, der die Übermacht gewinnt. So kommt es, daß bei vielen Kindern die spätere Reinlichkeitserziehung eine Parallelerfahrung dazu ist, daß sie in einem früheren Stadium von der Mutter frustriert worden sind. Dem entspricht es, daß sie jetzt die intimsten Körperfunktionen dem Willen der Mutter haben unterwerfen müssen.

Dies alles trifft zu, wenn die Reinlichkeitserziehung den Charakter eines Machtkampfes gehabt hat. Glücklicherweise wird bei vielen Kindern dieser Teil ihrer Erziehung durch gemeinsame Bemühungen von Eltern und Kindern bewerkstelligt; in diesem Fall ist die gemeinsame Bewältigung eines schwierigen Problems ein weiteres Band, das Eltern und Kinder aneinander bindet und das Machtgefühl des Kindes, seine Sicherheit und seine Selbstachtung verstärkt.

Für die meisten Kinder an unserer Schule wird die Freiheit, schmutzig herumzulaufen, wenn sie es wollen, als Fehlen jeglichen Drucks und aller Steuerung in Fragen der Ausscheidung zu einem weiteren wichtigen Ausgangspunkt beim Erwerben einer neuen Anschauung von sich selbst als einem selbständigen Menschen. Dies wurde hübsch charakterisiert durch die Äußerung eines achtjährigen Mädchens, das in seinem ganzen bisherigen Leben die Leute in seiner Umgebung niemals als Menschen anerkannt hatte. Seine einzige „Leistung" im Leben war seine peinliche Sauberkeit gewesen, allerdings war es unfähig, auf irgendeinem anderen Gebiet etwas zustandezubringen. Es brauchte fünf Wochen an der Schule, um in irgend jemand etwas anderes sehen zu können als einen Todfeind oder als ein Wesen, das nur dazu da war, ihm zu Diensten zu sein. Aber als ich es am Ende seiner fünften Woche fragte, ob es wisse, wer ich sei, antwortete es nach einigem Zögern: „Du bist Dr. B."

Bis zu diesem Zeitpunkt hatte es nur die Überzeugung geäußert, Dr. B. versuche es zu töten, zu vergiften oder auf andere Weise zu verfolgen. Diesmal antwortete es auf die Frage: „Aber was tue ich denn hier?" nicht mehr wie bisher: „Du willst mich töten", sondern mit breitem Grinsen, das auf einen ersten menschlichen Kontakt hinwies: „Du erlaubst, daß ich mich schmutzig mache."

In bezug auf das Badezimmer muß man sich also klarmachen, daß eine seiner Hauptfunktionen darin besteht, daß es nicht benützt wird; es sei denn, das Kind kann das Bad akzeptieren, ohne das Gefühl zu haben, sich gegen seinen Willen einer Prozedur zu unterwerfen.

Während es für viele Kinder wichtig ist, daß sie das Gefühl haben, schmutzig herumlaufen zu können und von der Badewanne oder dem Waschbecken nur sparsam Gebrauch machen zu dürfen, ist es für andere wichtig, daß sie gemäß ihren Hauptsorgen die Badewanne oder die Toilette stundenlang benützen dürfen, ohne daß man ihnen Fragen stellt und ohne daß sie das Gefühl haben, wir hätten etwas dagegen einzuwenden.

Anscheinend läßt sich ja das, was im Bad geschieht, nicht gut von dem trennen, was das Sich-Ausziehen vor anderen für die Kinder bedeutet, aber das Thema haben wir schon im neunten Kapitel erörtert. Wir wollen hier nur wiederholen, daß viele Kinder, wenn sie sich vor dem Bad oder bei anderen Gelegenheiten vor einem Erwachsenen oder vor anderen Kindern ausziehen, gesteigerte Angst und gesteigerte Sexualgefühle zeigen. Mit sehr wenigen Ausnahmen fühlen sich Neuankömmlinge unbehaglich und verlegen, wenn sie sich vor anderen ausziehen sollen. Wenn ein Neuling sich ausziehen soll, zieht er sich ins Bad oder in die Garderobe zurück und macht die Tür zu, oder er wartet, bis ihm der Betreuer den Rücken zuwendet oder bis der Erwachsene für einen Augenblick aus dem Zimmer geht. Andere warten, bis das Licht aus ist, oder sie ziehen sich unter der Bettdecke aus. Wir versichern ihnen, daß kein Anlaß besteht, sich zu schämen oder sich zu fürchten, aber im übrigen lassen wir sie tun, was sie wollen. Auch hier, wie schon im neunten Kapitel erörtert, hilft ihnen das Beispiel der Ungezwungenheit anderer Kinder gewöhnlich, nach einiger Zeit in bezug auf dieses Problem natürlicher zu empfinden.

Aber diese Faktoren genügen nicht immer bei Kindern, deren spezifische Traumatisierung direkten Bezug zum Entkleiden oder zum Baden hat, und dies scheint bei einer Reihe unserer Kinder der Fall zu sein. Im einzelnen scheinen ihre Eltern in solchen Augenblicken drohende oder provokante Scherze oder abfällige Bemerkungen über ihre Genitalien gemacht zu haben. Manchmal können wir dies aus dem Verhalten eines Kindes erschließen und ihm entsprechend helfen. Harry z. B. demonstrierte uns sowohl morgens beim Aufstehen als auch beim Ausziehen und bei der Vorbereitung zum Baden höchst dramatisch seine Kastrationsangst. Zu diesem Zweck pflegte er (wie bereits im Zusammenhang mit dem Aufstehen beschrieben) sich eine Mausefalle zu verschaffen und seinen Penis darin zu „fangen".

An Harrys Verhalten und seinen zahlreichen Bedeutungen läßt sich übrigens noch ein anderer Sachverhalt veranschaulichen. Hier war eine Handlung, die dem Augenschein nach morgens und abends identisch war. Aber in Wirklichkeit war sie mit höchst vielfältigen emotionellen

Begleitvorstellungen verbunden, je nach der Umgebung und dem persönlich bedingten Zusammenhang. Genau wie alle psychischen Phänomene stark überdeterminiert sind und auf vielen verschiedenen Ebenen eine Bedeutung haben, so kann auch jedes symptomatische Verhalten für ein Kind die verschiedensten Bedeutungen haben.

Der Aufwand an psychischer Energie, die Harry brauchte, um es zu wagen, auf diese Weise unbewußte Motive auszudrücken; die Angst, die er überwinden mußte, als er zum erstenmal die Mausefalle benützte; die enorme Erleichterung, als er feststellte, daß er es ohne die gräßlichen Folgen tun konnte, die er befürchtet hatte — dies alles war so groß, daß er dieses Mittel, nachdem er es einmal ausprobiert hatte, immer wieder benützte, um viele andere dringende Bedürfnisse auszudrücken.

Wir würden das Vertrauen eines Kindes in unsere Fähigkeit, den verborgenen Sinn seines Verhaltens zu verstehen, verlieren, und ebenso sein Vertrauen, daß wir ihm gegen die Ängste helfen können, die sein Verhalten motivieren, wollten wir leichtfertig annehmen, die gleiche Art des Verhaltens in verschiedenen Konstellationen habe die gleiche Bedeutung. Das Kind würde sehr bald unsere Analysen als das erkennen, was sie wären: als einen Mangel an Bereitschaft, nicht nur für es, sondern mit ihm zusammen, die einzigartige Bedeutung jeder seiner Handlungen zu erforschen, als eine Faulheit unsererseits bei dem Versuch, die Ängste zu verstehen, die das Kind auszudrücken oder zu überwinden versucht.

Morgens versuchte Harry mit Hilfe seiner Mausefalle hauptsächlich die Intaktheit seines Körpers zu prüfen, daher genügte die Gewißheit, daß diese Intaktheit für den kommenden Tag gesichert war. Aber abends reichte selbst die wiederholte Versicherung, niemand könne ihm irgendeinen Teil seines Körpers rauben, allein noch nicht aus.

Aus seinen Bemerkungen beim Schlafengehen wurde deutlich, daß er das Gefühl hatte, jede Frau müsse auf seine männlichen Organe neidisch werden, wenn sie die Möglichkeit bekäme, sie zu sehen. Jede kritische Haltung gegenüber seinem Verhalten hätte in diesem Augenblick entweder seine Angst gesteigert oder ihn vom Neid seiner Betreuerin überzeugt.

Am Morgen war Harrys symptomatisches Verhalten also ein Versuch, sich selbst zu überzeugen, daß er stark, gesund und intakt sei. Am Abend war die unbewußte Bedeutung dessen, was wie das gleiche Verhalten erschien, fast das Gegenteil: Er versuchte dem gefürchteten weiblichen Wesen zu beweisen, wie bereit er sei, seine Strafe hinzunehmen, sich seinen Penis rauben zu lassen. Früher, als er noch das Leben eines „Ausreißers" führte, hatte er der bedrohlichen Mutter den Tag über durch eine gespielte Männlichkeit immer ausweichen können, und sein

Wagemut am Morgen hatte zum Teil die Bedeutung einer „Heldentat". Nachts schlief er ja und war so der gefürchteten Mutter ausgeliefert. Darum mußte er abends ihren Zorn oder ihren Neid besänftigen, indem er sich symbolisch selbst bestrafte. Abends hatte seine Anwendung der Mausefalle die Nebenbedeutung: „Schau, ich tu' es mir selbst an, also brauchst du es nicht zu tun", und auch: „Ich habe meinen Penis schon verloren, also tu's mir nicht im Schlaf an."
An unserer Schule überzeugte ihn die Einstellung seiner Betreuerin, die seine Männlichkeit akzeptierte, allmählich davon, daß sie weder neidisch noch auf Strafe bedacht war. Und diese Haltung, die ihm jeweils im richtigen Augenblick gezeigt wurde, war letzten Endes wichtiger und wirksamer als jede beruhigende Versicherung hinsichtlich der Integrität seines Körpers.

Ein anderer unserer Jungen hatte regelmäßig eine Erektion, wenn er sich anschickte, unter die Dusche zu gehen oder in die Badewanne zu steigen. Wir hatten zwar keine greifbaren Beweise dafür, aber es gab noch andere Anzeichen, die darauf hindeuteten, daß er das Gefühl hatte, seine Mutter habe ihn sexuell stimuliert, während er sich anschickte zu baden, und sich dann über ihn lustig gemacht, wenn er erregt war.
Auch in diesem Fall war es wichtig, daß das, was geschah, weder übersehen noch kritisiert, noch als merkwürdiges Verhalten angesehen wurde. Es war für den Jungen eine Hilfe, eine gute Beziehung zu einer Frau zu erleben, ohne direkte sexuelle Stimulierung, und zwar genau in der gleichen Situation, in der eine derartige Beziehung früher traumatisch gewirkt hatte. Als andere Kinder sich über ihn lustig machten, erklärte ihnen seine Betreuerin, daß solche Dinge vorkommen können, und schützte ihn vor ihrem Spott. Dieser Vorfall trug der Betreuerin einen Großteil seines Vertrauens ein.
Bei diesem Kind konnte man auf Verführung durch die Mutter schließen. Andere Kinder bestätigen durch direkte Äußerungen die Ansicht, daß psychische Schwierigkeiten oft auf elterliches Verhalten bei den Kontakten zurückgehen, die mit dem An- und Ausziehen und dem Baden verknüpft sind, Kontakten, die in Wirklichkeit angenehm und beruhigend hätten sein sollen, vom Kind aber als verführend erlebt wurden.
Daß Louis beim An- und Ausziehen und beim Baden in sexuelle Erregung geriet, stellte sich sofort heraus, als er in unsere Schule eingetreten war. Aber es dauerte viel länger, bis er mitteilen konnte, daß er das Verhalten seiner Mutter als verführerisch und bedrohlich erlebt hatte. Zuerst pflegte er, wenn die anderen Kinder sich abends auszogen, um ins

Bett zu gehen, oder morgens beim Aufstehen nach den Genitalien anderer Jungen zu greifen. Zu ihrem Schutz mußte dies unterbunden werden, aber anstatt nach den Genitalien anderer Jungen zu greifen, packte er nun mit ängstlichem Gesichtsausdruck seinen eigenen Penis. Nach viel beruhigendem Zureden gab er zu, daß sein Verhalten nicht so sehr aggressiv, sondern vielmehr angsterfüllt war: Er fürchte sich, sagte er, sein Penis werde gespalten oder abgeschnitten werden [2]. Er pflegte unsere beruhigenden Versicherungen auf die Probe zu stellen, indem er versuchte, andere zu provozieren, ihn im genitalen Bereich zu puffen oder ihm wehzutun, und selbst als er feststellte, daß nichts geschah, zeigte er seine Angst immer noch dadurch, daß er seinen Penis beim Ausziehen immer versteckte, als müsse er ihn schützen. Er versuchte ständig, ihn zwischen seine Beine zurückzuschieben.

Ein Gespräch mit ihm, während er in der Badewanne saß und versuchte, seinen Penis verschwinden zu lassen, ermöglichte ihm zum erstenmal die Äußerung, er wünschte, er wäre ein Mädchen. Bei ähnlichen Gelegenheiten gab er später zu, er habe Phantasiespiele gespielt, in denen er vorgab, ein Mädchen zu sein, und er habe jahrelang versucht, sich selbst vorzuspiegeln, er sei eins.

Ein halbes Jahr nach seiner Aufnahme in unsere Schule hatte Louis beträchtliche Fortschritte darin gemacht, zu anderen Menschen in Beziehung zu treten. Er hatte gelernt, uns zu vertrauen und hatte begonnen, sich besser zu behaupten. Erst jetzt, nachdem ein Weihnachtsbesuch seine Furcht vor dem Verführtwerden neu belebt hatte, sprach er über das ursprüngliche Erlebnis, das er als Verführung gedeutet hatte. Es war das Erlebnis, das er früher beim Ausziehen versucht hatte zu reproduzieren, und das die Angst ausgelöst hatte, die er mit seiner Betreuerin teilweise durchgearbeitet hatte, während er in der Badewanne saß.

„Ich will dir einen Witz erzählen", sagte er. „Nein, ich tu's lieber nicht — er würde dir vielleicht nicht gefallen. Es ist ein dreckiger Witz. Meine Mammi hat ihn mir erzählt. Es ist wirklich eine Schweinerei, aber sie tut es die ganze Zeit." Dann fuhr er fort, ohne der Betreuerin eine Chance zu geben, ihn zu unterbrechen, ein beliebtes Kinderspiel zu beschreiben, das seine Mutter mit ihm zu spielen pflegte. Sie klopfte an seine Stirn, dabei sagte sie: „Klopf' an die Tür", dann hob sie sein Augenlid und sagte: „Schau' hinein", dann packte sie seine Nase und sagte: „Heb' den Riegel an", und nun, sagte er, sollte das Spiel eigentlich so weitergehen, daß die Mutter ihren Finger in seinen offenen Mund

---

[2] Teilnehmende Beobachterin: Ronnie Dryovage.

steckte, wobei sie sagen sollte: „Komm herein". Aber statt dessen pflegte sie seinen Penis zu ergreifen und tüchtig daran zu ziehen [3].

Sowohl Kastrationsangst als auch Traumatisierung durch Verführung lassen sich oft beim Baden am besten durcharbeiten, aber nicht nur, weil die Kinder ihre Kleider abgelegt haben oder weil das Badezimmer der Ort war, wo ihre furchterregenden Erlebnisse ursprünglich stattgefunden haben. Da viele unserer Kinder während ihrer Reinlichkeitserziehung durch „Schockbehandlung" zur Unterwerfung gezwungen worden sind, hat sich die Angst vor dem Schmutz oft mit ihren sexuellen Ängsten verbunden. In diesem und in anderen Fällen bildet sich eine enge Beziehung zwischen Kastrationsangst und Ängsten in bezug auf Sauberkeit.

Richard war eins von den Kindern, deren Kastrationsangst und ihre Ursache im Badezimmer zum erstenmal zum Vorschein kamen. Seine zwanghafte Mutter hatte ihm eine große Angst vor Schmutz eingeflößt und hatte auf häufigen Waschungen und einem schmerzhaften Abschrubben beim täglichen Bad bestanden. Das Baden selbst war für ihn ein so unangenehmes Erlebnis, daß wir ihn lange ermutigten, überhaupt nicht zu baden, sondern sich nur zu waschen. Trotzdem hatte er zu große Angst, sein zwanghaftes Verhalten aufzugeben, bis seine kombinierte Angst vor seiner Mutter und vor dem Schmutz erheblich nachgelassen hatte. Danach fühlte er sich sicher genug, zu baden oder nicht, wie es ihm gefiel.

Einige Zeit später, als er eines Abends badete, reproduzierte er etwas, das wie eine Verführung durch seine Betreuerin aussah, und ließ darauf eine gespielte Selbst-Kastration folgen. Aber während seine Bewegungen zeigten, daß sein Penis abgesägt wurde, sagte er: „Oh, nun schneidest du meinen Arm ab!" Also sagte seine Betreuerin ganz nüchtern zu ihm: „Weißt du, Richard, ich bin nicht deine Mutter." Das verursachte einen augenblicklichen Schock, aber sofort danach zeigte Richard in seinen Reaktionen die ersten Anzeichen dessen, daß er auf sie als auf eine Frau reagierte, die sich von seiner Mutter unterschied, und als eine Person, die vertrauenswürdig war [4]. Es war das erstemal, daß er sie auch nur versuchsweise zu akzeptieren schien, und wenigstens zeitweise wirklich Kontakt mit ihr hatte. Und als sich genug beruhigende Erfahrungen wiederholt hatten, wurde Richard allmählich ungezwungener und natürlicher, wenn es ans Baden ging.

---

[3] Teilnehmende Beobachterin: Ronnie Dryovage.
[4] Teilnehmende Beobachterin: Patty Pickett.

Der Zusammenhang zwischen Kastrationsangst und Reinlichkeitserziehung wird weiter veranschaulicht durch Priscillas Verhalten. Zunächst pflegte Priscilla stundenlang auf der Toilette zu sitzen und mit sich selbst Kauderwelsch zu reden. Da sie zu solchen Zeiten in Ruhe gelassen wurde, faßte sie mehr Mut und fing an, anale und sexuelle Scherze in ihre Reden einzustreuen. Dann verlegte sie sich darauf, die Brille der Toilette zu beschmutzen, und später begann sie mit dem Kot zu spielen, unter dem Vorwand, sie müsse die Brille reinigen. Sie hatte erwartet, man werde sie für die Beschmutzung der Toilette streng bestrafen. Da diese Bestrafung nicht eintrat, faßte sie genug Mut, um ihre Ängste deutlicher aussprechen zu können. Sie sprach z. B. wiederholt von Männern, die Frauen von hinten überfallen [5].

Aber diese Reden hörte Lucille im Schlafraum mit an (sie war zu dieser Zeit sieben Jahre alt). Als sie merkte, daß diese „Obszönitäten" geäußert wurden, ohne daß jemand dafür bestraft wurde, fühlte sie sich ermutigt, über einige ihrer eigenen Ängste zu sprechen. Eines Tages, nachdem sie Priscillas Geschichten mit angehört hatte, stand sie nackt vor einem Spiegel und erzählte ihrer Betreuerin, sie habe einmal einen Mann vor einem Spiegel stehen sehen, der sich rasierte; er sei dort gestanden wie sie jetzt. Dann habe der Mann sein Rasiermesser fallen lassen, sagte sie, und es habe ihm den Penis abgeschnitten.

Zunächst versicherte die Betreuerin Lucille, an der Schule könne ihr nichts passieren, hier sei sie sicher. Dann erklärte sie Priscilla, daß ihre Beschreibung eines gewalttätigen oder schmerzhaften Angriffs von hinten kein wahrheitsgetreues Bild sei, und daß sie die Gefühle mißdeute, die einen Geschlechtsakt, den sie anscheinend beobachtet habe, begleiten. Als die Betreuerin Priscilla dies erklärte, kamen ihr Gespräche zu Hilfe, die sie mit den gleichen Mädchen geführt hatte, als sie alle drei auf der Straße Hunde beim Sexualspiel beobachtet hatten. Ohne daß die Betreuerin darauf Bezug nahm, sagte Priscilla: „Du meinst, das ist wie damals, als du uns erklärt hast, daß es den Hunden Spaß macht, wenn sie einander bespringen und Geschlechtsverkehr haben?" Diese Beruhigung über die Sexualität im Zusammenwirken mit der zusätzlichen Versicherung, daß der Penis eines Mannes nicht abgeschnitten werden kann und daß kein Mädchen jemals einen Penis gehabt hat, ermutigte Lucille, ihre Geschichte von dem Mann zu wiederholen, der sich selbst mit dem Rasiermesser kastriert hatte. Aber jedesmal war sie dabei weniger aufgeregt und weniger sicher, daß sie so etwas gesehen hatte [6].

---

[5] Teilnehmende Beobachterin: Joan Little.
[6] Teilnehmende Beobachterin: Joan Little.

Ein paar Wochen später tat Lucille die ersten Schritte zur Durcharbeitung dieser Angst. Sie fand eine Rasierklinge und probierte sie an ihrem Bein aus (angeblich, um ein paar Haare zu entfernen), und dabei gelang es ihr, sich zu schneiden. Der Schnitt wurde versorgt, und man erklärte ihr noch einmal, daß man sich nicht mit Rasierklingen rasiert, sondern mit Sicherheits-Rasierapparaten, mit denen man sich nie sehr gefährlich schneiden kann. Man erlaubte ihr dann, mit einem Rasierapparat zu experimentieren, und mit Hilfe ihrer Betreuerin ging es ohne Schaden ab. Der kleine Schnitt heilte schnell, und als das Haar, das sie abgeschnitten hatte, wieder nachzuwachsen begann, war ihre Angst vor körperlicher Beschädigung nicht mehr ganz so extrem.

Während einige Kinder traumatische Erlebnisse im Bereich der Reinlichkeitserziehung gehabt haben, gibt es andere, für die sie die einzige mit Belohnung verbundene Behandlung ist, die sie jemals von ihren Eltern erfahren haben. Auch hierfür war Lucille ein Beispiel. Alles in ihrem Leben war unregelmäßig, wenn nicht gar chaotisch gewesen. Aber ihre Mutter hatte auf der Wichtigkeit regelmäßiger Entleerung bestanden und hatte während der Reinlichkeitserziehung viel Zeit mit ihr zugebracht. Das hatte zur Folge, daß wir lange Zeit nur dann eine Möglichkeit hatten, mit Lucille Kontakt aufzunehmen, wenn sie auf der Toilette saß. Ihre Betreuerin mußte bei ihr sein und dort mit ihr sprechen, lange bevor sie in anderen Situationen Kontakt zu dem Kind bekam. Noch erheblich später pflegte Lucille, wenn sie in Not war, auf die Toilette zu laufen und sich dort niederzulassen, und wenn ihre Betreuerin ihr in ihrem Kummer helfen wollte, mußte sie dort mit ihr reden.

Bei Lucille waren die Kontakte, die sie während der Reinlichkeitserziehung mit ihrer Mutter gehabt hatte, relativ gesehen, die angenehmsten und beruhigendsten gewesen, die sie je gehabt hatte. Deshalb wurde dies die Situation, in der sie sich am sichersten fühlte, und in der sie zuerst fähig war, einen gewissen Kontakt herzustellen. Aber für die meisten Kinder gilt nicht das gleiche. Für sie ist die Frage der Sauberkeit mit unangenehmen, wenn nicht geradezu angsterfüllten Begleitvorstellungen verbunden. Deswegen kann jede Hilfe, die ihnen in diesem Bereich zuteil wird, zur Grundlage guter Beziehungen werden.

Chris z. B. konnte keinerlei physische Berührung ertragen, und während er sich in Wirklichkeit nach Hautstimulierung sehnte, rief schon das sanfteste Streicheln ungeheure Angst hervor. Ebenso verhaßt war ihm jede Hautstimulierung durch Berührung mit Wasser, weil sie unangenehme Erinnerungen daran erweckte, wie man ihn geschrubbt hatte. Wir fanden eine Lösung für dieses Problem, als wir ihm klarmachten, er dürfe in einer Wanne mit warmem Wasser einfach nur stundenlang sitzen und spielen, ohne sich zu waschen oder sich abzuseifen.

Eine Zeitlang erlaubte er niemandem, sich der Wanne zu nähern. Aber schließlich ließ er es zu, daß seine Betreuerin bei ihm saß, und am Ende ließ er sie bei seinem Spiel mit den Schiffen mitmachen, die in der Badewanne seine liebsten Spielsachen waren. Auf diese Weise gelang es der Betreuerin, über relativ lange Zeit Kontakte mit ihm herzustellen. Nach ein paar Monaten dieser Art des Badens forderte er sie schließlich auf, ihn zu waschen, aber schnell, und nur, wenn er sich schon fast anschickte, die Wanne zu verlassen. Aber es kam noch nicht in Frage, daß sie ihn hätte abtrocknen dürfen.

Wieder ein paar Monate später wollte Chris einmal früh am Nachmittag ein „langes Bad" nehmen; das hieß, er wollte stundenlang in der Wanne bleiben. Ganz umgeben vom warmen Wasser und sicher vor jeder Störung von außen, entspannte sich Chris seiner Betreuerin gegenüber und fing an, offen über einige seiner Phantasien zu sprechen. Er blieb in der Wanne, so lange Wasser darin war, und als der Stöpsel herausgezogen wurde, sah er zu, wie das Wasser im Abflußrohr verschwand. Es interessierte ihn besonders, zu beobachten, wie das Wasser einen Wirbel machte, als der Wasserstand niedrig wurde, und er hielt es von Zeit zu Zeit mit der Hand an und ließ es dann weiter ablaufen. Als alles Wasser abgeflossen war, verfiel er in Stillschweigen, und ein Teil des guten Kontakts ging verloren. Aber er weigerte sich, die Wanne zu verlassen. Er rollte sich in der trockenen Wanne zusammen und nach einer Weile sagte er, er wolle hier schlafen. Die Betreuerin wies ihn darauf hin, daß er sich erkälten könnte, und sagte, ihr wäre es lieber, er würde sich in seinem Bett zusammenrollen. Wie bei vielen anderen Gelegenheiten bot sie ihm an, ihn abzutrocknen, damit er warm werden könne, und diesmal ließ er es zu; als er trocken war, durfte sie ihm auch in den Schlafanzug helfen [7].

Von diesem Ansatz aus wagte sich Chris weiter voran in der Erforschung einiger seiner Angstvorstellungen, aber nun begann er sich der Realität mehr zu nähern. Zuerst besorgte er sich eine Metalldose, die einmal wasserdicht gewesen war, und nahm sie mit sich in die Badewanne, um damit zu spielen. Manchmal tat er zwei oder drei kleine Spielsachen in die Dose, schloß den Deckel und boxte die Dose in der Wanne herum, um festzustellen, ob Wasser hineinkam oder nicht. Ein andermal legte er die Spielsachen auf den Fußboden und experimentierte mit der Dose, indem er sie teilweise mit Wasser füllte und langsam mehr

---

[7] Teilnehmende Beobachterin: Patty Pickett.

Wasser hineinsickern ließ, bis sie auf den Grund der Badewanne sank. Es gehörte zu diesem „Spiel", daß die Betreuerin die Dose oder die Spielsachen „gerade noch rechtzeitig" retten mußte; auch mußte sie Chris versichern, daß ihm nichts passieren könne [8].

Obwohl die Beziehung zwischen Chris und seiner Betreuerin ständig besser wurde, dauerte es lange, bis er ihr erlaubte, seine Arme, Beine, seinen Rücken oder seine Brust zu waschen. Am Ende ließ er es jedoch nicht nur zu, sondern bat sie sogar darum. Aber er erlaubte ihr immer noch nicht, ihn irgendwo in der Nähe seines Gesichts oder seines Halses zu berühren. Manchmal hatte er etwas dagegen einzuwenden, wie sie sein Handgelenk oder seinen Fußknöchel hielt; er sagte, sie halte ihn zu fest. In Wirklichkeit achtete sie besonders darauf, ihn sehr locker anzufassen, damit er nie das Gefühl hätte, in irgendeiner Weise gepackt oder gedrückt zu werden.

Als Chris ihr schließlich erlaubte, ihm Kopf und Gesicht zu waschen, gab er sich große Mühe, sich zu schützen. Wenn sie mit der Hand seine Stirn, seine Wangen oder seinen Hals wusch, pflegte Chris seine Hände über die Ohren zu legen oder sich die Nase zuzuhalten oder eine Hand vor den Mund zu legen, um alle Körperöffnungen vor Berührung zu bewahren [9]. Es dauerte noch über ein Jahr, bis er sich von seiner Betreuerin an oder nahe bei irgendwelchen Körperöffnungen berühren ließ. So hatte sich seine Fähigkeit, Berührung zuzulassen und schließlich zu genießen, von den vagen Hautempfindungen, die warmes Wasser hervorruft, über Berührung der Extremitäten zur Berührung entwickeln müssen, die er als angenehm empfand, weil er eine gute Beziehung zu der Person hatte, die ihn berührte — bis er schließlich sogar die Berührung an verletzlicheren Stellen des Körpers nicht mehr als gefährlich empfand, sondern als angenehm. Chris brauchte außerdem ziemlich lange, bis sich seine Fähigkeit, die Nähe einer Person zu genießen, auf andere Orte als das Badezimmer übertragen ließ.

Als Chris seinen Körper zu einer Kugel zusammengerollt hatte, als sei er im Uterus, hatte er bildlich seinen Wunsch ausgedrückt, in den Mutterleib zurückzukehren. Später, in seinem Spiel mit der Dose und den Spielsachen ging er zum Ausagieren über und erprobte, wie es sich anfühlen würde, wieder ganz von Wasser umgeben zu sein, eine Vorstellung, die die Angst vor dem Ertrinken wachrief. Viel später, als Chris nicht nur besser in der Lage war, sich mitzuteilen, sondern auch genug Kontakt zur Realität hergestellt hatte, sich über solche Wünsche zu

---

[8] Teilnehmende Beobachterin: Patty Pickett.
[9] Teilnehmende Beobachterin: Patty Pickett.

wundern, sagte er Dinge, die deutlicher offenbarten, was seine Handlungen in der Badewanne motiviert hatte.

Zuerst wiegte er sich vor und zurück und tat so, als sei er in einem Boot, das von den Wellen geschaukelt wird. Dann sagte er: „Ich bin in einem kleinen Zimmer, aber es steht auf dem Kopf. Der Fußboden ist da, wo die Decke sein sollte, und Wasser strömt in das Zimmer herein ..." und so weiter, mit vielen Variationen, die alle das Gefühl ausdrückten, er werde, mit dem Kopf nach unten, in einem kleinen Raum gewiegt, der voll Wasser war [10]. Aus diesen Bildern wurde auch verständlich, warum Chris so ängstlich wurde, als er in der Badewanne das Wasser wirbelnd im Abfluß verschwinden sah, und warum es ihm soviel Spaß machte, es mit der Hand daran zu hindern, ganz abzufließen.

Weder vorher noch zu dieser Zeit haben wir Chris diese Dinge gedeutet. Nur an seinem allgemeinen Verhalten konnten wir ablesen, daß er die zwischenmenschlichen Beziehungen gewissermaßen vom Uterus an neu beginnen mußte. Er hatte gelernt, seiner Betreuerin zu vertrauen, während er sich von Wasser umgeben fühlte und sich darin zusammengerollt hatte wie ein Fötus. Nachdem er sich in dieser Lage von ihr beschützt gefühlt hatte, konnte er es ertragen, daß sie ihn berührte, und so fort; Schritt für Schritt mußte er Beziehungen herstellen, wie ein Säugling sie ursprünglich zur Außenwelt und zu den Personen hergestellt hätte, die die Außenwelt repräsentieren.

Ronnie war von einer Reihe von Pflegeeltern aufgezogen worden, die nach dem Grundsatz vorgegangen waren, Strafe und strenge Disziplin seien das geeignete Mittel gegen seinen vollständigen Mangel an Sozialisierung. Infolgedessen war Ronnie in all seinen nach außen gerichteten Aktivitäten blockiert und schien sich den Forderungen der Pflegeeltern zu fügen. In Wirklichkeit jedoch zog er sich in eine Welt des Wahns zurück, wo er eifrig damit beschäftigt war, diejenigen zu vernichten, die er haßte — und das waren fast alle Menschen. Er verteidigte sich gegen seine eigenen aggressiven Wünsche und gegen die Bestrafung, die ihm bevorstand, falls sie jemals durchbrechen sollten, durch viele Zwänge; der ausgeprägteste war ein schwerer Waschzwang. Niemand erkannte die emotionale Unausgeglichenheit des Kindes — weder seine schizophrene Existenz in einer Phantasiewelt, noch das Fehlen jeder zwischenmenschlichen Beziehung, noch seine vielfältigen Zwänge —, die so schwerwiegend war, daß sie besondere Behandlung erfordert hätte. Nur die Tatsache, daß dieser anscheinend intelligente Junge von elf Jahren noch

---

[10] Teilnehmende Beobachterin: Patty Pickett.

immer vergebens versuchte, über die Aufgaben des ersten Schuljahrs hinauszugelangen, führte dazu, daß er in unsere Schule kam. Wie in vielen anderen Fällen war es auch hier die Diskrepanz zwischen dem Versagen in der Schule und den Schulleistungen, die man von einem Jungen seines Alters erwartet, die endlich die Gesellschaft veranlaßte, zu handeln und das Kind zu retten. Nebenbei möchte ich hinzufügen, daß die Schwere der Störungen vieler anderer Kinder ebenfalls unerkannt bleiben würde, wenn nicht die Schulleistungen einen relativ objektiven Maßstab böten, an dem man das Versagen eines Kindes messen kann. Wenn es ebenso gültige Maßstäbe gäbe, an denen man die Fähigkeit oder Unfähigkeit des Kindes messen könnte, zwischenmenschliche Beziehungen herzustellen, könnte man die von der Norm abweichende Entwicklung vieler Kinder viel früher erkennen; dann wären auch die Möglichkeiten der Rehabilitierung viel besser.
Zurück zu Ronnie: Er benützte seine ersten Tage an unserer Schule, um sich gegen die vielen neuen Versuchungen zu ungezwungenerem Verhalten zu wehren, indem er praktisch den ganzen Tag im Bad zubrachte und sich schrubbte. Im Verlauf einiger Monate wurden seine zwanghaften Waschungen weniger häufig; an ihre Stelle trat eine allgemeine Schmuddeligkeit und schließlich eine Rückkehr zum Einkoten. Beiläufige Bemerkungen seiner Betreuerin über das Einkoten riefen zunächst keine Reaktion hervor. Aber als sie ihm beim Waschen half, während er in der Badewanne saß, rief diese „Säuglingspflege" in einem Milieu, das ihn zugleich an die von den Eltern erzwungene Reinlichkeit erinnerte, eine enorme emotionelle Spannung hervor. Mittlerweile hatte Ronnie jedoch das Gefühl, er könnte etwas dagegen tun, da das Verhalten der Betreuerin sich so radikal von dem unterschied, was ihn zu seiner zwanghaften Abwehr veranlaßt hatte. Er begann tastend, indem er sagte: „Patty, ich hab' einen Kummer, der mir zu schaffen macht." Als sie fragte, was das sei, antwortete er: „Ich mach' in die Hose, und es wird immer schlimmer." Die Betreuerin fragte, warum er das tue, anstatt auf die Toilette zu gehen, und Ronnie antwortete: „Na ja, es macht mich wütend, auf die Toilette zu gehen, und ich will es jedenfalls nicht." Danach wurde das Gespräch eine Weile freundlich fortgesetzt, und schließlich, als die Betreuerin fragte, was ihn so wütend mache, rief Ronnie mit zorniger und erregter Stimme: „Niemand hat mir diese Dinge je gesagt. Niemand hat es mir jemals beigebracht."
Die Betreuerin sagte, sie könne verstehen, wie es ihm zumute sei. Er habe oft sein Zuhause gewechselt, und die Leute hätten von ihm erwartet, er solle selbst auf sich aufpassen, als er noch zu klein war, es zu können. Man habe wahrscheinlich zuviel von ihm erwartet, wo er wirklich nicht

habe einsehen können, warum er es tun sollte; aber hier an der Schule gäben wir uns Mühe, gut für ihn zu sorgen; wir hätten genug Zeit, um zu warten, bis er bereit sei zu lernen, was er lernen wolle, und hier würden wir ihn nicht drängen.
Ronnie sprach nun viel freier, und ohne daß die Betreuerin irgendwelche Fragen stellte, sagte er: „Ja, zum Beispiel, als ich noch zu Hause war. Weißt du, Patty, jede Kleinigkeit mußte genau nach Vorschrift sein. Wenn mir mein Kamm runterfiel, sagte sie immer, ‚heb' ihn sofort auf', und ich mußte mich immerzu waschen, und immer zu einer bestimmten Zeit. Und wenn ich mich jemals auch nur das kleinste bißchen verspätete oder schmutzig war, Junge, Junge, dann waren sie immer wütend!"
Es war also diese Situation — das Waschen, das Bad, die Behandlung eines Kindes im verletzlichsten Zustand, die gleiche Situation, in der er früher gewaltsam unterdrückt worden war und in der er nun zärtlich umsorgt wurde — die es Ronnie erlaubte, einige seiner Schwierigkeiten zu verstehen, und sich darüber auszusprechen, was ihn dazu geführt hatte, seine zwanghafte Abwehr zu entwickeln [11].

Manchmal muß die Ermutigung durch die physische Nähe der Badewanne und die Möglichkeit, sich rasch wieder zu säubern, verstärkt werden, bevor Kinder ihre Abwehr gegen den Impuls fallen lassen, sich schmutzig zu machen. Das Bewußtsein, daß sie fast sofort wieder sauber werden können, kann manchmal verhindern, daß ihre Angst sich zu Panik steigert, wenn sie feststellen, daß sie zu schmutzig geworden sind.
In der ersten Zeit nach ihrer Ankunft bei uns war Alice zwanghaft sauber, übermäßig nachgiebig und übermäßig darauf bedacht, es allen recht zu machen. Ihr erster Versuch, unsere Sauberkeitsansprüche auf die Probe zu stellen, war sehr gemäßigt; sie begann mit einem winzigen Fleck auf ihrem Kleid, während sie aß; später beschmutzte sie das Kleid ein wenig mehr.
Trotz ihres Versuchs, Kritik zu provozieren, sagte niemand etwas, aber sie war schon so weit gegangen, wie sie es wagen konnte. Sie hätte gern der Gewohnheit getrotzt, sich sauber zu halten, die ihre Mutter ihr zu Hause aufgezwungen hatte, aber ihre Angst machte sie noch eine Zeitlang machtlos.
Eines Abends aber brach ihre Abwehr zusammen, als ihre Betreuerin ihr mitteilte, es sei nun Zeit für ihr Bad. Alice erhob Einspruch und fragte:

---

[11] Teilnehmende Beobachterin: Patty Pickett.

„Muß ich?", was für sie sehr ungewöhnlich war. Ihre Betreuerin sagte, nein, sie müsse nicht baden, aber vielleicht wäre es besser, sie täte es doch. Sie sagte: „Du weißt, daß du dich den Tag über so schmutzig machen darfst, wie du willst, aber dann, meine ich, solltest du abends baden." Nun bat Alice ihre Betreuerin, mit ihr ins Bad zu kommen, und dort wurde das ganze Gespräch wiederholt.

Als die Betreuerin an die Stelle kam, wo es hieß: „Du darfst dich den Tag über so schmutzig machen, wie du willst", sagte Alice: „Meinst du so?" und rollte sich auf dem Fußboden des Badezimmers hin und her, der naß und im Augenblick nicht allzu sauber war. Innerhalb von ein paar Sekunden hatte sie es fertiggebracht, sich von oben bis unten schmutzig zu machen. „Ja", sagte die Betreuerin und lachte, weil es spaßig war. Als Alice das Gefühl hatte, nun sei sie schmutzig genug, ließ sie sich zum erstenmal von der Betreuerin beim Ausziehen helfen und nahm auch in der Badewanne ihre Hilfe an [12]. Dies war für Alice wirklich ein Wendepunkt.

Es bedeutete weder, daß ihre vielen Probleme gelöst waren, noch bedeutete es, daß sie bereit war, ihre übermäßige Nachgiebigkeit in allen Lebensbereichen abzulegen. Aber die Tage ihrer Selbst-Tyrannisierung in Fragen der Sauberkeit waren gezählt, und die Verbote, die sie sich deswegen auferlegt hatte, begannen sich von diesem Zeitpunkt an zu lockern. Sie begann also wenigstens in einem Lebensbereich, sich ein Verhalten zu erlauben, das mehr ihren eigenen Wünschen entsprach.

Wie Alice hatte sich auch Andy den Forderungen seiner Eltern in bezug auf Sauberkeit gefügt, aber er hatte andere Möglichkeiten gewählt, um sein Ressentiment zu zeigen. Als er an unsere Schule kam, war er erst sieben Jahre alt, aber er hatte auf eine strenge und inkonsequente Erziehung schon mit Brandstiftung und anderen weniger dramatischen Delikten reagiert. Gegen den harten Druck, den man in Fragen der Sauberkeit auf ihn ausgeübt hatte, reagierte er besonders dadurch, daß er alles verabscheute, was mit Säuberung zu tun hatte.

Als er sich in unserer Schule geborgen fühlte, wurde er immer schmutziger. Aber eines Tages erinnerte sich seine Betreuerin, daß Andy einmal erwähnt hatte, er habe Schaumbäder gern, und sie versuchte, seiner Abneigung gegen das Baden dadurch entgegenzuwirken, daß sie ihm ein Schaumbad anbot. Ihm gefiel dieser Gedanke, obwohl er sich tagelang gegen die Vorstellung gesträubt hatte, wieder sauber zu werden. Nun ging er, angezogen von den perlenden Bläschen des Badezusatzes und einigen hübschen neuen Badespielsachen, schließlich doch in die Wanne.

---

[12] Teilnehmende Beobachterin: Joan Little.

Nachdem er eine Weile mit den Schiffchen und seinen anderen Spielsachen gespielt hatte, sah er zu seiner Betreuerin auf und fragte: „Muß ich nun immer baden? " Sie antwortete darauf mehr oder weniger das gleiche, was sie Alice geantwortet hatte. Sie sagte: „Na ja, ich möchte, daß du abends badest, so daß du am nächsten Tag wieder hinausgehen und dich so schmutzig machen kannst, wie du willst. Dann werde ich dich abends wieder sauber machen, so daß du am nächsten Tag wieder von vorn anfangen kannst, dich schmutzig zu machen."
Ein Teil dieser Antwort erschien Andy überraschend, und er sagte: „Willst du damit sagen, daß du *möchtest*, ich soll mich schmutzig machen?" Die Betreuerin antwortete, das müsse er entscheiden, aber es mache manchmal Spaß, sich recht schön schmutzig zu machen; sie fügte hinzu: „Aber wie kannst du dich schmutzig machen, wenn du niemals sauber wirst?" Nun fragte Andy, ob er „morgen in den Hof hinausgehen und ein großes tiefes Loch machen und Sandkuchen machen und selbst hineinsteigen und sich mit Dreck zudecken" dürfe? Seine Betreuerin sagte, ja, das alles dürfe er tun, soviel er wolle, und Andy schloß mit einer Miene, die Endgültigkeit ausdrückte: „Gut! Dann mach' ich morgen ein großes Loch in den Spielplatz und steige hinein und grab' mich ein."
Andy war nun einigermaßen sicher, daß sein Wunsch, sich schmutzig zu machen, als legitimer Wunsch akzeptiert wurde, und ein paar Minuten später, während seine Betreuerin ihn wusch, begann er über seine anderen großen Ängste zu sprechen: die Furcht davor, sich fremden Blicken auszusetzen und die Kastrationsangst. Aber diesen Themen näherte er sich auf Umwegen: „Ich mag es, wenn du mich wäschst", sagte er. „Aber ich hab' mich zu Hause immer selbst gewaschen, und da war sonst niemand bei mir im Bad. Ich möchte, daß du hinausgehst." Die Betreuerin fragte, warum, aber er schwieg. Sie sagte, wenn er ihr einen Grund nennen könne, warum er wolle, daß sie hinausgehe, wäre sie gern bereit, ihn allein zu lassen. Daraufhin wurde er verwirrt und setzte mehrmals zum Sprechen an und sagte dann: „Weißt du, Jungen mögen es nicht gern, daß Mädchen sie sehen." Sie fragte ihn, warum nicht, und er senkte den Blick und sah auf seinen Penis hinunter, wollte aber nichts mehr sagen und seine Betreuerin nicht ansehen. Trotzdem wurde er, als sie fortfuhr ihn zu waschen, ganz entspannt. Zum erstenmal versuchte er nicht nur nicht, von ihr zurückzuweichen, sondern kam sogar näher heran. Als sie ihn fertig gewaschen hatte, sagte Andy: „Nun bin ich sauber und muß aus der Wanne heraus", aber die Betreuerin ermunterte ihn, noch ein bißchen länger in der Wanne zu bleiben und mit seinen Schiffchen zu spielen.

Andy stimmte zu, aber kaum hatten sie zu spielen angefangen, als er ganz aus dem Gleichgewicht geriet und sagte, er habe ein Boot kaputtgemacht. Er sagte es gewissermaßen herausfordernd, als ob er erwarte, dafür bestraft zu werden. Aber die Betreuerin zuckte die Achseln und sagte, Boote seien zum Spielen da, und manche gingen auch einmal kaputt, aber seinem Körper könne und werde nichts geschehen, der sei ganz aus einem Stück. Wieder beruhigt, fragte Andy, ob sie glaube, daß sie das Boot wieder zusammenkleben könnten. Sie sagte, ja, sie könnten es trocknen lassen und es dann wieder heilmachen. Andy war erleichtert. Dieser Abend war das Ende von Andys fixiertem Widerstand gegen das Baden. Dank der Hilfe seiner Betreuerin wehrte er sich nicht mehr jeden Abend gegen sein Bad und genoß endlich einmal ununterbrochen und ruhig sein Spiel [13].

Andere Kinder müssen ihren Trotz gegen die ihnen von den Eltern aufgezwungene Sauberkeit auf andere Weise ausdrücken. Eines unserer Mädchen pflegte lange auf der Toilette zu sitzen und dabei anale Reden zu führen. Im allgemeinen tat es das, wenn es sicher war, daß seine Betreuerin es hören konnte. Die Gegenwart der Betreuerin, ohne daß diese jemals Kritik äußerte, war offenbar genau die Art von Beruhigung, die das Kind brauchte. In das Verhalten des Mädchens wurde weder eingegriffen, noch wurde es gebilligt; dadurch wurden die analen Zwangsvorstellungen des Kindes in einen sozialen Zusammenhang gebracht. Zumindest fand sein Groll gegen eine strenge Sauberkeitserziehung in obszönen Reden einen sozialen Ausdruck und wurde nicht in der Isolierung und in mörderischen Phantasien entladen.

Später schritt das Kind von „schmutzigen Reden" fort zu physischer Schmuddeligkeit. Es brachte es zuwege, daß seine Kleider und seine Unterwäsche sehr schmutzig wurden, und verhinderte, daß sie in die Reinigung kamen, indem es sie an allen erdenklichen Orten versteckte. Diese Haltung blieb bestehen hinsichtlich der Kleidungsstücke, die es von zu Hause geschickt bekam oder die es mitgebracht hatte, als es zu uns an die Schule kam. Erst nachdem es eine Periode übertriebener Schmutzigkeit durchgemacht hatte, wurde es relativ sauber, und dies gelang ihm nur, wenn es Unterwäsche oder Kleider trug, die es mit der Betreuerin eingekauft hatte, nachdem es an unsere Schule gekommen war [14].

Diese Freiheit, *nicht* sauber zu sein (oder die Freiheit, die Toilette nach eigenem Belieben zu benützen), ist für manche Kinder mit schweren ana-

---
[13] Teilnehmende Beobachterin: Fae Lohn.
[14] Teilnehmende Beobachterin: Joan Little.

len Fixierungen von entscheidender Bedeutung, wie es eins unserer Kinder selbst am besten formuliert hat. Lester sagte, als seine Lieblingsbetreuerin von einem Urlaub zurückkam, der ein paar Tage gedauert hatte, und sich nach seinem Ergehen erkundigte,: „Sobald du weggegangen warst, bin ich auf die Toilette gegangen, und ich bin dort geblieben, bis du heute zurückkamst." [15]
Natürlich war diese Aussage unwahr, aber sie war gewissermaßen nur deswegen unwahr, weil er wußte, daß er fast ebenso hätte handeln können, wenn er es nötig gehabt hätte. Die Freiheit, in der Toilette zu bleiben und sich auf die Entleerung zu konzentrieren, und auf das, was sie für ihn bedeutete, erlaubte ihm selbst in einer Zeit höchster Belastung, eben darauf zu verzichten. In seiner Aussage deutete Lester übrigens seine Freiheit als etwas, was wirklich geschehen war; das entsprach sehr weitgehend seiner allgemeinen Neigung, Gefühle mit der Realität zu verwechseln.

Für gewisse Kinder ist am Anfang ihres Aufenthalts bei uns die Freiheit von Aufsicht über Sauberkeit und Entleerung wichtiger als z. B. sexuelle Freiheit, vielleicht weil die erstere zu Hause stärker tabuiert war. Wir finden häufig, daß Kinder in bezug auf Sauberkeitsfragen überstreng behandelt worden sind, während sie in sexuellen Fragen elterliche Nachsicht erlebt haben (wenn nicht sogar bewußte oder unbewußte Verführung durch die Eltern). Zumindest unserer Erfahrung nach kommt das umgekehrte Verhältnis selten vor. (In diesem Zusammenhang darf man nicht übersehen, daß ungefähr zwei Drittel unserer Kinder aus der Mittel- bis Oberschicht stammen, und daß nur ein Drittel von Fürsorgeverbänden in unserer Schule untergebracht wird. Aber selbst die Kinder dieses letzten Drittels stammen oft aus einem Elternhaus, das zwar der Unterschicht angehört, dem aber Strebungen der Mittelschicht eigen sind, die sich in der Erziehung der Kinder widerspiegeln.)
Ein weiterer Grund für die größere Bedeutung der Freiheit auf dem Gebiet der Reinlichkeit ist der Umstand, daß wir bei der Gewährung sexueller Freiheit nicht so weit gehen können wie bei der Ermutigung eines Kindes, seine analen oder urethralen Zwänge auszuagieren.
Wie Freiheit in Fragen der Ausscheidung das Gefühl eines Kindes von seiner eigenen Bedeutung heben kann, wurde durch einen der Jungen hübsch demonstriert. Nachdem Bert überzeugt war, es sei ungefährlich, die Toilette seinen emotionalen Bedürfnissen entsprechend zu benützen, pflegte er voll freudiger Erregung andere Kinder einzuladen, ihn dort

---

[15] Teilnehmende Beobachterin: Ronnie Dryovage.

zu besuchen oder dort mit ihm zusammenzusein, anstatt sie aufzufordern, in seinem Schlafraum oder auf dem Spielplatz oder sonst irgendwo mit ihm zu spielen. Während der ersten zwei Wochen seines Aufenthalts an der Schule lautete seine ständige Redewendung, wenn er sich von einem der Kinder akzeptiert fühlte: „Komm mit in unsere Toilette und laß' uns dort spielen"; er sagte es immer mit leuchtenden Augen [16].
Weil es für ihn so wichtig war, dort seine Freiheit zu haben, wurde die Toilette für ihn der wichtigste Ort; er benahm sich wirklich so, als sei sie sein „Reich". In seinen Augen war eine Einladung, ihn in der Toilette zu besuchen, etwas Unwiderstehliches.
Bevor er an unsere Schule kam, war Bert ein zwanghaft sauberes Kind gewesen, das schließlich mit heftigen Aggressionen gegen andere Kinder auf seine strenge Sauberkeitserziehung reagiert hatte. Den Höhepunkt stellte ein schwerer Zwischenfall in der öffentlichen Schule dar, wo er einem Kind mit einem scharfen Metallstück tiefe Schnitte im Gesicht beibrachte — ausgerechnet in einem Kampf um den Zugang zum Trinkwasserbrunnen. Die Schwere dieser Attacke führte dazu, daß Bert an unsere Schule kam.
Sobald Bert begriffen hatte, daß er es an unserer Schule mit den Ausscheidungen nach Belieben halten konnte, fing er an, frühere auf seine Reinlichkeitserziehung bezogene Ängste auszuagieren. Er begann damit im Badezimmer, wo er die Toilette verstopfte, als ob er zeigen wollte, daß wir nicht von ihm erwarten könnten, er solle sauber sein, da doch die Toilette unbenützbar war. Danach verursachte er mehrmals Überschwemmungen in den Badezimmern. Bei all diesen Aktionen benützte er, wenn er nur irgend konnte, Seife als Mittel zur Unsauberkeit. Bei seinen Versuchen, Sauberkeit zu vermeiden, stopfte er Seife in die Toiletten und Waschbecken und ließ sie dann überlaufen [17].
Nach ein paar Wochen trat dieses symbolische Verhalten, das wie eine Verhöhnung seiner Zwangserziehung zur Sauberkeit wirkte, immer dann ein, wenn Bert einen Streit mit einem anderen Kind hatte. Anstatt zu schreien oder zu schlagen, wie er es früher getan hätte, stürzte er nun aus dem Schlafraum ins Bad, wo er alle Wasserhähne aufdrehte, das Bad überschwemmte und es unbenützbar machte. Es war, als könne er sich am unmittelbarsten rächen, wenn er auf ein Badezimmer zielte, auf den Ort seiner früheren Nöte, wo ihm mit Gewalt beigebracht worden war, sauber zu sein. Später, als Bert mit dem Leben zufrieden war, begnügte er sich, wenn ihn etwas geärgert hatte, mit der Zerstörung der

---

[16] Teilnehmende Beobachterin: Fae Lohn.
[17] Teilnehmende Beobachterin: Fae Lohn.

„Sauberkeitswerkzeuge", der Seifenstücke. Er füllte dann alle drei Waschbecken in seinem Badezimmer mit heißem Wasser und tat in jedes mehrere Seifenstücke. Wenn die Waschbecken voll waren, drehte er nun selbst das heiße Wasser ab und kehrte ruhig in den Schlafraum zum Spiel mit den anderen Kindern oder mit seiner Betreuerin zurück.

Seine erste vernünftige Beziehung entstand beim Spielen im Badezimmer. Wochenlang leerte seine Betreuerin die Waschbecken nicht, wenn er sie verstopft hatte, sondern blieb einfach dort und spielte mit ihm in dem Wasser. Als die Folgen seiner Wut auf diese Weise in einen Anlaß zu angenehmen Kontakten verwandelt wurden, und noch zu den Befriedigungen, die ihm in jeder anderen Hinsicht zuteil wurden, hinzukamen, nahm Berts Aggressivität etwas ab. Nun begnügte er sich damit, das Badezimmer auf sozial annehmbarere Weise zu überschwemmen, indem er beim Baden Wasser in großen Mengen aus der Wanne herausspritzte.

Später bemühte sich die Betreuerin, die Spritzerei zu sozialisieren, indem sie sie mit seinem Spiel mit den Badezimmerspielsachen in Zusammenlang brachte, einer Art des Spielens übrigens, die er früher abgelehnt hatte. Als Bert gelernt hatte, daß er die Soldaten, die er auf dem Rand der Badewanne aufgereiht hatte, herunterschlagen konnte, und als er menschliche Figuren in seinen Booten untergehen lassen konnte, kamen die Überschwemmungen des Fußbodens nicht mehr so oft vor und wurden auch nicht mehr so schlimm. Menschenfiguren ersetzten nun das unbelebte Wasser als Ziele der Aggression; das war ein wichtiger Schritt auf dem Weg, seine Feindseligkeit in einen personalen Zusammenhang zu bringen; dadurch wurde schließlich die Lösung seiner emotionalen Probleme erleichtert [18].

Viele unserer Jungen setzen am Anfang das Badezimmer unter Wasser; das wird oft ziemlich schlimm, wenn wir es nicht sofort merken. Sie suchen sich gewöhnlich einen Augenblick aus, in dem sie sich im Badezimmer unbeobachtet glauben, was natürlich nicht allzu schwierig ist, weil wir ihr Bedürfnis nach Absonderung zu allen Zeiten respektieren, wenn nicht gewichtige Gründe dagegen sprechen. Da unsere Badezimmer ziemlich groß sind, so daß sich die Kinder wirklich genügend darin bewegen können, und da sie ein oder zwei Badewannen und zwei oder drei Waschbecken enthalten, hat das Kind bis zu zehn Wasserhähne zur Verfügung. Und wenn ein Kind, wie Bert und viele andere es getan haben, all diese Hähne aufdreht, nachdem es zuerst alle Abflüsse sorgfältig verstopft hat, kann ein ziemlich großer Wasserstrom sich auf den Fußboden

---

[18] Teilnehmende Beobachterin: Fae Lohn.

ergießen. Bald überschwemmen kleine Flüsse unsere Korridore oder sie kommen die Treppen heruntergeflossen, sehr zum Entzücken (aber auch zur heimlichen Angst) des Urhebers.
Bis jetzt ist es bei uns noch nicht vorgekommen, daß ein Mädchen dies getan hat, obwohl sie es den Jungen gleichtun, wenn es um das Verstopfen und Überlaufenlassen von Toiletten geht. Bis heute haben jedoch nur Jungen sich darin gefallen, alle Wasserhähne aufzudrehen, um das Haus unter Wasser zu setzen, und es waren vor allem Jungen, die von ihren Müttern stark und punitiv unterdrückt worden waren. Es versteht sich von selbst, daß sie sich auch in größenwahnsinnigen Phantasien über andere Aspekte ihrer Männlichkeit im eigentlichen Sinn ergingen. Ihre urethralen Orgien bei dem Versuch, ihre ganze Welt (nämlich die Schule) unter Wasser zu setzen, waren wirklich sehenswert. Aber das Gefühl beinah vollkommener Allmacht, das diese vorher unterdrückten Jungen sich auf diese Weise verschafften, war oft den Schaden wert, den das Gebäude zu leiden hatte. Dies gilt, wie immer, natürlich nur dann, wenn man nicht zuläßt, daß sie in der größenwahnsinnigen Vorstellung von ihrer urethralen Macht steckenbleiben, und wenn man das gesteigerte Wohlbefinden, das sie infolge ihres Verhaltens erleben, dazu benützt, um ihre Energien in konstruktivere Bahnen zu lenken.
Übrigens gewannen wir daraus, daß wir Berts Reaktion beobachteten, nachdem er das Badezimmer mit einem dicken Wasserstrahl unter Wasser gesetzt hatte, und seine extreme Frustration, als man ihn hindern mußte, noch mehr Schaden anzurichten, eine gewisse Vorstellung, warum sein gewalttätigster Angriff in einem Kampf um den Zugang zu einem Trinkwasserbrunnen stattgefunden hatte. Daß er sich von der Beherrschung eines Wasserstrahls ausgeschlossen sah und zusehen mußte, wie ein anderes Kind eben diese Herrschaft über das Wasser ausübte, ließ eine so unbeherrschbare Wut in Bert aufsteigen und einen so brennenden Wunsch, sich dieses Wasserstrahls zu bemächtigen, daß er dem anderen Kind das Gesicht zerfleischte.

Emily, die im Bereich der Sauberkeit schreckliche Ängste hatte, war nicht einfach nur peinlich bemüht, sich selbst sauber zu halten; ebenso zwanghaft, wie sie ihren eigenen Körper wusch, war sie auch bei ihrem Spielzeug auf Sauberkeit bedacht. Als wir ihr Badezimmerspielsachen gaben, konnte sie zuerst nur mit ihnen spielen, indem sie sie immer wieder einseifte und abschrubbte.
Bald nachdem sie aufgehört hatte, in bezug auf Sauberkeit so strenge Regeln zu befolgen, begann sie, jedesmal, wenn sie auf die Toilette ging, Gespenster zu sehen, die ihr drohten. Je mehr ihre Abwehr in der frei-

heitlichen Atmosphäre der Schule abbröckelte, desto stärker kamen die infantilen Ängste wieder zum Vorschein, die ursprünglich diese Abwehr in Gang gesetzt hatten. Sie hatte besonders große Angst, die Gespenster könnten sie auffressen; so wurden die oralen Aggressionen deutlich, die ihren Analängsten zugrunde lagen [19]. Um sie zu beruhigen, mußte man sie jedesmal, wenn sie auf die Toilette ging oder gehen wollte, unterstützen. Außerdem hätte diese Unterstützung niemals gewirkt, wenn wir sie auf nur eine Betreuerin beschränkt hätten; die Angst, die einzige Person zu verlieren, die ihr Sicherheit gab, während sie in der Toilette war, hätte dann vielleicht die Sicherheit aufgehoben, die die Gegenwart dieser Person ihr zu geben vermochte. Überdies war es höchst unwahrscheinlich, daß ein und dieselbe Person jedesmal verfügbar sein würde, wenn Emily auf die Toilette gehen wollte, ein Wunsch, der eine Zeitlang sehr häufig war, wobei die Sitzungen die Tendenz hatten, ziemlich lange zu dauern. Nach einer Weile war Emily sicher, daß sie immer damit rechnen konnte, daß jemand bereit war, sie zu begleiten, und sie fand den Mut, darum zu bitten, was die Dinge vereinfachte. Sie pflegte dann zu verschiedenen Betreuerinnen oder zu ihrer Lehrerin zu sagen: „Komm mit mir zur Toilette, ich hab' Angst."
Später fing Emily an, mit Selbständigkeit zu experimentieren. Sie bat nun die Lehrerin oder die Betreuerin, außerhalb der Toilette auf sie zu warten; noch etwas später bat sie sie, vor dem Bad zu warten. Aber sie war auch vorsichtig und sagte: „Sei aber ganz gewiß hier an dieser Stelle, wenn ich wieder herauskomme!" [20]
Als Emily in bezug auf das, was andere wirklich über Sauberkeit — und über sie — dachten, größere Sicherheit gewann, begannen ihre Phantasien sich ganz langsam aufzulösen. Nun trat an die Stelle ihrer wahnhaften Angst, sie könnte von Gespenstern vernichtet werden, etwas, das wahrscheinlich eine frühere Form ihrer Angst im Bereich der Ausscheidungen gewesen war — die Vorstellung, es sei gefährlich, etwas zu verlieren, was einmal Teil des eigenen Körpers gewesen ist. Gegen diese Angst versuchte sie sich realistischer zu wehren, indem sie zu verhindern versuchte, daß ihre Exkremente in der Toilette hinuntergespült wurden, und indem sie ihre Finger dazu benützte, die Leere im Darm, die sie erschreckte, wieder auszufüllen.
Ihr Verhalten und ihre Reaktionen auf beruhigende Versicherungen, die sie eine Zeitlang nur erreichten, während sie auf der Toilette saß, zeigen noch einmal den Wert von therapeutischen Bemühungen, die sich auf

---

[19] Teilnehmende Beobachterin: Joan Little.
[20] Teilnehmende Beobachterin: Ida Bass.

alle Zeiten und alle Orte erstrecken, in denen sich das Leben eines Kindes abspielt. Erst nachdem man ihr mehrmals versichert hatte, sie sei vor Gespenstern sicher, während sie ihr Geschäft verrichte — eine Versicherung, die ihr in verbaler Form lange gar nichts bedeutete, sondern nur durch die Gegenwart ihrer Betreuerin und den Ton ihrer Stimme bis zu ihr drang —, begann sie zu sprechen, während sie auf der Toilette saß. Sie pflegte z. B. eineinhalb Stunden dort zu sitzen, wobei sie in gewissen Zeitabständen etwas Kot von sich gab; nach jeder Entleerung pflegte sie einen Finger in den After zu stecken. Sie ließ ihn dort eine Weile und sagte: „Wenn du es tust, kannst du den Finger hineinstecken." [21]
Ähnlich konnten wir nur dadurch, daß wir sie beobachteten, während sie auf der Toilette saß, verstehen und ihr später helfen zu verstehen, warum sie immer versuchte, sich die Ohren zuzuhalten. Dies ging weitgehend auf ihre Furcht vor Geräuschen zurück, besonders aber auf die Furcht vor einem Geräusch: dem Rauschen, das das Spülen in der Toilette hervorruft, und das für sie den endgültigen Verlust eines Teils ihres Körpers bedeutete.
Nachdem wir Emily geholfen hatten, ihre Angst vor der Entleerung zu überwinden, und ihr erklärt hatten (auf eine Art, die sie verstehen konnte), daß sie bei der Entleerung nicht einen Teil ihres Körpers verlöre, wurde es möglich, ihre Angst noch weiter zu vermindern, indem man sie von dem Entsetzen befreite, das sie vor allem empfand, was mit Unsauberkeit zu tun hatte oder was mit der Entleerung zusammenhing. Ihr stärkstes Sicherheitsgefühl entwickelte sich, als sie ein besseres Gefühl dafür bekam, daß ihre Betreuerin sie trotz ihrer „Unsauberkeit" akzeptierte.
Zu dieser Zeit war Emily wieder einmal mit einer Betreuerin im Badezimmer; sie fragte sie sehr ängstlich, ob der Betreuerin der Geruch nicht sehr unangenehm sei, den sie verursache. Die Betreuerin sagte nein, es mache ihr nichts aus. Aber Emily meinte, sie müsse sich die Nase zuhalten oder wenigstens den Kopf abwenden. Die Betreuerin sagte noch einmal, es mache ihr nichts aus, und versicherte nachdrücklich, daß sie Emily gernhabe und keinen Grund sehe, warum sie ihren Kopf von irgend etwas abwenden solle, was Emily tue. Nun war die schlimmste Prüfung vorüber, und Emily schien sich jetzt zu gestatten, an ihre Akzeptierung zu glauben [22].
Je mehr Emily ihre Angst vor der Entleerung verlor und je weniger sie sich um die Sauberkeit Sorgen machte, desto mehr wurde der Gang auf

---

[21] Teilnehmende Beobachterin: Florence White.
[22] Teilnehmende Beobachterin: Esther Blustein.

die Toilette zu Emilys erfreulichstem Erlebnis. Nun war das Badezimmer der Ort, wo wir sie am menschlichsten erleben konnten, und wo sie zumindest zeitweise bereit war, andere als Menschen anzuerkennen. Jetzt redete sie unaufhörlich von dem Thema, das sie früher nicht einmal zu erwähnen gewagt hatte. Immer wieder pflegte sie vor sich hin zu singen: „Emily geht aufs Klo, Emily geht aufs Klo." [23]
In dieser Zeit, während Emily bei ihrer Betreuerin selbst Geborgenheit fand, begann sie, das, was ihr zu Hause geschehen war, mit ihren Spieltieren auszureagieren — sie war zu Hause für ihr häufiges „schlechtes Benehmen" schwer verprügelt worden (und erwartete ständig, daß ihr das gleiche wieder geschehen werde, wenn sie sich schmutzig machte). Sie schlug ihren Teddybären lange und heftig auf sein Hinterteil. Sie gab ihm ein Klistier nach dem anderen, und weil er (wie sie verkündete) nicht so sauber war, wie er hätte sein sollen, riß sie ihm die Augen ab und sagte: „Du böser Teddy! Du kannst nicht Mutters liebes Kind sein." [24]
Nun, da Emily in bezug auf ihre größte Angst, die Angst vor der Entleerung, Erfolge errungen hatte, war sie auch bereit, bei ihrer nächsten großen Angst, der Angst in bezug auf die Masturbation, Hilfe anzunehmen, aber darüber wollen wir im zwölften Kapitel sprechen. Hier möchte ich nur noch einmal betonen, daß Emily uns nur etwas über ihre größten Ängste mitteilen konnte, weil wir in dem Augenblick und an dem Ort mit ihr zusammen waren, wo sie sich bemerkbar machten. Deswegen konnten wir aber auch feststellen, daß sie, da sie nun bereit war, ihre Sexualängste auszuagieren, auch bereit war, sie durchzuarbeiten.
Bisher hatte Emily auf Versuche, mit ihr über Geschlechtsunterschiede zu sprechen, weder reagiert, noch hatte sie davon abzulenken versucht, obwohl wir dieses Thema von Zeit zu Zeit vorsichtig erwähnt hatten, weil wir uns über ihre akuten Sexualängste im klaren waren. Sie ließ unsere Versuche einfach unbeachtet und benahm sich, als verstünde sie nicht, wovon wir sprachen, oder als sei sie nicht daran interessiert. Aber eines Tages beobachtete ihre Betreuerin, daß Emily sich, im Gegensatz zu ihrem üblichen Verhalten, umgekehrt auf die Toilette setzte, allerdings nur beim Urinieren. Sie sah sich bei dieser Gelegenheit auch beim Wasserlassen aufmerksam zu, ihr gesamtes Verhalten schien darauf hinzudeuten, daß sie mit der Art, in der Jungen das Wasser abschlagen, zu experimentieren versuchte. Dies war der Hinweis, aus dem wir entnehmen konnten, daß es Zeit war, ihr mindestens zum Verstehen (wenn

---

[23] Teilnehmende Beobachterin: Joan Little.
[24] Teilnehmende Beobachterin: Joan Little.

nicht zum Akzeptieren) des physiologischen Unterschieds zwischen Jungen und Mädchen und damit auch der verschiedenen Art des Urinierens zu verhelfen [25].

Stuart hatte sich, wie schon in der Einführung erwähnt, von seinen Eltern nie angemessen beschützt gefühlt, weil sie ihn in dem Glauben gelassen hatten, er sei stärker und tüchtiger als sie. Das war aber am Anfang seines Lebens nicht so gewesen. Tatsächlich machte ihn der Umstand, daß er von den Krankenschwestern, die ihn im Säuglingsalter und in der frühen Kindheit gepflegt hatten, unterdrückt worden war, später, als er anfing, sich für den Gebieter zu halten, nur noch unsicherer.
Stuarts Sauberkeitserziehung war sehr streng gewesen. Er war nicht nur vollständig sauber, bevor er ein Jahr alt war, sondern schon vorher hatte man ihm jeden Tag Suppositorien gegeben und ihn stündlich auf den Topf gesetzt. Er hatte also während seiner Erziehung zur Sauberkeit den totalen Zwang erlebt, den er später seinen Eltern und der ganzen übrigen Welt aufzuerlegen versuchte. Infolge seiner Dressur war er zwanghaft sauber, als er an unsere Schule kam.
Beim Ausagieren und später beim Durcharbeiten seines Grolls gegen die Welt fing Stuart mit den später an ihn gestellten Forderungen des Sich-Waschens und Badens an, lange bevor er seine Wut über die Art durcharbeiten konnte, wie er zur Sauberkeit erzogen worden war. Als Neuling drückte Stuart sein Ressentiment durch ungerichtete, aber heftige Wutanfälle aus, daneben durch tückische Angriffe auf Erwachsene und Kinder, die ebenso zufällig motiviert schienen.
Unsere erste Chance, Stuart zu helfen, ergab sich eines Abends, als er beim Baden ein Stück Seife nahm, es in vier Stücke brach und sie als Mutter, Vater, Großmutter und Großvater bezeichnete. Zuerst ließ er sie eine Weile in der Badewanne herumschwimmen, dann ließ er sie mit großem Vergnügen „ertrinken" und erklärte, sie seien vollständig verschwunden, hätten sich im Wasser aufgelöst [26].
Zwei Monate später begann er seinem großen Interesse an der Defäkation nachzugeben, das bei ihm so früh sehr streng unterdrückt worden war, und er begann Zeichen des Trotzes gegen die Gewohnheiten zu zeigen, die man damals erzwungen hatte. Er fing an, sich mit einem Handtuch abzuwischen, anstatt mit Toilettenpapier; dann pflegte er das Handtuch an die Nase zu halten, um daran zu riechen, und behielt das Handtuch dann eine Weile in der Hand [27]. Kurz darauf wischte er sich

---

[25] Teilnehmende Beobachterin: Esther Blustein.
[26] Teilnehmende Beobachterin: Ronnie Dryovage.

überhaupt nicht mehr ab, zunächst allerdings nur, wenn er wußte, er würde sehr bald wieder sauber werden.
Er verzichtete z. B. kurz vor dem Bad aufs Abwischen, oder er verlangte ein Bad, kurz nachdem er sein großes Geschäft verrichtet hatte. Der Umstand, daß die Kinder bei uns jederzeit ein Bad nehmen können, wenn sie wollen, machte es Stuart möglich, dem ihm von den Eltern auferlegten Zwang zur Sauberkeit zu trotzen, ohne zuviel Angst zu leiden, er könnte sich oder seine Unterwäsche beschmutzen. So konnte Stuart sich von einem Teil seiner Ängste befreien, indem er durch Versuche feststellte, daß Unsauberkeit keine Katastrophe zur Folge hat. Einen Monat später fühlte er sich genügend ermutigt, seine Sexualängste offener zu zeigen und auch mit ihnen Versuche anzustellen. Man kann nur vermuten, warum dies eine weitere Angst war, die er nur im Bad erforschen konnte. Vielleicht lag der Grund darin, daß er gerade im Badezimmer eine beruhigende Freiheit in bezug auf Sauberkeit kennengelernt hatte, aber es konnte auch daran liegen, daß in seiner Vorstellung ein Zusammenhang zwischen Sexualität und Ausscheidungsfunktionen bestand. Die Tatsache, daß er etwas verlor, das früher einmal Teil seines Körpers gewesen war, schien einen Teil der Sexualangst zutage zu fördern, die dort besonders akut war, wo es um den Verlust des Penis ging.
Wenn Stuart ein Bad nehmen wollte, nahm er gewöhnlich ein Modell eines Wasserflugzeugs mit, das er sich gebaut hatte. Eines Tages lenkte er es in Richtung auf seinen Penis und brachte den Propeller in dessen Nähe. Nach einiger Ermunterung durch den Betreuer, er solle erklären, was er da tue, gab Stuart zu, daß er sehen wolle, ob der Propeller ihm den Penis abschneide. Der Betreuer redete ihm beruhigend zu, und er gab das Spiel auf, aber er hatte seine Angst noch keineswegs verloren [28].
Einen Monat später deutete sein Verhalten vor dem Schlafengehen an, daß wahrscheinlich diese Furcht, einen Teil seines Körpers zu verlieren, (in seiner Vorstellung durch den Verlust der Faeces symbolisiert), ihn veranlaßt hatte, im Bad seine Kastrationsangst zu offenbaren. Stuart hatte gerade sein Taschengeld benützt, um sich einen ungeheuer großen Bleistift zu kaufen (etwa 30 cm lang und sehr dick). Als er an diesem Abend ins Bett ging, nahm er den Bleistift, hielt ein Ende an seinen Penis und nahm das andere Ende in den Mund. Dabei verkündete er ganz aufgeregt, er könne nun „die Pisse aus meinem Penis saugen" und brauche sie nicht mehr zu verlieren [29].

[27] Teilnehmender Beobachter: Calvin Axford.
[28] Teilnehmender Beobachter: Calvin Axford.

Diese Episode macht auch deutlich, wie wichtig es ist, daß wir den Kindern die größtmögliche Handlungsfreiheit gewähren. Ohne diese Freiheit hätten sie nie eine Möglichkeit, sich ihren Ängsten probeweise zu stellen, und diese Ängste würden vielleicht noch viel länger verborgen bleiben. Nur weil Stuart wußte, daß er die vollständige Freiheit hatte, sein Taschengeld auszugeben, wie er wollte (und weil sein Taschengeld reichlich war), konnte er den Bleistift kaufen, den er seinen besonderen Ängsten entsprechend brauchte.

Wenn man z. B. Stuart nicht soviel Süßigkeiten gegeben hätte, wie er haben wollte, oder wenn er sein Taschengeld für dieses oder andere „unwesentliche" Bedürfnisse hätte verbrauchen müssen, hätte er vielleicht genügend unter Druck gestanden, um Süßigkeiten zu kaufen oder um auf etwas zu sparen, das er sich in den Kopf gesetzt hatte. Dann wäre er nicht fähig gewesen, beim Kauf des Bleistifts einer gewiß unbewußten Motivation zu folgen. Er hatte den Bleistift einer augenblicklichen Laune zufolge gekauft, ohne zu wissen, daß er ihn in der Weise verwenden würde, die wir gerade beschrieben haben. Er benützte ihn auch einer augenblicklichen Eingebung folgend; dabei trieben ihn unbewußte Motive, ihn an den Penis zu halten und in den Mund zu stecken. Eine allgemeine Freiheit, seinen spontanen Impulsen gemäß zu handeln, ist also notwendig, wenn ein Kind in gewissen Lebenssituationen diejenigen Verhaltensweisen an den Tag legen soll, die unter restriktiveren Bedingungen überhaupt nicht erscheinen oder nur im Schutz des Behandlungszimmers, isoliert von den alltäglichen Lebenserfahrungen des Kindes.

Wie immer muß ich hinzufügen, daß auch ein bestimmter Schutz notwendig ist, wenn man eine solche Freiheit erlaubt. Sonst kann sie zum Chaos werden oder Folgen nach sich ziehen, die sie in ihr Gegenteil verkehren. Wenn man z. B. Stuart erlaubt hätte, seine Wut in destruktiven Ausbrüchen zu entladen, hätte er es kaum als notwendig empfunden, seine emotionalen Schwierigkeiten durchzuarbeiten. Wenn er andererseits nicht das Gefühl gehabt hätte, sein Betreuer werde ihn vor Verspottung durch andere Kinder schützen, wenn er hätte fürchten müssen, daß der Betreuer ihn wegen der offenen Art seines Umgangs mit sich selbst oder weil er offen aussprach, was er mit dem Bleistift ausagierte, verspotten oder schelten würde, hätte Stuart zu große Angst gehabt, so zu handeln, wie er es tat.

Nach einem weiteren Monat brachte Stuart seine Furcht, einen Teil seines Körpers zu verlieren, spezifischer zum Ausdruck. Zur Zeit des Schlafengehens fing er an, davon zu reden, daß Mädchen der Penis ab-

---

[29] Teilnehmender Beobachter: Calvin Axford.

geschnitten werde und daß ihnen statt dessen eine Vagina wachse. Als sein Betreuer ihm versicherte, kein Mädchen habe jemals einen Penis, Mädchen hätten immer eine Vagina, änderte Stuart seine Geschichte und behauptete, die Mädchen schnitten sich selbst den Penis ab. Und als auch dies ausführlich mit ihm besprochen worden war, einschließlich der Gründe, warum viele Jungen auf solche Gedanken kommen, gab Stuart schließlich zu, er fürchte in Wirklichkeit, Jungen könnte der Penis abgeschnitten werden. Als man ihn darüber beruhigt hatte, veränderte er seine Geschichte noch einmal und sagte nun, ein Junge könnte sich selbst den Penis abschneiden. Nun akzeptierte er endlich die beruhigenden Versicherungen seines Betreuers und war in bezug auf diese Sache erheblich weniger ängstlich [30].

Aber die Versicherungen eines Mannes waren noch nicht genug: Letzten Endes war es ja eine Frau gewesen, die ihn bei der Sauberkeitserziehung überwältigt hatte. Darum mußte Stuart sich eine gleichartige Versicherung von einer Frau verschaffen. Er provozierte nun ein analoges Gespräch mit seiner Betreuerin, aber unmittelbarer und wieder, während er in der Badewanne saß. Er fing das Gespräch damit an, daß er in Gegenwart eines anderen Jungen zu seiner Betreuerin sagte: „Hast du gewußt, daß ein Mädchen einen Penis hatte und der wurde abgeschnitten und nun hat es nur noch eine Vagina übrig?"

Die Betreuerin beruhigte ihn ausführlich in bezug auf diese Frage und besprach auch noch Geschlechtsunterschiede mit ihm, sowie auch die Ängste, die Kinder in dieser Hinsicht empfinden. Und diesmal machte Stuart unmittelbar den Zusammenhang deutlich, den er zwischen verbotener Sexualbetätigung und Kastrationsangst hergestellt hatte. Er fing an zu masturbieren, auch dies provozierend, und während er dies tat, fragte er seine Betreuerin: „Wenn man einem Mann den Penis abschneiden würde, würde er wieder anwachsen?" Aber nun machte es sein Verhalten der Betreuerin leicht, ihm den Zusammenhang zwischen seiner Kastrationsangst und seiner Masturbation zu zeigen, und sie beruhigte ihn ausführlich und geduldig über beides [31].

---

[30] Teilnehmender Beobachter: Calvin Axford.
[31] Teilnehmende Beobachterin: Betty Lou Pingree.

12. Schlafenszeit

Jede Hilfe, die wir einem Kind geben können, wenn es Zeit zum Schlafengehen ist, kann wichtiger sein als alles, was wir den Tag über für es tun können. Die Wiederherstellung seiner ungestörten Nachtruhe ist für das Kind einer der bedeutsamsten Dienste, die ihm die Schule leisten kann, und oft ist sie auch einer der ersten Schritte zur Entwirrung seiner Probleme. Viele unserer Kinder kommen mit einer langen Vorgeschichte von Schlaflosigkeit und nächtlichem Erschrecken zu uns. Wenn wir wenigstens ihre Fähigkeit wiederherstellen können, zehn oder mehr Stunden ununterbrochenen Schlafs zu genießen, sind wir schon ein gutes Stück auf dem Weg vorangekommen, sie zu beruhigen, sie weniger ängstlich, weniger gespannt und es ihnen ganz allgemein behaglicher zu machen. Wenn wir ihnen diesen Dienst haben leisten können, wird unsere Arbeit während des Tages sehr viel einfacher.
Zwar hat das Sich-Ausziehen und das Baden seine kritischen Momente wegen des Potentials an erotischer Stimulierung, das ihnen innewohnt, aber die Zeit des Schlafengehens ist aus unendlich vielen anderen Gründen in einer Anstalt für psychisch gestörte Kinder eine der schwierigsten Zeiten des Tages. Es liegt nicht nur daran, daß die Kinder nicht einschlafen, weil sie sich vor der Dunkelheit oder vor Albträumen fürchten. Auch die Angst vor dem nächsten Tag, die Angst, vielleicht am Morgen nicht wieder aufzuwachen, ist stark genug, um manche Kinder am Einschlafen zu hindern.
Jack z. B., auf dessen nächtliche Ängste wir später in diesem Kapitel noch einmal zurückkommen wollen, war eins der Kinder, die innerhalb einiger Monate nach ihrer Aufnahme in die Schule von jahrelang erlittenen Einschlafängsten befreit wurden. Trotzdem flackerten seine nächtlichen Ängste für kurze Zeit wieder auf, nachdem er von einem Besuch bei seinen Eltern zurückgekommen war. Zu diesem Zeitpunkt gab er zu erkennen, warum er sich immer vor dem Einschlafen gefürchtet hatte; er sagte nämlich zu seiner Betreuerin: „Josette, wenn ich morgen früh aufwache — ich meine, wenn ich morgen früh noch am Leben bin, hab' ich Glück gehabt." [1]
Aber während Jack seine Angst schon benennen konnte, als sie ihn noch weitgehend gefangen hielt, können andere Kinder erst über ihre nächtlichen Ängste sprechen, wenn sie ganz oder teilweise verschwunden sind.

---

[1] Teilnehmende Beobachterin: Josette Wingo.

Sie müssen sich erst selbst davon überzeugen, daß sie nachts ungefährdet sind, bevor sie zugeben können, daß sie jemals Angst gehabt haben. Keith z. B. erzählte uns eines Tages, nachdem er schon lange gelernt hatte, nachts fest zu schlafen: „Ich hab' immer geglaubt, ich würde sterben, wenn ich einschliefe. Jetzt weiß ich, daß ich nur ausruhe, wenn ich schlafe." [2]
Bei anderen Kindern ist es die Trennungsangst, die beim Schlafengehen am stärksten aktiviert wird, weil sie wissen, daß während der Nacht die Person, der sie am meisten vertrauen — der Lieblingsbetreuer oder die Lieblingsbetreuerin — nicht physisch anwesend ist; sie wissen allerdings auch, daß er (oder sie) ihnen zur Verfügung steht, wenn sie ihn (sie) brauchen. Glücklicherweise ist die Zeit des Schlafengehens auch eine Zeit, in der das Gruppenleben seine beruhigenden Eigenschaften zeigt. Das Beispiel anderer Kinder, die schon mehr Vertrauen zum Leben haben, die ohne besondere Ängste oder Mühen einschlafen können, ist an sich schon beruhigend. Das gleiche gilt für die Anwesenheit der anderen Kinder und für die Tatsache, daß mindestens ein Betreuer jeder Gruppe im Hause wohnt und leicht zu erreichen ist.
In den ersten Tagen oder Wochen seines Aufenthalts bei uns pflegt fast jedes Kind einmal auszuprobieren, ob sein Betreuer in der Nacht wirklich für es da ist, und es ist eine seiner tröstlichsten Erfahrungen, festzustellen, daß es tatsächlich so ist. Meistens kommen die Kinder mitten in der Nacht ins Zimmer ihres Betreuers, um herauszufinden, ob ein Erwachsener sich mit ihnen befaßt und die Ängste stillt, die durch die Trennung oder durch böse Träume entstanden sind. Es ist daher verständlich, daß die erste Erfahrung des Kindes mit dem physischen Sich-Zurechtfinden in der Schule gewöhnlich darin besteht, daß es lernt, den Weg zum Zimmer seines Betreuers zu finden. (Räumliche Orientierung ist ein wichtiger Schritt in Richtung auf Geborgenheit, und die Hemmung, etwas zu erforschen, wird zuerst herabgesetzt, wenn das Kind die Gebäude und das Gelände der Schule erforscht. Die Erforschung der Schule dehnt sich allmählich auf die Straße und schließlich auf die Nachbarschaft aus. Wenn die Kinder zu dieser Art des Forschens bereit sind, helfen wir ihnen bei der Gewöhnung an räumliche Vorstellung und bei der Bewältigung des Raums, indem wir sie Pläne von der Schule, später Karten von unserem Häuserblock und von der nächsten Nachbarschaft zeichnen lassen usw.)
Die Kinder haben nicht nur vor dem Angst, was ihnen geschehen könnte, wenn sie nicht aufpassen, sondern auch vor dem, was sie mög-

---

[2] Teilnehmende Beobachterin: Florence White.

licherweise anderen antun könnten, wenn ihre Selbstbeherrschung gelockert ist. Ein Junge glaubte z. B., er könnte jemand töten, während er schlafwandelte, ein anderer fürchtete, er könnte zufällig aus dem Fenster fallen.

Ronnies Mutter hatte seit der Geburt ihres Sohnes an schweren Depressionen gelitten, hatte mehrere Selbstmordversuche gemacht und sogar erwogen, sich und ihre Kinder zu töten. Deshalb wurde Ronnie von zu Hause fortgenommen und lebte vom Säuglingsalter an in Heimen oder Pflegefamilien. Als er im Alter von elf Jahren an unsere Schule kam, war er vollkommen kontaktunfähig und lebte ganz in seiner Welt des Wahns und der Phantasie. Seine intellektuelle Blockierung war so stark, daß er geistesschwach wirkte.

Nach drei Wochen an der Schule war er in der Lage, über seine nächtlichen Ängste zu sprechen; zur gleichen Zeit wurde deutlich, daß seine intellektuelle Blockierung nichts Geringeres war als ein Versuch, das Denken zu vermeiden. Er hatte Angst zu denken, weil seine Gedanken zu Träumen führen könnten, und dann könnte er im Schlaf möglicherweise die kriminellen Taten begehen, die er nur in Gedanken erwog. Er erzählte dem Psychiater: „Wenn man daran denkt, führt das zu Träumen. Und dann tut man es vielleicht — einfach töten." Er sagte, er habe vor allem Angst, er könnte „es" im Schlaf tun. Ronnie gab zu, es bedeute eine gewisse Hilfe, daß die Betreuer in der Nähe seien, fügte aber hinzu, es sei sehr schade, daß sie nicht im gleichen Raum mit ihm schliefen. Dann entschied er, vielleicht würde nicht einmal das helfen, denn selbst wenn der Betreuer nachts im Zimmer wäre und wach zu sein schiene, könnte er in Wirklichkeit schlafwandeln. Er fuhr fort, es wäre wohl am besten, wenn die ganze Zeit jemand wach sein und ihn beobachten könnte.

Ronnie fügte hinzu, er glaube, vielleicht sei ich immer wach, aber er sei sich dessen nicht einmal bei mir sicher. Er beendete das Gespräch, indem er sagte, die Hauptsache sei, „es erst einmal festzustellen — ich muß Beweise haben"; d. h. Beweise darüber, ob er es sich leisten konnte zu denken, und ob es wahr sei, daß nicht die Gefahr bestehe, er könnte im Schlaf auf Grund seiner Gedanken handeln.

Ronnie muß sich ziemlich bald davon überzeugt haben, daß es ungefährlich ist zu schlafen, denn etwa vier Wochen später schlief er schon relativ leicht ein und schlief meistens auch ungestört. Etwa zur gleichen Zeit begann er, im Unterricht etwas zu lernen, obwohl er bis dahin nicht einmal auf dem Vorschul-Niveau etwas geleistet hatte. Der Grund hierfür war wahrscheinlich nicht so sehr, daß sich die Art seiner Gedanken und feindseligen Wünsche geändert hatte, sondern daß er sich davon überzeugt hatte, daß die Menschen, die er so haßte, alle weit weg waren. Er mag sich auch überlegt haben, daß selbst die Menschen, denen er beim Schlafwandeln in der Schule begegnen könnte, nicht die waren, die er so sehr haßte.

Wie bei Ronnie ist der Inhalt dieser Art von Angst bei Kindern nicht so sehr die Vorstellung, sie könnten im Schlaf irgendeinen beliebigen Menschen verletzen oder töten, obwohl sie sich nur dieser Angst bewußt sind, und obwohl sie nur über diese Angst unmittelbar sprechen können. Das, wovor das Kind unbewußt Angst hat, ist die Gefahr, es könnte irgendeiner bestimmten Person etwas antun, sei es ein Elternteil oder eins seiner Geschwister. Ähnlich verbirgt sich, wenn das Kind fürchtet, irgend jemand werde ihm sicher etwas antun, hinter diesem „irgend jemand" immer eine bestimmte bedeutsame Person; wenn das Kind fürchtet (durch Kastration oder auf andere Weise), für seine aggressiven oder sexuellen Wünsche bestraft zu werden, fürchtet es gewöhnlich eher ein Elternteil als eins der Geschwister.

Obwohl das Kind nicht bewußt weiß, wer die Person ist, die es fürchtet, oder für deren Sicherheit es fürchtet, trägt allein schon die Tatsache, daß die Schule geographisch von jener Person weit entfernt ist, sehr viel dazu bei, seine nächtlichen Ängste zu mildern.

Auf die gleiche Weise erkennen Kinder, die an Schlaflosigkeit leiden, weil sie in der Lage sein wollen, ihre Eltern ständig zu kontrollieren, oder mindestens wissen wollen, was ihre Eltern nachts tun, an der Schule bald, daß ihnen das Wachbleiben während der ganzen Nacht hier zur Erreichung dieses Zieles nichts nützt. Daher wird auch verständlich, daß die physische Trennung von Eltern und Geschwistern an sich schon sehr viel dazu beiträgt, den Kindern ihren gesunden Schlaf wieder zu ermöglichen, falls ihre Schlaflosigkeit oder ihre anderen Schlafschwierigkeiten ihre Wurzeln in den eben beschriebenen Mechanismen haben.

Die bloße räumliche Trennung bietet zwar einen gewissen Schutz vor Angst, aber sie setzt nicht automatisch Masturbationsängste oder Kastrationsangst herab, falls die Ängste nicht spezifisch mit dem zu tun haben, was Eltern tun könnten, wenn das Kind beim Masturbieren ertappt würde, oder falls das Kind nicht glaubt, nur ein Elternteil und niemand sonst werde möglicherweise seine Genitalien bedrohen. Die Angst vor irgendeiner bestimmten Person ist selten die einzige Ursache solcher Ängste; deshalb braucht das Kind mehr als räumliche Distanz, damit seine Angst nachläßt.

Wenn sie an unsere Schule kommen, leiden fast alle Kinder zunächst an sexueller Angst der einen oder anderen Art. Sie fürchten z. B., sie würden möglicherweise masturbieren, nachdem der Erwachsene das Zimmer

verlassen hat, oder der Erwachsene könnte es entdecken, falls sie es tun. Selbst die Kinder, die auffällig masturbieren, tun es oft aus Angst, und ihre Masturbation ist ein ständiger Versuch, sich selbst davon zu überzeugen, daß ihre Genitalien in Ordnung sind.
In jeder Gruppe gibt es ein paar Kinder, die wollen, daß das Licht nicht gelöscht wird, oder daß die Vorhänge aufgezogen werden, damit das Zimmer nicht zu dunkel ist. Der Grund kann sein, daß sie sich weniger isoliert fühlen, solange es ein wenig hell ist, oder sie wollen vielleicht glauben können, daß jemand sie sieht, was ihnen möglicherweise hilft, den Wunsch zu masturbieren zu bekämpfen. Andere Kinder würden die vollständige Dunkelheit vorziehen; dann würden sie sich relativ sicher vor Beobachtung und deshalb frei fühlen zu masturbieren. In der Praxis versuchen wir einen Mittelweg einzuhalten. Die Schlafräume sind weder ganz dunkel noch gut beleuchtet, aber alle Korridore und Badezimmer sind hell beleuchtet — als zusätzliche Beruhigung für die Kinder, und um ihnen zu helfen, den Weg zum Zimmer des Betreuers zu finden, falls sie einen Erwachsenen brauchen sollten. Noch wichtiger ist der Umstand, daß wir ihnen die Angst vor der Masturbation nehmen, aber das dauert gewöhnlich ziemlich lange.
Die Dunkelangst eines Kindes ist nicht auf die Trennung von anderen Menschen (und ihrem Schutz oder ihrer Aufsicht) beschränkt, auch nicht auf böse Träume oder auf das, was ihm Schlimmes zustoßen könnte, oder selbst auf das, was es anderen antun könnte. Ebensooft ist die Dunkelangst die Furcht des Kindes vor anderen Triebwünschen, von denen es glaubt, es dürfe sie nicht befriedigen.

Die Angst des Kindes, im Schlaf, wenn sein Ich die Herrschaft über seine Handlungen verloren hat, etwas Verbotenes zu tun, findet ihren typischen Ausdruck in der Befürchtung, es könnte in der Nacht einnässen. Die einfachste Art, mit dieser Angst fertig zu werden — oft zugleich auch mit dem Bettnässen —, besteht darin, das Ganze nicht als etwas Verbotenes zu behandeln, sondern als ein im großen ganzen akzeptables Verhalten. Das nimmt ihm auch etwas von dem sekundären Lustgewinn, der mit ihm einhergeht; es verliert seine Nebenbedeutung des Trotzes, der Kühnheit oder der Provokation. Kurz gesagt, es wird als eine Selbstverständlichkeit genommen. Man gibt den Kindern zu verstehen, daß die Hausmädchen die Bettwäsche anstatt alle Woche täglich wechseln werden, und damit ist die Sache erledigt.
Wenn andere Kinder sich anschicken, den Bettnässer zu necken, beschützen wir ihn. Wir machen ihnen klar, daß es sein gutes Recht ist, sein Bett naßzumachen, wenn er das will; aber wenn Bettnässer sagen, sie

könnten nichts dafür, daß sie das Bett naßmachen, werden ihre Bemerkungen mit leichter Skepsis aufgenommen.
Das entspricht unserer Politik, den Umstand zu betonen, daß jedes Kind an unserer Schule das Recht hat, zu tun, was es will, vorausgesetzt, daß es für es selbst oder für andere keine Gefahr bedeutet und den legitimen Interessen anderer nicht widerspricht. Wir schützen zwar das „Recht" des Kindes, sein Bett naßzumachen, aber wir versuchen auch, durchblikken zu lassen, daß es unseres Erachtens gut in der Lage wäre, wenn es wirklich wollte, sich in jeder Weise zu beherrschen und alle Leistungen zu vollbringen, die seinem Entwicklungsalter entsprechen. So bringen wir das Kind zwar nicht in Verlegenheit, indem wir seine Behauptung, es könne nichts für sein Bettnässen, offen bezweifeln — ein Zweifel, der in seinen Ohren wie eine Bedrohung seiner Selbstachtung und des Statusbewußtseins klingen würde, das wir in ihm aufbauen möchten —, aber unsere leise Skepsis zeigt zumindest, daß wir mehr Vertrauen zu seiner Fähigkeit der Selbstbeherrschung haben als es selbst. Wir geben ihm zu verstehen, daß es seine Fähigkeiten unterschätzt.
Gemäß dieser Denkweise wird die Forderung des Neulings, man solle ihn nachts wecken und mit ihm auf die Toilette gehen, abgelehnt. Wir sagen ihm lediglich, er solle keine Angst haben, sein Bett naßzumachen, uns mache ein nasses Bett nichts aus, aber wir würden unter gar keinen Umständen seinen Schlaf unterbrechen, um der Wäscherei die Mühe zu ersparen, ein paar Laken zu waschen. Diese letzte Bemerkung ist wichtig, um das Kind zu überzeugen, daß es uns durch sein Einnässen keine Mühe macht — ein sekundärer Gewinn, von dem ich schon gesagt habe, daß er beim Bettnässen vieler Kinder einen starken Faktor darstellt. Für diese Kinder war es früher eine der wenigen Möglichkeiten, die unbewußten Wünsche ihrer Eltern zu erfüllen oder ihnen das Leben schwer zu machen, ohne dafür bestraft zu werden.
Nach ein paar Wochen an unserer Schule verstehen alle Kinder, daß das Bettnässen ein Symptom ist wie viele andere, weder schlimmer noch anstößiger. Tatsächlich gehen wir manchmal über diesen Schutz des Bettnässers und seines „Rechtes", sein Bett naßzumachen, weit hinaus, wenn wir es für nötig halten, ein Kind zum Einnässen zu ermutigen.
Die allmählichen Veränderungen in Emilys Verhalten waren typisch für ein Kind, das Angst vor dem Bettnässen hat und uns wegen unserer Einstellung zur Enuresis langsam liebgewinnt und lernt, uns zu vertrauen. Eines Abends, ziemlich am Anfang ihres Aufenthalts an der Schule, hatte Emily große Mühe mit dem Einschlafen. Sie murmelte etwas vor sich hin, was ihre Betreuerin nicht verstehen konnte, weigerte sich aber, deutlicher über das zu sprechen, was sie beunruhigte. Trotzdem wollte

sie, ihre Betreuerin solle nah bei ihrem Bett sitzen bleiben und weiter ihrem undeutlichen Gefasel zuhören. Schließlich verstand die Betreuerin etwas von „Bett" und „naß" und fragte Emily, ob sie das Bett naßgemacht habe.

In verstümmelter Sprache sagte Emily, sie habe manchmal das Bett naßgemacht, aber sie tue es jetzt nie mehr. Die Betreuerin sagte, es sei in Ordnung, wenn sie es nun tun wolle, und Emily stellte mehrere Fragen, durch die sie versuchte herauszubekommen, ob das wirklich der Fall sei, wie z. B., was mit ihren Laken geschähe, wenn sie sie einnässen würde, und so weiter.

Die Betreuerin versuchte, Emily unsere Einstellung zu erklären, und sie hatte es anscheinend verstanden, denn sie sagte, zu Hause sei sie fürs Einnässen geprügelt worden. Die Betreuerin machte ihr klar, daß sie eine derartige Einstellung zum Bettnässen mißbillige, und versicherte ihr noch einmal, daß niemand an der Schule es für schlimm halte und daß gewiß nichts dagegen unternommen würde. Darauf antwortete Emily: „Darum gefällt mir's hier. Ich bin ganz glücklich." Und spontan stand sie im Bett auf und umarmte ihre Betreuerin.

Nachdem sie sich wieder unter ihrer Decke zurechtgelegt hatte, fing sie an, laut zu denken und sagte, sie habe merkwürdige Gefühle ihren Eltern gegenüber. Sie fuhr fort, indem sie sich Gedanken über die Betreuerin machte und darüber, wie die Schule wohl wirklich sei. Die Tatsache, daß Emilys Wunsch, das Bett naßzumachen, akzeptiert worden war, führte also unmittelbar dazu, daß sie wagte, etwas über ihre Gefühle gegenüber ihren Eltern zu sagen. Aber noch wichtiger erschien uns die Tatsache, daß nun die Welt der Menschen (ihre Betreuerin) und die Welt um sie her (die Schule) ihr auch wert erschienen, über sie nachzudenken, während sie vorher meistens nicht interessiert genug zu sein schien, um überhaupt Fragen zu stellen [3].

Wenn die Schlafenszeit herankommt, müssen wir den Kindern helfen, sich allmählich zu beruhigen, aber das ist bei einer Gruppe psychisch gestörter Kinder keine einfache Aufgabe. Das warme Bett beruhigt manche von ihnen, aber, wie schon im elften Kapitel besprochen, die Gefühle, die beim Ausziehen und beim Baden oft geweckt werden, können sich auch wieder als erregend erweisen — und wir können nicht oft auf das abendliche Bad verzichten, wenn wir unserem Versprechen treu bleiben wollen, die Kinder dürften sich den Tag über so schmutzig machen, wie sie wollen. Darum müssen ruhige Spiele manchmal nach dem Baden dazu beitragen, den Frieden wieder herzustellen. Noch wirksamer ist

---

[3] Teilnehmende Beobachterin: Jean Leer.

eine gemeinsame Mahlzeit. Ein Streifzug in die Küche im Schlafanzug ist eine große Hilfe, aber wir haben fünf Gruppen und nur eine Küche. Ein Gutenacht-Imbiß, der im Schlafraum eingenommen wird, trägt mindestens dazu bei, die Aufregung, die entstanden ist, während die Kinder sich ausgezogen und gebadet haben, wieder ein wenig einzudämmen.

Geschichtenerzählen oder Vorlesen wirkt sehr beruhigend auf die Kinder, und auf Grund des von der Gruppe ausgeübten Drucks ist es fast immer ohne Reibungen möglich. Die Kinder sorgen selbst dafür, daß es ruhig genug ist, so daß sie die Geschichte genießen können. Und wenn ein Kind diese Zeit zum Masturbieren benützt, macht es nichts aus; die Tatsache, daß es jetzt im Zimmer ruhig ist, macht schließlich doch ihren Einfluß geltend, und die Freude, die die anderen Kinder am Zuhören haben, wird auch dieses Kind veranlassen zuzuhören.

Fast alle Kinder genießen eines Tages die Geschichten zur Schlafenszeit, und zwar aus mehr als einem Grund. Dies ist eine Zeit, in der die ganze Gruppe mehr oder weniger das gleiche tut, und die Betreuerin tut für alle das gleiche, während sie vorliest. Niemand kann eigentlich um die Aufmerksamkeit der Betreuerin wetteifern, und der Kampf um den „ersten Platz" ruht. Außerdem gibt es wenig Möglichkeiten, den Erwachsenen oder andere Kinder zu provozieren, so daß die Motive fürs Ausagieren wegfallen.

Im allgemeinen liefert, während die Geschichte vorgelesen wird, die Konzentration auf das gleiche Phantasiematerial ein zusätzliches Bindeglied zwischen den Zuhörern; sie begünstigt damit beruhigende persönliche Beziehungen. Die zeitweilige Einschränkung der Bewegung macht es leichter, einen Kontakt herzustellen, während viele Quellen persönlicher Reibereien ausgeschaltet sind, da die Stimulierung immer geringer wird. Die relative Stille während dieses Zeitraums ist für überaktive Kinder besonders beruhigend.

Am Ende der Vorlesezeit fühlen sich die Kinder der gefürchteten nächtlichen Isolierung einen Schritt näher, und die nächtlichen Ängste kommen wieder zum Vorschein. Darum muß man sich, nachdem das Vorlesen der Geschichte beendet ist, wieder mit jedem einzelnen Kind befassen, aber jetzt je nach seinen individuellen Bedürfnissen. Dabei hilft den Betreuern die Tatsache, daß manche Kinder während des Vorlesens eingeschlafen sind, und sich so die Anzahl der Kinder, die ihre Aufmerksamkeit zugleich beanspruchen, vermindert hat.

Bevor sie ins Bett gehen, dürfen alle Kinder die Riten ausführen, auf die sie sich jeden Abend verlassen; sie empfinden dies als sehr beruhigend. Manche Kinder müssen ihre Kleider in einer bestimmten Weise zurechtlegen, manche müssen ihre Spieltiere zählen, wieder andere müssen auf ganz besondere Art zugedeckt werden. Ängstliche und selbstkritische Kinder müssen die Ereignisse des Tages mit ihren Betreuern besprechen und beruhigt werden, alles sei in Ordnung gewesen. Manche Kinder müssen ihre Wut loswerden, indem sie alle Ereignisse besprechen, die sie den Tag über geärgert haben. Andere muß man in bezug auf den kommenden Tag beruhigen; das entspricht ziemlich genau dem, was morgens geschieht. Auf diese Weise wird viel Spannung abgeführt, die sonst vielleicht die Nachtruhe des Kindes stören würde.

Wenn wir den Kindern beim Einschlafen helfen, verfolgen wir genau die entgegengesetzte Absicht wie am Morgen. Morgens möchten wir dem Kind bei seinem Versuch helfen, die Herrschaft seines Ichs wieder herzustellen; beim Schlafengehen wollen wir ihm helfen, die Ich-Herrschaft zu lockern. Morgens müssen wir das Kind überzeugen, daß es sich gefahrlos dem Tag und seinen Tätigkeiten stellen kann, beim Schlafengehen, daß es ungefährdet ist, selbst wenn es in seiner Wachsamkeit nachläßt.

Während wir morgens oft mit nicht-verbalen oder unbedeutenden Kommunikationen anfangen, müssen wir am Abend umgekehrt vorgehen. Zunächst sprechen wir vielleicht über Themen, die das Kind besonders interessieren, z. B. beantworten wir die Fragen, die aus der eben vorgelesenen Geschichte hervorgegangen sind. Einschlafgeschichten sollten übrigens einfach und nicht bedrohlich sein; sie sollten so einfach sein, daß das Kind sie ohne intellektuelle Anstrengung verstehen kann (die es hellwach machen würde), und sie müssen so beruhigend sein, daß seine Ängste gelindert werden. Es ist tröstlich für das Kind, solche Geschichten anzuhören, denn sie überzeugen es, daß sein Wissen, also auch seine intellektuelle Fähigkeit, ausreicht.

An die Stelle kurzer Gespräche treten bald beiläufigere Bemerkungen, die die Tendenz haben, die Wachsamkeit des Ichs herabzusetzen. Und schließlich läßt man bei denen, die es nötig haben oder genießen, nicht-verbale Kontakte an die Stelle verbaler Kommunikation treten. Das Kind wird zugedeckt, oder die Betreuerin sitzt neben ihm. Wir vermeiden das „Rückenreiben" und andere direkte physische Hautkontakte, obwohl viele Kinder zunächst danach verlangen. Wir haben festgestellt, daß solche Kontakte gewöhnlich zuviel erotische Stimulierung mit sich bringen, und damit auch neue Ängste. Sie sind also nicht geeignet, das Kind vor dem Einschlafen zu entspannen.

Manchmal ist die individuelle Beruhigung am Abend ganz einfach, vorausgesetzt, daß das Kind den Erwachsenen schon als vertrauenswürdig akzeptiert hat und daß er in dem Kind noch nicht durch das Vorlesen provokativer Geschichten angstvolle Phantasien erweckt hat. Jack z. B. hatte wegen seiner nächtlichen Ängste jahrelang an Schlaflosigkeit gelitten. Während seiner ersten Wochen an der Schule behielt er seine Gewohnheit bei, jeden Abend drei Zündplättchen-Pistolen und fünf Horror-Comics mit sich ins Bett zu nehmen. Diese pflegte er über sich auszubreiten, die Pistolen über seiner Brust auf der Bettdecke, die Comics-Hefte weiter unten.

Eines Abends, als der Betreuer die Geschichte vorgelesen und das Licht ausgeschaltet hatte, rief Jack, der während des Vorlesens ruhig gewesen war, ihn herüber an sein Bett und fragte, ob er jemals etwas von dem „Schleicher" gehört habe. Der Betreuer sagte nein, und Jack erzählte ihm, der Schleicher gehe herum, würge die Menschen im Schlaf und töte sie. Der Betreuer fragte, wo er das gehört habe, und Jack sagte, er habe es in einem Film gesehen und auch in den Comics.

Der Betreuer sprach also ein wenig darüber, wie unrealistisch manche Filme seien, besonders die Horrorfilme. Jack sagte sehr wenig, aber als der Betreuer mit seiner Erklärung fertig war und aufstand, um wegzugehen, rief Jack ihn zurück und bat ihn, er solle die Comics wegnehmen. Der Betreuer hob sie auf und legte sie auf die Kommode. Aber ein paar Minuten später rief Jack ihn wieder an sein Bett und erzählte ihm von einer anderen Comics-Geschichte, die ihm Angst gemacht hatte.

Wie vorher sprachen sie eine Weile darüber, daß Comics, wie Filme, oft sehr unwirklich sind. Dann betonte der Betreuer, daß ja immer Polizisten da seien, um die Leute zu beschützen, daß die Türen jeden Abend zugeschlossen würden, so daß niemand ohne unser Wissen hereinkommen könne, und daß immer mehrere Betreuer im Haus seien, an die man sich jederzeit wenden könne. Nun entspannte sich Jack in seinem Bett und bat den Betreuer, seine Pistolen wegzulegen; dabei sagte er, er brauche sie nicht mehr. Ein paar Minuten später war er eingeschlafen [4].

Kurz nach diesem Vorfall konnte Jack, als er mit einem anderen Kind spielte, seine Furcht vor Verfolgung ausagieren und in gewissem Maß durcharbeiten, und zur gleichen Zeit konnte er sie mit seinen Analproblemen und seinem Groll gegen eine barsche Sauberkeitserziehung in Verbindung bringen.

Während des Tages hatten Jack und ein anderer Junge ihre Verfolgungsphantasien im Spiel ausagiert. Sie gaben vor, sie würden von Dinosauriern gejagt, und übertrugen dieses Spiel auf das Schwimmbassin, als sie zum Baden gingen. Dort taten sie so, als könnten sie ihren Verfolgern dadurch entkommen, daß sie in das Schwimmbecken sprangen. Aber sie

---

[4] Teilnehmender Beobachter: Victor De Grazia.

konnten dies ihrer Betreuerin gegenüber erst zugeben, nachdem sie sie gefragt hatte, warum sie so merkwürdig ins Wasser sprängen, und beschrieben hatte, wie es für sie aussähe [5].
Vielleicht war es die schützende Geborgenheit, die sie in dem sie umgebenden Wasser fanden, was ihnen die Möglichkeit gab, über Ängste zu sprechen, die sie früher für sich behalten hatten. Jedenfalls gerieten sie, als sie über Dinosaurier zu sprechen begannen, die Menschen jagen, in eine Diskussion darüber, ob die Geschichten in Comics-Heften auf Wahrheit beruhen oder nicht. Die Erklärung der Betreuerin machte den Jungen keinen allzu großen Eindruck, aber sie hatten nun wenigstens ihre Ängste der Betreuerin mitgeteilt und sie zum Bestandteil einer potentiell konstruktiven Beziehung gemacht.
Am Abend dieses Tages, als die Aussicht auf den Schlaf ihre Ängste neu belebte, kehrten die beiden Jungen zu ihren Phantasien zurück und taten im Spiel so, als würden sie von Tieren verfolgt, aber nun in einer stärker personalisierten Form. Jack nahm zwei der Spieltiere zur Hand, die er nach seinem Eintritt in die Schule bekommen hatte, das Reh „Bambi" und seinen Elefanten „Fatty". Er ließ sie heftig gegeneinander stoßen, wobei er vorgab, er bewerkstellige eine freundliche Begegnung, und sagte: „Bambi und Fatty treffen sich zum erstenmal", und er schlug sie immer noch einmal aneinander. So agierte er mit seinen Tieren sein eigenes allgemeines Verhalten aus, d. h., er machte höfliche, freundliche Bemerkungen, während er in Wirklichkeit anderen gegenüber feindselig war.
Bald waren die beiden Tiere in einen heftigen Kampf verwickelt, wobei Jack wiederum vorgab, alles sei freundschaftlich gemeint, indem er wiederholte: „Bambi und Fatty treffen sich wieder", und sie zugleich heftig gegeneinanderschlug. Aber nun erhoben einige der anderen Kinder Einwände gegen die Art, wie Jack seine Tiere mißhandelte. Die Betreuerin stimmte zu, sie glaube auch nicht, daß Jack sie sehr gut behandle, aber sie hielt die anderen davon ab einzugreifen und erklärte entschieden, Jack könne mit seinen Tieren umgehen, wie er wolle. Sie fügte hinzu, dazu sei Spielzeug da — daß man damit machen könne, was man mit lebenden Objekten nicht tue. Nun wechselten die Kinder ihren Standpunkt und wandten sich dagegen, daß Jacks Tiere einander ohne Grund prügelten, und fragten Jack, warum sie so wütend aufeinander seien. Anscheinend brachte dies Jack in Verlegenheit, und er gab zu, daß er in Wirklichkeit seine Tiere bestrafe.
Kurzum, die positive Anteilnahme der Kinder und ihre Versuche, seine

---

[5] Teilnehmende Beobachterin: Josette Wingo.

Heftigkeit zu bremsen, waren für Jack so erfreulich, daß er es wagte, offener zu zeigen, was er früher hinter seiner Gewalttätigkeit und seiner Furcht vor Verfolgung verborgen hatte: die Tatsache, daß seine Phantasien mit dem Problem der Entleerung zu tun hatten.

Jack ließ nun „Fatty" fallen (der seine Verfolgungsneigungen repräsentierte) und konzentrierte sich auf „Bambi" (das unterdrückte, hilflos verfolgte Wesen). Die Freundlichkeit der Kinder und die Unterstützung seiner Betreuerin erlaubten es Jack, seine Abwehrrolle des gewalttätigen Aggressors aufzugeben und zum Ursprung dieser Rolle, seinem Gefühl, er werde verfolgt, zurückzukehren.

Jack begann Bambi zu ohrfeigen und rief dabei: „Er muß es lernen, er muß es lernen! Bam, bam, er muß es lernen!" Mit einiger Mühe beruhigte die Betreuerin das aufgeregte Kind und fragte, was Bambi denn lernen müsse, und Jack antwortete: „... sein großes Geschäft draußen zu machen." Die Betreuerin beruhigte ihn weiterhin durch ihre freundliche physische Nähe und ihre Anteilnahme, ohne etwas zu sagen oder ihm den Eindruck zu vermitteln, sie wolle sich einmischen. Mit der Zeit verhalf diese zartfühlende Behandlung seines Interesses an der Entleerung Jack dazu, die Welt in einem positiven Licht zu sehen. Infolgedessen schien „Bambi" ohne weitere Bestrafung zu lernen, sich in bezug auf Sauberkeit sozialisiert zu verhalten. Jack nahm das Spielzeugreh von seinem Bett, stellte es auf den Boden, hielt es, als werde es auf den Topf gesetzt, und lobte es dann freundlich, indem er sagte: „Gut, nun hast du dein Geschäft draußen gemacht."[6]

Diese Episode hatte sich über den ganzen Nachmittag und Abend hingezogen, und Jack war in der Lage, eine Lösung zu finden, indem er die verschiedenen Gelegenheiten benützte, die ihm die verschiedenen äußeren Umstände (wie z. B. das Spiel am Schwimmbecken) boten. Aber den wirklichen Abschluß seines Grolls gegen seine Sauberkeitserziehung (für diesen Tag) fand Jack erst, als es Zeit zum Schlafengehen war.

Am Abend wollte Jack mit der Welt und mit seinen Ängsten zu Rande kommen, bevor er im Schlaf seine Selbstbeherrschung lockerte. Wahrscheinlich kam daher der Anstoß, der dazu führte, daß er beim Schlafengehen mit seiner Selbstenthüllung weiter ging als am Tage. Aber noch wichtiger war die Tatsache, daß die Entspannung schon begonnen hatte, was für die Zeit des Schlafengehens an der Schule typisch ist. Aber erst als Jack im Bett war, wagte er es, in bezug auf das, was seinen Ängsten und Aggressionen zugrundelag, offen zu handeln.

Während Jack tagsüber aktiv war, hielten ihn seine Tätigkeiten selbst

---

[6] Teilnehmende Beobachterin: Josette Wingo.

davon ab, in seiner Beherrschung nachzulassen oder seine Abwehrmechanismen aufzugeben. Also fühlte sich Jack tagsüber von ausgestorbenen Tieren verfolgt, d. h. von archaischen Triebwünschen und -ängsten, die im Hinblick auf sein Alter hätten „ausgestorben" sein sollen. Diesen konnte er nur durch die Flucht in eine noch archaischere Lebensform entkommen — ins Wasser oder in den Uterus. Aber am Abend machten es die Unterstützung durch seine Betreuerin und die freundliche Anteilnahme der Kinder, zusammen mit dem Nachlassen der Beherrschung zur Zeit des Schlafengehens, für Jack möglich, zunächst seine Triebtendenzen zu humanisieren und sie dann zeitgemäßer und auch weniger gefährlich erscheinen zu lassen.

Von seinem angsterfüllten Interesse für Dinosaurier ging er zum Interesse an seinen Spieltieren über, die für ihn menschenähnlicher waren. Sie waren wenigstens Zeitgenossen, und er erlebte sie oft als freundlich oder sogar als untergeordnet und nicht immer nur als übermächtig. Nun konnte Jack die widersprüchlichen Tendenzen, die ihn während des Tages verfolgt hatten, in ihre beiden Hauptkomponenten teilen: die aggressive (Fatty) und die unterwürfige (Bambi). Der menschliche Trost, der ihm durch die Kinder und die Betreuerin zuteil wurde, machte das Bedürfnis nach Aggression (Fatty) unnötig, und nur das „menschlichere", einem Kind ähnlichere „Bambi" blieb übrig.

Mittlerweile war Jack schon im Bett, und das weitere Nachlassen seiner Wachsamkeit ermöglichte es ihm, unverhüllter auszudrücken, daß all seine Gefühle des Verfolgtwerdens und der Aggression mit dem Problem der Ausscheidung und der Sauberkeitserziehung zu tun hatten. Er konnte nun erkennen, daß, im Gegensatz zu seinen früheren Erfahrungen, der Ausscheidungsakt und die Sauberkeitserziehung sanft gehandhabt werden können. Als er diese Einsicht gewonnen hatte, konnte Jack an diesem Abend in besserem Einverständnis mit der Welt und mit sich selbst einschlafen.

Ich möchte hier erwähnen, daß Jack keineswegs das einzige Kind war, das sich von ausgestorbenen Tieren verfolgt fühlte. Im Gegenteil, dies scheint bei unseren Kindern eine ziemlich typische Angst zu sein, besonders bei denen, die sich große Sorgen um das Problem der Entleerung machen. Auch der Übergang von riesigen ausgestorbenen Tieren auf freundliche Spieltiere ist ein ziemlich typisches Zeichen des Fortschritts. Aber diese und weitere Behandlungsfortschritte sind hauptsächlich davon abhängig, ob es uns gelingt, dem Kind die Herrschaft über sie zu verschaffen. Darum müssen die Kinder recht lange und ununterbrochen in einer gelenkten Umwelt leben. Nur auf diese Weise können wir ihnen die korrigierenden Erlebnisse verschaffen, die sie davon überzeugen, daß

sie das Steuer in der Hand haben, wie z. B. Jack imstande war, „Bambi"
zu lenken, sobald er „Fatty" vergessen konnte.

Ein Großteil der persönlichen Hilfeleistungen beim Einschlafen gründet
sich auf Überlegungen zum jeweiligen Fall und auf die Vorgeschichte
des Kindes. In Hanks Fall schien die Anwesenheit der Betreuerin zu anregend zu sein; solange sie da war, blieb er hellwach und ruhelos. Auf
Grund dieser Beobachtung wurde entschieden, für dieses Kind wäre es
besser, wenn die Betreuerin den Raum verließe, obwohl er verlangte, sie
solle dableiben und mit ihm sprechen. Darum verließ sie den Schlafraum, wenn die anderen Kinder einschliefen. Aber sie kam nach fünf
oder zehn Minuten wieder, blieb ein paar Minuten da, dann ging sie
wieder hinaus usw.
Im Verlauf mehrerer Wochen überzeugte sich Hank davon, daß die Betreuerin nicht für dauernd fort war, nachdem sie aus dem Zimmer gegangen war, sondern sehr oft zurückkam, um sich zu vergewissern, ob er
friedlich schlief. Als diese Tatsache ihm zur Gewißheit geworden war,
hörte seine Einschlafstörung auf, und er pflegte innerhalb weniger
Minuten einzuschlafen, nachdem die Betreuerin abends das Zimmer verlassen hatte. Erst jetzt konnte sich das Kind darüber aussprechen, warum
es nicht einschlafen konnte, solange ein Erwachsener im Zimmer war.
„Weißt du", sagte er, „zu Hause, wenn ich nicht einschlafen konnte,
haben meine Eltern viel mehr für mich getan als du." Seine Betreuerin
fragte ihn, was er damit meine, und er sagte: „Na ja, sie haben mir
allerlei erklärt und so." Durch weitere Fragen stellte sich heraus, daß
seine Eltern ihn jahrelang am Abend zu stark angeregt hatten. Zuerst
hatten sie ihm phantastische und schauerliche Geschichten erzählt, und
dann, wenn seine Angst geweckt war, versuchten sie, ihn mit langen Erklärungen über Krankheiten und ihre Gegenmittel, über das Gefühl
beim Sterben usw. zu beruhigen. Die Folge war, daß die Anwesenheit
eines Erwachsenen für dieses Kind die Versuchung bedeutete, angstvolle
Diskussionen zu beginnen — während sich die Rückkehr des Erwachsenen ohne verbale Kommunikation als sehr beruhigend erwies [7].

Sowohl der Wunsch zu masturbieren als auch die Angst vor den Folgen
der Masturbation sind für unsere Kinder typisch; sie erreichen meistens
zur Zeit des Schlafengehens ihren Höhepunkt. Darum ist Beruhigung
darüber zu diesem kritischen Zeitpunkt wirksamer als jemals sonst. In
dieser Frage soll uns wieder Emilys Fall als Beispiel dienen.

[7] Teilnehmende Beobachterin: Fae Lohn.

Einige Zeit vor den hier geschilderten Ereignissen hatte Emily ein paar alte Batterien aus ihrer Stablampe bekommen. (Alle Kinder bekommen Taschenlampen aller möglichen Marken und Formen geschenkt; je größer sie sind, desto besser gefallen sie den Kindern. Die Kombination ihrer Form mit der Tatsache, daß sie das Dunkel durchdringen können, macht sie für alle Kinder zu einem höchst begehrenswerten Spielzeug.) Eines Abends benützte Emily eine ihrer alten Stablampenbatterien zum Masturbieren, aber es war offensichtlich schmerzhaft und schien ihr ein wenig Angst zu machen. Ihre Betreuerin sagte, sie wolle nicht, daß sie an sich mit einer alten Batterie herumstochere; wenn sie sich zwischen den Beinen berühren wolle, sei es besser, ihre Finger zu benützen, die ihrem Körper keinen Schaden zufügen würden. In dem darauffolgenden Gespräch gelang es der Betreuerin, Emily begreiflich zu machen, sie wolle nicht, daß Emily sich für ihren Wunsch zu masturbieren dadurch bestrafe, daß sie es auf eine Weise tue, durch die sie sich fast mit Sicherheit wehtun müsse [8].

Das Gespräch erfüllte offenbar seinen Zweck, denn Emily tat sich beim Masturbieren nicht mehr wirklich weh, sondern bildete sich nur ein, sie könnte es tun. Dies wurde ein paar Abende später zur Schlafenszeit beobachtet, als Emily sich bei ihrer Betreuerin beklagte, sie habe Angst vor dem Einschlafen. Sie sagte, sie habe einen bösen Traum gehabt, in dem eine Dame von einem Stuhl herunterfiel und sich schwer verletzte. (Emily pflegte so heftig zu masturbieren, daß sie von allem, worauf sie gerade saß oder lag, herunterfiel.) Ein wenig später sagte sie zu sich selbst im Kommandoton: „Schneide dich nicht, schneide dich nicht!" Die Betreuerin sagte, es werde ihr kein Leid geschehen, wenn sie sich zwischen den Beinen berühre, und wenn sie es tue, werde sie (die Betreuerin) nicht böse darüber sein. Sie schlug vor, Emily solle nun versuchen einzuschlafen, und diesmal sagte Emily: „Gut, ich werde mich nicht schneiden", und kurz darauf schlief sie ein [9].

Elf Tage später war Emily in der Lage, beim Ausdruck ihrer Furcht über diese Form hinauszugehen. Sie hatte wieder Schwierigkeiten beim Einschlafen, kicherte nervös und zeigte auch sonst beträchtliche Angst. Ihre Betreuerin setzte sich an ihr Bett und fragte, was los sei. Emily sagte, sie habe ein komisches Gefühl da unten, es jucke sie, aber sie habe Angst, sich zu kratzen.

Im ersten Augenblick klang dies merkwürdig, da es von einem Kind kam, das zu jeder Tages- und Nachtzeit unverhohlen und sehr häufig

---

[8] Teilnehmende Beobachterin: Joan Little.
[9] Teilnehmende Beobachterin: Joan Little.

anale und genitale Masturbation betrieb. Der Grund war wahrscheinlich, daß die Betreuerin für Emily mittlerweile sehr wichtig geworden war. Während die Betreuerin noch „für sie sorgte" (siehe S. 28 f.), hatte Emily begonnen, sie wirklich zu lieben, und sie fürchtete vielleicht, ihre eigene Zuneigung zu der Betreuerin könnte diese in eine liebende Mutter verwandelt haben, also in eine Person, die auch Triebbefriedigung verbietet. Dies mußte sie ausprobieren.

Nun machte sich Emily offenbar Sorgen darüber, welche Einstellung ihre Betreuerin zur Masturbation haben könnte, während es ihr vorher nicht so wichtig gewesen war, was ihre Betreuerin billigte oder mißbilligte. Die Betreuerin versicherte ihr wiederholt und immer mit den gleichen Worten, Masturbation sei nicht schädlich, bis ihr Ausspruch eines Abends ungewöhnliche Folgen hatte.

Emily hatte beim Zuhören auf dem Bauch gelegen; plötzlich drehte sie sich um und schrie ihre Betreuerin an: „Keine Mutter und kein Vater auf der Welt würde das tun!" Trotz der Bemühungen der Betreuerin, sie zu besänftigen und sie auf alle mögliche Weise zu beruhigen, schrie Emily fortwährend: „Keine Mutter und kein Vater in ganz Amerika würde das sagen. Kein Amerikaner würde das tun", und sie setzte dies eineinhalb Stunden lang fort.

Schließlich wurde sie ruhiger, so daß ihre Betreuerin (die sie die ganze Zeit auf dem Schoß gehabt hatte) sie wieder ins Bett legen konnte. Danach saß sie noch mehrere Stunden lang bei Emily und sprach leise mit ihr über verschiedene Dinge, bis die Ruhe des Kindes einigermaßen wiederhergestellt schien. Schließlich kam Emily jedoch selbst auf ganz indirekte Weise auf ihr Verlangen nach genitaler Masturbation und ihre Angst davor zurück, und ihre Betreuerin versicherte ihr wieder, sie könne es ruhig tun. Nun legte Emily ihrer Betreuerin die Arme um den Hals, drückte sie an sich und sagte: „Du wirst mich immer liebhaben, was ich auch tue, nicht? Du wirst immer nett zu mir sein und mich dort kitzeln lassen, nicht?" Die Betreuerin versicherte es ihr noch einmal, und die Panik war für diesen Abend anscheinend vorbei, da Emily alsbald fest schlief [10].

Die Zeit unmittelbar vor dem Einschlafen wird außer für den Ausdruck von Angst hinsichtlich der Masturbation von den Kindern auch noch für den Ausdruck anderer Sexualängste und auch für die Äußerung ihrer konfusen Vorstellungen von der Sexualität gewählt — Vorstellungen, die sie tagsüber viel mehr für sich behalten, sogar in Einzelsitzungen, denn zu diesen Zeiten hat das Ich die Herrschaft viel fester im Griff.

---

[10] Teilnehmende Beobachterin: Joan Little.

Ann z. B. sagte eines Abends, nachdem das Licht gelöscht worden war, laut zu sich selbst: „Babies kommen aus dem Penis. Wenn Frauen sterben, sterben sie am ganzen Körper, aber wenn ein Mann stirbt, ist sein Penis immer noch lebendig." Hier gaben ihre Bemerkungen, wie bei ähnlichen Gelegenheiten, der Betreuerin die Möglichkeit, einige ihrer angstvollen Sexualphantasien richtigzustellen [11].

Ann hatte übrigens eine lange Vorgeschichte von Enuresis, nächtlichen Ängsten, Schlaflosigkeit, Schaukeln und Kopfschlagen, das stundenlang dauerte. Am ersten Tag ihres Aufenthalts an unserer Schule suchte sie schon im voraus Beruhigung für ihre nächtlichen Ängste, indem sie ihrer Betreuerin erzählte: „Weißt du, ich weine nachts — manchmal die ganze Nacht. Aber ich kenne deine Tür. Es ist die mit dem Schmetterling. Es kann sein, daß ich komme und dich rufe." Sie bestand darauf, sie wolle in der Nacht geweckt und auf die Toilette gebracht werden, aber wir sagten ihr, es mache nichts aus, wenn sie nachts einnässe, sie brauche keine Angst davor zu haben, viele Kinder machten das Bett naß usw.

Das mußte sie natürlich ausprobieren. Als sie einigermaßen sicher war, daß es wirklich keine Vorhaltungen und nicht einmal spaßhafte Bemerkungen gab, wenn man das Bett naßgemacht hatte, erlaubte sie sich, das Bett naßzumachen, aber sie schlief zum erstenmal die ganze Nacht hindurch in Frieden.

Innerhalb von zwei Wochen hatten ihre Schwierigkeiten beim Einschlafen am Abend erheblich nachgelassen. Auch ihre nächtlichen Ängste, das Kopfschlagen, das Schaukeln usw. verschwanden in relativ kurzer Zeit; an ihre Stelle trat ein sozialisierteres Hopsen auf dem Bett, das sie eine Weile beibehielt. Aber lange Zeit brauchte sie nach jedem Besuch zu Hause wieder die ganze Skala der Beruhigungen, bevor sie gut schlafen konnte. Ohne die Beruhigung kehrte sie zu ihrem stundenlangen Schaukeln auf dem Bett zurück, zu ihren verzweifelten Versuchen, den Schlaf zu verjagen, und sie litt auch wieder an nächtlichen Ängsten. All diese Symptome pflegten aber zu verschwinden, sobald sie wieder das Gefühl hatte, ohne Sorge das Bett naßmachen zu dürfen, wenn sie wollte, und sobald sie sich genügend geborgen fühlte, es von Zeit zu Zeit zu tun.

Übrigens war sie, als ihre Nachtruhe wieder mehr oder weniger normal war, zum erstenmal fähig, darüber zu sprechen (und später zu verstehen), warum sie immer wie besessen herumrannte. Nun kam zum Vorschein, daß in ihrem Fall die Einschlafschwierigkeiten am Abend eng mit analen, urethralen und sexuellen Ängsten zusammenhingen, die alle beim Ausziehen, Baden und beim Gang zur Toilette vor dem Schlafen-

---

[11] Teilnehmende Beobachterin: Joan Little.

gehen reaktiviert wurden; das ganze wurde noch durch ihre zugrundeliegende Angst vor dem Bettnässen verschlimmert. Eine derartige Kombination von Ängsten steckt bei den meisten unserer Kinder hinter ihrer Schlaflosigkeit und erklärt die meisten ihrer Schwierigkeiten beim Einschlafen.

In jenen ersten Monaten war Ann ständig in Bewegung, wie sie es auch schon vorher jahrelang gewesen war. Besonders gefährlich war ihre Neigung, vor herankommenden Autos auf die Straße zu stürzen. Nachdem sie sich davon überzeugt hatte, daß wir sie nie weckten, um sie nachts auf die Toilette zu setzen, machte sie einen letzten Versuch, ihre Betreuerin zu provozieren, ihr nachzujagen, aber es nützte ihr nichts. Diesmal war sie jedoch zu einer Antwort bereit, als man sie fragte, warum sie immer auf der Flucht sei. „Ich dachte, du würdest mich fangen", sagte sie, „und mich dazu bringen, daß ich auf die Toilette gehe." Wir versicherten ihr immer wieder, niemand wolle sie zwingen, auf die Toilette zu gehen, und es sei in Ordnung, wenn sie nachts ihr Bett naßmache, bis sie schließlich in der Lage war, Ängste ans Licht zu bringen, die tiefer verborgen waren als die Furcht, zwangsweise auf die Toilette gebracht zu werden, und die auch erklärten, warum sie immerzu herumrannte [12].

Eines Tages, während ein naturkundlicher Film gezeigt wurde, beobachtete Ann, wie ein Eichhörnchen lief, und bemerkte: „Es läuft schnell wie ich — es wird nicht getötet werden." Etwa zur gleichen Zeit gab sie auch zu erkennen, in welchem Maß sie das Auf-die-Toilette-gebracht-Werden als einen aggressiven Akt deutete, und ihre neue Fähigkeit, ihre Gefühle in Worte zu kleiden, ließ eine neue und spontan erfundene Drohung entstehen. Denjenigen, die sie einschüchtern wollte, pflegte sie nun zuzurufen: „Wenn du das nicht tust, zieh' ich dir die Hosen runter!" [13]

Auch hier war das Verschwinden des symptomatischen Verhaltens nur ein notwendiger Schritt zur Durcharbeitung seiner weniger bewußten Motivation. Es dauerte noch viele Monate, bis Ann anfangen konnte, ihren Groll gegen die Tatsache durchzuarbeiten, daß sie ein Mädchen war, ebenso die Kastrationsangst, die ihrer Überaktivität, ihrer Schlaflosigkeit und ihrem Bettnässen zugrundelag. Aber ohne daß ihre Fähigkeit, eine ungestörte Nachtruhe zu genießen, wiederhergestellt worden wäre, hätte Ann nicht so bald ihre unbewußten Gefühle und Ressentiments durcharbeiten können (wenn überhaupt).

---

[12] Teilnehmende Beobachterin: Joan Little.
[13] Teilnehmende Beobachterin: Joan Little.

Während Ann mit Bettnässen auf ihren Groll reagierte, daß sie ein Mädchen war, mußte Lucille jeden Abend, bevor sie einschlief, mit ihrer Lieblingspuppe ein Ritual wiederholen. Es hatte die symbolische Bedeutung, daß die Puppe (die sie selbst darstellte) während der Nacht über sie wachen würde; aber es bedeutete auch, daß sie — durch die Puppe — die männlichen Merkmale besaß, die ihr in Wirklichkeit fehlten, und ohne die sie sich so sehr benachteiligt fühlte, daß sie nicht ruhig schlafen konnte. Sie setzte ihre Puppe sehr sorgfältig über ihrem Bett zurecht, spreizte die Beine der Puppe auseinander und setzte ein kleines Spieltier dazwischen, das die männlichen Genitalien darstellte. Erst nachdem sie sich auf diese Weise männliche Merkmale und einen männlichen Beschützer verschafft hatte, konnte Lucille einschlafen [14].

Als sie etwas selbstsicherer wurde und anfing, sich selbst so zu akzeptieren, wie sie war, wurde die Symbolik des Rituals weniger deutlich. An Stelle der Puppe wurden nun drei Spieltiere in einer bestimmten Weise angeordnet, um ihren Schlaf zu beschützen. Später verschwand das Ritual, und nun schien jedes anschmiegsame Spieltier, das sie jetzt in nicht-ritualistischer Weise verwendete, seinen Zweck zu erfüllen. So agierte Lucille durch die Veränderung ihres Einschlaf-Rituals ihre eigenen Fortschritte aus, bis an die Stelle des Rituals eine freie und flexible Gesellung trat.

Übrigens gab uns die Beseitigung von Lucilles Schwierigkeiten wieder einmal ein Beispiel dafür, wie sich zwanghafte Rituale zunächst in sozial akzeptablere Zwänge verwandeln können, bevor sie vollständig verschwinden. Zuerst wurde sie in bezug auf das Aufräumen ihrer Spielsachen und ihrer Kleider zwanghaft ordentlich; diese Aufgabe hatte sie sehr nachlässig behandelt, solange sie sich an ihr Schlafengeh-Ritual geklammert hatte. Aber diese zwanghafte Ordentlichkeit konnten wir viel leichter in einen sozialen Zusammenhang bringen und realistisch erörtern, bis sie auf ein Maß zurückgeführt war, das man für ein Kind ihres Alters als normal betrachten konnte [15].

Um ein anderes Beispiel zu zitieren: Marys Verhalten eines Abends zeigt, wie sexuelle Ängste, die während des Tages geweckt werden, abends zum Vorschein kommen, wenn keine anderen Aktivitäten da sind, die das Kind ablenken oder ihm eine Möglichkeit zur Spannungsabfuhr geben. Es zeigt auch, wie die Kenntnis der Erlebnisse, die die Kinder am Tag hatten, es uns erleichtert, ihre Angst zu lindern, bevor sie einschlafen.

---

[14] Teilnehmende Beobachterin: Joan Little.
[15] Teilnehmende Beobachterin: Joan Little.

Eines Tages hatten zwei Jungen auf dem Spielplatz einen Ringkampf. Dabei fiel einer von ihnen so, daß von einem seiner Zähne ein Stück absplitterte. Am Abend dieses Tages masturbierte Mary, die dies sonst vor dem Einschlafen lange zu tun pflegte, überhaupt nicht. Sie war unruhig und hellwach und schien wegen irgend etwas sehr ängstlich zu sein. Die Betreuerin brachte ihre Beunruhigung mit dem Unfall in Zusammenhang und begann mit ihr darüber zu sprechen.

Man hatte Mary zwar unmittelbar nach dem Unfall über diesen beruhigt, aber sie hatte zu diesem Zeitpunkt ziemlich gleichgültig reagiert. Nun, als die Betreuerin mit ihr über das Mißgeschick sprach und ihr so zeigte, daß jemand ihre unausgesprochene Angst verstand, konnte Mary es sich leisten, ihre Angst wenigstens symbolisch auszudrücken.

Sie steckte einen Finger der Hand, mit der sie gewöhnlich masturbierte, in den Mund und biß sehr heftig hinein. Die Tatsache, daß ihre Betreuerin sie in diesem kritischen Augenblick tröstete, ermutigte sie also zu zeigen, daß sie bei sich den Unfall als Bestrafung des Jungen fürs Masturbieren deutete und daß sie nun versuchte, eine ähnliche Bestrafung von sich selbst abzuwenden, indem sie sie schon im voraus selbst vollzog. Die Betreuerin versicherte ihr, der Unfall habe nichts mit Masturbation zu tun; Masturbation sei nicht gefährlich und werde weder ihrem Körper schaden noch eine Bestrafung durch einen Unfall zur Folge haben, und nach kurzer Zeit schlief Mary ruhig ein [16].

Es kommt sehr häufig vor, daß Kinder nicht unmittelbar auf Dinge reagieren, die sie sehen und hören und die sie beunruhigen. Sie benehmen sich, als seien sie an dem Ereignis nicht interessiert oder als berühre es sie nicht, und sie scheinen kaum zuzuhören, wenn man darüber spricht. Die Erinnerung daran wird oft an Ort und Stelle verdrängt, aber abends, wenn die Ich-Herrschaft nachläßt und das Verdrängte, oft erst nach Wochen, wieder ins Bewußtsein aufsteigt, kann das Erlebnis in voller Stärke wieder zum Vorschein kommen.

Die Kinder selbst sind sich über das Nachlassen der Ich-Herrschaft, die vor dem Einschlafen eintritt, vollständig im klaren, wenn auch selbstverständlich unsere Ausdrucksweise in ihrem Denken keinen Platz hat. Sie erkennen auch, daß der Abzug des Interesses von der Außenwelt die Herrschaft des Ichs über Angst- oder Triebdruck schwächt, weil die Lebensenergie nicht länger auf die Auseinandersetzung mit der Außenwelt gerichtet ist (und nicht mehr dafür gebraucht wird), sondern fast ausschließlich auf die Innenwelt.

Eines Abends zur Schlafenszeit fingen zwei Mädchen mit ihrer Betreue-

---

[16] Teilnehmende Beobachterin: Joan Little.

nur in eine bestimmte Beziehung hineinzutragen, wobei es in seiner Kühnheit unterstützt wird durch das Gefühl, in vielen anderen Beziehungen geborgen zu sein.

Dies ist auch einer der vielen Fälle, bei denen das wichtigste Material in der Beziehung zu einer Betreuerin zum Vorschein kam, die eine mütterliche Rolle spielte, und nicht bei einer Person, die im traditionellen Sinn eher die Funktion eines Therapeuten hatte, da sie mit Mary regelmäßig Spieltherapiestunden abhielt. Bei ihren Gesprächen dort erhielt Mary während der ganzen Zeit zu dieser Person eine Beziehung aufrecht, die für sie ihr Verhältnis zu ihrer älteren Schwester darstellte. Sie brauchte zu dieser Zeit eine derartige Schwesterfigur, weil die Heirat ihrer Schwester sowohl ihre Trennungsangst als auch ihre sexuellen Gefühle neu belebt hatte — es bestanden gute Gründe für die Annahme, daß es zwischen den Schwestern früher einmal zu intimen Sexualspielen gekommen war.

Indem sie sich eine stabile Beziehung zu jemandem erhielt, der für sie an die Stelle ihrer Schwester trat, konnte sie in gewissem Maß ihre akute Trennungsangst vergessen; sie konnte sich aus dem gleichen Grund sagen, der Umstand, daß sie ihren Wunsch erkenne (oder sogar darüber spreche), den Mann ihrer Schwester für sich zu fordern, werde ihre Beziehung zu ihrer Schwester nicht stören, da ihre abendlichen Gespräche über sexuelle Dinge mit ihrer Betreuerin die Beziehung zu der Schwesterfigur, bei der sie ihre Einzelsitzungen hatte, auch nicht störten. Und schließlich blieb ihr Interesse an Männern getrennt von der lesbischen Beziehung zu ihrer Schwester, die sie zu dieser Zeit auf die Betreuerin übertragen hatte, bei der sie ihre Einzelsitzungen hatte.

Die Trennung von Rollen und Gefühlen stellten eine Parallele dar zu der Gespaltenheit ihres „Tages"- und „Nacht"-Bildes von sich selbst und von der Welt. Am Tage war sie das gut „funktionierende" Mädchen, das zumindest in seiner Beziehung zu seiner Schwester (seiner einzigen nahen Verwandten, da beide Eltern gestorben waren) glücklich war; am Abend war sie die Rivalin ihrer Schwester. All diese Gefühle konnten erst viel später durchgearbeitet werden, als ihr Ich stark genug war, so daß sie bewußt mit diesem Material umgehen konnte, ohne daß es für ihre Integration katastrophale Folgen hatte. Nun mußten all diese Gefühle der Herrschaft von Marys Ich unterworfen werden. Aber dies mußte während des Tages geschehen und gehört also nicht in dieses Kapitel über Nacht und Schlaf.

Am Abend liegt wie am Morgen die Angst des Kindes in bezug auf die Integrität seines Körpers sehr nahe an der Oberfläche. Viele Kinder haben als erwachsene Männer, usw. Dann fragte Mary, ob jungen nächtliche Samenergüsse haben, und als sie eine bejahende Antwort bekommen hatte, wollte sie wissen, was der Unterschied zwischen dieser Erscheinung und dem Bettnässen sei [20].

Am nächsten Abend führte sie unmittelbar vor dem Zubettgehen das aus, worüber sie am Abend vorher nur nachgedacht hatte. Sie nahm eine ihrer Puppen und machte ihr aus Ton männliche Genitalien. Eine Weile später, als sie schon im Bett war, erzählte sie ihrer Betreuerin, sie habe sich einmal mit einem Rasiermesser geschnitten, und hielt ihren Finger hoch, um die Narbe zu zeigen.

Die Betreuerin wies darauf hin, daß der Schnitt ganz verheilt sei, und nun gab Mary zu, daß sie vor einiger Zeit auch versucht hatte, ihr Haar mit einem Rasiermesser zu schneiden. Als sie gefragt wurde, warum, gab sie außerdem zu, daß sie die Geschichte mit dem Rasiermesser mitangehört und dann versucht hatte, sich die Schamhaare abzuschneiden. Und jetzt kam ihr endlich auch die Episode im Badezimmer zwischen Lucille und Priscilla wieder in den Sinn, auf die wir oben schon Bezug genommen haben. Das weitere Gespräch offenbarte mehr über die Art der Sexualängste Marys und über ihre diesbezüglichen falschen Vorstellungen, ihre Meinung, sie habe einen Penis gehabt, der abgeschnitten worden sei, usw.; dies gab ihrer Betreuerin die Möglichkeit, ihr richtige Informationen zu liefern [21].

Die verschiedenen Schritte, die nötig sind, um mit Sexualängsten fertig zu werden, erstrecken sich immer über einen langen Zeitraum. Die Behandlung dieser besonderen Sexualangst bei Mary erstreckte sich über mehrere Wochen. Sie brachte sie nur beim Schlafengehen zur Sprache, obwohl sie auch am Tag immer lange mit den gleichen Betreuerinnen zusammen war und obwohl sie bei einer weiteren Person zweimal wöchentlich Einzelsitzungen hatte.

Während des Tages hielt sie ihre Beziehungen auf einer unverbindlichen, gleichmäßigen Ebene, lernte, spielte und brachte niemals sexuelle Fragen oder auf andere Weise bedrohliches Material zur Sprache. Es war, als müsse sie sich die verschiedenen „ungefährlichen" Beziehungen den ganzen Tag bewahren, um am Abend mit einer für sie bedeutsamen Person über ihre beunruhigenden Gefühle und Gedanken sprechen zu können. Das zeigt übrigens, wie nützlich es für das Kind ist, jederzeit mehrere bedeutsame Beziehungen zur Verfügung zu haben. Es bekommt dadurch die Möglichkeit, das, was es als gefährliches Material ansieht,

---

[20] Teilnehmende Beobachterin: Joan Little.
[21] Teilnehmende Beobachterin: Joan Little.

19 Teilnehmende Beobachterin: Dorothy Flapan.

an dem Sexualleben ihrer Schwester irgendwie Anteil haben, d. h. ob sie den Mann ihrer Schwester mit ihr teilen könnte.

Dies wurde ein paar Wochen nach den hier beschriebenen Gesprächen deutlich, wieder zur Zeit des Schlafengehens, als ihre Sexualängste und -wünsche am stärksten waren. Sie fragte nun ihre Betreuerin in allen Einzelheiten, ob Brüder (Schwäger) und Schwestern heiraten, Geschlechtsverkehr haben, Babys miteinander bekommen könnten, usw. Sie fing damit an, daß sie sagte, sie habe ein Lied von König Salomo und seinen vielen Frauen gehört. Dann fragte sie ihre Betreuerin, wie er mit so vielen Frauen habe Verkehr haben können, und als die Betreuerin sagte, sie hätten sich wahrscheinlich abgewechselt, war Mary zufrieden und kehrte zu primitiveren Sexualinteressen zurück.

Sie machte sich Gedanken über die Brüste der Betreuerin, wollte in den Arm genommen und dann getragen werden und machte dann Bemerkungen über eine kleine Nadel, die die Betreuerin an ihrem Kleid trug. Die Nadel hatte die Form eines Vogels, und Mary sagte, der Vogel trinke an der Brust der Betreuerin. Dann lehnte sie sich an sie und sagte: „Ich lehne mich an deine Brust" und machte Geräusche, als ob sie saugte. Sie wollte wie ein Baby behandelt und auf alle mögliche Weise verwöhnt werden [19].

Danach führte sie ihre Einschlafgespräche wieder mit ihrer anderen Betreuerin fort, die sie schon viel länger kannte. Da diese Betreuerin unverheiratet war, erschien sie Mary als die geeignetere Person, um mit ihr nicht-heterosexuelle Probleme zu besprechen, während sie es nach wie vor vorzog, über heterosexuelle Probleme mit ihrer verheirateten Betreuerin zu reden. Mary fragte, was geschehen würde, wenn sie eine Puppe machte und sie mit einem Penis versähe; würde irgend jemand darüber böse werden? Als ihre Betreuerin antwortete, an der Schule würde niemand darüber böse sein und es wäre vollkommen in Ordnung, fragte sie ausdrücklich, ob ich, Dr. B., darüber wütend sein würde. Ihre Betreuerin sagte, sie sei sicher, ich würde nicht wütend werden, und fragte, warum sie glaube, ich würde vielleicht wütend sein, aber Mary beruhigte sich selbst und sagte: „Er hat einen Penis, nicht?" Die Betreuerin sagte ja, und Mary fuhr fort: „Gut, dann weiß er darüber Bescheid", und damit ging sie zu ihren Beobachtungen an Männern über.

Sie bemerkte, unser Schwimmlehrer, den sie an diesem Nachmittag am Schwimmbecken aufmerksam beobachtet habe, habe große Sexualorgane. Das führte zu der Erklärung, daß Sexualorgane sich wie jeder andere Körperteil entwickeln, daß kleine Jungen einen kleineren Penis

354

rin ein Gespräch darüber an, ob es möglich sei oder nicht, Schrumpfköpfe herzustellen, und sprachen von den Pygmäen, von denen sie gehört hatten, sie täten so etwas. Die Betreuerin machte eine Bemerkung über die seltsamen Themen, die ihnen beim Schlafengehen einfielen, und fragte sie, warum sie während des Tages so selten über derartige Dinge sprächen. Darauf antwortete eines der Mädchen: „Weil wir am Tag zu beschäftigt sind und keine Zeit haben, darüber nachzudenken." [17] Mary z. B. war eins der Kinder, die bei dem Gespräch zwischen Lucille und Priscilla (berichtet auf S. 312) anwesend gewesen waren. Als es stattfand, schien sie vollkommen uninteressiert an diesem Gespräch über Sexualverhalten, Geschlechtsverkehr, den Schnitt mit dem Rasiermesser usw. Drei Monate später jedoch, an einem Tag, als ihre Sexualneugier und -angst durch die Hochzeit ihrer Schwester erregt worden war, verbanden sie sich mit dem vergessenen Gespräch, das plötzlich eine persönliche Bedeutung für sie bekam. Der Umstand, daß sie sich beim Schlafengehen an dieses Gespräch erinnerte, gab ihr eine Möglichkeit, sich in allgemeinen Wendungen über ihr ängstliches Interesse für das Geschlechtsleben ihrer Schwester zu äußern, deren Hochzeit sie am Tag vorher miterlebt hatte.

Mary wartete, bis das Licht aus war, dann fing sie damit an, ihre verheiratete Betreuerin über ihre sexuellen Beziehungen zu ihrem Mann auszufragen. Marys Angst hatte zu dieser Zeit vor allem mit der Furcht vor Trennung zu tun. Sie fürchtete, die sexuelle Beziehung könne ihre Betreuerin von ihr fernhalten, ebenso, wie sie fürchtete, die eheliche Beziehung würde dazu führen, daß ihre Schwester sich nicht mehr für sie (Mary) interessiere.

Ihre Fragen drehten sich darum, ob ihre Betreuerin den Geschlechtsverkehr genieße, und als die Betreuerin dies bejahte, wollte Mary wissen, ob die Betreuerin, wenn sie am Abend vorher Verkehr gehabt hätte, am nächsten Tag Dienst mache. Als sie darüber beruhigt worden war, fragte sie sich, ob die Betreuerin ein Baby bekommen und dann aufhören würde, mit ihr (und für sie) zu arbeiten. Die Betreuerin sagte ihr, sie habe geplant, in den nächsten zwei Jahren oder noch länger kein Baby zu bekommen, und Mary war wieder beruhigt [18].

Trotzdem nahm Mary sechs Tage später — ebenfalls zur Schlafenszeit — das Gespräch wieder auf, aber diesmal mit größerer Betonung der Sexualbeziehungen als der Trennungsangst. Wahrscheinlich wurde sie auch von dem unbewußten Wunsch getrieben, herauszubekommen, ob sie

---

[17] Teilnehmende Beobachterin: Joan Little.
[18] Teilnehmende Beobachterin: Dorothy Flapan.

müssen all ihre Körperteile kontrollieren, um sich zu vergewissern, daß sie alle intakt sind, bevor sie die Herrschaft des Ichs lockern und einschlafen können.

Anns Sexualängste und ihre Furcht vor dem Bettnässen haben wir schon erwähnt. Durch diese und andere Faktoren war sie sexuell verwahrlost, und sie hatten sie gehindert, etwas zu lernen und erwachsen zu werden; allerdings hatten die unbewußten Wünsche ihrer Mutter stark zu ihrer von der Norm abweichenden Entwicklung beigetragen. Nachdem diese Ängste behandelt und erheblich vermindert worden waren, kamen sehr viel primitivere Ängste zum Vorschein, und auch diese zeigten sich zum erstenmal zur Zeit des Schlafengehens.

Im Februar wurde der Valentinstag für Ann zu einem Festtag, denn obwohl sie nichts erwartet hatte, hatte sie viele St.-Valentins-Angebinde von anderen Kindern bekommen, aber auch eins von ihrer Betreuerin, das sie besonders schätzte. Dies alles erlaubte ihr, ein paar weitere Abwehrmechanismen aufzugeben — besonders diejenigen gegen das Unsaubersein — und machte es ihr auch möglich, uns zu zeigen, gegen welche Ängste sie sich dadurch zu wehren versuchte, daß sie so übertrieben sauber war.

Ann war peinlich sauber und ordentlich gewesen, als sie zu uns an die Schule kam. Ihre Kontakte mit ihrer Mutter und ihren verschiedenen Pflegeeltern hatten vor allem darin bestanden, daß diese sich hinsichtlich der äußeren Erscheinung Anns große Mühe gegeben hatten (sie ist ein sehr hübsches Kind); abgesehen davon, daß sie sie peinlich sauber hielten, hatten sie ihr Dauerwellen und kunstvolle Frisuren gemacht. Ann pflegte auf der Toilette stets mehrmals zu spülen, nachdem sie sie benützt hatte, und auch sich selbst säuberte sie danach immer sehr gründlich.

Am Abend des Valentinstages unterließ sie es zum erstenmal, auf der Toilette zu spülen und wischte sich nicht einmal ab. Vor dem Einschlafen hörte ihre Betreuerin, wie Ann zu sich selbst sagte: „Zwei Augen, eine Nase, zwei Ohren, ein Mund, zwei Wangen" und so fort; sie zählte alle Teile ihres Körpers auf. Die Betreuerin fragte sie, was sie tue, und sie sagte: „Ich zähle meine Teile. Was würde ich machen, wenn alle bis auf einen Teil da wären?" Die Betreuerin versicherte ihr, es seien ganz bestimmt alle da; nun wurde Ann deutlicher. „Was wäre, wenn ein Bein fehlte?" fragte sie.

Die Betreuerin versicherte ihr, beide Beine seien vorhanden, ebenso beide Arme; sie habe einen sehr netten Körper und jeder Körperteil sei genau so, wie er bei einem kleinen Mädchen sein müsse. Aber Ann fuhr fort: „Ich frage mich, ob ein Teil von mir fehlt." Also versicherte ihr die Be-

treuerin noch einmal, Mädchen hätten niemals einen Penis, sie hätten statt dessen eine Körperöffnung, und sie beschrieb sie ihr.
Ann hörte aufmerksam zu und sagte dann: „Haben Jungen mehr Spaß als Mädchen? Ich hab' überhaupt keinen Spaß." Auf die Frage, was für ein Vergnügen nach ihrer Ansicht denn Jungen hätten und Mädchen nicht, konnte Ann keine klare Antwort geben. Ihre Betreuerin wies darauf hin, daß sie mit dem gleichen Spielzeug spielen könne, das die Jungen benützten, und die gleichen Spiele wie sie; erst jetzt brachte Ann die Feststellung der Betreuerin, sie sei ein Mädchen, in Zusammenhang mit ihren eigenen allgemeinen Minderwertigkeitsgefühlen, außerdem auch mit ihrer Unfähigkeit zu lernen. „Ich bin der Garniemand", sagte sie, „in diesem Schlafraum sind fünf Mädchen und ein Dummkopf." Ihre Betreuerin erinnerte sie, daß sie an diesem Tag viele Valentinsbriefe geschrieben habe, und sagte, wie sie sich gefreut habe, weil Ann gelernt hatte, all die Namen zu schreiben, die sie vorher niemals hatte ausschreiben können. Ann wurde sofort fröhlich, sprang aus dem Bett, holte ihre Taschenlampe und die St.-Valentins-Gaben, sah sich die an, die sie selbst beschriftet hatte, und fragte, ob die Schreibweise und die Buchstaben richtig seien. Obwohl es nicht zutraf, sagte die Betreuerin, sie seien richtig. (Die meisten Buchstaben waren korrekt.) Jetzt erinnerte sich Ann, daß sie im Unterricht ein neues Buch zum Arbeiten bekommen hatte, ihre erste Fibel, und sie beschloß, sie würde nun gern damit anfangen.
Ann, die bisher überhaupt kein Interesse daran gehabt hatte, etwas über die Welt zu erfahren, fragte nun: „Wie wird Farbe gemacht? Wie werden Papierkörbe gemacht?" Sie sah sich in diesem Augenblick im Zimmer um und machte sich Gedanken über die Gegenstände, mit denen sie inzwischen längst hätte vertraut sein sollen. Von diesen Fragen ging sie zu anderen über, die ihr offensichtlich viel mehr zu schaffen machten. Sie fragte: „Was würde passieren, wenn meine Mutter stürbe?" (Ihr Vater war gestorben, als sie vier Jahre alt war.) Und: „Wenn ich ganz allein übrigbliebe — wer würde sich dann um mich kümmern?" Durch ihre Fragen zeigte Ann, daß sie von der Angst um die Integrität ihres Körpers zu Ängsten um ihre intellektuelle Begabung und von da zur Angst hinsichtlich ihrer Geborgenheit in der Gesellschaft übergegangen war. Nachdem sie in jedem Fall beruhigt worden war, erwachte zum erstenmal ihr Interesse am Erforschen und Verstehen der Welt. Sie wurde auch zum erstenmal in bezug auf einige ihrer Einschlafrituale ungezwungener. Das Spieltier, das sie immer hatte mit sich ins Bett nehmen müssen, setzte sie nun auf einen Schemel neben ihrem Bett, und danach schlief sie innerhalb weniger Sekunden ein [22].

Sexualängste sind nicht die einzigen, die zur Schlafenszeit zum Vorschein kommen — viele andere Ängste, die sich nicht so leicht klassifizieren lassen, scheinen ebenfalls aufzusteigen, sobald das Ich die Zügel lockerer läßt, und man muß dem Kind bei all diesen Ängsten helfen, bevor es schlafen kann. Manchmal müssen wir am Abend die Sicherheit des Kindes wiederherstellen, indem wir es über seinen Status in der Gruppe beruhigen.

Bert, der sich zunächst in der Gruppe recht isoliert gefühlt hatte und sich nicht allzu sicher war, ob die anderen ihn akzeptierten, fühlte sich abends besonders niedergeschlagen. Die Betreuerin war sich darüber klar, und eines Abends schlug sie vor, alle Jungen sollten ins Bett gehen, und an ihrer Stelle solle Bert den Nachtimbiß (der diesmal aus Keksen und Süßigkeiten bestand) verteilen. Er sollte der Postbote sein und die Post (die Süßigkeiten) austragen. Zuerst lehnte Bert den Vorschlag schüchtern ab, obwohl er ihm offensichtlich Freude machte. Aber nach einigem Drängen der Betreuerin und nachdem die Kinder versichert hatten, ihnen gefiele der Vorschlag, akzeptierte Bert seine Rolle.

Als er seine Runde von Bett zu Bett machte, wurde er selbstsicherer; die Kinder schienen sich zu freuen, wenn er ihnen die Süßigkeiten gab, und als er mit der Fünfergruppe fertig war, kroch Bert, der immer Angst gehabt hatte, ins Bett zu gehen, ohne weitere Umstände einfach unter seine Decke. Er schien ganz frei von Angst zu sein, und als einer der Jungen sagte, es sei nett, daß der Postbote auch ein Päckchen bekommen habe, noch dazu ein großes, lächelte Bert, drehte sich in eine bequeme Lage und schlief ein [23].

Charles' Einschlafschwierigkeiten hatten mehr als eine Ursache. Seine Angst davor, daß seine eigenen zerstörerischen Kräfte ihm über den Kopf wachsen könnten, haben wir im achten Kapitel beschrieben. Aber Charles wurde noch von vielen anderen Ängsten heimgesucht und am Einschlafen gehindert. Oft konnte er uns nur dadurch zeigen, was ihn an einem bestimmten Abend beunruhigte, daß er Geschichten erfand, die es der Betreuerin ermöglichten, ihm zu helfen. Eines Abends z. B. sagte er zu seiner Betreuerin, er wolle ihr eine Geschichte von Donald Duck und dem Schluckauf erzählen. (Schluckauf, Räuspern und Zähneknirschen gehörten zu Charles' vielen Symptomen.)

Die Geschichte drehte sich darum, daß Donald Duck den Schluckauf hatte und sich bei seiner Mutter Medizin holen wollte. Aber statt der richtigen Medizin gab sie ihm Pfeffer, und er wurde nur noch kränker

---

[22] Teilnehmende Beobachterin: Joan Little.
[23] Teilnehmende Beobachterin: Gayle Shulenberger.

und sehr wütend auf „diese Frau, die sie ihm gegeben hatte". Dann fing Charles an, sich merkwürdig aufzuführen, und auf die Frage, was sein Verhalten bedeuten solle, antwortete er: „Ich tue so, als sei ich verrückt." Dann sagte er: „Ich verstehe die Frauen nicht. Sie sind so komisch."
Dies führte zu einem Gespräch über die Tatsache, daß er die Bemühungen seiner Mutter, ihn zum Abnehmen zu bringen, als Versuche aufgefaßt hatte, ihn zu vergiften. Die Betreuerin half ihm zu verstehen, daß er zwar viele gute Gründe habe, auf seine Mutter wütend zu sein, daß er aber einige ihrer Handlungen mißdeutet und sie in übertriebener Weise als viel feindseliger empfunden habe, als sie tatsächlich waren. Der Umstand, daß seine Wut als gerechtfertigt akzeptiert wurde, während ihm zugleich geholfen wurde, seine Mutter als weniger bedrohlich zu sehen, als sie seiner Ansicht nach war, erleichterte ihm an diesem Abend das Einschlafen. Aber das bedeutete nicht, daß bis zum nächsten Abend nicht wieder eine neue Angst da sein würde, mit der Charles und die Betreuerin zusammen fertig werden müßten [24].

Ich bin ausführlich auf die spezifischen Ängste eingegangen, die uns bei den Kindern begegnen, wenn es Zeit zum Schlafen ist, aber noch häufiger sehen wir uns den unspezifischen Ängsten gegenüber. Auch in diesen Fällen pflegt Beruhigung verschiedener Art den Ängsten allmählich eine Möglichkeit zu geben, konkretere Formen anzunehmen, die es uns schließlich erlauben, ihnen zu Leibe zu rücken.
Daß Mary sich in den Finger biß (wie oben erwähnt), war zwar Teil eines Strafsystems, ein Ausdruck vergeltender und einverleibender Tendenzen, aber als Symptom war es der Ausdruck einer gewissen Integration. Wenn vor dem Einschlafen die Ich-Herrschaft nachläßt, können aber auch selbstzerstörerische Tendenzen zum Vorschein kommen, die weniger integriert und auch weit weniger spezifisch sind; auch sie müssen vom Betreuer gemäßigt werden. Das war z. B. bei Eddie der Fall, als er neu an unsere Schule gekommen war. Sobald das Licht aus war, fing er an, auf seinen Händen herumzukauen und zu beißen; er biß auch seine Zehennägel und andere Körperteile, wenn man ihn nicht daran hinderte.
Weder gutes Zureden noch Versuche, Eddie ohne Worte zu beruhigen (z. B. dadurch, daß man ihn gut zudeckte), halfen auf die Dauer. Er hörte so lange auf, wie die nicht-verbale Beruhigung dauerte, kehrte aber dann noch heftiger zu seiner Beißerei zurück. Erst nachdem man

---

[24] Teilnehmende Beobachterin: Gayle Shulenberger.

ihn lange Zeit ununterbrochen mit Keksen gefüttert hatte, schien seine orale Aggressivität vorläufig so herabgesetzt zu sein, daß er sich entspannen konnte. Nun war er in der Lage, seinen Spielelefanten als Gefährten zu akzeptieren und sich ganz entspannt und zufrieden mit ihm zusammen ins Bett zu kuscheln. Danach pflegte er fast sofort einzuschlafen, nachdem man ihn zugedeckt hatte. Aber wochenlang mußte man jeden Abend seine aggressiven Tendenzen auf ähnliche Weise ablenken [25].

Wie zu allen anderen Tageszeiten ist die primitive Beruhigung durch etwas Eßbares auch abends immer eine gewisse Erleichterung. Manche Kinder brauchen, besonders am Anfang ihres Aufenthalts bei uns, wirklich unglaubliche Nahrungsmengen, bevor sie sich heimisch fühlen können; man muß auch dafür sorgen, daß sie Kekse und Süßigkeiten am Bett haben, damit sie wissen, daß sie immer etwas zu essen in Reichweite haben, wenn sie in der Nacht aufwachen.

George z. B. pflegte vor dem Einschlafen zu sagen: „Ich will Hunderte von Imbissen haben." Tatsächlich aß er abends enorme Mengen von Süßigkeiten, mehr als zu allen anderen Tageszeiten. Selbst nachdem er ein Pfund Süßigkeiten und Kekse gegessen hatte und weitere zwanzig oder dreißig Kekse als Nachtvorrat in seinem Bett untergebracht hatte, fürchtete er noch, der Nachschub könnte nicht ausreichen, und er pflegte ängstlich zu fragen: „Haben wir noch mehr Kekse?" Wir mußten ihn über die im Vorratsraum noch vorhandenen Mengen beruhigen, bevor er einschlafen konnte [26].

Die Tatsache, daß endlich alle Kinder schlafen, besagt nicht, daß während der Nacht keine Ängste auftauchen, mit denen man fertig werden muß. Kontakte mitten in der Nacht sind nicht allzu häufig; sie sind für die Mitarbeiter mühsam, aber für das Kind sind sie außerordentlich wichtig. Und auch sie müssen so gut gehandhabt werden, wie wir es nur irgend können. Sehr oft kann das Ich des Kindes in solchen Augenblicken sein Unbewußtes, das sein Verhalten bedingt, so wenig steuern, daß nicht-verbale Kontakte und Beruhigungen am wirksamsten zu sein versprechen. Aber gerade weil bei einem Kind, das aus seinen Träumen aufwacht, das Unbewußte so sehr vorherrscht, kommt der Inhalt von Ängsten, die am Tag verborgen bleiben, viel leichter zum Vorschein. Man kann also nachts mit diesen Ängsten viel früher fertig werden, als es möglich ist, wenn das Ich seine Herrschaft stärker ausübt und die Abwehrmechanismen mehr oder weniger vollständig funktionieren.

---

[25] Teilnehmende Beobachterin: Josette Wingo.
[26] Teilnehmende Beobachterin: Gayle Shulenberger.

Es ereignete sich z. B. mitten in der Nacht, daß Mary den Zusammenhang zwischen ihren Angstträumen und der Krankheit ihrer Mutter aufdeckte, ebenso ihren Wunsch, in die Geborgenheit des Säuglingsalters zurückzukehren. Interessanterweise bestand sie darauf, auch ihre Betreuerin müsse in einem entspannteren (weniger vom Ich beherrschten) Gemütszustand sein, bevor sie über das sprechen wollte, was ihr selbst auf der Seele lag.

Eines späten Abends kam sie weinend in das Zimmer ihrer Betreuerin. Sie wollte nichts weiter sagen, als daß sie einen schlimmer Traum von einer Operation gehabt hatte, im übrigen schwieg sie sich aus. Nachdem die Betreuerin sie ein wenig beruhigt hatte, hörte sie auf zu weinen und erklärte sich bereit, wieder ins Bett zu gehen. Die Betreuerin führte sie in ihren Schlafraum zurück, brachte sie ins Bett, deckte sie gut zu, blieb bei ihr sitzen und sprach ruhig mit ihr. Nach einer Weile bat Mary ihre Betreuerin, sich auszuziehen, sich zum Schlafengehen fertig zu machen und dann wiederzukommen und noch eine Zeitlang bei ihr zu bleiben. (Die Betreuerin war noch auf gewesen und ganz angezogen, als Mary in ihr Zimmer kam.) Als die Betreuerin zurückkam, war Mary entspannt und hatte viel besseren Kontakt mit ihr als jemals am Tage; vor allem war ihre Abwehr viel weniger stark.

Sie fragte die Betreuerin, wie es komme, daß sie so spät in der Nacht noch auf sei, und die Betreuerin erzählte ihr, sie sei gerade zurückgekommen, nachdem sie sich von Freunden, die aus Chicago fortgingen, verabschiedet hätte. Die Tatsache, daß die Betreuerin von Menschen verlassen wurde, die ihr lieb waren, brachte Mary dazu, von ihren nächtlichen Ängsten zu sprechen, die damit zu tun hatten, daß sie ihre Mutter verloren hatte, daß ihre Mutter lange an einer schmerzhaften Krankheit gelitten hatte und daß sie fürchtete, ihr eigenes Schicksal werde dem ihrer Mutter gleichen. Ein wenig später sprach sie, als ob sie im Schlaf rede, darüber, daß sie eine Zeitlang zuviel gegessen und beim Gehen den Bauch herausgestreckt habe, weil sie wie ein Baby habe aussehen, wieder ein Baby habe sein wollen [27].

Dies waren alles Dinge, die sie sich in diesem Stadium ihres Aufenthalts an unserer Schule nicht zu sagen erlaubt hätte, wenn sie vollständig wach gewesen wäre.

Aber nächtliche Erlebnisse brauchen nicht allein darauf zurückzugehen, daß das Unbewußte durchbricht. Selbst zu solchen Zeiten können die Handlungen eines Kindes ganz zielgerichtet und ich-gesteuert sein, obwohl die tieferen Motive aus dem Unbewußten kommen mögen. Manch-

---

[27] Teilnehmende Beobachterin: Joan Little.

mal sucht ein Kind mitten in der Nacht Beruhigung in Dingen, die realistische und bewußte Sorgen für es darstellen.

Als Lucille neu an unsere Schule gekommen war, pflegte sie viele Wochen lang mitten in der Nacht aufzuwachen oder sich zum Wachbleiben zu zwingen, nachdem sie darauf bestanden hatte, daß ihre Betreuerin den Schlafraum verließ, ohne auf ihr Einschlafen zu warten. Dahinter lag ihr Wunsch zu erfahren, was mitten in der Nacht in der Schule vorging.

Lucille pflegte sich schlafend zu stellen und zu beobachten, was die Betreuerin im Zimmer tat. Noch öfter wartete sie, bis wir nach ihrer Meinung glaubten, sie schlafe fest, oder sie wachte spät nachts auf und pirschte leise durchs Haus, schaute in die Schlafräume hinein, wo die anderen Kinder schliefen, oder versuchte herauszubekommen, was in den Zimmern der Betreuer vor sich ging, die im Haus wohnen. Wenn sie zufällig einem Erwachsenen begegnete, pflegte sie zu behaupten, sie fürchte sich und suche jemand, der sie tröste. In Wirklichkeit versuchte sie herauszubekommen, ob sich in der Schule nachts aufregende oder bedrohliche Dinge ereigneten, wie sie sie zu Hause zwischen ihrer Mutter und den Freunden ihrer Mutter beobachtet hatte.

Es dauerte lange, bis Lucille überzeugt war, daß das Leben in der Schule selbst nachts gleichmäßig verlief, und bevor sie ihre nächtlichen Nachforschungen aufgeben konnte. Aber es kann sein, daß wir diesen Prozeß beschleunigt haben, weil wir mit ihr durchs ganze Haus gingen, um ihr zu zeigen, daß sich dort nachts nichts Ungehöriges ereignet.

Ich würde gern noch mehr von unserer Schule erzählen, aber es ist gewissermaßen schon nach Mitternacht, und alle Kinder schlafen. Da ich mit Lucille angefangen habe, als ich am Anfang des Buches unsere Kinder vorstellte, mag sie auch am Ende des letzten Kapitels stehen.

Hier am Schluß möchte ich noch einmal sagen, daß wir nicht erwarten können, unsere Kinder ganz und gar umzumodeln, vollkommene Menschen aus ihnen zu machen, ganz abgesehen von der Tatsache, daß der Gedanke der Vollkommenheit an sich schon den allzumenschlichen Schwächen widerspricht, die wir alle haben. Wir können nur versuchen, das Beste zur Geltung zu bringen, das in ihnen allen steckt. Sie brauchen nicht alle aufs College zu gehen oder führende Stellungen in der Geschäftswelt zu bekommen; aber wenn Harry Lastwagenfahrer wird, wie er es vorhat, möchten wir ihm dazu verholfen haben, daß er ein guter Lastwagenfahrer wird, der Freude an seinem Leben hat und es denen lebenswert macht, die er einmal wird lieben können. Wir versuchen — und das gelingt uns meistens — unsere Kinder zu lehren, ein erfolgreiches Leben zu führen, nicht nur in bezug auf das, was die Gesellschaft von ihnen erwartet, sondern auch hinsichtlich dessen, was sie genießen und was ihnen das Leben eines Tages als sinnvoll erscheinen lassen wird. Vor allem versuchen wir ihnen zu helfen, ihren Frieden mit sich selbst und miteinander zu schließen [28].

Wie man ein nützliches und befriedigendes Leben führt, wurde bis vor kurzer Zeit im Elternhaus oder in Institutionen wie der Kirche gelehrt. Kinder lernten es hauptsächlich durch das Beispiel, durch die unausgesprochenen Wertvorstellungen der Erwachsenen, die sie aufzogen. Oft war es den Erwachsenen nicht einmal klar, daß es dies war, was sie ihre

---

[28] Es ist verständlich, daß der Leser gern wissen möchte, wie erfolgreich wir in unserer Arbeit mit den Kindern sind, wie gut sie gerüstet sind; wenn wir sie in die Welt zurückschicken, und wie gut sie sich später gegenüber emotionalen Schwierigkeiten behaupten. Aber in dieser Hinsicht müssen wir den Leser um Geduld bitten. Die Schule ist in ihrer gegenwärtigen Organisationsform seit 1944 in Betrieb; das bedeutet, daß (zur Zeit der Niederschrift) erst wenige Jahre verstrichen sind, seit irgendein Kind entlassen worden ist. Dieser Zeitraum ist viel zu kurz, als daß wir uns in bezug auf die Dauerhaftigkeit unserer Erfolge sicher sein könnten. Wir haben aber doch schon etwa vierzig Kinder ins Leben hinausgeschickt, von denen sich viele z. B. bis zum Alter von zehn Jahren und darüber in der Schule nicht behaupten konnten und nicht einmal die Anfangsgründe des Lesens und Schreibens gelernt hatten. Fast alle hatten bei ihrer Entlassung aus unserer Schule in ihren Schulleistungen das Niveau ihres Jahrgangs erreicht und kommen in öffentlichen oder privaten Schulen gut voran. Das ist ein zumindest objektives, wenn auch unzureichendes Zeichen dafür, daß die Mitarbeiter sich nicht umsonst bemüht haben. Bisher sind keine systematischen Nachuntersuchungen möglich gewesen, weil die Schule keine Mittel dafür zur Verfügung hat. Auf Grund eher zufälliger als systematischer Nachuntersuchungen hat es den Anschein, daß mehr als 80 % unserer früheren Schüler in den Jahren seit ihrer Entlassung ihre Sache gut gemacht haben, manchmal viel besser, als wir angesichts der Schwere ihrer ursprünglichen Störungen zu hoffen gewagt hatten. Mittlerweile ist ein Buch mit Fallgeschichten in Vorbereitung. Eine solche Fallgeschichte (siehe „Veröffentlichungen über die Schule", Nr. 9) ist als Sonderdruck erschienen und liefert wenigstens ein erstes Beispiel für das, was die Schule bei der Rehabilitation eines schwierigen Kindes hat erreichen können. Hier möchte ich nur sagen: Zwar war jedes Kind, das bis jetzt unsere Schule verlassen hat, in vieler Hinsicht besser für die Begegnung mit dem Leben gerüstet als zu dem Zeitpunkt seines Eintritts in die Anstalt, aber wir können nicht damit rechnen, daß all diese Kinder, die bei ihrer Ankunft so schwer geschädigt waren, fähig sein werden, sich in der Gesellschaft erfolgreich zu behaupten. Andererseits haben wir, da die meisten Kinder normal sind und nur eine kleine Minderheit so schwer gestört ist wie die Kinder an unserer Schule, diesem Buch mit seiner Betonung der alltäglichen Tätigkeiten und ihrer Bedeutung für die Erziehung normaler Kinder den Vorrang gegeben vor der Veröffentlichung von Fallgeschichten oder einer gedrängteren Darstellung unserer Behandlungsgrundsätze.

Kinder lehrten, und gar nicht viele Erwachsene hielten es überhaupt für nötig, die Kunst des Lebens zu lehren. Daß sie gelernt wurde, wurde oft für selbstverständlich gehalten.

Aber nur in einer Gesellschaft, wo die wünschenswerte Art zu leben und zusammen zu leben von der großen Mehrheit allgemein akzeptiert wird (und darum auch dem Kind von seinen Eltern übermittelt wird), kann die Schule sich darauf beschränken, schulisches Wissen und schulische Fertigkeiten zu lehren. Die wichtigste aller Künste, die Fähigkeit, gut mit sich selbst und mit anderen zu leben, läßt sich nur dadurch erwerben, daß man in einer emotionell beständigen und befriedigenden menschlichen Umwelt lebt. Wenn zu viele Familien keine derartige Umwelt mehr bilden, entsteht ein circulus vitiosus, weil Eltern ihren Kindern nicht etwas übermitteln können, was sie selbst nie gelernt haben. Dieser circulus vitiosus muß unterbrochen werden. Erfahrungen, die man in einer Schule wie der unseren mit Fällen macht, die von der Norm abweichen, können sich sehr wohl für Eltern und für normale Schulen als nützlich erweisen und schließlich allen Kindern dabei helfen, die höchste aller Künste zu lernen: wie man ein gesellschaftlich nützliches und emotionell befriedigendes Leben lebt.

Veröffentlichungen über die Schule

A. BETTELHEIM UND EMMY SYLVESTER:

1. Therapeutic Influence of the Group on the Individual, The American Journal of Orthopsychiatry, XVII (1947), 684—92
2. A Therapeutic Mileu, The American Journal of Orthopsychiatry, XVIII (1948), 191—206
3. Milieu Therapy—Indications and Illustrations, The Psychoanalytic Review, XXXVI (1949), 54—68
4. Physical Symptoms in Emotionally Disturbed Children, The Psychoanalytic Study of the Child, III/IV, New York (International Universities Press) 1949, 353—68

B. BETTELHEIM:

5. The Special School for Emotionally Disturbed Children, Forty-seventh Yearbook of the National Society for the Study of Education, T. I, Chicago 1948, 145—71
6. Closed Institutions for Children? Bulletin of the Menninger Clinic, XII (1948), 135—42
7. Somatic Symptoms in Superego Formation, The American Journal of Orthopsychiatry, XVIII (1948), 649—58
8. A Psychiatric School, The Quarterly Journal of Child Behavior, I (1949), 86—95
9. Harry—A Study in Rehabilitation, The Journal of Abnormal and Social Psychology, XLIV (1949), 231—65

Register

Abschließen von Türen 250—1, 276, 342
Adoption 175—6
ärztliche Versorgung 115—6
Alice 58, 59, 60, 108, 109, 157, 318—9
Alkoholismus (der Eltern) und Angst vor Vergiftung 189
Aichhorn, August 31, 32, 72, 75
Andy 319—21
Angst
— erzeugt durch Nacktheit 114—5, 265—7
— vor Autos 281—4
— vor Beobachtung 163—4, 220, 264
— vor Betrunkenen 261, 285, 288
— vor dem Ertrinken 229—33
— vor dem Erwachsenwerden 145 ff., 223—4, 227—8
— vor dem Fallen, 221—2, 229
— vor dem Forschen 139—40
— vor Fremden 276, 286—8
— vor Gespenstern 256, 325—6
— vor Hunger 171, 177—9, 181, 185—6, 188
— vor Menstruation 225
— vor Unfällen 229, 281—4
— vor Vergeltung 113, 208—9, 229, 260, 267, 302, 308—9, 316
— vor Vergiftung 180, 187—91, 198, 360
Ann 182—185, 187, 223—8, 296, 349—50, 357—9
Anziehen, Hilfe beim morgendlichen 105—6
Aufwachen
—, ängstliche Körperüberprüfung nach dem 109—10, 112—5
—, Erzählen der Träume nach dem 87, 88, 93
—, Grad der Kommunikation nach dem 97
—, Grad der Integration nach dem 95 ff.
— und Belästigung 95, 97, 104—5
— und Hilfe von der Gruppe 107—9
— und Masturbation 113—4
— und nicht-verbaler Kontakt 101, 102
— und Puppenspiel 107—9
Ausflüge
— und antizipatorische Angst, 130
— und Nahrungsmittel 200—1
Auskleiden, Angst entstanden durch das 265—7, 307
Ausreißen, siehe auch Schuleschwänzen
— als symptomatisches Verhalten 68
—, Begleitung des Betreuers beim 143—4
—, Rolle der Nahrung bei Bekämpfung des 173—5
— und Kastrationsangst 308—9
— und selbstgesetzte Grenzen beim 174—5
—, unterstützende Hilfe gegen das 146—9
— Versuche, es aufzugeben 295
Ausscheidung
—, Angst vor der 325 ff., 338
—, Probleme der 198—200, 329—30, 344—5
— und Angst, die Exkremente zu verlieren 326, 330
— und Beschmutzung 312, 317, 325—8, 330
— und Furcht vor Geräuschen 327
— und Geschlechtsunterschiede 329
— und urethrale Phantasien 325
Ausscheidungsfunktionen 42
Auswahl in der „ungeplanten Zeit" 126—8, 133—4
Axford, Calvin 22, 330, 332

Babyflasche 150 ff., 182 ff., 189, 247—9
Baden
—, Aversion gegen 304 ff., 313, 319—21
—, Kontaktangst beim 313—6

— und Angst vor Verführung 309—10
— und Spielzeug 324, 320, 324
Badezimmer
—, Freiheit, davon Gebrauch zu machen 307
—, Überschwemmung im 323—5
Bass, Ida 158, 305, 326
Bauten: siehe Orthogenic School
Behandlungszimmer, begrenzte Benützung des 41, 42
Belästigung
— nach dem Aufwachen 95, 97, 104—5, 114
— und Spannung des Wartens 128
Beleuchtung
—, Nacht- 337
— von Korridoren und Treppenhäusern 120
Benachteiligung, Gefühl der, und Essen 171—2, 186
Beobachtung, Angst vor: siehe Angst
Bert 269, 322—5, 359
Berührung: siehe Körper (Kontakt)
Beschmutzung 312, 317, 330
Besuche
— der Eltern 70
— der Schule, zur Vorbereitung 46—8, 50
— zu Hause 53, 227—8, 310, 333, 349
Betreuer
— als Ich-Unterstützung 91—3, 97—9
— als Schutz vor der Gruppe 105—6
—, Neugier über 278—9
—, Reaktion auf Abreise des 192, 255—6
—, Realitätsfunktion der 269—70
—, Rivalität wegen 245 ff.
— und Kontakte in der Nacht 334, 361—3
—, Vorteile der Abwechslung der 117, 355
—, Zuschreibung geheimen Wissens 252
Bettnässen
—, Angst vor 337—9, 349—50
—, Behandeln von 17—8, 337—9
— und Geld 253

— und Neuling 67—8
Bill 113—4, 156—7, 160
Blustein, Esther 327, 329
Bob 267—8, 295—6
Briefe an die Eltern 168—9
Bühler C. und K. 32
Burlingham, Dorothy 72
Buxbaum, E. 239

Carol 300—3
Charles 198—9, 210—8, 267—9, 281, 359—60
Chris 210, 291, 292—3, 313—6
Comenius, Johann 32
Comics 40, 271, 342

Daumenlutschen 48, 61, 104, 222—3
Davis, Myron H. 12
De Grazia, Victor 283, 287, 342
Depression und Wahl der Muße 126—7
Dewey, John 31, 32
Direktor 38, 161, 243, 306, 354
Donald 167—8
Dryovage, Ronnie 29, 69—70, 200, 205, 300, 310, 311, 322, 329
Durcharbeiten — ausführliche Beispiele
— der Abfolge von Ereignissen 77—88
— der Lernhemmung 143—51
— der motorischen Hemmung 210—7

Eddie 229—32, 233, 281—4, 288, 360—1
Einkauf
— und Geschenke 289—90
— und Gier 176—7
— und Wahl 291—5, 297—8
— und Zwischenzeiten 274, 275
— von Kleidung 291—2, 297
Einschränkungen, Dosierung von 212
Einzelsitzungen
—, Benützung der Babyflasche in 182, 189
—, Erlernen sozialer Fertigkeiten in 250
—, Freiheit des Fernbleibens von 243—5
—, Häufigkeit der 241
—, Kontinuität der 242

—, Negativismus in 244
—, spezifische Merkmale der, im Milieu unserer Schule 241—5
— und Geschwisterrivalität 242, 245—8, 253 ff.
— und homosexuelle Neigungen 244
— und Intimsphäre 249
— und Koordination 219—20, 249—50
— und Lernangst 249
— und Prüfung der Aufzeichnungen 250 ff.
— und Regression 249
— und Reife 249
—, Wahl der Mitarbeiter bei 241—3, 248
—, Zeiten der 243
Ellen 288, 290
elterliche
— Angst, Wirkung von 192 ff., 263—4, 304 ff.
— Beziehungen, aus der Sicht des Kindes 35
— Eigenschaften und Symptombildung 140—2
Eltern
— als Symbol für Geborgenheit 22—3
— und Betreuer-Beziehungen 160—4
—, Briefe an und von 168—9
—, Effekte der Abwesenheit von 138, 163
—, Geschenke an 289
—, Informationen der 153
—, Tod der 136, 140 ff., 255—6, 362
— und gebrochene Versprechen 59—60, 77, 83
— und Schwierigkeiten moderner Lebensumstände 13—5, 17
—, Wirkung der Trennung von 336
Emily 28, 109, 187, 190—2, 325—8, 338—9, 346—8
Erbrechen 110—1, 187, 193—6
Escalona, S. 74
Essen: siehe auch Nahrungsmittel; Mahlzeiten
— als Sicherheitssymbol 91
— und Aufwachen 107
— vor der Schlafenszeit 340, 361

— Zuvielessen 177—9, 185—6, 198—9, 207, 210, 216, 362
— zwischen den Mahlzeiten 171
Eß-Störungen, siehe auch Babyflasche; Füttern; Nahrungsmittel; Gier; Mahlzeiten; somatische Symptome
— und Angst vor Hunger 171, 177—9, 181, 185—6, 188
— und Angst vor Vergiftung 187—91
— und Fettsucht 177, 198
— und frühe Mangelerlebnisse 175—7, 181—7
— und früher Diebstahl 172
— und frühes Trauma 192—8
— und Persönlichkeitsbildung 181
Exhibitionismus, nach dem Aufwachen 114

Faeces, Angst vor Verlust der 326—7, 330
Feindseligkeit, gezielte 93—4, 110
Felix 140—1
Ferenczi, Sandor 75
Fernsehen 13, 40
Fettsucht: siehe Zuvielessen
Feuerwache, Besuch der 288
Film
—, Abgewöhnung des übermäßigen Interesses am 40
—, als Phantasiematerial 271, 342
— Erziehungs- 41, 275
Flapan, Dorothy 224, 226, 353, 354
Flash-Cards 141
Frank 66, 67, 68, 175, 294
Frank, Ruth 175
freie Assoziationen 73
Freiheit, Dosierung der 331
Freud, Anna 32, 72
Freud, Sigmund 32, 45, 75, 242, 293
Fromm-Reichmann, F. 74, 75
Füße
—, ängstliche Überprüfung nach dem Aufwachen, 113 ff.
—, morgendliche Beschäftigung mit den, 130
Füttern 184, 196—7, 200

Geburt, Neugier auf 225
Geld: siehe Taschengeld
Genitalien
—, Lernen der Bezeichnungen der 225
—, Prüfung der Intaktheit der 113, 308
—, symbolisches Anfassen der 209
—, Tier- 288
— und Angst vor Erforschung 139
—, Verstecken der, zum Schutz 310
George 94, 95, 135—6, 143—54, 155, 171—2, 187, 270—1, 294—5, 361
Geschenke
— als Belohnung für Anstrengung 145
—, Fragen nach Schenken von 289—90
Gesundheitszustand, allgemeiner 115—6
Geschlechtsunterschiede
—, Angst wegen der 312—3, 328—9
—, Erklärung der 332, 357—8
—, Mißverständnisse wegen der 226
— und soziale Anpassung in der Kleidung 297—8
Geschlechtsverkehr, Beobachtung des 35, 312
Geschwisterrivalität
— und Geschenke 289—90
— und Lernangst 141
— und Sitzungen 242, 245—8, 253 ff.
Gier und frühe Mangelerlebnisse 175—8, 185—6
Gitelson, M. 239
Grace 63, 185, 186, 255—6
Gruppe
— als Angriffsziel 79—81
— als Ermutigung beim Aufwachen 106—8
— als Hort der Geborgenheit 55, 240—1, 255, 259, 267—70
— als Modell normalen Verhaltens an der Oberfläche 264 ff.
— als sozialisierender Einfluß 268—9, 271—2
— als vernünftiger Einfluß 257—8, 262—4
—, gegenseitige Beeinflussung in der Klasse 163—6

—, gegenseitige Beeinflussung bei den Mahlzeiten 188
—, ihre Reaktion auf Selbsttäuschung 83—4
—, interpretierende Funktion der 257—8
—, Reaktion auf Rückzug von der 256—8
—, Reaktion auf Wahnvorstellungen 257—8, 260, 262—4
— und Aggressionskontrolle 258—60
— und Angst vor dem Auskleiden 265—7
— und Freude am Essen 180
— und gemeinsames Über-Ich 239
— und Schlafenszeit 262—3, 334
Gruppen
— -Arbeit und ungeplante Intervalle 134
—, Größe der 50
—, Arten von 50, 51
—, Klima 239
—, Kohärenz
— und Ich-Distanz 240
— zur Schlafenszeit 340
— und Feindseligkeit 56
— und Neuaufnahme 54 ff., 63—4
— Zusammenstellung nach Symptomen 262

Haareschneiden, Angst vor dem 298—300
Haarschnitt und Konformität 298—9
Halloween 117
Hank 68, 69, 70, 200, 269, 346
Hans 242
Harry 24, 114, 164—5, 212, 225, 294, 307—9, 363—4
Haut: siehe Körper (Kontakt)
Hauterkrankungen 113, 115
Hebephremie 25
„höfliches" Benehmen 38, 58—60, 180, 289—90
homosexuelle Neigungen 79, 244, 310, 356
Horten von Nahrungsmitteln 179, 186
Howard, Kathryn 136, 148, 149, 151, 156, 159, 160

Hyperaktivität
—, Arten von 208—10
— und Angst vor Vergeltung 183
— und Beziehung zur Langeweile 126—7
— und Beziehung zur Reinlichkeitserziehung 349—50
— und Erwachsenendruck zu Leistung 204
—, verbale 209

Ich-Bildung: siehe Persönlichkeitsbildung
Ich-Distanz 16—30, 238—41
Ich-Stärke
— auf Wahl gestützt 128, 133
— durch Einsicht gewonnen 153—4
— im Dienst der Feindseligkeit 197, 215—6
Ich-Stärkung 44, 90—2, 153
Identifikation 36, 38, 39
Ignoranz, als Abwehrmechanismus 143 ff.
Illustrationen, Liste der 8
Intelligenz, im Dienst der Feindseligkeit 210
Intelligenzgrad und motorische Störungen 210 ff.
Interpretation
— von seiten der Erwachsenen 47, 152 ff.
— von seiten der Gruppe 257—8, 267—71
— von seiten des Kindes 210
Intimsphäre
—, Eindringen der Eltern in die 49
— und Masturbation 225
— und Sitzung 248—9
I.Q. 23, 210, 217

Jack, 257—8, 262—4, 286—7, 333, 342—6
Jacks-Spiel 250
Jerry 104, 105, 246, 247, 248
Jewell, Marjorie 186, 201, 210
Joe 164
John 112, 113, 187, 192—8, 218—20, 249—50
Jugend — als Übergangsphase 121
— und Ich-Distanz 239

Julian 172, 176, 187, 204—5

Kastrationsangst
— und Angst vor Schmutz 311—2
— und Angst vor Verführung durch die Eltern 309—11
— und Ausreißen 308—9
— und Ausscheidung 326—7, 330—1
— und Baden 320—1
— und Geschlechtsunterschiede 312—3, 328, 332
— und Haareschneiden 298—300
— und Hyperaktivität 350
— und Masturbation 332
— und nächtliche Ängste 336, 354—5, 357—8
— und symbolisches Prüfen der Genitalien 307—8
— und Verfolgungsgefühle 78
Keith 175—9, 187, 334
Kinderanalyse 73, 241—2
Kindererziehung, Probleme der
— und damit verbundenes Gefühl 17 ff.
— und moderne Lebensumstände 13—6
Kinder, verzärtelte 297
Klassen, Vorteil von nicht nach Alter und Schuljahr eingeteilten 164 ff.
Klassenzimmer: siehe auch Lernen
—, Abfuhr von Spannungen im 149, 155
— als Objektivitätsmaßstab 167—8
—, Bedürfnis nach Abgeschlossenheit im 163—4
— Freiheit, es zu verlassen 137
—, gegenseitige Beeinflussung im 164—6
—, gestörte Reaktion auf Lehrstoff im 157—9
—, Gruppierung im 165—7
—, Negativismus im 256, 159—60
—, persönliche Hilfe im 163
—, Schritte der Anpassung im 150—1
—, Schutz vor Mißerfolgen im 165
— und regressives Verhalten 149 ff.
— und Schutz vor selbstgestellten Aufgaben 148, 155, 159
— und Spiel 165
— und Unabhängigkeit 136—7, 155

— und Wettbewerbsangst 141
—, Wahl des Lehrstoffs im 155
Kleidung
— als Anpassungssymbol 297
— als Teil des Körpers gesehen 291—2, 298 ff.
—, Bedürfnis, schmutzige — zu tragen 321
—, Einkauf von 291—2, 298
—, Freiheit in der Wahl der 291—6, 298
—, symbolische Zerstörung von 292—3, 296
— und Persönlichkeitsstruktur 291
— und transvestitische Neigungen 298
—, Verlangen nach übergroßer 293, 295
Körper
—, Aversion gegen den 249, 296, 304 ff., 313—6
—, Befürchtungen wegen des 252, 265 ff., 307, 357—8
—, Abneigung gegen Kontakt 107
— zur Schlafenszeit 341
—, ängstliches Testen der Koordination 111—3
—, Beherrschenlernen der 218—25
— und Sitzungen 249—50
— und Spiel 218—20, 222, 224, 226, 313—6
—, „Panzerung" des 203—5, 207—8
— Überprüfung, nach dem Aufwachen 109—10, 112—5
—, Wahnvorstellungen über den 226
Kommunikation: siehe auch „schlimme" Wörter; nicht-verbaler Kontakt; Symbol, Sprache als;
—, morgendliche Art der 97—8, 106—7, 109
Kontakte zur Außenwelt: siehe auch Bücherei; Film; Museum; Zeitungen
—, Angst vor Unfällen 281—4,
—, Betrunkene 285, 288
—, Einkauf 275—6, 290—4, 297
—, Erblicken von Körperbehinderten 285
—, Feuerwache 288
— Fremde, Angst vor 286—8
—, Friseurladen 299

—, Polizei 287—8, 342
—, Spaziergänge 284 ff.
— und Entscheidungen 275
—, University of Chicago 278—9
—, unterschiedliches Verlangen nach 276—7
—, Zoo 288
Krankenschwester 115
Kris, E. 36
Kunstwerke von Kindern
— Gedichte 80—1
— Zeichnungen 65, 80, 157

Langeweile und gespannte Erwartung 122 ff.
Latenzzeit
— als Übergang 118—9, 121—4
—, Nachlassen der Kreativität in der 125
— und Lernen 124
Leer, Juan 339
Legasthenie 25
Lehrer
—, Kenntnis des Kindes 156 ff.
—, nicht-schulische Funktionen der 160
Lehrfilm 41, 275
Leistung
—, Erwachsenendruck zur **17—8,** 106, 211, 214
— und der Mut, die Angst zu entdecken 223, 224—6
Leo 136—7
Lernen: siehe auch Klassenzimmer; Lehrer
—, Anreiz zum 141, 153
—, Ausmaß der Fortschritts im 169—70, 364
— durch Übung 165 ff.
— „Überlernen" 165 ff.
— und Latenzzeit 214
— und motorische Entwicklung 208—9, 216—7
— und Naturuntersuchung 139—40
Lernhemmung
— als Abwehrmechanismus 143—151
— als Machtmittel gegenüber den Eltern 163
—, ausführliche Beispiele zur 143—151

— und Angst vor dem Erwachsensein 146 ff., 223
— und Einfluß des Universitätsmilieus 280
— und Familienkonstellationen 140
— und Ferne der Eltern 138—9, 163
— und Forschungsangst 139
— und Geschwisterrivalität 141
— und Kausalzusammenhang 157—9
— und Leseblockierung 139, 190
— und magisches Denken 152
— und nächtliche Ängste 335
— und Sitzungen 249
— und Worterkennen 157, 159
—, Ursachen der 138—40
Leseblockierung: siehe Lernhemmung
Lester 299—300, 322
Lewin, K. 239
„Liebe", Vorstellung des Kindes von 28—30
Lipschutz, Clarence 81, 178, 233, 287
Little, Loan 59, 60, 64, 109, 136, 184, 186, 191, 192, 228, 256, 290, 312, 319, 321, 326, 328, 347, 348, 349, 350, 351, 352, 353, 355, 359, 362
Louis 235, 248—9, 309—11
Lohn, Fae, 236, 321, 323, 324, 346
Lucille 34, 37, 38, 59, 108, 109, 312—3, 351, 353, 355, 363
Lukes, Anna 137, 141, 148, 157, 165, 168, 162

Mahlzeiten: siehe auch Essen, Eß-Störungen, Nahrungsmittel
— als Streitgrundlage 54, 180, 193 ff.
—, Anwesenheit bei 197
—, Anwesenheit der Betreuer bei den 150, 191
—, Ausscheidungsangst, durchgearbeit bei den 198—200
—, Bedienung bei 180
—, Gruppenbeeinflussung bei den 188
—, Herumschmieren bei den 179, 197—9
—, regressives Verhalten bei den 179—80, 186
— und Tischsitten 180
Mangelerlebnis und Diebstahl 172, 175

„marginale Hilfe" 73—7, 269—73
„marginales Interview" 43—4
Martin 40
Mary 63, 64, 65, 66, 136, 256, 294, 351—6, 360, 362
Masturbation
—, anale 190, 348
—, Angst vor 225
—, auffällige 44
— beim Aufwachen 113—4
—, orale 190
— und Erwachsenenreaktion 20
— und Kastrationsangst 332
— und Mangelerlebnis 183
— und Erwachsenenreaktion 20
— und nächtliche Ängste 336—7, 346—8, 351—2
Max 163, 251
megalomaner Wahn 229—31, 282—3, 294—5, 325
Menstruation, Angst vor 225
Miller, Eugene 104
Mitarbeiter: siehe auch Betreuer
—, Arbeitseinteilung der 40, 78
—, Bedeutung der, für das Kind 78
—, Besprechungen der 87, 156
—, Eltern-Beziehungen 160—4
—, Erfahrungsaustausch unter den 157
—, Mahlzeiten und Anwesenheit der 150, 191
—, Vorteile der unterschiedlichen Charaktere der 21
Mitchell 108, 287
Montessori, Maria 32
Mordversuche 60, 135, 146, 229, 323, 325
Morgen: siehe Aufwachen
morgendliches Verhalten des Kindes 97, 98, 106, 107, 109
Morrisett, Ann 144
Morton 271—3
motorische Störungen: siehe auch Hyperaktivität; Körper; somatische Symptome; Spiel
—, Stoßbewegungen, unwillkürliche 112
—, Tics 112, 199
— und Fettsucht 207—10
— und frühes Trauma 192 ff.

373

— und Ich-Bild 111
— und Intelligenzgrad 210 ff.
— und Lernen 208, 216—7
— und Persönlichkeitsbildung 217—8
— und Schlaf 202, 213
— und Sehschaden 220 ff.
— und Sitzungen 219—20
— und unwillkürliche Muskulatur 208, 218 ff.
—, unzusammenhängende Bewegungen 208—9, 218—20
—, Zuckungen 112
Murray 194
Museum 41, 275, 277
Muttertag 289

nächtliche Ängste: siehe auch Schlafenszeit; Schlaflosigkeit
—, Inhalt von 335—7
— und abgeschlossene Türen 342
— und Angst um den Status 359
— und Bettnässen 337—9, 349—50
— und Comics 342
— und Dunkelheit 337
— und Film 342
— und Geschlechtsunterschiede 358
— und Integrität des Körpers 356—8
— und Kontakte in der Nacht 334, 361—3
— und Lernblockierung 335
— und Masturbation 336—7, 346—8, 351—2
— und Nachtbeleuchtung 337
— und Träume 347, 362
— und Trennungsangst 334, 353
— und Trennung von den Eltern 336
—, unspezifische 360 ff.
Nahrungsmittel: siehe auch Eß-Störungen
— als Symbol der Sicherheit 171—4, 200—1
— auf Ausflügen 200—1
—, Freude am Essen 175, 180, 190
—, Herumschmieren von Essen 179, 197—9
—, Horten von 179, 186
—, krankhaftes Interesse an 193—4
—, Speiseplan 191
— und Eingewöhnung 173—5
— -Vorräte, Überprüfung der 181

—, Wichtigkeit des ausreichenden Vorrats an 175—6
Negativismus 159—60
Neuling
— und Anpassung an das Schulmilieu 52—4
— und Bettnässen 67—8
— und Daumenlutschen 61
— und erste Eindrücke 46—50
— und Gruppe 47 ff., 54—8, 60—3
— und höfliches Benehmen 58—60
— und Ich-Distanz 26—30
— und Sauberkeit 64 ff.
— und Tischsitten 48—9
— und Vermittlung von Ansichten an 47—8
— und Willkommensfest 57—8
New York Times, The 272
nicht-verbaler Kontakt
— als Vertrauensgrundlage 302
— am Morgen 101—2, 116—7
— beim „Auftauen" 205
— beim Spaziergang 285—7
—, Charakter des 285—6
— in privaten Sitzungen 184
— und Ausscheidungsangst 327
— zur Schlafenszeit 341, 347—8

O'Leary, Jean 302, 303
Ordnung
—, Entwicklungsschritte zur 186
— und Persönlichkeitsbildung 37
Orientierung, räumliche 334
Orthogenic School, University of Chicago Sonia Shankman
— als Ausbildungsstätte 23
—, Aufnahmekriterien 50, 262
—, Aufnahmefähigkeit 25
—, Aufzeichnungen, Art der 251—3
—, behandelte Symptome 25
—, Behandlungsergebnisse 364
—, Behandlungsphilosophie 32—2
—, Behandlungsziele 364
—, Büro Untersuchung durch die Kinder 250—1
—, Eltern-Betreuer-Beziehungen 160—4
—, Kinder, Herkunft der 322
—, Kinder, Namen der 10
—, Kinderheime, Vergleich mit 26—31

—, Mitarbeiter 9, 10, 32, 33
—, Psychiater 49, 156, 167, 197, 335
—, Umwelt, äußere
— —, Flexibilität der 121
— —, Umwandlung der 119
— —, Wert einer einheitlichen 129, 133, 189
—, Sozialarbeiter 162, 248
—, Spielplatz 120—1
— und Umwelttherapie 40—5
— und „vorbeugende Psychologie" 16
—, Vorplanung 126, 274—5
—, Zuweisung durch Fürsorgeverbände 322

Paul 60, 61, 62, 93, 94, 97, 104, 181, 271, 294, 296—7
Peattie, Roderick E. 230, 232, 235, 284
Peggy 207—8, 210, 217
Persönlichkeitsbildung
—, Übergangszeiten in der 121—2
— und Bewegungsfähigkeit 217—8
— und Feindschaft 96—7
— und Ich-Distanz 238—9
— und Körperkontakte in der Kindheit 304 ff.
— und Körpervorstellung 109—11
— und Nahrungsaufnahme 181
— und Ordnung 37
— und somatische Symptome 111—2
Pestalozzi, Johann 32
Peter 209—10
Piaget, Jean 32
Pickett, Patty 38, 67, 78, 91, 102, 103, 105, 106, 108, 147, 172, 173, 247, 262, 272, 279, 291, 292, 293, 294, 311, 314, 315, 316, 317, 318
Pim, Ruthevelyn 145, 148, 164
Pingree, Betty Lou 196, 222, 332
Polizei, als Sicherheitssymbol 287—8, 342
Priscilla 59, 312, 353, 355
Psychiater 49, 156, 167, 197, 335
Psychoanalyse 44, 72—3, 76
Psychoanalytic Institute, Chicago 75
Psychoanalytic Society, American 45
Psychohygiene 16
Psychologie, vorbeugende 16

Public-Library 275, 276
Puppenspiel
— und Aufwachen 107, 109
— und Kastrationsangst 351, 354—5
— und Kinderanalyse 73
— und Trennungsangst 256

Radio 13, 40
Ralph 235—6, 269
Realitätsprüfung, Selbsteinteilung der 232
Redl, Fritz 43, 239
regressives Verhalten
— bei den Mahlzeiten 179—80, 186
—, Dosierung der Flaschenkost bei 182 ff.
— und höhere Leistung 222
— und Sitzungen 249
Reife
—, Erwachsenendruck zur 106
—, Experimente bei Sitzungen mit der 249
—, Furcht vor 146 ff., 223, 227—8
Reinlichkeitserziehung: siehe auch Sauberkeit
— als Machtkampf 306
—, Haltung Erwachsener zur 17
Richard 38, 246—8, 311
Riten, zur Schlafenszeit 340—1, 351
Ronnie 316—8, 335—6
Rosen, J. N. 74, 75
Ruhe
—, eigene Wahl der 211—2, 203—4, 205
— und motorische Störungen 202—7, 213, 216, 221—2

Sauberkeit: siehe auch Ausscheidung; Baden
—, Befreiung vom Zwang zur 306—7
—, elterlicher Zwang zur 306
Testfragen wegen 64 ff.
— und Angst vor Strafe 316
— und Folgen strenger Erziehung 316—30
— und Kleidung 321
— und Konfliktsituationen der Erwachsenen 17, 20
— und sexuelle Angst 311

—, Versuch zur Prüfung der Ansprüche auf 318
Scham 265—7
Schlaf: siehe Schlafenszeit
Schlafenszeit: siehe auch Schlaflosigkeit; nächtliche Ängste
—, Beruhigung vor 339—41
—, Essen vor der 340, 361
—, Geschichten zur 340—3
—, Lockerung der Selbstbeherrschung zur 341, 344, 352
—, Ritual vor der 340, 351
—, Spiele vor der 339
— und die Gruppe 334, 340
— und Körperkontakt 341
— und Neigungen zur Selbstzerstörung 360—1
— und nicht-verbaler Kontakt 341, 347—8
— und sexuelle Ängste 351—6
Schlaflosigkeit
—, Gründe für 336 ff., 349
— und Einschlafgeschichten 341—2
— und Kopfschlagen 349
— und übermäßige Erregung 346
Schmutz: siehe Sauberkeit
schmutzige Redensarten 67, 312, 321
Schmutzigkeit, Angst vor 316—23, 326—8
Schuleschwänzen: siehe auch Ausreißen 135—6, 142 ff.
Schulfortschritt
—, Ausmaß des 169—70, 365
— seine Behandlungsfunktion 160 ff.
Schulstunden 168
Schulversagen 41—2
Schwachsinn, vermeintlicher 188, 335
Schwimmbecken 80, 87, 219—20, 228, 275, 342—3
Sehschaden und motorische Störungen 220 ff.
Selbstbeherrschung, Lockerung der, zur Schlafenszeit 341, 344, 352
Selbstmord, Neigungen zu 62—3, 183, 188, 206
Selbstzerstörung, Neigungen zu 60, 62, 307—9, 347, 350, 352, 360—1
Sexualängste
—, Auftreten zur Schlafenszeit 351—8

—, Mut zur Entdeckung 225—6
— und Auskleiden 265—7
— und Lernhemmung 138—40
Sexualauskünfte, zur Schlafenszeit 349, 353—4, 355—6
Shulenburger, Gayle 40, 61, 63, 64, 65, 92, 94, 95, 147, 176, 178, 179, 181, 190, 213, 215, 267, 269, 271, 289, 296, 360, 361
Soffer, Ruth 10
somatische Symptome: siehe auch Hyperaktivität
—, Afterjucken 82
—, Allergien 104, 187, 206
—, Anorexie 111, 180, 193
—, diffuse 115—7
—, eingebildete 115—6, 219
—, Erbrechen 110—1, 187, 193—6
—, Erkältungen 206, 219
—, gastro-intestinale 206
—, Tics 112, 198, 199
— und Ruhe 206—7
—, vage 115—7
—, Würgen 193—6
Sozialarbeiter 162, 248
Spaziergang
— und hemmende Angst 284 ff.
— und „marginale Hilfe" 285—8
Speiseplan 79
Spiel
—, bedrohliches-vs beruhigendes- 236—7
—, reales-vs Phantasie- 202—3, 213
—, Rollenübernahme im 234—5, 236—7
— und Nebenbedeutungen für das einzelne Kind 235—7, 268—9
— und Status 208, 217—8
— und Tollkühnheit 232 ff.
Spielen
— im Klassenzimmer 142, 166
— im Wasser 228 ff., 314, 324 ff., 342—3
— und geheime Phantasien 235—7, 268
— und Körperkoordination 218—20
— und Wahl 126, 133—4
— vor der Schlafenszeit 339
Spielplätze, Wahl der, in der Latenzzeit 118—9

Spielzeug: siehe auch Tiere 314—5, 319—20, 324, 347
Spucken 120, 193, 196
Status
— und Ängste zur Schlafenszeit 359
— und Spiel 217—8
— und Tollkühnheit 232—4
Stiefvater, 140—1
Stuart 22, 329—32
Sylvester, Emmy 9
Symbol, Sprache als 73
symbolisches Spielzeug 41, 73—4
symbolische Verhaltensweise 140, 149—50, 246, 307—9
symbolische Zerstörungswut 227—8, 292—3, 295

Taschengeld 48, 49, 254, 275, 330—1
TAT 194
Teddy 244—5, 253—5, 278—9
teilnehmende Beobachter 10, 43
Tics 112, 198, 199
Tiere
—, Beobachtung von, beim Sexualspiel 312
—, Genitalien von, als Bedrohung angesehen 288
—, Identifikation mit 209
—, Spiel-, 106, 328, 343 ff.
—, Tod von 302—3
—, Überwechseln von ausgestorbenen zu Spiel- 345—6
—, Verfolgung ausgestorbener 342—3
Tischsitten 48, 49, 180
Tod
— des Bruders 300 ff.
— der Mutter 136, 255—6, 362—3
— des Vaters 140
— von Tieren 302—3
Toilette: siehe auch Ausscheidung
— als Zufluchtsort 313, 322—3
—, autistisches Verhalten auf der 312
—, Freiheit bei Benützung der 312, 321—2
—, Verstopfen der 323—4
Tollkühnheit
— und Abbau der Spannung des Wartens 122—3, 127
— und Angst um den Status 232—4

— und Identifikation mit dem Vater 140—1
— und Schutzmaßnahmen 127, 233—4
Tom 77—87, 89, 90, 91, 92, 93, 209, 288—9
Tony 220—3
Träume
—, Erzählen der, nach dem Aufwachen 88—93
—, realistische Bewertung der 91—2
— und nächtliche Ängste 347, 362
— von Examen 229
transvestitische Neigungen 298
Trauma
—, orales 192 ff.
—, Tod der Mutter 255—6
—, Unfall- 229
—, Verführungs- 309—11
Trennungsangst 191—2, 255—6, 334, 353
Trinken: siehe auch Babyflasche 150 ff., 182, 186, 189, 247—8
Turnhalle 235, 275
Tyler, Ralph W. 11

Übertragungsbeziehung 37, 73, 78—9, 85—6
Übergangszeit: siehe Zwischenzeiten
Unabhängigkeit
—, Feststellung der, beim Aufwachen 104
—, Ausdruck der, durch Kleidungsgewohnheiten, 291—6, 298
— und Angst vor dem Klassenzimmer 136—7, 155
unangenehme Arbeit, Gründe für das Fehlen von 51—2
Unbeweglichkeit, feindselige, 195—7, 207
Ungestörtheit: siehe auch Intimsphäre
— in der Klasse 163—4
—, und Schlafraum 120 ff.
Unterricht
—, Art des 142
—, Behandlungsrolle des 167—8
Urin, Angst vor Verlust des 330
Urinieren und Geschlechtsunterschiede 328

377

Vatertag 289
Verfolgungswahn 229, 257, 264, 281—4, 306, 342—5
Verfügung
—, elterliches Verhalten, empfunden als 77—8, 248 ff., 309—10
—, Reproduktion der, im Bad 309—10
—, Versuch zur, einer Mutter-Ersatzfigur 289
Vergeltung, Angst vor; siehe Angst
Vergiftung, Angst vor: siehe Angst
Verkleidungsspiel 176—8
Verschwendung, Erlaubnis zur 49
Versprechen
—, Entstehen des Mißtrauens gegenüber 130
—, gebrochene, der Eltern 59, 77, 83
Verwahrlosung: siehe auch Ausreißen
— und Brandstiftung 62—3, 319
— und Gruppierung 262
— sexuelle 34

Wahl
— innerhalb vorgeplanter Tätigkeit 275
— und Kleidungskauf 291—6, 297—8
Wahnvorstellungen, gegenseitige Bestätigung von 260—2
Walter 102, 103, 107, 158—9, 187—90, 192, 206
Waschen: siehe Baden; Sauberkeit
Waschzwang 325, 371
Werkstätte 119, 275
Wettbewerb

— und allgemeines Milieu 39
— und Lernangst 140—1
—, Wunsch den — zu gewinnen 87
— zwischen Mutter und Sohn 77, 84
— zwischen Mutter und Tochter 182—3
White, Florence 35, 249, 250, 327, 334
Wingo, Josette 103, 106, 113, 187, 189, 245, 253, 255, 257, 258, 263, 279, 288, 333, 343, 344, 361
Wright, F. Howell 115

Zeitungen 271—3, 281 ff.
Zensur, Ausmaß der 281
Zeugnisse 41
„zirkuläre Verursachung" 45
Zögern, feindseliges 195—7
Zoo 288
Zuvielessen 66 ff., 177, 179, 185—6, 199, 207, 210, 216, 362, siehe auch Fettsucht
Zwang zur Sauberkeit 306, siehe auch Sauberkeit
Zwangsfütterung 192 ff.
„Zwischenraum" 118—20
Zwischenzeiten
—, antizipatorische Spannung auf 122—32
—, Langeweile in 122—7
— nach der Schule 274—5
— und Belästigung 128
— und Hyperaktivität 126—7
— und Niedergeschlagenheit 126—7
— und Vorplanung 126
— und Wahl 126—9, 133

Erna Furman

Ein Kind verwaist

Untersuchungen über Elternverlust in der Kindheit.
Vorwort von Anna Freud.
Aus dem Amerikanischen von Käte Hügel.
Konzepte der Humanwissenschaften.
ISBN 3-12-902680-0

Anna Freud hält dieses Buch für die wichtigste Veröffentlichung zum Thema.

Ob ein Kind nach dem Tod von Mutter oder Vater sich zurückzieht in Mißtrauen und Depression oder die Fähigkeit entwickeln kann, sich nach einer Zeit der Trauer wieder dem Leben zuzuwenden, hängt nicht nur von seiner psychischen Konstitution ab, sondern auch davon, wie der überlebende Elternteil, die Geschwister und die Großeltern auf den Todesfall reagieren, davon, wie sie dem Kind helfen, den Verlust zu begreifen und zu verarbeiten.

Erna Furman und eine Gruppe englischer Analytiker haben eine große Anzahl verwaister Kinder untersucht. Einfühlsam und detailliert beschreibt die Autorin neun Kinderschicksale, an denen sie die seelischen Folgen von Tod und Trauer sichtbar macht. Die einschlägige Literatur wird ausführlich diskutiert.

»Ein Kind verwaist« ist nicht nur ein Buch für Kinderpsychotherapeuten, sondern für alle, die mit Kindern zu tun haben.

Klett-Cotta

Konzepte der Humanwissenschaften
Texte zur Familiendynamik

Theodore Lidz/Stephen Fleck
Die Familienumwelt der Schizophrenen
Aus dem Amerikanischen von Ulrike Stopfel
ISBN 3-12-904690-9

Norman L. Paul/Betty Byfield Paul
Puzzle einer Ehe
Herausgegeben von Helm Stierlin
Aus dem Amerikanischen von Jacqueline und Walter Giere
ISBN 3-12-906370-6

M. Selvini Palazzoli/L. Boscolo/G. Cecchin/G. Prata
Paradoxon und Gegenparadoxon
Ein neues Therapiemodell für die Familie mit schizophrener Störung
Aus dem Italienischen von Georgine Steininger
ISBN 3-12-907250-0

Helm Stierlin
Von der Psychoanalyse zur Familientherapie
Theorie/Klinik
ISBN 3-12-907481-3

Helm Stierlin, Ingeborg Rücker-Embden, Norbert Wetzel, Michael Wirsching
Das erste Familiengespräch
Theorie – Praxis – Beispiele
Unter Mitarbeit von Barbara Brink und Susana Hassan
ISBN 3-12-907471-6

Klett-Cotta